Paul Steiner

Sensory Branding

GABLER RESEARCH

Paul Steiner

Sensory Branding

Grundlagen multisensualer
Markenführung

Mit Geleitworten von
ao. Univ.-Prof. Dr. Dr. Roman Brandtweiner
und Dr. Karsten Kilian

RESEARCH

Bibliografische Information der Deutschen Nationalbibliothek
Die Deutsche Nationalbibliothek verzeichnet diese Publikation in der
Deutschen Nationalbibliografie; detaillierte bibliografische Daten sind im Internet über
<http://dnb.d-nb.de> abrufbar.

1. Auflage 2011

Alle Rechte vorbehalten
© Gabler Verlag | Springer Fachmedien Wiesbaden GmbH 2011

Lektorat: Stefanie Brich | Jutta Hinrichsen

Gabler Verlag ist eine Marke von Springer Fachmedien.
Springer Fachmedien ist Teil der Fachverlagsgruppe Springer Science+Business Media.
www.gabler.de

Das Werk einschließlich aller seiner Teile ist urheberrechtlich geschützt. Jede Verwertung außerhalb der engen Grenzen des Urheberrechtsgesetzes ist ohne Zustimmung des Verlags unzulässig und strafbar. Das gilt insbesondere für Vervielfältigungen, Übersetzungen, Mikroverfilmungen und die Einspeicherung und Verarbeitung in elektronischen Systemen.

Die Wiedergabe von Gebrauchsnamen, Handelsnamen, Warenbezeichnungen usw. in diesem Werk berechtigt auch ohne besondere Kennzeichnung nicht zu der Annahme, dass solche Namen im Sinne der Warenzeichen- und Markenschutz-Gesetzgebung als frei zu betrachten wären und daher von jedermann benutzt werden dürften.

Umschlaggestaltung: KünkelLopka Medienentwicklung, Heidelberg
Gedruckt auf säurefreiem und chlorfrei gebleichtem Papier
Printed in Germany

ISBN 978-3-8349-2788-0

Geleitwort

Marken, ihre Entwicklung, Gestaltung und Führung sind in einer Zeit in der auf Märkten regelmäßig intensivste internationale Konkurrenz herrscht ein Kernthema des Marketing und der marktorientierten Unternehmensführung. Hauptaufgabe einer Marke ist es, ein Produkt oder auch Unternehmen unverwechselbar zu machen. Es von Nachahmern und Imitaten abzugrenzen und gleichsam einen Kristallisationspunkt der Identifikation und Wiedererkennung zu kreieren.

Hohe Wettbewerbsintensität ist in der gegenwärtigen wirtschaftlichen Situation, über alle Branchen hinweg, der Normalfall. Das Abheben von der Konkurrenz, eine zentrale Aufgabe der Marke, wird aber umso schwieriger und auch umso wichtiger je mehr Konkurrenten am Markt sind. Die Erfüllung dieser zentralen unternehmerischen Aufgabe wird auch in Zukunft über das Branding erfolgen. Die Markenführung bleibt dafür das zentrale Instrument. Es wird aber immer schwieriger die Aufmerksamkeit potentieller Kunden zu gewinnen und für bereits gewonnene weiterhin attraktiv zu bleiben. Die erfolgreiche und nachhaltig wirksame Ansprache der Konsumenten wird in Zukunft deshalb mehrdimensional gestaltet sein und wird auch die sogenannten neuen Medien in ihre Aktivitäten inkludieren müssen.

Die eben angesprochene Notwendigkeit der Mehrdimensionalität meint, dass die klassische Ansprache der Konsumenten über einen oder zwei Sinne, im Regelfall über den Seh- und/oder Gehörsinn, erweitert werden muss. Wir Menschen haben nicht nur zwei sondern fünf Sinne, dementsprechend ist ein multisensuales Branding die logische Weiterentwicklung des klassischen Branding und eine erfolgversprechende Konzeption im Rahmen einer umfassenden, die hohe Wettbewerbsintensität heutiger Märkte berücksichtigende Marketingstrategie.

Damit Interessenten, Kunden, Investoren und sonstige Stakeholder auch in Zukunft in der Flut der Produkt-, Service- und Firmeninformation, die relevanten und wichtigen markenspezifischen Botschaften rezipieren, müssen diese multisensual versendet werden. Neben dem visuellen und dem auditiven Sinnsystem müssen verstärkt das haptische und das olfaktorische sowie das gustatorische Sinnsystem angesprochen werden. Eine derartige mehrdimensionale Markenführung wird in Märkten höchster Wettbewerbsintensität die Erfolgswahrscheinlichkeit des Branding signifikant erhöhen.

Es ist der Verdienst des Autors eine umfassende und detaillierte Darstellung des Potentials der multisensualen Markenführung gegeben zu haben. Die Ausführungen werden durch konkrete Beispiele primär aus der Automobilwirtschaft illustriert.

Paul Steiner präsentiert eine interessante, holistische und praxisorientierte Untersuchung der komplexen Thematik der multisensualen Markenführung.

ao.Univ.-Prof. Dr.Dr. Roman Brandtweiner

Geleitwort

Multisensuales Branding ist sinnvoll - Paul Steiners Fachbuch ist es auch! Auf gut 410 Seiten hat der Autor Wissenswertes über die Einflussmöglichkeiten bekannter Marken auf uns und unsere fünf Sinne zusammengetragen. Zukünftig gilt: Kunden können nur durch miteinander verwobene Markeneindrücke bei höherer Zahlungsbereitschaft langfristig und mit allen Sinnen an eine Marke gebunden werden. Steiners Buch zeigt, welche Möglichkeiten sich hierfür bieten.

Nachdem sich der Autor 2009 in seinem Buch „Sound Branding" bereits umfassend der akustischen Markenführung gewidmet hat, erhalten im vorliegenden Buch alle fünf Sinne auf gut 260 Textseiten und 150 ergänzenden Seiten mit Primärquellen und Sekundärliteratur umfassend Berücksichtigung. Besonders hervorzuheben sind die 20 vollständig wiedergegebenen Experteninterviews mit anerkannten Markenwissenschaftlern, u.a. Prof. Dr. Franz-Rudolf Esch, Prof. Dr. Manfred Bruhn, Prof. Dr. Willi Diez, PD Dr. Martin Grunwald und Dr. Hans-Georg Häusel sowie ausgewählten Markenverantwortlichen von BMW, Ford, NIVEA, Porsche und Zotter.

Neben einer detaillierten Erläuterung der theoretischen Grundlagen multisensualer Markenführung beschreibt Steiner ausführlich konventionelle und neue Markenformen mit denen sich Markenelemente, z.B. Farbmarken und Tastmarken, markenrechtlich schützen lassen. Hierauf aufbauend erläutert er den Einsatz multisensualer Markenführung anhand der drei Best Practice-Beispiele Singapore Airlines, Swarovski Kristallwelten und Nivea Haus, die er um eine detaillierte Betrachtung von Erfolgsbeispielen aus der Automobilbranche ergänzt. Anhand der Fallstudie MINI schließlich verdeutlicht er anschaulich die verschiedenen Facetten multisensualen Brandings.

Das vorliegende Buch macht deutlich, dass Unternehmen mit der bewussten Ansprache von nur ein oder zwei Sinnen wichtige Erfolgspotenziale verschenken, da die Kunden auf den übrigen Sinneskanälen ebenfalls permanent Signale empfangen. Nur ist es eher unwahrscheinlich, dass das, was sie auf diesen Kanälen wahrnehmen, der intendierten Markenbotschaft entspricht. Wer dies nicht dem Zufall überlassen möchte, sollte sich die in Steiners Buch vorgestellten Praxisbeispiele genauestens anschauen - und mit Bedacht zur Optimierung der eigenen Marketingbemühungen adaptieren.

Für nachhaltigen Marketing- und Markenerfolg im 21. Jahrhundert gilt: Möglichst alle fünf Sinneskanäle und ihre Wechselwirkungen müssen ganz bewusst markenkonform gesteuert werden. Nur dann werden die angebotenen Leistungen eines Unternehmens als einzigartig empfunden und selbst bei höheren Preisen dauerhaft präferiert.

Dr. Karsten Kilian

Markenlexikon.com

Vorwort

Für meine Großeltern

Zum Gelingen der vorliegenden Arbeit haben zahlreiche Personen beigetragen, denen ich für ihre Unterstützung und ihren Beitrag danken möchte:

Mein besonderer Dank gilt zunächst meinem Betreuer, Herrn Univ.-Prof. Dr.Dr. Roman Brandtweiner, ohne dessen Unterstützung diese Arbeit nicht möglich gewesen wäre.

Ferner danke ich allen Experten, die ungeachtet ihrer knappen zeitlichen Ressourcen unkompliziert für ein Interview zur Verfügung gestanden haben: Prof. Dr. Franz-Rudolf Esch, Prof. Dr. Manfred Bruhn, Prof. Dr. Willi Diez, PD Dr. Martin Grunwald, Dr. Hans-Georg Häusel, Dr. Karsten Kilian, Dipl.-Kfm. Karsten Klepper, Dr. Ralf Sieckmann, Dr. Michael Haverkamp, Dr. Bernhard Pfäfflin, Josef Zotter, Harald H. Vogt, Christin Lüdemann, Philipp Zutt und den Mitarbeitern der *BMW Group:* Dipl.-Ing. Dipl.-Kfm. Robert Mirlach, Dipl.-Ing. Jürgen Fallert, Karl-Heinz Stump, Jürgen Lemmle, Thomas Souschek, Helmut Käs und Gert Hildebrand.

Mein Dank gilt zudem Herrn Dr. Melchior Caduff, Leiter Stab Markenabteilung des Eidgenössischen Institutes für Geistiges Eigentum und Herrn Mag. Christian Laufer, Mitarbeiter des Österreichischen Patentamtes, die mich beim Kapitel Markenrecht mit zahlreichen Daten unterstützt haben.

An dieser Stelle möchte ich mich auch bei Herrn Johannes Nikolaus Haas bedanken, der für das Layout der Arbeit verantwortlich zeichnet.

Meiner Familie möchte ich insbesondere dafür herzlich danken, dass sie mir in jedem Lebensabschnitt zur Seite standen und meine Ziele und Vorhaben stets gefördert haben. Ebenso ist es mir ein besonderes Anliegen, diese vorliegende Arbeit meinen Großeltern zu widmen, die mich stets inspiriert haben und mir jederzeit mit Rat zur Seite gestanden sind.

Für Marken wird es immer schwieriger, Interessenten und Kunden über die Massenmedien zu erreichen. Die meisten Kanäle sind überfüllt, viele Botschaften austauschbar. In der heutigen Zeit genügt es nicht mehr, den Kunden mit ein oder zwei Sinnen - meist visuell und akustisch - anzusprechen. In der Markenkommunikation nimmt daher die gezielte Ansprache *mehrerer Sinne* zu. So werden die Konsumenten immer öfters auch olfaktorischen, gustatorischen und/oder haptischen Sinneseindrücken ausgesetzt. Dadurch erfolgt die Wahrnehmung einer Marke intensiver, vielschichtiger und somit reichhaltiger.

Während andere Disziplinen wie die Kunst, Philosophie, Psychologie und Biologie sich bereits über Jahrhunderte intensiv mit den menschlichen Sinnen beschäftigt haben, befindet sich die empirische Forschungslage zu Multisensualität innerhalb der wirtschaftswissenschaftlichen Disziplin in einem noch frühen Stadium. Auf Grund der Komplexität dieses Themas stellen die meisten Forschungsarbeiten im Bereich der Markenführung die Betrachtung einzelner Sinne in den Mittelpunkt. Vor dem Hintergrund dieses zentralen Forschungsdefizits leistet die vorliegende Arbeit einen wesentlichen Beitrag zur Erfassung und Erklärung der multisensualen Markenführung. Im Zentrum steht dabei die Untersuchung der marketingspezifischen Relevanz des menschlichen Sinnessystems für die Markenführung unter besonderer Berücksichtigung der Automobilwirtschaft und der Neuen Medien.

Im Zuge der Recherche wurde mir immer mehr bewusst, welchen großen Einfluss diese Thematik auf unseren Alltag ausübt. Ein Leben ohne Sinne wäre nicht nur sinnlos, sondern schlicht ein Ding der Unmöglichkeit. Erst durch die Sinnesleistungen nimmt der Mensch sich selbst sowie seine Umwelt wahr.

Zum Thema der akustischen Markenführung, die Bestandteil der multisensualen Markenführung ist, sei auf meine vorangegangene Publikation „Sound Branding - Grundlagen der akustischen Markenführung" (2009) hingewiesen. Interessierte Leser erhalten darin eine praxisorientierte Einführung in das Sound Branding unter Betrachtung der Thematik aus verschiedenen Blickwinkeln und Einbeziehung musikpsychologischer und rechtlicher Rahmenbedingungen.

Paul Steiner

Inhaltsübersicht

1. Einleitung	1
2. Theoretische Grundlagen der Multisensualität	9
3. Theoretische Grundlagen der Markenführung	51
4. Theoretische Grundlagen multisensualer Markenführung	77
5. Markenrecht	149
6. Praxisbeispiele multisensualer Markenführung	181
7. Multisensuale Markenführung in der Automobilwirtschaft	195
8. Zusammenfassung der Ergebnisse	259
9. Fazit und Ausblick	263
Literaturverzeichnis	267
Anhang	329

Inhaltsverzeichnis

1. Einleitung   1

1.1 Zielsetzung und Aufbau der Arbeit   3

1.2 Problemdefinition und Methodik   4

1.3 Definitorische Abgrenzung relevanter Begriffe   4

2. Theoretische Grundlagen der Multisensualität   9

2.1 Wahrnehmung von Sinnesreizen   10

2.2 Kennzeichen und Ansprache der fünf Sinnessysteme   15

2.2.1 Kennzeichen und Ansprache des visuellen Sinnessystems   16

2.2.1.1 Der Sinneskanal Auge   17

2.2.1.2 Gestaltungsparameter der visuellen Sinneseindrücke   19

2.2.2 Kennzeichen und Ansprache des auditiven Sinnessystems   21

2.2.2.1 Der Sinneskanal Ohr   25

2.2.2.2 Gestaltungsparameter der auditiven Sinneseindrücke   26

2.2.3 Kennzeichen und Ansprache des haptischen Sinnessystems   30

2.2.3.1 Der Sinneskanal Haut   32

2.2.3.2 Gestaltungsparameter der haptischen Sinneseindrücke   33

2.2.4 Kennzeichen und Ansprache des olfaktorischen Sinnessystems   37

2.2.4.1 Der Aufbau der Geruchsorgans   38

2.2.4.2 Gestaltungsparameter der olfaktorischen Sinneseindrücke   40

2.2.5 Kennzeichen und Ansprache des gustatorischen Sinnessystems   42

2.2.5.1 Der Aufbau des Geschmacksorgans   43

2.2.5.2 Gestaltungsparameter der gustatorischen Sinneseindrücke   45

2.3 Integration der Sinnessysteme — 46

2.4 Die Bedeutung der Multisensualität für die Markenführung — 48

3. Theoretische Grundlagen der Markenführung — 51

3.1 Die Bedeutung von Marken — 53

3.2 Die Bedeutung von Markennamen — 55

3.3 Markenbekanntheit, Markenimage und Markenpositionierung — 58

3.4 Markenwert — 62

3.5 Markenstrategien — 66

3.6 Branding als Grundlage zum Markenaufbau — 68

3.7 Relevanz von Neuroökonomie und Neuromarketing in der Markenführung — 71

4. Theoretische Grundlagen multisensualer Markenführung — 77

4.1 Inszenierung von multisensualen Marken — 78

4.2 Wahrnehmung von multisensualen Marken — 82

4.2.1 Der Einfluss der Optik auf die Markenwahrnehmung — 83

4.2.2 Der Einfluss der Akustik auf die Markenwahrnehmung — 87

4.2.2.1 Fehlerquellen beim Sound Branding — 96

4.2.2.2 Sound Branding - Praxisbeispiele — 97

4.2.2.3 Fallstudie: Sound Branding am Beispiel von Intel — 99

4.2.2.4 Exkurs: Sound Design bei Lebensmitteln — 104

4.2.3 Der Einfluss der Haptik auf die Markenwahrnehmung — 106

4.2.4 Der Einfluss der Olfaktorik auf die Markenwahrnehmung — 108

4.2.5 Der Einfluss der Gustatorik auf die Markenwahrnehmung — 114

4.3 Multisensuales Markendesign — **115**

4.3.1 Produktdesign — 118

4.3.2 Verpackungsdesign — 121

4.4 Multisensuale Markenkommunikation in der Werbung — **123**

4.5 Multisensuale Markenführung in den Neuen Medien — **126**

4.5.1 Der Einfluss der Akustik auf die Neuen Medien — 131

4.5.2 Der Einfluss der Haptik auf die Neuen Medien — 135

4.5.3 Der Einfluss der Olfaktorik auf die Neuen Medien — 136

4.5.4 Fazit — 137

4.6 Erfolgsfaktoren für multisensuale Markenführung — **140**

4.7 Risiken der multisensualen Markenführung — **142**

4.8 Fazit — **145**

4.9 Ausblick — **148**

5. Markenrecht — 149

5.1 Markenschutz — **150**

5.2 Markenformen — **152**

5.2.1 Konventionelle Markenformen — 153

    5.2.1.1 Wortmarke — 154

    5.2.1.2 Bildmarke — 154

5.2.1.3 Wort-/Bildmarke 154

5.2.1.4 Hörmarke 155

5.2.1.5 dreidimensionale Marke 155

5.2.1.6 Farbmarke 156

5.2.1.7 Kennfadenmarke 157

5.2.1.8 Sonstige Markenform 157

5.2.1.9 Fazit 157

5.2.2 Neue Markenformen 159

5.2.2.1 Tastmarke 160

5.2.2.2 Geruchsmarke 161

5.2.2.3 Geschmacksmarke 162

5.2.2.4 Positionsmarke 162

5.2.2.5 Bewegungsmarke 163

5.2.2.6 Kombinationsmarke 163

5.2.2.7 Lichtmarke 164

5.2.2.8 Fazit 165

5.3 Markenanmeldungen in Europa **167**

5.3.1 Anmeldungen nach Markenformen in Deutschland von 2000 - 2009 167

5.3.2 Anmeldungen nach Markenformen in Österreich von 2000 - 2009 169

5.3.3 Anmeldungen nach Markenformen in der Schweiz von 2000 - 2009 171

5.3.4 Anmeldungen nach Markenformen beim HABM von 2000 - 2009 173

5.4 Fazit **176**

5.5 Ausblick **179**

6. Praxisbeispiele multisensualer Markenführung — 181

6.1 Multisensuale Markenerlebnisse am Point of Sale — 182

6.2 Multisensuale Markenführung - Best Practice — 184

6.2.1 Singapore Airlines — 186

6.2.2 Swarovski Kristallwelten — 189

6.2.3 NIVEA Haus — 192

7. Multisensuale Markenführung in der Automobilwirtschaft — 195

7.1 Multisensuale Markenkommunikation am Point of Sale — 197

7.2 Multisensuale Produktgestaltung am Beispiel des Automobils — 201

7.2.1 Der Einfluss der Optik auf die Produktgestaltung — 201

7.2.2 Der Einfluss der Akustik auf die Produktgestaltung — 204

7.2.2.1 Sound Branding in der Automobilwirtschaft — 205

7.2.2.1.1 Das Sound Logo der Marke BMW — 206

7.2.2.1.2 Das Sound Logo der Marke Audi — 208

7.2.2.1.3 Das Sound Logo der Marke Mercedes-Benz — 210

7.2.2.2 Sound Design in der Automobilwirtschaft — 211

7.2.3 Der Einfluss der Haptik auf die Produktgestaltung — 223

7.2.4 Der Einfluss der Olfaktorik auf die Produktgestaltung — 225

7.2.5 Fallstudie: Concept Car Rinspeed "Senso" — 227

7.3 Fazit — 229

7.4 Ausblick — 232

7.5 Fallstudie: Multisensuale Markenführung am Beispiel der Marke MINI   233

    7.5.1 Repositionierung der Marke MINI   234

    7.5.2 Corporate Identity der Marke MINI   237

    7.5.3 MINI Markenkommunikation   238

    7.5.4 Markenerlebnis am Point of Sale   242

    7.5.5 Die Multisensualität des MINI Produktdesigns   243

        7.5.5.1 MINI Concept 2005/2006   248

        7.5.5.2 Sound Design am Beispiel des MINI Cooper S   252

        7.5.5.3 MINI John Cooper Works   253

    7.5.6 Fazit   255

    7.5.7 Ausblick   257

8. Zusammenfassung der Ergebnisse   259

9. Fazit und Ausblick   263

Literaturverzeichnis   267

Anhang   329

Abbildungsverzeichnis

Abb. 1: Aufbau des menschlichen Auges	17
Abb. 2: Aufbau des menschlichen Ohres	25
Abb. 3: Aufbau der menschlichen Haut	32
Abb. 4: Aufbau des Geruchsorgans	38
Abb. 5: Aufbau der Zunge	43
Abb. 6: Geschmacksrichtungen	44
Abb. 7: Systematisierung der fünf Sinne	49
Abb. 8: Vergleich der Ergebnisse zweier Tests zwischen Diet Pepsi und Diet Coke	59
Abb. 9: Semantisches Netz der Iconographie der Marke SONY	63
Abb. 10: Apple's iPod Family	67
Abb. 11: Das magische Branding-Dreieck	69
Abb. 12: 5-Sense-Branding-Prinzip	81
Abb. 13: Markenwahrnehmungsprozess	82
Abb. 14: Prozentuale Verteilung der Sinneswahrnehmungen	84
Abb. 15: Wichtigkeit der Sinne bei Kaufentscheidungen	85
Abb. 16: Sound Branding Prozess	87
Abb. 17: Corporate Sound als Teil der Corporate Identity	88
Abb. 18: Sound Branding Elemente	90
Abb. 19: Studie „Hidden Champions und akustische Markenführung"	92
Abb. 20: Sound Logo Deutsche Telekom	97
Abb. 21: Notation des Nokia Sound Logos	98
Abb. 22: Intel-Logo	99
Abb. 23: Intel inside-Logo	100
Abb. 24: Notation des Intel Sound Logos	101
Abb. 25: Multisensuale Branding Strategie von Intel	102
Abb. 26: Leibniz Butterkeks	104
Abb. 27: Haptik des Apple iPad	106

Abb. 28: Magnum 5 Sinne	114
Abb. 29: Odol-Flasche	119
Abb. 30: Absolut Vodka	120
Abb. 31: Underberg	121
Abb. 32: ZetKLIK Verpackung von Ricola	122
Abb. 33: Head-Mounted-Display	128
Abb. 34: Microsoft X-Box Kinect	129
Abb. 35: Microsoft Surface Table	130
Abb. 36: Akustische Reize auf Internetseiten	133
Abb. 37: PHANTOM Omni model (SensAble Tec.)	135
Abb. 38: iAroma	137
Abb. 39: Kirche	147
Abb. 40: konventionelle Markenformen	153
Abb. 41: Mercedes-Stern	154
Abb. 42: Obi Wort-/Bildmarke	154
Abb. 43: Notation des Deutsche Telekom Sound Logos	155
Abb. 44: Michelin-Männchen	155
Abb. 45: Milka-Farbe Lila	156
Abb. 46: Elumeg Kennfadenmarke	157
Abb. 47: neue Markenformen	159
Abb. 48: "Underberg" in Brailleschrift	160
Abb. 49: Tennisball	161
Abb. 50: Orange	162
Abb. 51: Adidas Schuh	162
Abb. 52: Bewegungsmarke von Henkel	163
Abb. 53: Bewegungsmarke der Deutsche Telekom	163
Abb. 54: Nikon Hologramm	164
Abb. 55: Nationale Markenanmeldungen und -registrierungen 2000 - 2009 (DPMA)	167

Abb. 56: Anmeldungen und Registrierungen nach Markenformen 2009 (DPMA)	168
Abb. 57: Nationale Markenanmeldungen und -registrierungen 2000 - 2009 (Österr. PA)	169
Abb. 58: Anmeldungen und Registrierungen nach Markenformen 2009 (Österr. PA)	170
Abb. 59: Nationale Markenanmeldungen und -registrierungen 2000 - 2009 (IGE)	171
Abb. 60: Anmeldungen und Registrierungen nach Markenformen 2009 (IGE)	172
Abb. 61: Anmeldungen und Registrierungen von Marken 2000 - 2009 (HABM)	173
Abb. 62: Anmeldungen und Registrierungen nach Markenformen 2009 (HABM)	174
Abb. 63: Registrierungen nach Markenformen 1997 - 2009 (HABM)	175
Abb. 64: Notation des „Tarzanschrei"	180
Abb. 65: Starbucks Café	182
Abb. 66: World of TUI Berlin	182
Abb. 67: Q110 - Die Deutsche Bank der Zukunft	183
Abb. 68: EPIC Hollister in New York	184
Abb. 69: Singapore Girl	186
Abb. 70: SIA - Economy Class Cuisine	187
Abb. 71: Multisensuale Branding Strategie von Singapore Airlines	188
Abb. 72: Swarovski Kristallwelten	189
Abb. 73: Multisensuale Branding Strategie der Swarovski Kristallwelten	190
Abb. 74: NIVEA Haus Berlin	193
Abb. 75: BMW Welt	200
Abb. 76: Porsche Boxster-Form	202
Abb. 77: Markenprägende Produktgestaltung	203
Abb. 78: BMW Markenlogo	206
Abb. 79: Fourieranalyse des BMW Sound Logos	206
Abb. 80: Audi Markenlogo	208
Abb. 81: Notation des Audi Sound Logos	208
Abb. 82: Mercedes-Stern	210
Abb. 83: V12-Motor des Aston Martin Vantage	213

Abb. 84: Ferrari 250 GTO	214
Abb. 85: V8-Motor Twin Turbo von BMW	215
Abb. 86: V6-Motor des Mercedes SLK	216
Abb. 87: BMW Z4 (E86)	220
Abb. 88: Tesla Roadster Brabus	222
Abb. 89: Maybach Zeppelin Duftspender	226
Abb. 90: Rinspeed Senso - biometrische Uhr	227
Abb. 91: Rinspeed Senso	228
Abb. 92: MINI Cooper Cabrio	232
Abb. 93: Erste MINI Skizze	233
Abb. 94: MINI Modellfamilie 2010 (MINI, MINI Cabrio, MINI Clubman)	235
Abb. 95: MINI Printanzeige	237
Abb. 96: MINI Countryman	240
Abb. 97: MINI Guerilla-Projektion „MINIWOOD" am Mont Salève/Genf	241
Abb. 98: MINI-Showroom in Berlin (Autohaus Riller & Schnauck)	242
Abb. 99: MINI Interieur	247
Abb. 100: MINI Concept Cars 2005/2006	248
Abb. 101: MINI Concept Tokyo: Türbeleuchtung	248
Abb. 102: MINI Concept Frankfurt	249
Abb. 103: MINI Concept Geneva Interieur	249
Abb. 104: Duftgenerator im MINI Concept Detroit	250
Abb. 105: MINI Concept Tokyo: Sports Utility Box	251
Abb. 106: MINI Cooper S Mechanik	252
Abb. 107: MINI John Cooper Works Modelle	254
Abb. 108: MINI Oxford Twins & Ian Robertson	258
Abb. 109: Nationale Anmeldungen von Wortmarken 2003 - 2009 (DPMA)	330
Abb. 110: Nationale Anmeldungen von Bildm. und Wort-/Bildm. 2003 - 2009 (DPMA)	330
Abb. 111: Nationale Anmeldungen von 3D-Marken 2003 - 2009 (DPMA)	331

Abb. 112: Markenanmeldungen und -reg. von Farbmarken 2003 - 2009 (DPMA) 331

Abb. 113: Markenanmeldungen und -reg. von Hörmarken 2003 - 2009 (DPMA) 332

Abb. 114: Markenanmeldungen und -reg. von Kennfadenmarken 2003 - 2009 (DPMA) 332

Abb. 115: Markenanmeldungen und -reg. von Sonstigen Markenf. 2003 - 2009 (DPMA) 333

Abb. 116: Markenanmeldungen und -reg. von Unbek. Markenf. 2003 - 2009 (DPMA) 333

Abb. 117: Markenanmeldungen und -reg. von Wortmarken 2003 - 2009 (Österr. PA) 334

Abb. 118: Markenanmeldungen und -reg. von Wort-/Bildm. 2003 - 2009 (Österr. PA) 334

Abb. 119: Markenanmeldungen und -reg. von Bildm. 2003 - 2009 (Österr. PA) 335

Abb. 120: Markenregistrierungen von Körperlichen Marken 2003 - 2009 (Österr. PA) 335

Abb. 121: Markenregistrierungen von Klangmarken 2003 - 2009 (Österr. PA) 336

Abb. 122: Markenregistrierungen von Farbmarken 2003 - 2009 (Österr. PA) 336

Abb. 123: Markenanmeldungen und -reg. von 3D-Marken 2003 - 2009 (IGE) 337

Abb. 124: Markenanmeldungen und -reg. von Akustischen Marken 2003 - 2009 (IGE) 337

Abb. 125: Markenanmeldungen und -reg. von Farbmarken 2003 - 2009 (IGE) 338

Abb. 126: Markenanmeldungen und -reg. von Positionsmarken 2003 - 2009 (IGE) 338

Abb. 127: Markenanmeldungen und -reg. von Bewegungsmarken 2003 - 2009 (IGE) 339

Abb. 128: Markenanmeldungen und -reg. von Wortmarken 2003 - 2009 (HABM) 340

Abb. 129: Markenanmeldungen und -reg. von Bildmarken 2003 - 2009 (HABM) 340

Abb. 130: Markenanmeldungen und -reg. von 3D-Marken 2003 - 2009 (HABM) 341

Abb. 131: Markenanmeldungen und -reg. von Hörmarken 2003 - 2009 (HABM) 341

Abb. 132: Markenanmeldungen und -reg. von Farbmarken 2003 - 2009 (HABM) 342

Abb. 133: Markenanmeldungen und -reg. von Hologrammen 2003 - 2009 (HABM) 342

Abb. 134: Markenanmeldungen und -reg. von Geruchsmarken 2003 - 2009 (HABM) 343

Abb. 135: Markenanmeldungen und -reg. von Sonst. Markenf. 2003 - 2009 (HABM) 343

Abb. 136: „Underberg" in Brailleschrift 363

Abb. 137: Sonogramm des „Tarzanschrei" 364

Abb. 138: Notation des „Tarzanschrei" 364

Abb. 139: Sonogramm des „Tarzanschrei" (alternative Version) 364

Tabellenverzeichnis

Tabelle 1: Systematisierung der Sinnesorgane — 12

Tabelle 2: Gestaltungsmittel zur Ansprache der fünf Sinne — 13

Tabelle 3: Vergleich von Fotoapparat und Auge — 18

Tabelle 4: Der Rot-Blau-Gegensatz — 19

Tabelle 5: Vergleich visueller Sinneseindrücke — 21

Tabelle 6: Ausdruck emotionaler Inhalte für Marken durch musikalische Elemente — 26

Tabelle 7: Vergleich auditiver Sinneseindrücke — 28

Tabelle 8: Klangcharakter der verschiedenen Tonarten — 30

Tabelle 9: Vergleich haptischer Sinneseindrücke — 35

Tabelle 10: Merkmale zur Kennzeichnung von Duftklassen — 37

Tabelle 11: ausgewählte Studien zur Bedeutung der Sinne für die Markenführung — 50

Tabelle 12: Aufnahmefähigkeit der Sinnesorgane — 74

Tabelle 13: zehn archetypische Werte — 80

Tabelle 14: Kauf von länderspezifischem Wein in Abhängigkeit von der Musikart — 93

Tabelle 15: Die Wirkung von Produkteigenschaften auf die Sinnesreize — 115

Tabelle 16: Wichtigkeit der fünf Sinne in acht Produktkategorien — 117

Tabelle 17: Möglichkeiten nonverbaler Kommunikation — 124

Tabelle 18: Vorteile und Nachteile des Mediums Internet — 127

Tabelle 19: Beispiele konventioneller Markenformen in Deutschland — 158

Tabelle 20: Beispiele neuer Markenformen in Europa — 166

Tabelle 21: Vergleich der Klassifizierung von Markenformen im dt.-sprachigen Raum — 176

Tabelle 22: Top 20 sensorische Marken und Marken mit hohem sensorischen Potenzial — 185

Tabelle 23: Übersetzung der MINI Markenwerte in die Formensprache — 245

Abkürzungsverzeichnis

3D-Marke	dreidimensionale Marke
Abb.	Abbildung
A	Ampère
Avi	Audio Video Interleave
BGH	Bundesgerichtshof
Bit/Sek.	bits per Sekunde
bzw.	beziehungsweise
CI	Corporate Identity
cm	Zentimeter
cm^2	Quadratzentimeter
c_w	Luftwiderstandsbeiwert
dB	Dezibel
dB(A)	bewerteter Schalldruckpegel
DPMA	Deutsches Patent- und Markenamt
Et al.	et alii
etc.	et cetera
EuGH	Europäischer Gerichtshof
f.	folgende Seite
ff.	fortfolgende Seiten
fMRT	funktionelle Magnetresonanztomographie
Gif	Graphics Interchange Format
GMVO	Gemeinschaftsmarkenverordnung
HABM	Harmonisierungsamt für den Binnenmarkt
Hrsg.	Herausgeber
Hz	Hertz
IGE	Eidgenössisches Institut für Geistiges Eigentum
kHz	Kilohertz
MarkenG	Markengesetz

MarkenV	Markenverordnung
Mio.	Million
ml	Milliliter
mm	Millimeter
MMA	Madrider Markenabkommen
Mp3	MPEG-1 Audio Layer-3
mp4	MPEG-4
Mpg	Motion Picture experts Group
Mrd.	Milliarde
ms	Millisekunde
nm	Nanometer
OECD	Organisation for Economic Co-operation and Development
OEM	Original Equipment Manufacturer
OFC	Orbitofrontal Cortex
o.V.	ohne Verfasserangabe
POE	Point of Experience
POS	Point of Sale
RAL	RAL Deutsches Institut für Gütesicherung und Kennzeichnung, ehemals „Reichsausschuss für Lieferbedingungen"
ROI	Return on Investment
Tab.	Tabelle
u.a.	unter anderem
USD	US-Dollar
USP	Unique Selling Proposition
V	Volt
Vgl.	Vergleiche
Wav	Wave
WIPO	World Intelectual Property Organization
z.B.	zum Beispiel

1. Einleitung

Die vorliegende Arbeit zeigt die Bedeutung der multisensualen Markenführung für Unternehmen unter besonderer Berücksichtigung der Automobilwirtschaft und der Neuen Medien auf. Es macht deutlich, dass Markenbotschaften aktuell oft nur mono- oder duosensual kommuniziert werden, d.h. auf ein oder zwei Sinneskanälen - meist visuell und akustisch. Dadurch verschenken Unternehmen erheblich Potenzial, um ihre Marken besser bekannt zu machen und auf einzigartige Art und Weise im Gedächtnis der Konsumenten zu verankern. Für einen durchschlagenden Erfolg müssen möglichst alle fünf Sinne und ihre Wechselwirkungen gezielt gesteuert werden.

Nach einer kurzen Erläuterung der Grundlagen der Multisensualität und den Grundprinzipien der Markenführung werden zentrale Bestandteile der multisensualen Markenführung umfassend erörtert. Zudem werden die rechtlichen Rahmenbedingungen als auch die Markenanmeldungen und -registrierungen in Europa analysiert. Die konventionellen und neuen Markenformen stehen dabei im Mittelpunkt der Untersuchung. Dem Thema „multisensuale Markenführung in der Automobilwirtschaft" wurde ein eigenes Kapitel gewidmet, das auch eine Fallstudie über die Marke MINI enthält. Zahlreiche Praxisbeispiele multisensualer Markenführung runden die vorliegende Arbeit ab.

Als empirische Methode wurde die qualitative Befragung gewählt, wobei als Befragungsvariante das Experteninterview herangezogen wurde. Befragt wurden ausschließlich Experten, die in Schlüsselpositionen tätig sind. Bei der Auswahl der Gesprächspartner wurde darauf geachtet, dass möglichst alle Akteursebenen berücksichtigt werden, also Marketing-Experten, Unternehmer, Juristen, Wissenschaftler, Designer, Techniker und Spezialisten auf dem Gebiet der multisensualen Markenführung. Auf diese Weise kann das Thema aus unterschiedlichen Blickwinkeln beleuchtet werden. Insgesamt wurden zwanzig Experteninterviews durchgeführt, die im Anhang als Volltext nachgelesen werden können.

Auf Basis der in der Literaturrecherche identifizierten Forschungslücken wurden die folgenden vier Forschungsfragen aufgestellt:

- „**Können alle Elemente der multisensualen Markenkommunikation gänzlich markenrechtlich geschützt werden?**" (Analyse anhand von aktuellen Gesetzestexten und Pressemitteilungen)

- „Wie hat sich die Anzahl der Registrierungen der verschiedenen Markenformen im deutschsprachigen Raum als auch beim Harmonisierungsamt für den Binnenmarkt (HABM) im Verlauf der letzten Jahre verändert?" (Untersuchung mit Hilfe der Datenbank des jeweiligen Patent- und Markenamtes)

- „Wie sieht im Speziellen der Einsatz von multisensualer Markenführung in der Automobilwirtschaft aus?" (Analyse durch Experteninterviews und zahlreichen Studienergebnissen)

- „Kann multisensuale Markenkommunikation auch im Bereich der Neuen Medien Anwendung finden?" (Untersuchung durch Experteninterviews und anhand der aktuell verfügbaren Literatur)

Die gesellschaftliche Relevanz dieser vorliegenden Arbeit resultiert aus der nach wie vor kaum verfügbaren Literatur über das Thema der multisensualen Markenführung. Dabei gilt: Auf Grund der Komplexität dieses Themas stellen die meisten Forschungsarbeiten im Bereich der Markenführung die Betrachtung einzelner Sinne und markenrechtliche Aspekte in den Mittelpunkt.[1]

Die wissenschaftliche Relevanz ist insofern gegeben, als sowohl die rechtliche Beleuchtung multisensualer Markenführung, als auch aktuelle Betrachtungen des Themas Forschungslücken aufweisen.

Der Nutzen der Arbeit liegt zum einen in der Beantwortung der vier Forschungsfragen. Zum anderen wird die Thematik der multisensualen Markenführung aus verschiedenen Blickwinkeln beleuchtet. Hierzu zählen die aktuelle Rechtslage und Statistiken über Markenanmeldungen und -registrierungen im deutschsprachigen Raum sowie beim Harmonisierungsamt für den Binnenmarkt (HABM), aktuelle Praxisbeispiele zahlreicher Unternehmen und der Einsatz multisensualer Markenführung in der Automobilwirtschaft und in den Neuen Medien.

In der vorliegenden Arbeit wird aufgrund der besseren Lesbarkeit die maskuline Form innerhalb des Textes verwendet. Trotzdem liegt dem Autor viel daran zu betonen, dass er in jedem seiner Sätze auch die weiblichen Personen meint.

---

[1] Vgl. Springer, 2008, S. 7.

1.1 Zielsetzung und Aufbau der Arbeit

Zentrales Ziel der vorliegenden Arbeit ist es, die Bedeutung der multisensualen Markenführung für Unternehmen aufzuzeigen. Der Leser erhält einen Überblick über die gezielte Ansprache mehrerer Sinne in der Markenkommunikation. Im Besonderen wird der Einsatz multisensualer Markenführung in der Automobilwirtschaft und in den Neuen Medien analysiert.

Die vorliegende Arbeit umfasst insgesamt neun Kapitel und ist in einen theoretischen und empirischen Teil gegliedert. Nach der Einleitung erhält der Leser einen Einblick über die Grundlagen der Multisensualität. Hierbei werden Kennzeichen und Ansprache der verschiedenen Sinnessysteme in den Mittelpunkt der Betrachtung gerückt. Kapitel 3 beschäftigt sich mit den theoretischen Grundlagen der Markenführung. Das darauf folgende Kapitel widmet sich dem Theorieteil der multisensualen Markenführung im engeren Sinn. Dazu zählen Unterkapitel wie die *„Wahrnehmung von multisensualen Marken"*, *„multisensuales Markendesign"* und *„multisensuale Markenführung in den Neuen Medien"*. Kapitel 5 stellt das Markenrecht in den Mittelpunkt der Untersuchung. Analysiert werden die konventionellen und neuen Markenformen. Zudem werden die Markenanmeldungen und Markenregistrierungen im deutschsprachigen Raum und beim Harmonisierungsamt für den Binnenmarkt (HABM) näher betrachtet. Kapitel 6 widmet sich einer Reihe von Praxisbeispielen multisensualer Markenführung. Die Unternehmen *Singapore Airlines*, *Swarovski* und *NIVEA* stehen dabei im Zentrum der Analyse. Das nächste Kapitel nähert sich der multisensualen Markenführung in der Automobilwirtschaft, wobei u.a. die *„Multisensuale Markenkommunikation am Point of Sale"* und die *„Multisensuale Produktgestaltung am Beispiel des Automobils"* umfassend erörtert werden. Außerdem wird im Rahmen einer Fallstudie die multisensuale Markenführung der Marke *MINI* untersucht. Die Zusammenfassung der Ergebnisse und ein Fazit samt Ausblick finden sich in Kapitel 8 und 9. Im Anhang sind die 20 Interviews mit Experten wiedergegeben, die sich sowohl im engeren als auch im weiteren Sinn beruflich mit der multisensualen Markenführung beschäftigen.

1.2 Problemdefinition und Methodik

Markenbotschaften werden aktuell oft primär mono- oder duosensual kommuniziert, d.h. auf ein oder zwei Sinneskanälen - meist visuell und akustisch. Dadurch verschenken Unternehmen erheblich Potenzial, um ihre Marken besser bekannt zu machen und auf einzigartige Art und Weise im Gedächtnis der Konsumenten zu verankern.[2] Neben den schon lange verwendeten visuellen und auditiven Stimuli steigt das Interesse am Einsatz anderer Sinnesreize. Die gezielte Ansprache mehrerer Sinne in der Markenkommunikation ist deshalb unverzichtbar, da sich damit die Unternehmens- und Produktmarken von der Konkurrenz explizit abheben können und von den Konsumenten in der Flut an Werbeinformationen überhaupt noch wahrgenommen werden können. In Zukunft werden die Konsumenten im Zuge der Markenführung immer öfters auch olfaktorischen, gustatorischen und/oder haptischen Sinneseindrücken ausgesetzt.

Im Zentrum der vorliegenden Arbeit steht die Untersuchung der marketingspezifischen Relevanz des menschlichen Sinnessystems für die Markenführung unter besonderer Berücksichtigung der Automobilwirtschaft und der Neuen Medien. Die Multisensualität, die eine gleichzeitige Ansprache mehrerer Sinnesmodalitäten voraussetzt, wird dabei als weitestgehend neuer Forschungsansatz der wirtschaftswissenschaftlichen Disziplin analysiert. Vor dem Hintergrund dieses zentralen Forschungsdefizits leistet die vorliegende Arbeit einen wesentlichen Beitrag zur Erfassung und Erklärung der multisensualen Markenführung.

Zur wissenschaftlichen Klärung des Praxisthemas wird in den folgenden Kapiteln sekundäranalytisch deduktiv anhand der relevanten verfügbaren Literatur ein Theoriegerüst erarbeitet. Als empirische Methode dient die qualitative Befragung, wobei als Befragungsvariante Experteninterviews durchgeführt wurden. Dabei handelt es sich um eine Sonderform des Leitfadeninterviews. Hier interessiert nicht die Person des Befragten an sich, sondern die Person in ihrer Eigenschaft als Experte.[3]

1.3 Definitorische Abgrenzung relevanter Begriffe

Für den wissenschaftlichen Dialog ist die Konformität hinsichtlich der Bedeutung und Abgrenzung der zentralen Fachbegriffe unabdingbar. Im Folgenden werden die grundlegenden Begriffe näher betrachtet: Marke, Branding, Markenführung, Multisensualität, multisensuale Markenführung und Neue Medien.

---

[2] Vgl. Kilian, 2007, S. 323.
[3] Die vollständigen Experteninterviews befinden sich im Anhang.

Marke

Die etymologische Analyse des Begriffes Marke zeigt, dass sich das Wort sowohl auf die Bedeutung des *Zeichens* („marque" [franz.], d.h. auf einer Ware angebrachtes Zeichen), als auch auf die Bedeutung der *Abgrenzung* („marc" [mittelhochdeutsch], d.h. Grenze, Grenzland, Grenzlinie zur Unterscheidung) bezieht.[4]

Bruhn definiert Marke als *„Leistungen, die neben einer unterscheidungsfähigen Markierung durch ein systematisches Absatzkonzept im Markt ein Qualitätsversprechen geben, das eine dauerhaft werthaltige, nutzenstiftende Wirkung erzielt und bei der relevanten Zielgruppe in der Erfüllung der Kundenerwartungen einen nachhaltigen Erfolg im Markt realisiert bzw. realisieren kann."*[5]

Branding

Branding im engeren Sinn bedeutet „Markierung" und dient dem Markenaufbau. Es umfasst sowohl die Gestaltung von Markennamen und Markenlogo als auch die Gestaltung von Produkt und Packung. Die drei Elemente bilden gemeinsam nach Langner ein „magisches Branding-Dreieck" und müssen aufeinander abgestimmt werden. Somit kann der Markenaufbau effektiv unterstützt werden.[6] Nach Esch/Langner kann Branding wie folgt definiert werden: *„Unter Branding werden alle Maßnahmen verstanden, die dazu geeignet sind, ein Produkt aus der Masse gleichartiger Produkte herauszuheben und die eine eindeutige Zuordnung von Produkten zu einer bestimmten Marke ermöglichen."*[7]

Markenführung

Domizlaff analysierte das Konzept der Markenführung in den 1930er Jahren erstmalig systematisch. Er umschrieb den Begriff mit *„Disziplin, Umsicht und Kontinuität in der Führung einer Marke"*[8]. Während die Marke das Ergebnis einer Vielzahl über einen längeren Zeitraum durchgeführter Maßnahmen und der hierauf basierenden Erfahrungen der Nachfrager ist, wird der Managementprozess der Planung, Koordination und Kontrolle dieser Maßnahmen als Markenführung bezeichnet.[9]

---

[4] Vgl. Schütz, 2001, S. 18ff.
[5] Vgl. Bruhn, 2004, S. 21.
[6] Vgl. Langner, 2003, S. 27.
[7] Vgl. Esch/Langner, 2005, S. 577.
[8] Vgl. Geldmacher, 2004, S. 34.
[9] Vgl. Burmann et al., 2005, S. 9.

Als State-of-the-Art der Markenführung gilt aktuell der identitätsbasierte[10] Ansatz der Markenführung, der in den 1990er seinen Ursprung nahm. Nach *Burmann* und *Meffert* (2005) repräsentieren die Steigerung des Markenwertes und der Markenstärke die Oberziele der Markenführung.[11] Der Begriff Markenführung wird in der Literatur oftmals auch als Markenmanagement bezeichnet. Daher werden beide Begriffe in dieser Arbeit synonym verwendet.

Multisensualität

Der Begriff Multisensualität, teilweise auch Multisensorik[12] bezeichnet, umfasst die Ansprache der relevanten Zielgruppe im Rahmen der Markenkommunikation über mehrere menschliche Sinne. Zu den für das Marketing relevanten Sinnen zählen Gesichts- (Optik), Gehör- (Akustik), Geruchs- (Olfaktorik), Geschmacks- (Gustatorik) und Tastsinn (Haptik). Grundlegend ist dabei die Annahme, dass die Wirkung der kognitiven Verarbeitung eingehender Reize umso höher ist, je mehr Reizmodalitäten gleichzeitig und ganzheitlich eingesetzt werden.[13]

Multisensuale Markenführung

Unter dem Begriff „Multisensuale Markenführung" versteht man den umfassenden Prozess zur *ganzheitlichen Sinnesansprache* in der Markenkommunikation.[14] Die multisensuale Markenführung besteht entsprechend des entscheidungsorientierten Führungsverständnisses des Marketings aus einer *strategischen Markenführungsphase* (Situationsanalyse, Ziel- und Strategiedefinition), einer *operativen Markenführungsphase* (Umsetzung, zielbezogene Verwendung von mono-, duo- und multisensualen Kombinationen von Kommunikationselementen) sowie einer *Markencontrollingphase* (Effektivitätskontrolle durch GAP- und Wirkungsanalysen, Übersetzung relevanter Sinneseindrücke in eine ganzheitliche Sinnesansprache zur Vermittlung der Markenidentität an die relevante Zielgruppe).[15]

---

[10] Die Identitätsbasierung der Markenführung wurde parallel in Frankreich durch Kapferer (1992), den USA durch Aaker (1996) und in Deutschland durch Meffert/Burmann (1996) entwickelt. (Vgl. Blinda, 2007, S. 72)
[11] Vgl. Blinda, 2007, S. 73.
[12] Der Terminus Sensorik leitet sich aus dem lat. „sensere" (d.h. fühlen, wahrnehmen) ab. Beide Begriffe - Multisensualität und Multisensorik - werden im Folgenden der Arbeit synonym verwendet.
[13] Vgl. Weinberg/Diehl, 2005a, 280f. sowie URL 8.
[14] URL 5.
[15] Vgl. ebenda.

Neue Medien

Nach Bollmann versteht man unter Neuen Medien „*alle Verfahren und Mittel, die mit Hilfe digitaler Technologie, also computerunterstützt, bislang nicht gebräuchliche Formen von Informationsverarbeitung, Informationsspeicherung und Informationsübertragung, aber auch neuartige Formen von Kommunikation ermöglichen.*"[16]

Heute wird der Begriff Internet oftmals als Synonym für Neue Medien verwendet, obwohl das Internet nur eine mögliche Ausprägung Neuer Medien ist.[17]

---

[16] Bollmann, 1998, S. 12.
[17] Vgl. URL 133.

2. Theoretische Grundlagen der Multisensualität

Der Begriff Multisensualität setzt sich aus den Wortbestandteilen „Multi" (lat. Vorsilbe für „viel") und „Sensualität" zusammen. Letzterer Begriff wurde aus dem Neulateinischen editiert, bedeutet „Sinnlichkeit" und wird definiert als *„Empfänglichkeit der Sinnesorgane für Reize aus der Außenwelt, die Empfindungen und Wahrnehmungen hervorbringen"*[18]. Dies bedeutet, dass Reize der Außenwelt mit Hilfe der menschlichen Sinnesorgane aufgenommen und empfunden werden können. Die Messung der Intensität der Empfindungen ist zentrale Aufgabe der Psychophysik. Sie untersucht die Beziehungen zwischen physikalischen Reizen und dem Verhalten, das diese Reize hervorruft.[19]

Ungeachtet der Tatsache, dass der Begriff Multisensualität in der Literatur nur vereinzelt definiert wurde, gibt es unterschiedliche Auffassungen über die Sinnesanzahl und Wirkungsweise. Während *Thiemer* Multisensualität als Ansprache „aller Sinneskanäle des Menschen"[20] beschreibt, spricht *Wolf* von „möglichst vielen Sinnen"[21]. Beide vertreten die Auffassung, dass es um die *„Ansprache der Sinne"*[22] geht und nicht wie bei *Immendörfer* formuliert um das *„Zusammenwirken der Sinne"*[23]. Diese Arbeit folgt dem allgemeinen Begriffsverständnis von *Wolf* und *Fösken*[24], wonach die Multisensualität im Rahmen der Markenkommunikation als *Ansprache der relevanten internen und externen Zielgruppe über gleichzeitig mehrere bzw. mindestens drei Sinne* definiert werden kann.

---

[18] Regenbogen/Meyer, 2005, S. 607.
[19] Vgl. Springer, 2008, S. 16.
[20] Thiemer, 2004, S. 168.
[21] Wolf, 2005, S. 67.
[22] Die Begriffe „Sinn" und „Modalität" werden häufig synonym verwendet. Genau genommen bezeichnet eine „Modalität" den Sinneseindruck bzw. die Sinnesempfindung und damit die im Gehirn bereits interpretierten Sinnesreize, die über einen spezifischen Sinn und damit über dasselbe Sinnesorgan gewonnen werden. Der Sinnesreiz und die Empfindung sind in ihrer Qualität ähnlich. (Vgl. Springer, 2008, S. 42)
[23] Immendörfer, 2005, S. 220.
[24] Vgl. Fösken, 2006, S. 72ff.

2.1 Wahrnehmung von Sinnesreizen

„Man kann nicht nicht kommunizieren."

Paul Watzlawick

Der Mensch ist verschiedenen Umweltreizen ausgesetzt, die er über die fünf Sinnesorgane Augen, Ohren, Nase, Zunge und Haut aufnimmt. In den fünf Sinnesorganen befinden sich **Sinneszellen** (Rezeptoren) mit einer hohen Empfänglichkeit für eintreffende Reize. Jeder Rezeptor ist dabei auf bestimmte Reize spezialisiert und wandelt diese in nervöse Erregungen um, die über sensible Nerven an das zentrale Nervensystem weitergeleitet werden. Dort lösen sie optische, akustische, olfaktorische, gustatorische bzw. haptische Sinneseindrücke aus, die dem Menschen als Empfindungen bewusst werden. Verknüpft mit vorhandenen sensorischen Erfahrungen werden letztlich sensorische Wahrnehmungen[25] hervorgerufen.[26]

Nicht nur durch passive Wahrnehmung wird die Umwelt erfahren, sondern auch durch aktives, subjektives Verhalten beim Suchen, Selektieren und Verarbeiten von Informationen.[27] Entscheidend dabei ist, ob die Reize bei der Aufnahme einen bestimmten Schwellenwert überschreiten, denn von der **Reizschwelle** hängt ab, ob es überhaupt zu einer Informationsaufnahme kommt. Bei einer Überschreitung der Reizschwelle werden die Zustände und Vorgänge der Außenwelt über die jeweils adäquaten[28] Reize von den spezifischen Rezeptoren aufgenommen (Perzeption) und im Gehirn verarbeitet. In weiterer Folge werden diese empfangenen Informationen als Bilder, Geräusche, Temperatur, Bewegung bzw. Berührung erfahren.[29]

Der Begriff „multisensuale Wahrnehmung" soll verdeutlichen, dass der Mensch über mehrere Sinnessysteme Informationen aufnimmt, da an einem Wahrnehmungsvorgang meist mehrere Sinne gleichzeitig beteiligt sind. Im Zuge des Wahrnehmungsprozesses werden die Informationen, die über die getrennten Sinneskanäle aufgenommen wurden, zu einer ganzheitlichen Wahrnehmung vereinigt.[30]

---

[25] Wahrnehmungen lassen sich definieren als „Zusammenspiel von aktuellen Informationen aus der Umwelt und den gespeicherten Informationen aus dem Langzeitgedächtnis, die in früheren Wahrnehmungsvorgängen gesammelt wurden." (Knoblich et al., 2003, S. 46)
[26] Vgl. Schubert/Hehn, 2004, S. 1248f.
[27] Vgl. Guski, 2000, S. 9.
[28] Als adäquater Reiz wird jene Reizform angesehen, die mit dem geringsten Energieaufwand die spezifischen Rezeptoren erregt. (Vgl. Handwerker, 2006, S. 183)
[29] Vgl. Springer, 2008, S. 42f.
[30] Vgl. Schönpflug/Schönpflug, 1983, S. 93.

Jedes Sinnesorgan vermittelt in seiner Qualität ähnliche Sinneseindrücke. Ein **Sinneseindruck** wie beispielsweise die Farbe „rot" oder der Geschmack „bitter" stellt die einfachste Einheit der Sinneserfahrung dar. Der Mensch nimmt Eindrücke jedoch meist in Kombination auf, z.b. als Geschmack und Geruch.[31] Selbst bei einfachen Wahrnehmungen wirken die unterschiedlichsten Eindrücke mehrerer Sinnesmodalitäten zusammen. So fließen beispielsweise in die Wahrnehmung einer Erdbeere nicht nur Eindrücke über den Geschmack und Geruch ein, sondern auch über Form, Farbe und Oberfläche.[32] Die Summe mehrerer Sinneseindrücke bezeichnet man als Sinnesempfindung.

Bereits *Aristoteles*[33] stellte ein System der fünf Sinne auf, welches den Gesichts-, Gehör-, Geruchs-, Geschmacks- und Tastsinn den Sinnesorganen Augen, Ohren, Nase, Zunge und Haut zuordnet.[34] Die moderne Physiologie kennt für den Menschen noch *vier weitere Sinne*, nämlich den Gleichgewichtssinn, die Thermozeption (Temperatursinn), die Nozizeption (Schmerzempfindung) und die Propriozeption (Körperempfindung).[35]

Jedes Sinnesorgan spricht über seine Rezeptoren besonders gut auf den adäquaten Reiz an. So sind es beispielsweise beim Auge elektromagnetische Wellen und beim Geschmackssinn chemische Qualitäten, die für den entsprechenden Reiz sorgen.[36] Der Mensch kann über seine Sinnesorgane pro Sekunde rund eine Milliarde Informationseinheiten aufnehmen. Diese werden jedoch nicht alle im Gehirn verarbeitet, sondern vorab „gefiltert". Da die meisten Rezeptoren die Eigenschaft besitzen, gleichbleibend starke Reize nicht mehr zu registrieren, wird eine Reizüberflutung eingeschränkt. Man nennt diesen Prozess Anpassung der Rezeptoren oder **Adaption**.[37]

Die Sinne haben unterschiedliche Übertragungskapazitäten. Die individuelle Übertragungskapazität der Sinnessysteme bestimmt, aus welchen Informationen sich ein Wahrnehmungsbild zusammensetzt. Jedes sensorische System kann pro Zeiteinheit nur eine begrenzte Anzahl von Informationen an das Zentralnervensystem weiterleiten.[38] Die allgemeine Informationsaufnahmekapazität des Menschen beträgt etwa 10 bis 16 Bit/Sek. Von den vielen Informationen, die unsere Sinnesorgane wahrnehmen, gelangt jedoch nur ein

---

[31] Vgl. Knoblich et al., 2003, S. 47.
[32] Vgl. ebenda, S. 46.
[33] 384 bis 322 v. Chr.
[34] Vgl. Campenhausen, 1993, S. 4.
[35] Vgl. Springer, 2008, S. 16f.
[36] Vgl. Bartels et al., 2004, S. 240.
[37] Typische Beispiele des täglichen Lebens sind Brillenträger, die sich manchmal durch Anfassen der Brillenfassung vergewissern, ob sie die Brille aufhaben; ebenso wenig fühlen wir den Druck eines Ringes am Finger, wenn wir ihn nicht berühren. (Vgl. ebenda, S. 243)
[38] Vgl. Birbaumer/Schmidt, 2006, S. 500.

Bruchteil in das menschliche Bewusstsein.[39] In dieser Arbeit stehen ausschließlich die **äußeren Reize** und ihre Wirkung auf die Wahrnehmung im Mittelpunkt der Betrachtung. Zunächst wird das Gesamtsystem der sensorischen Rezeptoren und der externen Reize aus der Umwelt analysiert. Tab. 1 gibt einen systematisierten Überblick über die Sinnesorgane und dazugehörige Sinnesmodalitäten.

Sinnes-organ	Sinn	Sinnes-eindruck (Wahr-nehmung)	Sinnes-reiz	Rezeptor	Sinnes-empfindung (Beispiele)	Über-tragungs-kapazität
Augen	Gesichts-sinn	optisch	Licht-wellen	Stäbchen und Zapfen der Retina	hell/ dunkel, farbig	10 Mio. Bit/Sek.
Ohren	Gehörsinn	akustisch	Schall-wellen	Haar-zellen des Corti-gans	leise/laut, nah/fern	1,5 Mio. Bit/Sek.
Haut/ Bewe-gung	Temperatur-sinn, me-chanischer Hautsinn, Schmerz-sinn	taktil/ kinäs-thetisch	äußerer Kontakt	Nerven-endungen in der Haut	warm/kalt, glatt/rau, warm/kalt, schwer/ leicht	200.000 Bit/Sek.
Nase	Geruchssinn	ol-faktorisch	Ge-ruchs-tragende Sub-stanzen	Haar-zellen des olfakto-rischen Epithels	fruchtig, aromatisch	14 - 46 Bit/Sek.
Zunge	Ge-schmacks-sinn	gusta-torisch	lösliche Sub-stanzen	Ge-schmacks-knospen der Zunge	süß/bitter	13 Bit/Sek.

Tab. 1: Systematisierung der Sinnesorgane
(Quelle: Eigene Darstellung in Anlehnung an Cube, 1970, S. 156 und Birbaumer/Schmidt, 2006, S. 298ff.)

---

[39] Vgl. Kesseler, 2004, S. 108.

Sinnesempfindungen können gleichgesetzt werden mit den sensorischen Produkteigenschaften, die für sensorische Präferenzen bzw. Aversionen verantwortlich sind. Mittels deskriptiver Verfahren der sensorischen Produktforschung können diese identifiziert und quantifiziert werden.[40] Die zur gezielten Ansprache der einzelnen Sinne relevanten Gestaltungsmittel[41] sind in Tab. 2 zusammengefasst:

Sinnes-	Organ	Augen	Ohren	Nase	Haut	Mund
	Modalität	visuell	auditiv	olfaktorisch	haptisch	gustatorisch
Material (Substanz)		🟢	🟡	🟢	🟢	🟡
Form		🟢			🟡	
Farbe (Licht)		🟢			🟡	
Duft (Gas)		🟡		🟢	🟢	🟢
Aroma				🟢		🟢
Klang (Ton)		🟢	🟡		🟢	
Bewegung		🟢	🟡		🟢	
Temperatur		🟢		🟢	🟢	
Räumlichkeit		🟢	🟡		🟢	
Kraft					🟢	
Beispiele	Alltag	TV	Radio	Parfüm	Trinkglas	Kaugummi
	Marken	Lila Kuh (Milka)	Klingelton (Nokia)	Eau de Toilette (Chanel)	Bierflasche (Corona)	Energy Drink (Red Bull)

Legende: 🟡 = trifft immer zu (unmittelbar wahrnehmbar)
🟢 = trifft nur selten bzw. indirekt zu (mittelbar wahrnehmbar)

Tab. 2: Gestaltungsmittel zur Ansprache der fünf Sinne
(Quelle: Eigene Darstellung in Anlehnung an Kilian, 2007, S. 327)

---

[40] Vgl. Knoblich et al., 2003, S. 179ff.
[41] Gestaltungsmittel ermöglichen es, das Design einer Markenleistung ganzheitlich zu gestalten. (Vgl. Kilian, 2007, S. 327)

Alle von den Sinnesorganen erhaltenen Signale werden je nach Übertragungskapazität von den im Cortex liegenden primären sensorischen Arealen empfangen und verarbeitet, wobei die Wirkung dieser Verarbeitung höher ist, wenn der Einsatz mehrerer Reizmodalitäten zeitgleich und ganzheitlich erfolgt.[42] Ist man gleichzeitig vielen Reizen gleicher oder unterschiedlicher Modalität ausgesetzt, kann es jedoch auch zur Reizüberflutung und folglich zur Störung im Wahrnehmungsprozess kommen. Wenn gleichzeitig komplexe Aufgaben unterschiedlicher Sinnesmodalität gelöst werden müssen, spricht man von Überlagerungen (**Interferenzen**).[43]

Wenn Eindrücke von einer Sinnesmodalität (z.B. Töne) auf eine andere (z.B. Farben) überspringen, so spricht man von **Synästhesien**[44]. Hierbei ruft ein durch einen adäquaten Reiz ausgelöster sinnlicher Ausdruck im Bewusstsein des Wahrnehmenden einen zweiten Eindruck hervor. So können beispielsweise Töne zu farblichen Assoziationen oder Düfte zu visuellen Eindrücken führen.[45]

Eine aktuelle Studie[46] (2009) konnte einen zentralen Filter für Sinneseindrücke im Gehirn nachweisen. Ein kleines Nervengebiet ist demnach dafür verantwortlich, wichtige Eindrücke hervorzuheben und Unwichtiges zu vernachlässigen. Dabei gelang es zum ersten Mal, die Einflüsse des Botenstoffs Serotonin auf den Verarbeitungsprozess von Sinnesinformationen direkt zu messen.[47]

---

[42] Vgl. Springer, 2008, S. 17.
[43] Beispielsweise kann eine visuelle Aufgabe (Zeitung lesen) durch simultane akustisch-musikalische Reize (Nachrichten im Radio hören) in erheblichem Maße gestört werden. (Vgl. Knoblich et al., 2003, S. 48 sowie Kilian, 2007, S. 324)
[44] Der Begriff Synästhesie lässt sich auch mit „Doppel- oder Mitempfinden" übersetzen. Synästhesie tritt offenbar überall auf der Welt etwa mit der gleichen Häufigkeit auf: bei einer von 1.000 bis 2.000 Personen, wobei Frauen dreimal so oft betroffen sind wie Männer. (Vgl. Knoblich et al., 2003, S. 49)
[45] Vgl. Knoblich et al., 2003, S. 49.
[46] Vgl. Petzold et al., 2009, S. 784ff.
[47] Vgl. URL 10.

2.2 Kennzeichen und Ansprache der fünf Sinnessysteme

Der menschliche Körper besitzt eine Vielzahl von Sinnesrezeptoren (Sensoren), um Sichtbares, Geräusche, Geschmäcker, Gerüche, Tastbares, Wärmequellen etc. zu registrieren. Die erfassten Informationen werden im Gehirn zu Wahrnehmungserfahrungen verarbeitet und gespeichert.[48] Im Folgenden werden die Aufnahme, Verarbeitung und Speicherung von Sinnesreizen ausführlich betrachtet, wie sie von jeder Marke ausgehen.

Wie bereits gezeigt wurde reagiert jedes Sinnesorgan auf unterschiedliche Reize: das Auge auf Lichtenergie, die Nase auf chemische Substanzen usw. Die über die Sinnesorgane aufgenommenen Informationen werden an das Gehirn zur Verarbeitung und Speicherung weitergeleitet, wo sie in beiden Hirnhälften verarbeitet werden. Während die linke Hirnhälfte vor allem für sprachlich-logische Reizverarbeitungen verantwortlich ist, verarbeitet die rechte Hirnhälfte primär nichtsprachlich-visuelle Reize. Dabei gilt: Unterschiedliche Hirnregionen sind in die Verarbeitung verbaler und räumlicher Information involviert.[49]

Man geht heute davon aus, dass die effizienteste wahrnehmungsbasierte Wissensrepräsentation, d.h. die Organisation und Nutzung von Informationen im Langzeitgedächtnis, durch duale Kodierung[50] verbaler und visueller Reize geschieht. Dabei werden sowohl die linke als auch die rechte Hirnhälfte angesprochen.[51] Die Reizmuster in Form von **multisensualen Reizen** werden im Gehirn als innere „Gedächtnisbilder" (Imageries) repräsentiert. Dabei können nicht nur visuelle Reize als Imageries fungieren, sondern auch Reize anderer Sinnesmodalitäten, wie akustische Reize oder Geruchsreize in ihrer modalitätsspezifischen Form.[52] Die mittlerweile teilweise überholte Hemisphärenforschung[53] besagt, dass bei rechtshändigen Menschen die rechte Hirnhälfte bedeutend leistungsfähiger (schnellere, gleichzeitige, automatische Verarbeitung, große Speicherkapazität, keine kognitive Kontrolle) ist, als die linke Hälfte (langsamer, sequentielle Verarbeitung, weniger Speicherkapazität, kognitive Kontrolle).[54] Im Folgenden wird auf die visuellen, auditiven, haptischen, olfaktorischen und gustatorischen Ausgestaltungsmöglichkeiten, die so genannten Modalitäten, näher eingegangen.

---

[48] Vgl. Linxweiler, 2004, S. 47.
[49] Vgl. Anderson, 2007, S. 111.
[50] Allan Paivio galt lange Zeit als herausragender Vertreter der Theorie der doppelten Kodierung (Dual Coding), die er 1971 entwickelt und vorgestellt hat. (Vgl. Kiel, 2008, S. 100)
[51] Vgl. Anderson, 2007, S. 107f.
[52] Vgl. Linxweiler, 2004, S. 47.
[53] Vgl. Köhler/Bruhn, 2010, S. 22.
[54] Vgl. ebenda.

2.2.1 Kennzeichen und Ansprache des visuellen Sinnessystems

Das visuelle Sinnessystem „enthält einen rezeptiven Anteil, der insbesondere aus den Sinneszellen der Netzhaut (Retina) besteht, sowie einen integrativen Abschnitt, der einzelne Retinaneuronen und Teile des Gehirns umfasst"[55]. Der visuelle Sinn gilt als verlässlichster[56] aller Sinne und zeichnet sich bei der Umwandlung von Licht vor allem durch folgende Leistungen aus:[57]

- Das zeitliche Auflösungsvermögen des Sehsystems ist außerordentlich hoch. Während akustische Signale stets eine gewisse Verzögerung beinhalten, kann das im Sichtfeld stattfindende Ereignis praktisch gleichzeitig mit den Augen wahrgenommen werden. Das Licht ist rund 900.000-mal schneller als der Schall.[58]

- Mit Hilfe des Kontrastsehens können Gegenstände insbesondere bei geringen Lichtunterschieden leicht identifiziert werden.

- Die präzise Erfassung der Augen ermöglicht die Beobachtung anderer Lebewesen in ihrer Ausformung und Dynamik. Die Reflexivitätseigenschaft, die die visuelle Perzeption gegenüber der akustischen Wahrnehmung auszeichnet, geht mit der präzisen Erfassung einher.[59]

- Durch die Spektralanalyse wird Farbensehen ermöglicht, sodass sich Farbabstufungen bei gleich hellen Objekten unterscheiden lassen.

Ein Mensch nimmt zwischen 60 bis 90 Prozent aller Informationen visuell auf.[60] Um visuelle Information aufzunehmen, müssen diese im sichtbaren Licht enthalten sein, denn bei Dunkelheit bleiben alle nichterleuchteten Körper dem Auge unsichtbar, da Körper und Farben erst durch auftretende Lichtstrahlen wahrnehmbar werden.[61] Sichtbares Licht stellt ein schmales Energieband innerhalb des elektromagnetischen Spektrums zwischen 400 und 700 Nanometer[62] (nm) dar, wobei die angrenzenden kürzeren (ultravioletten) und längeren (infraroten) Wellenlängen für das menschliche Auge unsichtbar sind.[63] Die Wellenlänge bestimmt dabei die Farbempfindung. So wird Licht mit niedrigen Wellenlängen (ca. 380 nm) als blau und Licht mit höheren Wellenlängen (ca. 750 nm) als rot wahrgenommen.[64]

---

[55] Fanghänel, 2003, S. 456.
[56] Vgl. Schmidt, 1985, S. 21.
[57] Für die folgenden Ausführungen vgl. insbesondere Springer, 2008, S. 47.
[58] Vgl. Ditzinger, 2006, S. 6.
[59] Vgl. Lenz, 1990, S. 20.
[60] Diese Angabe schwankt je nach Verfasser (Vgl. Hensel, 2005, S. 196f.)
[61] Vgl. Guckenberger, 2001, S. 12.
[62] Ein Nanometer entspricht einem Milliardstel Meter.
[63] Vgl. Eysel, 2006, S. 243.
[64] Vgl. Ditzinger, 2006, S. 7.

2.2.1.1 Der Sinneskanal Auge

Das Auge[65] besteht aus einem **optischen System** und der **Netzhaut** (vgl. Abb. 1). Während das optische System die Aufgabe hat, elektromagnetische Wellen[66] zu brechen, ist die Netzhaut dafür verantwortlich, dass sie aus den gebrochenen Strahlen ein Bild der Umwelt erzeugt.[67] Dies geschieht durch die Photorezeptoren, die so genannten Zapfen und Stäbchen, die auf der Netzhaut die einfallenden physikalischen Reize (Lichtstrahlen) in Nervenimpulse umwandeln.[68]

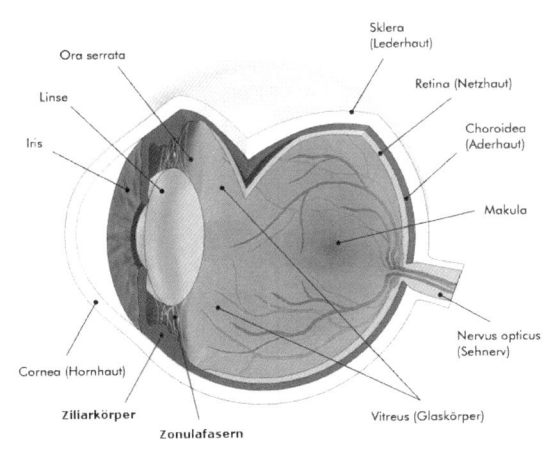

Während die lichtempfindlichen Stäbchen, die nur hell und dunkel unterscheiden, pro Auge ca. 140 Mio. Zellen umfassen, sind die Zapfen mit etwa 8 Mio. Zellen weit weniger häufig. Letztere besitzen die Aufgabe, Farben und Formen zu erkennen und benötigen daher mehr Licht als die Stäbchen.[69] Vor allem die Zahl der Zapfen pro Flächeneinheit bestimmt dabei unsere Sehschärfe.[70]

Abb. 1: Aufbau des menschlichen Auges
(Quelle: URL 28)

Durch das einfallende Licht, das in der Linse gebündelt wird, entsteht ein umgekehrtes, verkleinertes Bild eines Gegenstandes auf der Netzhaut. Das projizierte Abbild ändert sich infolge der Bewegungen des Menschen und der Umwelt fortwährend.[71] In der Regel springt der Blick drei bis fünfmal pro Sekunde, so dass alle 200 bis 300 ms ein anderer Teil des Sehfeldes fixiert wird.[72] Beide Augen liegen durchschnittlich ca. 6,4 cm auseinander. Durch

---

[65] Der Begriff „Auge" geht auf die indogermanische Wurzel „oku" (d.h. sehen, Auge) zurück, die dem Wort Auge in den meisten europäischen Sprachen zugrunde liegt. (Vgl. Springer, 2008, S. 48)
[66] Nur ein kleiner Wellenbereich der elektromagnetischen Strahlung, 400 bis 750 nm, wird von der Netzhaut verarbeitet. (Vgl. Bartels et al., 2004, S. 251)
[67] Vgl. Bartels et al., 2004, S. 245.
[68] Vgl. Evers, 1999, S. 25.
[69] Vgl. Campenhausen, 1993, S. 137.
[70] Vgl. Bartels et al., 2004, S. 252.
[71] Vgl. Springer, 2008, S. 49.
[72] Vgl. Düweke, 2007, S. 33.

ihre unterschiedlichen Positionen liefern sie zwei disparate Bilder, die leicht unterschiedliche Ansichten eines Objektes zeigen. Während die gesammelten Informationen des linken Gesichtsfeldes in die rechte Hemisphäre gelangen, werden die aufgenommenen Informationen des rechten Gesichtsfeldes in die linke Hemisphäre weitergeleitet. Für diesen Vorgang ist die Sehnenkreuzung des optischen Traktes verantwortlich. In den beiden Gehirnhälften werden schließlich die unterschiedlichen Bildinformationen der Verschmelzungstheorie zufolge zusammengeführt und ausgewertet.[73]

Fotoapparat	Menschliches Auge
Gehäuse	▪ Lederhaut (Sclera)
	▪ Die von Knochen umgebene Augenhöhle (Orbita)
Verschluss	▪ Lider (Palpebrae) wie eine Objektivkappe
Blende	▪ Regenbogenhaut (Iris) mit Pupille
Linsensystem (Objektiv)	▪ starre Frontline: Hornhaut (Cornea)
	▪ verstellbare Linse: Augenlinse (Lens)
Entfernungseinstellung	▪ Strahlenkörper (Corpus ciliare)
Bildträger (Film)	▪ Netzhaut (Retina)

Tab. 3: Vergleich von Fotoapparat und Auge
(Quelle: Lippert, 2003, S. 574)

Das **optische System** des Auges wird oft mit einem traditionellen Fotoapparat verglichen (vgl. Tab. 3). Es besitzt eine Blende (Regenbogenhaut[74] mit Pupille), eine Linse und eine Schicht, in der bei Lichteinfall chemische Umsetzungen stattfinden, sowie die Netzhaut[75] (Retina). Weitere Bestandteile des Auges sind Glaskörper, Lederhaut (Sclera), Hornhaut (Cornea), Aderhaut (Choroidea), Ringmuskel (Ziliarmuskel), vordere und hintere Augenkammer und die Nervenfaserschicht.

---

[73] Vgl. Scharf, 2000, S. 30.
[74] Die Regenbogenhaut (Iris), die „Blende" des Auges, regelt den Lichteinfall ins Auge, indem sie die Pupille erweitert oder verengt. Der Öffnungsspielraum reicht von 2 bis 8 mm Durchmesser. Eine starke Pupillenerweiterung (Mydriasis) wird entweder durch Dunkelheit oder durch bestimmte psychische Zustände hervorgerufen. (Vgl. Springer, 2008, S. 49)
[75] Die Netzhautmitte (Fovea centralis), auch „Stelle des schärfsten Sehens" genannt, ist unerlässlich für die Lesefähigkeit. (Vgl. ebenda)

2.2.1.2 Gestaltungsparameter der visuellen Sinneseindrücke

Zu den elementaren Dimensionen der Sinneseindrücke bei der Betrachtung visueller Signale, z.b. Bilder, Texte und Räumlichkeiten, zählen Farben, Formen, Raum und Bewegung.[76] Die zielgruppenspezifische Kommunikation mit Hilfe visueller Elemente stellt einen Schwerpunkt der multisensualen Kundenansprache dar. Bei der Ausgestaltung der visuellen Maßnahmen hat die Wahl der eingesetzten Farben eine große Bedeutung.[77] Bei industriell hergestellten Produkten dient die Farbwahl u.a. zur Verdeutlichung der Gebrauchsfunktion, der Sicherheitsfunktion und der ästhetischen Funktion.[78] Schließlich prägen das Design und die Markendarstellung die wahrnehmbare Leistung als Ganzes.[79]

Farben zählen zu den wichtigsten visuellen Gestaltungsmitteln, da sie Assoziationen hervorrufen und somit Bedeutungen konnotieren können.[80] Farben sind „visualisierte Gefühle"[81] und eng mit den archetypischen menschlichen Erfahrungen verknüpft. Sie bewirken klar erkennbare und messbare Zustände.[82] Farben greifen direkt, massiv und vom klaren Denken weitgehend unkontrolliert in biochemische und biophysikalische Prozesse des menschlichen Körpers ein. So werden u.a. Herzschlag, Blutdruck, Puls und Atemfrequenz von Farben beeinflusst.[83]

In Tab. 4 sind die körperlichen Auswirkungen am Beispiel der Farben Rot und Blau dargestellt. Der Rot-Blau-Gegensatz macht deutlich, dass der Anblick der Farbe Rot erregt und aktiviert, während die Farbe Blau alle Körperreaktionen beruhigt.

Rot	Blau
Atmung rascher	Atmung langsamer
Puls und Blutdruck steigen	Puls und Blutdruck fallen
Herzschlag beschleunigt	Herzschlag verlangsamt

Tab. 4: Der Rot-Blau-Gegensatz
(Quelle: Braem, 1985, S. 17)

---

[76] Vgl. Springer, 2008, S. 50f.
[77] Vgl. ebenda, S. 53f.
[78] Vgl. Küthe et al., 2002, S. 265.
[79] Vgl. Kroeber-Riel, 1984, S. 136ff.
[80] Vgl. Peter/Olson, 2005, S. 494.
[81] Nach Prof. Max Lüscher, dem Erfinder des bekannten Lüscher-Farb-Tests.
[82] Vgl. Braem, 1985, S. 18.
[83] Vgl. ebenda, S. 16f.

Eine Variation der Farbgebung eines Objektes führt bei gleicher Form und gleichem Gewicht eines Produktes dazu, dass ein heller Gegenstand im Vergleich zu einem dunklen Gegenstand leichter und größer eingeschätzt wird (vgl. Tab. 9).[84] Farben beeinflussen jedoch nicht nur die *Wahrnehmung des Gewichts*[85], sondern auch des Geschmacks, des Geruchs, der Konsistenz, der Qualität, der Haltbarkeit, der Frische und der Temperatur. So variieren geschätzte Temperaturen von Räumen mit „kühlen" und „warmen" Farben um bis zu 6 Grad (zwischen 15°C und 21°C).[86] Die Wirkungen von Farben werden neben dem Farbton auch durch die Helligkeit, Intensität, Sättigung und Kontraste beeinflusst.[87] So werden leuchtkräftige und gesättigte Farben angenehmer erlebt als blasse Farben.[88] Intensiv farbige und graphisch komplexe Muster können jedoch auch als Überinformation zu einer Überstimulation führen.[89] Graphische Elemente lassen sich besser unterscheiden, wenn sie sowohl in der geometrischen Form als auch in der Füllung der Form abweichen.[90] Meist werden Formen mittlerer Komplexität am leichtesten wahrgenommen.[91]

Die Farbgebung wirkt sich auch auf die haptische Wahrnehmung aus. So suggeriert beispielsweise eine hellgrau glänzende Fläche eher einen harten, kühlen, metallenen Griff. Eine lichtgrau-blaue Fläche hingegen lässt eine sehr glatte, wässrige Oberfläche vermuten.[92] Farben sind außerdem imstande, die Illusion von Perspektiven zu schaffen, denn Farben wirken umso näher, je wärmer sie sind und umso entfernter, je kälter sie sind.[93] Gleichzeitig scheinen Flächen bzw. Räume warmer Farben, wie Rot oder Orange, in der Regel größer bzw. voluminöser als physisch gleich große Flächen bzw. Räume kalter Farben, wie Blau und Grün.[94] Des Weiteren wirken intensive Farben näher als blasse Farben.[95] Tab. 5 fasst exemplarisch Ergebnisse der elementaren Dimensionen visueller Sinneseindrücke zusammen.

---

[84] Vgl. Meyer, 2001, S. 41.
[85] *Warden* und *Flynn* konnten in einer Studie nachweisen, dass es durch Farbgebung möglich ist, einen Gegenstand empfindungsmäßig leichter oder schwerer wirken zu lassen. Auslöser zur Untersuchung dieses Phänomens war die Beobachtung, dass Arbeiter an Tagen, an denen sie schwarze Kisten zu transportieren hatten, eine deutlich niedrigere Leistung zeigten als an Tagen, an denen es gleich schwere hellfarbige Ladungen zu bewegen galt. So wurde eine 3 Pfund-Packung als Ausgangsbasis herangezogen. Das Ergebnis: Weiß (3,0 Pfund), Gelb (geschätzt auf 3,5 Pfund), Grün (4,1 Pfund), Blau (4,7 Pfund), Grau (4,8 Pfund), Rot (4,9 Pfund) und Schwarz (5,8 Pfund). (Vgl. Kilian, 2007, S. 323f.)
[86] Vgl. Küthe/Küthe, 2003, S. 121.
[87] Vgl. Kramer, 1998, S. 69ff.
[88] Vgl. Kroeber-Riel/Weinberg, 2003, S. 432.
[89] Vgl. Berlyne/McDonnel, 1965, 2. 156ff.
[90] Vgl. Tremmel, 1992, S. 75ff.
[91] Vgl. Crook, 1957, S. 85ff.
[92] Vgl. Küthe/Küthe, 2003, S. 118.
[93] Vgl. Gross, 1999, S. 37f.
[94] Vgl. Cleveland/McGill, 1983, S. 101ff.
[95] Vgl. Heller, 2004, S. 113.

Farbwirkung/ Assoziative Symbolik	Farben		Formen	Raum	Bewegung
aktivierend, dynamisch, erregend/ Dynamik, Kraft, Liebe	Rot	warm	eckig (Quadrat)	groß	nah	schnell
anregend, warm, offen/ Energie, Freude, Wärme	Orange		eckig (Trapez)			
heiter, anregend, jung/ Sonne, Eifersucht, Neid	Gelb		eckig (Dreieck)			
natürlich, gesund, beruhigend/ Natur, Hoffnung, Sicherheit	Grün		eckig (Dreieck)			
ernsthaft, kühl, ruhig/ Ferne, Atmosphäre, Reife	Blau		rund (Kreis)			
melancholisch, würdevoll, mystisch/ Buße, Würde, Magie	Violett	kalt	rund (Ellipse)	klein	fern	langsam

Tab. 5: Vergleich visueller Sinneseindrücke
(Quelle: Eigene Darstellung in Anlehnung an Springer, 2008, S. 58)

2.2.2 Kennzeichen und Ansprache des auditiven Sinnessystems

Im Mittelpunkt des auditiven Systems stehen die Schallaufnahme und -analyse. Um ein Schallereignis wahrnehmen zu können, muss eine einfache physikalische Wirkungskette vorausgehen. Dabei versetzt eine Schallquelle die sie umgebende Luft in kleine Schwingungen, die in Folge von Kompressibilität und Masse der Luft übertragen werden und zum Ohr des Hörers gelangen. In der übertragenden Luft (bzw. dem Gas oder der Flüssigkeit) finden dabei physikalisch kleine Druckschwankungen statt. Dieser Druck wird als *Schalldruck* bezeichnet und stellt die wichtigste akustische Feldgröße dar, die naturgemäß orts- und zeitabhängig ist.[96]

---

[96] Vgl. Möser, 2009, S. 1.

Die drei menschlichen Primärempfindungen bei der Wahrnehmung von akustischen Ereignissen sind **Lautstärke, Tonhöhe** und **Klangfarbe**. Ein Schallereignis[97] lässt sich im Wesentlichen durch den Schalldruckpegel[98], der im alltäglichen Sprachgebrauch als Lautstärke bezeichnet wird, und die Klangfarbe charakterisieren.[99] Während der Grundton die empfundene Tonhöhe des Klangs bestimmt, sind die Obertöne[100] für die Klangfarbe verantwortlich.[101] Sind zwei Schallsignale gleich laut und gleich hoch, so ermöglicht uns die Klangfarbe zwischen beiden Schallquellen zu unterscheiden. Unterschiedliche Klangfarben können mit der Farbpalette in der Malerei verglichen werden, denn verschiedene Klangfarben stellen das unteilbare Ausgangsmaterial für jede akustische Gestaltung dar. Sie wird häufig unbewusst, dafür aber unmittelbar und direkt wahrgenommen und erlebt.[102]

Der *Hörbereich*[103] des menschlichen Ohres liegt meist zwischen 20 Hz[104] und 20.000 Hz, wobei das Maximum der Empfindlichkeit bei etwa 2 kHz liegt. Tonhaltige Geräusche in diesem Frequenzbereich (z.b. einer Kreissäge) werden als besonders störend empfunden.[105] Der Frequenzumfang, der als adäquater Reiz vom Gehör verarbeitet werden kann, umfasst zehn Oktaven mit jeweils zwölf halben Tönen und ist damit zehnmal größer als der Wahrnehmungsbereich des Auges, das lediglich eine Frequenzverdoppelung bewältigt.[106] Die *Schmerzgrenze* des menschlichen Ohrs liegt durchschnittlich bei 120 bis 130 dB.[107]

Zum ausgeprägten Richtungshören, das durch die Laufzeitunterschiede des Schalls zu den beiden Ohrmuscheln ermöglicht wird, kommt die Fähigkeit des Hin- und Weghörens und damit die selektive Wahrnehmung von Erwünschtem und Unerwünschtem hinzu.[108] Des

---

[97] Man unterscheidet prinzipiell zwischen Ton, Klang und Geräusch. Ein *Ton* stellt eine Sinusschwingung dar, die genau aus einer Frequenz besteht. Während ein *Klang* die Mischung mehrerer sinusförmiger Töne ist, die in einem bestimmten Frequenzverhältnis zueinander stehen und alle ganzzahlige Vielfache eines tiefsten Tons (Grundton) sind, besteht ein *Geräusch* aus Frequenzgemischen, die kein ganzzahliges Verhältnis der Frequenzen zueinander haben und somit im Allgemeinen durch eine Vielzahl nicht regelmäßig zusammenklingender Töne verschiedener Frequenz und Höhe entstehen. (Vgl. Friesecke, 2007, S. 153f.)
[98] Der Schalldruckpegel wird als logarithmisches Maß in Dezibel (dB) angegeben. Dabei entspricht eine Verdoppelung des Schalldrucks einem Zuwachs von 6 dB. (Vgl. URL 152)
[99] Vgl. Möser, 2009, S. 1.
[100] Ein Oberton ist ein Ton, der mit einem Vielfachen der Frequenz eines Grundtons schwingt.
[101] Vgl. Friesecke, 2007, S. 154.
[102] Vgl. Raffaseder, 2007, S. 102.
[103] Die Fähigkeit zum Hören der hohen Frequenzen ist altersabhängig und nimmt mit zunehmendem Alter deutlich ab. Schall mit Frequenzen unterhalb des Hörbereichs *(Infraschall)* und oberhalb des Hörbereichs *(Ultraschall)* ist für den Menschen nicht hörbar. (Vgl. Friesecke, 2007, S. 117)
[104] Die untere Grenzfrequenz des Hörvermögens wird von der Geschwindigkeit der Datenverarbeitung im Gehirn bestimmt. So nimmt das Ohr bei weniger als 16 Druckänderungen pro Sekunde noch getrennte Schallsignale wahr (Flimmergrenze), oberhalb von 16 Hz verschmelzen diese Einzelwahrnehmungen zum Eindruck eines tiefen Tons. (Vgl. Görne, 2008, S. 113)
[105] Vgl. Maute, 2006, S. 52.
[106] Vgl. Flückiger, 2007, S. 193.
[107] Vgl. ebenda, S. 226.
[108] Vgl. Maute, 2006, S. 52.

Weiteren ist das menschliche Gehör durch seine Trägheit gekennzeichnet, die bei kurzen Schallimpulsen die Wahrnehmung in voller Pegelhöhe verhindert.[109] Das Gehör besitzt die besondere Fähigkeit, Geräusche mit bestimmten Eigenschaften in Verbindung zu bringen. Es wird u.a. beim **Sound Design**[110] genutzt, insbesondere in der Automobilwirtschaft.[111] So soll das typische Geräusch beim Zuschlagen von Autotüren Sicherheit und Qualität signalisieren, der Motorsound hingegen Emotionen transportieren.[112]

Allgemein gilt: „Der Prozess des Hörens wird als ein strukturierender, bedeutungsgenerierender Vorgang angesehen, bei dem Ohr und Gehirn zusammen aktiv die Hörempfindung hervorbringen."[113] Hinzu kommt, wie Lampson betont: *„Musik besitzt eine direkte Wirkung auf das vegetative Nervensystem des Menschen und kann direkter wirken als Bilder. So lassen sich gezielt unbewusste, emotionale Schwingungen erzeugen. Das Potenzial dafür ist längst nicht ausgeschöpft"*[114].

Einzelne auditive Fähigkeiten sind dabei starken Altersschwankungen unterworfen.[115] Bei uneingeschränkter Hörfähigkeit wird Schätzungen zufolge rund ein Zehntel aller Informationen über die Ohren wahrgenommen.[116] Grundsätzlich zeichnen sich die Ohren durch folgende Leistungen aus:[117]

- Das Gehör bildet aus den Reizeinwirkungen ein Bezugssystem, an dem sich die Qualitäten und Quantitäten der Empfindungen orientieren.[118]
- Als Voraussetzung für die Entwicklung der Sprache und damit der menschlichen Kommunikation gilt die Umwandlung von Schall.
- Die auditive Aufmerksamkeit ermöglicht die Konzentration auf Gehörtes. Dabei können auditive Reize aus ihrem Hintergrund, den Nebengeräuschen, herausgelöst werden (Precedence-Effekt).

---

[109] Die Trägheit des Gehörs wird durch seine Zeitkonstante beschrieben, sie beträgt etwa 125 ms. Bis zur vollen Wahrnehmung eines plötzlich einsetzenden Geräusches vergehen rund 200 ms. (Vgl. Maute, 2006, S. 51)
[110] Darunter wird die Entwicklung eines besonderen akustischen Verhaltens von Geräten und Gebrauchsgegenständen einschließlich psychoakustischer Tests verstanden. (Vgl. Maute, 2006, S. 53)
[111] Vgl. Maute, 2006, S. 52f.
[112] Vgl. URL 32.
[113] Walkowiak, 1996, S. 209.
[114] URL 40.
[115] Vgl. Fischer, 2003, S. 64ff.
[116] Vgl. Braem, 1985, S. 192.
[117] Für die folgenden Ausführungen vgl. Springer, 2008, S. 61.
[118] Vgl. Dickreiter, 1982, S. 69f.

➤ Die auditive Diskrimination macht es möglich, dass Ähnlichkeiten und Unterschiede zwischen Lauten und Tönen erkannt und zugeordnet werden können.

➤ Die räumliche Einordnung einer Geräuschquelle und die Abschätzung von Entfernungen werden durch die auditive Lokalisation bewerkstelligt.

➤ Die Speicherung des Gehörten zur Wiedererkennung und -abrufung wird durch die auditive Merkfähigkeit ermöglicht, wobei ein akustisches Signal auch einen anderen Reiz auslösen kann.

Beim auditiven Übertragungsweg befinden sich bedeutend mehr Zwischenstationen im Gehirn als beim visuellen System.[119] Dafür nimmt das auditive System eines Individuums auch Informationen über Objekte auf, die sich seitlich oder hinter ihm befinden.[120]

Erklingen zwei oder mehr Töne zeitgleich, so kann unser Gehirn sie einzeln wahrnehmen.[121] Selbst einfache Melodien enthalten unterschiedliche musikalische Dimensionen wie Rhythmus, Harmonik und Dynamik.[122] Die häufigsten Schallereignisse des täglichen Lebens werden jedoch nicht durch Musik geprägt, sondern umfassen praktisch alle Frequenzen des Hörbereichs.[123] Hierzu zählt auch die Sprache, die akustisch als Geräusch bezeichnet wird und zu den komplexesten und bedeutsamsten auditiven Reizen gehört.[124] Als wichtigste spezifische Grundlage der auditiven Wahrnehmung dient die Integration verschiedener Dekodierungsverfahren.[125] Sämtliche Parameter des Schalls - Intensität, Frequenz und zeitliche Struktur - interagieren miteinander und werden deshalb ganzheitlich wahrgenommen. Klangobjekte sind **multidimensional**.[126] *„Musik findet nicht nur in der Zeit statt, sie überhöht und überwindet Zeit. Nicht nur Vergangenheit und Gegenwart verschmelzen, auch Zukunft fällt in sie hinein"*[127], so Berendt.

---

[119] Vgl. Kebeck, 1994, S. 92.
[120] Vgl. Guski, 2000, S. 173.
[121] Vgl. Roederer, 1999, S. 6.
[122] Vgl. Jourdain, 2001, S. 15.
[123] Vgl. Zenner, 2006, S. 287.
[124] Vgl. Anderson, 2007, S. 353.
[125] Vgl. Walkowiak, 1996, S. 224f.
[126] Vgl. Flückiger, 2007, S. 196.
[127] Berendt, 1985, S. 82.

2.2.2.1 Der Sinneskanal Ohr

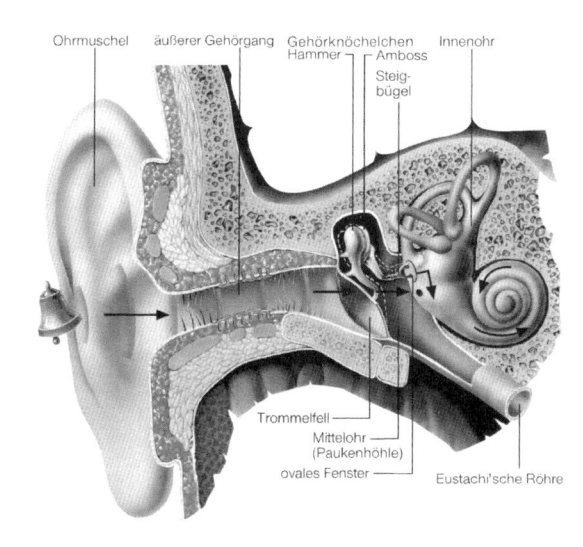

Das Ohr wird anatomisch in **Außenohr** (samt Ohrmuschel, Gehörgang und Trommelfell), (dem mit Luft gefüllten) **Mittelohr** und (dem flüssigkeitsgefüllten) **Innenohr** unterteilt (vgl. Abb. 2).[128] Jeder dieser Bereiche ist für bestimmte Phasen der Schallwahrnehmung verantwortlich. Die Ohren befinden sich in einem Abstand von 17 bis 18 cm seitlich beider Kopfhälften.[129]

Abb. 2: Aufbau des menschlichen Ohres
(Quelle: URL 30)

Das äußere Ohr und das Mittelohr werden durch den Gehörgang verbunden, der der Weiterleitung des Schalls zum Trommelfell dient. Er besitzt einen Durchmesser von 1 bis 1,5 cm und misst eine Länge von ca. 5 cm.[130] Das Mittelohr wird mittels der Eustachischen Röhre mit dem Rachenraum verbunden und ist für den Druckausgleich verantwortlich. Das Innenohr besteht aus zwei Teilen, nämlich aus der Hörschnecke (Cochlea) und dem vestibulären System (Gleichgewichtsorgan). Die eigentliche auditive Informationsverarbeitung beginnt in der Cochlea, einem schneckenförmig gewundenen Kanalsystem.[131] Jedes Innenohr ist sowohl mit der rechten als auch linken Hörrinde verbunden. So können binaurale akustische Signale, die sich in der Laufzeit, Intensität sowie Klangfarbe unterscheiden, miteinander verglichen werden.[132]

---

[128] Vgl. Maschke/Widmann, 2003, S. 81.
[129] Vgl. Lensing, 2009, S. 15.
[130] Vgl. Friesecke, 2007, S. 112.
[131] Vgl. Flückiger, 2007, S. 194f.
[132] Vgl. Zenner, 2005, S. 350f.

Die kleinen Muskeln im Mittelohr schützen die Hörschnecke (Cochlea) vor einer Reizüberlastung bei Pegeln zwischen 80 und 110 dB. Dabei kontrahieren die Muskeln von Hammer und Amboss innerhalb von 50 ms simultan und ziehen eine Begrenzung des Reizes nach sich. Derselbe Reflex ist wenn wir sprechen verantwortlich für die Anpassung der Hörempfindung unserer eigenen Stimme an die Lautstärke der Umgebung. Wird das Ohr über einen längeren Zeitraum einem stabilen Reiz ausgesetzt, so adaptiert es sich. Eine Ermüdung des Gehörs ist die Folge, wobei ein gleichbleibender Dauerton immer leiser erscheint.[133]

2.2.2.2 Gestaltungsparameter der auditiven Sinneseindrücke

Zu den elementaren Dimensionen der Sinneseindrücke akustischer Signale zählen Lautstärke, Tempo, Rhythmus, Tonart, Tonhöhe und Harmonie (vgl. Tab. 6). Die Instrumentation, speziell bei Musikstücken, gehört ebenfalls dazu. Die *auditive Kommunikation* kann als die über den Gehörsinn wahrnehmbare Informationsvermittlung definiert werden.[134] Unternehmen machen von dieser Art der Kommunikation intensiv Gebrauch, um die jeweiligen Zielgruppen zu aktivieren, zu unterhalten oder emotional anzusprechen.[135]

Musikalisches Element	Emotionaler Ausdruck		
	Traurig	Glücklich	Erschreckend
Tempo	langsam	schnell	langsam
Rhythmus	gleichbleibend	fließend	uneben
Tonhöhe	niedrig	hoch	niedrig
Lautstärke	weich	mittel	variierend
Tonart	Moll	Dur	Moll
Harmonie	dissonant	konsonant	dissonant

Tab. 6: Ausdruck emotionaler Inhalte für Marken durch musikalische Elemente
(Quelle: Eigene Darstellung in Anlehnung an Bruner, 1990, S. 100)

---

[133] Vgl. Flückiger, 2007, S. 225f.
[134] Vgl. Weinberg, 1992, S. 55.
[135] Die *Aktivierung* der Empfänger ist eine notwendige Voraussetzung für den Werbeerfolg, denn Werbung, die nicht in einem bestimmten Ausmaß aktiviert, bleibt erfolglos. (Vgl. Scheuch, 2007, S. 52)

Die auditive Kommunikation stellt ein komplexes Phänomen dar, das von einer Vielzahl von Parametern innerhalb der aufgezeigten Dimensionen und des gesamten Umfeldes definiert wird, wobei kleinste Veränderungen dieser Parameter ein anderes Ergebnis bewirken.[136] Die richtige Auswahl und Ausgestaltung der auditiven Sinneseindrücke ist demnach kein leichtes Unterfangen. Hinzu kommt, dass der Mensch in der Lage ist, akustische Signale nach ihrer Relevanz zu sortieren und entsprechend bewusst oder unbewusst wahrzunehmen.[137] In der Markenkommunikation gilt es die auditiven Hauptanforderungen **Flexibilität, Einprägsamkeit, Unverwechselbarkeit** und **Prägnanz** zu beachten.[138]

Ob eine Person eine bestimmte Art von Musik bevorzugt ist von strukturellen Charakteristika und weiteren Faktoren abhängig. So beeinflussen Alter, Vertrautheit mit der Musik und der kulturelle Hintergrund des Hörers den *Musikgeschmack*.[139] Menschen tendieren u.a. dazu, die Art von Musik am stärksten zu präferieren, die als populär galt, als sie selbst jung waren.[140]

Der Bedeutungsgehalt von Musikstücken wird aber auch noch von anderen Faktoren beeinflusst, wie z.B. der Einstellung, der momentanen Stimmung sowie den früheren Erfahrungen oder dem musikalischen Training des Zuhörers. Dies alles sind Einflussgrößen, die vom Absender selbst nicht beeinflusst werden können. Besonders wichtig für die emotionale Ausdruckskraft akustischer Reize ist aber auch das Gefallen, welches u.a. von der Komplexität, Ambiguität und Neuartigkeit abhängt. Akustische Reize können sowohl kognitive als auch emotionale Inhalte vermitteln, wobei dies vor allem für Musik im Zusammenhang mit dem Auslösen von Emotionen nachgewiesen werden konnte.[141] Zudem kommt es auf die Art der Einbindung des akustischen Reizes in der Vermittlung verschiedener Informationen an. Dies ist entscheidend dafür, ob bei unterschiedlichen Bedingungen des Involvements[142] positive Effekte zu erwarten sind.

Auf Grund von Interaktionseffekten zwischen den elementaren Dimensionen der auditiven Sinneseindrücke, wie Lautstärke, Tempo, Rhythmus, Tonart und Tonhöhe sowie Instrumentation, kann keine isolierte Betrachtung erfolgen. So sind auch Beeinflussungen anderer Modalitäten zu berücksichtigen. Tab. 7 zeigt den Zusammenhang zwischen Farbassoziationen und akustischen Sinneseindrücken.

---

[136] Vgl. Langeslag/Hirsch, 2003, S. 232.
[137] Vgl. Tauchnitz, 1990, S. 37.
[138] Vgl. Steiner, 2009, S. 41f.
[139] Vgl. Herrington/Capella, 1994, S. 55.
[140] Vgl. Holbrook/Schindler, 1989, S. 119ff.
[141] Vgl. Roth, 2005, S. 117ff.
[142] Unter *Involvement* oder Ich-Beteiligung versteht man das Engagement, mit dem sich jemand einem Gegenstand oder einer Aktivität widmet. Es ist sozusagen ein Maß für die individuelle, persönliche Bedeutung, die jemand einem Produkt oder einer Dienstleistung in einer spezifischen Situation beimisst. Die Stärke des Involvement wirkt sich auf die objektgerichtete Informationssuche, -aufnahme, -verarbeitung und -speicherung aus. (Vgl. Jaritz, 2008, S. 17)

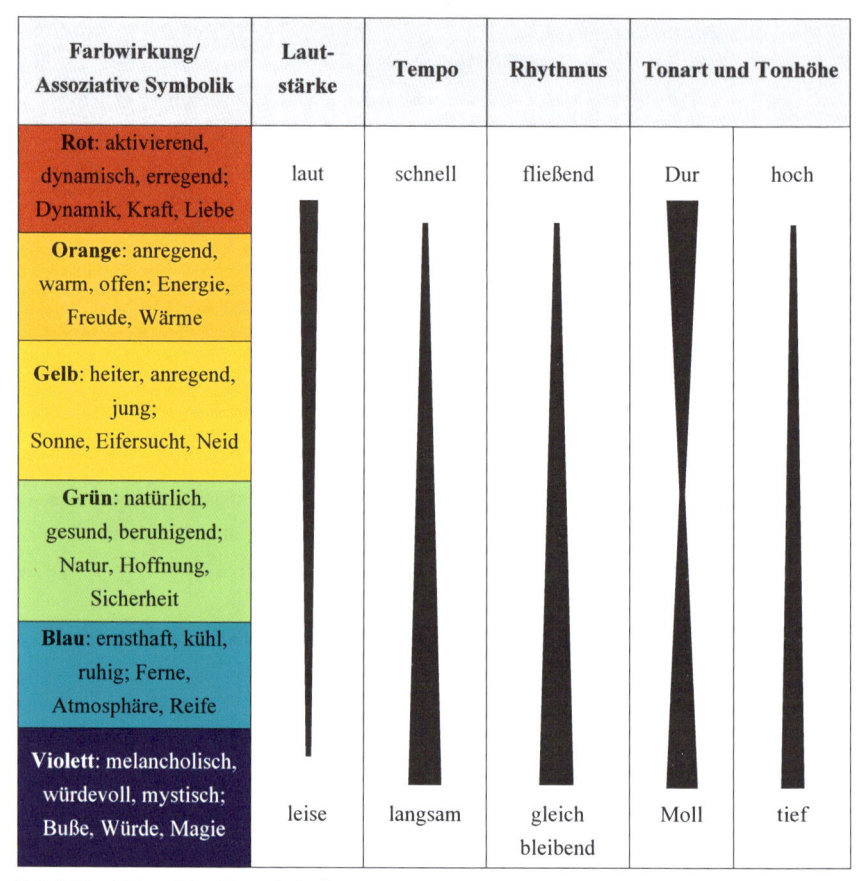

Farbwirkung/ Assoziative Symbolik	Lautstärke	Tempo	Rhythmus	Tonart und Tonhöhe	
Rot: aktivierend, dynamisch, erregend; Dynamik, Kraft, Liebe	laut	schnell	fließend	Dur	hoch
Orange: anregend, warm, offen; Energie, Freude, Wärme					
Gelb: heiter, anregend, jung; Sonne, Eifersucht, Neid					
Grün: natürlich, gesund, beruhigend; Natur, Hoffnung, Sicherheit					
Blau: ernsthaft, kühl, ruhig; Ferne, Atmosphäre, Reife					
Violett: melancholisch, würdevoll, mystisch; Buße, Würde, Magie	leise	langsam	gleich bleibend	Moll	tief

Tab. 7: Vergleich auditiver Sinneseindrücke
(Quelle: Eigene Darstellung in Anlehnung an Springer, 2008, S. 71)

In der Markenkommunikation können akustische Reize zur Verankerung und zum Abruf eingesetzt werden, um andere bildliche Vorstellungen, die in der Werbung enthalten sind, ins Gedächtnis zu rufen. Dies sei an einem praktischen Beispiel näher erläutert: In einer (konkreten) Kaufsituation, wie z.B. in einer Filiale der *Deutschen Telekom*, kann das Hören des bekannten firmeneigenen Sound Logos zum Hervorrufen weiterer Bestandteile des inneren Bildes eingesetzt werden.[143]

---

[143] Vgl. Roth, 2005, S. 127.

Von besonderer Bedeutung sind der *McGurk-Effekt*[144] und der *Ventriloquist-Effekt*[145], die deutlich machen wie visuell wahrgenommene Bewegungen das Hören beeinflussen und auch akustische Elemente u.a. mit visuellen Bildern assoziiert werden können.[146] Zudem konnte in mehreren Studien gezeigt werden, dass hellere Farben besser zu lauteren, schnelleren und fließenderen Elementen passen als dunkle Farben.[147] Auch gilt, dass Dur-Tonarten prinzipiell stark farbig ausgeleuchtet sind. So existiert u.a. eine Verbindung von C-Dur mit der Farbe Rot.[148]

Im Gegensatz dazu steht bei Moll-Tonarten primär das Unfarbige im Mittelpunkt.[149] Zudem zieht jeder Tonartwechsel - zumindest in der Musik - eine Farbveränderung nach sich.[150] Dementsprechend lösen Dur-Tonarten sowie schnelle Tempi allgemein fröhlichere, heitere, erregte Emotionen aus, während Moll-Modalitäten melancholisch, traurig, depressiv und geheimnisvoll erlebt werden.[151] Hintergrund dafür ist, dass tiefere Töne schwerer, voluminöser, verschwommener, wärmer und weicher erscheinen, wohingegen höhere Töne als schärfer, spitzer, klarer, kälter und härter wahrgenommen werden.[152] Diese assoziierten Auffassungen sind vorrangig erlernt.[153] Nach einer Systematik von Helms werden Dur- und Molltonarten typischen Klangcharakteren zugeordnet, wie Tab. 8 deutlich macht.[154]

---

[144] Der *McGurk-Effekt* wurde erstmals im Jahre 1976 von Harry McGurk und John MacDonald von der Universität Surrey in England beschrieben. Als McGurk-Effekt bezeichnet man die Beeinflussung der Wahrnehmung eines akustischen Sprachsignals durch die gleichzeitige Beobachtung einer Lippenbewegung bzw. unbewusstes Lippenlesen. Diese audio-visuelle Täuschung gilt als Meilenstein in der Wahrnehmungspsychologie und als Beweis für die Integration von visuellen Eindrücken in die Sprachwahrnehmung. (Vgl. URL 153)
[145] Beim Fernsehen nehmen wir die Stimmen wahr, als kämen sie von den Darstellern auf dem Bildschirm, obwohl tatsächlich meist eine größere Distanz zwischen Bildschirm und Lautsprechern existiert. Dieses Phänomen wird als *Ventriloquist-Effekt* bezeichnet. Die räumliche Lokalisierung eines Tons wird in diesem Falle durch visuelle Eindrücke beeinflusst. Das gleiche Phänomen machen sich Bauchredner zu Nutze. (Vgl. Salzmann, 2007, S. 85)
[146] Vgl. Kroeber-Riel, 1996, S. 41.
[147] Vgl. Frieling, 1981, S. 29ff.
[148] Vgl. Zietz, 1931, S. 257ff.
[149] Vgl. Küthe/Küthe, 2002, S. 109.
[150] Vgl. Peacock, 1985, S. 483ff.
[151] Vgl. Kroeber-Riel/Weinberg, 2003, S. 120.
[152] Vgl. Mayer, 2005, S. 69.
[153] Vgl. Davies, 1978, S. 103.
[154] Allgemein ist eine solche Zuordnung jedoch subjektiv, weshalb es eine Vielzahl solcher Systematiken gibt, die mehr oder weniger übereinstimmen.

Tonart	Klangcharakter
C-Dur	ernst, aber dumpf
D-Dur	heiter, lärmend, aber gewöhnlich
Es-Dur	majestätisch, ernst, heroisch
E-Dur	edel
F-Dur	markig, kräftig (Marschmusik)
As-Dur	sanft, sehr edel
C-Moll	düster, wenig hell klingend
G-Moll	schwermütig, hell klingend, sanft
H-Moll	wild, heftig

Tab. 8: Klangcharakter der verschiedenen Tonarten
(Quelle: Helms, 1981, S. 128f.)

2.2.3 Kennzeichen und Ansprache des haptischen Sinnessystems

„Die Gesamtheit der Wahrnehmung, Verarbeitung und Speicherung haptischer Reize wird als haptisches[155] Sinnessystem bezeichnet."[156] Es dient zur Vergewisserung und Bestätigung von Eindrücken und gilt auch als verlässlichstes unter den Sinnen.[157] *„Es ist als ob die Welt erst dann richtig Realität gewinnt, wenn man sie berühren kann"*[158], so Degen. Das haptische Sinnessystem beinhaltet alle Hautsinne[159] (taktiler Sinn) und den Muskel- oder Bewegungssinn (kinästhetischer Sinn).[160] Während kinästhetische Sinneseindrücke durch Rezeptoren in den Gelenken und an den Muskelfasern ausgelöst werden, beziehen sich taktile Sinneseindrücke auf Wahrnehmungsprozesse, die auf eine mechanische, nicht schmerzhafte Verformung der Haut zurückzuführen sind.[161]

---

[155] Der Begriff „Haptik" geht auf die griech. Wurzel „haptikos" (d.h. etwas ergreifen, anfassen, berühren) zurück und bedeutet die Lehre vom Tasten. (Vgl. Meyer, 2001, S. 7)
[156] Meyer, 2001, S. 8.
[157] Vgl. Singer, 2005, S. 144.
[158] Degen, 1997, S. 1.
[159] Zu den Hautsinnen zählen vor allem die Tast-, Temperatur- und Schmerzsinne.
[160] Vgl. Meyer, 2001, S. 7.
[161] Vgl. Gibson, 1973, S. 131.

Die zwei wesentlichen Arten, die man im Bereich Haptik unterscheidet sind die **Berührhaptik** und die **Druckhaptik**. Während das druckhaptische Empfinden die Härte bzw. Weichheit eines Materials umfasst, die man beim Greifen verspürt, so ist die Berührhaptik durch das in den Fingerkuppen wahrgenommene Gefühl beim Überstreichen der Oberfläche charakterisiert.[162]

Haptische Reize spielen in unserem Alltag eine bedeutende Rolle. Sogar die psychische Entwicklung des Menschen ist abhängig von dem Ausmaß der Berührung, die wir als Säugling empfangen.[163] Durch das Betasten von Textilien und Nahrungsmitteln beurteilen wir deren Qualität. Haptische Sinneseindrücke ermöglichen die Wahrnehmung von Parametern wie Konsistenz, Temperatur und Gewicht.[164] Nach Braem werden (isoliert betrachtet) lediglich 1,5 Prozent aller Informationen über die Haut und Bewegung wahrgenommen.[165] Die Haut erfüllt jedoch eine Vielzahl von Leistungen und Funktionen. So gewährleistet sie u.a. Mechanischen Schutz, Wärme-, Flüssigkeits-, Strahlen- und Infektionsschutz.[166]

Objekte werden als Erstes nach dem Aussehen beurteilt, da der Prozess des visuellen Erkennens viel schneller abläuft als das erkennende Tasten. Somit dominiert der Gesichtssinn den zum Hautsinn gehörenden Tastsinn.[167] Nachdem ein Objekt ertastet wurde, kommt es zu einer Beeinflussung des Tastbefundes durch das Sehen.[168] Kant wird folgende Aussage zugeschrieben: *„Dieser Sinn ist auch der einzige von unmittelbarer äußerer Wahrnehmung; eben darum auch der wichtigste und am sichersten belehrende, dennoch aber der gröbste...". Ohne diesen Organsinn würden wir uns von einer körperlichen Gestalt gar keinen Begriff machen können, auf deren Wahrnehmung also die beiden anderen Sinne der ersten Klasse (Anm.: Sehen und Hören) ursprünglich bezogen werden müssen, um Erfahrungswissen zu verschaffen"*[169].

---

[162] Vgl. Braess/Seiffert, 2007, S. 72.
[163] Vgl. Bushnell/Boudreau, 1991, S. 139ff.
[164] Vgl. Kohler, 2003, S. 41.
[165] Vgl. Braem, 1985, S. 192.
[166] Vgl. Lippert, 2006, S. 105ff.
[167] Vgl. Klatzky, 1985, S. 299ff.
[168] Vgl. Rock, 1998, S. 116.
[169] Kern, 2008, S. 8.

2.2.3.1 Der Sinneskanal Haut

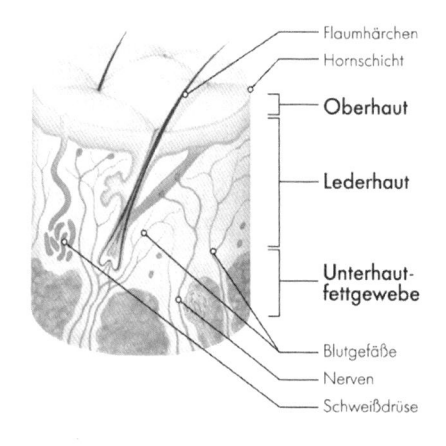

Die Haut ist das schwerste und größte sensuale Organ des Menschen.[170] Im weiteren Sinne besteht die Haut aus *drei Schichten,* nämlich aus der **Oberhaut** (Epidermis), der **Lederhaut** (Dermis) und dem **Unterhautfettgewebe** (Hypodermis). Die Haut im *engeren Sinne* umfasst die Oberhaut und Lederhaut (vgl. Abb. 3).[171] Die Oberhaut setzt sich aus dem mehrschichtigen verhornten Plattenepithel zusammen. Die 1 bis 2 mm dicke Lederhaut hingegen besteht aus elastischem Bindegewebe und das Unterhautgewebe aus Fettgewebe.[172]

Abb. 3: Aufbau der menschlichen Haut (Quelle: URL 34)

Mit Hilfe von Rezeptoren, die sich in der Haut befinden, ermöglicht uns der Hautsinn die Wahrnehmung von äußeren Umweltreizen. Durch die Sinneszellen[173] des Tastsinnes, die in Oberflächen-[174] und Tiefensensoren[175] gegliedert sind, werden gleichzeitig unterschiedliche Reizinformationen registriert und aufgenommen.[176] Entsteht nun ein leichter Druck auf der Haut, so werden unter der Haut elektrische Signale erzeugt.[177] Letztere werden in gebündelter Form an das Rückenmark gesendet.[178] Von dort aus werden die Signale über zwei Nervenbahnen in die verschiedenen Gehirnregionen geleitet.[179]

---

[170] Die Haut wiegt beim erwachsenen Menschen rund 3 bis 3,5 kg und hat eine durchschnittliche Fläche von rund 2 m². (Vgl. Goldstein, 2002, S. 529)
[171] Vgl. Lippert, 2006, S. 107.
[172] Vgl. Springer, 2008, S. 77.
[173] Die Dichte der Sinneszellen variiert je Körperregion zwischen 7 bis 135 pro cm². So reagiert die Haut uneinheitlich auf mechanische und thermische Reize, da in Regionen mit hoher Rezeptordichte, wie z.B. an Händen und Füßen, bereits die Reizung eines Rezeptors für eine Empfindung ausreicht, während in weniger versorgten Hautstellen, wie beispielsweise am Rücken, hierfür großflächige Reize notwendig sind. (Vgl. Zimmer. 2005, S. 105)
[174] Die Oberflächensensoren umfassen sowohl Mechanosensoren für die Wahrnehmung von mechanischen Reizen als auch Thermosensoren für die Wahrnehmung von thermischen Reizen.
[175] Während sich die Oberflächensensoren direkt in der Haut befinden, sind die Tiefensensoren in Muskeln, um Sehnen und Gelenke herum sowie in dem umgebenden Gewebe vorhanden. (Vgl. Springer, 2008, S. 77)
[176] Vgl. Loomis/Lederman, 1986, S. 311ff.
[177] Vgl. Zimmer, 2005, S. 105.
[178] Vgl. Wagener, 2000, S. 77.
[179] Vgl. Meyer, 2001, S. 64.

2.2.3.2 Gestaltungsparameter der haptischen Sinneseindrücke

Als *Produktgestaltungsmittel* werden Material, Form, Farbe und Oberfläche unterschieden. Jedes Produkt besteht aus einer spezifischen Kombination dieser Gestaltungsmittel, aus der sich bestimmte Funktionen ergeben. Letztlich ergeben sich Wirkungen auf den Konsumenten, die sich isoliert analysieren lassen. Die einzelnen Gestaltungsmittel des Produktdesigns werden über die Sinne wahrgenommen, wobei durch eine zielgerichtete Kombination von Produktgestaltungsmitteln eine spezifische Reaktion hervorgerufen werden kann.[180]

Die haptischen Sinneseindrücke lassen sich anhand mehrerer Dimensionen beschreiben. So zählen vor allem die Dimensionen *Material, Oberfläche, Konsistenz, Elastizität, Temperatur, Gewicht, Form* und *Größe* zu den **haptischen Objekteigenschaften**.[181] Wie Chen et al. (2009) in ihrer aktuellen Studie[182] nachweisen konnten, wird die haptische Wahrnehmung oft mit mehr als einer physischen Eigenschaft in Verbindung gebracht. So wurden u.a. Produktoberflächen, die als warm wahrgenommen wurden auch gleichzeitig als weich/zart empfunden.

Die Bedeutung einzelner Wahrnehmungsdimensionen bei der haptischen Wahrnehmung kann durch eine entsprechende Lenkung der Aufmerksamkeit verändert werden. So können sonst untergeordnete Wahrnehmungsdimensionen, wie beispielsweise die Temperatur, wahrnehmungsmäßig in den Vordergrund rücken.[183] Unabhängig davon, welche Reize bei der haptischen Wahrnehmung im Vordergrund stehen, werden die psychophysiologischen Maße der Sensitivität der Haut beträchtlich durch kognitive Bestimmungsgrößen beeinflusst. Hierbei spielt vor allem die *Aufmerksamkeit*[184] eine bedeutende Rolle, denn durch eine entsprechende Lenkung der Aufmerksamkeit kann die haptische Wahrnehmung beeinflusst werden.[185]

---

[180] Vgl. Meyer, 2001, S. 34ff.
[181] Vgl. ebenda, S. 70f.
[182] In dieser Studie (2009) wurde die haptische Wahrnehmung von 37 Süßwaren-Verpackungen hinsichtlich deren Oberflächenbeschaffenheit untersucht. Die 18 Probanden mussten die unterschiedlichen Verpackungen berühren und abtasten, ohne diese jedoch zu sehen. Im Anschluss erfolgte anhand der jeweiligen haptischen Wahrnehmung eine Klassifizierung durch sechs Adjektiv-Paare, nämlich „warm-cold", „slippery-sticky", „smooth-rough", „hard-soft", „bumpy-flat", and „wet-dry". (Vgl. Chen et al., 2009, S. 74)
[183] Vgl. Meyer, 2001, S. 71.
[184] Die Bedeutung der Aufmerksamkeit zeigt sich bei Blinden: Die Haut von Blinden ist nicht tastsensibler als die von normalsichtigen Personen. Blinde sind lediglich für die Wahrnehmung über dieses Sinnesorgan aufmerksamer und geschulter, woraus schließlich die besseren Wahrnehmungsleistungen resultieren. (Vgl. Cholewiak/Collins, 1991, S. 54f.)
[185] Vgl. ebenda.

Nicht erst die Berührung der Haut führt zu einer Aktivitätserhöhung, sondern bereits die *Erwartung* einer Berührung. Folglich reicht die auf die betreffende Hautstelle gerichtete Aufmerksamkeit aus, um eine lokale Erregungsänderung in dem Bereich des Hirns hervorzurufen, in dem die Sinneserregung zu erwarten ist.[186] Der haptische Sinn ist sowohl für die Marken- als auch für die Produktkommunikation von essentieller Bedeutung. So wurde in Untersuchungen nachgewiesen, dass bestimmte Gegenstände, die wiederholt haptisch erfahren wurden, als angenehmer beurteilt werden als Gegenstände, die noch nicht betastet wurden.[187] Nach Untersuchungen von *Guéguen/Jacob* (2006) wirkt sich dies positiv auf das Konsumverhalten aus.[188]

Die taktile Wahrnehmung nimmt bei Kindern einen hohen Stellenwert ein, da sie zum identifizieren von Objekten dient. Bei Erwachsenen hingegen wird sie stärker durch die visuelle Wahrnehmung kompensiert.[189] Die psychophysiologischen Maße der Hautsensitivität werden durch gelernte Gedächtnisinhalte, durch Aufmerksamkeit und Erwartungen bestimmt. Dabei ist es nicht von Bedeutung, welche Sinneseindrücke bei der haptischen Wahrnehmung vordergründig sind.[190] Untersuchungen hinsichtlich der Gedächtnisinhalte haben ergeben, dass Menschen gut vertraute Objekte nur durch Tasten allein bereits innerhalb von 1 bis 2 Sekunden richtig erkennen können.[191] Somit wird durch die richtige Wahl von Formen und Materialien eine leichtere Erinner- und Abrufbarkeit erzielt.[192]

Für das haptische Sinnessystem sind nicht nur Interaktionseffekte zwischen den Dimensionen der Sinneseindrücke feststellbar, sondern auch Beeinflussungen anderer Sinnesmodalitäten.[193] So wird ein dunkler Gegenstand bei objektiv gleicher Form und gleichem Gewicht als schwerer und kleiner wahrgenommen als ein heller Gegenstand.[194] „Generell wirken helle Objekte glatter, härter, spitzer und leichter als dunkle, und dasselbe Material wird als rauer empfunden, wenn es farblich mit Hell-Dunkel-Kontrasten gestaltet ist."[195] Diese Zusammenhänge sind in Tab. 9 aufgeführt.

---

[186] Vgl. Roland, 1981, S. 744ff.
[187] Vgl. Wippich et al., 1994, S. 515f.
[188] Vgl. Guéguen/Jacob, 2006, S. 29.
[189] Vgl. Vernon, 1997, S. 40.
[190] Vgl. Peck/Childers, 2003, S. 45.
[191] Vgl. Klatzky, 1985, S. 299ff.
[192] Vgl. Metzger, 1975, S. 224.
[193] Vgl. Springer, 2008, S. 86.
[194] Vgl. Schmitz-Maibauer, 1976, S. 142f.
[195] Springer, 2008, S. 86.

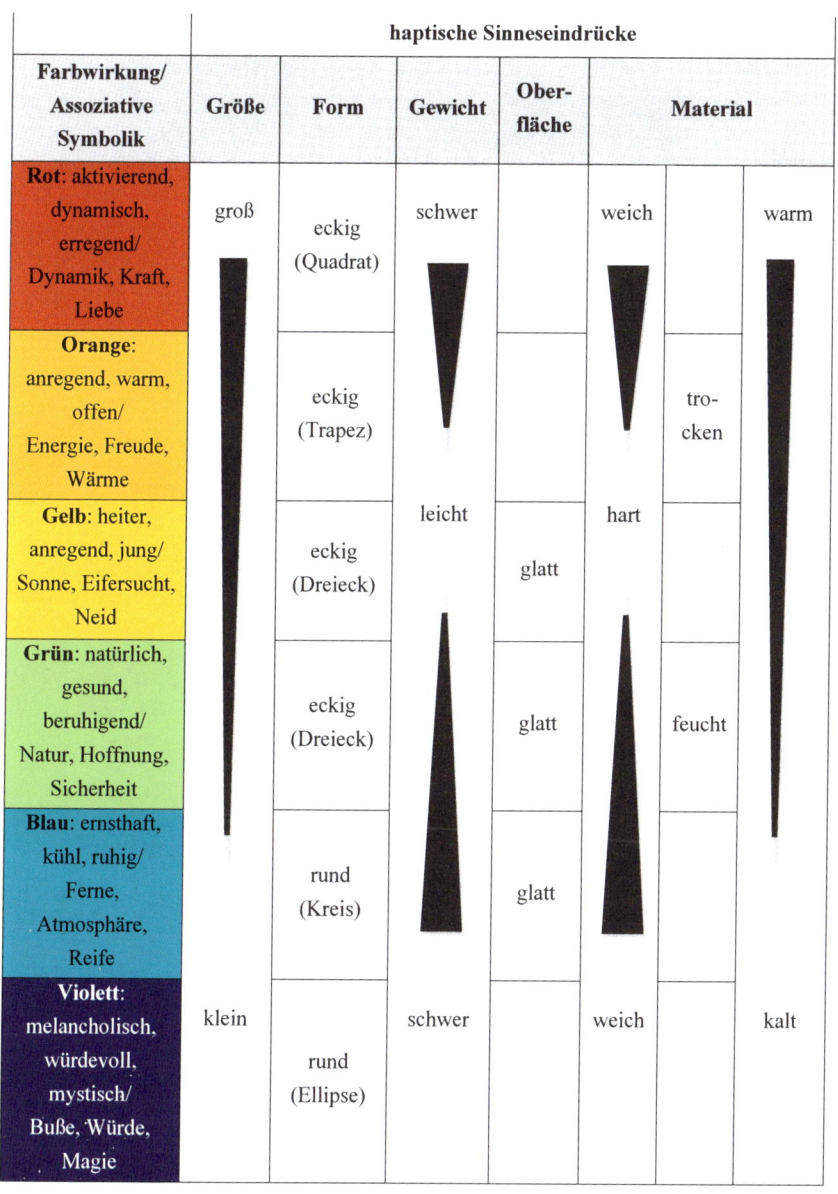

Farbwirkung/ Assoziative Symbolik	haptische Sinneseindrücke				
	Größe	Form	Gewicht	Oberfläche	Material
Rot: aktivierend, dynamisch, erregend/ Dynamik, Kraft, Liebe	groß	eckig (Quadrat)	schwer	weich	warm
Orange: anregend, warm, offen/ Energie, Freude, Wärme		eckig (Trapez)			trocken
Gelb: heiter, anregend, jung/ Sonne, Eifersucht, Neid		eckig (Dreieck)	leicht	hart glatt	
Grün: natürlich, gesund, beruhigend/ Natur, Hoffnung, Sicherheit		eckig (Dreieck)		glatt	feucht
Blau: ernsthaft, kühl, ruhig/ Ferne, Atmosphäre, Reife		rund (Kreis)		glatt	
Violett: melancholisch, würdevoll, mystisch/ Buße, Würde, Magie	klein	rund (Ellipse)	schwer	weich	kalt

Tab. 9: Vergleich haptischer Sinneseindrücke
(Quelle: Eigene Darstellung in Anlehnung an Springer, 2008, S. 86)

In Bezug auf die haptische Wahrnehmungsdimension sind die *Oberfläche* und die *Konsistenz* des Materials von zentraler Bedeutung. Je komplexer die haptische Wahrnehmung ist, desto stärker werden die Temperatur, Form und Gewicht darüber hinaus berücksichtigt.[196] Daraus folgt, dass die Form und die Größe eine eher untergeordnete Rolle in der Bedeutungsreihenfolge spielen. Wie zahlreiche Studien herausgefunden haben, liegt die Ursache u.a. in der besseren visuellen als haptischen Wahrnehmung dieser Sinneseindrücke.[197] Ist das visuelle Sinnessystem nicht nutzbar, so werden Gegenstände vorrangig an ihrer Form wieder erkannt."[198]

Die Dimension *Gewicht* hat vor allem Auswirkungen auf die Qualitätsbeurteilung von Objekten. So konnten *Knoblich et al.* (1996) im Rahmen einer Studie, in der der Einfluss des Papiergewichtes eines Prospektes untersucht wurde, nachweisen, dass ein hohes Gewicht neben einer glatten Oberfläche für eine positive Qualitätsbeurteilung verantwortlich ist.[199] Die Dimension *Oberfläche* führt bei den Benutzern zu unterschiedlichen gefühlsmäßigen Reaktionen.[200] Während beispielsweise Hölzer eine gediegene Wahrnehmungsatmosphäre verleihen, erzeugen Metalle ein Wahrnehmungsklima von Eleganz.[201] Ferner werden harte, kantige und schwere Gegenstände, die eine raue Oberfläche aufweisen, mit der Emotionsqualität „robust" assoziiert. Im Gegensatz dazu ist die Emotionsqualität „behaglich" durch weiche und glatte Oberflächen, die sich warm anfühlen, gekennzeichnet.[202]

Zusammenfassend kann festgehalten werden, dass innerhalb der kommunikativen Gestaltungsoption stets die Summation verschiedener haptischer Sinneseindrücke sowie die Integration der Sinnessysteme im Wahrnehmungsprozess berücksichtigt werden müssen.[203]

---

[196] Vgl. Meyer, 2001, S. 166.
[197] Vgl. Heller, 1983, S. 607ff.
[198] Vgl. Springer, 2008, S. 84.
[199] Vgl. Knoblich, 1996, S. 33.
[200] Vgl. Kerner/Duroy, 1979, S. 179ff.
[201] Vgl. Kreft, 1993, S. 426ff.
[202] Vgl. Meyer, 2001, S. 146ff.
[203] Vgl. ebenda, S. 86.

2.2.4 Kennzeichen und Ansprache des olfaktorischen Sinnessystems

Der Mensch kann Tausende[204] verschiedener Duftstoffe unterscheiden und manche Düfte noch in extremer Verdünnung wahrnehmen. Trotzdem gelingt es der subjektiven Riechphysiologie bisher nicht, Geruchsqualitäten scharf gegeneinander abzugrenzen.[205]

Lange Zeit galt der Geruch als ein „verlorener Sinn". Er zählt zu den „niederen" Sinnen bei uns Menschen. Aber gerade in der heutigen Zeit, in der wir mit einer visuellen und akustischen Reizüberflutung konfrontiert sind, tritt der Geruch mehr in den Vordergrund.[206] In Tab. 10 sind die **sieben Primärgerüche**[207] (Duftklassen), die durch „Standarddüfte" gekennzeichnet werden können, zusammengefasst.

Duftklasse	bekannte repräsentative Verbindungen	Riecht nach
blumig	Geraniol	Rosen
ätherisch	Benzylacetat	Birnen
moschusartig	Moschus	Moschus
campherartig	Cineol, Campher	Eukalyptus
faulig	Schwefelwasserstoff	faulen Eiern
stechend	Ameisensäure, Essigsäure	Essig
schweißig	Buttersäure	Schweiß

Tab. 10: Merkmale zur Kennzeichnung von Duftklassen
(Quelle: Birbaumer/Schmidt, 2006, S. 448)

Duftstoffe dienen als Signalstoffe. So erkennen Neugeborene die Mutterbrust mit Hilfe eines Duftes, der von den Drüsen um die Brustwarzen abgegeben wird. Alle Menschen mit Ausnahme von eineiigen Zwillingen[208] besitzen einen *Eigengeruch*, der genetisch determiniert ist. Dabei gilt, dass je näher verwandt Menschen miteinander sind, desto ähnlicher ist der Eigengeruch. Dies ist die Basis für den Familiengeruch.[209]

---

[204] Beim Menschen geht man von rund 10.000 unterscheidbaren Düften aus, die sich verbal nur schwer differenzieren lassen. Die Düfte werden daher auf Grund verschiedener Kategorien in sieben Duftklassen eingeteilt. (Vgl. Birbaumer/Schmidt, 2006, S. 448)
[205] Vgl. ebenda, S. 447.
[206] Vgl. Hatt, 2006, S. 340.
[207] Die Tabelle folgt der Duftklasseneinteilung nach Amoore (1952), die noch heute Gültigkeit besitzt.
[208] Eineiige Zwillinge können auch von speziell trainierten Tieren nicht mehr am Geruch unterschieden werden. (Vgl. Birbaumer/Schmidt, 2006, S. 449)
[209] Vgl. ebenda.

Gottfried und *Dolan* (2003) untersuchten in ihrer Studie die Verbindung von olfaktorischen und visuellen Reizen. Dabei fanden sie Kongruenz- und Inkongruenzeffekte. So wurden Düfte nicht nur signifikant besser erkannt, wenn Duft und Bild semantisch zusammenpassen (z.b. Vanille und Eiscreme), sondern auch die Reaktionszeit war in diesen Fällen beträchtlich kürzer.[210] *Österbauer* und *Kollegen* (2005) analysierten in ihrer Studie die Interaktion von Farben und olfaktorischen Reizen. Dabei stellten sie mit zunehmend wahrgenommener Kongruenz eine signifikante Steigerung der Aktivität in verschiedenen Gehirnarealen fest.[211]

Die neurowissenschaftlichen Erkenntnisse zur multimodalen Reizverarbeitung sind für die Markenkommunikation mit Duftstoffen von besonderer Bedeutung. Es konnte nachgewiesen werden, dass eine semantische Verbindung zwischen den Reizen zu signifikant besseren Ergebnissen führt als wenn zwischen den Reizen kein Zusammenhang besteht. Folglich muss im Rahmen der Markenkommunikation eine aufeinander abgestimmte Kommunikation mit unterschiedlichen Modalitäten bessere Ergebnisse erreichen als eine nicht abgestimmte. Außerdem können darüber hinaus aufeinander abgestimmte Reize zu einer Superaddition und dadurch zu einer deutlichen Effizienzsteigerung der Kommunikation führen.[212]

2.2.4.1 Der Aufbau der Geruchsorgans

Abb. 4 zeigt den Aufbau der menschlichen Nase. Sie besteht aus einem sichtbaren *äußeren* sowie einem nicht sichtbaren *inneren Teil*, wobei letzterer durch die Nasenscheidewand (Nasenseptum) in zwei Hohlräume unterteilt wird. Diese beiden Nasenhöhlen münden durch einen Kanal im Nasenrachenraum und enden in der Mundhöhle.[213]

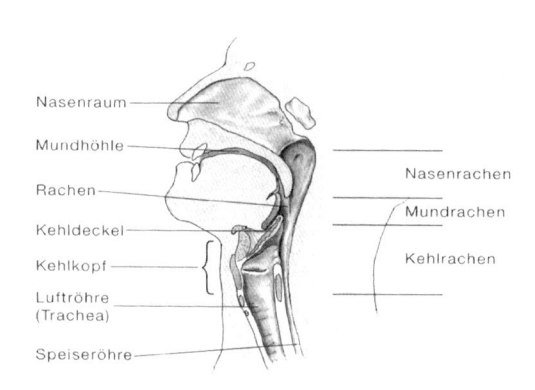

Abb 4: Aufbau des Geruchsorgans
(Quelle: URL 42)

---

[210] Vgl. Gottfried/Dolan, 2003, S. 380ff.
[211] Vgl. Österbauer et al., 2005, S. 3434ff.
[212] Vgl. Rempel, 2006, S. 98.
[213] Vgl. ebenda, S. 83.

Die gesamte Nasenhöhle ist mit Ausnahme des Naseneingangs mit einer Schleimhaut ausgekleidet und besitzt drei übereinanderliegende muschelartige Gebilde (Conchen), die der Oberflächenvergrößerung dienen.[214] Das Riechareal ist mit der Riechschleimhaut überzogen, die eine Größe von rund 10 cm² besitzt und sich über die ganze obere Conche erstreckt. In der Riechschleimhaut, die aus Riech-, Stütz- sowie Basalzellen besteht, befinden sich diejenigen Sinneszellen, die auf die Wahrnehmung von Duftmolekülen spezialisiert sind.[215]

Die **Riechzellen**, deren Anzahl sich von Mensch zu Mensch zwischen 10 und 100 Mio. bewegt, spielen eine entscheidende Rolle für die olfaktorische Wahrnehmung.[216] Es handelt sich dabei um primäre Sinneszellen, d.h. sie nehmen sowohl die Kodierung der chemischen Reize als auch die Weiterleitung der Signale zum Zentralnervensystem vor.[217] Die Riechzellen besitzen eine durchschnittliche Lebensdauer von zwei Monaten und werden stets aus den Basalzellen neu gebildet.[218]

Die Duftstoffmoleküle, die wir durch die Atmung aufnehmen, müssen mit den rund 1.000 verschiedenen Geruchsrezeptoren in Kontakt kommen, wobei es von jedem Typ dieser 1.000 verschiedenen Sinneszellen etwa 10.000 gibt. Diese sind auf der Riechschleimhaut zu Gruppen gleicher Riechsinneszellen zusammengefasst.[219] Treffen die Duftstoffmoleküle auf die Riechschleimhaut und den entsprechenden Rezeptor, so wird eine Reihe von Reaktionen ausgelöst. Die Verarbeitung der Geruchsinformation erfolgt letztlich entweder im Cortex, dem Zentrum des menschlichen Bewusstseins, oder im limbischen System.[220] „Die Speicherung von Duftinformationen in unmittelbarer Nähe des limbischen Systems (Hypothalamus) ist verantwortlich für deren enge Beziehung zu unserer Gefühlswelt."[221]

Burdach weist darauf hin, dass kein anderes Sinnessystem eine so deutliche Beziehung zwischen dem Hormonstatus und der Wahrnehmungsschärfe eines Menschen aufweist.[222] Studien haben gezeigt, dass an der Verarbeitung von angenehmen Düften nur der rechte Orbitofrontale Cortex[223] (OFC) beteiligt ist, während unangenehme Düfte überwiegend im linken OFC verarbeitet werden. Für eine optimale Performance komplexer Duftverarbeitungsprozesse ist jedoch die Interaktion beider Hemisphären notwendig.[224]

---

[214] Vgl. Hatt, 1990, S. 107.
[215] Vgl. Doty, 2001, S. 425.
[216] Vgl. Birbaumer/Schmidt, 2006, S. 451.
[217] Vgl. Rempel, 2006, S. 84.
[218] Vgl. Birbaumer/Schmidt, 2006, S. 451.
[219] Vgl. Mori et al., 1999, S. 712f.
[220] Vgl. Rempel, 2006, S. 91.
[221] Knoblich et al., 2003, S. 17.
[222] Vgl. Burdach, 1988, S. 24.
[223] „Der orbitofrontale Cortex liegt im Schädel unmittelbar über der Augenhöhle, er gehört zum Frontallappen des Großhirnes und ist ein Teil des Assoziationscortex." (URL 154)
[224] Vgl. Rempel, 2006, S. 93.

2.2.4.2 Gestaltungsparameter der olfaktorischen Sinneseindrücke

Die Wahrnehmung olfaktorischer Reize hängt von verschiedenen Parametern ab. In diesem Kontext wird zwischen der Reizintensität (Reizstärke), der Reizart und der Reizdauer unterschieden.

Bei der **Reizintensität** differenziert man zwischen absoluter Reizschwelle, Wahrnehmungs- oder auch Unterschiedsschwelle und Erkennungsschwelle. Die *absolute Reizschwelle* (Geruchsschwelle) ist jene minimale Reizintensität, bei der ein olfaktorischer Reiz gerade wahrgenommen wird. Sie liegt in der Konzentration eines Duftstoffes, von der an der Duft vom Menschen wahrgenommen werden kann und ist von Duftstoff zu Duftstoff verschieden. Die *Wahrnehmungsschwelle* beschreibt den Wert, ab welchem eine Person einen Unterschied in der Reizkonzentration feststellen kann und wird von der Sättigungsschwelle begleitet. Ab einer bestimmten Konzentration ergibt eine Steigerung der Konzentration keine Veränderung der Empfindung mehr. Die *Erkennungsschwelle* gibt an, ab wann ein Reiz identifiziert wird. Sie wird erst oberhalb der absoluten Wahrnehmungsschwelle erreicht.[225]

Die *Riechschärfe*[226] gibt die Sensibilität für Duftstoffe an und beeinflusst Wahrnehmung, Identifikation und Diskriminierung von Duftstoffen. Sie wird von zahlreichen intraindividuellen (z.B. Geschlecht[227], Alter, Gesundheitszustand und Hormonhaushalt) und interindividuellen Faktoren beeinflusst. Bei letzteren geht man von einer genetischen Veranlagung aus, obwohl durch Training[228] eine größere Sensibilität erzielt werden kann.[229]

Die Riechschärfe ist nicht zu verwechseln mit der *Geruchsfeinheit*. Letztere umfasst das Vermögen kleine Geruchsunterschiede wahrnehmen zu können. Die beiden Ausdrücke werden oftmals miteinander verwechselt, da auch meistens die Schärfe mit der Feinheit zusammenfällt.[230]

---

[225] Vgl. Rempel, 2006, S. 99.
[226] Sowohl die Zunahme der Riechschärfe bei Alkohol- und Kokainkonsum, als auch die Abnahme der Sensibilität für Duftstoffe im Alter sind erwiesen. Rauchen hat einen negativen Einfluss auf die Riechfähigkeit eines Menschen, wobei das Ausmaß der Einschränkung von der Menge der gerauchten Zigaretten abhängt. (Vgl. ebenda, S. 101)
[227] Frauen sind Männern in der Identifikation von Düften überlegen. Dies ist möglicherweise hormonell bedingt. Vor allem in der Zeit der Menstruation ist die Duftwahrnehmung von Frauen sensibler. (Vgl. ebenda)
[228] So ist ein Parfümeur in der Lage, mehr Duftstoffe zu benennen und zu unterscheiden als der Normalbürger. (Vgl. ebenda)
[229] Vgl. Rempel, 2006, S. 100f.
[230] Vgl. Vintschgau, 2006, S. 270f.

Der Geruchssinn (wie auch der Geschmackssinn) reagiert auf chemische Substanzen aus der Umwelt. Somit unterscheidet sich die **Reizart** von den anderen Sinnesmodalitäten, die auf elektromagnetische oder mechanische Reize reagieren.[231] „Wie bei anderen Sinnen kann es auch beim Geruchssinn Rezeptorfehler geben. Diese Unfähigkeit, einen bestimmten Duftstoff wahrzunehmen, nennt man *Anosmie*[232]. Sie kann sich als Partial- und Total-Anosmie[233] äußern."[234] Da Düfte fast ausschließlich Gemische sind, ergibt sich das Problem, dass durch die Geruchsblindheit für einen Duftstoff eine ganze Reihe von Düften anders wahrgenommen wird als bei normalem Riechvermögen.[235]

Die **Reizdauer** umfasst die Begriffe *Adaptation, Deadaptation, Kreuzadaptation, Faciliation* und *Habitualisierung*. Wird das olfaktorische System eines Menschen über einen gewissen Zeitraum einem Duftreiz von gleichbleibender Konzentration ausgesetzt, führt dies zur *Adaptation*[236]. Diese ist abhängig von der Dauer der Darbietung und der Intensität des Reizes.[237] Diese Sensibilitätsverminderung kann soweit führen, dass bei schwachen Reizen der Duft überhaupt nicht mehr wahrgenommen wird. Die Adaptation ist nur ein vorübergehendes Phänomen, denn nachdem die Person dem Duftreiz nicht mehr ausgesetzt ist, kommt es zur Wiederherstellung der ursprünglichen Sensibilität für den Duftstoff. Dieser Vorgang wird *Deadaptation*[238] genannt.[239] Eine Sensibilitätsverminderung für einen Duft kann dabei auch zu einer Reduktion (*Kreuzadaption*) als auch zu einer Erhöhung (*Faciliation*) der Empfindungsintensität anderer Duftstoffe führen.[240] Es kann auch zu einer *Habitualisierung*, also zur „Gewöhnung" an bestimmte Düfte kommen. Diese entsteht durch häufigen Kontakt mit einem bestimmten olfaktorischen Reiz.[241]

---

[231] Vgl. Knoblich et al., 2003, S. 15.
[232] Die Konsequenzen einer Anosmie können ein bedeutend größeres Ausmaß annehmen als z.B. der Rezeptorfehler Farbenblindheit. So gibt es zur Wahrnehmung von Farben nur wenige unterschiedliche Rezeptoren, sodass natürlich nur wenige verschiedene Formen der Farbenblindheit auftreten können. Beim Geruchssinn hingegen gibt es sehr viele verschiedene Anosmien. So können beispielsweise 40% der Bevölkerung keinen Urin, 7% keinen Fisch oder 2% keinen Schweiß riechen. (Vgl. Rempel, 2006, S. 101)
[233] Bei einer totalen (generellen) Anosmie können die betroffenen Personen nichts mehr riechen. (Vgl. ebenda, S. 101f.)
[234] Rempel, 2006, S. 101.
[235] Vgl. Köster, 2002, S. 30.
[236] Bei der Adaption nimmt die Sensibilität für diesen Reiz ab und der Duft scheint immer schwächer zu werden. Mit zunehmendem Alter besteht dabei die Tendenz zu einer schnelleren Adaptation. (Vgl. Rempel, 2006, S. 102)
[237] Vgl. Doty/Laing, 2003, S. 217.
[238] Das nachfolgende wohl typische Beispiel kennt jeder. Man geht an einem warmen Sommertag in einen Raum und riecht zunächst die schlechte verbrauchte Luft. Nach einiger Zeit in diesem Raum nimmt man dies aber nicht mehr wahr. Verlässt man dann den Raum und betritt ihn kurze Zeit später erneut, so riecht man wieder die schlechte Luft - die Adaptation wurde wieder rückgängig gemacht. Allerdings benötigt der Mensch mit zunehmendem Alter länger für eine Deadaptation. (Vgl. Rempel, 2006, S. 103)
[239] Vgl. Engen, 1982, S. 74.
[240] Vgl. Gellert, 2009, S. 28.
[241] Vgl. Rempel, 2006, S. 103.

Im Rahmen der multisensualen Markenführung ist beim Einsatz von Duft jedoch darauf zu achten, dass der Markenduft durch die unbewusste Aktivierung des Konsumenten die Aufmerksamkeit auf die Marke lenkt, denn die Duftwahrnehmung kann insbesondere von visuellen oder verbalen Reizen beeinflusst werden. Das Erfolgspotenzial liegt im Einsatz eines Markenduftes, der aus dem Verwendungszusammenhang der Markenprodukte bereits bekannt und daher markenaffin ist. Er sollte von möglichst vielen Konsumenten aus der Zielgruppe als angenehm empfunden werden, mit wenig negativen Assoziationen behaftet sein und autobiografische Erinnerungen[242] an zurückliegende emotionale Ereignisse wecken. Wird der Duft mit emotionalen Markenerlebnissen assoziiert, dient er als wirksamer *Gedächtnisanker*, der diese positiven Markenerlebnisse auch nach längerer Zeit wieder in Erinnerung rufen kann.[243]

2.2.5 Kennzeichen und Ansprache des gustatorischen Sinnessystems

Unter „Geschmack", auch als **Gustatorik** oder gustatorische Wahrnehmung bezeichnet, versteht man in einer ganzheitlichen Betrachtungsweise alle Empfindungen, die über orale Reize während der Nahrungsaufnahme entstehen.[244] Besonders interessant ist das gemeinsame Empfinden von Geruch und Geschmack, wobei man in diesem Zusammenhang auch von der so genannten *„retronasalen Aromawahrnehmung"[245]* spricht.[246] Die Abgrenzung des Geschmacks vom Geruch kann sowohl nach morphologischen als auch physiologischen Kriterien erfolgen.

Ein wichtiges Differenzierungsmerkmal ist, dass die Geschmackssensoren ausschließlich auf der Zunge liegen, während das Geruchsepithel im Nasen- und Rachenraum angesiedelt ist (*morphologische Sichtweise*). Die Abgrenzung des Geschmacks vom Geruch erfolgt dahin, dass es nur **fünf Geschmacksqualitäten** gibt, die in der Wissenschaft anerkannt sind, nämlich *süß, salzig, bitter, sauer* und *umami*[247]. Neben den Grundqualitäten unterscheidet man noch zwei Nebenqualitäten, nämlich *alkalisch* (oder auch seifig) und *metallisch*.[248]

---

[242] Die durch einen Geruch herbeigerufenen Erinnerungen bezeichnet man als *Proust-Phänomen*. (Vgl. Lindstrom, 2007, S. 162)
[243] Vgl. Hehn, 2006, S. 203ff.
[244] Vgl. Hatt, 2006, S. 328.
[245] Dieses Zusammenspiel von Geruch und Geschmack lässt sich daran beobachten, wie sich der Geschmack einer Speise verändert, wenn man sich bei ihrem Verzehr die Nase zuhält und damit die olfaktorische Wahrnehmung ausschließt. Dadurch wird der Geschmack der Speise auf die vier Geschmacksqualitäten reduziert und häufig als fade empfunden. (Vgl. Knoblich et al., 2003, S. 50)
[246] Vgl. Burdach, 1988, S. 106.
[247] Der Begriff *umami* stammt aus dem Japanischen und bedeutet „fleischig", „herzhaft", „wohlschmeckend". Die Eigenschaft von *umami* besteht darin, andere Geschmäcker zu intensivieren. Der Stoff, der *umami* auslöst, heißt Mononatrium-Glutamat. (Vgl. URL 148)
[248] Vgl. Biabaumer/Schmidt, 2006, S. 441.

Beim Geruch hingegen können tausende verschiedene Duftstoffe unterschieden werden (*physiologische Sichtweise*).[249] Da unser Geruchssinn rund 10.000 Mal sensitiver reagiert als unser Geschmackssinn, nehmen wir mehr Geschmackswahrnehmungen über die Nase auf als über den Mund.[250] An der Entstehung von Geschmackseindrücken sind nicht nur die Geschmacksknospen der Zunge beteiligt, sondern alle fünf Sinne.[251] Ob uns etwas gut schmeckt oder nicht, wird zum einen genetisch bestimmt und zum anderen durch den physiologischen Zustand (Entbehrung, Lernen) beeinflusst.

Auch das Gehör ist mittelbar an der Geschmackswahrnehmung beteiligt, da es etwa beim Zermalmen von spröden, knusprigen Objekten, wie beispielsweise Keksen, Informationen zum Geschmack beisteuert, die den sensorischen Gesamteindruck von Nahrungsmitteln mitprägen können.[252] Die Kontaktaufnahme mit einem Objekt erfolgt für den Geschmackssinn als auch für die Haptik freiwillig und somit willentlich. Hingegen sehen, hören oder riechen wir Objekte häufig auch unfreiwillig bzw. passiv, da wir die drei letztgenannten Sinne nicht bzw. nur temporär „ausschalten" können, ohne unser Verhalten nachhaltig zu beeinträchtigen.[253]

2.2.5.1 Der Aufbau des Geschmacksorgans

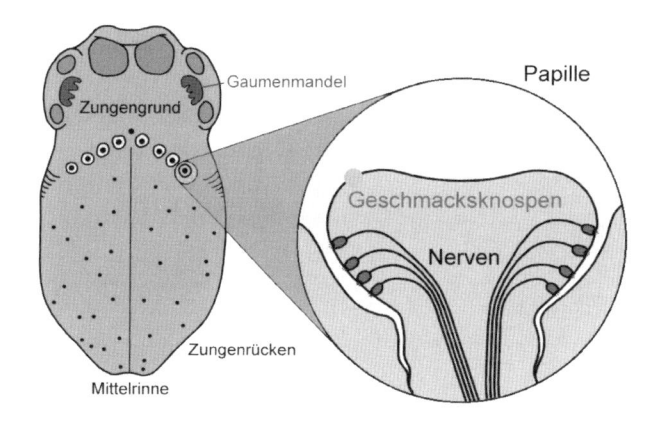

Abb. 5: Aufbau der Zunge (Quelle: URL 44)

---

[249] Vgl. Birbaumer/Schmidt, 2006, S. 440.
[250] Vgl. Kilian, 2007, S. 349.
[251] Vgl. Linxweiler, 2004, S. 63.
[252] Vgl. Burdach, 1988, S. 7.
[253] Vgl. Kilian, 2007, S. 349.

Drei Funktionen des Geschmackssinns sind hervorzuheben. Zum einen wird über den Geschmack die Nahrung auf *Verträglichkeit*[254] geprüft. Die zweite Funktion beinhaltet die *antizipatorische und reflektorische Aktivierung* der Verdauungsdrüsen. Drittens hat der Geschmack eine besondere *psycho-physiologische Funktion* als primärer positiver Verstärker oder als primärer Bestrafungsreiz. Geschmacksaversionen und -vorlieben sind häufig durch Lernen erworben.[255]

Mit der Zunge nehmen wir die Geschmacksrichtungen *süß, sauer, salzig* und *bitter* wahr. Dazu dienen vier Arten von **Papillen** (Faden-, Blätter-, Pilz- und Wallpapillen) mit insgesamt 9.000 Geschmacksknospen[256], die jeweils 30 bis 80 Rezeptorzellen enthalten und sich auf dem Zungenrücken befinden (vgl. Abb. 5).[257]

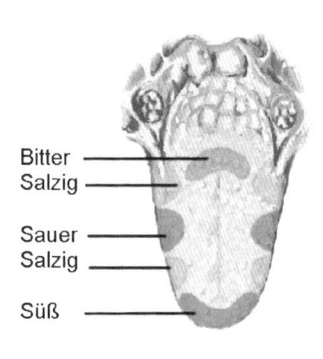

Die *Rezeptorzellen* sind dafür verantwortlich, „Geschmack" in elektrische Impulse umzuwandeln und diese an die Enden von sensorischen Nervenfasern im Zungenkörper weiterzuleiten. Während vornehmlich die Zungenspitze den Geschmack *„süß"* wahrnimmt, werden *„salzig"* und *„sauer"* von den Zungenrändern und *„bitter"*[258] vom hinteren Teil der Zunge geschmeckt (vgl. Abb. 6).[259] Mittlerweile ist bekannt, dass jeder Bereich der Zunge alle Geschmacksrichtungen wahrnimmt, jedoch mit unterschiedlicher Intensität.

Abb 6: Geschmacksrichtungen
(Quelle: URL 45)

---

[254] Hierbei ist die hohe Empfindlichkeit des Geschmackssinns für Bitterstoffe auffällig. Außerdem sind Lust auf Süßes als auch Ablehnung von Bitterem angeboren. (Vgl. Birbaumer/Schmidt, 2006, S. 442)
[255] Vgl. ebenda.
[256] Die Geschmacksknospen werden im Laufe des Lebens zunehmend unempfindlich gegen Reize und reduzieren sich von rund 10.000 bei der Geburt auf später 600 bis 2.000. (Vgl. Linxweiler, 2004, S. 64)
[257] Vgl. ebenda, S. 63.
[258] Die Geschmacksknospen für „bitter" sind 10.000 Mal empfindlicher als jene für „süß". Auf diese Weise können die meist bitteren giftigen Substanzen schnell wahrgenommen werden. (Vgl. ebenda, S. 64)
[259] Vgl. Linxweiler, 2004, S. 64.

2.2.5.2 Gestaltungsparameter der gustatorischen Sinneseindrücke

Beim Menschen unterscheidet man **Grundqualitäten** des Geschmackssinnes (süß, salzig, bitter, sauer und umami*)* und **Nebenqualitäten** (alkalisch und metallisch).[260]

Der gustatorische Reiz wirkt häufig im Zusammenspiel mit anderen Reizen, wie beispielsweise der *Farbwahrnehmung*. *DuBose et al.* (1980) konnten in einem Geschmackstest[261] feststellen, dass Farbe einen bedeutenden Einfluss auf die Geschmacksempfindung hat. So wurde von Probanden beispielsweise Kirschsaft, der nicht der ursprünglichen Farbe entsprach, nicht mehr als solcher geschmacklich erkannt.

Grundsätzlich verbinden Konsumenten einen bestimmten Geschmack (und Geruch) mit einer *spezifischen Farbe*.[262] Einer Studie von *Garber et al.* (2000) zufolge dominiert die Farbgebung bei Orangensaftgetränken die Beschriftung und das Geschmacksempfinden.[263]

Eine Reihe von Studien hat belegen können, dass neben dem Einfluss von Farbe und Geschmacksbezeichnung auf die Geschmackswahrnehmung auch *Textur, Temperatur* und *Klang* Einfluss auf unsere Wahrnehmung nehmen. So nehmen wir häufig gustatorische Reize in Verbindung mit akustischer Wahrnehmung auf, beispielsweise wenn wir in einen Keks beißen.[264] Neben der Geschmacksqualität und der Intensität sind auch die *Konsistenz*, die *chemosensorische Qualität* und der *gefühlorientierte hedonische Wert* eines Produktes, der als Wohlgefühl oder Ekel wahrgenommen wird, von Bedeutung.[265]

In einer aktuellen Studie (2008) der *Universität Kopenhagen* konnte bei 8.900 Kindern ab dem Grundschulalter nachgewiesen werden, dass Mädchen einen deutlich feineren Geschmackssinn besitzen als Buben[266]. Mädchen können bei Lebensmitteln sowohl süße als auch saure Nuancen besser erkennen als gleichaltrige Burschen. Die Studie zeigt auch, dass sich der Geschmackssinn bei Kindern mit steigendem Alter verfeinert.[267]

---

[260] Vgl. Birbaumer/Schmidt, 2006, S. 441.
[261] Lediglich 30 Prozent der Probanden konnten den Geschmack eines Kirschsaftes erkennen, wenn Farbe und Geschmack einander nicht mehr entsprachen. (Vgl. DuBose et al., 1980, S. 1397ff.)
[262] Vgl. Kilian, 2007, S. 349.
[263] Vgl. Garber et al., 2000, S. 69f.
[264] Vgl. Delwiche, 2004, S. 142f.
[265] Vgl. Linxweiler, 2004, S. 64.
[266] Die größere Sensibilität der Mädchen basiert demnach nicht auf der Zahl der Geschmacksknospen im Mundraum, sondern vermutlich auf der Signalverarbeitung im Gehirn. (Vgl. URL 47)
[267] Vgl. ebenda.

2.3 Integration der Sinnessysteme

Das Zusammenwirken aller Sinnessysteme impliziert eine Integration. Unter der sensorischen Integration versteht man *„die sinnvolle Ordnung und Aufgliederung von Sinneserregung, um diese nutzen zu können."*[268] Die Sinne wirken bereits bei einfachen Wahrnehmungsprozessen zusammen, um aus den einzelnen Sinneseindrücken ein vollständiges und umfassendes Ganzes zu schaffen.[269] Eine gedankliche Informationsverarbeitung von aufgenommenen Umweltreizen kann dabei nicht ohne aktivierende Vorgänge in Form von *Emotionen, Motivationen* und *Einstellungen* stattfinden.

Die Komplexität innerhalb des Ablaufes der Wahrnehmung von Sinnesreizen ergibt sich aus der Zusammensetzung physikalischer, physiologischer und psychologischer Komponenten.[270] Man unterscheidet dabei drei Abschnitte, nämlich *Rezeption, Transmission* und *Perzeption*. Zunächst werden im physikalischen Abschnitt Informationen in Form von Sinnesreizen bzw. Rezeptoren von den Sinnesorganen aufgenommen, verstärkt und kodiert (**Rezeption**).[271] Im zweiten (physiologischen) Abschnitt werden die Informationen an die nachgeschalteten Nervenzellen weitergegeben, die durch die synaptische Übertragung erregt werden (**Transmission**). Letztlich werden im psychologischen Abschnitt die Informationen im Gehirn verarbeitet und beantwortet, indem sie mit Vorinformationen, Erfahrungen und Erwartungen verknüpft werden (**Perzeption**).[272] Die Aktivität, Subjektivität und Selektivität spielen eine bedeutende Rolle dabei, nach welchen individuellen Kriterien die ausgewählten Informationen verarbeitet werden.[273] Schließlich entsteht ein *sensualer Gesamteindruck*, der durch die Verknüpfung und Bewertung der über die verschiedenen Sinnesorgane aufgenommenen Reize gebildet wird.[274]

Durch die parallele Aufnahme über mehrere Sinneskanäle kann die Wahrscheinlichkeit erhöht werden, eine empfangene Information auf ihren Wahrheitsgehalt zu überprüfen und sich ex post besser daran zu erinnern.[275] Dabei können Nervenzellen im Gehirn bis zu zwölfmal stärker feuern, wenn sie über mehrere Sinne mit gleichen Bedeutungen angesprochen werden.[276]

---

[268] Ayres, 2002, S. 322.
[269] Vgl. Zimmer, 2005, S. 155.
[270] Vgl. Felser, 1997, S. 72.
[271] Vgl. Müller/Frings, 2009, S. 416.
[272] Vgl. Singer, 2005, S. 145.
[273] Vgl. Kroeber-Riel/Weinberg, 2003, S. 268ff.
[274] Vgl. Scharf, 2000, S. 10.
[275] Vgl. Schmitz, 2001, S. 30f.
[276] Vgl. Salzmann, 2007, S. 93.

Beim Menschen wurde nachgewiesen, dass die multisensuale Integration von visuellen und olfaktorischen Reizen im OFC stattfindet.[277] Wie der Mechanismus genau funktioniert, ist bis heute nicht geklärt. Es gelten dabei die folgenden Regeln[278]:

- Treffen zwei oder mehr sensorische Reize zum gleichen Zeitpunkt am selben Ort zusammen, kommt es zu einer messbaren Veränderung in der Feuerungsrate der multisensualen Neuronen. Wenn die Reize einzeln dargeboten werden, so ergibt sich keine Veränderung in den Neuronen.

- Multisensuale Reize verleihen den sensorischen Erlebnissen eine gewisse Tiefe und Komplexität. Außerdem werden die Schnelligkeit und die Genauigkeit der Beurteilung einzelner Erlebnisse in einem Maße verbessert, die bei einzelnen Kanälen so nicht erreicht werden würde.

- Die Summe der Aktivitäten der Neuronen kann weitaus größer sein als die Aktivität bei der Darbietung der einzelnen Reize (**Superadditivität**), wobei jedoch hierfür die sensorischen Reize in räumlicher und zeitlicher Nähe zueinander stehen müssen. Ist dies nicht der Fall, so kann es auch zu einer Verringerung der Aktivität kommen (Subadditivität).

Die Frage „*Wie verbinden sich nun die verschiedenen Sinneseindrücke zu einem gesamten Eindruck?*" wird als Bindungsproblem[279] bezeichnet.[280]

---

[277] Vgl. Öngür/Price, 2000, S. 209ff.
[278] Vgl. Rempel, 2006, S. 95.
[279] Beim Bindungsproblem stellen sich grundsätzlich zwei Probleme, nämlich „*Wie werden die Neuronen innerhalb eines Sinnessystems verbunden?*" (Wie werden verschiedene Eindrücke wie beispielsweise eines fahrenden blauen Autos innerhalb des visuellen Systems zu einem gesamten Eindruck zusammengefasst) und „*Wie werden die Neuronen unterschiedlicher Sinnessysteme verbunden?*" (Wie werden beispielsweise neben den visuellen Eindrücken des Autos auch noch die Geräusche und Gerüche integriert, die vom Auto ausgehen, sodass ein Gesamteindruck entsteht). (Vgl. ebenda, S. 96)
[280] Vgl. Eysenck/Keane, 2000, S. 49.

2.4 Die Bedeutung der Multisensualität für die Markenführung

Während des Wahrnehmungsprozesses nehmen die Sinnesorgane Informationen über weitgehend unabhängige Sinneskanäle auf, um sie anschließend zu einem ganzheitlichen Bild zusammenzufügen. Bei einem Kauf eines Apfels, werden bei der Wahrnehmung nicht nur Preis, Farbe, Form und Größe berücksichtigt, sondern auch der Geruch, die Härte und die gefühlte Oberflächenstruktur des Apfels. Da rund 70 bis 80 Prozent aller Entscheidungen aufgrund gespeicherter Reiz-Reaktionsmuster *unbewusst* ablaufen, ist eine gezielte Nutzung möglichst aller fünf Sinneskanäle erstrebenswert.[281]

Multisensuales Markendesign und die daraus resultierende multisensuale Markenkommunikation ermöglichen - vorausgesetzt bei richtiger Umsetzung - eine einzigartige Wahrnehmung und dauerhafte Präferenz der Produkte oder Dienstleistungen eines Unternehmens. Multisensuale Markenkommunikation bietet vielversprechende Möglichkeiten, Konsumenten bei höherer Zahlungsbereitschaft und stetiger Nachfrage *langfristig* und mit allen Sinnen an eine Marke zu binden.[282]

In der aktuellen Studie „5-Sense-Branding"[283] von *MetaDesign* und *diffferent* (2007) zur multisensualen Markenführung wurde untersucht, inwieweit sich Markenwerte über jeden unserer fünf Sinne differenziert wahrnehmen lassen. Dabei hat sich bestätigt, dass die Ansprache des Konsumenten auf mehreren Sinnesebenen zu einer höheren Erlebnisqualität und Wahrnehmungsintensität und damit zu einer *höheren Markenbindung* beiträgt.[284]

Lindstrom konnte bereits in seiner *BRAND sense* Studie (2005) nachweisen, dass sowohl die Markenbindung als auch die wahrgenommene Wertigkeit einer Marke durch multisensualeMarkenkommunikation erhöht werden können. Mit jedem zusätzlich genutzten Sinneskanal nimmt die Anzahl der sinnlich aktivierten Erinnerungen weiter zu. Folglich können durch multisensuale Markenkommunikation mehr sinnliche Erinnerungen aktiviert werden, die wiederum zu einer größeren Bindung zwischen Marke und Konsument führen.[285]

---

[281] Vgl. Häusel, 2004, S. 12ff.
[282] Vgl. Kilian, 2007, S: 353f.
[283] In der Studie, die von den beiden deutschen Unternehmen *MetaDesign* und *diffferent* durchgeführt wurde, wurden die zehn archetypischen Werte Macht, Lebensfreude, Freiheit, Wohlwollen, Tradition, Leistung, Spannung, Ausgewogenheit, Norm und Sicherheit in einem kombinierten Design quantitativer und qualitativer Methoden getestet. (Vgl. URL 155)
[284] Vgl. ebenda.
[285] Vgl. Lindstrom, 2005, S. 69.

Während haptische und gustatorische Empfindungen eine *aktive*, durch den Konsumenten gewollte Wahrnehmung voraussetzen, erfolgt die olfaktorische, visuelle und akustische Wahrnehmung meist eher *passiv* und somit mehr oder weniger unfreiwillig. In Abb. 7 ist die Systematisierung der fünf Sinne hinsichtlich Reichweite, Wahrnehmung und geeigneter Werbeform[286] dargestellt[287].

```
Fern- und Nahbereich          Sehen                    Above- und
                                                       Below-the-Line
                              Hören
  Reichweite     Riechen                                Werbeform
                              Fühlen
                                        Schmecken
  nur Nahbereich                                        Below-the-Line
                    auch       Wahrnehmung       nur
                    passiv/                      aktiv/
                    unfreiwillig                 freiwillig
```

Abb. 7: Systematisierung der fünf Sinne
(Quelle: Eigene Darstellung in Anlehnung an Kilian, 2007, S. 352)

Tab. 11 fasst exemplarisch ausgewählte Studien zur Bedeutung der Sinne für die Markenführung zusammen:

---

[286] Kilian unterscheidet die beiden Werbeformen wie folgt: Unter der Werbeform *Above-the-Line* versteht man medienbezogene Kommunikationsmaßnahmen, die ihrer Art nach meist konventionell sind und unpersönlich "über die Medien" gestreut werden, wie z.B. Printwerbung (Zeitungs- und Zeitschriftenanzeigen), Hörfunkwerbung (Radio-Spots), Kinowerbung (Kino-Spots), Fernsehwerbung (TV-Spots), Außenwerbung (Plakate) und Onlinewerbung (z.B. Suchmaschinen-Marketing). Die *Below-the-Line*-Kommunikation greift hingegen nicht oder (im Fall von PR) nur indirekt auf klassische Massenmedien zurück, ist von der Sache her eher unkonventionell und meist persönlich, zumindest aber direkt. Typische *Below-the-Line*-Instrumente sind Verkaufsförderung (Sales Promotions am POS), Öffentlichkeitsarbeit (PR), Direktmarketing, Messen/Ausstellungen, Sponsoring, Product Placement und Guerillamarketing. (Vgl. URL 156)
[287] Vgl. Kilian, 2007, S. 352.

Autor	Betrachtung	Fragestellung und Ergebnis
Lindstrom (2005)	Sinne & Kaufentscheidung	Das Sehen führt die Wichtigkeitsskala* bei Kaufentscheidungen mit 58% an. Der Geruchssinn mit 45% und der Gehörsinn mit 41% folgen auf den Plätzen Zwei und Drei. Aber auch der Geschmackssinn mit 31% und der Tastsinn mit 25% spielen eine bedeutende Rolle. (*Mehrfachnennungen)
Westermann (2006)	Sinne & Markenloyalität	Das Marktforschungsinstitut Millward Brown konnte in einer Studie beweisen, dass die Markenloyalität von Kunden bei rund 60% liegt, sofern die Ansprache über mehrere Sinne erfolgte. Wird nur ein Sinn angesprochen, so halbiert sich dieser Wert.
Saal (2006)	Sinne & Verpackung	6 von 10 befragten Konsumenten erachteten Verpackungen für sinnvoll, die ein zusätzliches Erlebnis für Augen, Ohren und Nase bieten oder sich besonders anfühlen. Für diesen zusätzlichen Nutzen sind 41% der Konsumenten bereit, mehr Geld auszugeben.
Saal (2006)	Sinne & Kaufentscheidung	Mit 34,1% führt das Sehen die Wichtigkeitsskala bei einer Kaufentscheidung an. Der Geruchssinn mit 30,9% folgt dicht danach. Sowohl der Tastsinn mit 9,8% als auch der Hörsinn mit 3,8% spielen eine untergeordnete Rolle.

Tab. 11: exemplarisch ausgewählte Studien zur Bedeutung der Sinne für die Markenführung
(Quelle: Springer, 2008, S. 45)

Aufgrund des weiter steigenden Differenzierungsdrucks werden Unternehmen in Zukunft der multisensualen Markenkommunikation verstärkte Aufmerksamkeit widmen, da Menschen ihre Umgebung mit allen fünf Sinnen wahrnehmen und folglich ihre Entscheidungen auf Basis ihrer multisensualen Wahrnehmung treffen. Die verschiedenen Sinneseindrücke lösen unterschiedliche Assoziationen aus und sprechen unterschiedliche Werte an, die letztlich zum Kauf führen können.[288]

---

[288] Vgl. Kilian, 2007, S. 352.

3. Theoretische Grundlagen der Markenführung

*„Eine Marke zu kreieren ist nicht das Problem,
das Problem besteht vielmehr darin, sie zu führen!"*[289]

Mario Moretti Polegato (*Geox*-Gründer)

Warum hat der belgische *Interbrew*-Konzern im Jahr 2001 beinahe zwei Mrd. Euro für die Übernahme von *Beck's* ausgegeben, obwohl das Anlagevermögen der deutschen Brauerei schätzungsweise rund 500 Mio. Euro weniger wert ist? Weshalb zahlt das Unternehmen *Samsung Electronics* 73 Mio. Euro an den englischen Fußballverein *Chelsea London*, nur um sich für die nächsten fünf Jahre den Schriftzug *Samsung mobile* auf den Trikots zu sichern? Wieso können der ehemalige US-Präsident Bill Clinton und der Nobelpreisträger Al Gore[290] für ihre Vorträge mehr als 120.000 Euro lukrieren? Wie kann man sich erklären, dass viele Konsumenten bereit sind, für einen *BMW* oder *Mercedes* deutlich mehr Geld auszugeben als für ein vergleichbares Auto von *Hyundai* oder *Skoda*?[291]

All diese Alltagsszenen illustrieren die Macht der Marke. Marken beeinflussen unsere Wahrnehmung und das Verhalten, prägen neben dem materiellen Werturteil auch das Selbstwertgefühl und die Einschätzung anderer Zeitgenossen. Kurz formuliert: *„Marken machen Menschen und Märkte."*[292]

Marken kommen eine *Orientierungs-, Identifikations-* und *Vertrauensfunktion* zu. Angesichts dieser Funktionen ist deren inhaltlicher Positionierung von großer Wichtigkeit. So stellen der Markenkern und die darauf aufbauende Positionierung die eigentliche Identität einer Marke dar und bilden die Grundlage für alle markenstrategischen Entscheidungen.[293]

Man muss zwischen zahlreichen **Markenformen** unterscheiden (vgl. Kap. 5.2), die von Wörtern *(z.B. NIVEA)*, Zahlen *(z.B. 4711)*, Bildern, Logos oder Signets *(z.B. Lufthansa Kranich)* über Kombinationen aus beiden *(z.B. Bayer-Kreuz)* bis hin zu dreidimensionalen Gestaltungen *(z.B. Michelin-Männchen)*, Farben *(Milka Lila)* und Tönen, Tonfolgen, Melodien oder sonstigen Klängen und Geräuschen *(z.B. INTEL Sound Logo)* reichen. Sogar farbige Streifen oder Fäden, die auf bestimmten Produkten angebracht sind (Kennfadenmarken) können geschützt werden.[294]

---

[289] Interview, in: Absatzwirtschaft, 1/2009, S. 13.
[290] Vgl. URL 53.
[291] Vgl. Riesenbeck/Perrey, 2005, S. 16.
[292] Vgl. ebenda.
[293] Vgl. Voeth/Wagemann, 2004, S. 1074.
[294] Vgl. Walter, 2003, S. 36f.

Der Beginn der Markenführung lässt sich nahezu 150 Jahre zurückverfolgen. Als gegenwärtiger State-of-the-Art der Markenführung gilt der *identitätsbasierte Ansatz* der Markenführung, der in den 1990er seinen Ursprung hat. Im Rahmen dieses identitätsbasierten Ansatzes wird die Kaufverhaltensrelevanz von Marken primär auf deren Identität zurückgeführt, wobei eine konsistente und relevante Markenidentität die Voraussetzung für das Vertrauen der Nachfrager in die Marke bildet. Die Ziele dabei sind die Steigerung des Markenwertes und der Markenstärke, sowie eine langfristige Kundenbindung und Markentreue.[295]

Betrachtet man die verschiedenen Ansätze[296] der Markenführung, so ist ähnlich wie im Marketing eine *Vertiefung* („deepening") und eine *Verbreiterung* („broadening") der Markenführung festzustellen. Während die Vertiefung durch die Einbeziehung der Wirkungen auf den Absatzmärkten das Konsumentenverhalten in den Fokus der Betrachtung rückt, kommt es durch die Verbreiterung der Markenführung zur Erweiterung des Gegenstandsbereiches von einer auf qualitativ hochwertige Konsumgüter beschränkten Betrachtung auf u.a. generische Produkte, Dienstleistungen, Vereine und Wohlfahrtsorganisationen.[297] Das Kaufverhalten wird nur dann von der Marke positiv beeinflusst, wenn sie mit einem „**added value**" (Mehrwert) verbunden ist. Die Marke kann als Ergebnis einer Vielzahl über einen längeren Zeitraum durchgeführten Maßnahmen und der hierauf basierenden Erfahrungen der Nachfrager betrachtet werden.

Die heutige Zeit wird dominiert von Konzernen, deren *Markenportfolio* durch zahlreiche, ehemals selbstständige und später akquirierte Marken gekennzeichnet ist. So besitzt beispielsweise der *Volkswagen*-Konzern neun Marken aus sieben europäischen Ländern, nämlich *Volkswagen, Audi, Bentley, Bugatti, Lamborghini, SEAT, Skoda, Scania* und *Volkswagen Nutzfahrzeuge. Dabei hat* jede Marke ihren eigenständigen Charakter und operiert selbstständig im Markt.[298] Heute geht es in erster Linie um die Übernahme der Rechte an eingeführten Markennamen. Dabei kommt es nicht selten zur Erosion bis hin zum Totalverlust der Identität der gekauften Marken. In diesem Zusammenhang bestätigt sich das Bonmot „*Marken sterben nie, sie werden ermordet (vom Management)*"[299].

---

[295] Vgl. Meffert/Burmann, 2005, S. 30.
[296] Stark vereinfacht lassen sich *fünf Phasen in der Markenentwicklung* voneinander abgrenzen: Die Marke als bloßes Eigentumszeichen (ca. 1850) und die folgenden vier Ansätze der Markenführung, nämlich der instrumentelle Ansatz (ca. 1920), der funktionsorientierte Ansatz (ca. 1960), der verhaltens- bzw. imageorientierte Ansatz und parallel dazu der technokratisch-strategieorientierte Ansatz (ca. 1970) und der identitätsorientierte Ansatz (ca. 1990). (Vgl. Reich, 2005, S. 23f.)
[297] Vgl. Meffert/Burmann, 2005, S. 32f.
[298] Vgl. URL 73.
[299] Meffert/Burmann, 2005, S. 31.

Weltweit sind über 25 Mio. Markennamen registriert. Zwar sind diese nicht alle gleichzeitig auf allen Märkten und für alle Zielgruppen präsent, jedoch allein in einem einzigen großen deutschen Kaufhaus buhlen über 60.000 verschiedene Markennamen um die Aufmerksamkeit der Konsumenten. Diese Zahl wirkt umso mächtiger, je deutlicher man sich bewusst macht, dass der aktive Wortschatz eines Menschen maximal 6.000 Wörter beträgt, im Durchschnitt sogar nur weniger als 3.000. Dabei ist es doch das Ziel eines jeden Unternehmens, seine Namen in den aktiven Wortschatz seiner Zielgruppe einzubringen.[300]

3.1 Die Bedeutung von Marken

Die Bedeutung der Marke hat in den letzten Jahren sowohl bei Marketingpraktikern als auch bei Marketingwissenschaftlern stark zugenommen und ist zunehmend in den Mittelpunkt des Interesses gerückt. So wurde das Jahr 1988 von der Zeitung *The Economist* zum „Jahr der Marke" erklärt.[301] „Marken prägen den Alltag, beeinflussen das Verhalten von Menschen und ihre Ansichten."[302] Marken sind omnipräsent, denn sie begegnen uns sowohl plakativ in der Öffentlichkeit als auch verborgen in den intimsten Lebensbereichen. Niemand kann sich ihrem Einfluss entziehen. Marken sind Wahrzeichen einer globalen Wirtschaft, sie breiten sich lange vor den Finanzmärkten aus und sind viel weiter sichtbar als die Turmspitzen der Unternehmenszentralen: *Brandholder Value als Pendant zum Shareholder Value.*[303]

Schon *Karl Marx* setzte sich in seinem Werk *Das Kapital* mit der „Aura des Produktes" auseinander. Die Grundgedanken von *Marx* haben an Attraktivität nicht verloren: *„Was eine Marke ausmacht, ist in hohem Maß von subjektiven Eindrücken geprägt und spielt sich vor allem in den Köpfen und Vorstellungen der Konsumenten ab."*[304] Nach Esch sind Marken *„Vorstellungsbilder in den Köpfen der Konsumenten, die eine Identifikations- und Differenzierungsfunktion übernehmen und das Wahlverhalten prägen."*[305] Es sind gerade starke Marken, die in besonderem Maße gefühlsmäßig bei den Konsumenten verankert zu sein scheinen.

Betrachtet man die **Markenwahrnehmung**, so kann man bemerken, dass ein Großteil der Sinneseindrücke *unterbewusst* verarbeitet wird. Rund 95 Prozent der mentalen Prozesse laufen unbewusst ab und steuern auf diese Weise Wahrnehmung und letztlich auch

---

[300] Vgl. Samland, 2006, S. 7.
[301] Vgl. Esch et al., 2005a, S. 5.
[302] URL 61.
[303] Vgl. Riesenbeck/Perrey, 2005, S. 16f.
[304] Esch et al., 2005a, S. 6.
[305] Ebenda, S. 11.

Entscheidungen. Diese Tatsache macht sich die Werbung zu Nutze, indem viele Signale, Reize und Botschaften, die von einer Marke ausgehen, unterhalb der Wahrnehmungsschwelle liegen.[306]

Marken sind für alle am Markt vertretenen Gruppen *(Hersteller - Konsumenten - Unternehmen - Handel)* besonders wertvoll. Für den *Hersteller* sind Marken aus Gründen der Loyalität, Erholung von kompetitiven Preiskampagnen, Verbindung zum Handel, Lebensdauer und aufgrund des Erweiterungspotentials wertvoll. Außerdem werden starken Marken Fehler eher verziehen. Für den *Konsumenten* üben Marken eine Vertrauensfunktion aus. Darüber hinaus sind sie jedoch auch ein Mittel zur Selbstdarstellung und Problemlösung und dienen zur Vereinfachung des Entscheidungsverhaltens. Auch für *Unternehmen* erfüllen starke Marken eine Reihe von verschiedenen Funktionen, wie z.B. die Möglichkeit zur Differenzierung des eigenen Angebotes von dem der Konkurrenz, sowie der Schutz der eigenen Produkte und Dienstleistungen vor Krisen und Einflüssen der Konkurrenten.[307]

Der *Handel* nimmt gegenüber Marken eine eher ambivalente Haltung ein, denn einerseits dienen starke Marken (Markenartikel) zur Profilierung von Handelsgeschäften. Handelsketten versuchen dabei durch intensive Kommunikation sich ein unverwechselbares (Marken-)Image und damit eine eigenständige (Marken-)Positionierung in den Köpfen der Konsumenten zu verschaffen. Andererseits macht man jedoch durch eigene (Handels-) Marken den eingeführten Herstellermarken in zahlreichen Produktbereichen zunehmend Konkurrenz.[308] Starke Marken sind zudem zentrale immaterielle Wertschöpfer in Unternehmen und verfügen über eine besondere emotionale Schubkraft.[309] So erzielte u.a. *Coca-Cola* 2003 eine Umsatzrendite von 24,8%, das Unternehmen *Red Bull* 2002 eine Gewinnspanne von 70 Prozent je Dose.[310]

Das Geheimnis starker Marken liegt in ihrer stabilen **Käuferbindung** und in einer nachhaltigen **Kundentreue**, die im Wettbewerbsvergleich Ihresgleichen sucht. Der Kernsatz lautet: *„Eine starke Marke braucht Käufer - und Wiederkäufer."*[311] Darüber hinaus stellt die Kommunikationsleistung eine Voraussetzung für erfolgreiche Vermarktung dar, denn Markenpolitik ist Kommunikationsmanagement.[312] Der Erfolg von Produkten und Marken hängt schon längst nicht mehr von ihrer Funktionalität allein ab, sondern auch und vor allem von ihrem *ästhetischen Erscheinungsbild*.

---

[306] Vgl. Zimmermann, 2006, S. 30f.
[307] Vgl. Mahnik/Mayerhofer, 2006, S. 12.
[308] Vgl. Koppe, 2003 und die dort zitierte Literatur.
[309] Vgl. Esch, 2008, S. 5ff.
[310] Vgl. Esch et al., 2005a, S. 7.
[311] Vgl. Riesenbeck/Perrey, 2005, S. 29.
[312] Vgl. Hellmann, 2003, S. 89.

Es ist die Ästhetik, die in einer Zeit, in der Design und Werbung zu einem selbstverständlichen Bestandteil unserer Alltagskultur geworden ist, einen zunehmd wichtiger werdenden Erfolgs- und Verkaufsfaktor darstellt. Unternehmen, die über ein entsprechend einzigartiges ästhetisches Auftreten verfügen, besitzen außerdem einen nicht unbedeutenden Schutz vor Imitation und sind somit nicht so leicht vom Wettbewerb angreifbar.[313]

Um sich im zunehmenden Wettbewerb in stagnierenden und gesättigten Märkten gegen die Konkurrenz behaupten zu können, werden für Unternehmen vor allem Konzepte, die eine Kundenbindung und Kundenrückgewinnung in den Vordergrund stellen, immer bedeutender. Dabei sind zweiseitige Kommunikationsprozesse im Sinne von Dialogen gefragt, um langfristige Beziehungen zwischen Unternehmen und Kunden aufbauen zu können. Eine besonders hohe Wirkung erzielen Dialoge, wenn die Informationen **multisensual** vermittelt und von der Zielgruppe aufgenommen werden.[314] Wir haben allen Grund anzunehmen, dass sich das Konzept der ganzheitlichen Markenführung in Zukunft noch stärker durchsetzen wird, denn Marken haben sich zu einem Führungsinstrument für Unternehmen entwickelt. Letztendlich wird die Marke zum wichtigsten und entscheidenden Gut des Unternehmens.[315]

3.2 Die Bedeutung von Markennamen

Als Markennamen wird der verbal wiedergebbare, „artikulierbare" Teil der Marke bezeichnet.[316] Markennamen konstituieren sich aus der Kombination von Buchstaben *(z.B. SONY)*, Ziffern *(z.B. 4711)* und/oder Interpunktionszeichen *(z.B. Joop!)*. Sie übernehmen eine zentrale Kommunikationsfunktion, denn Markennamen dienen als Rufname für die Angebote einer Marke und machen diese dadurch für alle Konsumenten verbal formulierbar. Ziel des Markennamens ist es, dem Produkt eine *Persönlichkeit* zu verleihen.[317]

Man unterscheidet vier schutzfähige Namenskategorien: **deskriptive** *(z.B. Lufthansa)*, **suggestive** *(z.B. Lexus)*, **zufällige** *(z.B. Apple)* und **frei erfundene Namen** *(z.B. Novartis)*. Heute werden überwiegend beschreibende Markennamen gewählt, die schnell zu Leistungsassoziationen führen, wobei jedoch oft damit eine Erschwerung der Übertragbarkeit auf andere Leistungen und internationale Märkte einhergeht.[318]

---

[313] Vgl. Buck/Herrmann/Kurzhals, 1999, S. 11ff.
[314] Vgl. Springer, 2008, S. 5f.
[315] Vgl. Schmidt, 2003, S. 317.
[316] Kotler/Bliemel, 2001, S. 736.
[317] Vgl. Kircher, 2005, S. 589.
[318] Vgl. Kilian, 2006, S. B4.

Bei der Kreation von Markennamen sind Wörter, Silben und Buchstaben kostbar, wobei nichts davon auf überflüssige Gattungsnamen verschwendet werden sollte. Kurze Wörter sollen langen Namen vorgezogen werden. Bekannte Beispiele dafür sind u.a. *Rolex, Kodak, Nike, Sony, Dell, Google, Ford, Intel* oder *Visa*.[319] Der Markenname muss auch Seriosität ausdrücken, um das Vertrauen des Verbrauchers zu erlangen.[320]

Markennamen müssen immer häufiger **weltweit**[321] funktionieren. Um dem gerecht zu werden, muss der Name in zahlreichen Sprachen bedenkenlos verwendbar sein. Daher gilt es, sowohl Aussprachehindernisse als auch negative Assoziationen zu vermeiden.[322] Das gleiche Produkt kann mit verschiedenen Namen ganz unterschiedliche Reaktionen hervorrufen. So kamen zum Beispiel T-Shirts unter dem Namen „*Ralph Lipshitz*" schlecht an und wurden kaum verkauft. Als der betreffende Modedesigner seinen Namen und den seines Labels in „*Ralph Lauren*" änderte, zog dies eine erhebliche Umsatzsteigerung nach sich.[323]

Im Rahmen der akustischen Wahrnehmung nehmen vor allem auditive bzw. artikulatorische Faktoren einen hohen Stellenwert ein. Während die Verwendung der in einem Sprachgebrauch häufig anzutreffenden Laute und Lautkombinationen die Wahrnehmung des Markennamens erleichtert, können seltene oder gar nicht vorkommende Lautfolgen in der jeweiligen Sprache zu Problemen bei der Aussprache des Namens oder zu Verwirrungen bei den Verbrauchern führen. Als Beispiele können die Marken *Phaeton, O2* und *Häagen-Dazs* genannt werden.[324] Die Verwendung bestimmter Vokale[325] kann Einfluss auf die Vorstellung von Größe, Form und Helligkeit eines Objektes nehmen, wobei weich (stimmhafte) und hart (stimmlose) klingende Konsonanten[326] die Positionierung von Weiblichkeit und Männlichkeit unterstützen.[327]

---

[319] Vgl. Ries/Ries, 2005, S. 248.
[320] Vgl. Kircher, 2005, S. 590.
[321] Der europäische und der US-Markt haben bei der Entwicklung weltweit einsetzbarer Namen meist Priorität. Während in den USA meist deskriptive englische Namen verwendet werden, muss ein Name in Europa idealerweise auf die gemeinsamen Wurzeln der lateinischen und griechischen Sprache zurückgreifen. (Vgl. ebenda, S. 601)
[322] Vgl. Kircher, 2005, S. 592.
[323] Vgl. Samland, 2006, S. 10.
[324] Vgl. Drißner, 2006, S. 36f.
[325] Während ein „a" auf einen größeren Gegenstand schließen lässt, verbindet man mit einem „i" eher kleine Dinge. (Vgl. Latour, 1996, S. 43ff.)
[326] Weich klingende, stimmhafte Konsonanten wie „l", „m" und „n" sowie „v" und „w" unterstützen die Positionierung von Weiblichkeit, Sanftheit und Harmonie, wie es z.B. bei *Nivea, Wella* und *Always* der Fall ist. Demgegenüber drücken hart klingende, stimmlose Konsonanten wie „k", „p" und „t" Männlichkeit, Dynamik und Technik aus, wie die Beispiele *KitKat, Pattex* und *Tigra* deutlich machen. (Vgl. ebenda)
[327] Vgl. Latour, 1996, S. 43ff.

Markennamen, die einen expliziten Produktnutzen versprechen, führen zu einer höheren Erinnerungsleistung für den beworbenen Nutzen, sofern dieser mit dem Markennamen übereinstimmt. Diese Erkenntnis war das Ergebnis einer Studie von *Keller/Heckler/Houston* (1998).[328] In diesem Zusammenhang ist auch eine Anmerkung von *Yentis/Bond* (1995) interessant, wonach zwar die Verwendung von bekannten Symbolen der Stamm-Marke in der Werbung die Aufmerksamkeit für die Marke insgesamt fördert, aber die Aufmerksamkeit für die neue Markenerweiterung und für zentrale Produktaussagen der Erweiterung verringert.[329]

Bei der Festlegung von Markennamen sollten drei Zielbereiche berücksichtigt werden, nämlich **Psychologische Ziele** (Aktivierungsgrad, Schnelligkeit der Wahrnehmung, Grad der Lernbarkeit und Herbeiführung positiver Assoziationen), die **rechtliche Schutzfähigkeit** (räumliche, sachliche und zeitliche Namensabsicherung) und die **Handhabungsfähigkeit** (Umsetzbarkeit in Logos und Slogans und Integration in das bestehende Markenportfolio und die Unternehmensstrategie).[330]

Die *Merkfähigkeit* eines Markennamens ist umso größer, je bildhafter ein Name ist. Beispiele für merkfähige Namen sind *Apple* für Computer, *Red Bull* für Getränke oder *Mars* für einen Schokoladenriegel. Da das menschliche Gedächtnis vorrangig solche Informationen aufnimmt, die mit einem gegenständlichen Pendant assoziiert werden können, bieten sich für die Produkttaufe solche Namen an, die Bilder hervorrufen (assoziative Namen) oder die zumindest so eigenständig sind, dass sie vom Absender nach Belieben mit einem gewünschten Inhalt aufgeladen werden können (artifizielle Namen).[331] Nichts sagende Markennamen, wie beispielsweise *Febreze* (Geruchsentferner) leisten keinen Beitrag zum Markenverständnis und sind schwer lern- und erinnerbar.[332]

Auch die *Typographie* spielt beim Markennamen eine bedeutende Rolle. In einer umfassenden Studie bestätigten *Henderson et al.* (2004) den enormen Einfluss der Schriftart auf die durch den Markennamen hervorgerufenen Assoziationen.[333] Es sind vor allem zwei Wirkungen von Markennamen von besonderer Relevanz, nämlich der Beitrag des Namens zum Aufbau von *Bekanntheit* und *Image*. Markennamen mit einem großen Bezug zum Markenimage werden im Sinne des Markenimages verstanden und behalten und tragen so direkt zum Aufbau des Markenimages bei. Stimuli, die konkrete Assoziationen hervorrufen, gefallen besser und werden leichter gelernt als Stimuli mit abstrakten Assoziationsstrukturen.[334]

---

[328] Vgl. Keller/Heckler/Houston, 1998, S. 48ff.
[329] Vgl. Yentis/Bond, 1995, S. 104ff.
[330] Vgl. Kilian, 2006, S. B4.
[331] Vgl. Kircher, 2005, S. 591.
[332] Vgl. Esch, 2008, S. 217.
[333] Vgl. ebenda, S. 227.
[334] Vgl. Langner, 2003, S. 28f.

Ende der 1990er Jahre entwickelten sich durch die steigende Verbreitung des Internets auch in der **virtuellen Welt** eigenständige Marken. Innerhalb dieser elektronischen Marken ist zwischen *electronic generated brands* und *electronic enabled brands* zu differenzieren. Während man unter den Erstgenannten Marken versteht, die im Internet neu entstanden sind, subsumiert man unter *electronic enabled brands* hingegen Marken, welche aus der Offline- in eine Online-Welt übertragen werden. Diese Marken bauen auf bereits bestehenden Werten und Eigenschaften auf, die genutzt und ausgebaut werden sollen. Nach *Herrmanns* müssen erfolgreiche Marken als One-Brand in der Online- *und* in der Offline-Welt präsent sein.[335]

Zusammenfassend lässt sich festhalten, dass der Markenname *„kurz und prägnant, einzigartig und gleichzeitig selbsterklärend, merkfähig, gut aussprechbar und attraktiv für ein internationales Publikum"*[336] sein sollte. Geprüft werden müssen auch die Relevanz für die Produktkategorie, die Assoziationen, die mit dem Namen verknüpft sind, und die Fähigkeit des Markennamens, sich (schutzfähig) von den Konkurrenzprodukten abzuheben.[337]

3.3 Markenbekanntheit, Markenimage und Markenpositionierung

Heutzutage gibt es nur mehr wenige wirklich globale Marken, weil fast jede Marke mit einem bestimmten Land in Verbindung gebracht wird. Marken werden international angeboten, rufen jedoch nationale Assoziationen hervor - so z.B. Konsummarken wie *Nike* oder Automobilmarken wie BMW. In den einzelnen Märkten können diese durchaus unterschiedlich wahrgenommen werden.[338]

Bereits Kleinkinder werden mit Marken konfrontiert. 56 Prozent der Drei- bis Vierjährigen kennen das Markenlogo von *McDonald's*, bei *Coca-Cola* sind es 64 Prozent. Bei der Marke *Milka* sind es sogar 68 Prozent.[339] Rund ein Drittel von den befragten Kindern in bayerischen Grundschulen malten die Kühe auf Alpenwiesen „lila", da sie durch die Marke *Milka* ständig mit lila Kühen konfrontiert werden.[340] Auch Erwachsene verlassen sich oft blind auf ihre Marken, die sie zum Teil schon durch Sozialisation von ihren Eltern übernommen haben oder mit denen sie gute Erfahrungen machen konnten. Zentral ist hierbei die Entwicklung der Markenidentität.

---

[335] Vgl. Herrmanns, 2001, S 12ff.
[336] Kircher, 2005, S. 596.
[337] Vgl. Weinberg/Diehl, 2005, S. 273.
[338] Vgl. Schmidt, 2003, S. 96.
[339] Vgl. Melzer-Lena/Barlovic, 1999, S. 28.
[340] Vgl. Melzer-Lena, 1995, S. 13.

Die Gedächtnisstrukturen zur Marke lassen sich nach zwei wesentlichen Konstrukten unterscheiden, nämlich nach der Markenbekanntheit und dem Markenimage. Hierbei kann die **Markenbekanntheit** als notwendige Bedingung für den Markenerfolg aufgefasst werden. Es geht darum, der Marke eine eigenständige Position in den Köpfen der Konsumenten zu verschaffen, denn nur so ist eine Differenzierung gegenüber der Konkurrenz zu erreichen. Es ist daher notwendig, die Besonderheiten der Marke für den Konsumenten attraktiv und unterscheidbar von der Konkurrenz zu kommunizieren, um so langfristig eine eigene Position aufzubauen. Da eine Abgrenzung der Marke über rein sachliche Produkteigenschaften unter den heutigen Marktbedingungen jedoch kaum noch möglich ist, muss daher eine Präferenzbildung durch die Vermittlung eines emotionalen Zusatznutzens erfolgen.[341]

Esch unterscheidet bei der Markenbekanntheit zwischen der *Tiefe* der Bekanntheitsstufen, und der *Breite* der Bekanntheit in ihren Facetten. Während sich die Tiefe der Markenbekanntheit auf die Höhe der Wahrscheinlichkeit bezieht, mit der ein Konsument an eine Marke denkt und wie einfach ihm dieses fällt, bezieht sich die Breite der Markenbekanntheit dagegen vor allem in der Kauf- und Verwendungssituation, in der die Marke dem Konsumenten einfällt.[342]

Vergleich zwischen Diet Pepsi und Diet Coke

ziehen Pepsi vor: 51% / 23%
ziehen Coke vor: 44% / 65%
egal (gleich gut): 5% / 12%

■ Blindtest
□ Test mit Darbietung der Marken

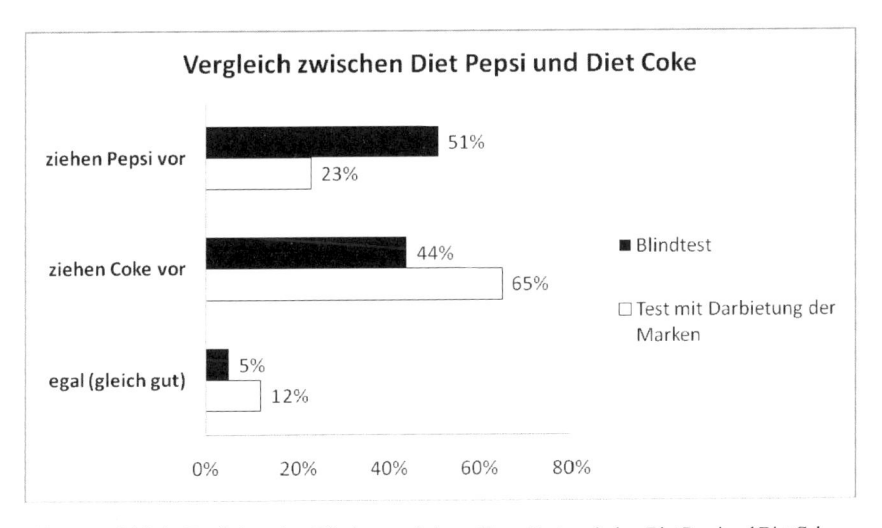

Abb. 8: Vergleich der Ergebnisse eines Blindtests und eines offenen Tests zwischen Diet Pepsi und Diet Coke (Quelle: Eigene Darstellung in Anlehnung an De Chernatony/McDonald, 1992, S. 9)

---

[341] Vgl. Esch et al., 2005b, S. 43.
[342] Vgl. ebenda, S. 47f.

Für viele Konsumenten übernimmt die Marke bei ansonsten vergleichbaren Produkten präferenzprägende Funktionen. Dies wird deutlich, wenn man die Ergebnisse von verschiedenen *Blindtests* von Produkten mit denen von Produkttests mit Darbietung des jeweiligen Markenlabels vergleicht, denn Produkte von bekannten und beliebten Marken werden in einem Test mit Markenname wesentlich besser eingeschätzt als bei entsprechender Blinddarbietung.[343] Abb. 8 zeigt den bekannten Vergleich der Ergebnisse eines Blindtests und eines offenen Tests zwischen *Diet Pepsi* und *Diet Coke*. Während die Probanden im Blindtest eindeutig *Pepsi* bevorzugten, favorisierten sie im offenen Test jedoch *Coke*.[344]

Dass bekannte und beliebte Marken deutlich besser in offenen Tests beurteilt werden als bei entsprechender Blinddarbietung, hat nun auch die Hirnforschung eindrucksvoll bestätigt (vgl. Kap. 3.7).[345] In diesem Zusammenhang kommt der so genannte *Halo-Effekt* zum Tragen. Hierbei werden durch das gute Image einer Marke automatisch einzelne Produkteigenschaften, wie z.B. der Geschmack, besser eingeschätzt. Dieser *Halo-Effekt* ist in allen Bereichen menschlicher Urteilsfindung zu beobachten.[346]

Das **Markenimage** wird bei starken Marken häufig durch emotionale Eindrücke und Bilder geprägt und kann u.a. durch die Art der Assoziationen (emotional oder kognitiv), die Stärke der mit einer Marke verbundenen Assoziationen und die verbale oder nonverbale Repräsentation der Assoziationen beschrieben werden. Weitere Merkmale des Images sind die Relevanz, die Richtung sowie die Zugriffsfähigkeit der Assoziationen.[347] Die *Markenpräferenzen,* die durch das Markenimage geschaffen worden sind, bilden auch die Grundlage für das akquisitorische Potenzial der Marke. Erfüllt das Produkt die Erwartungen des Konsumenten, so kann daraus Markenloyalität und Markenbindung resultieren.[348] Eine wichtige Rolle zwischen Markenbekanntheit und Markenimage nimmt die *Markensympathie* ein, wobei das Markenvertrauen, die Markenzufriedenheit, die Markenloyalität sowie die Markenbindung als zentrale qualitative Zielgrößen angesehen werden.[349]

Die Studie von *Möll* (2007) hatte zum Ergebnis, dass hoch emotionale Marken bekannter waren als gering emotionale Marken. Hoch emotionale Marken wurden auch häufiger aktiv erinnert, häufiger als erste Marke erinnert (Top-of-Mind) und häufiger wiedererkannt, als gering emotionale Marken.

---

[343] Vgl. Esch et al., 2005a, S. 7.
[344] Vgl. De Chernatony/McDonald, 1992, S. 9.
[345] Vgl. McClure et al., 2004, S. 379ff.
[346] Vgl. Kroeber-Riel/Weinberg, 2003, S. 310.
[347] Vgl. Esch, 2003, S. 73ff.
[348] Vgl. ebenda.
[349] Vgl. ebenda, S. 77.

Außerdem waren bei den hoch emotionalen Marken die Markeneinstellung positiver, die Markenbindung stärker, das Markenvertrauen sowie die Markenbegehrlichkeit höher als bei gering emotionalen Marken.[350]

Eine der größten Herausforderungen in der Markenführung ist die strategische Positionierung in der Markenwelt, wobei die Differenzierungsproblematik zu einem Rückgang des Markenwerts führt. In der Diskussion um Markenerosion sind drei Tendenzen ausschlaggebend: Da immer mehr Hersteller auf den Markt *(Angebotsvielfalt)* mit immer ähnlicheren Produkten *(Produkthomogenität)* drängen, kommt es auch zu einer Annäherung in der Qualität der funktionalen Leistungserbringung *(Qualitätsnivellierung)*.[351] Das Ziel der **Markenpositionierung** besteht darin, mit bestimmten Produkteigenschaften sowohl eine dominierende Stellung in der Psyche der Konsumenten als auch eine hinreichende Differenzierungsfähigkeit gegenüber Konkurrenzprodukten zu erreichen.[352] Dabei sind jene Assoziationen ausschlaggebend, die sich in der subjektiven Vorstellung der Nachfrager auf die Marke beziehen.[353]

Markenführung ist kein Kampf der Produkte, sondern ein Kampf um die Wahrnehmung.[354] Marktpositionen sind derart zu formulieren, dass für jede Marke eine positive Alleinstellung, eine so genannte *„Unique Selling Proposition"* (USP), im Verhältnis zum Wettbewerb und den übrigen Marken des Portfolios vorherrscht.[355]

Man unterscheidet zwei Positionierungsstrategien, nämlich die *Points-of-Difference-Strategie* und die *Points-of-Parity-Strategie*. Während erstere versucht, die Marke möglichst weit weg von den Wettbewerbern aufzustellen, hat letztere die Imitation eines Wettbewerbers zum Ziel. Auch eine Kombination beider Strategien ist denkbar.[356] *„Die Umsetzung der Markenpositionierung durch Kommunikation ist der zentrale Engpass beim Aufbau starker Marken. Zwischen Konzept und Umsetzung klafft meist eine Implementierungslücke"*[357], so Esch. Um eine Marktpositionierung konsequent umzusetzen, bedarf es einer konkret fassbaren Darstellung der Markenidentität, deren emotionale Komponenten durch den Markenwert zum Ausdruck gebracht werden.

---

[350] Vgl. Möll, 2007, S. 155ff.
[351] Vgl. Marolf, 2006, S. 4.
[352] Vgl. Burmann/Meffert, 2005, S. 81.
[353] Vgl. Köhler, 2004, S. 2778f.
[354] Vgl. Brandtner, 2006, S. 26.
[355] Vgl. Riesenbeck/Perrey, 2005, S. 133f.
[356] Vgl. Burmann/Meffert, 2005, S. 65f.
[357] Scheier/Held, 2008, S. 229.

3.4 Markenwert

„*Marken werden immer von innen zerstört.*"[358]

Franz-Rudolf Esch

„Der Markenwert umschreibt eine Reihe von Vorzügen und auch Nachteilen, die die Verbraucher mit einem Markennamen und/oder Markensymbol in Verbindung bringen und den Wert eines Produktes oder Dienstes für ein Unternehmen oder seine Kunden mehren oder mindern."[359] Dabei erfüllt der Markenwert mehrere Aufgaben: er dient, ähnlich wie der Unternehmenswert als oberstes Ziel der Markenführung und als Beurteilungsmaßstab für die Qualität der Markenführung. Außerdem liefert er darüber hinaus wichtige Entscheidungsgrundlagen in den einzelnen Phasen der Planung, Steuerung und Kontrolle des Managementprozesses der Markenführung. Aus diesen Gründen wird der Markenwert von vielen Autoren als die *wesentliche Kenngröße* der Markenführung angesehen.[360] Nach Keller sind bei einem typischen Unternehmen des Konsumgüterbereichs in den USA bis zu 70% des immateriellen Vermögenswertes auf die Marke zurückzuführen.[361] Die restlichen Anteile des immateriellen Wertes ergeben sich in Abhängigkeit von der Branche aus dem geistigen Eigentum, dem Wissen und den Kompetenzen.[362]

„*Der Wert einer Marke liegt nicht in dem Unternehmen selbst, sondern spiegelt sich vielmehr in den Köpfen der Konsumenten wieder.*"[363] So lautet die Definition des Markenwertes nach der verhaltenswissenschaftlichen Sichtweise. *Aaker* unterscheidet in diesem Zusammenhang die folgenden wesentlichen Determinanten: die Bekanntheit der Marke, die Assoziationen, die man mit einer Marke verbindet, die wahrgenommene Qualität, die letztendlich als Image einer Marke aufzufassen ist, die Markentreue und weitere Markenvorzüge wie etwa Patente und Markenrechte.[364]

In den Köpfen der Konsumenten sind Marken mit Vorstellungsbildern verbunden. Dabei werden Gefühle, Bilder, Vorstellungen, Sachinhalte, Eigenschaften, Verwendungszusammenhänge und andere Inhalte zur Marke archiviert. Dieses Wissen ist in so genannten **Markenschemata** abgelegt. Es bestimmt, wie Informationen zur Marke aufgenommen, verarbeitet und gespeichert werden. Dadurch werden sie zum zentralen Einflussfaktor auf das

---

[358] URL 77.
[359] Schweiger/Schrattenecker, 2005, S. 78.
[360] Vgl. Blinda, 2007, S. 75f.
[361] Vgl. Keller, 2003, S. 12.
[362] Vgl. Burmann/Kranz/Weers, 2005, S. 321.
[363] Vgl. Esch/Geus, 2005, S. 1270.
[364] Vgl. ebenda, S. 1270.

(Kauf-)Verhalten.³⁶⁵ Um erfolgreiche Marken aufbauen zu können, ist die Schaffung von starken Markenschemata von grundlegender Bedeutung. Schemata lassen sich durch *semantische Netzwerke* darstellen, wobei die Form des semantischen Netzwerkes verdeutlicht, welche Assoziationen der Konsument mit der Marke hat.

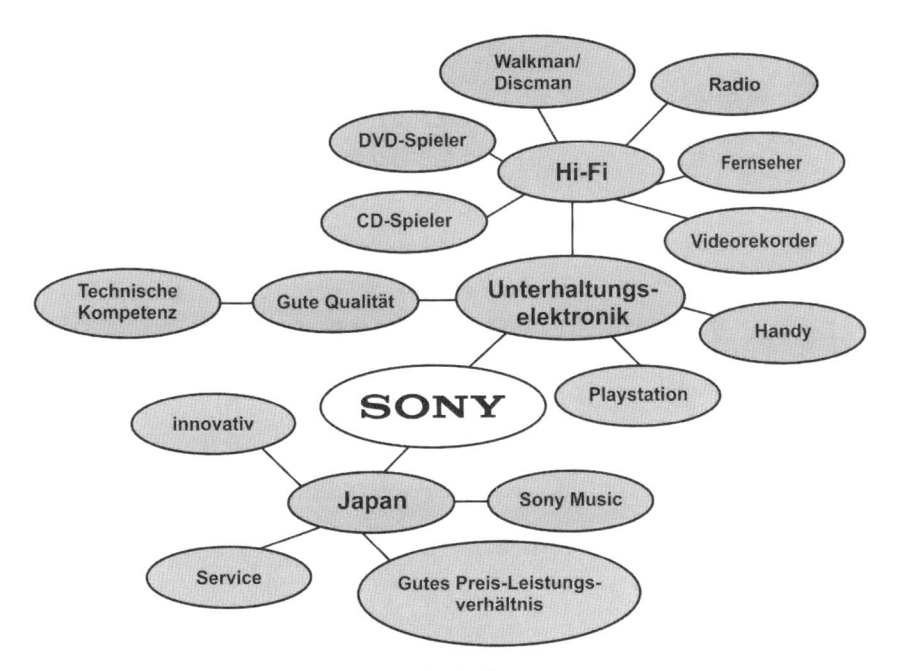

Abb. 9: Semantisches Netz der Iconographie der Marke SONY
(Quelle: Eigene Darstellung in Anlehnung an Berens et al. 2003)

Für den Fall *Sony* zeigt sich, dass vor allem die Produkte der Marke präsent sind (vgl. Abb. 9). Es steht nicht so sehr die technische Kompetenz der Marke im Vordergrund. Es ist vielmehr die Kompetenz im Unterhaltungsbereich. Daher erscheint ein Transfer im Bereich der Unterhaltung selbst erfolgversprechender als eine rein technische Innovation.³⁶⁶ An dieser Stelle sei auch auf die Kernkompetenz einer Marke hingewiesen, die sich in der Qualität und der technischen, organisatorischen und finanziellen Ressourcenausstattung äußert. Die Kernkompetenz des Unternehmens *Sony* liegt seit Unternehmensgründung in der Fähigkeit, Hardware und Software erfolgreich zu verknüpfen. Das japanische Unternehmen war von Beginn an nicht auf eine bestimmte Produktkategorie beschränkt, sondern bezog sich auf den

---

³⁶⁵ Vgl. Esch et al., 2005a, S.11f.
³⁶⁶ Vgl. Berens et al., 2003, S. 116.

allgemeinen Bereich Kommunikation *(Transistorherstellung, Walkman, Minidisc)*. Daher ist der Bogen weit gespannt und es scheint für *Sony* vorstellbar, die Marke auf eine breite Palette möglicher Produkte im Bereich der Unterhaltung zu transferieren.[367]

Zwei Aspekte von Schemata sind für die Markenführung besonders wichtig, nämlich einerseits das in den Köpfen der Konsumenten gespeicherte *Wissen*, welches hierarchisch strukturiert und der entsprechenden Produktkategorie untergeordnet ist. Andererseits übertragen sich die mit der Produktkategorie gespeicherten *Produktvorstellungen* automatisch auf alle Marken einer Produktkategorie.[368] Der Markenwert kann als Ergebnis eines zeitintensiven Lernprozesses angesehen werden, der mit einem hohen finanziellen und zeitlichen Aufwand für das Unternehmen verbunden ist. Dabei ist es besonders wichtig, den Erfolg einer Markenstrategie stets langfristig zu betrachten.[369]

Der Markenwert setzt sich aus zahlreichen Dimensionen einer Marke zusammen, wie z.B. aus der Dominanz einer Marke in einer Produktgruppe *("awareness")*, aus dem Markenimage und der Markentreue. Um eine Berechnung des monetären Werts von Unternehmen und Marken durchführen zu können, muss man sich für eine der zahlreichen *unterschiedlichen Berechnungsmethoden*[370] entscheiden.[371] Dieses Unterkapitel stützt sich auf die aktuellen Markenwerte der zwei Studien *eurobrand2009* (European Brand Institute) und *Best Global Brands 2009* (Interbrand).[372] Laut der Studie *eurobrand2009*[373] vom *European Brand Institute* besitzen die Top 10 Single Brands[374] in Europa einen Gesamtwert von rund EUR 186,3 Mrd.[375]

---

[367] Vgl. Mahnik/Mayerhofer, 2006, S. 20.
[368] Vgl. ebenda, S. 20.
[369] Vgl. Pförtsch/Müller, 2006, S. 52.
[370] Ein in der Praxis weit verbreiteter Ansatz ist das *Eisbergmodell* von *Icon Brand Navigation*. Dieses Modell basiert auf der Überlegung, dass sich der Markenwert aus zwei Komponenten zusammensetzt, nämlich aus dem Markenbild *(die sichtbare Spitze des Eisberges)* und dem Markenguthaben *(langfristiges Potential unter der Wasseroberfläche; meist auf der Basis von Vertrauen, Sympathie und Loyalität)*. (Vgl. Mahnik/Mayerhofer, 2006, S. 28)
[371] Vgl. ebenda, S. 27f.
[372] Somit ist die ebenfalls bekannte und weit verbreitete Markenwert-Studie *BrandZ* des renommierten Marktforschungsunternehmens *Millward Brown* nicht Gegenstand der Untersuchung. Laut *BrandZ* Studie 2010 ist der amerikanische Internet-Dienstleister *Google* mit einem Marktwert von rund USD 114 Mrd. die wertvollste Marke der Welt. Da die Markenwert-Rankings von *Interbrand* und *Millward Brown* zwei unterschiedliche Berechnungsmethoden zu Grunde liegen, kommen diese auch zu unterschiedlichen Ergebnissen. (Vgl. URL 157)
[373] Details zu der europaweit in über 24 Ländern in 16 Branchen durchgeführten Markenwertstudie *eurobrand2009* unter: URL 58.
[374] Die Top 10 Single Brands in Europa sind: 1. *Nokia* (EUR 35,22 Mrd.), 2. *LVMH* (EUR 32,37 Mrd.), 3. *!nBEV* (EUR 26,93 Mrd.), 4. *Vodafone* (EUR 23,79 Mrd.), 5. *Unilever* (EUR 22,83 Mrd.), 6. *Telefonica* (EUR 22,13 Mrd.), 7. *Mercedes-Benz* (EUR 19,39 Mrd.), 8. *Deutsche Telekom* (EUR 19,09 Mrd.), 9. *BMW Group* (EUR 18,77 Mrd.), 10. *SAB Miller* (EUR 18,35 Mrd.). (Vgl. URL 57)
[375] Vgl. ebenda.

Markenwert 65

Die zehn wertvollsten Markenunternehmen[376] in **Österreich** haben einen Gesamtwert von EUR 34,6 Mrd. Dabei ist die Marke *Red Bull* mit einem Marktwert von EUR 12,65 Mrd. überlegener Sieger der Wertung. In den Top 10 finden sich u.a. die Unternehmen *Swarovski, Telekom Austria, Raiffeisen, Casinos Austria* und *Spar Österreich*.[377]

Die wertvollsten Marken in **Deutschland** 2009 werden traditionell von den Automobilmarken dominiert. So konnte in der Studie *Best Global Brands 2009*[378], die jährlich vom weltweit größten Markenberater *Interbrand* veröffentlich wird, *Mercedes Benz* mit einem Marktwert von rund USD 24 Mrd. die deutsche Wertung[379] für sich entscheiden, gefolgt von *BMW, SAP, Siemens* und *VW*.[380]

Im aktuellen Ranking *Best Global Brands 2009* befinden sich auch fünf Marken[381] aus der **Schweiz**, nämlich *Nescafé, Nestlé, Rolex, UBS* und *Cartier*.[382]

Weitere europäische Marken im Spitzenfeld sind *Nokia* (USD 34,86 Mrd.), *Louis Vuitton* (USD 21,12 Mrd.), *H&M* (USD 15,38 Mrd.), *IKEA* (USD 12,00 Mrd.) und *HSBC* (USD 10,51 Mrd.).[383]

Die wertvollste Marke der Welt ist erneut *Coca-Cola*. Die amerikanische Marke besitzt einen Markenwert von USD 68,73 Mrd. Den zweiten Platz konnte *IBM* erringen, gefolgt von *Microsoft, General Electric, Nokia, McDonald's, Google, Toyota, Intel* und *Disney*. Somit nehmen acht der zehn Spitzenplätze[384] amerikanische Unternehmen ein.[385]

---

[376] Die Top 10 Markenunternehmen in Österreich sind: 1. *Red Bull* (EUR 12,74 Mrd.), 2. *Swarovski Gruppe* (EUR 4,01 Mrd.), 3. *Telekom Austria Gruppe* (EUR 3,43 Mrd.), 4. *Raiffeisen Bankengruppe* (EUR 3,04 Mrd.), 5. *Casinos Austria Gruppe* (EUR 2,50 Mrd.), 6. *Erste Bank Gruppe* (EUR 2,06 Mrd.), 7. *Spar Österreich* (EUR 1,94 Mrd.), 8. *Novomatic Gruppe* (EUR 1,94 Mrd.), 9. *ÖBB Gruppe* (EUR 1,40 Mrd.) und 10. *Vienna Insurance Group* (EUR 1,07 Mrd.). (Vgl. URL 58)
[377] URL 54.
[378] Das Ranking *The Best Global Brands 2009* führt die 100 wertvollsten globalen Marken auf, deren Wert mindestens 3,0 Milliarden US-Dollar beträgt. Um in das Ranking aufgenommen zu werden, muss die Marke *global* vertreten sein und auf den wichtigsten Weltmärkten signifikante Erträge erzielen. (URL 158)
[379] Die Top 10 der wertvollsten deutschen Marken sind laut *Best Global Brands 2009*: 1. *Mercedes-Benz* (USD 23,87 Mrd.), 2. *BMW* (USD 21,67 Mrd.), 3. *SAP* (USD 12,11 Mrd.), 4. *Siemens* (USD 7,31 Mrd.), 5. *VW* (USD 6,48 Mrd.), 6. *Adidas* (USD 5,40 Mrd.), 7. *Audi* (USD 5,01 Mrd.), 8. *Porsche* (USD 4,23 Mrd.), 9. *Allianz* (USD 3,83 Mrd.), 10. *Nivea* (USD 3,56 Mrd.). (Vgl. URL 62)
[380] Vgl. ebenda.
[381] Die Markenwerte der fünf wertvollsten Schweizer Marken: 1. *Nescafé* (USD 13,31 Mrd.), 2. *Nestlé* (USD 6,32 Mrd.), 3. *Rolex* (USD 4,61 Mrd.), 4. *UBS* (USD 4,37 Mrd.), 5. *Cartier* (USD 3,97 Mrd.). (Vgl. ebenda)
[382] Vgl. URL 62.
[383] Vgl. ebenda.
[384] Die Top 10 Marken haben laut *Interbrand* einen Gesamtwert von USD 422,90 Mrd. Die Markenwerte der zehn wertvollsten Marken der Welt sind wie folgt: 1. *Coca-Cola* (USD 68,73 Mrd.), 2. *IBM* (USD 60,21 Mrd.), 3. *Microsoft* (USD 56,65 Mrd.), 4. *General Electric* (USD 47,78 Mrd.), 5. *Nokia* (USD 34,86 Mrd.), 6. *McDonald's* (USD 32,28 Mrd.), 7. *Google* (USD 31,98 Mrd.), 8. *Toyota* (USD 31,33 Mrd.), 9. *Intel* (USD 30,64 Mrd.), 10. *Disney* (USD 28,45 Mrd.). (URL 62)

„Dass sich in der Spitzengruppe des Ranking stets dieselben Namen finden, liegt daran, dass diese Marken eine hohe Kundenbindung aufgebaut haben. Sie sind fest in den Köpfen der Konsumenten verankert und folglich ist ihr Markenwert kaum Schwankungen unterworfen. So schaffen sie ihren ökonomischen Wert"[386], erklärt Stucky.

Millward Brown, eines der weltweit führenden Marktforschungsunternehmen, hat das US-Unternehmen *Amazon.com* zum *Top Performing Brand* 2010 in den USA gekürt. Laut aktuellen Untersuchungen setzen die amerikanischen Konsumenten nicht nur das höchste Vertrauen in das Unternehmen amazon.com, sondern attestieren dem weltweit führenden Online-Händler auch den besten Ruf.[387]

3.5 Markenstrategien

Nach Esch existieren für Unternehmen drei grundlegende markenstrategische Optionen, die man als Markenbreite definiert[388]:

- **Einzelmarken** (Produkt- oder Mono-Marken-Konzept: z.B. *Red Bull)*
- **Familienmarken** (Produktgruppen-Konzept: z.B. *NIVEA)*
- **Dachmarken** (Company-Marken, Umbrella-Brands: z.B. BMW*)*

Während bei der Einzelmarkenstrategie für jedes einzelne Produkt eines Anbieters eine eigene Marke geschaffen wird (z.B. Einzelmarken der Firma *Ferrero:* u.a. *Rocher, Duplo* oder *Mon Cheri*), wird bei einer Familienmarke eine einheitliche Marke für mehrere Produkte gewählt (z.B. die Subbrands der Familienmarke *Milka: Leo, Tender* oder *Milkinis*). Obwohl für den Erfolg einer Markenstrategie ein konsistenter Markenkern essentiell ist, besteht jedoch bei Familienmarken die Gefahr, dass man sich immer weiter vom eigentlichen Markenkern entfernt.[389] Werden alle Produkte eines Unternehmens unter einer einheitlichen Marke geführt, so spricht man von der so genannten Dachmarken-Strategie (z.B. Nestlé, Kraft Foods). Hierbei stehen das Unternehmen und dessen Konzept im Vordergrund.[390]

---

[385] Vgl. URL 62.
[386] URL 60.
[387] Vgl. URL 59.
[388] Vgl. Esch, 2003, S. 251ff.
[389] Vgl. Mahnik/Mayerhofer, 2006, S. 30.
[390] Vgl. ebenda, S. 31.

In der Praxis findet man diese markenstrategischen Optionen meist in Kombination vor. Dies führt mitunter zu komplexen Markenportfolios und Markenarchitekturen in Unternehmen. Eine moderne Form einer Markenstrategie ist das *Bundling*. Hierbei werden zwei oder mehrere Produkte und/oder Dienstleistungen kombiniert und zu einem Gesamtpreis verkauft.[391] Bei dieser Strategie werden entweder Produkte unterschiedlicher Marken, wie z.B. *Packard Bell* Computer und *Epson* Drucker, oder Produkt-Pakete derselben Marke kombiniert. Zieht man Bundling-Strategien in Erwägung, so sollten diese auf ihre Wirksamkeit hin überprüft werden.[392]

Ein höchst erfolgreiches Beispiel für eine **Submarke** ist der *Apple iPod*, wobei diese Submarke über den traditionellen Kundenkreis hinaus einen neuen Markt erschlossen hat. *Apple* war es dank dieses Music-Players möglich, sich aus der Nische der Computerhersteller zu befreien und auf einem Markt zu positionieren, der früher von Firmen wie *Sony* dominiert wurde.

Abb. 10: Apple's iPod Family
(Quelle: URL 71)

Apple hat damit erreicht, dass auch andere Produkte des kalifornischen Unternehmens gekauft werden (vgl. Abb. 10). Auch wenn kein Markenzeichen auf der Vorderseite der *iPod's* zu finden ist, so sind Design und Qualität deutlich als *Apple* identifizierbar. Mitunter sind die Identitäten der Submarken stärker als die der Familienmarken.[393]

Man unterscheidet weiters drei verschiedene **Markenarten**, nämlich *Konsumgüter-* (z.B. *Maggi*), *Industriegüter-* (z.B. *SIEMENS*) und *Dienstleistungsmarken* (z.B. *HILTON*).[394] Marken können auch hinsichtlich ihrer geographischen Ausdehnung des Absatzraumes (Reichweite der Marke) unterschieden werden. So unterscheidet man regionale Marken (z.B. *Basler Leckerli*), nationale Marken (z.B. *Warsteiner Pils*), internationale Marken (z.B. *Palmers*) und globale Marken/Weltmarken[395] (z.B. *Coca-Cola*).[396]

---

[391] Vgl. Pichler, 2002, S. 14.
[392] Vgl. Mahnik/Mayerhofer, 2006, S. 33f.
[393] Vgl. Davis, 2005, S. 55.
[394] Vgl. Bruhn, 2004, S. 18.
[395] Während eine *internationale Marke* über die Ländergrenzen hinaus verbreitet ist, bezeichnet man eine Marke als *Weltmarke* (globale Marke), wenn ein prägnantes, in seinem Erscheinungsbild weltweit weitgehend einheitliches Erzeugnis vorliegt, das weltweit u.a. eine hohe Wertschätzung und Verkehrsgeltung sowie einen hohen Marktanteil aufweist. (Vgl. ebenda, S. 34f.)

3.6 Branding als Grundlage zum Markenaufbau

Das *Markieren* von Produkten existiert schon seit mehreren Jahrhunderten und findet sich in sämtlichen Hochkulturen. Während die Ägypter Ziegelsteine, die den Weg zu den Pharaonen-Gräbern wiesen, mit Symbolen versahen, um ihre Identität zu kennzeichnen, forderten mittelalterliche Gilden von ihren Mitgliedern die Markierung der Produkte zur Hervorhebung der konsistenten Qualität und zur Abgrenzung von konkurrierenden Herstellern. Das Markieren von Waren ist demnach eine typische Erscheinungsform entwickelter Wirtschaftssysteme. Früher markierten vor allem Handwerksbetriebe und Manufakturen ihre Produkte. Heutzutage ist das Branding auf allen Handelsstufen und in allen Branchen weit verbreitet. Dem Branding als Mittel zur Differenzierung von der Konkurrenz kommt besonders auf gesättigten Märkten mit ihren qualitativ austauschbaren Produkten eine zentrale Bedeutung zu.[397]

Die ersten Markierungen auf Handelsebene sind im *14. Jahrhundert* zu beobachten, wobei Export- und Importhändler ihre Säcke und Kisten kennzeichneten, um Verwechslungen während des Warentransports zu vermeiden. Den Kaufleuten dienten die Kennzeichnungen am Bestimmungsort als Marke, die den Käufern als vertrauensbildender Beleg für die Herkunft und Qualität der Ware kommuniziert wurde. Während im 14. Jahrhundert noch einfache Strichbilder zum Einsatz kamen, waren es im 18. Jahrhundert bereits aufwendig gestaltete Markenzeichen.[398] Die ersten großen nationalen Marken entstanden während der *industriellen Revolution* in der zweiten Hälfte des 19. Jahrhunderts. Bemerkenswert ist, dass einige dieser Markenpioniere auch heute noch erfolgreich sind, u.a. *American Express Traveller's Cheques, Edison Phonograph, Kodak, Lipton's Tea* und *Steinway Piano*.[399]

Der Begriff des Branding ist wohl im Zuge der Expansion der Viehzucht in Nordamerika aufgekommen, wobei Nordamerikanische Siedler den Begriff des Branding als Bezeichnung für die Brandmarkung von Tieren prägten. So konnten ausgerissene Tiere mit Hilfe des Brandzeichens den Eigentümern zugeordnet werden. Die historische Betrachtung macht deutlich, dass das Branding von Produkten keine Erscheinung unserer gesättigten Märkte ist, sondern die Entstehung eines Markenwesens ist vielmehr eine logische Konsequenz entwickelter Wirtschaftssysteme.

---

[396] Vgl. Bruhn, 2004, S. 34.
[397] Vgl. Esch/Langner, 2005, S. 575.
[398] Vgl. Langner, 2003, S. 2.
[399] Vgl. Room, 1987, S. 19f.

Branding als Grundlage zum Markenaufbau

In der heutigen Zeit hat jedoch die Bedeutung des Markenwesens Ausmaße angenommen, die alle bisherigen Entwicklungen bei weitem übersteigen.[400]

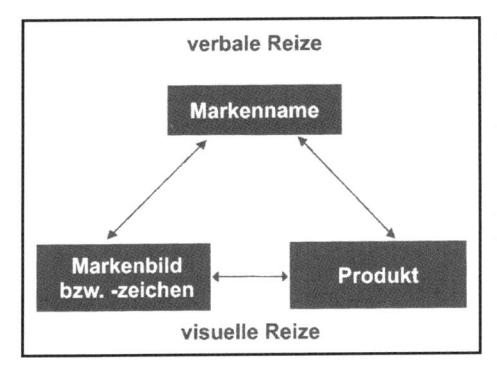

verbale Reize — Markenname; **visuelle Reize** — Markenbild bzw. -zeichen ↔ Produkt	Branding umfasst sowohl die Gestaltung von Markennamen und Markenlogo als auch die Gestaltung von Produkt und Packung. Diese drei Elemente bilden gemeinsam nach Langner ein „*magisches Branding-Dreieck*" (vgl. Abb. 11) und müssen aufeinander abgestimmt werden. Somit kann der Markenaufbau effektiv unterstützt werden.[401]

Abb. 11: Das magische Branding-Dreieck
(Quelle: Eigene Darstellung in Anlehnung an Langner, 2003, S. 27)

Grundsätzlich ist ein Branding ein *Versprechen*, nämlich das Versprechen, sowohl den Konsumenten als auch den Hersteller zu schützen. Ein klares Branding, also eine eindeutige Markenpolitik, lässt den Kunden Erzeugnisse leichter identifizieren.[402] Im 21. Jahrhundert scheint kein gesellschaftlicher Bereich gegen Branding gefeit, denn in Folge von Deregulierungen, Privatisierungen und drastischer Reduzierung staatlicher Subventionen im öffentlichen Dienst (Gesundheit, Bildung etc.) sind Schulen, Krankenhäuser oder Universitäten dazu gezwungen, sich von ähnlichen Einrichtungen abzuheben bzw. neue Finanzierungsmöglichkeiten zu finden. Branding sichert hierbei die Nachhaltigkeit, entscheidet über die Zukunft eines Produkts und ist der Spiegel seines (Miss-)Erfolgs.[403]

Das Branding hat während der letzten Jahre in der Marketing-Praxis zunehmend an Bedeutung gewonnen, wobei hierfür vor allem *drei Entwicklungen* verantwortlich sind:

- Die große Zahl von Unternehmensfusionen und -aufkäufen,
- die wachsende Globalisierung der Märkte und
- die Zunahme neuer Marken.[404]

---

[400] Vgl. Langner, 2003, S. 3f.
[401] Vgl. ebenda, S. 27.
[402] Vgl. Boorman, 2007, S. 40.
[403] Vgl. Davis, 2005, S. 30.
[404] Vgl. Langner, 2003, S. 6.

Die Ziele, die mit der Markierung von Produkten verfolgt werden, haben sich im Lauf der Zeit eigentlich nicht verändert. Es kam lediglich zu einer Konkretisierung der Ziele. So zielt das heutige Bestreben des Markenmanagements darauf ab, dass die Markierung dem Produkt ein *einzigartiges, kaufrelevantes Image* verleihen soll.[405]

Da zum einen die Differenzierungsleistung von Marken allgemein sinkt und somit eine fehlende Markenpositionierung einhergeht und gleichzeitig auch die Austauschbarkeit der Marken steigt, wobei eine sinkende Markentreue die Folge ist, hat die interne Markenführung in den letzten Jahren an Bedeutung gewonnen. Das Branding dient letztendlich dem *Markenaufbau,* der sich zum einen über die Markierung vollzieht, zum anderen über die Markenkommunikation. Professionelles Branding darf sich nicht nur auf die Kreation abstrakter Markennamen und -zeichen beschränken, da diese erst durch Kommunikation mit Bedeutung aufgeladen werden müssen. Außerdem muss auch der Branding-Prozess selbst stärker systematisiert und strukturiert werden, um Zufallsergebnisse zu vermeiden.[406]

Branding-Maßnahmen müssen *konsistente Eindrücke* vermitteln. Dabei ist auf eine inhaltliche und formale Abstimmung der Branding-Maßnahmen zu achten. Diese wird in der Branding-Praxis noch häufig ignoriert. So wird das Logo meist von einer Design-Agentur, der Name von einer Namensagentur und das Produkt schließlich im eigenen Haus entwickelt, wobei die Einzelmaßnahmen in der Regel nicht hinreichend aufeinander abgestimmt werden. Markenlogo, Markenname und Produktgestaltung sind jedoch so aufeinander abzustimmen, dass sie gleiche Inhalte kommunizieren.[407]

---

[405] Vgl. Esch/Langner, 2005, S. 577.
[406] Vgl. ebenda, S. 586.
[407] Vgl. Esch, 2008, S. 258f.

3.7 Relevanz von Neuroökonomie und Neuromarketing in der Markenführung

Neue Erkenntnisse in der Gehirnforschung zeigen, dass Befragungen nur an der Oberfläche bleiben, da ein Großteil des Denkens *unbewusst* geschieht. Trotzdem erfolgen in der Marktforschung rund 80 bis 90 Prozent aller empirischen Untersuchungen mittels Befragungen oder anderen verbalen Messmethoden.[408] Daher wird den beiden hirndiagnostischen Verfahren Neuroökonomie und Neuromarketing, die die inneren Prozesse beim Konsumenten messen, eine große Aufmerksamkeit zu Teil.

Sowohl Neuroökonomie als auch Neuromarketing[409] sind noch sehr *junge Forschungsgebiete*. Es handelt sich um *interdisziplinäre* und zukunftsträchtige Forschungsfelder der Bereiche Neurologie, Physik, Ökonomie, Radiologie und Psychologie (Vernetzung von Geistes-, Natur- und Medizinwissenschaften), die Einblicke in die *Black Box Mensch* ermöglichen.[410] Allein bei dem Satz „*Die Sonne scheint*" verarbeitet unser Gehirn (unbewusst) mit allen seinen Sinnen rund elf Millionen Sinneseindrücke (bit), wobei lediglich 40 bit - das entspricht in etwa diesem Satz - in das Bewusstsein gelangen. Genauso verhält es sich mit Markenkommunikation, denn der Großteil davon wird unbewusst verarbeitet.[411]

Während die Neuroökonomie ökonomisch relevantes Verhalten mittels neurowissenschaftlicher Methoden analysiert, umschreibt das Neuromarketing den Einsatz neurowissenschaftlicher Methoden in der Marktforschung. Die Grundlagen für die Neuroökonomie und das Neuromarketing legten Forschungsfelder wie die ökonomische Psychologie und die Behavioral Economics.[412]

Im Mittelpunkt der **Neuroökonomie** steht u.a. die Untersuchung der Beziehung zwischen Umweltreizen, Hirnfunktionen und dem menschlichen Verhalten bei Kaufentscheidungen, der Markenwahl und der Bildung von Markenpräferenzen. Dabei werden Gehirnaktivitäten mit Hilfe von *bildgebenden Verfahren* (Neuroimaging) gemessen. So können die weitgehend unbewussten biologischen Abläufe im Gehirn erfasst und aktive Bereiche im Gehirn angezeigt werden, wenn man sich mit Marken beschäftigt.[413]

---

[408] Vgl. Möll, 2007, S. 5.
[409] Für Neuromarketing, dem jüngeren Forschungsansatz von beiden, liegen weniger Studien vor als für Neuroökonomie. (Vgl. ebenda, S. 95)
[410] Vgl. Möll, 2007, S. 7ff.
[411] Vgl. Scheier/Held, 2008, S. 236.
[412] Vgl. Möll, 2007, S. 7ff.
[413] Vgl. Esch/Möll, 2009, S. 25f.

Bildgebende Verfahren[414] fungieren als eine Art „Fenster zum Gehirn". Die Ergebnisse müssen jedoch sorgfältig *interpretiert* und mit ergänzenden Befragungen und Beobachtungen kombiniert werden, um die dargestellten Gehirnaktivitäten besser verstehen zu können.[415] Beim **Neuromarketing** geht es darum, „*wie Kauf- und Wahlentscheidungen im menschlichen Gehirn ablaufen, vor allem aber, wie man sie beeinflussen kann*"[416]. Das Wissen über das menschliche Gehirn, das man im Rahmen der Neurowissenschaften gewinnt, wird im Marketing genutzt, um so das Blickfeld der Marketingforschung oder generell der Wirtschaftswissenschaften zu erweitern.[417]

Einige der wenigen Studien aus dem Bereich Neuromarketing, die sich bis jetzt mit der Marke an sich als Untersuchungsobjekt beschäftigt, ist jene von *Schafer et al.* (2006). Im Rahmen dieser Studie wurden die neuronalen Korrelate von Automarken mit der funktionellen Magnetresonanztomographie (fMRT) untersucht. Den Probanden wurden die Logos von in Deutschland bekannten Marken (u.a. *BMW, Porsche, Ferrari*) und unbekannten Marken (u.a. *Holden, Lincoln, Buick*) gezeigt. Dabei lösten die bekannten Marken im Vergleich zu den unbekannten Marken eine Aktivierung im medialen präfrontalen Cortex aus.[418] Das Ergebnis zeigt, dass sich die Gehirnaktivitäten bei bekannten und unbekannten Marken unterscheiden, wobei dieser Unterschied auf das Markenwissen zurückgeführt wird.[419]

Der Automobilkonzern *Daimler* ließ vor einigen Jahren untersuchen, ob es Unterschiede im Hirn bei der Darbietung von Limousinen, Vans, Sport- und Kleinwagen gibt. Hier zeigten sich je nach Fahrzeugtyp andere Aktivierungsmuster: Während insbesondere bei Sportwagen das Zentrum des Belohnungssystems im Gehirn (Nucleus Accumbens) aktiviert wurde, stellte sich diese Aktivierung bei der Darbietung von Kleinwagen nicht ein.[420]

Das Team um die Hirnforscher *McClure* und *Montague* hatte 2002 mit Hilfe der fMRT festgestellt, dass *Coca-Cola* und *Pepsi* (vgl. Abb. 14, S. 59) völlig unterschiedliche Hirnbereiche bei Konsumenten aktivierten. Während bei Blinddarbietung beider Marken keine Unterschiede im Gehirn zu verzeichnen waren, erhielt man völlig andere Hirnbilder, wenn die Marken während des Konsums gezeigt wurden. So wurden bei der Marke *Coca-Cola* im Gegensatz zu *Pepsi* zusätzlich weitere Hirnbereiche aktiviert.[421]

---

[414] Die wichtigsten bildgebenden Verfahren der Hirnforschung sind fMRT (funktionelle Magnetresonanztomographie), MEG (Magnetoencephalografie), NIRS (Nahinfrarotspektroskopie) und PET (Positronen-Emissions-Tomographie). (Vgl. Häusel, 2007, S. 211)
[415] Vgl. Möll, 2007, S. 8.
[416] Häusel, 2007, S. 9.
[417] Vgl. Möll, 2007, S. 229.
[418] Vgl. Schaefer et al., 2006, S. 861ff.
[419] Vgl. Möll, 2007, S. 96.
[420] Vgl. Häusel, 2007, S. 8f.
[421] Vgl. ebenda, S. 7.

Esch et al. (2007) konnten in einer Studie[422] Markenwirkungen darüber erfassen, wenn Konsumenten nur an eine Marke denken. Im Zentrum der Untersuchung stand die Forschungsfrage: *„Welche Wirkungen haben unterschiedliche Markenemotionen auf Konsumenten und lassen sich unterschiedliche Markenemotionen auch physiologisch nachweisen?"*[423]. Dazu wurden mittels fMRT 24 Marken analysiert: acht unbekannte Marken, die neu entwickelt wurden, acht bekannte Marken mit schwachem Markenimage sowie acht bekannte Marken mit starkem Markenimage. Es zeigte sich, dass diese Marken weitestgehend unterschiedliche Gehirnregionen aktivieren. Während starke Marken Hirnregionen aktivieren, in denen *positive Emotionen* evoziert werden, aktivieren schwache Marken und unbekannte Marken gleichermaßen Bereiche, die für *negative Emotionen* stehen. Somit unterscheiden sich starke Marken von schwachen Marken nur durch positive Emotionen. Dies ist ein Indikator für die herausragende Bedeutung der Emotionen für Marken.[424]

Neuroökonomen haben ebenfalls herausgefunden, dass Konsumenten Bilder besser erinnern, wenn sie mindestens *zwei Sekunden* betrachtet werden. Attraktive Anzeigen führen außerdem zu einer stärkeren Aktivierung in Gehirnarealen, die im Zusammenhang mit Belohnung stehen.[425] Die Bildgebung hat die interessante Erkenntnis geliefert, dass es **Unterschiede** zwischen **Männern** und **Frauen** gibt. Während Männer mehr emotionale Verarbeitungsmuster aktivieren, berücksichtigen Frauen offensichtlich weit häufiger sprachliche Informationen.[426]

Medien haben spezifische Wirkungen auf das Gehirn. Während beispielsweise Gelesenes emotionale Bilder im Gehirn erzeugt und sich besser für das Lernen neuer Marken eignet, da *Print* in der Markenkommunikation kognitives und affektives Lernen besser vernetzt, ist die Behaltensleistung beim *Fernsehen* aufgrund der wenig selbst strukturierbaren Einflussgrößen geringer. Auf der Rezeptionsebene ist davon auszugehen, dass die verschiedenen Sinneskanäle unterschiedliche Beiträge der Informationsaufnahme bei Reizgegebenheiten leisten. Dabei zeigt sich, dass Sinnesorgane in Kombination signifikant mehr zur Aufnahmefähigkeit beitragen, als einzeln (vgl. Tab. 12).[427]

---

[422] Die Studie wurde am Institut für Marken- und Kommunikationsforschung an der *Justus-Liebig-Universität Gießen* in Kooperation mit dem *Life and Brain Institut* an der Universitätsklinik Bonn-Bad Godesberg durchgeführt. (Vgl. Esch/Möll, 2009, S. 27)
[423] Esch et al., 2008, S. 109ff.
[424] Vgl. Esch/Möll, 2009, S. 27ff.
[425] Vgl. Hanser, 2009, S. 25.
[426] Vgl. Pusler/Mangold, 2007, S. 147.
[427] Geruchs- und Geschmackssinn wurden hierbei nicht berücksichtigt, weil sie bei Medien eine geringere Rolle spielen. (Vgl. ebenda, S. 152f.)

Sinnesorgan	Aufnahmefähigkeit
Ohren	ca. 10 - 20%
Augen	ca. 20 - 30%
Augen & Ohren	ca. 40 - 50%
Augen & Ohren & Haut	ca. 80 - 90%

Tab. 12: Aufnahmefähigkeit der Sinnesorgane
(Quelle: Eigene Darstellung in Anlehnung an Pusler/Mangold, 2007, S. 153)

Produkte wirken auf das Gehirn über verschiedenste Wahrnehmungskanäle und Signale (meist unbewusst) ein. Dabei wird in der Multisensorik-Forschung, die eine bedeutende Rolle in der Hirnforschung spielt, zunehmend deutlich, wie sich die Sinneseindrücke gegenseitig beeinflussen. Wird die gleiche Botschaft zeitgleich über verschiedene Wahrnehmungskanäle eingespielt, so gibt es einen neuronalen Verstärker-Mechanismus ("**Multisensory Enhancement**").[428]

Diese multisensorische Verstärkung führt dazu, dass wir in unserem Bewusstsein das Ereignis[429] bis zu zehnmal so stark erleben, als man dies aus der summierten Stärke der einzelnen Sinneseindrücke erwarten könnte. Dies resultiert daraus, da die Verstärkerzentren in unserem Gehirn die Sinneswahrnehmungen um ein Vielfaches verstärken. Dieses Phänomen nennt man *Superadditivität*. Liegt jedoch eine hohe Inkongruenz zwischen den Sinneseindrücken vor, so werden diese Ereignisse unterdrückt.[430] Das folgende Beispiel verdeutlicht die multisensorische Verstärkung als auch die Unterdrückung:

Im ersten Versuch gibt man Probanden zunächst einen kuschelig-weichen Softball zum Tasten, spielt zeitgleich eine schöne, sanfte Musik und beduftet den Raum mit einem zarten Lavendelduft. Im zweiten Versuch ändert man die Versuchsbedingungen, in dem die Probanden einen harten Ball bekommen, eine sanfte Musik hören und einen gewöhnlichen Duft riechen. Dabei hat man festgestellt, dass die erste Versuchsbedingung um ein Vielfaches stärker erinnert wird. Das resultiert daraus, da im ersten Fall das *multisensuale Erlebnis* auf den verschiedenen Wahrnehmungskanälen *konsistent* und *kongruent* war - im zweiten Fall nicht.[431]

---

[428] Vgl. Häusel, 2007, S. 11.
[429] Läuft beispielsweise ein Eingeborener durch den Urwald und bemerkt zeitgleich ein leises Knacken, einen etwas strengen Geruch und sieht eine leichte Bewegung im Gebüsch, so erscheint in seinem Bewusstsein explosionsartig das Bild eines Tigers. (Vgl. Lindstrom, 2007, S. 169)
[430] Vgl. ebenda.
[431] Vgl. ebenda.

Die multisensorische Verstärkung im Gehirn findet in vielen Millionen Nervenzellen (Interneurone) statt, die auf Multisensorik spezialisiert und im ganzen Gehirn verteilt sind. Von besonderer Bedeutung ist in diesem Zusammenhang eine Struktur namens *Superiorer Colliculus*, die tief innen im Gehirn ungefähr auf der Achse zwischen den beiden Ohren liegt. Hier findet sich eine extrem starke Konzentration der Interneurone. Außerdem werden hier Tasten, Sehen und Hören auf höherer Ebene zusammengeführt.[432] Die Hirnforschung gibt insbesondere für die Produkt- und Verpackungsgestaltung wichtige Hilfestellungen. So konnten Neuroökonomen feststellen, dass attraktives Produktdesign und Produktverpackung mit der Aktivierung von Gehirnregionen korrelieren, die im Zusammenhang mit der Integration von Emotionen in den Entscheidungsprozess stehen.[433]

Durch die beiden aktuellen Forschungsgebiete Neuroökonomie und Neuromarketing erwartet man sich zukünftig richtungsweisende Erkenntnisse und tiefere Einblicke in die Wirkungsweisen von Marken und in den Aufbau und die Stärkung von Marken in den Köpfen der Konsumenten.[434] Die Erwartungen dürfen insgesamt dabei nicht überschätzt werden. Zum einen sind Forschungen auf diesem Gebiet mit relativ *hohen Kosten*[435] verbunden. Zum anderen müssen die Gehirnbilder *vorsichtig* interpretiert werden, denn sie spiegeln nicht das tatsächliche Geschehen im Gehirn wider sondern vielmehr handelt es sich um aufwendige statistische Aufbereitungen.[436] *„Die bunten Bilder aus dem Kernspintomografen suggerieren eine Art der Beherrschbarkeit des Konsumenten"*[437], analysiert Häusel.

Ähnlich betont Vogel: *„Neuromarketing ist kein Ersatz für bewährte Research-Tools, sondern unterstützt vorhandene und bewährte Methoden in ihrer Wirkung und Aussagekraft"*[438]. Häusel fügt ergänzend hinzu: *„Bisher haben die Forscher nur den Einheitsmenschen durchleuchten lassen, was bedeutet, dass man die Werte nur gemittelt und nicht auf individuelle Differenzen Rücksicht genommen hat"*[439].

Auch Esch schließt sich dieser Kritik an, denn seiner Meinung nach sind die neuronalen Ergebnisse noch zu grob für die feinen Differenzierungen, wie sie im Marketing bei der Gestaltung von Kommunikation, Produkten und anderen Maßnahmen vorgenommen werden.[440]

---

[432] Vgl. Lindstrom, 2007, S. 169.
[433] Vgl. Hanser, 2009, S. 25.
[434] Vgl. Esch/Möll, 2009, S. 25f.
[435] Nach Prof. Dr. Christian Elger liegen die Eigenkosten für eine fMRT-Untersuchung mit ca. 20 Probanden bei 25.000.- Euro pro Untersuchung. (Vgl. Häusel, 2007, S. 201)
[436] Vgl. Möll, 2007, S. 228.
[437] Hanser, 2009, S. 28.
[438] Vgl. Häusel, 2007, S. 187.
[439] Hanser, 2009, S. 25f.
[440] Vgl. ebenda, S. 26.

Kenning: *„Ich habe bis heute kein theoretisch überzeugendes Modell gesehen. Meistens handelt es sich um Heuristiken, die mehr oder weniger wissenschaftlich fundiert sind."*[441] Demgegenüber verweist Schroiff auf die eigentliche und wichtige Wertschöpfung durch integrative Behandlung der vielzähligen Entwicklungen in der Hirnforschung insgesamt: *„Die großen Entwicklungslinien müssen erkennbar werden, wie beispielsweise die Verbindung zwischen Ratio und Emotion die Informationsverarbeitung oder die Multisensorik."*[442] Kenning definiert eine Stoßrichtung der neuroökonomischen Forschung wie folgt: *„Es geht unter anderem darum herauszufinden, was im Gehirn in bestimmten Entscheidungs- und Wahrnehmungssituationen passiert und ob die mit der Verarbeitung der Marketingstimuli verbundenen Prozesse vergleichbar sind."*[443]

Derzeit ist mit Hilfe der Gehirnforschung lediglich eine erhöhte oder verminderte Aktivität von Gehirnregionen messbar, die mit speziellen Arten von Gedanken und Gefühlen assoziiert werden kann. Sie ermöglichen allerdings bislang kaum die Ableitung konkreter und differenzierter Handlungsempfehlungen für den Markenaufbau und die Markenführung.[444] „Bislang fehlt noch der Schlüssel zur fundierten Interpretation neuronaler Markenwirkungen."[445]

---

[441] Hanser, 2009, S. 28.
[442] Häusel, 2007, S. 197.
[443] Hanser, 2009, S. 28.
[444] Vgl. Esch/Möll, 2009, S. 34.
[445] Ebenda, S. 35.

4. Theoretische Grundlagen multisensualer Markenführung

"Tell me and I'll forget,

Show me and I might remember,

Involve me and I'll understand."

Benjamin Franklin

Aktuell überlassen die meisten Marktverantwortlichen bei der Markenentwicklung vier von fünf Sinnen dem Zufall. Markenbotschaften werden aktuell oft nur mono- oder duosensual kommuniziert, d.h. auf ein oder zwei Sinneskanälen - meist visuell und akustisch. Dadurch verschenken Unternehmen erheblich Potenzial, um ihre Marken besser bekannt zu machen und auf einzigartige Art und Weise im Gedächtnis der Konsumenten zu verankern. Für einen durchschlagenden Erfolg müssen möglichst alle fünf Sinne und ihre Wechselwirkungen gezielt gesteuert werden. *„Die multisensuale Beeinflussung der Konsumenten - über visuelle und akustische Reize, über Duft-, Geschmacks- und Tastreize - wird in Zukunft eine weitaus größere Rolle spielen"*[446], so Kroeber-Riel.

Um eine multisensuale Markenführung erfolgreich zu implementieren, bedarf es einer entsprechenden Markenpositionierung, der eine eigens für die Marke entwickelte Markenidentität samt Markenkern zu Grunde liegt. So hat beispielsweise BMW den Markenkern „Freude" oder *Audi* „Vorsprung durch Technik". Im nächsten Schritt gilt es, die Markenpositionierung in ein zentrales Markengefühl zu übersetzen, d.h. welche Emotionen bzw. welche Gefühle sollen mit dieser Positionierung geweckt werden. *„Die multisensuale Markenführung hat nun die Aufgabe, dieses zentrale Markengefühl auf alle Marken-Kontaktpunkte (Brand Touch Points) multisensual zu übersetzen"*[447], so Häusel.

---

[446] Kroeber-Riel/Weinberg, 2003, S. 124.
[447] Vgl. Experteninterview mit Dr. Hans-Georg Häusel im Anhang.

4.1 Inszenierung von multisensualen Marken

Die multisenuale Inszenierung von Marken birgt unentdeckte Potenziale hinsichtlich der Relevanz und Effizienzsteigerung, denn die Erlebnisqualität der Marke bestimmt nachhaltig die Markenzuwendung, die *Bindung* des Konsumenten und somit den Markenerfolg. Je stärker der Konsument in die Erlebniswelt eintauchen soll, desto mehr Sinne müssen konsistent angesprochen werden.[448] *„Ebenso wird es eine schärfere Differenzierung zum Wettbewerb, verbesserte Marken-Erinnerung, sprich höherer Brand Recall, einen steigenden Abverkauf sowie eine höhere Marken-Loyalität zur Folge haben. Last but not least wird sich eine Marke zukünftig ganzheitlich besser steuern lassen"*[449], bringt Klepper die Vorzüge des multisensualen Branding auf den Punkt.

Voraussetzung für die multisensuale Inszenierung einer Marke ist eine bereits vorhandene ausdefinierte *Markenidentität* mit eigenen Markenwerten und eine entsprechende *Positionierung* der Marke. *„Multisensuales Marketing muss authentisch aus dem Markenkern abgeleitet werden"*[450], betont Lüdemann. Im weiteren Schritt gilt es die *Markenwerte* in alle fünf Sinne zu übersetzen und im Anschluss die multisensualen Handlungsfelder für die Markenkommunikation zu präzisieren.

Lindstrom (2005) konnte in seiner *BRAND sense* Studie nachweisen, dass sich multisensuale Reize direkt auf die Wahrnehmung der Produktqualität auswirken und folglich auf den Markenwert. Die Studie zeigt auch eine Korrelation zwischen der Anzahl an Sinnen, die eine Marke anspricht und dem Preis. Multisensuale Marken können demnach höhere Preise erzielen als vergleichbare Marken mit weniger sensuellen Eigenschaften.[451] Das Erleben einer Marke mit unterschiedlichen Sinnesmodalitäten kann zudem differenzierte Wertschöpfungsbeiträge leisten und einen multiadditiven Effekt für Aufbau und Stärkung von Markenbekanntheit und Image haben.[452]

Nach einer Studie von *Mitchell et al.* (2005) sind unzufriedene Kunden weniger loyal gegenüber dem Anbieter und weniger bereit, Marken und Unternehmen zu empfehlen.[453] „Das Marktforschungsinstitut *Millward Brown* fand in einer Studie bei 3500 Verbrauchern in 13 Ländern heraus: Wenn sich Konsumenten an mehrere Sinneseindrücke eines Produktes erinnern können, liegt die Markenloyalität bei 60 Prozent.

---

[448] Vgl. URL 1.
[449] URL 291.
[450] Vgl. Experteninterview mit Christin Lüdemann im Anhang.
[451] Vgl. Lindstrom, 2005, S. 70.
[452] Vgl. Esch/Krieger, 2009, S. 10.
[453] Vgl. Mitchell et al., 2005, S. 143ff.

Ist es nur ein Sinneseindruck, liegt die Markentreue unter 30 Prozent. „*Multisensorisches Marketing begründet Markenerfolg*"[454], lautet das Fazit, das *Millward Brown* aus der Untersuchung zieht.

Reize, die multisensual aufeinander abgestimmt sind, erzeugen *Aufmerksamkeit* (die vermittelten Informationen werden im Allgemeinen spontan und schneller wahrgenommen, da sie durch den emotionalen Einfluss stärker aktivieren), wirken *implizit* (die vermittelten Informationen werden im Gehirn weitestgehend automatisch und mit geringerer gedanklicher Kontrolle aufgenommen und verarbeitet) und werden *intensiver* abgespeichert (die vermittelten Informationen werden ganzheitlich verarbeitet und damit grundsätzlich intensiver gespeichert. Sie haben eine fast unbegrenzte Lebensdauer).[455] Es reicht meistens die Ansprache eines Wahrnehmungskanals aus, das ganze Markenbild entstehen zu lassen, wie beispielsweise beim Hören des Sound Logos der *Deutschen Telekom*.[456]

Durch den Einsatz von Reizen auf die Sinne sollen beim Konsumenten **Emotionen** ausgelöst werden, die in weiterer Folge die Reaktionen und Verhaltensweisen gegenüber der Marke beeinflussen. Hierbei ist jedoch zu achten, dass diese Sinnesreize auf die Markenidentität abgestimmt sind. Daher ist es im wahrsten Sinne des Wortes „sinnvoll", die Markenkommunikation auf mehrere Sinnesorgane zu verteilen, denn je mehr Sinne in der Markenkommunikation angesprochen werden, desto höher ist die Bindung zwischen der Marke und dem Konsumenten.[457] Die Studie „5-Sense-Branding" von *MetaDesign* und *diffferent* (2007) konnte diese Annahme bestätigen. So steigt das Commitment mit jedem zusätzlich angesprochenen Sinn degressiv an. *„Je mehr Sinne konsistent angesprochen werden, desto stärker taucht der Konsument in die Erlebniswelt der jeweiligen Marke ein. Dabei ist die Qualität und nicht die Menge der möglichen Inszenierungen der entscheidende Wettbewerbsvorteil."*[458], so Brekenfeld.

Royet et al. (2000) führten eine Studie zum Vergleich der emotionalen Wirkung optischer, akustischer und olfaktorischer Reize durch. Dabei stellen sie fest, dass alle Modalitäten emotionale Wirkungen entfalten, indem sie ein modalitätsunspezifisches, gemeinsames Netzwerk von Arealen in der linken Hemisphäre aktivieren.[459] Neueste Forschungsergebnisse haben gezeigt, dass nur 0,0004 Prozent aller Reize und Signale aus der Außenwelt tatsächlich auch in unser Bewusstsein gelangen.[460]

---

[454] URL 160.
[455] Vgl. Munzinger/Musiol, 2008, S. 85ff.
[456] Vgl. Lindstrom, 2007, S. 168.
[457] Vgl. Lindstrom, 2005, S. 69.
[458] URL 26.
[459] Vgl. Royet et al., 2000, S. 7753ff.
[460] Anmerkung: Das Original enthält einen Rechenfehler (0,004%), (vgl. Häusel, 2004, S. 84).

In den achtziger Jahren des letzten Jahrhunderts hat Schwartz ein *Wertemodell*[461] mit zehn individuellen Wertetypen ermittelt, die alle Menschen in unterschiedlichen Ausprägungen gemeinsam haben. Mit ihnen verbindet jeder Mensch weltweit bestimmte Bilder, Gefühle, Geräusche, Gerüche und Geschmäcker. Obwohl es Variationen von Region zu Region gibt, wird etwa Freiheit in vielen Ländern oft mit einer Taube oder einem Segelboot assoziiert.[462]

Nach der Wertetheorie von Schwartz haben die Strategieagentur *diffferent* und die CI- und Brandingagentur *MetaDesign* - als pragmatische Adaption für die Marketingpraxis - die explorative Grundlagenstudie „5-Sense-Branding" (2007) durchgeführt, wobei die Wahrnehmung von Markenwerten über alle Sinne hinweg empirisch untersucht wurde. Als Ergebnis dieser Studie wurden in Tab. 13 *zehn archetypische Wertedimensionen* für Markenwerte für alle fünf Sinne abgeleitet und so aufbereitet, dass sich diese über alle Sinnesdimensionen hinweg greifen und erleben lassen.[463]

Ausgewogenheit	Norm
Freiheit	Sicherheit
Lebensfreude	Spannung
Leistung	Tradition
Macht	Wohlwollen

Tab. 13: 10 archetypische Werte (Quelle: Pechmann/Brekenfeld, 2007, S. 10)

Die Studienergebnisse zeigen, dass sich Werte über jeden unserer fünf Sinne differenzieren lassen, wobei jedoch nicht jeder Wert[464] durch alle Sinne gleich effizient transportiert werden kann. So lässt sich beispielsweise der Wert „*Macht*" sehr gut über Abbildungen machtverkörpernder Symbole ins Visuelle übersetzen (z.B. Limousine). Die Farben sind hierbei dunkel und wertig. Die Befragten ordneten den Begriff „Macht" relativ eindeutig den Klängen zu, die laut und durchdringend wirken (z.B. Marschmusik, Löwengebrüll). Könnte man „Macht" riechen, dann wäre das den Probanden nach ein raumgreifender und schwerer Duft (z.B. Weihrauch, Zigarrentabak). „Macht" schmeckt auch sehr markant, nämlich bitter, würzig und scharf (z.B. nach Whiskey und Muskat). Die Materialien, die dem Wert „Macht

---

[461] „Zu diesem Modell führte Schwartz eine sehr umfassende Studie (Schwartz Value Survey) mit 20 teilnehmenden Ländern überall auf der Welt durch und konnte diese zehn Wertegruppen bei jeder Nation, Kultur und Sprache nachweisen. Die zehn Wertetypen sind: *Self-Direction, Stimulation, Hedonism, Achievement, Power, Security, Conformity, Tradition, Benevolence, Universalism.*" (Pechmann/Brekenfeld, 2007, S. 9)
[462] Vgl. Pechmann/Brekenfeld, 2007, S. 9.
[463] Vgl. ebenda, S. 4.
[464] Beispielsweise lässt sich der Wert „Wohlwollen" nur schwer visuell und akustisch kommunizieren. (Vgl. ebenda, S. 22)

zuzuordnen sind, zeichnen sich durch eine hohe Distanziertheit und Wertigkeit aus. Insgesamt sind sie kalt, glatt und hart (z.b. Blattgold, dunkles Ebenholz)."[465] Letztlich stellt die Qualität und nicht die Menge der möglichen Inszenierungen den entscheidenden Wettbewerbsvorteil dar.[466]

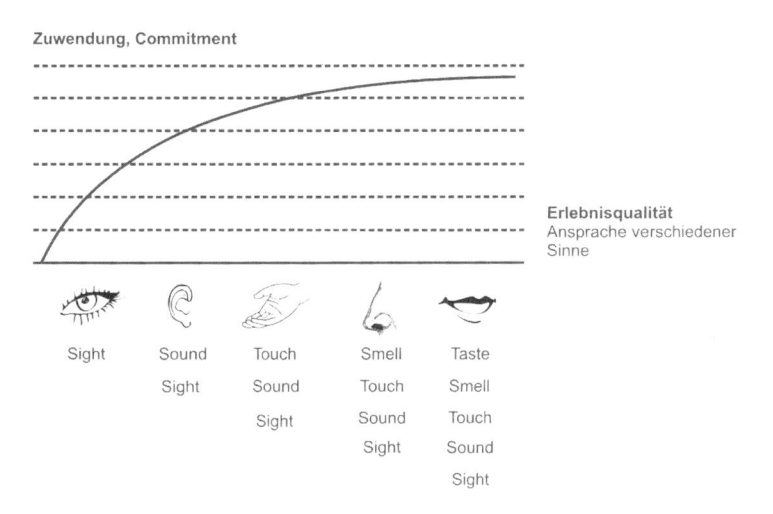

Zuwendung, Commitment

Erlebnisqualität
Ansprache verschiedener Sinne

Sight	Sound	Touch	Smell	Taste
	Sight	Sound	Touch	Smell
		Sight	Sound	Touch
			Sight	Sound
				Sight

Abb. 12: 5-Sense-Branding-Prinzip
(Quelle: Eigene Darstellung in Anlehnung an URL 2)

Abb. 12 stellt das *5-Sense-Branding-Prinzip* dar. Mit dieser 5-Sense-Branding-Box erhalten Markenverantwortliche ein universelles Tool der Markenführung und können so ihre Marke strategisch in alle fünf Sinne übersetzen.[467] Den Markenwerten im jeweiligen Kulturkreis können so konkrete Bilder, Klänge, Gerüche, Geschmäcker und Materialien zugeordnet werden.[468] *„Markenkommunikation funktioniert immer multisensual. Es stellt sich lediglich die Frage, ob die über die verschiedenen Sinneskanäle übermittelten Botschaften „im Sinne der Marke" sind - und damit zugleich in sich stimmig. Ist dies der Fall, so ist die Wirkung beim Empfänger deutlich höher als bei mono- oder duosensualer Markenkommunikation. Im Ergebnis steigen die Aufmerksamkeit, die Merkfähigkeit und die Leichtigkeit des Abrufs gespeicherter Informationen zu einer Marke"*[469], resümiert Kilian von Markenlexikon.com.

---

[465] Vgl. Pechmann/Brekenfeld, 2007, S. 12.
[466] Vgl. ebenda, S. 22f.
[467] Vgl. URL 1.
[468] Vgl. Pechmann/Brekenfeld, 2007, S. 24.
[469] Vgl. Experteninterview mit Dr. Karsten Kilian im Anhang.

4.2 Wahrnehmung von multisensualen Marken

Beim **Markenwahrnehmungsprozess** (vgl. Abb. 13) kommt es zur Aufnahme, Ordnung, Auswahl und Interpretation von markenbezogenen Informationen. Dabei kann man sich das Wiedererkennen einer Marke als Mustervergleich vorstellen, wobei die jeweilige Marke, insbesondere hervorstechende Merkmale davon, mit den im Gedächtnis der Konsumenten abgelegten Marken verglichen wird.

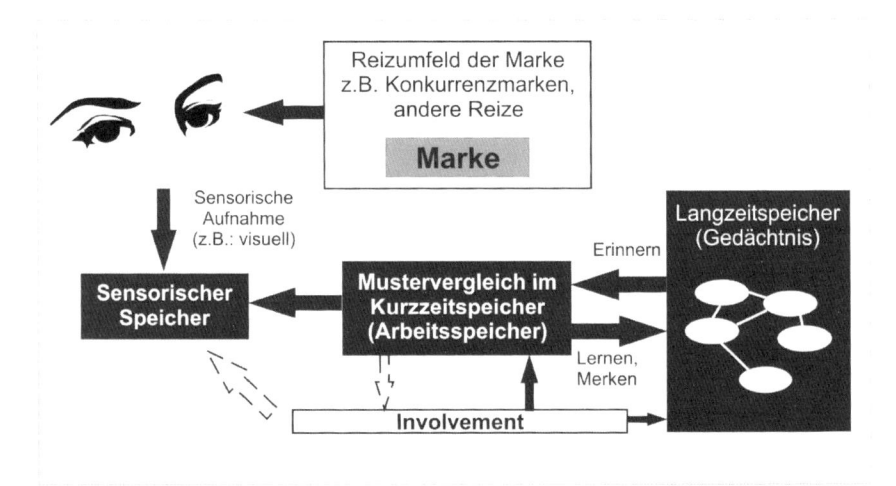

Abb. 13: Markenwahrnehmungsprozess
(Quelle: Eigene Darstellung in Anlehnung an Esch, 2008, S. 249)

Die Intensität der multisensualen Wahrnehmung ist u.a. abhängig vom *Geschlecht*. Nach Häusel sprechen Frauen auf der multisensualen Ebene wesentlich stärker an als Männer. So reagieren Frauen beispielsweise beim Schmerzreiz als auch beim Geruchssinn früher und intensiver. *„Dies lässt sich dadurch erklären, dass Östrogen die Welt sozusagen einblendet, Testosteron hingegen ausblendet. Außerdem differenzieren sich Frauen aufgrund ihrer emotionalen Schwerpunkte (z.B. Fürsorge, Harmonie) von Männern hinsichtlich der Verarbeitung multisensualer Erlebnisse"*[470], erklärt Häusel.

Die Intensität der multisensualen Wahrnehmung ist auch vom *Alter* abhängig. So nehmen die Qualitäten unserer Sinne mit dem Alter ab, folglich auch die Sensibilität für die Multisensorik. Die Emotionssysteme, wie u.a. Dominanz und Stimulanz, verändern sich ebenfalls mit dem Alter und gehen zurück.

---

[470] Vgl. Experteninterview mit Dr. Hans-Georg Häusel im Anhang.

„Während älteren Menschen versuchen, neue Reize wegzulassen, da diese für sie störend wirken, brauchen Kinder neue Reize, um ihr Gehirn auszubilden. Kinder sind außerdem in allen Wahrnehmungskanälen sehr sensibel. Beispielsweise haben Kinder Probleme mit scharfem Essen, ältere Menschen hingegen in der Regel nicht"[471], so Häusel.

Laut der aktuellen repräsentativen *Brand-Parity-Studie* (2009) der Strategieberatung *BBDO Consulting*, für die über 1.000 Konsumenten befragt wurden, beträgt die durchschnittliche Markengleichheit 64 Prozent. Dies bedeutet konkret, dass rund zwei Drittel der Konsumenten keine wesentlichen Unterschiede zwischen Marken erkennen können. Während beispielsweise Benzin (84%) und Vollwaschmittel (81%) die höchste Austauschbarkeit aufweisen, verfügen Automobile (34%) und Bekleidung (43%) über die geringste Austauschbarkeit.[472] Folglich ist das Wertschöpfungspotenzial in vielen Branchen nicht ausreichend erschlossen. Hier kann Multisensuale Markenführung helfen, sich von den Wettbewerbern zu unterscheiden und bei den Konsumenten als eigenständige Marke wahrgenommen zu werden.

4.2.1 Der Einfluss der Optik auf die Markenwahrnehmung

Aus Sicht der Wahrnehmungspsychologie wird allgemein von einer Dominanz der visuellen Modalität ausgegangen *("Primat des Sehens")*. So ist der Stellenwert, den die Optik in Lehrbüchern der Wahrnehmungspsychologie bzw. die visuelle Konsumentenansprache in den Lehrbüchern des Marketings einnehmen, enorm. Auch die riesige Anzahl an wissenschaftlichen Studien in beiden Wissenschaftsdisziplinen, die sich mit visuellen Reizen befassen, lässt eine Dominanz der Optik vermuten.[473] In der Kommunikation sind Bilder oftmals durch TV-, Printwerbung oder Schaufenster der erste Kontakt zu einer Marke und dienen als Rahmen für die weitere Beurteilung.[474]

Design kann nicht nur helfen, Krisen erfolgreicher zu überstehen, sondern kann, bei genauer Fokussierung auf den Markenkernwert, sogar zu Umsatzsteigerungen führen. *„Design ist nicht Verpackung. Design ist eine Art zu denken, Design macht sich Gedanken um das ganze Produkt"*[475], so Esslinger. *„Es muss auch emotional erfreuen"*[476], fügt er hinzu.

---

[471] Vgl. Experteninterview mit Dr. Hans-Georg Häusel im Anhang.
[472] Vgl. Sander, 2009, S. 7.
[473] Vgl. Salzmann, 2007, S. 88.
[474] Vgl. Esch/Krieger, 2009, S. 11.
[475] Brinkbäumer/Schulz, 2010, S. 71.
[476] URL 135.

Bildinformationen werden im Gegensatz zu Sprachinformationen schneller aufgenommen, verarbeitet und gespeichert. Folglich bevorzugen Konsumenten bildliche Informationen bei der Informationsvermittlung.[477] Treten Interaktionseffekte auf, so geht man in der Regel von einer Dominanz der Optik bei der Informationsverarbeitung aus. Tendenziell neigt der Mensch dazu, im Zweifel seinen Augen zu trauen.[478] Die visuelle Reizüberflutung in der heutigen Zeit ist größer als je zuvor. 83 Prozent unserer Sinneseindrücke werden über den Sehnerv aufgenommen und weitere 11 Prozent über die Ohren (vgl. Abb. 14). *„Das Sehen ist für den Menschen der wichtigste Sinn, was man bereits daran sieht, dass etwa ein Drittel unseres Gehirns mit dem Sehen beschäftigt ist"*[479], so Spitzer. Dabei werden der Seh- als auch der Hörsinn mit Informationen überflutet und sind folglich „überfüllt". Die restlichen sechs Prozent verteilen sich auf die anderen Sinnesorgane.

Prozentuale Verteilung der Sinneswahrnehmungen

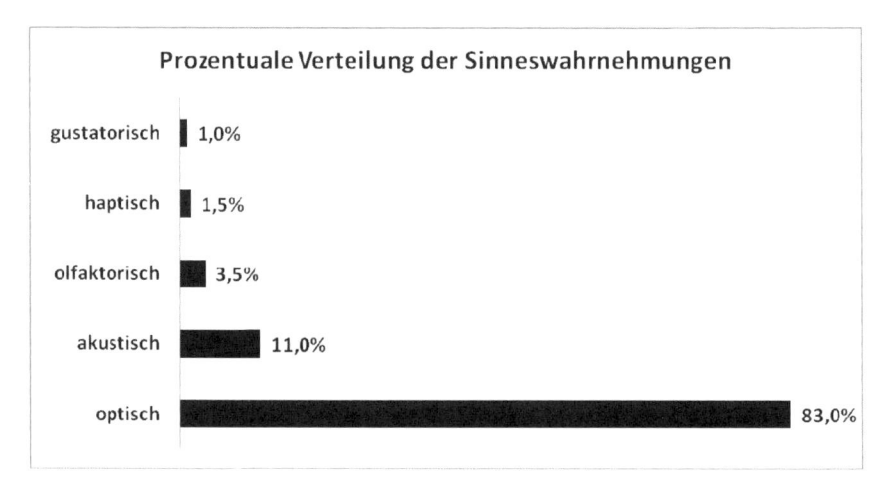

Sinn	Prozent
gustatorisch	1,0%
haptisch	1,5%
olfaktorisch	3,5%
akustisch	11,0%
optisch	83,0%

Abb. 14: Prozentuale Verteilung der Sinneswahrnehmungen
(Quelle: Eigene Darstellung in Anlehnung an Kilian/Brexendorf, 2005, S. 12)

Die vermeintliche Dominanz des Sehnervs relativiert sich bei näherer Betrachtung, denn in der *BRAND sense* Studie (2005) von *Millward Brown* und *Lindstrom* wurden Konsumenten nach der Wichtigkeit jedes einzelnen der fünf Sinne für die Bewertung bei Kaufentscheidungen befragt. Die Ergebnisse in Abb. 15 verdeutlichen, dass der Sehsinn (58 Prozent), dicht gefolgt vom Geruchssinn (45 Prozent) und dem Gehörsinn (41 Prozent) die

---

[477] Vgl. Kroeber-Riel, 1993, S. 1ff.
[478] Vgl. Guski, 2000, S. 172.
[479] URL 292.

Wichtigkeitsskala anführt. Aber auch der Geschmackssinn (31 Prozent) und der Tastsinn (25 Prozent) sind hinsichtlich der Bewertung von Marken nicht zu vernachlässigen.[480]

„Die Visualität behält ihren Stellenwert bei, wird aber auf ein anderes Qualitätsniveau gehoben und von den anderen Sinnen gestützt. Marke wird jetzt erlebbar, auch ohne dass man sie ‚sieht'. Durch das Erleben nicht-visueller Reize (sensorischer Trigger wie z.B. Geruch oder Klang) entstehen im Kopf Bilder, was natürlich voraussetzt, zuvor eine Werbung des Unternehmens gesehen zu haben"[481], so Klepper.

Wichtigkeit der Sinne bei Kaufentscheidungen

- Sehsinn: 58,0%
- Geruchssinn: 45,0%
- Gehörsinn: 41,0%
- Geschmackssinn: 31,0%
- Tastsinn: 25,0%

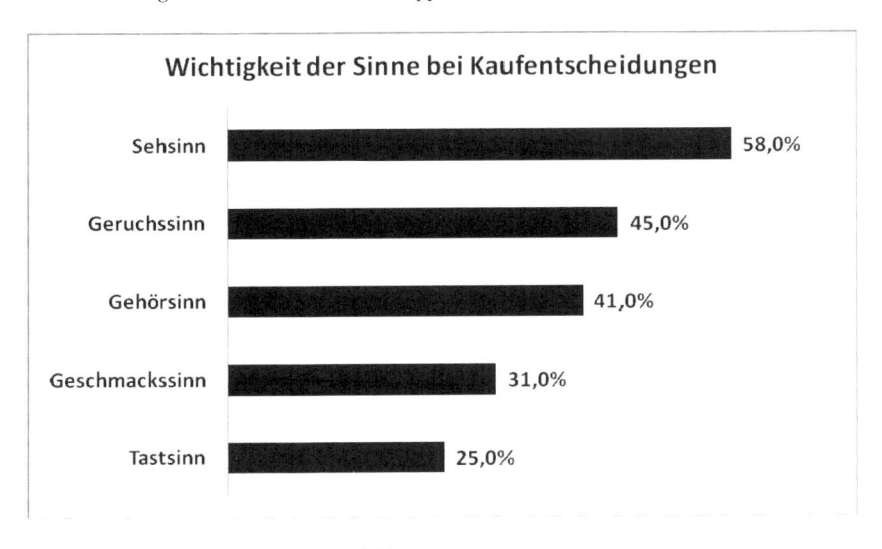

Abb. 15: Wichtigkeit der Sinne bei Kaufentscheidungen
(Quelle: Eigene Darstellung in Anlehnung an Lindstrom, 2005, S. 69)

Die visuellen Eindrücke sind bedeutend effektiver und bleiben besser im Gedächtnis, wenn sie mit einem *anderen* Sinneseindruck verbunden sind, beispielsweise mit einem Geräusch oder einem Geruch. Für viele Warengruppen können Töne und Düfte sogar wesentlich wirkungsvoller sein als der optische Eindruck.[482] So reicht eine kurze Melodie (z.B. *Intel Sound Logo*) oder ein Duft (z.B. *Abercrombie & Fitch*) aus, um ein konkretes Markenbild wieder ins Bewusstsein zu rufen.[483]

---

[480] Vgl. Lindstrom, 2005, S. 69.
[481] URL 291.
[482] Vgl. Lindstrom, 2009, S. 145.
[483] Vgl. Esch/Krieger, 2009, S. 10.

Musik und Duft werden ab dem Überschreiten der Wahrnehmungsschwellen immer wahrgenommen, da der Mensch Ohren und Nase nicht verschließen kann. Während Elemente der optischen Ladengestaltung nur dann ihre Wirkung entfalten, wenn der Konsument seinen Blick bzw. seine Aufmerksamkeit auch tatsächlich auf die entsprechenden Elemente richtet, können Musik und Duft ihre Wirkungskraft in der gesamten Verkaufsfläche permanent entfalten. Außerdem wirken Musik und Duft unbewusst und können ohne große kognitive Anstrengungen verarbeitet werden. Daher können sie gerade dann Emotionen und Informationen vermitteln, wenn der Konsument über ein niedriges Involvement verfügt.[484]

Diese Ausführungen bedeuten nicht, dass die visuelle Modalität im Rahmen der multisensualen Markenführung, insbesondere bei der Erlebnisvermittlung, vernachlässigt werden könnte. Sie sollen lediglich die visuelle Dominanz, die allerdings von Kategorie zu Kategorie schwankt (vgl. Tab. 16), im (Handels)Marketing im Allgemeinen in Frage stellen und die Bedeutung der multisensualen Erlebnisvermittlung hervorheben, da der Einsatz mehrerer Sinne zu einer multisensorischen Verstärkung führt. Diese Erkenntnis nutzen besonders Automobilhersteller, die einen hohen Anteil der Entwicklungsaufwendungen in das *Sound Engineering*[485] investieren, um ein stimmiges akustisches Erscheinungsbild des Fahrzeuges, insbesondere einen unverwechselbaren wiedererkennbaren Motorsound, zu kreieren (vgl. Kap. 7.2.2.2).

„Die meisten Marken jedoch sprechen die Verbraucher heute immer noch vorwiegend über das Auge an"[486], kritisiert Brekenfeld. Damit vergeben jedoch Unternehmen eine große Chance, die Verbraucher stärker an ihre Marke zu binden. *„Marken, die in der Werbung vielfach austauschbar sind, können sich differenzieren, indem sie den Menschen multisensorisch ansprechen"*[487], bringt es Brekenfeld auf den Punkt.

„Ästhetik ist kein Selbstzweck. Natürlich kann man etwas Schlechtes, Durchschnittliches, Langweiliges mit Design schöner machen. Aber wenn das Wahre oder Gute fehlt, hilft auch Schönheit nichts"[488], bringt es Design-Legende und ehemaliger *Apple*-Designstratege Hartmut Esslinger, der mit seiner Agentur *Frog Design* so unterschiedliche Dinge wie *Louis-Vuitton*-Koffer, Teile von *Windows XP* oder das gesamte Erscheinungsbild der *Lufthansa* gestaltet hat, auf den Punkt.

---

[484] Vgl. Salzmann, 2007, S. 91.
[485] An dieser Stelle sei auf das ausführliche Interview mit Herrn Dr. Gerhard Thoma (*BMW Group*, Akustikprojekte) verwiesen, welches in der Publikation „Steiner, Paul: Sound Branding. Grundlagen der Akustischen Markenführung, Wiesbaden, Gabler, 2009" nachgelesen werden kann.
[486] URL 160.
[487] Ebenda.
[488] URL 295.

4.2.2 Der Einfluss der Akustik auf die Markenwahrnehmung

Unter **Sound Branding** versteht man die strategische Erstellung einer markeneigenen akustischen Präsenz - die klangliche Übersetzung einer Marke. Dabei darf Sound Branding nicht als ein isolierter Ansatz interpretiert werden, sondern muss als integraler Bestandteil des Markenmanagements verstanden werden.[489] Abb. 16 zeigt den Sound Branding Prozess, dessen Ausgangspunkt die Marke ist. Walter Werzowa, Komponist des *Intel* Sound Logos, bringt es auf den Punkt: *„Sound Branding ist eine Kurzerzählung bzw. ein Trailer des Unternehmens."*[490]

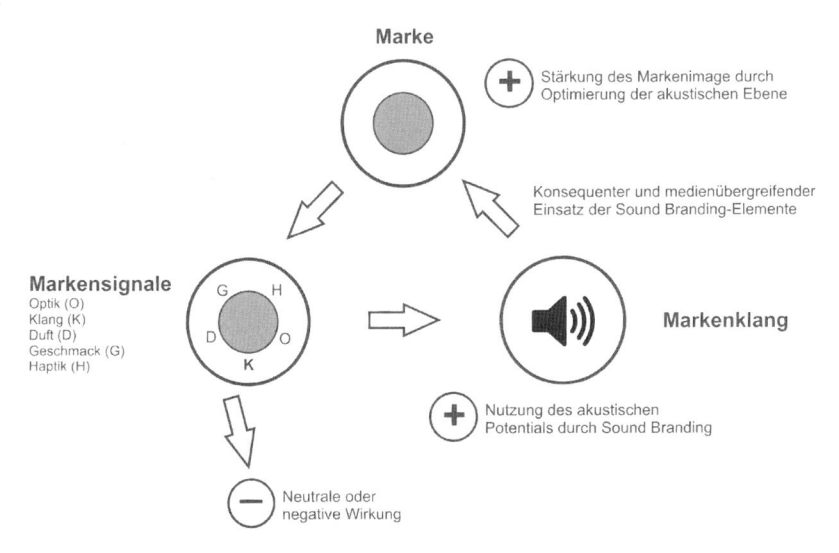

Abb. 16: Sound Branding Prozess
(Quelle: Eigene Darstellung in Anlehnung an URL 223)

Sound Branding ist Teil der multisensualen Markenführung und kann helfen, einen Mehrwert zu bilden, die Wiedererkennung der Marke bzw. des Unternehmens zu fördern und das Image nachhaltig zu prägen. Dazu müssen die verschiedenen funktionalen und emotionalen Markenattribute in eindeutige, akustisch operationalisierbare Begriffe umgesetzt werden. Ziel ist es, eine einmalige akustische Markenidentität zu erhalten, die zur Marke passt.[491]

---

[489] Vgl. URL 212.
[490] Steiner, 2009, S. 255.
[491] Vgl. Krugmann/Langeslag, 2007, S. 76.

Wird Sound Branding ganzheitlich auf ein Wirtschaftsunternehmen angewendet, so spricht man von **Corporate Sound**[492]. Dieser ist Teil der Corporate Identity und muss aus der Markenstrategie abgeleitet werden.[493] Corporate Sound hat sich in den letzten Jahren neben Corporate Design, Corporate Behaviour und Corporate Communications als wichtiges Instrument der Corporate Identity etabliert (vgl. Abb. 17).

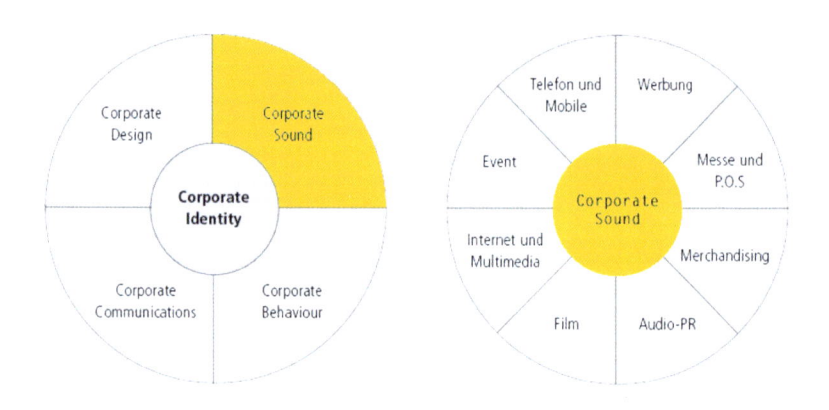

Abb. 17: Corporate Sound als Teil der Corporate Identity (Quelle: URL 221)

Quer durch alle Branchen finden sich Beispiele bekannter Marken, die Sound Branding erfolgreich einsetzen. Darunter sind Unternehmen wie *BMW, Nokia, Intel, Microsoft, eBay, Samsung, Audi, McDonald's, Aral, ZDF* und *UBS*. Mit gezieltem Einsatz der Akustik lässt sich die gesamte Kommunikation strategisch emotionalisieren, denn durch die Einbettung von Corporate Sound in die Corporate Identity werden die Produkte und Dienstleistungen nicht nur visuell, sondern auch akustisch unverwechselbar.[494] *„Wir haben in der westlichen Kultur die Vorstellung, dass Kommunikation immer in das Visuelle geht. Das ist falsch"* [495], so Westermann von *MetaDesign*.

---

[492] Der Begriff *Corporate Sound* wurde 1995 vom Schweizer Sound Branding Pionier Peter Philippe Weiss geprägt. Er definiert ihn im Fachbuch „Nicht-Klassiker der Unternehmenskommunikation" als „die Eingliederung des gesamten akustischen Auftritts des Unternehmens in den Zusammenhang der bestehenden Corporate Identity." (URL 293)
[493] URL 306.
[494] Vgl. URL 222.
[495] URL 149.

Durch die Zuteilung von akustischen Reizen zu Marken ist es Unternehmen möglich, eine klangliche Personalisierung zu erzeugen. Im Ergebnis schafft Corporate Sound durch seinen spezifischen ästhetischen Ausdruck eine prägnante Differenzierung im Wettbewerb und eine stärkere Bindung der Kunden an das eigene Unternehmen, sofern sich der akustische Auftritt der Marke in das Gesamtkonzept der Corporate Identity stimmig einfügt.[496] „*Klänge erzeugen in unseren Köpfen Bilder. Sie emotionalisieren und geben uns Orientierung*"[497], wie Westermann betont.

Wie für alle Markenmerkmale gelten nicht nur Kunden als Adressaten, sondern alle Menschen, die mit der Marke in Berührung kommen. So zählen auch Mitarbeiter, deren Angehörige, Lieferanten, Partner, Mitbewerber, Behörden und Medien zu den Zielgruppen. „Ziel ist es, auf Dauer eine profilierte und klar erkennbare Klangvorstellung, eben eine akustische Identität, im Bewusstsein der Interessensgruppen zu verankern."[498]

Die Vielfalt an benutzten Begriffen zeigt einerseits die Neuartigkeit dieses Marketingbereiches und andererseits die fehlende Systematik. Ausdrücke wie *Sound Branding*, *Audio Branding*, *Acoustic Branding* und *Sonic Branding* werden aktuell synonym verwendet und erlauben derzeit kaum allgemeingültige, von allen Marktteilnehmern gleichermaßen akzeptierte Benennungen.[499] Diese Arbeit folgt der Definition von John Groves, der den Begriff *Sound Branding* in den Mittelpunkt rückt. Für ihn ist die Bezeichnung *Sound* der Oberbegriff für alles Hörbare - ob Musik, Sound Effekte, Hintergrundgeräusche oder die menschliche Stimme. „*Although it is all encompassing, it suggests the source and the event itself, as opposed to the listening or hearing perspective*"[500], so Groves.

Abb. 18 fasst die verschiedenen Elemente von Sound Branding zusammen, wobei jedes Element spezielle Effekte in Bezug auf das Branding der Marke bzw. des Produktes hat.[501] Wie auch für den Begriff Sound Branding existiert derzeit noch keine einheitliche Terminologie für die Sound Branding-Elemente. Die gängigsten und aussagekräftigsten Bezeichnungen sind *Sound Logo*, *Jingle*, *Background Music*, *Brand Song*, *Soundscape*, *Sound-Icon*, *Sound Symbol*, *Brand Voice* und *Corporate Song*.[502]

---

[496] Vgl. Straka, 2007, S. 10f.
[497] URL 101.
[498] Kusatz, 2007, S. 51.
[499] Vgl. Steiner, 2009, S. 35.
[500] Groves, 2008b, S. 2.
[501] Für eine ausführliche Beschreibung der Sound Branding Elemente vgl. Steiner, Paul: Sound Branding - Grundlagen der akustischen Markenführung, Wiesbaden, Gabler, 2009.
[502] Vgl. Steiner, 2009, S. 39.

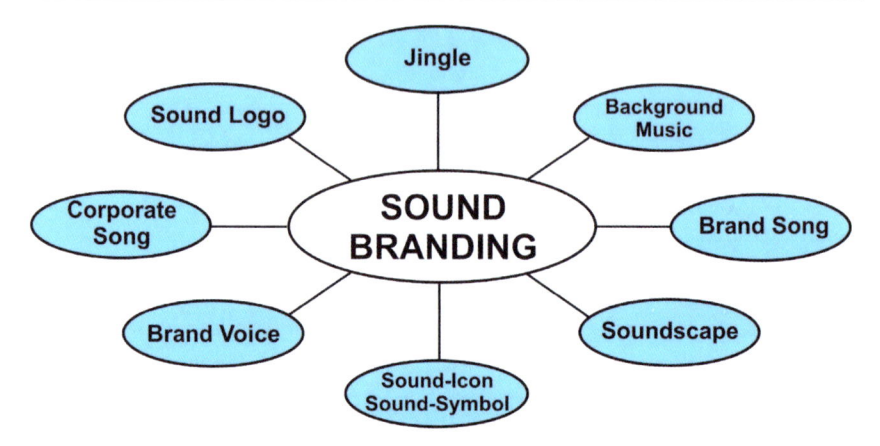

Abb. 18: Sound Branding Elemente (Quelle: Steiner, 2009, S. 40)

Die Grundlage für den akustischen Markenauftritt und den Einsatz akustischer Branding-Elemente bildet die *Sound Identity*, die durch musikalische Parameter wie Tempo, Rhythmus, Instrumentierung, Melodie etc. beschrieben und über Sound-Samples oder Klang-Collagen hörbar gemacht werden kann.[503] Im Zuge der Klanggestaltung der akustischen Markenführung sollten die Idee, die Qualität und die Suggestivkraft des Produkts im Mittelpunkt stehen, denn Sound Branding kann seine Möglichkeiten nur dann ausspielen, wenn es nicht bloß als Beiwerk verstanden wird. Da der Hörsinn des Menschen in eines seiner empfindlichsten und zutiefst emotional ansprechbaren Geisteszentren führt, muss diesem Umstand auch im Sound Branding Rechnung getragen werden.[504]

Grundsätzlich können *alle Marken* durch Sound Branding gestärkt werden. Mit Hilfe einer Analyse sollen die geeignetsten akustischen Kanäle für die jeweilige Marke bestimmt werden. Ziel ist ein konsistentes und umfassendes akustisches Bild der Marke, einen *unverwechselbaren* Markenklang, zu schaffen. Somit kann für das jeweilige Unternehmen eine crossmediale Wirkung erzeugt werden, indem der markenprägnante Sound auch auf Medien wie z.B. Radio oder Handy übertragbar ist.[505] *"Der auditive Kanal ist völlig unterbewertet"*[506], kritisiert Scheier.

---

[503] Vgl. Bronner, 2007, S. 83.
[504] Vgl. Burkowitz, 2007, S. 290.
[505] URL 101.
[506] URL 164.

Sound Branding bietet jedoch einen entscheidenden *Mehrwert*: Es ruft das passende Markenbild hervor und weckt zugleich Emotionen. Der Adressat speichert die Informationen über den Absender damit einfacher und nachhaltiger auch über den Hörsinn. *„Durch die Ansprache des Hörsinnes im Rahmen einer konsistenten akustischen Markenidentität kann die Marke nachweislich signifikant gestärkt werden"*[507], so Kloppenburg. Auch Groves weiß um den Mehrwert von Sound Branding Bescheid: *„Studien belegen es: durch eine stringente angewandte Sound Identity wird eine Marke medienübergreifend immer einheitlich wahrgenommen und kann sich so tiefer im Bewusstsein der Kunden verankern."*[508]

Außerdem kann Sound Branding die Wiedererkennung der Marke bzw. des Unternehmens fördern und das Image nachhaltig prägen. Hier ist jedoch eine einheitliche Kommunikationsstrategie zu schaffen, um sich klar zu positionieren.[509] Dabei müssen die verschiedenen funktionalen und emotionalen Markenattribute in eindeutige, akustisch operationalisierbare Begriffe umgesetzt werden, damit eine einmalige akustische Markenidentität entsteht, die zur Marke passt. Um den maximalen Kommunikationseffekt zu erzielen, muss ein „Fit" zwischen Marke und Musik entstehen („**Marken-Fit**").[510]

In den letzten Jahren gewinnt der akustische Auftritt stark an Bedeutung, da sein Nutzen für Unternehmen immer besser verstanden wird und die technologischen Einsatzmöglichkeiten ihn geradezu verlangen. Der Einsatz von Sound Branding kann auch als Wettbewerbsvorteil angesehen werden, denn mit der Erweiterung der Marke durch die akustische Wahrnehmung kann eine einfache Differenzierung erreicht werden, sofern die Mitbewerber noch keine eigenständige akustische Identität besitzen.[511]

In einer Umfrage der *audio consulting group* (2008) wurde die Bedeutung der akustischen Markenführung bei den so genannten *Hidden Champions* untersucht.[512] Dabei hat sich gezeigt, dass viele der befragten Unternehmen akustischer Markenkommunikation mit gesteigertem Interesse begegnen (vgl. Abb. 19).

---

[507] Vgl. Steiner, 2009, S. 53.
[508] Vgl. URL 281.
[509] Vgl. URL 207.
[510] Vgl. Groves, 2008a, S. 146.
[511] Vgl. Kusatz, 2007, S. 50.
[512] Unter dem Begriff „Hidden Champions" wurden Unternehmen zusammengefasst, die in ihrer Branche bzw. ihrem Konkurrenzumfeld europäische Marktführer oder gar Weltmarktführer und typischerweise (aber nicht ausschließlich) im Mittelstand zu finden sind. Hidden Champions besitzen einen geringen Bekanntheitsgrad in der Öffentlichkeit. Insgesamt wurden 100 Hidden Champions im August 2008 angeschrieben. Die Rücklaufquote betrug 56%. (Vgl. Musolf/Delventhal, 2008, S. 4f)

Für welche Bereiche sehen sie eine Relevanz des akustischen Markenauftritts? (n= 56; Mehrfachnennungen möglich)

- Radiowerbung: 98,2%
- Fernsehwerbung: 92,9%
- Imagefilm: 71,4%
- Internet: 58,9%
- Telefon: 53,6%
- Messe/Event: 35,7%
- Point of Sale: 25,0%
- Interne Kommunikation: 12,5%

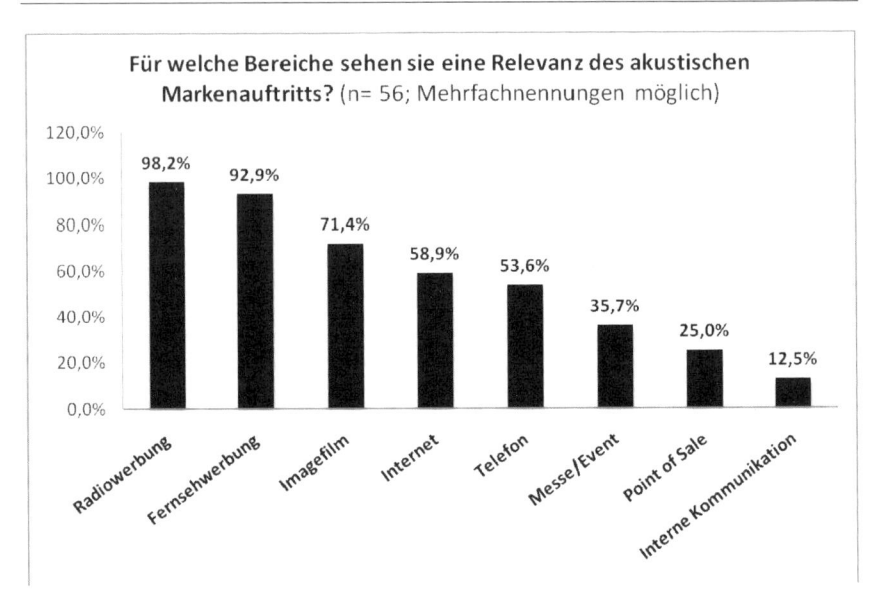

Abb. 19: Studie „Hidden Champions und akustische Markenführung" (2008)
(Quelle: Musolf/Delventhal, 2008, S. 12)

So hat mehr als die Hälfte der Befragten (55%) angegeben, sich mit dem Thema bereits beschäftigt zu haben. Bisher werden von jenen 15 Hidden Champions, die eine akustische Markenidentität implementiert haben, vor allem *Brand Songs* (60%), *Sound Logos* (40%) und *Jingles* (40%) eingesetzt.[513] Die höchste Relevanz hat für sie die *Radiowerbung* (98%), gefolgt von *Fernsehwerbung* (93%), *Imagefilm* (71%), *Internet* (59%) und *Telefon* (54%).

Wichtig ist, dass ein Sound Branding von Unternehmen - sei es nun ein Sound Logo, ein Jingle oder ein Song - dauerhaft eingesetzt wird. Es muss also eine *konsequente akustische Markenführung* erfolgen. Zudem darf die akustische Markenführung nicht losgelöst von einer etwaigen multisensualen Markenführung stattfinden. *"Sound Branding ist keine isolierte Disziplin, sondern ein Bestandteil der multisensorischen Markenführung"*[514], bringt es Groves auf den Punkt. Im Vorfeld der Implementierung einer akustischen Identität ist auch eine eingehende Markenanalyse durchzuführen und die Relevanz der Sound Identity zu hinterfragen. Die Frage, für welche Unternehmen eine akustische Markenführung sinnvoll ist, kann nicht so einfach beantwortet werden. Grundsätzlich macht es für jedes Unternehmen Sinn, Sound Branding einzusetzen. Abhängig von der Form und den Medien, in denen das

---

[513] Vgl. Musolf/Delventhal, 2008, S. 7ff.
[514] Vgl. URL 281.

Unternehmen auftritt, können verschiedene Sound Branding-Elemente zum Einsatz kommen. Die eigene akustische Darstellung macht jedoch erst dann Sinn, wenn eine Corporate Identity überhaupt festgeschrieben wurde, wobei die Umsetzung des Corporate Sounds am besten durch Spezialisten gewährleistet wird.[515]

Im **Handel** wird Sound Branding bewusst eingesetzt, um u.a. mit Hilfe von Hintergrundmusik störende Geräusche zu überlagern.[516] Eine Studie von *Milliman* (1982) hat gezeigt, dass die Aufenthaltsdauer im Kaufhaus bei langsamer Musik deutlich zunahm.[517] In einer Nachfolgestudie (1986) konnte *Milliman* empirisch nachweisen, dass die Verweildauer in einem Restaurant bei langsamer Musik im Vergleich zu schneller Musik um 25%, die Ausgaben sogar um 50% stieg. Laute Musik verringerte dagegen die Verweildauer."[518] Musik hat noch einen Effekt: Wenn sich der Kunde allein in einem geräuscharmen Raum befindet, entsteht ein Angst- und Unsicherheitsgefühl, weil er sich verlassen bzw. beobachtet fühlt.[519] Grundsätzlich sollte Hintergrundmusik *gemäßigt, harmonisch* und *textfrei* sein.[520] Obwohl eine zielgruppenorientierte Musik-Auswahl im Verkaufsraum von Vorteil wäre, ist dies oft schwer zu realisieren, da die Kunden nie aus einer eindeutigen Zielgruppe bestehen. Daher kann es bei bestimmten Musikstilen zu negativen Assoziationen kommen. Aus diesem Grund bleibt es letztlich meist bei „Mainstream-Musik".[521]

Eine Studie von *North/Hargreaves/McKendrick* (1999) in einem Kaufhaus hat ergeben, dass eine deutliche Korrelation zwischen der Herkunft der Hintergrundmusik und der Wahl von Weinen besteht (vgl. Tab. 14).[522] Diese Wechselbeziehung lässt sich womöglich auch bei anderen Waren feststellen.

	Französische Hintergrundmusik	**Deutsche Hintergrundmusik**
Kauf von französischem Wein	40%	12%
Kauf von deutschem Wein	8%	22%

Tab. 14: Kauf von länderspezifischem Wein in Abhängigkeit von der Musikart

---

[515] Vgl. URL 206.
[516] Vgl. Hannen, 2002, S. 38.
[517] Vgl. Scheuch, 2001, S. 74.
[518] Hurth, 2007, S. 130.
[519] Vgl. Häusel, 2002, S. 178.
[520] Vgl. Schenk, 1995, S. 212.
[521] Vgl. Thiermann, 2005, S. 182f.
[522] Vgl. North et al., 1999, S. 271.

(Quelle: North et al., 1999, S. 271)

In der **Werbung** kann Musik als *Orientierungshilfe* fungieren, denn in der heutigen Zeit differenzieren sich Produkte nicht mehr so sehr wie früher.[523] Hat in der Werbung Anfang der 1990 Jahre noch die Hintergrundmusik dominiert, so ist das gegenwärtige Hauptelement das Sound Logo. *"Ein Soundlogo ist keine akustische Untermalung, sondern konstitutives Element"*[524], so Mandoki. Bekannte Beispiele sind u.a. das Sound Logo der *Deutschen Telekom*, die markante *Intel*-Tonfolge, der *Audi*-Herzschlag oder der Ambossschlag von BMW.

Oft ist jedoch ein Sound Logo nicht das passende Element, um die gesamte Markenwelt zu kommunizieren. Gerade bei Marken mit hohem emotionalem Gehalt eignet sich eher ein Markenthema, welches in Musik eingebunden und immer wieder auditiv auf die Marke verweisen kann. Während die Japaner Sound Branding schon früh erkannt haben und seit längerem verwenden, hat die restliche Welt das Potenzial der akustischen Markenführung erst in den letzten Jahren erkannt. *„Gerade das Mobile Advertising bzw. das Mobile Entertainment macht es für viele Unternehmen immer mehr nötig, ein prägnantes Sound Branding zu haben"*[525], so Werzowa.

Das Bewusstsein in der Agenturpraxis für die gezielte Gestaltung einer akustischen Markenkommunikation nimmt zu. Es wird erkannt, dass Klänge bestens dazu geeignet sind, Erinnerungen und Gefühle bei den Konsumenten zu aktivieren und individuelle Markenpersönlichkeiten zu kommunizieren.[526] Da Musik bei nahezu jedem Menschen ähnliche Emotionen erzeugt, versucht das Sound Branding diesen Mechanismus für eine Marke zu nutzen. *„Sound Branding schafft Identifikation, unterstützt die Differenzierbarkeit von Marken und lädt sie emotional auf. Jedes Unternehmen bekommt so seinen unverwechselbaren Klang (siehe Bacardi) und hat damit eine starke Orientierungsfunktion für die Zielgruppe"*[527], resümiert Groves.

Die Verantwortlichen fordern mehr Aktivitäten der Marktforschungsinstitute und der Industrie. Außerdem wird die Entwicklung geeigneter Messinstrumente, die die Wirkungen

---

[523] Im Jahr 1986 wurden rund 42 Prozent der Werbung mit Musik untermalt. 1993 betrug die Anzahl bereits 89,3 Prozent. (Vgl. North/Hargreaves, 2008, S. 256f)
[524] URL 164.
[525] Steiner, 2009, S. 256.
[526] Vgl. Kastner, 2008, S. 1.
[527] Vgl. URL 281.

der einzelnen Komponenten von Sound Branding auf die Bezugsgruppen untersuchen und in die bestehenden Marktforschungsaktivitäten einbinden, befürwortet.[528]

Wenn man dem renommierten Medienfuturisten Gerd Leonhard Glauben schenken darf, so wird sich Sound Branding als Standard für alle Brands durchsetzen, obwohl die akustische Identität wahrscheinlich nur in wenigen Unternehmen die gleiche Bedeutung wie das Corporate Design erreichen wird.[529] Musik und Klang können durchaus zu einem erfolgreichen, einzigartigen Markenimage beitragen, wenngleich Sound Branding nicht alleine über den Erfolg einer Marke entscheidet. Vielmehr muss die akustische Markenführung als eines von vielen Instrumenten im Rahmen der modernen multisensualen Markenführung betrachtet werden, die ihre volle Wirkung erst in einem integrierten Branding entfalten kann.

Middelkamp schätzt die Wachstumschancen für spezialisierte Anbieter im Bereich Sound Branding sehr hoch ein: *„Die wirtschaftliche Bedeutung ist noch verschwindend gering, aber der Bereich wird in Zukunft deutlich größer werden."*[530] Allein die wachsende Zahl von Anwendungsgebieten, wie etwa der multimediale Ausbau des Internet, werde für Wachstum sorgen.

Schließlich ist davon auszugehen, dass Klang im Rahmen der Markenführung auch in Zukunft keine wichtigere strategische Rolle einnehmen wird, als die visuellen Komponenten des Corporate Designs. Viele Experten sehen hierfür die Begründung in der Tatsache, dass es vielseitigere Möglichkeiten gibt, die visuelle Wahrnehmung anzusprechen.[531] Auch Groves schließt sich dieser Meinung an: *„Es wäre arrogant, die akustische Markenführung mit dem visuellen Branding gleichzustellen."*[532] Es bleibt zu hoffen, dass es zukünftig nicht zu einem unkontrollierten Einsatz von Sound Branding-Elementen kommt, denn dann würde die akustische Markenführung, die auf Wiedererkennung durch Wiederholung basiert, ihre Wirkung verlieren. Nach Werzowa führt solch eine Übersättigung letztendlich zu einer *Entwertung der Musik*.[533] Folglich bedarf es eines verantwortungsbewussten Umgangs mit Markenklang im Rahmen der akustischen Markenführung, wobei Verantwortung auch manchmal „Mut zur Stille" bedeuten kann.

---

[528] Vgl. Steiner, 2009, S. 183.
[529] Vgl. Steiner, 2009, S. 282.
[530] URL 149.
[531] Vgl. Ulrich, 2007, S. 135.
[532] Steiner, 2009, S. 247.
[533] Vgl. Werzowa, 2010, S. 87.

4.2.2.1 Fehlerquellen beim Sound Branding

Nach Werzowa liegt eine große Fehlerquelle in der isolierten Bewertung von Sound Branding-Elementen durch Firmen, Agenturen und Branding-Companies.[534] *„Ein Sound Branding wirkt dann, wenn es unterbewusst arbeitet. Man sollte es eigentlich nicht bewusst bemerken. Wenn man sich nun im Meeting wenige Sekunden auf das Sound Logo konzentriert und Dinge hineinprojiziert, so kann es bei den Akteuren nicht unterbewusst wirken. [...] If you hear a Mnemonic then it works, if you listen to it then it might not work"*[535], so Werzowa.

Nach Groves muss die kreative Arbeit durch eindeutige Parameter und nicht durch subjektives Gefallen oder Nichtgefallen bewertet werden. *„Markenklang und damit der Einsatz von jeder Musik müssen aus der geschmäcklerischen und kurzfristigen Betrachtung herausgeführt und auf ein solides markenstrategisches Fundament gestellt werden"*[536], betont Groves. *„Mich versetzt es regelmäßig in Staunen, wenn ich entdecke, wie viele Entscheidungen ohne ein Abwägen der Möglichkeiten und eine genaue Analyse der Anforderungen getroffen werden. Der Sound einer Marke ist viel zu wichtig, um ihn dem Zufall zu überlassen"*[537], kritisiert Groves. Folglich entstehen verschiedene Sound-Elemente für Fernsehspot, den Messeauftritt oder auch die Telefonwarteschleife, die manchmal sogar gegeneinander arbeiten. Diese sind häufig weder auf die Markenidentität noch auf die Grundstrategie abgestimmt.[538]

Heumann sieht eine sehr reale Gefahr von Overkill durch Sound Branding: *„Ich kann nur warnen, alle Sound-Kanäle zu nutzen, bloß weil man die technischen Möglichkeiten dazu hat."*[539] Christian Kosfeld, Senior Consultant der Frankfurter Designagentur *Peter Schmidt Group* kritisiert, dass die zentrale Verantwortlichkeit im Unternehmen fehlt und somit Sound Branding immer noch eher als Kür denn als Pflicht gesehen wird.[540]

Im folgenden Unterkapitel sollen Praxisbeispiele aus dem Bereich Sound Branding den Stellenwert einer markeneigenen akustischen Präsenz verdeutlichen. So haben sich Unternehmen wie die *Deutsche Telekom*, *Siemens* oder *Nokia* erfolgreich einer akustischen Markenführung verschrieben.

---

[534] Vgl. Steiner, 2009, S. 260.
[535] Ebenda.
[536] URL 281.
[537] Ebenda.
[538] Vgl. URL 281.
[539] URL 149.
[540] Vgl. ebenda.

4.2.2.2 Sound Branding - Praxisbeispiele

Ob nun charakteristische Filmmusiken wie das *James-Bond-Thema*, das seit *„James Bond jagt Dr. No"* (1962, Terence Young) in allen Bond-Filmen in Variationen zu hören ist oder gesungene Claims aus den 1970er Jahren wie *„Haribo macht Kinder froh - und Erwachs' ne ebenso"* - Klänge sind zu Markenzeichen geworden.

Eine der bekanntesten akustischen Signaturen in Deutschland ist jene der *Deutschen Telekom*. Das Sound Logo[541] ist für das menschliche Ohr und die technischen Eigenschaften des Telefons optimiert, da es mit seiner Hauptfrequenz von 670 bis 3.500 Hz genau im optimalen Bereich zwischen 500 und 5.000 Hz liegt. Aus diesem Grund gilt es für viele Einsatzbereiche der akustischen Markenführung als Benchmark. Sowohl der Sound, als auch das Stakkato, die Tonfolge und die Knappheit (880 Millisekunden) lassen den Zuhörer nicht so ohne weiteres vorbeihören. Beim Sound Logo der *Deutschen Telekom* erklingen analog zum visuellen Logo zwei hochfrequente Töne, die insgesamt fünfmal abgespielt werden, wobei die fünf Töne optisch den vier grauen Punkten - den so genannten Dots - und dem Telekom „T" entsprechen. Außerdem besitzt die Bezeichnung *Deutsche Telekom* ebenso viele Silben. Während die Punkte allesamt den gleichen Ton besitzen, erklingt das als visuelles Erkennungszeichen verwendete „T" eine Terz höher (vgl. Abb. 20).[542]

Abb. 20: Sound Logo Deutsche Telekom (Quelle: Kilian, 2009, S. 40)

2003 hat *Siemens* in Kooperation mit *MetaDesign* einen Corporate Sound entwickelt. *"Wir wollten den Bereich Corporate Design bei Siemens sinnvoll erweitern. Corporate Sound ermöglicht uns eine multisensuelle Markenführung"*[543], so Barthel von *Siemens*. Dabei wurden die Markenwerte von Siemens durch Klangereignisse symbolisiert. „Für die Anwendungsbereiche wie Film, Fernsehen, Hörfunk, Internet, Präsentation, Messe, Events, Telefonschleife und auch im Mobilfunk wird somit aus einem ‚Look and Feel' ein bewusstes

---

[541] Das Sound Logo der *Deutschen Telekom* wurde von der Corporate Identity-Agentur *Interbrand Zintzmeyer & Lux* in Zusammenarbeit mit den in New York ansässigen Musikern Joe Barone und Chris McHale entwickelt. (Vgl. Steiner. 2009, S. 32)
[542] Vgl. ebenda, S. 32ff.
[543] URL 271.

‚Look, Listen and Feel'."[544] Kaum jemand weiß, dass der Klingelton[545] der Marke *Nokia* nicht eigens komponiert wurde, sondern im Jahr 1992 der Komposition „*Gran Vals*" des Spaniers Francisco Tárrega (1854 - 1909) entnommen worden ist (vgl. Abb. 21).[546]

Abb. 21: Notation des Nokia Sound Logos (Quelle: URL 226)

Auch die Startmelodie des *Microsoft* Betriebssystems *Windows 95* wurde eigens dafür entwickelt. Für die Komposition zeichnet Brian Eno verantwortlich. Sowohl die Vorgaben von *Microsoft* („*We want a piece of music that is inspiring, universal [...] optimistic, futuristic, sentimental, emotional.*") als auch die vorgegebene Länge des Sound Logos von exakt 3,25 Sekunden war eine Herausforderung für Eno.[547] Insgesamt schuf er 84 Versionen für die bekannte Kennmelodie, wobei die endgültige Version eine Länge von rund sechs Sekunden hat.[548] *Bacardi* setzt ebenfalls auf akustische Markenführung. „*Musik hat einen hohen Stellenwert für die Markenwerbung von Bacardi, denn über Musik lässt sich das typische Bacardi Feeling, die Caribbean ‚zest for life' hervorragend kommunizieren*"[549], erklärt Volke. So hat das Unternehmen seit vielen Jahren zwei weltbekannte Werbesongs[550] in Verwendung. Auch *eBay* setzt seit Herbst 2007 ein eigenes akustisches Motiv und Sound Logo sowohl in Radiospots als auch auf der Website und in der Direktkommunikation ein. Darauf aufbauend wurde der Song „*You'll be mine*"[551] für den TV-Spot produziert.[552] Da das Sound Logo des amerikanischen Unternehmens *Intel* bei vielen Experten als Benchmark im Bereich der akustischen Markenführung gilt, wird anhand der *Intel*-Fallstudie die Bedeutung der akustischen Identität aufgezeigt.

---

[544] URL 272.
[545] Laut der *BRAND Sense Studie* erkennen rund 74 Prozent aller europäischen Konsumenten und 46 Prozent aller Amerikaner den Klingelton von *Nokia* und assoziieren die Melodie mit der Marke. Im Gegensatz dazu wird das *Intel* Sound Logo von 56 Prozent der Konsumenten in der westlichen Welt erkannt. (Vgl. Lindstrom, 2005, S. 81ff.)
[546] Vgl. Kastner, 2008, S. 1.
[547] Vgl. URL 203 (Das englische Original habe ich selbst ins Deutsche übersetzt).
[548] Vgl. URL 195 (Das englische Original habe ich selbst ins Deutsche übersetzt).
[549] Vongehr, 2001, S. 1.
[550] Bei den beiden Werbesongs handelt es sich um „*Bacardi Feeling*" (Summer Dreamin') und „*Sippin' on Bacardi Ron*".
[551] Das Soundkonzept und der Song stammen von der Berliner Branding-Agentur *MetaDesign*.
[552] Vgl. URL 188.

4.2.2.3 Fallstudie: Sound Branding am Beispiel von *Intel*

Eine akustische Identität kann bedeutsam sein, um der eigenen Marke Aufmerksamkeit zu verschaffen. Die vorliegende Fallstudie thematisiert die erfolgreiche akustische Markenführung des amerikanischen Unternehmens *Intel*, die zurzeit unbestrittene Benchmark für Sound Logos."[553]

Abb.22: Intel Logo (Quelle: URL 123)

Intel (**Int**egrated **el**ectronics) ist ein US-amerikanischer Halbleiterhersteller mit Sitz in Santa Clara, Kalifornien und wurde 1968 von Gordon E. Moore und Robert Noyce gegründet. Das Unternehmen erwirtschaftete 2009 einen Umsatz von 35,13 Mrd. USD, beschäftigte 79.800 Mitarbeiter und ist das weltweit führende Unternehmen im Bereich Halbleiterinnovation. *Intel* erzeugt und designt EDV- und Kommunikationskomponenten, wie beispielsweise Mikroprozessoren, Chipsets und Motherboards, vor allem für Originalausrüstungshersteller (OEM, ODM), wie u.a. *Hewlett-Packard Company*[554], *Dell Inc*[555] und seit 2006 auch *Apple*[556]. Zu den Wettbewerbern in den einzelnen Marktsegmenten von Mikroprozessoren zählen u.a. *AMD* und *VIA* (Notebook & Desktop), *IBM* und *Sun Microsystems* (Server/Workstation) und *QUALCOMM* (Handheld).[557]

Obwohl das amerikanische Unternehmen Anfang der 90er Jahre den Markt mit Prozessoren, die das Unternehmen in technischer Tradition als *Intel i386™* und *i486™* bezeichnete, beherrschte, war das Unternehmen den meisten PC-Anwendern weitestgehend unbekannt. Da mit *Advanced Micro Devices (AMD)* und *Cyrix* gleichzeitig neue Wettbewerber mit preisgünstigen Prozessor-Nachbauten („Clones"[558]) auf den Markt drängten, sah *Intel* seine Marktposition massiv gefährdet und schuf daher 1991 die Marke *Intel Inside*[559]. Damals interessierte sich kaum ein PC-Anwender für den Hersteller des Prozessors in seinem PC. Deshalb spielte für die Kaufentscheidung der Preis des Prozessors bzw. des PCs die wichtigste Rolle.[560]

---

[553] Groves, 2008a, S. 136.
[554] *Hewlett-Packard Company* war 2009 für 21% des Umsatzes von *Intel* verantwortlich. (URL 210)
[555] *Dell Inc.* war 2009 für 17% des Umsatzes von *Intel* verantwortlich. (Vgl. ebenda)
[556] 2006 wurde das damalige neue *MacBook Pro* als erstes Mac Notebook mit einem Intel-Prozessor (Intel® Core™ Duo Prozessor) ausgestattet. (Vgl. URL 211)
[557] Vgl. URL 210.
[558] Clones sind Prozessor-Nachbauten, zum Original kompatibel, jedoch preiswerter.
[559] Die Tag Line „Intel Inside" hieß ursprünglich „Intel. The computer inside" und stammt von der Werbeagentur „*Dahlin Smith and White*". (Vgl. URL 216)
[560] Vgl. Schmäh/Erdmeier, 1997, S. 122.

Das amerikanische Unternehmen startete im Juli 1991 das *Intel Inside® coop marketing program*.[561] Es wurde sowohl eigene Markenwerbung („Brand Awareness Advertising") als auch Kooperationswerbung[562] mit PC-Herstellern in Form eines **Ingredient Branding**[563] (vgl. Abb. 23) betrieben.[564] Durch aufwendige Werbung gelang es *Intel*, die Bedeutung des Prozessors für den PC zu kommunizieren.[565] Außerdem profitierte *Intel* mittels eines Image-Transfers durch Co-Branding von den Namen renommierter PC-Hersteller wie *Compaq* und *IBM* in Form einer Aufwertung des eigenen Images.[566]

Adressat der Marketingbemühungen *Intels* sollten jedoch nicht die PC-Hersteller als direkte Abnehmer sein, sondern vor allem die PC-Nutzer als indirekte Kunden *Intels*. Damit wurde das Ziel verfolgt, *Intel* als Hersteller der leistungsfähigsten Prozessoren in das Bewusstsein der Käufer zu rücken.[567] *Intel* startete in weiterer Folge mit einer weltweiten Print-Kampagne, um das Firmenlogo zu erklären.[568]

Abb. 23: Intel inside-Logo (Quelle: URL 217)

Anfang 1992 folgte die erste TV-Kampagne. Dabei wurde auf George Lucas´ Firma *Industrial Light Magic* zurückgegriffen und State-of-the-Art Special Effects verwendet, um den Zuseher auf eine Reise in das Innere eines Computers zu schicken. Die Werbung stand ganz im Zeichen des damals neuen *Intel i486™* Prozessors.[569] Das Ziel des *Intel Inside® coop marketing program* wurde in relativ kurzer Zeit erreicht, denn die Markierung *Intel inside* hat bei vielen Kunden bereits ausgereicht, um einen Computer zu kaufen. Die Herkunft der Computermarke ist dabei durch das starke Ingredient Branding von *Intel* in den Hintergrund geraten.[570]

---

[561] Vgl. URL 216.
[562] Die PC-Hersteller, die an den Programmen teilnahmen setzten das *Intel inside*-Logo nicht nur bei den von ihnen geschalteten Werbeträgern ein, sondern druckten es auch auf ihren Verpackungen und brachten entsprechende Aufkleber auf den Conputer-Gehäusen an. (Vgl. Kleinaltenkamp, 2000, S. 105ff)
[563] „Ingredient Branding umfasst die Kombination von Marken aus unterschiedlichen Wirtschaftsstufen. Dabei werden Bestandteile bzw. Vorprodukte (Ingredients) markiert, die in anderen Markenprodukten zum Einsatz kommen." (Esch/Redler/Winter, 2005, S. 487)
[564] Vgl. Esch, 2008, S. 455.
[565] Vgl. Freter/Baumgarth, 2005, S. 479.
[566] Vgl. Schmäh/Erdmeier, 1997, S. 122.
[567] Vgl. ebenda, S. 122.
[568] Vgl. URL 216.
[569] Vgl. ebenda.
[570] Vgl. Esch, 2008, S. 455.

Der Marktanteil *Intels* bei Mikroprozessoren ist seit dem Start der *Intel inside*-Kampagne im Frühjahr 1991 von 64 Prozent auf rund 80 Prozent in 1996 gestiegen. Der Umsatz hat sich in der gleichen Zeit mit 20,8 Mrd. USD mehr als vervierfacht.[571] Bereits 1993 hatte *Intel* laut Berechnungen der *Financial World* infolge der *Intel inside*-Kampagne einen Markenwert von 17,8 Mrd. USD und war somit hinter *Coca-Cola* und *Marlboro* an dritter Stelle der wertvollsten Marken der Welt.[572]

Da das Medium Fernsehen besonders effektiv war, um das *Intel Inside®* coop marketing program den Konsumenten zu kommunizieren, entschloss man sich 1995, das visuelle Logo *akustisch* zu unterstützen: Die Geburtsstunde des weltbekannten **Intel Sound Logos** („Intel bong"), das im Durchschnitt alle fünf Minuten irgendwo auf der Welt ausgestrahlt wird.[573] Es wurde vom Österreicher Walter Werzowa im Jahre 1994 komponiert (vgl. Abb. 24). Die Vorgabe für das 3-Sekunden Logo von *Intel* lautete: *„tones that evoked innovation, troubleshooting skills and the inside of a computer, while also sounding corporate and inviting"*[574]. Allein der erste Ton des Sound Logos besteht aus mehr als 20 Sounds. Werzowa hat die Sound Logos u.a. von *Sony, LG, Samsung* und *IBM* komponiert.[575]

Abb. 24: Notation des Intel Sound Logos
(Quelle: URL 220)

---

[571] Vgl. Schmäh/Erdmeier, 1997, S. 122.
[572] Vgl. Berndt et al., 1997, S. 137.
[573] Vgl. URL 216.
[574] URL 218.
[575] Vgl. URL 219.

Intel setzte im Zuge seiner Ingredient-Branding-Strategie das Sound Logo vorbildlich ein, wobei ein Erfolgsfaktor der konsistente und kontinuierliche Einsatz in der klassischen Werbung war. *„Bei Intel war es ein sehr schwieriges Unterfangen, ein geeignetes Sound Branding zu kreieren, da man ja das Produkt nicht sehen und folglich auch nicht wie Coca Cola oder McDonalds genießen und einen direkten Zusammenhang spüren oder merken kann. Intel-Prozessoren sind ja versteckt und somit für die Kunden nicht zu sehen"*[576], erklärt Werzowa.

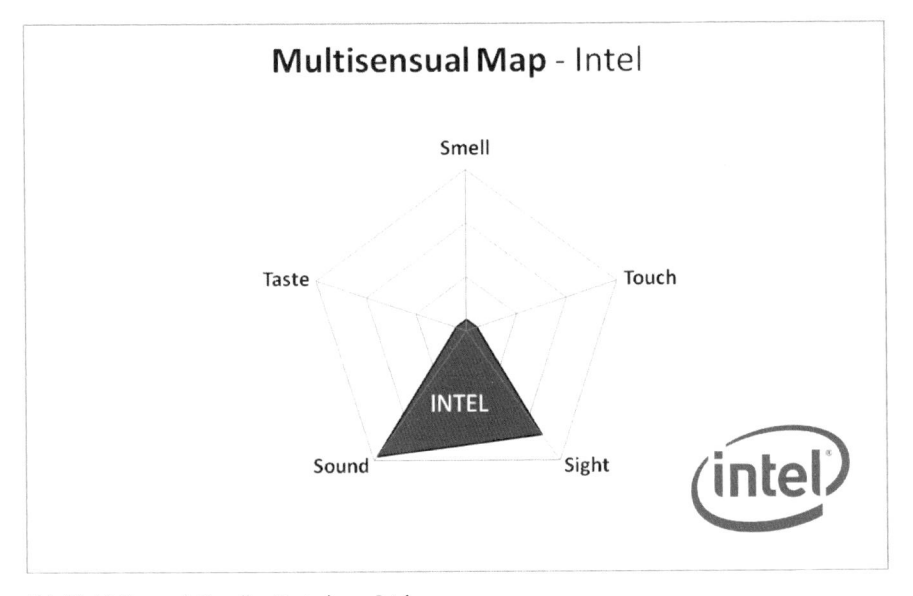

Abb. 25: Multisensuale Branding Strategie von Intel
(Quelle: Eigene Darstellung in Anlehnung an Lindstrom, 2005, S. 22)

Obwohl das Kerngeschäft des Unternehmens nichts mit Audio zu tun hat, stellte *Intel* im Zuge des Multisensualen Branding sukzessive den Sound in den Mittelpunkt der Markenkommunikation (vgl. Abb. 25). Das *Intel* Sound Logo kommuniziert die Markenwerte *Qualität, Zuverlässigkeit* und *Technologieführerschaft* und ruft bei den Kunden „futuristische Assoziationen"[577] hervor. Das Sound Logo erklingt (wie auch bereits zuvor das visuelle Logo) nur in TV-Spots von führenden Computerherstellern.[578]

---

[576] Steiner, 2009, S. 253.
[577] Vgl. URL 33.
[578] Vgl. Lindstrom, 2005, S. 22.

Wie verschiedene Untersuchungen eindeutig gezeigt haben, kann das Ergänzen von visuellen Markensignalen mit akustischen die gesamte Kommunikationsleistung nachhaltig steigern. Das Sound Logo von *Intel* nimmt dabei eine Sonderstellung ein. Die Studie „Sound and Brand" (1999) von *Cheskin Research* und *HeadSpace* hat gezeigt, dass die Markenwerte des Chip-Herstellers durch Sound genauso wirkungsvoll vermittelt werden konnten wie durch visuelle Elemente.[579] Nach Werzowa wurde das *Intel* Sound Logo im Jahr 2007 allein in den Vereinigten Staaten rund 350.000 Mal in der Werbung kommuniziert.[580]

Seit seiner Einführung in 1995, wurde das Sound Logo in regelmäßigen Abständen dezent bearbeitet. *„Es hat sich nie wirklich melodisch verändert, jedoch wurde es bezüglich des Sounds, des Arrangements und der Orchestrierung immer mehr an die Zeit angepasst"[581]*, so Werzowa. Das Sound Logo wurde bis 2008 insgesamt rund acht Mal verändert. Grundsätzlich besteht vom *Intel* Sound Logo immer nur ein File, welches für alle Zwecke optimiert wurde und nur im Stereo-Format vorliegt. Wird eine neue Variante des Sound Logos etabliert, so werden alle früheren Versionen zurückgezogen.[582] *„Es sollte also nicht sein, dass mehrere Generationen von Sound Logos zur gleichen Zeit gesendet werden"[583]*, betont Werzowa.

2006 hat *Intel* sein (Ingredient) Branding-Konzept modifiziert und verfolgt seither einen neuen Ansatz: Nun wird nicht mehr das einzelne Produkt, wie z.B. *Pentium* oder *Centrino* beworben (Productbrand), sondern die *Marke Intel* (Masterbrand).[584] Nach Werzowa vollzog sich dieser Richtungswechsel in der Markenkommunikation, da das Denken von *Intel* sehr „kalt" und „technisch" war. Nicht nur Großfirmen sollten angesprochen werden, sondern auch Hausfrauen und Studenten.[585] *„Folglich musste sich auch der Sound ändern und ‚wärmer' werden, um so der neu beworbenen Zielgruppe den Zugang zu den Produkten zu erleichtern"[586]*, erklärt Werzowa.

Seit Mai 2009 wirbt *Intel* mit einer großen Marketing-Kampagne (*„Sponsors of Tomorrow"*), worin das berühmte Sound Logo neu interpretiert wurde. Passend zur Message der Kampagne, die die *Intel-Mitarbeiter* als Menschen in den Vordergrund rückt, wird das Sound Logo gesungen. *"We're hoping to convey that we're not just a microprocessor company, but a move-society-forward-by-quantum-leaps company"[587]*, so Conrad.

---

[579] Vgl. URL 33.
[580] Vgl. Steiner, 2009, S. 256.
[581] Ebenda, S. 257f.
[582] Vgl. Steiner, 2009, S. 258.
[583] Ebenda.
[584] Vgl. Kotler, 2010, S. 3.
[585] Vgl. Steiner, 2009, S. 257f.
[586] Ebenda, S. 258.
[587] URL 215.

Intel investierte im gleichen Jahr 5,7 Mrd. USD in Forschung und Entwicklung und etablierte in Europa die Dachorganisation „Intel Labs Europe" (ILE).[588] *Intel* zählt seit Jahren zu den wertvollsten Marken der Welt und nimmt aktuell mit einem Markenwert von 30,64 Mrd. USD den 9. Platz im *Interbrand*-Ranking (*The Best Global Brands 2009*) ein.[589] „Es kann als bemerkenswerter Erfolg betrachtet werden, dass es *Intel* als Anbieter im Business-to-Business-Geschäft geschafft hat, hinsichtlich seines Markenwertes zu den wertvollsten Konsumgüter-Marken der Welt aufzuschließen."[590] „Das Ende der *Intel inside*-Ära und der neue Auftritt des Chip-Herstellers zählt zu den mutigsten und riskantesten Relaunches in der Geschichte des Marketing."[591]

4.2.2.4 Exkurs: Sound Design bei Lebensmitteln

Beim Unternehmen *Bahlsen* nimmt der Produktsound einen hohen Stellenwert ein. So arbeitet in Hannover ein 16-köpfiges Entwicklungsteam kontinuierlich am optimalen Sound Design des Gebäcks, damit der typische „Knack-Knusper-Knirsch-Sound"[592] beim Biss in den Keks die Frische des Produktes klanglich unterstützt.[593] „Bahlsen hat herausgefunden, das jüngere Konsumenten ein kräftigeres, knuspriges und geradezu ‚aufregendes' Knacken bevorzugen. Für sie signalisiere es Jugend, Abenteuerlust und Dynamik."[594]

Das typische Knack-Geräusch des *Leibniz-Butterkeks* (vgl. Abb. 26) stellt seit 1992 einen festen Bestandteil in Werbespots dar, inszeniert als genussreicher Störfaktor in andächtigen Momenten der Stille. „*Die ‚Knackfrischszene' soll eine überlegene, eigenständige Qualität der Marke kommunizieren und sich so von rein generischer Kategoriewerbung absetzen*"[595], beschreibt Meier die strategische Zielsetzung.

Abb. 26: Leibniz Butterkeks (Quelle: URL 176)

---

[588] Vgl. Hermes, 2010, S. 30.
[589] Vgl. URL 62.
[590] Schmäh/Erdmeier, 1997, S. 122.
[591] o.V., 2006, S. 114.
[592] Fügt man beispielsweise mehr Butter hinzu, ist der Klang weicher, während mehr Zucker das Geräusch härter klingen lässt. (Vgl. URL 236)
[593] Vgl. Esch, 2008, S. 317.
[594] URL 236.
[595] Vongehr, 2001, S. 1.

Mit Hilfe von speziellen In-Ohr-Mikrofonen (Kopfhörer-Stereophonie) werden die Abbeiß- und Kaugeräusche der Testesser originalgetreu aufgenommen und den Klangtestern über Kopfhörer exakt vorgespielt. Anhand mehrerer Knackkriterien von Knusprigkeit bis Eigentümlichkeit bewerten sie die Geräusche auf einer Skala von eins bis sieben.[596] Außerdem wird mittels eines so genannten „Texture Analyzers" die Kraft ermittelt, die zum Verzehr des Kekses aufgebracht werden muss.[597]

Bei dem weltbekannten Frühstückscerealien-Hersteller *Kellogg's* weiß man schon seit langem, dass die Knusprigkeit des Korns das eigentliche Erfolgsgeheimnis dieses Frühstücksprodukts ist. Die Kunden legen eben sehr viel Wert auf das Knistern im Mund, welches multisensorisch gehört und gefühlt werden kann. *Kellogg's* forscht schon seit Jahren bezüglich des Synergieeffekts und dem Zusammenwirken zwischen dem Knistern und dem Geschmack. Diesbezüglich arbeitet *Kellogg's* eng mit einem dänischen Labor zusammen, das sich auf Knusprigkeit und orale Textur von Lebensmitteln spezialisiert hat. Die Knusprigkeit seiner Produkte ließ sich das amerikanische Unternehmen sogar patentieren.[598]

Die Produktentwickler des Nahrungsmittelkonzerns *Nestlé* verwenden ein so genanntes *Crispy Meter*. Dabei handelt es sich um ein tachoähnliches Instrument, welches Lautstärke, Frequenz und Krafteinsatz beim Zerkauen verschiedener Lebensmittel misst. Ziel ist es, einen objektiven „Knusperfaktor" zu ermitteln, der im Frequenzbereich von 7.000 bis 12.000 Hz liegt. *„Ein Produkt soll das, was es schon im Namen verspricht, auch akustisch halten"*[599], betont Silke Troesch, Pressesprecherin von *Nestlé* in Frankfurt.

Letztlich ist das Sound Design von Esswaren ein intuitiver Prozess, wie Friedrich Blutner weiß: *"Wenn ich einen Sound designe, so ist das durchaus mit der Kreation eines Duftes vergleichbar: Man greift zwar auf technische Hilfsmittel zurück, letztendlich entscheiden aber mein Talent, meine Vorstellungskraft und meine Differenzierungs- und Merkfähigkeit der unterschiedlichen Klänge darüber, wie ich die einzelnen Komponenten zusammenfüge und ob daraus eine ausgewogene Geräuschkomposition entsteht oder nicht."*[600]

---

[596] Vgl. URL 313.
[597] Vgl. Fösken, 2006, S. 73.
[598] Vgl. Lindstrom, 2007, S. 163f.
[599] Vongehr, 2001, S. 1.
[600] URL 166.

4.2.3 Der Einfluss der Haptik auf die Markenwahrnehmung

„Die Haptik wird im Bereich der multisensualen Markenführung immer wichtiger. [...] Unternehmen entdecken zunehmend den Nutzen der Haptik. Produkte, die sich besser anfühlen als die der Konkurrenz, verkaufen sich auch besser. Früher hat man sich bei der Produktgestaltung bis in die achtziger Jahre des 20. Jahrhunderts fast ausschließlich an visuellen Effekten orientiert"[601], so Grunwald.

Den Tastsinn hat man in der Industrie bis vor wenigen Jahren völlig unterschätzt. Autohersteller entdeckten den Tastsinn als neuen Wahrnehmungskanal Anfang der 90er Jahre als einer der Ersten (vgl. Kapitel 7.2.3). Das Haptik-Design ist jedoch längst kein Privileg mehr allein der Automobilwirtschaft. In den folgenden Industriebereichen gehört Haptikforschung heute zum Standard der Forschungs- und Entwicklungsabteilungen: Nahrungsmittel-, Papier-, Textil-, Kosmetik-, Kommunikations-, Verpackungs-, Flugzeug-, Automobil- und Militärindustrie.[602]

Die Haptik kann wesentlich zur *Differenzierung* und *Vertiefung* von Markeneindrücken beitragen. So nehmen haptische Eindrücke bei *Apple*-Produkten (vgl. Abb. 27) eine bedeutsame Stellung im Rahmen der Erlebniswirkung ein.[603]

Abb. 27: Haptik des Apple iPad

(Quelle: URL 233)

Coca-Cola hingegen hat im Verlauf der letzten 20 Jahre mit dem geglätteten Verpackungsdesign und dem Einführen der PET-Flasche und der Einheitsdose an „haptischer Präsenz" und damit deutlich an Differenzierungskraft verloren.[604] Meyer (2001) konnte in experimentellen Studien den Einfluss haptischer Reize auf die emotionale Profilierung von Produkten nachweisen. Dabei bestimmen besonders *Textur*, *Konsistenz*, also Rauigkeit und Härte des Materials, sowie die *Form* die emotionalen Eindrücke zum Produkt.[605]

---

[601] URL 279.
[602] Vgl. Grunwald, 2009, S. 12.
[603] Vgl. Esch/Krieger, 2009, S. 11.
[604] Vgl. Esch, 2008, S. 320.
[605] Vgl. Meyer, 2001, S. 171.

Für Marken wie *Apple, Singapore Airlines, Bang & Olufsen* oder *Porsche Design* sind haptische Eindrücke ein fundamentaler Baustein der Markenprofilierung und Markendifferenzierung.[606] *„Im Prinzip ist es das Ziel, so genannte haptische Marken zu entwickeln, an die sich der Kunde ebenso erinnert wie an das Logo eines Produktes. [...] Um eine wirkungsvolle und starke haptische Marke zu entwickeln muss diese Zielvariable mit denen der anderen Sinne korrespondieren"*[607], bringt es Grunwald auf den Punkt.

Für Grunwald ist die multisensuale Markenführung das Erfolgskonzept in einer überkommunizierten Gesellschaft: *„In der heutigen Zeit ist es notwendig an den Kunden multisensual heranzugehen. Wenn man Marken nicht spürbar werden lässt, dann schwinden die Chancen eine Marke erfolgreich zu etablieren. Wenn man Produkte hat, die potentiell mit dem Körper der Kunden in Interaktion treten, dann kann man eine multisensuale Ansprache nicht mehr vernachlässigen. Die Ansätze der Marken werden stets komplexer, einfach gestrickte Muster haben ausgedient"*[608], betont der renommierte Haptik-Spezialist.

Wie eine Studie von *Kiefer* (2009) zum haptischen Sinn gezeigt hat, ist bei haptisch Lernenden der *vordere Gehirnbereich*, der für Bewegungsverarbeitung und Planung zuständig ist, stärker als bei anderen Lernenden aktiviert. Die Aufgabe der Testteilnehmer bestand darin, 64 unbekannte Objekte mit Namen wie „nolo" und „ured" auswendig zu lernen. Dies wurde auf zwei verschiedene Arten untersucht. Während die eine Gruppe Anschauungsmaterial und den Rat bekam, auf spezielle Eigenheiten der fremden Dinge mit der Hand zu zeigen, z.B. auf Henkel, Spitzen oder Ausbuchtungen, lernte die andere Gruppe zu jedem Objekt eine spezifische, passende Handbewegung. Die Probanden, die mit Bewegung gelernt hatten, waren beim Nachdenken signifikant *schneller*. Der Effekt betrug bis zu „einer guten Sekunde". Für Psychologen - laut Spitzer - „eine Ewigkeit". Spitzer resümierte: *„Wer sich die Welt auch mit der Hand aneignet, denkt hinterher tiefer, schneller, besser"*[609].

Grunwald hat im Verlauf seiner Untersuchungen zudem festgestellt, dass der Tastsinn nicht kontinuierlich arbeitet, sondern Pausen im Millisekundenbereich einlegt, als müsste das Gehirn Informationen gelegentlich zwischenspeichern.[610] *„Es setzt sich immer mehr der Gedanke von haptischen Marken durch. Es bewiesen, dass Dinge besser erinnert werden, wenn sie eine markante Haptik aufweisen. Ein Beispiel für gelungene Haptik im Verpackungsbereich ist die kleine Underberg-Flasche. Die Verpackung ist wirklich hervorragend konzipiert und die Marke ist multisensorisch kohärent"*[611], so Grunwald.

---

[606] Vgl. Esch, 2008, S. 319f.
[607] URL 279.
[608] Vgl. Experteninterview mit PD Dr. Dipl. Psych. Martin Grunwald im Anhang.
[609] URL 261.
[610] Vgl. URL 150.
[611] Vgl. Experteninterview mit PD Dr. Dipl. Psych. Martin Grunwald im Anhang.

4.2.4 Der Einfluss der Olfaktorik auf die Markenwahrnehmung

Obwohl unser Geruchssinn nur rund 3,5 Prozent unserer Sinneseindrücke beisteuert (vgl. Abb. 27, S. 85), haben *Millward Brown* und *Lindstrom* (2005) in ihrer *BRAND sense* Studie herausgefunden, dass der Geruchssinn für Konsumenten bei Kaufentscheidungen nach dem Sehsinn die zweithöchste Priorität genießt.[612] (vgl. Abb. 28, S. 86) Bisher haben sich weniger als drei Prozent der *Fortune 1000 Unternehmen* mit Duft als Markenbestandteil beschäftigt. In Anbetracht der Tatsache, dass der durchschnittliche Mensch täglich rund 20.000 Mal atmet und dabei jedes Mal Gerüche mit aufnimmt, so wird deutlich, welches Potenzial gezieltes Duftbranding bietet.[613]

„*Aus diversen Untersuchungen wissen wir, dass richtig ausgewählte Düfte Informationen über Produkte, Dienstleistungen und Personal liefern, die Aufmerksamkeit der Kunden am Point of Sale lenken, die Verweildauer*[614] *im Geschäft verlängern, die Sortiments- und Geschäftswahrnehmung positiv beeinflussen, Spontankaufraten erhöhen, das Wohlbefinden der Kunden steigern und natürlich auch unangenehme Gerüche überdecken können*"[615], fasst Hahn die Vorteile des Duft-Marketings zusammen. „*Ein Duft erhöht die Wiedererkennbarkeit einer Marke und sollte zum CI gehören genauso wie ein Jingle, ein Logo, eine Farbe*"[616], bringt es Vogt auf den Punkt.

Rempel (2006) konnte in seinen Studien belegen, dass ein zu einer Marke passender Duft, sowie ein Duft, der sowohl zur Marke als auch zur bildhaften Werbung der Marke passt, die Einstellung zur Marke und das innere Bild positiv beeinflussen. Ein unpassender Duft erzielt hingegen negative Wirkungen.[617] „Anders als bei anderen Reizen gibt es für Düfte bislang noch *keine allgemeingültige Geruchsklassifikation*, was den Einsatz von Düften und die Gestaltung passender Markendüfte erschwert."[618] Da Düfte die emotionale Attraktivität von Produkten steigern können, kann der Geruchssinn einen wesentlichen Beitrag zur *Präferenzbildung* von Marken leisten. So lassen sich 24 bis 38,5 Prozent der Präferenzbildung bei Shampoos durch Dufteinfluss erklären.[619]

---

[612] Vgl. Lindstrom, 2005, S. 69.
[613] Vgl. ebenda, S. 24ff.
[614] Bestimmte Duftstoffe können die Verweildauer in einem Geschäft um bis zu fünf Prozent verlängern und tragen damit indirekt zu Mehrkäufen bei (Vgl. Häusel, 2004, S. 203).
[615] Vgl. Houben, 2006/2007, S. 14.
[616] URL 280.
[617] Vgl. Esch/Rempel, 2007.
[618] Esch, 2008, S. 321.
[619] Vgl. Knoblich et al., 2003, S. 60.

Insbesondere zur Kommunikation *nicht wahrnehmbarer* Produkteigenschaften sind Düfte bestens geeignet. Daher kommen Shampoos, Duschgels, Wasch- und Geschirrmittel sowie Haushaltsreiniger heute kaum noch ohne Parfumzusatz aus.[620] Der Duft gilt somit als „**unsichtbare Markenpersönlichkeit**", mit der (nicht wahrnehmbare) Markeneigenschaften kommuniziert und eine emotionale Bindung zur Marke geschaffen werden können.

Bei Kongruenz von einem angenehmen Duft mit einem ebenso ansprechenden visuellen Eindruck, verstärkt sich nicht nur der angenehme Eindruck, sondern bleibt auch mit höherer Wahrscheinlichkeit besser in Erinnerung. Außerdem haben Forscher festgestellt, dass der Geruch vielfach die gleichen Gehirnregionen aktiviert wie der Anblick eines Produktes bzw. eines Produktlogos. Riecht der Konsument eine Pizza, dann entsteht in seinem Kopf auch das Bild einer Pizza - zusammen mit dem *Pizza Hut-Logo* oder dem Logo des Liebling-Italieners. Passen jedoch Duft und Bild nicht zusammen, werden sie vergessen.[621]

Düfte nehmen auch Einfluss auf *Leistung, Angst, Stress* und *Erregung* genauso wie auf *Aufmerksamkeit, Wahrnehmung* und *Gemütsverfassung*.[622] Die meisten Menschen verfügen nur über eine sehr begrenzte Sprache zur Beschreibung von Gerüchen. Diese werden daher häufig nicht durch einzelne Attribute beschrieben, so wie sich beispielsweise ein Bild oder eine Tonfolge beschreiben ließen, sondern mit den Worten „*das riecht wie ...* ". Somit wird Duft als ein Attribut von etwas anderem beschrieben und dessen Wahrnehmung geht daher nahezu immer einer mit der Bildung von *Assoziationen*.[623] Innere Bilder werden im Wesentlichen durch visuelle Reize erzeugt und können durch olfaktorische (oder akustische) Reize aktiviert werden.[624] Die Wahrnehmung von Düften hängt beim Empfänger nicht nur von seinem *Alter* ab, sondern auch von seinem *Geschlecht* und seinen *persönlichen Erfahrungen*.[625] Folglich ist das Finden eines Duftes für eine größere Zielgruppe keine leichte Aufgabe. So riechen Frauen beispielsweise empfindlicher als Männer. Die Gründe dafür sind noch nicht erforscht. *Henseler* (2005) konnte in seiner Studie nachweisen, dass Gerüche je nach *Lebensstil* unterschiedlich wahrgenommen werden.[626] Kombiniert man Lebensstile und Duftnoten entsteht eine Komplexität an Wirkungen, die kaum zu kontrollieren ist. Daher sollten künstliche Düfte nur sehr vorsichtig eingesetzt werden. Bei natürlichen Düften müssen Ware und Geruch übereinstimmen.[627]

---

[620] Vgl. Kilian, 2007, S. 348.
[621] Vgl. Lindstrom, 2009, S. 147.
[622] Vgl. Kilian, 2007, S. 348.
[623] Vgl. Salzmann, 2007, S. 78.
[624] Vgl. Schubert/Hehn, 2004, S. 1258.
[625] Vgl. Scheuch, 2001, S. 76.
[626] Vgl. Henseler, 2005, S. 169.
[627] Vgl. Hurth, 2007, S. 127.

In der Duftwahrnehmung sind auch Unterschiede zwischen *verschiedenen Ländern* und *Kulturen* zu berücksichtigen.[628] *„Amerikaner haben eine spielerische, neugierigere Einstellung zu ungewöhnlicher Kommunikation. Südamerikaner haben eine positive Einstellung zu Düften, Kanadier eher negativ. Europäer sind grundsätzliche skeptisch bis kritisch"*[629], erklärt Vogt. Demnach gilt es einen individuellen Ansatz zu entwickeln, der sich jedoch für globale Marken als äußerst schwierig gestalten kann.

Einer der beliebtesten und am leichtesten zu erkennenden Düfte ist das Baby-Puder der Marke *Penaten*[630]. Der Grund dafür liegt darin, da der Duft dieses Baby-Puders bei den meisten Konsumenten frühkindliche Assoziationen in Erinnerung ruft.[631] Zahlreiche Unternehmen verwenden u.a. den *Vanilleduft* - der sich auch in Muttermilch und Babynahrung findet - für ihre Produkte. Beispielsweise hat *Coca-Cola* die Geschmacksrichtungen „Coca-Cola Vanilla" und „Black Cherry Vanilla Coke" auf den Markt gebracht. Ein Experiment in einem amerikanischen Bekleidungsgeschäft hat gezeigt, dass sich der Verkauf von Damenbekleidung verdoppelte, wenn „weibliche Düfte" wie Vanille in der Damenabteilung versprüht wurden.[632]

Das Aktivierungspotenzial von Düften und seine Nutzung als Qualitätsindikator werden häufig *verkaufsfördernd* genutzt, wie die folgenden Beispiele deutlich machen. In alten Wiener Kaffeehäusern werden die Dielenböden morgens vor Geschäftseröffnung mit frisch gemahlenem Kaffee bestreut, um die Gäste bereits am Morgen mit dem wohligen Aroma frischen Kaffees zu empfangen.[633] „Einige Unternehmen setzen auch so genannte *Duftterminals* ein, mit denen im Rahmen von Einführungsaktionen Werbespots für neue Produkte szenengenau beduftet werden können."[634] Auch *duftende Werbeartikel* (Give Aways) werden im Zuge von Verkaufsförderungsaktionen verschenkt. So verteilte u.a. in Frankreich das Unternehmen *Suchard* Schlüsselanhänger in Form einer Tafel Schokolade mit einem Schokoladenduft.[635] *„Mit Duft ermöglichen wir dem Kunden eine Vorabwahrnehmung der Produkteigenschaften. Am Point of Sale kann das der Duft eines aus Hygienegründen hermetisch versiegelten Produkts sein (ein Shampoo, eine Körperlotion), der in die Außenverpackung oder in ein beduftetes Display integriert werden kann"*[636], erklärt Vogt.

---

[628] Vgl. Kilian, 2007, S. 348.
[629] Vgl. Experteninterview mit Harald H. Vogt im Anhang.
[630] Die *Penaten*-Creme, deren Hauptbestandteil das Schafwollfett ist, wurde 1904 vom deutschen Drogist Max Riese erfunden. 1986 übernahm der US-amerikanische Konzern *Johnson & Johnson* die Firma. (URL 254)
[631] Vgl. Lindstrom, 2009, S. 148f.
[632] Vgl. ebenda, S. 149.
[633] Vgl. Kilian, 2007, S. 348f.
[634] Schubert/Hehn, 2004, S. 1262.
[635] Vgl. ebenda, S. 1262.
[636] URL 280.

Zahlreiche Unternehmen versuchen, ihre Unternehmensidentität über Corporate Identity-gerechte Duftbotschaften (**Corporate Smell**) zu kommunizieren. Der Corporate Smell soll beispielsweise Verkaufsräume, Eingangshallen, Büroräume und u.U. auch die Unternehmensprodukte mit einem typischen Unternehmensduft in Szene setzen.[637] So setzt beispielsweise das Unternehmen *Samsung* in seinem Flagshipstore in New York auf den Duft von Honigmelonen, der bei Verbrauchern ein Südsee-Gefühl wecken und für Entspannung sorgen soll. Die britische Bekleidungskette *Thomas Pink* war lange Zeit dafür bekannt, dass durch die Läden der Geruch von frisch gewaschener Baumwolle zog. *British Airways* setzt in seinen Warteräumen auf den Duft von Meadow Grass, um so das Gefühl zu erzeugen, man halte sich im Freien auf.[638] Auch andere Vertreter der Luftfahrt, wie z.B. *Singapore Airlines* (vgl. Kapitel 6.2.1) oder *Air France* setzen auf Corporate Smell. So tragen bei der französischen Fluggesellschaft nicht nur das Parfum der Stewardessen maßgeblich zum Gesamtbild der Marke bei, sondern auch die Flugzeugsitze, die nach *Chanel Nr. 5* duften.[639]

An dieser Stelle sei auch darauf hingewiesen, dass *branchenspezifische* Gerüche wie Croissantgeruch für Bäckereien und Kokosnussduft für Reiseagenturen den direkten Markenaufbau meist nicht oder nur unwesentlich unterstützen können. Der Grund liegt darin, da sie unspezifisch mit einer *Branche* und nicht mit einer Marke assoziiert werden. Ihre sofortige Aktivierungswirkung bleibt jedoch erhalten.[640]

Nach Vogt ist die Olfaktorik in der multisensualen Markenkommunikation unterrepräsentiert, weil es zu wenige Informationen und zu viele Berührungsängste gibt.[641] Die Implementierung scheitert oft an der mangelnden Risikobereitschaft von Unternehmen und an der Ignoranz der Agenturen.[642] *„In unserer globalen Marktbeobachtung sehen wir ein ‚Leaders and Followers' Phänomen. ‚Erst wenn die Konkurrenz zum Duft greift, mach ich's auch' heißt das Prinzip"*[643], erklärt Vogt. *„Besonders in Zeiten reduzierter Budgets will man lieber auf ‚Nummer Sicher' gehen als eine Strategie vorschlagen, deren Wirksamkeit sich nicht umgehend, z. B. mit Erfolgszahlen von Mitbewerbern, belegen lässt"*[644], fügt er hinzu.

---

[637] Vgl. Schubert/Hehn, 2004, S. 1263f.
[638] Vgl. Lindstrom, 2009, S. 150f.
[639] Vgl. Kilian, 2007, S. 348f.
[640] Vgl. ebenda, S. 348.
[641] Vgl. Experteninterview mit Harald H. Vogt im Anhang.
[642] Vgl. URL 280.
[643] Ebenda.
[644] Vgl. Experteninterview mit Harald H. Vogt im Anhang.

Im Gegensatz zum Sehen und Hören, die als verlässlich angesehen werden, weil sie am besten erforscht sind und Zahlen zum „Return on Investment" (ROI) liefern, existieren für den Geruchssinn keine harten ROI-Zahlen.[645] „*Duft alleine kann keine Marke positionieren oder ein Produkt verkaufen aber eine wachsende Zahl an Marketingexperten versteht den Wert im Zusammenspiel der Sinnesstimulationen*"[646], resümiert Vogt.

Im Duftmarketing liegt eine der größten Herausforderungen in der **Duftauswahl**. „*Duft-Präferenzen sind extrem subjektiv und die Zahl verfügbarer Düfte ist astronomisch groß*"[647], so Vogt. Im Zuge einer Untersuchung hat man herausgefunden, dass sich ein emotionales Erlebnis nur bei jenen Düften einstellt, die bekannt sind, d.h. bei Düften, die bereits im Gehirn gespeichert sind. Für den Handel bedeutet dies, dass zu Gunsten von allgemein bekannten Düften auf den Einsatz von künstlichen, neuen Düften verzichtet werden sollte.[648] Während Menschen in der Lage sind, Alltagsgegenstände mit verbundenen Augen innerhalb von zwei Sekunden mit nahezu hundertprozentiger Sicherheit tastend wieder zu erkennen, gelingt diese hohe Trefferquote beim Wiedererkennen von Düften nicht. Hier liegt die Wiedererkennungsleistung bekannter Düfte bei lediglich 40 bis 50 Prozent.[649]

Außerdem gilt es, wie mit anderen Maßnahmen (visuelle Stimulation, Beschallung) auch mit Duft *vorsichtig* und *maßvoll* umzugehen, denn eine "Überbeduftung" hat negative Konsequenzen.[650] "*Duftmarketing ist ein gefährliches Feld. Man muss aufpassen, dass man den Geruch nicht überdosiert, sodass er penetrant wirkt*"[651], warnt Reinhard Peneder, Vorstand des *Deutschen Ladenbau Verbandes* und Marketingleiter des Ladenbauers *Umdasch Shopfitting Group* in Amstetten. Auch auf irritierende Bildsprache und unangemessene laute Musik muss geachtet werden.

Schließlich sollte der Duft **kongruent** sein: „*Kokosnussduft im Winter verkauft keine Weihnachtsgeschenke im Einzelhandel, aber er verkauft den Sommerurlaub im Reisebüro*"[652], so Vogt. Letztlich gilt es die Verwendung von Duft z. B. am Point of Sale konsequent durchzusetzen. „*Der Mangel an Erfolgskontrolle durch 'Vorher-Während-Nachher' Untersuchungen und die Bereitschaft Duft-Marketing vorschnell als nicht effektiv zu definieren*"[653] sind ebenfalls Fehler, die von vielen Unternehmen begangen werden.

---

[645] Vgl. Experteninterview mit Harald H. Vogt im Anhang.
[646] Ebenda.
[647] Ebenda.
[648] Vgl. Hurth, 2007, S. 127.
[649] Vgl. Meyer, 2001, S. 100.
[650] Vgl. URL 280.
[651] URL 288.
[652] Ebenda.
[653] Vgl. Experteninterview mit Harald H. Vogt im Anhang.

Wird Duftmarketing angewendet, so darf auf eine *Kontrolle* der Duftströme nicht verzichtet werden.[654] *"Wenn Markenhersteller im Einzelhandel beispielsweise einen Duft in den Raum abgeben, können davon auch Wettbewerber profitieren. Angenommen, Marke A setzt einen Duft im Regal frei. Dann kann es wegen der Flüchtigkeit der Düfte passieren, dass der Absatz der Marke B steigt"*[655], gibt Hehn zu denken.

Kontrovers diskutiert wird die Frage der (ethischen) Zulässigkeit der *unterschwelligen Beeinflussung* durch Duftstoffe (z.B. in der Raumluft). So weiß man u.a., dass nur unterbewusst wahrgenommene Sexualreizstoffe (Pheromone) auch beim Menschen eine starke Aktivierung herbeiführen können. Auch Moschus- und Vanillinduft sind hochaktivierend.[656]

Da die Entwicklung von Duftkompositionen und Riechstoffen zeitlich und finanziell häufig sehr aufwendig ist, haben Unternehmen ein großes Interesse, ihre Düfte vor Nachahmungen bestmöglich - und folglich auch rechtlich - zu schützen. Dabei besteht die Möglichkeit, sich die streng geheim gehaltene Rezeptur des jeweiligen Duftes als Geruchsmarke **markenrechtlich schützen** zu lassen (vgl. Kap. 5.2.2.2).[657] Aufgrund der aktuellen Gesetzgebung des Europäischen Gerichtshofes sind jedoch reine Geruchsmarken (und Geschmacksmarken) aus technischen Gründen von der Eintragung ausgeschlossen.[658]

Gerüche sind eng mit unserem Erlebnis einer Marke oder eines Produktes verbunden und werden wohl in Zukunft im Zuge der multisensualen Markenführung eine wichtigere Rolle spielen.[659] *"Die meisten Marketingmaßnahmen sind bereits ausgereizt, sodass das Interesse an innovativen Maßnahmen groß ist"*[660], resümiert Hehn.

---

[654] Vgl. Hurth, 2007, S. 127.
[655] Vgl. Houben, 2006/2007, S. 15.
[656] Vgl. Schubert/Hehn, 2004, S. 1257.
[657] Vgl. ebenda, S. 1264.
[658] Vgl. Experteninterview mit Patentanwalt Dr. Ralf Sieckmann im Anhang.
[659] Vgl. Lindstrom, 2009, S. 150f.
[660] Vgl. Houben, 2006/2007, S. 15.

4.2.5 Der Einfluss der Gustatorik auf die Markenwahrnehmung

Geschmackliche Reize beschränken sich meist auf Speisen und Getränke und unterstützen die klare Identifikation einer Marke sowie das Herausstellen besonderer Eigenschaften des Angebotes (z.B. Schärfe von *Tabasco*). Aber auch ein im Verkaufsraum angebotener Kaffee prägt den Eindruck und das Markenerlebnis.[661] Geschmackswirkungen sind allerdings nicht leicht zu operationalisieren, denn Kunden sind oft nicht in der Lage, ihre Vorlieben hinreichend genau zu beschreiben.[662] Daher bedient man sich häufig eines *Sensorik-Panels*[663], um die geschmacklichen Eindrücke von Lebensmitteln und Getränken zu erfassen.[664]

Der gustatorische Reiz wirkt oft im Zusammenspiel mit *anderen Reizen*, beispielsweise der Farbwahrnehmung, der Akustik und vor allem dem olfaktorischen Sinn. Grundsätzlich gilt, dass Konsumenten einen bestimmten Geschmack (und Geruch) mit einer spezifischen Farbe verbinden (vgl. Kap. 2.2.5.2). Wie zahlreiche Studien gezeigt haben, steigt die Intensität des Geschmacks (bzw. Geruchs) mit der Farbintensität. Aber auch die Textur, Temperatur und Klang nehmen Einfluss auf unsere Wahrnehmung.[665]

Langnese hat 2005 in limitierter Auflage eine eigene Eisserie „Magnum 5 Sinne" (vgl. Abb. 28) vermarktet. Während beispielsweise *Magnum 5 Sinne Vision* das Auge durch den Kontrast von Erdbeereis und weißer Schokolade reizen sollte, stand bei der Variante *Sound* das Knack-Geräusch im Mittelpunkt, das sich durch den Biss in eine Hülle aus karamellisierten Zuckerstückchen ergab.[666]

Abb. 28: Magnum 5 Sinne
(Quelle: URL 242)

---

[661] Vgl. Esch/Krieger, 2009, S. 11.
[662] Vgl. Kern, 2007, S. 20ff.
[663] „Das Panel umfasst in der Regel etwa zwölf Personen mit hoher sensorischer Sensibilität, gutem sprachlichen Ausdrucksvermögen und der Fähigkeit, sensorische Attribute korrekt zu erkennen." (Esch, 2008, S. 321)
[664] Vgl. ebenda.
[665] Vgl. Kilian, 2007, S. 349f.
[666] Vgl. ebenda, S. 350.

4.3 Multisensuales Markendesign

Die multisensuale Markengestaltung umfasst die integrierte Vermittlung von Markenerlebnissen und -bildern durch alle Kommunikationsinstrumente. Im Zuge dieser multisensualen Ansprache des Konsumenten ergänzen sich die Sinnesorgane zu einem *ganzheitlichen Erlebnis*. Multisensuales Markendesign zeichnet sich dadurch aus, dass neue Produkte, Verpackungen bzw. Markenbilder wegen ihrer einzigartigen, innovativen Konzeption und ihrer multisensualen Gestaltung *besser wahrgenommen* werden. So wäre denkbar, dass beispielsweise ein Duschgel mit Orangenduft die Verpackungstextur einer Orangenschale hat.[667] Tab. 15 gibt einen Überblick über die Bandbreite von Signalen, die von Produkten sowie den Sinnesorganen ausgehen können.

Sinne Produkteigenschaft	Sehen	Hören	Tasten	Riechen	Schmecken
Material/Subtanz/Konsistenz: hart-weich, flüssig-fest, rauh-glatt	X	(X)	X	(X)	(X)
Form: Linie, Fläche, Größe, Struktur, Textur	X		X		
Farbe/Licht: Helligkeit, Sättigung, Schatten, Größe	X		(X)		
Duft: gasförmig				X	(X)
Aroma: fest, flüssig				X	X
Klänge: Lautstärke, Klanghöhe etc.	(X)	X	(X)		
Bewegung: Richtung Erschütterung, Dynamik	X	(X)	(X)		
Temperatur: kalt-warm	(X)		X	X	X
Räumlichkeiten: oben-unten, hinten-vorn	X	(X)	(X)		
Legende: x = trifft nur indirekt zu, bzw. in wenigen Fällen.					

Tab. 15: Die Wirkung von Produkteigenschaften auf die Sinnesreize (Quelle: Eigene Darstellung in Anlehnung an Linxweiler, 2004, S. 40f., S. 221 und S. 275 sowie Kilian, 2007, S. 327)

---

[667] Vgl. URL 172.

Das multisensuale Design erhält seinen Sinn durch die simultane Übermittlung von Informationen bzw. die Mehrfachkodierung einer Information. Hierbei besitzen der Informations- und Kommunikationsprozess aus Wahrnehmung, Erkennung und Handlung, die auch für das visuelle Design zugrunde liegen, Geltung.[668] Seit es den Handel gibt, werden Sinnesreize im Einzelhandel eingesetzt. Nicht nur durch die unterschiedlichen Waren, sondern auch von einer Vielzahl von Instrumenten werden unsere Sinne angesprochen, z.B. von der Ladengestaltung, vom Personal oder von der Verpackung der Produkte.[669]

Die multisensuale Gestaltung von *Produkten* und *Verpackungen* gewinnt zunehmend an Bedeutung. Sie wirkt sich nicht nur auf das Gefallen der Marke und deren Beurteilung aus, sondern beeinflusst auch den Aufbau eines klaren Markenimages, wobei hier idealerweise alle Eindrücke auf die Markenpositionierung abzustimmen sind. Gerade die Bedeutung multisensualer Eindrücke für die Produktbeurteilung darf nicht unterschätzt werden.[670] So beeinflussen die Verpackung und das Produktdesign die Wahrnehmung zunächst stärker als der Markenname und das Markenlogo. Obwohl der dominante Eindruck immer der erste visuelle Eindruck von einem Produkt bzw. einer Verpackung ist, wird dieser Eindruck durch andere modalitätsspezifische Eindrücke *ergänzt*. So können Eindrücke, die durch Fühlen, Hören, Riechen und Schmecken gewonnen werden, den ersten visuellen Eindruck verstärken, schwächen oder in Widerspruch zu diesem stehen.[671]

„Bei der Produkt- und Verpackungsgestaltung geht es primär darum, *praktische* (Funktion/Nutzen), *ästhetische* (Gefallen) und *symbolische* (Image/Positionierung) Ansprüche zu erfüllen."[672] Besondere Bedeutung für die Gestaltung der Verpackung bzw. des Produktdesigns kommt jenen Eindrücken zu, die wiederum andere Eindrücke beeinflussen. Solche Eindrucksverknüpfungen (**Irradiationen**) sollten möglichst im Sinne der Markenpositionierung stattfinden.[673]

Prägnanz[674] und *Diskriminationsfähigkeit*[675] von Verpackungen und Produktdesign spielen ebenfalls eine wichtige Rolle, da sie für das Wiedererkennen einer Marke entscheidend

---

[668] Vgl. Seeger, 2005, S. 365.
[669] Vgl. Hurth, 2007, S. 126.
[670] Vgl. Esch, 2008, S. 246f.
[671] Vgl. ebenda, S. 243ff.
[672] Esch/Krieger, 2009, S. 11.
[673] Vgl. Esch, 2008, S. 248.
[674] Die Prägnanz einer Marke wird vor allem durch die Kriterien *Einfachheit, Einheitlichkeit* und *Kontrast* beeinflusst. (Vgl. ebenda, S. 252)
[675] Die Diskriminationsfähigkeit zielt darauf ab, dass Markenname, Markenzeichen und Produkt- bzw. Verpackungsgestaltung charakteristische Merkmale aufweisen, die eine Unterscheidbarkeit von anderen Marken ermöglichen. Dies kann man durch *Form, Farben* und *sonstigen hervorgehobenen Merkmalen* realisieren. (Vgl. ebenda, S. 250)

sind.[676] Marken mit hoher Prägnanz sind beispielsweise *Toblerone* und *Coca-Cola*. Bei Verpackungen sind u.a. die *Odol*-Flasche und die *Underberg*-Flasche gute Beispiele für Diskriminationsfähigkeit durch Formen.

Wie die *BRAND sense* Studie (2005) von *Millward Brown* zeigt, differenzieren sich die Wichtigkeiten der einzelnen Sinne beträchtlich in Abhängigkeit von der **Produktkategorie**. In Tab. 16 sind acht ausgewählte Kategoriebeispiele dargestellt.[677]

Produktkategorie	Sehen	Hören	Fühlen	Schmecken	Riechen
Sportbekleidung	**86,6**	10,2	**82,3**	8,4	12,5
Home Entertainment	**85,6**	**81,6**	11,6	10,7	10,8
Auto	**78,2**	43,8	**49,1**	10,6	18,4
Telefon	**68,9**	**70,2**	43,9	8,0	8,9
Seife	36,0	6,7	**61,5**	5,6	**90,2**
Eiscreme	34,9	6,8	21,7	**89,6**	**47,0**
Soft Drink	29,6	13,2	15,1	**86,3**	**56,1**
Fast Food	26,3	12,0	10,4	**82,2**	**69,2**

Tab. 16: Wichtigkeit der fünf Sinne in acht Produktkategorien
(Quelle: Eigene Darstellung in Anlehnung an Kilian, 2007, S. 326)

Während die ersten vier Produktkategorien *Sportbekleidung, Home Entertainment, Auto* und *Telefon* überwiegend durch den Seh-, Hör- und Tastsinn angesprochen werden, dominiert bei *Seife* mit rund 90 Prozent der Geruchssinn. Bei *Eiscreme, Soft Drinks* und *Fast Food* haben vor allem der Geschmackssinn und der Geruchssinn den größten Einfluss auf die Produkteinschätzung.[678] Durch diese Studie wird verdeutlicht, dass es stets *mehrere Sinne* sind, die eine kaufentscheidende Rolle einnehmen.

---

[676] Vgl. Esch, 2008, S. 249ff.
[677] Tab. 17 zeigt den prozentualen Anteil der beiden höchsten Wichtigkeitsstufen auf einer 5-er *Likert Skala* (von „am wichtigsten" bis „am wenigsten wichtig").
[678] Vgl. Kilian, 2007, S. 326.

Es wird vermutet, dass bei Verteilung der Informationsmenge auf mehrere Sinnesorgane insgesamt mehr Informationen verarbeitet werden können.[679] Gleichzeitig erhöht sich auch ihre Erinner- und Abrufbarkeit.[680] Folglich ist die bewusst gewählte gleichzeitige Ansprache mehrerer Sinnesorgane für den Markenerfolg von besonderer Bedeutung.

„Multisensorischem Branding gehört die Zukunft. Eine wichtige Rolle fällt dabei der Verpackung zu, da sie den direkten Kontakt mit dem Kunden herstellt. Schätzungen zufolge werden schon 2006 etwa 40 Prozent der führenden Markenartikelhersteller Strategien entwickeln, um eine höhere Markenloyalität der Kunden durch die Ansprache mehrerer Sinne zu erreichen"[681], resümiert Kracht.

Im Folgenden werden das Produktdesign als auch das Verpackungsdesign in Hinblick auf die Produktwahrnehmung analysiert.

4.3.1 Produktdesign

Das **Produktdesign**, auch Industriedesign genannt, spielt in der multisensualen Markenführung eine bedeutende Rolle. Es umfasst *„die gesamten über die verschiedenen Sinne wahrnehmbaren Gestaltungselemente eines Produktes wie Farbe, Oberfläche, Form, Geruch, Geschmack, Geräusche"*[682]. Dabei fließen Erkenntnisse aus Ergonomie und Technologie sowie Vorgaben aus Ökonomie und Ökologie ein.[683] *"Wenn ein Verwender seine Sinne nutzt, um sich in der Umwelt zurechtzufinden, so muss die Produktgestaltung dieser Gegebenheit Rechnung tragen und entsprechende Sinnesreize in der Objektwelt anbieten"*[684], hatte Heinz H. Schmitz-Maibauer als Doktorand an der Universität Köln in seiner Dissertation ("Der Stoff als Mittel anmutungshafter Produktgestaltung") schon 1978 konstatiert.

Zum Produktdesign zählt nicht nur die äußere Gestaltung von Produkten und ihren Verpackungen, sondern auch im weiteren Sinne die Ausgestaltung von *Dienstleistungen*. So können sinnlich wahrnehmbare Verkaufsräume und in der Markenkommunikation eingesetzte Instrumente, wie duftende oder haptisch fühlbare Printanzeigen, als Produktdesign angesehen werden.[685]

---

[679] Vgl. Häusel, 2004, S. 84.
[680] Vgl. Meyer, 2001, S. 92f.
[681] URL 27.
[682] Meyer, 2001, S. 5.
[683] Vgl. URL 289.
[684] URL 290.
[685] Vgl. Kilian, 2007, S. 327.

„Das Design eines Produkts hat als Absatzfaktor immense wirtschaftliche Bedeutung. Gutes Design ist nicht nur Ausdruck besonderer Qualität, sondern befriedigt auch emotionale Bedürfnisse, die durch die Formgebung eines Produkts geweckt und angesprochen werden."[686]

Die Gestalt von Produkten kann zu Markenzeichen werden. Ein berühmtes Beispiel dafür ist neben der *Coca-Cola* Flasche, dem *Leibniz*-Keks und dem dreieckigen *Wick*-Hustenbonbon die *Odol* Seitenhalsflasche (vgl. Abb. 29). Sie zählt zu den bedeutendsten Design-Schöpfungen der Markenartikel-Industrie. Nur wenige Marken haben eine ähnlich starke Identität zwischen Verpackungsform und Inhalt hergestellt.[687]

Abb. 29: Odol-Flasche
(Quelle: URL 82)

Besonders durch die ästhetische und die symbolische Funktion des Produktdesigns ist die Befriedigung emotionaler Bedürfnisse möglich. Aktuelle neuroökonomische Forschungsergebnisse haben gezeigt, dass Kaufentscheidungen größtenteils durch die mit einer starken Marke verbundenen *Gefühle* und *Emotionen* unbewusst beeinflusst werden.[688] Produkte können so positioniert werden, dass sie der Konsument multisensual versinnbildlicht. Dies sei am Beispiel der Positionierung „Natürlichkeit" beschrieben: visuell kann die Farbe grün bzw. das Bild einer Wiese verwendet werden, akustisch ist Vogelgezwitscher denkbar, haptisch kann „Natürlichkeit" durch die Rauigkeit der Produktoberfläche dargestellt werden und olfaktorisch durch den Duft frischer Blumen. Ähnlich können auch „Frische" und „Karibik" multisensual gefühlt und empfunden werden.[689] Somit dient die multisensuale Erfahrbarkeit der authentischen als auch emotionalen Vermittlung von Produkt- und Markenleistungen.[690]

Wenn man bei den Gestaltungsmaßnahmen (etwa in der Produktpolitik und der Werbung) nur auf eine einzige Reizmodalität angewiesen ist (beispielsweise auf visuelle Reize in Anzeigen), so sind für das Marketing *unechte synästhetische Wirkungen* von Reizen von großer Bedeutung. So kann beispielsweise mit Hilfe von Duft die Wirkung anderer Reizmodalitäten verstärkt werden, wie u.a. bei der Beduftung von Werbematerial durch *Mikroverkapselung*.[691]

---

[686] URL 112.
[687] Vgl. URL 83.
[688] Vgl. Kenning et al., 2005, S. 55; Vgl. Leitl, 2006, S. 24.
[689] Vgl. Meyer, 2001, S. 24.
[690] Vgl. Schütz, 2001, S. 155f.
[691] Mikroverkapselung bedeutet die Umhüllung von Substanzen in mikroskopisch kleinen Kugeln. Diese 0,002 - 0,02 mm großen Kapseln enthalten bis zu 98% aktives Duftmaterial. (Vgl. Knoblich et al., 2003, S. 74)

Der Designaspekt gewinnt zunehmend an Bedeutung. So hängt die erlebte Qualität von Produkten eng mit *Design* und *Ästhetik* zusammen. Nach einer Studie des Marktforschungsunternehmens *Strategy Analytics* (2008) dominieren beispielsweise in Westeuropa beim Handy-Kauf das Design (25%) und die Marke (31%) die Kaufentscheidung. Andere Faktoren wie technische Features, Kamera oder Büroanwendungen spielen als Kaufkriterien nur eine untergeordnete Rolle.

Eine Studie von *Bloch et al.*[692] (2003) hat belegt, dass Ästhetik-affine Kunden bereit sind, mehr Geld für ein Produkt zu zahlen als wenig Ästhetik-affine Menschen. **Ästhetik** wirkt direkt emotional und beeinflusst indirekt die empfundene Qualität eines Produktes. Diese Beispiele zeigen, dass bei der Emotionalisierung der Marke die Umsetzung über alle Sinne und an den relevanten Kundenkontaktpunkten eine bedeutende Stellung einnimmt.[693] Ein gutes Beispiel für Erfolg durch Markenästhetik ist die schwedische Marke *Absolut* (vgl. Abb. 30).

Abb. 30: Absolut Vodka
(Quelle: URL 84)

„Entscheidend ist, wie man mit der Multisensualität umgeht. Jedes Produkt, jede Marke erfordert einen anderen Umgang mit diesem Thema und es gibt nicht ein Erfolgsrezept. Aber wenn man sich als Marketeer die Wirkung von Maßnahmen auf die verschiedenen Sinne des Kunden bewusst macht, dann ist das schon ein richtiger erster Schritt"[694], so Lüdemann.

---

[692] So lag in einer Studie von *Bloch et al.* (2003) die durchschnittliche Zahlungsbereitschaft für einen schönen Toaster bei designorientierten Kunden um 64% über dem eines hässlichen Toasters. Selbst bei Konsumenten mit wenig Interesse am Design konnte durch die Ästhetik noch ein signifikanter Mehrwert von 47% erzielt werden. (Vgl. Gröppel-Klein, 2004, S. 416)
[693] Vgl. Bloch et al, 2003, S. 551ff.
[694] Vgl. Experteninterview mit Christin Lüdemann im Anhang.

4.3.2 Verpackungsdesign

Laut der Studie „Der Shopper am PoS" des Nürnberger Handelsforschungsspezialisten *Information Resources Inc. (IRI)* aus dem Jahr 2006, die den *Einfluss der Verpackung* auf die Kaufentscheidung in deutschen Verbrauchermärkten untersuchte, erachten sechs von zehn befragten Konsumenten Verpackungen für sinnvoll. Sie stellen *„ein zusätzliches Erlebnis für Augen, Ohren und Nase dar oder fühlen sich besonders an"*[695]. Zudem gaben 41 Prozent der Konsumenten an, dass Sie bereit wären, dafür mehr Geld auszugeben.[696]

So wird beispielsweise die Marke *Underberg* mit der in Papier umwickelten Flasche assoziiert (vgl. Abb. 31). Die Strohpapierverpackung, die laut Hersteller vor Lichteinflüssen schützt und den Flaschenhals hygienisch rein hält, dient gemeinsam mit dem daran angebrachten Etikett und der Verpackungseinheit Portionsflasche (20 ml) vor allem der Vermeidung von Plagiaten.[697]

Abb. 31: Underberg
(Quelle: URL 48)

Die Aufgabe für Verpackungsspezialisten im Bereich der multisensualen Markenkommunikation liegt darin, mehrere sinnliche Attribute zu einer *stimmigen* multisensualen Komposition zu vereinen. Dabei können Spezialeffekte u.a. durch Spiegelfolie (Optik), Soft-Relief-Beschichtungen (Haptik) oder Duftlacke (Geruch) zum Einsatz kommen. *„Für unsere AXE-Duschgels ändern wir jährlich die Etiketten, indem wir beispielsweise haptische Effekte hinzufügen, ohne das Design in seinen Grundzügen zu verändern"*[698], so Jansing. *„Verpackungshersteller sind heute in gewissem Sinne eine Mischung aus Forschungslabor, Experimentierstudio und industrieller Produktionsstätte"*[699], so Bestehorn. Aber auch die *Akustik* als Funktionalität kann im Zuge der Verpackungsentwicklung integriert und zum entscheidenden Alleinstellungsmerkmal gegenüber dem Wettbewerb werden. *„Im Zuge der zunehmenden Gleichschaltung der Produktqualität wird eine Markenidentität immer wichtiger. Und da können es Firmen sich nicht mehr erlauben, akustische Aspekte ihres Markenauftritts zu vernachlässigen"*[700], bringt es D'Angelico auf den Punkt.

---

[695] Saal, 2006, S. 23.
[696] Vgl. ebenda, S. 23.
[697] Vgl. URL 81.
[698] URL 276.
[699] URL 275.
[700] URL 273.

So beschäftigt sich die *COPACO-Gruppe* schon seit einiger Zeit mit dem Thema Akustik-Design. Im Rahmen der Arbeitsgruppe „Packaging Acoustic Design" wird an Lösungen zur Integration von Sound Design in der Verpackungsentwicklung gearbeitet. Das Unternehmen *Limmatdruck/Zeiler*, Mitglied der *COPACO-Gruppe*, hat eine Faltschachtel namens *ZetKLIK* entwickelt, die für den hörbaren Wiederverschluss bekannt ist (vgl. Abb. 32).[701]

Abb. 32: ZetKLIK Verpackung von Ricola
(Quelle: URL 278)

Der Trend zur multisensorischen Verpackung bedeutet jedoch nicht, dass die Druckveredelung ihre Bedeutung als Differenzierungsmerkmal verliert. *„Das Sehen wird immer eine herausragende Bedeutung haben, da es ermöglicht, Marketingstrategien visuell zu übersetzen und damit verständlich zu machen"*[702], erklärt Kracht. Die folgende Aufzählung stellt eine Auswahl von Veredlungstechniken dar: *Farben und Lacke* (z.B. Effektfarben, UV-Lack, Strukturlackierung, Sicherheitsfarben), *Prägungen* (u.a. Reliefprägung), *Kaschierungen und Beschichtungen* (u.a. Folienkaschierung, Druck auf alukaschiertem Karton).[703]

Mit *Etiketten* auf Produkten lassen sich mit Hilfe von tastbaren Reliefstrukturen oder faszinierendem Frühlingsduft Effekte erzielen, die *mehrere Sinne* ansprechen. Häufig werden die mit speziellen Reliefflacken erzielten tastbaren Strukturen zur Akzentuierung von Motivpartien, wie z.B. Früchten auf alkoholischen Mixgetränken, eingesetzt. Aber auch zur Profilierung von Gütesiegeln, Schriftzügen und Logos werden spezielle Etiketten eingesetzt, um ihnen eine fühlbare Wertigkeit zu verleihen. Düfte hingegen lassen sich mit speziellen Duftpigmenten oder nach mechanischen Einwirkungen am Produkt wie Reiben oder Aufreißen mittels Etiketten an Produkten positionieren.[704]

In der Verpackungsindustrie lässt die multisensorische Veredelung von Produkten viel Raum für kreative Lösungen. So ist auch in Zukunft zu erwarten, dass die Verpackungsveredelung entscheidend zu einem Einfluss beiträgt, der die Produkte und Marken stärkt und differenziert.[705]

---

[701] 1972 wurde die Marke *ZetKLIK* in der Schweiz eingeführt. In der Zwischenzeit wurden über 10 Milliarden *ZetKLIK* in den verschiedensten Ausführungsvarianten produziert. (URL 277)
[702] URL 274.
[703] Vgl. URL 275.
[704] Vgl. URL 311.
[705] Vgl. URL 274.

4.4 Multisensuale Markenkommunikation in der Werbung

Eine *ARD/ZDF*-Langzeitstudie zur Mediennutzung hat gezeigt, dass der Medienkonsum deutscher Rezipienten zwischen 1980 und 2005 von 346 auf *600 Minuten* pro Tag (+73%) angestiegen ist.[706] Informationen werden heute mehr denn je **multimedial** wahrgenommen, wie die parallele Nutzung verschiedener Medienformen zur gleichen Zeit oder das so genannte „Channel Hopping" zeigen.[707] Analysiert man die Werbeslogans[708] der letzten 20 Jahre hinsichtlich des Begriffs „Sinne", so zeigt sich eine Konzentration in den Branchen *Kosmetik*[709], *Getränke*[710], *Touristik*[711] und *Ernährung*[712]. In den letzten Jahren haben vor allem die Branchen *Medien, Bildung, Einrichtung* und nicht zuletzt die *Automobilwirtschaft* die Bedeutung der Sinne in den Mittelpunkt ihrer Werbeaktivitäten gerückt.[713]

Die klassischen Wege der Werbung sind längst keine Garantie mehr dafür, Verbrauchern den Mehrwert von Marken nahe zu bringen. Verschafft man jedoch dem Konsumenten durch eine besondere Form der Inszenierung ein nachhaltiges und emotionales Markenerlebnis über das Produkt, das Design und konventionelle Werbung hinaus, so ist er bereit, für diesen real erlebten *Mehrwert* auch entsprechend zu zahlen.[714] Nach Häusel sollten Marken eindeutige Emotionsfelder besetzen, wobei es essentiell ist, dass die mit der Marke verbundenen Gestaltungs- und Gefühlswelten stimmig und durchgängig dargestellt werden. So setzt beispielsweise der *NIVEA*-Auftritt seit jeher auf das Emotionsfeld „Offenheit", ein *Porsche 911* hingegen auf „Dominanz".[715]

In den letzten Jahren ist ein relativer Rückgang der *Above-the-Line*-Medien gegenüber den *Below-the-Line*-Kommunikationsformen festzustellen gewesen. Letztere haben den Vorteil, dass sie die Werte über mehr als zwei Sinne kommunizieren können und folglich sowohl eine psychische als auch physische Annäherung zwischen Konsument und Marke erreichen.[716] *Below-the-Line*-Maßnahmen sind im Unterschied zu der *Above-the-Line*-Kommunikation eher unkonventionell und meist persönlich, zumindest aber direkt.[717] So eignen sich besonders u.a. Flagship-Stores, Messen, Events oder Aktionen am Point of Sale, um dem Konsumenten das Markenerlebnis multisensual zu vermitteln.

---

[706] Vgl. Fritz/Klingler, 2006, S. 234.
[707] Vgl. Kirchgeorg et al., 2009, S. 7.
[708] *Slogans.de* hat in diesem Zusammenhang mehr als 20.000 Slogans ausgewertet. (Vgl. Kilian, 2007, S. 352)
[709] Palmolive Naturals: *„Verwöhnt Haut und Sinne".*
[710] Baileys: *„Geschmack, der die Sinne berührt".*
[711] Prien am Chiemsee: *„Urlaub für alle Sinne".*
[712] Bresso: *„Mit allen Sinnen genießen."*
[713] Vgl. Kilian, 2007, S. 352.
[714] Vgl. URL 4.
[715] Vgl. URL 142.
[716] Vgl. Kilian, 2007, S. 351f.
[717] Vgl. URL 156.

Sinnes-kanal	Kommunikations-Elemente	Vorteile für Erlebnismarketing und Anwendungen	Beispielhafte Umsetzung „Frischeerlebnis"
Sehen	▪ Mimik ▪ Gestik ▪ Körpersprache ▪ Objektkommunikation	Reize können schnell, kognitiv entlastet und häufig unbemerkt eingesetzt werden. Ein *Lächeln* kann in Sekundenschnelle eine verständliche und überzeugende Emotion vermitteln.	▪ Abbildung von Menschen mit „erfrischender Mimik"
Hören	▪ Vokale Signale (Stimmklang, Stimmhöhe) ▪ Musikalische Signale	Musik wird als emotional stärkstes auditives Signal in der Konsumentenforschung betrachtet. Zu den klassischen Beispielen der musikalischen Erlebnisvermittlung zählt z.B. der Werbesong *„Bacardi Feeling"*.	▪ Helle, klare Klangfarbe ▪ Dur-Tonlage ▪ Melodiedissonanzen
Tasten	▪ Formen ▪ Oberflächenbeschaffenheit von Materialien	Samtartige Verpackungen oder auch Hochglanzbroschüren vermitteln nicht nur eine höherwertige Produktqualität, sondern auch ein angenehmes Berührungserlebnis.	▪ Kühle Materialien ▪ Metall, glatte Oberflächen
Riechen	▪ Düfte	Ein passendes Geruchsdesign bietet eine besonders gute Möglichkeit, ein emotionales Erlebnismarketing zu unterstützen *(z.B. Beduftung von Anzeigen mit aktivierenden Gerüchen)*.	▪ Apfeldüfte ▪ Zitrusdüfte ▪ Grasdüfte
Schmecken	▪ Speisen ▪ Getränke	Gustatorische Reize ergänzen vor allem multisensuale Erlebnisse. So gestaltet z.B. der Bekleidungsanbieter *Mango* mithilfe visueller, auditiver und gustatorischer Reize *(Bonbons in Mangogeschmack)* ein multisensuales Markenerlebnis.	▪ Pfefferminze ▪ Menthol ▪ Zitrus

Tab. 17: Möglichkeiten nonverbaler Kommunikation
(Quelle: Eigene Darstellung in Anlehnung an Bekmeier-Feuerhahn, 2004, S. 893)

Marken können auch *nonverbal* u.a. in der Fernseh- und Internetwerbung präsentiert werden. So wird für einen Werbespot in Abhängigkeit vom Produkt, der Werbestrategie und der Zielgruppe beispielsweise eine vertrauenswürdige, jung oder dynamisch klingende Stimme ausgewählt. Eine unpassende oder unangenehme Stimme kann dazu führen, dass sich der Adressat irritiert fühlt und negative Gefühle auf die Marke überträgt. Tab. 17 fasst die Möglichkeiten nonverbaler Kommunikation für die einzelnen Sinneskanäle zusammen.

Obwohl der Konsument individuelle Erlebniswerte sucht und präferiert, erleben 72 Prozent der Konsumenten Marken und Dienstleistungen als *austauschbar*.[718] Das Erlebnismarketing, das auf die Gefühle der Konsumenten zielt, wird daher in Zukunft an Stellenwert gewinnen. Um die Erlebnisstrategien im Marketing erfolgreich umzusetzen, muss es gelingen, dem Konsumenten die Erlebniswerte durch den integrierten Einsatz aller Marketinginstrumente - d.h. nicht nur durch die visuell geprägte Werbung - zu vermitteln. Durch die Schaffung multisensualer Konsumerlebnisse, die als einer der größten Herausforderungen des Erlebnismarketing gilt, können die Konsumenten besonders wirksam (mit allen Sinnen) angesprochen werden.[719] Um eine hohe Erlebnisqualität bei der Markenkommunikation zu gewährleisten, müssen die multisensualen Berührungspunkte der Marke (z.B. am Point of Sale oder mittels Direct Mailing), die so genannten **Brand Touch Points**, genau identifiziert werden.[720]

---

[718] Vgl. Esch/Wicke, 2000, S. 19.
[719] Vgl. Schubert/Hehn, 2004, S. 1246.
[720] Vgl. Pechmann/Brekenfeld, 2007, S. 26.

4.5 Multisensuale Markenführung in den Neuen Medien

Die heutige Gesellschaft ist mit einer enormen *Informationsüberflutung* konfrontiert. So hat das Institut für Konsum- und Verhaltensforschung für Deutschland bereits im Jahr 1987 eine Informationsüberflutung von 98 Prozent errechnet.[721] Obwohl die kommunikativen Ausgaben immer mehr zunehmen ist die Kommunikationseffizienz stark rückläufig. Der Grund liegt darin, da die Konsumenten gar nicht mehr in der Lage sind, alle Informationen zu Marken aufzunehmen.[722]

Es ist davon auszugehen, dass dieser Informationsüberschuss durch die Zunahme der Medien und Werbekampagnen in den letzten Jahren nicht kleiner geworden ist. Beispielsweise wird heute eine Werbeanzeige im Durchschnitt nur *zwei Sekunden* lang betrachtet.[723] Da sich eine solche Entwicklung auf die Markenführung auswirkt, wird es zunehmend schwieriger, Konsumenten zu erreichen. Marken müssen zukünftig aufmerksamkeitsstärker, plakativer und bildhafter kommuniziert werden, um die immer geringer involvierten Konsumenten zu erreichen. Infolgedessen gewinnen *neue Kommunikationsinstrumente*, wie z.B. das Internet, für Werbetreibende zunehmend an Bedeutung.[724]

In den letzten Jahren haben die kommunikativen Maßnahmen stark zugenommen. So ist die Zahl der TV-Spots von rund 405.000 Werbespots im Jahr 1991 auf ca. 2.500.000 Werbespots im Jahr 2003 gestiegen. Das entspricht einem Anstieg von mehr als 500 Prozent in 12 Jahren.[725] 2003 gab es in Deutschland u.a. 143 Fernsehsender, 302 Radiostationen, 381 Tageszeitungen und rund 407.000 Plakatanschlagstellen.[726]

Die aktuellen Ergebnisse der *ARD/ZDF-Langzeitstudie*[727] *Massenkommunikation* (2010) zeigen, dass in Deutschland auf der Ebene der Gesamtbevölkerung keine dramatischen Änderungen der gewohnten Mediennutzungsmuster zu verzeichnen sind. Spürbar sind aber erstmals *Grenzen* der Expansion des Medienzeitbudgets. Während die Bundesbürger im Jahr 2005 einen durchschnittlichen täglichen Medienkonsum von 600 Minuten (brutto) aufzuweisen hatten, verbrachten sie 2010 an einem Durchschnittstag *583 Minuten* mit den Medien. Dabei wird 2010 in Deutschland dem *Fernsehen* mit 220 Minuten pro Durchschnittstag die meiste Zeit gewidmet. Die *Radionutzung* liegt mit 187 Minuten an zweiter Stelle, gefolgt von der *Internetnutzung* mit inzwischen 83 Minuten. Damit hat sich die

---

[721] Vgl. Brünne et al., 1987, S. 1ff.
[722] Vgl. Esch et al., 2005a, S. 16.
[723] Vgl. Kroeber-Riel/Esch, 2004, S. 17.
[724] Vgl. Esch et al., 2005a, S. 16.
[725] Vgl. ebenda, S. 15.
[726] Vgl. ZAW, 2004, S. 204.
[727] Basis: n= 4503 Befragte, Personen ab 14 Jahren, BRD gesamt. (vgl. URL 29)

Nutzungsdauer des Internets in fünf Jahren nahezu verdoppelt (von 7 auf 14 Prozent), wobei das Wachstum in hohem Maße auf der immer stärkeren Verbreitung des Internets basiert. Bei den 14- bis 29-jährigen Bundesbürgern liegt dieser Wert sogar bei 144 Minuten. Somit hat das Internet für die Teilgruppe der 14- bis 29-Jährigen einen ähnlich großen Stellenwert wie das Fernsehen, noch vor dem Radio.[728] Für das Medium Internet sprechen vor allem die geringen Zugangskosten und die Schnelligkeit. Es wird definitiv zukünftig eine wichtigere Rolle in der Mediennutzung einnehmen, nicht zuletzt deshalb, da das Internet auch zunehmend auf mobilen Geräten, u.a. auf Handhelds und Mobiltelefonen, genutzt wird.[729]

Vorteile	Nachteile
• mehrkanalige Informationsübermittlung	• geringe Tagesreichweite
• wirksame Übermittlung von Handlungen und Demonstrationen von Produkten und Dienstleistungen	• geringe Nutzungsdauer
	• hauptsächlich für die Kommunikation mit Hoch-Involvierten
• geringe Kosten	
• 24 Stunden internationale Verfügbarkeit des Angebots	• negatives Image von Bannerwerbung
	• wenig Informationen über die Nutzungsgewohnheiten
• zielgruppenspezifische Ansprache	
• aktives und dialogfähiges Medium; direkte Kommunikation	
• Realtime Marketinginstrument; schnelle Reaktionsmöglichkeiten	
• Auswirkungen auf „mobile Devices" (Handy etc.)	

Tab. 18: Vorteile und Nachteile des Mediums Internet
(Quelle: Steiner, 2009, S. 124)

---

[728] Vgl. URL 29.
[729] Vgl. Steiner, 2009, S. 122.

Das Internet nimmt eine klare Positionierung im Mediengefüge ein und ist hauptsächlich ein hocheffektives Medium für die Kommunikation mit *Hoch-Involvierten*.[730] Es verbindet die Vorteile der *Massenmedien* (Print und TV) mit den Möglichkeiten der *Dialogkommunikation*.[731] Das Internet ist nicht nur ein aktives und dialogfähiges Medium, sondern bietet auch als Realtime-Marketinginstrument schnelle Reaktionsmöglichkeiten. Informationen können jederzeit aktualisiert und modifiziert werden.[732] In Tab. 18 sind die Vorteile und Nachteile des Internets zusammengefasst.

Zur *Multisensualität* des Mediums Internet liegen bislang noch keine neurowissenschaftliche Untersuchungen vor. Dies liegt u.a. daran, dass sich hierbei die Versuchsaufbauten bei Real-Life-Situationen aufgrund hoher Feldstärken der Hirnscanner als schwierig gestalten.[733] In näherer Zukunft darf jedoch im Bereich der Neuen Medien, insbesondere im Internet (z.B. bei Onlineshopping) mit neuen Erkenntnissen gerechnet werden.[734] Nach *Weinberg* und *Diehl* kommt der **visuellen Ansprache** der Kunden über das Internet zurzeit die größte Bedeutung unter den Sinnesmodalitäten zu. Die Vermittlung akustischer Reize im Internet ist ebenfalls sehr verbreitet. Hingegen werden haptische Eindrücke beim Einkauf über das Internet (noch) vermisst. Daher wird versucht, die Haptik der Produkte so gut wie möglich zu visualisieren und haptische Eindrücke über Hilfsmittel (Ausgabegeräte) der Virtual Reality realitätsgetreuer zu vermitteln.[735]

Mittels *Ausgabegerät* kann die virtuelle Welt multisensual erlebt werden. Neben einer verstärkten Erlebnisvermittlung soll damit die Realitätsnähe des Shops und die Informationsverarbeitung der Konsumenten erhöht werden.[736] Zur Verfügung stehen u.a. *Visual Displays* (vgl. Abb. 33), *Virtual Retinal Displays*[737], *Acoustic Displays*, *Haptic Displays* und *Olfactory Displays* (zur Ausgabe von Düften).

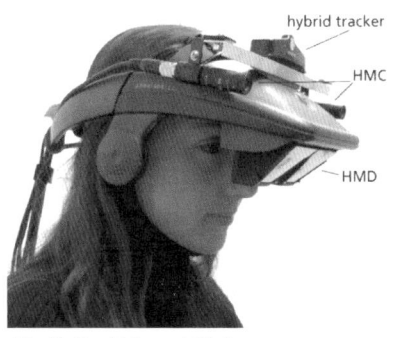

Abb. 33: Head-Mounted-Display
(Quelle: URL 243)

---

[730] Vgl. Lachmann, 2001, S. 64.
[731] Vgl. Pusler/Mangold, 2007, S. 154.
[732] Vgl. Schweiger/Schrattenecker, 2005, S. 287.
[733] Vgl. Pusler/Mangold, 2007, S. 155.
[734] Vgl. Weinberg/Diehl, 2005b, S. 87.
[735] Vgl. Weinberg/Diehl, 2006, S. 267f.
[736] Vgl. ebenda, S. 268.
[737] Hierbei wird das Bild mittels eines leistungsschwachen Lasers direkt auf die Netzhaut des Betrachters projiziert.

Die Zahl der **Internet-Touch Points** nimmt dramatisch zu und somit wächst auch der Internet-Werbemarkt explosionsartig.[738] Nach einer empirischen Untersuchung von *Diehl* (2002) sind wichtige Erfolgskriterien von erlebnisorientierten Internetauftritten die dreidimensionale Darstellung des Angebots, Interaktionsmöglichkeiten (z.B. eigenbestimmte Bewegung im virtuellen Raum) und Realitätsnähe der Produktabbildungen. Im Internet sollte die Markenbotschaft so *interaktiv* wie möglich transportiert werden.[739] Durch eine gezielte Beeinflussung der emotionalen und kognitiven Variablen mittels Dreidimensionalität, Interaktivität und Realitätsnähe können die Verhaltensabsichten der Internetnutzer gelenkt werden. Letztlich soll durch diese Maßnahmen im entsprechenden Medium eine erhöhte Verweildauer oder Kaufbereitschaft erzielt werden.[740]

Die seit Jahren propagierte Verschmelzung von Internet, Handy und Fernsehen nimmt immer konkretere Formen an. Erste Ansätze in welche Richtung sich die Entwicklung von Fernsehen und Internet bewegen kann, zeigt die *Microsoft X-BOX*-Erweiterung *Kinect*[741] (vgl. Abb. 34). Dabei handelt es sich um eine multisensorische Wahrnehmungseinheit, die mittels optischer und bewegungssensitiver Messsensoren die Gesten und Sprache der Nutzer versteht.[742]

Abb. 34: Microsoft X-Box Kinect (Quelle: URL 238)

---

[738] Vgl. Kramer, 2008, S. 202f.
[739] Vgl. Weinberg/Diehl, 2005a, S. 286.
[740] Vgl. Diehl, 2002, S. 314f.
[741] *Kinect*, vormals als „Project Natal" bekannt, ist der Name einer von Microsoft in Entwicklung befindlichen Hardware zur Bedienung der Videospielkonsole *Xbox 360*. Diese neue Art der Steuerung ist das weltweit erste System, das eine RGB-Kamera, einen Tiefensensor, ein Mehrbereichsmikrofon und einen Spezialprozessor für die eigens entwickelte Software vereint. (Vgl. URL 237)
[742] Vgl. Henseler, 2010, S. 195f.

Eine weitere Veränderung, die sich im Umgang mit dem Computer abzeichnet ist u.a. die Technik *Multiuser*. Darunter versteht man die Entwicklung, dass Computer zukünftig zeitgleich von mehreren Usern benutzt werden können. Nutzer werden somit simultan in der Lage sein, auf einem Computer die gleichen oder unterschiedliche Aktionen ausführen zu können. So zeigt z.B. *Microsofts Surface-Table* (vgl. Abb. 35) die Möglichkeiten auf, die sich hieraus für das „Fernsehen der Zukunft", aber auch im Bereich multidimensionaler Werbung eröffnen.[743]

Abb. 35: Microsoft Surface Table (Quelle: URL 239)

„Gerade im Interface-Design liegt Multisensualität nahe - sie wird auch viel selbstverständlicher eingesetzt. Zumindest die Verbindung von Sehen und Hören kann mit geringem Aufwand gepflegt und optimiert werden. Das Internet bietet zudem durch interaktive Studien die Möglichkeit, die Akzeptanz von Gestaltungskonzepten zu prüfen"[744], so Haverkamp.

Durch die Vermittlung gleicher Markenassoziationen in allen Medien können Synergien beim Aufbau von Gedächtnisspuren bei den Konsumenten erzeugt werden. Gemeint ist u.a. die Abstimmung des Internetauftritts auf weitere Mittel der *Massenkommunikation*, aber auch die Abstimmung auf die *Individualkommunikation* oder den Informationen zum Produkt (z.B. durch Informationen auf der Verpackung).[745] In der Regel können jedoch solche Kommunikationsinstrumente erst dann wirksam zum Einsatz kommen, wenn durch Massenkommunikation schon eine gewisse Markenbekanntheit und ein Markenimage aufgebaut wurden. Folglich wird für Marken der Markenaufbau immer aufwendiger.

---

[743] Vgl. Henseler, 2010, S. 197f.
[744] Vgl. Experteninterview mit Dr. Michael Haverkamp im Anhang.
[745] Vgl. Esch et.al., 2005c, S. 687.

Somit stellt die langfristige Planung und die Kontinuität bei den kommunikativen Maßnahmen eine Schlüsselrolle dar, um sich in den Köpfen der Konsumenten verankern zu können.[746]

Noch sind reale Läden virtuellen Shops u.a. hinsichtlich der haptischen, gustatorischen und olfaktorischen Prüfung der Produkte überlegen. Die fortschreitende technologische Entwicklung lässt jedoch hoffen, dass Konsumenten zukünftig in virtuellen Shops (noch stärker) multisensual angesprochen werden.[747] Im Rahmen des Einsatzes von Stimuli unterschiedlicher Modalität muss auf eine *kongruente Reizkonstellation* geachtet werden, sodass dem Konsumenten ein einheitliches Erlebnis über die unterschiedlichen Sinne vermittelt wird.[748]

Markenformen, die speziell für den Bereich der Neuen Medien (u.a. Computer, Internet, mobile Kommunikation) konzipiert sind bzw. besonders in diesem Bereich in Anspruch genommen werden, sind in erster Linie die *Hörmarken,* als auch die *Bewegungsmarken* (vgl. Kap. 5.2).[749] Grundsätzlich kommt dem *Sehsinn* in den Neuen Medien die mit Abstand größte Bedeutung zu. Da in diesem Bereich die meisten Forschungsergebnisse vorliegen und der Geschmackssinn im digitalen Bereich eine untergeordnete Rolle spielt, stehen im Folgenden die auditive, die haptische und die olfaktorische Ansprache des Konsumenten in den Neuen Medien im Mittelpunkt der Untersuchung.

4.5.1 Der Einfluss der Akustik auf die Neuen Medien

Durch das Aufkommen neuer Medien und Technologien, wie z.B. Podcasts, Streaming Media oder Smartphones, haben sich die Möglichkeiten des Sound Branding beträchtlich erweitert. *„Durch die Vernetzung der Neuen Medien, Internet, Mobile, Radio und Lokal TV müssen sich auch mittelständische Unternehmen mit dem Thema auseinandersetzen, und haben durch Sound Branding das Potenzial sich stärker im Markt zu profilieren"*[750], meint Karlheinz Illner, renommierter Spezialist im Bereich Sound Branding. Für ihn sind Unterscheidbarkeit, Flexibilität, Marken-Fit und Erinnerbarkeit die wichtigsten Aspekte beim Sound Branding.[751]

---

[746] Vgl. Esch et al., 2005a, S. 16.
[747] Vgl. Weinberg/Diehl, 2006, S. 268f.
[748] Vgl. ebenda.
[749] Vgl. Experteninterview mit Patentanwalt Dr. Ralf Sieckmann im Anhang.
[750] URL 312.
[751] Vgl. ebenda.

Ein ganzheitliches Marketingkonzept berücksichtigt die Audio-Nutzung in allen *Touch Points* - auch im Internet. Letzteres ist eine wichtige Plattform für den Aufbau von Marken, wobei immer mehr Marken-Verantwortliche die Bedeutung von Sound Branding für ihre Marke erkennen. Entscheidend in der akustischen Kommunikation ist es, die Marke von innen heraus sprechen zu lassen und den auditiven Kanal strategisch zu nutzen.[752] *„Im Internet können emotionale und sensorische Markenbotschaften hervorragend integriert werden. Musik und Klang spielen deshalb eine zunehmend wichtige Rolle im World Wide Web"*[753], so die Experten der Hamburger *audio consulting group*.

Der gezielte Einsatz von akustischen Signalen auf Websites kann sich für die Nutzer als sehr hilfreich erweisen. So kann u.a. Klang beim Anklicken bestimmter Funktionen *Rückmeldungen* geben. Beim Besuch der meisten Internetseiten fällt jedoch auf, dass sie „stumm" sind. *„The web is a silent place"*[754], bestätigt Musiker Andrew Peggie. Auch für Groves ist das Internet ein noch viel zu „stummer Ort", eine verschenkte Gelegenheit, Marken sprechen zu lassen. Jedoch gibt er für die Online-Nutzung von Musik zu bedenken, dass schlechter Sound der Marke schaden kann. Dies gilt sowohl für die akustische Markenführung im Internet als auch für alle anderen Bereiche.[755] Kaufportale wie *Amazon* verzichten bewusst auf eine klingende Begleitung, wie Unternehmenssprecherin Christine Höger erklärt: *"Bei vielen Produkten auf unserer Website kann man ohnehin rein hören oder - sehen. Darüber hinaus überlassen wir es den Kunden, welche Musik sie beim Online-Einkauf hören wollen und sehen daher davon ab, zusätzlich musikalische Untermalung anzubieten."*[756]

Es gibt bislang relativ wenig positive Beispiele akustischer Kommunikation im Internet, wie auch eine Studie von *Sound Strategies*[757] (2008) ergab. Dabei wurden 450 Websites von Unternehmen analysiert, wobei lediglich 12 davon professionell mit Musik und Sound kommunizieren. Ob man akustische Elemente in seine Internetpräsenz aufnehmen soll, ist von der Art der angebotenen Leistung abhängig. Dabei differenziert man zwischen *rationalen, informierenden Seiten*, die akustische Elemente eher dezent und punktuell einsetzen sollten und den *emotionalen, erlebnisorientierten Websites*, wobei hier Musik gezielt dazu genutzt werden kann, um Emotionen aufzubauen.

---

[752] Vgl. URL 312.
[753] URL 269.
[754] Vgl. URL 240.
[755] Vgl. URL 241.
[756] URL 164.
[757] URL: www.sound-strategies.co.uk

Außerdem kann auch eine akustische auditive Benutzungsoberfläche integriert werden, in der bestimmte gelernte Klänge als Informationssignal genutzt werden. Hierbei kommen so genannte *Sound-Icons* zum Einsatz. Dadurch lässt sich zusätzlich die Orientierung der Websitebesucher unterstützen und die Markenbindung verstärken.[758] Weiters kann man auch Sounds für *Podcasts* branden oder auf Websites *Hintergrundmusik* zum Einsatz kommen lassen. Diese sollte jedoch an die angebotenen Produkte oder Dienstleistungen angepasst werden. *„Sound Branding funktioniert nur, wenn es konsequent betrieben wird. Besonders bei kleineren Werbebudgets sind der Webauftritt, Radio, die Messehallenbeschallung und die Telefonie sehr kostengünstige, aber trotzdem sehr wirkungsvolle Kundenberührungspunkte"*[759], so Gross-Fengels.

Abb. 36: Akustische Reize auf Internetseiten
(Quelle: Eigene Darstellung in Anlehnung an URL 307)

Im Rahmen der Online-Studie „Sound im Web" der *audio consulting group* und *EARSandEYES* (2008) wurden in Deutschland 1.006 Personen zu ihrem Mediennutzungsverhalten im Bezug auf Soundanwendungen beim Surfen im Internet befragt. Mehr als ein Drittel (37%) aller Befragten hat angegeben, dass sie Hintergrundmusik im Internet für

---

[758] Vgl. Kolbrück, 2008, S. 41.
[759] URL 269.

sinnvoll halten, gefolgt von dem Einsatz eines virtuellen Sprechers oder Moderators, der über die Seiteninhalte informiert. Auch eine akustische Menü-Navigation (25%) und ein akustisches Begrüßen auf der Internetseite (21%) werden sehr positiv beurteilt. Ein Drittel der Befragten (33%) hält den Einsatz von akustischen Elementen auf Internetseiten für nicht sinnvoll.[760] Abb. 36 fasst die Ergebnisse der Online-Studie zusammen.

Nach Busch haben Studien gezeigt, dass Besucher von audiounterstützten Websites bis zu *dreimal* länger verweilen. Eine Studie von *Beatnik Inc.* und *Cheskin (1999)* zur Wirkung von Sound im Internet hat ergeben, dass der alleinige Einsatz eines Sound Logos im Internet genauso bedeutend bei der Kommunikation von Markenwerten sein kann, wie der Einsatz eines rein visuellen Markenzeichens.[761] Die Marken-Wiedererkennung (**Brand Recognition**) ist mit Hilfe von Sound Branding signifikant.

Sound Branding kann jedoch bei nicht adäquatem Einsatz ebenso eine negative Wirkung auf Marken haben.[762] Jedenfalls sollte der User immer die Möglichkeit haben selbst zu wählen, ob er eine akustische Unterstützung im Web möchte, indem ihm ein *On/Off-Button* auf der Website zur Verfügung steht. *„Bieten die Unterseiten viele Informationen, deren Aufnahme eine gewisse Konzentration des Users erfordern, ist von dem offensiven Einsatz der akustischen Untermalung abzuraten"*[763], erklärt Delventhal. Ein Problem, mit dem die Soundexperten immer wieder zu kämpfen haben, ist die Geschmacksdiskussion. *„Es kommt regelmäßig vor, dass die Mitarbeiter in den Marketingabteilungen ihren eigenen Musikgeschmack als Maßstab nehmen"*[764], kritisiert Groves. Die dabei häufig resultierende *Nicht-Relevanz* der verwendeten Musik zur Marke führt dazu, dass der erstrebenswerte Marken-Fit und folglich der maximale Kommunikationseffekt nicht gegeben sind.

Insgesamt wünscht man sich *mehr Experimentierfreude* in der Verwendung von Sound Branding im Internet. Daher sollen professionelle Komponisten in den Gestaltungsprozess integriert werden. Experten gehen davon aus, dass das Medium an Attraktivität und Bedienerfreundlichkeit gewinnen würde, sofern sich Bild und Klang optimal ergänzen.[765] Nach Groves wird Sound Branding in Zukunft sehr wichtig für Fernseh- und Radiowerbung sein, jedoch am bedeutendsten für das *Internet*.

---

[760] Vgl. URL 307.
[761] Vgl. Kolbrück, 2008, S. 42.
[762] Vgl. URL 33.
[763] URL 269.
[764] URL 267.
[765] Vgl. Kastner, 2008, S. 130.

4.5.2 Der Einfluss der Haptik auf die Neuen Medien

Die Haptik spielt in den Neuen Medien eine bedeutsame Rolle. Nach *Weinberg* und *Diehl* nimmt die *Haptik* beim Einkauf über das Internet eine wichtigere Rolle ein bzw. wird stärker vermisst, als der *Geruch*[766] der Produkte.[767] *„Es gibt vereinzelt im Internet kreative Versuche, haptische Illusionen bei der Bedienung durch Maus oder Tastatur zu erzeugen. Das ist noch nicht weit verbreitet. Momentan ist dieser Versuch nur speziellen Anwendern vorbehalten. Es ist jedoch nur eine Frage der Zeit, dass Menü und Bedienstrukturen durch jedermann körperlich navigiert werden können. Die Computerspiel-Industrie implementiert ja heute schon haptische Elemente in ihren Spielen. Auch Anbieter der mobilen Kommunikation investieren Unsummen in klare haptische Marken"*[768], resümiert Grunwald über die Rolle des Haptik-Designs in den Neuen Medien.

Die Zahl jener Unternehmen, die sich der Haptik in Verbindung mit den Neuen Medien verschrieben haben, steigt kontinuierlich. So bietet z.B. die US-amerikanische Firma *SensAble Technologies*, Marktführer im Bereich der Entwicklung von 3D-berührungsempfindlicher Technologie, Software und Geräte an, die den taktilen Sinn zur digitalen Welt hinzufügen. Somit können Computer-Programme nicht nur gesehen und gehört, sondern auch gefühlt werden.[769]

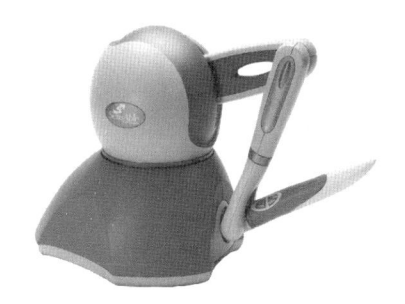

Beispielsweise ermöglicht das Produkt *PHANTOM Omni® Haptic Device* (vgl. Abb. 37) dem Nutzer virtuelle Objekte zu berühren und zu manipulieren. Zukünftig können haptische Eindrücke zunehmend über Hilfsmittel der **Virtual Reality** realitätsgetreuer vermittelt werden.[770]

Abb. 37: PHANTOM Omni model (SensAble Tec.)
(Quelle: URL 287)

---

[766] Dies kann vermutlich darauf zurückgeführt werden, dass der Duft des Produktes auch beim Einkauf im stationären Handel aufgrund der Verpackung in der Regel nicht vor dem Kauf zugänglich ist. (Vgl. Weinberg/Diehl, 2006, S. 268)
[767] Vgl. ebenda, S. 267f.
[768] Vgl. Experteninterview mit PD Dr. Dipl. Psych. Martin Grunwald im Anhang.
[769] Vgl. URL 286.
[770] Vgl. Diehl, 2002, S. 313.

4.5.3 Der Einfluss der Olfaktorik auf die Neuen Medien

Bei der Integration von olfaktorischen Reizen in Neue Medien kann man in der Unterhaltungsindustrie aktuell technische Weiterentwicklungen des Duft-Marketings in Richtung einer **Miniaturisierung** beobachten. Hier gibt es bereits Duftgeräte für den Heim-PC und Installationen für Kino und Theater. Außerdem wird auch an den technischen Entwicklungen von Duftanwendungen für Mobiltelefone gearbeitet.[771] Im Folgenden werden aktuelle Entwicklungen in *Japan*, dem Vorreiterland im Bereich des Duft-Marketings, aufgezeigt.

Duftende Grüße per Handy-E-Mail, digitale Werbedisplays mit Aromen - Akira Sakaino vom japanischen Telekommunikationskonzern *NTT Communications*[772] zeigt Möglichkeiten auf, wie Duft in Zukunft in der Markenkommunikation eingesetzt werden kann. Im Jahr 2008 hatte *NTT Communications* offiziell die Vermarktung eines Flachbildschirms mit angeschlossenem Verdufter für Firmenkunden präsentiert.[773]

Schon seit 2006 werden in japanischen Kinos duftbegleitete Filme vorgeführt, wobei sieben Aromen zur Verfügung stehen, die durch ein computergesteuertes Belüftungssystem[774] unter den hinteren Sitzreihen in den Kinosaal ausgestoßen werden. Somit wird die jeweilige Stimmung[775] der auf der Leinwand zu sehenden Szene aromatisch untermalt.[776] Auch in der Telekommunikationsbranche haben Düfte Einzug gehalten. Der führende japanische Netzbetreiber *NTT DoCoMo* hat 2007 mit der jüngsten Produktinnovation von *Sony Ericsson* für Aufsehen gesorgt. In Japan werden nämlich seit einigen Jahren spezielle Mobilfunktelefone[777], die beruhigende Aromen aussenden, zur Stressreduktion eingesetzt.[778]

---

[771] Vgl. Houben, 2006/2007, S. 15.
[772] Im Jahr 2007 entwickelte sein Team das erste Duftdisplay, mit dem Unternehmen sowohl Augen als auch Nasen ihrer Kunden ansprechen können. Dafür wurde ein Flachbildschirm mit einem Duftzerstäuber kombiniert und per Computer fernbedient. Das Debüt feierte die Technik vor einer Bierhalle der Brauerei *Kirin* in den Tunneln unter dem Tokioter Hauptbahnhof. Der Geruch von Zitrusfrüchten verstärkte den Eindruck von kühlem Bier, das die Werber auf einem 19-Zoll-Monitor in ein überdimensioniertes Glas sprudeln ließen. (Vgl. URL 36)
[773] Vgl. ebenda.
[774] Konzipiert und hergestellt wurde die „*kaori tsûshin*" (Geruchstransmission) benannte Apparatur vom Telekommunikationsanbieter *NTT Communications* und ist auch als verkleinerte Heimversion auf dem japanischen Markt erschienen. (Vgl. URL 38)
[775] So werden beispielsweise bei Liebesszenen der Duft von Blumen, bei Leid und Trauer das Aroma von Rosmarin und Pfefferminz, bei allgemeinen Glücksgefühlen der Duft von Orangen bzw. Grapefruit und bei Zorn/Ärger Eukalyptus-Duft und Teebaumöl eingesetzt. (Vgl. ebenda)
[776] Vgl. URL 38.
[777] U.a. das *Sony Ericsson*-Modell „SO703i" mit neun verschiedenen Aromen. (Vgl. URL 37)
[778] Vgl. ebenda.

Im Blickfeld der japanischen Entwickler steht ebenfalls das *Internet*. So konnte ein Gerät namens *i-Aroma*[779] (vgl. Abb. 38) entwickelt werden, welches via USB an den Rechner angeschlossen wird und verschiedene Düfte mittels Duftpatronen versprüht. Ziel ist es, das Arbeiten am Computer angenehmer zu machen. Für 360 japanische Teilnehmer lief im Sommer 2009 eine Testphase.[780]

Abb. 38: i-Aroma (Quelle: URL 40)

Nach Vogt liegen die Vorteile der multisensualen Markenkommunikation, insbesondere des Duft-Marketings im Bereich der Neuen Medien in einer *besseren Einbeziehung* des Internet-Benutzers oder Computerspielers und in einer *intensiveren Erlebniswelt*. Hingegen sind als Nachteile die komplexe Umsetzung und die technischen Beschränkungen zu nennen. „*Entgegen anderweitigen Behauptungen (wiederum von der Zuliefer-Seite) kann ein Duft nicht ‚transportiert' werden. Es kann ein Signal gesendet werden, das in einer Duftausbringung auf der anderen Seite resultiert, aber dafür muss der Empfänger entsprechend mit Hardware ausgestattet sein, die diese Düfte speichert*"[781], erklärt Vogt. „*Wie jede andere Marke könnte allerdings z.B. Microsoft eine Duftpräsenz im Handel haben, in der Produktverpackung, in Anzeigen und gedruckter Kundenkommunikation*"[782], ergänzt der Duft-Marketing-Experte.

4.5.4 Fazit

Wie die zahlreichen Beispiele im *Kapitel 4.5* gezeigt haben, ist die multisensuale Ansprache des Konsumenten in den Neuen Medien grundsätzlich möglich. Um eine medienübergreifende Markenerlebniswelt aufzubauen und wertvolle Synergieeffekte auszunutzen, muss dem Kunden auch in den Neuen Medien, insbesondere im Internet, die Fortsetzung der Erlebniswelt geboten werden. Die multisensuale Ansprache des Konsumenten kann beispielsweise im Rahmen einer *erlebnisorientierten virtuellen Ladengestaltung*

---

[779] *i-Aroma* wurde von *NTT Communications* entwickelt, misst rund 15 cm Höhe und hat sechs Steckplätze für Duftpatronen. Das Geruchs-Web bleibt vorerst den Japanern vorbehalten. (Vgl. URL 39)
[780] Vgl. ebenda.
[781] Vgl. Experteninterview mit Harald H. Vogt im Anhang.
[782] Ebenda.

stattfinden. Wichtig ist, dass im Rahmen des Einsatzes von Stimuli unterschiedlicher Modalität auf eine *kongruente Reizkonstellation* geachtet wird, sodass dem Konsumenten ein einheitliches Erlebnis über die unterschiedlichen Sinne vermittelt wird.

Das Internet wird definitiv zukünftig eine wichtigere Rolle in der Mediennutzung einnehmen. So hat das Internet als Werbeträger dank einer Reihe von Vorteilen seinen Platz in den Medienplänen vieler Werbetreibenden gefunden. Es verbindet die Vorteile der Massenmedien (Print und TV) mit den Möglichkeiten der Dialogkommunikation. Mittels *Ausgabegeräten* kann dabei die virtuelle Welt multisensual erlebt werden. Die Zahl der Internet-Touch Points nimmt dramatisch zu und folglich wächst der Internet-Werbemarkt explosionsartig.

Nach einer empirischen Untersuchung von *Diehl* (2002) sind wichtige Erfolgskriterien von erlebnisorientierten Internetauftritten die *dreidimensionale Darstellung* des Angebots, *Interaktionsmöglichkeiten* und *Realitätsnähe* der Produktabbildungen. Im Internet sollte die Markenbotschaft so *interaktiv* wie möglich transportiert werden. Durch eine gezielte Beeinflussung der emotionalen und kognitiven Variablen mittels Dreidimensionalität, Interaktivität, Realitätsnähe und multisensualer Ansprache können die Verhaltensabsichten der Internetnutzer gelenkt werden. Letztlich soll durch diese Maßnahmen im entsprechenden Medium eine erhöhte Verweildauer oder Kaufbereitschaft erzielt werden.

Grundsätzlich kommt dem **Sehsinn** in den Neuen Medien die mit Abstand größte Bedeutung zu. Daher liegen in diesem Bereich auch die meisten Forschungsergebnisse vor. Die Vermittlung **akustischer Reize** im Internet ist ebenfalls sehr verbreitet. Durch das Aufkommen neuer Medien und Technologien, wie z.B. *Podcasts, Streaming Media* oder *Smartphones*, haben sich die Möglichkeiten des Sound Branding beträchtlich erweitert. Entscheidend in der akustischen Kommunikation ist es, die Marke von innen heraus sprechen zu lassen und den auditiven Kanal strategisch zu nutzen. *„Im Internet können emotionale und sensorische Markenbotschaften hervorragend integriert werden. Musik und Klang spielen deshalb eine zunehmend wichtige Rolle im World Wide Web",* so die Experten der Hamburger *audio consulting group*. Insgesamt wünscht man sich mehr Experimentierfreude in der Verwendung von Sound Branding im Internet. Die **Haptik** spielt in den Neuen Medien ebenfalls eine bedeutsame Rolle. Nach *Weinberg* und *Diehl* nimmt die *Haptik* beim Einkauf über das Internet eine wichtige Rolle ein bzw. wird stärker vermisst, als der *Geruch* der Produkte. Aktuell werden jedoch haptische Eindrücke beim Einkauf über das Internet (noch) vermisst. Daher wird versucht, die Haptik der Produkte so gut wie möglich zu visualisieren und haptische Eindrücke über Hilfsmittel (Ausgabegeräte) der *Virtual Reality* realitätsgetreuer zu vermitteln.

Bei der Integration von **olfaktorischen Reizen** in Neue Medien kann man in der Unterhaltungsindustrie aktuell technische Weiterentwicklungen des Duft-Marketings in Richtung einer *Miniaturisierung* beobachten. Hier gibt es bereits Duftgeräte für den Heim-PC und Installationen für Kino und Theater. Außerdem wird auch an den technischen Entwicklungen von Duftanwendungen für Mobiltelefone und das Internet gearbeitet. *„Im digitalen Bereich eher unmöglich wird hingegen die Gustatorik"*[783], gibt sich Klepper skeptisch.

Die **Vorteile** der multisensualen Markenkommunikation in den Neuen Medien liegen in einer besseren Einbeziehung des Internet-Benutzers oder Computerspielers und in einer intensiveren Erlebniswelt. Die größten Herausforderungen stellen dabei die komplexe Umsetzung und die technischen Beschränkungen dar. In den Neuen Medien kann man auch durch multisensuale Sprache *(„dieses Produkt riecht nach Flieder-Duft")* einen Hauch von Multisensorik aufkommen lassen. Dabei werden die entsprechenden Assoziationen im Gehirn erzeugt. Nach Kilian kann multisensuale Markenkommunikation in den Neuen Medien ebenfalls durch den gezielten Einsatz von *Irradiation*, d.h. z.B. durch visuelle Darstellung haptischer, olfaktorischer oder gustatorischer Sinneseindrücke stattfinden. *„Schließlich eröffnen neue Technologien bereits heute erste Möglichkeiten zur Simulation haptischer Reize. In den nächsten Jahren werden sich im Bereich der Haptik die größten Möglichkeiten ergeben. Das iPad von Apple sowie eine Reihe von Handymodellen markieren erst den Anfang"*[784], resümiert Kilian.

Mit zunehmender technischer Entwicklung können die Neuen Medien, vor allem das Internet, der Erlebnisvermittlung neue Dimensionen eröffnen. Die Weiterentwicklung der Ein- und Ausgabegeräte wird zukünftig dem Nutzer eine immer natürlichere Interaktion per Sprache, Gestik, Mimik etc. ermöglichen. Ein offenkundiges und zugleich wachsendes Autonomiebedürfnis der Menschen, sich über Medien selbst zu inszenieren, lässt zudem die Raten selbstgenerierter Inhalte (Weblogs, Podcasts) künftig weiter in die Höhe schnellen. *„Im Großen und Ganzen konzentriert sich die Markenkommunikation in den Neuen Medien jedoch auf den Seh- und Hörsinn"*[785], resümiert Häusel. *„Wie man bei Internetplattformen sieht, ist hierbei schon klar fixiert, welche Sinnesorgane angesprochen werden. Wenn man es mit anderen Formen verbindet, so kann ich mir sehr gut vorstellen, dass die multisensuale Markenkommunikation auch im Bereich der Neuen Medien Anwendung finden kann. Letztendlich definiert die Plattform selbst die anzusprechenden Sinnesorgane"*[786], so Bruhn.

---

[783] Vgl. Experteninterview mit Dipl.-Kfm. Karsten Klepper im Anhang.
[784] Vgl. Experteninterview mit Dr. Karsten Kilian im Anhang.
[785] Vgl. Experteninterview mit Dr. Hans-Georg Häusel im Anhang.
[786] Vgl. Experteninterview mit Prof. Dr. Manfred Bruhn im Anhang.

4.6 Erfolgsfaktoren für multisensuale Markenführung

Um eine multisensuale Markenführung erfolgreich zu implementieren, bedarf es einer entsprechenden **Markenpositionierung**, der eine eigens für die Marke entwickelte *Markenidentität* samt *Markenkern* zu Grund liegt. In weiterer Folge gilt es, die Markenpositionierung in ein zentrales **Markengefühl** zu übersetzen. Dabei stellt man sich die zentrale Frage: *„Welche Emotionen bzw. welche Gefühle sollen mit dieser Positionierung geweckt werden?"* Die multisensuale Markenführung hat nun die Aufgabe, dieses zentrale Markengefühl auf alle Brand Touch Points multisensual zu übersetzen.[787]

Echtes multisensuales Branding führt zu den nachhaltigsten Erlebnissen und zu lang anhaltenden, positiven Markenerinnerungen. Dafür muss die Marke möglichst über alle Sinne erlebbar gemacht werden. Dabei ist darauf zu achten, dass alle Sinneseindrücke *dasselbe* Erlebnis vermitteln.[788] Grundsätzlich gilt: Je mehr sensorische Berührungspunkte es zur Zielgruppe gibt, desto effektiver kann eine multisensuale Markenkommunikation implementiert werden. „Zur Erleichterung der Verarbeitung von multisensualen Reizen sollten diese aufeinander abgestimmt sein. Dies beinhaltet die inhaltliche und formale Abstimmung aller Kommunikationsmaßnahmen, um die erzeugten Kommunikationseindrücke zu vereinheitlichen und zu verstärken"[789], so Marketing-Experte Esch.

Nach Bruhn kann man Erfolgsfaktoren für die multisensuale Markenführung nicht pauschalisieren. *„DIE multisensuale Markenführung gibt es per se nicht. Da Erfolgsfaktoren in der multisensualen Markenführung stets vom Produkt, der Branche und dem Kontext abhängig sind, können keine generellen Erfolgsindikatoren ausgemacht werden"*[790], bringt es Bruhn auf den Punkt.

Um Produkte oder Marken multisensual zu gestalten, bedarf es einer **ganzheitlichen Gestaltung**, die nur von der Marke als Ganzes ausgehen kann. Eine isolierte gestalterische Betrachtung einzelner Elemente darf nicht verfolgt werden. Ein wichtiger Erfolgsfaktor ist dabei die Analyse der Wirkung des Einflusses von Einzelelementen (Farben, Formen, Materialien usw.) beim Konsumenten, soweit sie getrennt voneinander wahrgenommen und beurteilt werden.[791]

---

[787] Vgl. Experteninterview mit Dr. Hans-Georg Häusel im Anhang.
[788] Vgl. Kilian, 2010, S. 48.
[789] Vgl. Experteninterview mit Prof. Dr. Franz-Rudolf Esch im Anhang.
[790] Vgl. Experteninterview mit Prof. Dr. Manfred Bruhn im Anhang.
[791] Vgl. Linxweiler, 2004, S. 1291.

Nach Klepper ist multisensuales Marketing das stärkste Konzept zur Differenzierung der eigenen Marke und zugleich effektivste Variante, um eine ganzheitliche, intensive und einzigartige Markenerinnerung zu erreichen. Denn auch hier wirkt der Marken-Dreiklang: Bekanntheit-Sympathie-Kauf. „[...] je intensiver und nachhaltiger die Markenwahrnehmung, desto höher die Markenerinnerung und damit letztlich der Kauf"[792], so Klepper. Nach Haverkamp liegt das Geheimnis der multisensualen Markenführung darin, „wenig, jedoch exakt das Richtige zu bieten. Verschiedene Sinne sollten einbezogen werden, um relevante Informationen zu bieten - bei gleichzeitiger Minimierung der Reizüberflutung."[793] „Zentraler Erfolgsfaktor ist, dass alle Sinne bewusst - aus dem Selbstverständnis der Marke heraus - eingesetzt werden"[794], betont Kilian. „Meiner Meinung nach muss man multisensuales Marketing im Unternehmen leben, ansonsten wird es zum Risiko"[795], betont Zotter.

„Man muss prüfen, welche Möglichkeiten sich einem bieten, neben dem visuellen und auditiven Sinn auch andere Sinnesorgane im Rahmen des multisensualen Marketings anzusprechen. Hier gilt es sowohl den Anlass, die Form als auch den Kontext zu berücksichtigen"[796], erklärt Bruhn. „In ausgewählten Bereichen kann es sicherlich ergänzende und unterstützende komplementäre Wirkungen geben. Im Einzelfall kann multisensuales Marketing einen wichtigen Beitrag zur Emotionalität der Marke leisten"[797], ergänzt er.

---

[792] Vgl. Experteninterview mit Dipl.-Kfm. Karsten Klepper im Anhang.
[793] Vgl. Experteninterview mit Dr. Michael Haverkamp im Anhang.
[794] Vgl. Experteninterview mit Dr. Karsten Kilian im Anhang.
[795] Vgl. Experteninterview mit Josef Zotter im Anhang.
[796] Vgl. Experteninterview mit Prof. Dr. Manfred Bruhn im Anhang.
[797] Ebenda.

4.7 Risiken der multisensualen Markenführung

"Erfolgreiche Markenführung heißt sich darauf zu konzentrieren, worauf es ankommt, nicht was gerade ankommt."[798]

Karsten Kilian

Da durch die Marketingaktivitäten im Allgemeinen mehrere Sinne gleichzeitig angesprochen werden, ist es wichtig, das Zusammenwirken von mehreren Reizmodalitäten zu beachten. „Durch unzureichende Abstimmung der zur Beeinflussung eingesetzten Reize, vor allem aber durch die Vernachlässigung vieler Reizmodalitäten im Marketing (zum Beispiel von Musik) kommen erhebliche **Wirkungsverluste** zustande."[799]

„Bislang scheitert die einheitliche und auf der Markenstrategie basierende Umsetzung der Marke in alle Sinneskanäle häufig an fehlenden bzw. mangelhaften Briefing-Tools und unsystematischen Prozessen", so Brekenfeld.[800] *„Die Marken-Manager der Unternehmen managen oft die Sinne einzeln: es gibt eine Abteilung für Sound, eine für Duft und einen verantwortlichen Bereich für die visuelle Kommunikation. Zu oft weiß aber einer nichts vom anderen"*[801], kritisiert Klepper.

„Die ersten Ursachen liegen bereits im Fehlen von relevanten und differenzierenden Markenwerten. Dann folgen die Fehler in der inkongruenten Entwicklung einer Marke. Hinzu kommen dann teilweise Entscheidungen auf Basis des persönlichen Geschmacks"[802], zählt Klepper die Fehler auf, die Unternehmen häufig beim Einsatz von multisensualem Branding begehen. Kilian teilt die Ansicht Kleppers: *„Häufig wird bei der Ausgestaltung multisensualer Markenkommunikation auf den Geschmack und das Gefallen der Zielgruppe geachtet, anstatt das Selbstverständnis der Marke über jeden Sinneskanal hinweg kohärent zu transportieren. Ohne eine konkrete, ursächliche, relevante und spezifische Markenidentität, die aus einem Markenkern und mehreren Markenwerten besteht, ist multisensorische Markenkommunikation von vorne herein zum Scheitern verurteilt"*[803], bringt es Kilian auf den Punkt.

---

[798] URL 78.
[799] Kroeber-Riel/Weinberg, 2003, S. 123.
[800] URL 1.
[801] Vgl. Experteninterview mit Dipl.-Kfm. Karsten Klepper im Anhang.
[802] Ebenda.
[803] Vgl. Experteninterview mit Dr. Karsten Kilian im Anhang.

Zur Erleichterung der Verarbeitung von multisensualen Reizen sollten diese aufeinander abgestimmt sein. Um die erzeugten Kommunikationseindrücke zu vereinheitlichen und zu verstärken, gilt es sowohl eine *inhaltliche* als auch eine *formale Abstimmung* aller Kommunikationsmaßnahmen zu verfolgen. Ziel ist es, dass die Konsumenten die durch die Kommunikation vermittelten unterschiedlichen Sinneseindrücke als einheitliches Bild[804] wahrnehmen.

Sind die Reize nicht abgestimmt (inkongruent), kann es einerseits zu einer Verarbeitungskonkurrenz zwischen den verschiedenen Sinneskanälen kommen oder eine negative Wahrnehmung von Markenerlebnissen ist die Folge. **Inkonsistente Sinneseindrücke** verursachen diffuse und zersplitterte Eindrücke beim Konsumenten und hinterlassen ein unklares Markenbild.[805] In einem solchen Fall ringen mehrere unterschiedliche Reize um die Aufmerksamkeitsgunst bei der Verarbeitung und es folgt eine gegenseitige *Schwächung*, während bei aufeinander abgestimmten Reizen mit einer Verstärkung zu rechnen ist.[806] Wirken die sensorischen Signale durch ihre Intensität zu aufdringlich, so können sie den Konsumenten abschrecken und folglich vom Kauf abhalten.[807] *„Im Handel führt die multisensuale Ansprache lediglich zur Emotionssteigerung. Es soll damit gute Stimmung beim Kunden erzeugt werden, sodass sich auch dessen Kauflaune steigert. Die multisensualen Botschaften dürfen jedoch nicht das Warenangebot überstrahlen"*[808], mahnt Häusel. Grundsätzlich gilt: *Je konformer die Reize gestaltet sind, umso stärker ist die Wirkung.*[809]

Generell liegt das Risiko in der *Reizstärke* bzw. im Umfang der *Dosierung* einzelner Instrumente wie Düfte, Farben oder Musik. In hektischen Zeiten können angenehme Düfte, die passende Musik und eine entspannende Farbgestaltung beruhigende Wirkung auf die Konsumenten haben. Bei allen Vorteilen von Emotionen und Erlebnissen ist eine „Emotionalisierung um jeden Preis" zu vermeiden, sondern auf einen optimalen Mix aus *emotionalen* und *informativen Argumenten* zu achten.[810] Wichtig ist auch, dass Sinnesreize und Unternehmenskonzept zusammenpassen.

---

[804] Beispielsweise wird die visuelle Darstellung einer Palme mit dem Geruch von Kokosmilch und Reggae-Musik zum schlüssigen inneren Gesamtbild von Karibik zusammengefügt. (Vgl. Esch/Krieger, 2009, S. 10f.)
[805] Vgl. ebenda, S. 11.
[806] Vgl. Esch, 2006.
[807] Vgl. Dübeler, 2007, S. 84.
[808] Vgl. Experteninterview mit Dr. Hans-Georg Häusel im Anhang.
[809] Vgl. Esch/Rempel, 2007, S. 145ff.
[810] Vgl. Freundt et al., 2005, S. 30.

Zur systematischen Gestaltung multisensualer Erlebnisse sind folgende *Kriterien*[811] von Bedeutung:

- Da multisensuale Reize vielfältig zum Einsatz kommen können, sind *markenbezogene Touch Points* im gesamten Kaufzyklus zu analysieren. Bestimmte multisensuale Reize sind je nach Kundenkontaktpunkt unterschiedlich bedeutsam.

- Aufbauend auf der *Markenidentität* und *Markenpositionierung* sind relevante Erlebnistreiber für die Entwicklung multisensualer Reize abzuleiten und zu bestimmen. Diese sind mit Markenzeichen zu verknüpfen.

- Modalitätsspezifische Optionen sind zu entwickeln und zu prüfen, wobei die *Passung* der modalitätsspezifischen Reize zu den vermittelten Markeninhalten als auch die *Akzeptanz* einzelner Reize beim Kunden zu prüfen ist. „So kann es durchaus sein, dass ein Geruch die Positionierung vermittelt (z.B. Tannenduft = natürlich), aber dennoch keine Akzeptanz bei der Zielgruppe erzielt."[812]

- Die Reize müssen zueinander passen und ihre gegenseitige *Wechselwirkung* ist zu prüfen.

- An den Touch Points ist die Umsetzung in *erlebbare Maßnahmen* zu realisieren.

- Regelmäßige modalspezifische *Effektivitäts- und Effizienzkontrollen* sind durchzuführen.

Multisensuale Reize müssen hinsichtlich ihrer *Reichweite, Wahrnehmung* und der *geeigneten Kommunikationsform* geprüft werden. Neben der klassischen Kommunikation (*Above-the-Line*-Werbeform), die überwiegend mit visuellen und akustischen Reizen die Sinne anspricht, bietet vor allem die *Below-the-Line*-Kommunikation (u.a. Verkaufsförderung am POS, Events, Sponsoring) die Möglichkeit zur multisensualen Vermittlung von Markenerlebnissen.[813] Die multisensuale Beeinflussung des Konsumenten innerhalb von Räumlichkeiten über die fünf Sinne wird zukünftig durch die technische Entwicklung multisensorischer Beeinflussungstechniken an Bedeutung zunehmen. Auf Erregung bezogene Studien zum Verbraucherverhalten haben jedoch auch gezeigt, dass ein Übermaß an sensorischem Ausdruck vermieden werden sollte. Das Idealniveau von Stimulation und Erregung variiert von Mensch zu Mensch. Während unterhalb des Punktes der optimalen Erregung Langeweile einsetzt, kann es zur Nervosität, Gereiztheit bzw. Verärgerung kommen, wenn die optimale Stimulation überschritten wird.[814]

---

[811] Vgl. Esch/Krieger, 2009, S. 11f.
[812] Esch, 2008, S. 323.
[813] Vgl. Esch/Krieger, 2009, S. 12.
[814] Vgl. Thiemer, 2004, S. 185f.

„*Die Herausforderung in der Implementierung ist, den richtigen ‚Touch Point' zur Zielgruppe mit dem jeweils dafür geeigneten sensorischen Medium zu belegen*"[815], erklärt Klepper. Für ihn sind die meisten Ansätze im multisensualen Marketing nur Insellösungen und keine ganzheitlichen und integrierten Konzepte.[816] Nach Klepper ist multisensorisches Branding keine Frage der Unternehmensgröße, sondern „*eine Frage der Markenvision der Unternehmensleitung, verbunden mit dem Verständnis um die Vorteile einer multisensorischen Ausrichtung*"[817]. Ob eine sensorische Komplettausrichtung einer Marke notwendig und machbar ist, ist für jedes Unternehmen *im Einzelfall* zu analysieren und zu entscheiden.

4.8 Fazit

„*In der Markenkommunikation dominiert der visuelle Sinn. Der auditive Sinn nimmt ebenfalls einen hohen Stellenwert ein. Hier gilt es für die jeweilige Markenkommunikation zu überlegen, ob nicht auch die anderen Sinnesorgane eingesetzt werden können*"[818], erklärt Bruhn. „*Würde man ein Ranking hinsichtlich der Dominanz unserer fünf Sinne erstellen, so würde der Sehsinn unangefochten die Rangfolge anführen, gefolgt von Hör-, Geruch-, Tast- und Geschmackssinn*"[819], erklärt Häusel. Kilian führt dies auf die heutigen Möglichkeiten der Massenkommunikation zurück, die visuell und/oder akustisch geprägt sind. Die Vernachlässigung der restlichen drei Sinne erklärt er wie folgt: „*Haptik, Duft und Geschmack lassen sich meist nur visuell bzw. akustisch andeuten, da es sich bei ihnen um so genannte ‚Nahsinne' handelt, die eine direkte Interaktion voraussetzen.*"[820]

„*Erst brachte die Visualität Differenzierung, dann nahm man den Sound hinzu und nun auch den Duft. Die Haptik wird ebenso schnell nachziehen - als letztes wird wohl die Gustatorik etabliert werden*"[821], fasst Klepper die Abstufung bei der Implementierung der verschiedenen Sinne zusammen.

---

[815] URL 291.
[816] Vgl. ebenda.
[817] Ebenda.
[818] Vgl. Experteninterview mit Prof. Dr. Manfred Bruhn im Anhang.
[819] Vgl. Experteninterview mit Dr. Hans-Georg Häusel im Anhang.
[820] Vgl. Experteninterview mit Dr. Karsten Kilian im Anhang.
[821] URL 291.

„Für die Konsumenten variiert jedoch die Bedeutung der fünf Sinne je nach Produktkategorie. Bei Kleidung beispielsweise spielen der Seh- und der Tastsinn eine große Rolle, während bei Automobilen Akustik an Bedeutung gewinnt"[822], so Esch. *„Neben Automobil- und Lebensmittelherstellern sowie sämtlichen Dienstleistern zählen auch Luxusmarkenhersteller (Mode, Duft, Accessoires) zu den führenden, multisensual arbeitenden Unternehmen"*[823], erklärt Kilian. *„Multisensuale Markenkommunikation ist in allen Branchen möglich. Wobei sich [...] die Bedeutungen und somit natürlich auch die Ansprache der verschiedenen Sinne unterscheiden"*[824], ergänzt Esch.

Die Intensität der multisensualen Wahrnehmung ist u.a. abhängig vom Geschlecht. Nach Häusel sprechen Frauen auf der multisensualen Ebene wesentlich stärker an als Männer. So reagieren Frauen beispielsweise beim Schmerzreiz als auch beim Geruchssinn früher und intensiver. *„Dies lässt sich dadurch erklären, dass Östrogen die Welt sozusagen einblendet, Testosteron hingegen ausblendet. Außerdem differenzieren sich Frauen aufgrund ihrer emotionalen Schwerpunkte (z.B. Fürsorge, Harmonie) von Männern hinsichtlich der Verarbeitung multisensualer Erlebnisse"*[825], erklärt Häusel.

Auch vom Alter ist die Intensität der multisensualen Wahrnehmung abhängig. So nehmen die Qualitäten unserer Sinne mit dem Alter ab, folglich auch die Sensibilität für die Multisensorik. Die Emotionssysteme, wie u.a. Dominanz und Stimulanz, verändern sich ebenfalls mit dem Alter und gehen zurück. *„Während ältere Menschen versuchen, neue Reize wegzulassen, da diese für sie störend wirken, brauchen Kinder neue Reize, um ihr Gehirn auszubilden. Kinder sind außerdem in allen Wahrnehmungskanälen sehr sensibel. Beispielsweise haben Kinder Probleme mit scharfem Essen, ältere Menschen hingegen in der Regel nicht"*[826], so Häusel.

„Einfluss auf die Wirksamkeit multisensualer Markenkommunikation nimmt zum einen der Wettbewerb, der vielfach für „Rauschen" sorgt, sowie der Empfänger, der z.B. aufgrund körperlicher Gegebenheiten oder kultureller Vorprägung bestimmte sensorische Signale besser oder schlechter aufnimmt bzw. richtig, falsch oder gar nicht versteht"[827], so Kilian.

---

[822] Vgl. Experteninterview mit Prof. Dr. Franz-Rudolf Esch im Anhang.
[823] Vgl. Experteninterview mit Dr. Karsten Kilian im Anhang.
[824] Vgl. Experteninterview mit Prof. Dr. Franz-Rudolf Esch im Anhang.
[825] Vgl. Experteninterview mit Dr. Hans-Georg Häusel im Anhang.
[826] Ebenda.
[827] Vgl. Experteninterview mit Dr. Karsten Kilian im Anhang.

„*Im Grunde wird versucht jeden einzelnen Sinn zu adressieren, um somit einen ‚Erinnerungseffekt' zu erzeugen. Dies geschieht bis heute leider fast ausschließlich inkongruent (entkoppelt) ein, zwei- oder selten mehrdimensional. Die Zukunft liegt aber im integrierten ganzheitlichen Ansatz, sprich mehrdimensionalen, miteinander verknüpften, zusammenhängenden und damit kongruenten Ansatz*"[828], resümiert Klepper.

„*Inzwischen ist die multisensuale Markenführung ein recht breit diskutiertes Thema. Vor allem Marketingabteilungen größerer Unternehmen, Hochschulen und Presse nehmen sich dem Thema an, eingesetzt wird es aber noch zurückhaltend und wenn, dann oft nicht gezielt*"[829], fasst Zutt zusammen. „*Wir sind von einer wirklichen multisensorischen Markenführung meilenweit entfernt*"[830], gibt sich Klepper kritisch.

Bestes und wohl ältestes Beispiel für ein gelungenes multisensuales Branding ist die *katholische Kirche*, die über alle Sinneskanäle[831] hinweg wahrgenommen wird und eine hohe Erlebnisqualität und Wahrnehmungsintensität bietet. Das jahrhundertlange Festhalten an den identischen Reizen sorgt zudem für ein scharfes Profil der Kirche.[832] „*Kein Unternehmen der Welt hat diese Erfahrung in der multisensualen Ansprache der Menschen wie die Kirche*"[833], schwärmt Häusel. Klepper kann dies nur bestätigen: „*Das perfekte Erlebnis aller fünf Sinne.*"[834]

Abb. 39: Kirche
(Quelle: URL 283)

„*Multisensuales Marketing ist unter den heute herrschenden Kommunikationsbedingungen sicherlich ein Erfolgskonzept, sofern die multisensualen Erlebnisse systematisch und integriert gestaltet und umgesetzt werden. Die multisensuale Ansprache der Konsumenten bietet Differenzierungsmöglichkeiten sowie zahlreiche Wege einer erlebnisorientierten Ansprache, um sich dadurch im Angebotsmeer zu differenzieren*"[835], resümiert Esch.

---

[828] Vgl. Experteninterview mit Dipl.-Kfm. Karsten Klepper im Anhang.
[829] Vgl. Experteninterview mit Philipp Zutt im Anhang.
[830] Vgl. Experteninterview mit Dipl.-Kfm. Karsten Klepper im Anhang.
[831] *Visuelles Branding:* Kirchenkreuz; *Akustisches Branding:* Kirchenglocken; *Haptisches Branding:* Das am meisten verbaute Material in Kirchen ist Stein. Sowohl der meist mit Platten bedeckte Fußboden als auch die hohen Steinwände in Kirchen vermitteln mit ihrer glatten und harten Oberfläche eher ein kaltes Temperaturempfinden; *Olfaktorisches Branding:* Weihrauch; *Gustatorisches Branding:* Hostie; (Vgl. URL 282)
[832] Vgl. ebenda.
[833] Vgl. Experteninterview mit Dr. Hans-Georg Häusel im Anhang.
[834] Vgl. Experteninterview mit Dipl.-Kfm. Karsten Klepper im Anhang.
[835] Vgl. Experteninterview mit Prof. Dr. Franz-Rudolf Esch im Anhang.

4.9 Ausblick

„Wie man bei erfolgreichen Marken feststellen kann, wird die Multisensorik zunehmend in die Markenstrategie aufgenommen. So sind in den letzten Jahren zahlreiche Sound Branding-Agenturen, als auch Geruchs-Institute entstanden. Diese Beispiele zeigen, dass Unternehmen sukzessive mehr Wert auf eine multisensuale Markenführung legen. Die Sensibilität für das Thema nimmt dramatisch zu"[836], so Häusel.

„Die Chancen sind immens, die offenen Fragen sind es ebenfalls. Noch gilt es zum einen vielfach zunächst die internen Voraussetzungen zu erarbeiten (Stichwort Markenidentität), zum anderen fehlen von wissenschaftlicher Seite her umfassende Forschungsergebnisse"[837], verdeutlicht Kilian. *„Brauchbare Ergebnisse für mehr als zwei Sinne sind demgegenüber noch nahezu nichtexistent, weshalb sich im Bereich multisensorischer Marktforschung in den nächsten Jahren vielfältige Möglichkeiten ergeben"*[838], blickt Kilian in die Zukunft.

Am 21. April 2010 wurde das *multisense®* Forum, eine neue Disziplin-übergreifende Plattform, auf dem Messegelände Hannover mit einer prominent besetzten Podiumsdiskussion[839] im Rahmen einer Kick-Off Veranstaltung eröffnet. Im Zuge dieser Diskussionsrunde war die Dominanz der Sinne für alle Diskussionsteilnehmer unstrittig. *„Wenn uns etwas über mehrere Sinne anspielt, lernen wir besser, denn die Sinne verstärken sich untereinander"*[840], erklärt Spitzer. Am 15. September 2010 fand in Essen die Premiere des *multisense®* Forums statt. Weitere Veranstaltungen sind geplant.

„Ich glaube, dass Bewusstsein für die multisensuale Markenführung ist bei Unternehmen vorhanden. Die Emotionalität der Marke muss multisensual erfolgen, wenngleich man sich immer noch auf tradierte Formen der Wahrnehmung von Sinnesorganen fixiert"[841], fasst Bruhn zusammen. Für ihn können Erfolgsbeispiele als auch wissenschaftliche Arbeiten auf diesem Gebiet für ein noch größeres Bewusstsein sorgen. *„Wahre Differenzierung erreichen Unternehmen nur durch die richtige multisensorische Ausprägung Ihrer Marke. Wer das richtig und rechtzeitig angeht, wird später als Marke sich einen entscheidenden Vorteil gegenüber seinen Wettbewerbskollegen verschaffen"*[842], bringt es Klepper auf den Punkt.

---

[836] Vgl. Experteninterview mit Dr. Hans-Georg Häusel im Anhang.
[837] Vgl. Experteninterview mit Dr. Karsten Kilian im Anhang.
[838] Ebenda.
[839] Unter der Moderation von Olaf Hartmann diskutierten Philosoph Peter Sloterdijk, der Gehirnforscher und Psychiater Manfred Spitzer, die Geschäftsführerin des Nivea Hauses Hamburg, Christin Lüdemann und der Markenspezialist Karsten Kilian. (Vgl. URL 266)
[840] Ebenda.
[841] Vgl. Experteninterview mit Prof. Dr. Manfred Bruhn im Anhang.
[842] Vgl. Experteninterview mit Dipl.-Kfm. Karsten Klepper im Anhang.

5. Markenrecht

„In einer Welt, in der sich alles verändert, ist die Marke eines der wenigen stabilen Elemente."[843]

Jean-Noel Kapferer

Das Markenrecht ist ein Teilgebiet des so genannten *Kennzeichenrechts*, das neben dem Markenrecht auch den Schutz von Namen und Firmenkennzeichen oder den Schutz von Werktiteln umfasst. In Deutschland beinhaltet das **Markengesetz** (MarkenG) gemäß *§3 Abs1 MarkenG* folgende Definition: *„Als Marke können alle Zeichen, insbesondere Wörter einschließlich Personennamen, Abbildungen, Buchstaben, Zahlen, Hörzeichen, dreidimensionale Gestaltungen einschließlich der Form einer Ware oder ihrer Verpackung sowie sonstige Aufmachungen einschließlich Farben und Farbzusammenstellungen geschützt werden, die geeignet sind, Waren oder Dienstleistungen eines Unternehmens von denjenigen anderer Unternehmen zu unterscheiden."*[844] Die Verordnung zur Ausführung des Markengesetzes findet sich in der Markenverordnung (MarkenV).

Während die Marke dem Konsumenten ermöglicht zu erkennen, aus welcher Quelle das Angebotene stammt, dient sie dem Unternehmen im geschäftlichen Verkehr als Abgrenzungsmittel gegenüber anderen und als unentbehrliches Marketingtool. Rechtlich gesehen ist die Marke ein *territorial begrenztes, selbstständiges Vermögensrecht*. Sie lässt sich durch ihre Registrierung leichter gegen Nachahmende verteidigen, die unberechtigt an Ihrem Erfolg teilhaben wollen.[845]

Nach einer aktuellen Studie der OECD (November 2009) liegt der wirtschaftlich verursachte *Schaden* durch Produkt- und Markenpiraterie weltweit bei *184 Mrd. Euro*. Dabei beläuft sich der Schaden alleine in Deutschland auf rund 30 Mrd. Euro jährlich und bedeutet zugleich die Vernichtung von geschätzten 70.000 Arbeitsplätzen.[846] In der Europäischen Union wurden im Jahr 2005 rund 76 Mio. Artikel beschlagnahmt.[847]

---

[843] URL 74.
[844] URL 97.
[845] Vgl. URL 6.
[846] Vgl. URL 70.
[847] Vgl. URL 69.

5.1 Markenschutz

Die Komplexität der markenrechtlichen Schutzfähigkeit führt dazu, dass die miteinander verwobenen multisensualen Markeneindrücke nicht oder nur unter unverhältnismäßig hohem Aufwand vom Wettbewerb imitiert werden können.[848] Grundsätzlich unterscheidet man in diesem Zusammenhang zwischen Markenpiraterie, Produktpiraterie und dem so genannten Counterfeiting. Während *Markenpiraterie* eine Nachahmung des Markennamens voraussetzt, der in weiterer Folge für gleichartige Waren eingesetzt wird (Beispiel: *Lacoste-Krokodil* auf Handschuhen), handelt es sich bei *Produktpiraterie* um eine Nachahmung des Produktes, welches mit einem fremden Markenzeichen versehen wird (Beispiel: *Ritter-Sport*-Verpackung wird imitiert). Beim *Counterfeiting* werden die vorangegangenen Nachahmungen kombiniert (Beispiel: das imitierte *Lacoste-Krokodil* wird auf T-Shirts eingesetzt).[849]

Aufgrund des wachsenden Konkurrenzkampfes sowie der zunehmenden Intensität der Markenpiraterie hat in den letzten Jahren der rechtliche Schutz von Marken und Markenzeichen stark an Bedeutung gewonnen. Die Aufgabe des Markenschutzes besteht darin, alle schutzfähigen *Brand Icons* (Name, Logo, markenspezifische Melodien etc.) vor dem Zugriff und Missbrauch durch die Konkurrenz rechtlich abzusichern, um einer Erosion des Markenwertes vorzubeugen.[850] Wer auf die Eintragung von Kennzeichen in das Markenregister verzichtet, wird es schwer haben, Dritten die Verwendung des identischen oder ähnlichen Kennzeichens zu verbieten und Maßnahmen Dritter zu verhindern, die den Wert des eigenen Kennzeichens beeinträchtigen.[851] Bevor man seine Marke anmeldet, sollten jedoch grundsätzliche Fragen zu Schutzmöglichkeiten, Kollisionsgefahr, Recherche, Verfahren, Kosten oder Auslandsschutz geklärt werden.[852] Als rechtliche Grundlage wird für dieses Kapitel das *deutsche (Marken)Recht* herangezogen.

Um ein Zeichen als Marke[853] schützen und folglich beim Deutschen Patent- und Markenamt (DPMA) eintragen lassen zu können, muss dieses *markenfähig* sein. Als markenfähig gemäß *§3 Abs1 MarkenG* gelten Zeichen, die selbständig[854], einheitlich und mit Hilfe von Figuren, Linien oder Schriftzeichen *graphisch darstellbar* sind. Die Darstellung muss dabei „klar,

---

[848] Vgl. Kilian, 2007, S. 353f.
[849] Vgl. Esch/Geus, 2005, S. 1269.
[850] Vgl. Burmann et al., 2007, S. 21.
[851] Vgl. Schröder, 2005, S. 353.
[852] Vgl. Walter, 2003, S. 36f.
[853] 1894 wurde mit „PERKEO" die erste Marke für Lampen und Lampenteile beim DPMA eingetragen. (Vgl. URL 111)
[854] Selbständig ist ein Zeichen, wenn es allein ohne Produkt erfassbar ist. (Vgl. Bruhn, 2004, S. 13)

eindeutig, in sich abgeschlossen, leicht zugänglich, verständlich, dauerhaft und objektiv"[855] sein. Erfüllt ein Zeichen diese Voraussetzungen, so ist es geeignet, Waren oder Dienstleistungen eines Unternehmens von denjenigen anderer Unternehmen zu unterscheiden. Nur solche Zeichen haben jene **Unterscheidungskraft**, die für die Eintragung erforderlich ist.[856] Dabei dürfen weder absolute noch relative Schutzhindernisse bestehen. Während zu den *absoluten Schutzhindernissen* u.a. fehlende Unterscheidungskraft, ersichtliche Irreführungsgefahr und für die allgemeine Benutzung freizuhaltende beschreibende Angaben zählen, umfassen *relative Schutzhindernisse* Schutzrechtsverletzungen Dritter. Diese werden im Gegensatz zu den absoluten Schutzrechten nicht vom DPMA im Zuge der Markenanmeldung überprüft.

Marken, die sich durch Zeichen nicht (hinreichend genau) graphisch darstellen lassen, sind nicht markenfähig. Außerdem sind nach *§3 Abs2 Nr1-3 MarkenG* warenbedingte, technisch bedingte und wertbedingte Formen von der Markenfähigkeit ausgeschlossen. Markenschutz kann heute gemäß *§4 MarkenG* auf drei Wegen entstehen. Einerseits durch Eintragung eines Zeichens in das beim Patentamt geführte *Markenregister*. Andererseits durch Benutzung eines Zeichens im geschäftlichen Verkehr und Erlangung von *Verkehrsgeltung*[857]. Markenschutz kann zudem durch *notorische Bekanntheit*[858] der Marke begründet werden.[859]

Man unterscheidet nationale, europäische und internationale Markenrechte. Während die Sicherung einer *nationalen Marke* Schutz für das gesamte Staatsgebiet bietet, besitzt die *Gemeinschaftsmarke* in allen EU-Staaten Geltung. Hier besteht jedoch der Nachteil, dass bei Eintragungshindernissen in einem EU-Land, die Marke insgesamt nicht eingetragen werden kann. Der Sitz des Harmonisierungsamtes für den Binnenmarkt (HABM) befindet sich in *Alicante* (Spanien).[860] Außerdem besteht die Möglichkeit, aufbauend auf nationalem Markenrecht, die Marke als *internationale Marke* anzumelden. Dieser Schutz kann bis zu *80 Länder* umfassen. Die internationale Registrierung einer Marke, die nach der Bestimmung des Madrider Markenabkommens (MMA) über die World Intelectual Property Organization (WIPO) in *Genf* möglich ist, zieht eine wesentliche Vereinfachung des Organisationsaufwands seitens des Markeninhabers mit sich. Die internationale Marke wird nämlich zentral von der WIPO verwaltet.[861]

---

[855] URL 116.
[856] Vgl. Bruhn, 2004, S. 13.
[857] Für die Erlangung eines Markenschutzes durch Verkehrsgeltung ist ein Bekanntheitsgrad von mehr als 30% eines Zeichens bei den relevanten Verkehrskreisen erforderlich. (Vgl. Schröder, 2001, S. 353)
[858] Dazu muss ein Bekanntheitsgrad von mindestens 60% nachgewiesen werden. (Vgl. ebenda, S. 360)
[859] Vgl. Schröder, 2001, S. 356.
[860] Vgl. URL 55.
[861] Vgl. Kitzberger, 2005, S. 121.

Die **Schutzdauer** einer eingetragenen Marke beginnt mit dem Anmeldetag und hat eine Gültigkeit von *10 Jahren*, wobei die Schutzdauer immer wieder um 10 Jahre verlängert werden kann. Somit ist eine Marke *unbegrenzt* verlängerbar und kann sozusagen ewig existieren.[862] Wird eine Marke jedoch nach der Eintragung innerhalb eines Zeitraumes von fünf Jahren nicht benutzt, so kann es auf *Antrag wegen Verfalls* zu einer Löschung der Marke aus dem Markenregister kommen. Außerdem kann die Eintragung der Marke auf *Antrag wegen Nichtigkeit aufgrund absoluter Schutzhindernisse* gelöscht werden.[863]

Der Markeninhaber erwirbt mit der Eintragung in das Markenregister das alleinige Recht, die Marke für die geschützten Waren und/oder Dienstleistungen zu benutzen. Der Inhaber der Marke besitzt die Befugnis, seine Marke zu verkaufen, andere Marken zu kaufen oder ein Nutzungsrecht an seiner Marke einzuräumen *(Markenlizenz)*. Bei Verletzung seines Markenrechts stehen dem Inhaber der Marke *Unterlassungsansprüche* bzw. *Schadenersatzansprüche* zu.[864]

5.2 Markenformen

Markenformen bestimmen die unterschiedlichen Wirkungsarten von Marken als Kommunikationszeichen auf die menschlichen Sinnesorgane. Marken können sowohl den visuellen, den auditiven, den olfaktorischen, den gustatorischen als auch den haptischen Sinn ansprechen.[865] Dabei besitzen die eintragungsfähigen Marken sehr unterschiedliche Formen.

In dieser Arbeit wird eine Unterscheidung zwischen konventionellen und neuen Markenformen getroffen. Dabei werden all jene Markenformen, die aktuell (Stand: Juni 2010) im Markenregister des DPMA klassifiziert werden, als **konventionelle Markenformen** zusammengefasst. Nach Angaben des DPMA entfielen im Jahr 2009 mehr als 99 Prozent der Anmeldungen auf diese Kategorie. Alle anderen Markenformen, die zwar grundsätzlich gesetzlich geschützt werden können, jedoch (noch) nicht explizit im Markenregister des DPMA geführt werden, werden zu den **neuen Markenformen** zusammengefasst. Dabei handelt es sich um Markenformen, deren Eintragung noch vor wenigen Jahren undenkbar war. Die neuen Markenformen erfahren jedoch in der Praxis oft Hindernisse bei der Eintragung, wobei es hauptsächlich um das Fehlen der erforderlichen *grafischen Darstellung* geht.

---

[862] Vgl. URL 98.
[863] Vgl. URL 100.
[864] Vgl. URL 99.
[865] Vgl. Fezer, 2004, S. 2463.

Die neuen Markenformen werden derzeit beim DPMA entweder als „sonstige Markenform" oder „unbekannte Markenform"[866] geführt. Im Folgenden werden sowohl die konventionellen als auch die neuen Markenformen hinsichtlich der aktuellen Eintragungspraxis und ihrer Anmeldungen bzw. Registrierungen genauer analysiert. Dabei dient das Markenregister des *DPMA* als Grundlage der Untersuchung.

5.2.1 Konventionelle Markenformen

Aktuell (Stand: Juni 2010) unterscheidet das Markenregister des DPMA folgende Markenformen: *Wortmarken, Bildmarken, Wort-/Bildmarken*[867], *Hörmarken*[868], *3D-Marken*[869] *(insbesondere Warenverpackungen), Farbmarken, Kennfadenmarken,* und *sonstige Markenformen*. Abb. 40 fasst die konventionellen Markenformen zusammen.

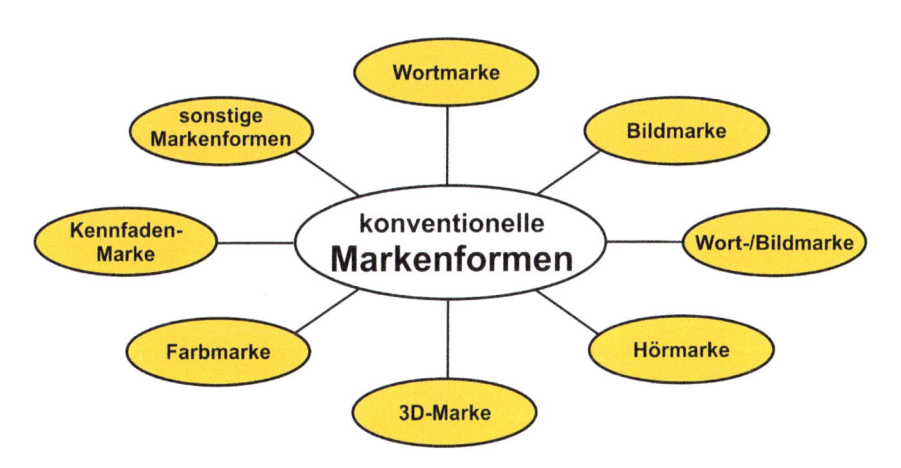

Abb. 40: konventionelle Markenformen

---

[866] „Nach der Markenverordnung muss dem DPMA mitgeteilt werden, in welcher Markenform die Marke eingetragen werden soll. Geschieht dies auch nach einer Nachfrage durch das DPMA nicht (eindeutig) durch den Anmelder, wird die Anmeldung zurückgewiesen, und im (elektronischen) Markenregister verbleibt eine dem DPMA „unbekannte Markenform" in derzeit über 70 Fällen." (vgl. Experteninterview mit Patentanwalt Dr. Ralf Sieckmann im Anhang)
[867] Wort-/Bildmarken bestehen aus einer Kombination von Wort- und Bildelementen.
[868] Im Markenrecht herrscht im deutschsprachigen Raum hinsichtlich des Begriffs „Hörmarke" keine einheitliche Terminologie. So werden die Begriffe *Klangmarke* (Österreich), *Hörmarke* (Deutschland, HABM) und *Akustische Marke* (Schweiz) verwendet. (Vgl. Steiner, 2009, S. 96)
[869] Die 3D-Marke wird auch Formmarke oder körperliche Marke genannt. Man unterscheidet grundsätzlich produktabhängige (ist regelmäßig eine Warenmarke) und produktunabhängige (z.B. *Mercedes-Stern*) 3D-Marken. (Vgl. URL 103)

Die konventionellen Markenformen werden bis auf die Wort-/Bildmarke und die Farbmarke gemäß *§7-12 MarkenV* explizit angeführt. Deren Markenfähigkeit ergibt sich aus *§3 Abs1 MarkenG*.

5.2.1.1 Wortmarke

Wortmarken sind Marken, die aus einem Wort (z.B. *Boss*) oder mehrerer Wörtern (z.B. *New Yorker*) bestehen. Außerdem können sie Personennamen (*Jil Sander*), einzelnen Buchstaben (z.B. *GTI*), Zahlen (z.B. *4711*) oder Buchstaben und Zahlen (z.B. *A4*) enthalten. Werbeslogans (*„Pack' den Tiger in den Tank!"*) und Werbewörter sind ebenso schutzfähig.[870]

5.2.1.2 Bildmarke

Bildmarken sind Bilder, Bildelemente oder Abbildungen *ohne* Wortbestandteile. Der naturgetreuen Abbildung einer Ware (z.B. Fotografie eines Autos) wird grundsätzlich keine Markenfähigkeit zugesprochen, da es an der Unterscheidungskraft mangelt. Bekannte Beispiele für Bildmarken sind u.a. der *Mercedes-Stern* (vgl. Abb. 41), der *Lufthansa*-Kranich und der *Nike „Swoosh"*.

Abb 41: Mercedes-Stern

(Quelle: URL 87)

5.2.1.3 Wort-/Bildmarke

Wort-/Bildmarken bestehen aus einer *Kombination* von Wort- und Bildbestandteilen, oder aus Wörtern, die grafisch gestaltet sind. Sie bilden einen Unterfall der Bildmarke. Bei einer Wort-/Bildmarke handelt es sich formal gesehen um *„eine Bildmarke, bei der ein graphisch gestaltetes Wort Hauptbestandteil des Bildes ist"*[871]. Bekannte Beispiele sind u.a. das *BMW-Logo*, der grafisch gestaltete *Persil*-Schriftzug und das *OBI-Logo* (vgl. Abb. 42).

Abb 42: Obi Wort-/Bildmarke

(Quelle: URL 88)

---

[870] Vgl. Fezer, 2004, S. 2463f.
[871] Vgl. Samland, 2006, S. 101.

5.2.1.4 Hörmarke

Hörmarken sind *akustische, hörbare* Marken *(Töne, Tonfolgen, Melodien oder sonstige Klänge und Geräusche)*, die im Rahmen der Akustischen Markenführung[872] Verwendung finden. Seit September 2003 wird jedoch in Deutschland die Anmeldung von Hörmarken erschwert. So ist die Aufnahme eines Hörzeichens in das Markenregister des DPMA nur noch dann möglich, wenn es in einer *Notation* optisch darstellbar ist. Somit ist die Darstellung von Klängen und Geräuschen in Form eines Sonagramms[873] bei der Anmeldung einer Hörmarke nicht mehr zulässig. Ausgenommen davon sind all jene Hörzeichen, die ausschließlich auf *Sound Design* basieren und bei denen eine *überragende Verkehrsgeltung* besteht.[874] Als eine der bekanntesten Hörzeichen gelten die Sound Logos von *Intel* (vgl. Kap. 4.2.2.3) und der *Deutschen Telekom* (vgl. Abb. 43).

Abb 43: Notation des Deutsche Telekom Sound Logos
(Quelle: URL 229)

5.2.1.5 dreidimensionale Marke

Eine dreidimensionale Marke (3D-Marke) bezeichnet die *dreidimensionale Gestaltung* eines Zeichens, wobei hierfür die Form des Schutzgegenstandes maßgebend ist.[875] Man unterscheidet *produktunabhängige Formen* (z.B. die „lila Kuh" von *Milka*), *Warenformen* (z.B. die Dreiecksform der *Toblerone*-Schokolade) und *Verpackungsformen* (z.B. Flasche von *Dimple*-Spirituosen). Nach *§3 Abs2 Nr1-3 MarkenG* sind warenbedingte, technisch bedingte und wertbedingte Formen nicht markenfähig.[876] Bekannte Beispiele sind u.a. die Klassischen Produktdesigns der *Coca-Cola*-Flasche und der *Odol*-Flasche, sowie das *Lacoste*-Krokodil und das *Michelin*-Männchen (vgl. Abb. 44).

Abb 44: Michelin-Männchen
(Quelle: URL 89)

---

[872] Für weiterführende Informationen rund um das Thema „Akustische Markenführung", insbesondere Hörmarken (im europäischen Raum): Steiner, Paul: Sound Branding. Grundlagen der Akustischen Markenführung, Wiesbaden, Gabler, 2009.
[873] Ein Sonagramm (Spektrogramm) ist ein zeitabhängiges Frequenz-Amplitudenspektrum.
[874] Vgl. URL 101.
[875] Vgl. Marz, 2010, S. 12.
[876] Vgl. Fezer, 2004, S. 2460f.

Der Schutz als 3D-Marke ist insbesondere für Designer interessant, die bisher auf ein anderes Schutzrecht, das so genannte **Geschmacksmuster**, ausweichen mussten. Damit wird die *ästhetische Gestaltung* (= Design) eines Gegenstands (= Modell) oder einer Fläche (= Muster) geschützt.[877] Voraussetzungen sind zum einen, dass es sich um einen industriellen oder handwerklichen Gegenstand handeln muss. Zum anderen muss das Design (Muster) zum Zeitpunkt der Anmeldung neu sein und sich von bereits existierenden Designs (sog. Eigenart) unterscheiden.[878] Das Geschmacksmuster gewährt allerdings einen zeitlich begrenzten Schutz von *25 Jahren*, während der Schutz einer dreidimensionalen Marke alle zehn Jahre verlängert werden kann - und zwar beliebig oft. Die neuere Rechtsprechung insbesondere die Bundesgerichtshof-Entscheidung zur Marke *Porsche Boxster* (vgl. Kap. 7.2.1) zeigt, dass es in Zukunft ratsam ist, neue Produkt- und Verpackungsformen als 3D-Marken anzumelden, sofern sich die Form erheblich von üblichen Formen abhebt und ein beliebig langer Schutz gewünscht ist. „Die dreidimensionale Marke ist eine interessante Ergänzung zum Geschmacksmusterschutz mit den erheblichen Vorteilen, dass das Produkt oder die Verpackung schon seit längerem auf dem Markt sein darf und eine Laufzeitbegrenzung nicht besteht."[879]

5.2.1.6 Farbmarke

Bei Farbmarken muss eine *bestimmte Farbe* bzw. eine *Farbkombination* markenfähig sein. Dabei darf die Farbgebung kein funktionell notwendiges Produktmerkmal darstellen. Eine konkrete Farbe kann als solche markenrechtlich geschützt werden.[880] Bekannte Beispiele sind u.a. die Einfarbenmarke „magenta" der *Deutschen Telekom,* die Farbkombination blau/silber von *Red Bull*, das *NIVEA*-Blau, das *Manner*-Rosa und das *Milka*-spezifische „lila" (vgl. Abb. 45) der Firma *Kraft Foods*.

Abb 45: Milka-Farbe Lila
(Quelle: URL 91)

---

[877] Vgl. URL 140.
[878] Vgl. URL 112.
[879] URL 139.
[880] Vgl. Fezer, 2004, S. 2464.

5.2.1.7 Kennfadenmarke

Kennfadenmarken sind zumeist *farbige Fäden* oder *Streifen,* die auf bestimmten Produkten (u.a. Kabeln, Drähten oder Schläuchen) angebracht sind. Kennfadenmarken sind für die relevanten Produkte oft das einzig sachgerechte Differenzierungsmittel zur Kennzeichnung.[881] Unternehmen, die eine Kennfadenmarke beim DPMA registriert haben, sind u.a. die *Bayerische Kabelwerke AG,* die *Bosch Telecom GmbH* und die *elumeg GmbH* (vgl. Abb. 46).

Abb. 46: Elumeg Kennfadenmarke
(Quelle: URL 93)

5.2.1.8 Sonstige Markenform

Um eine „sonstige Markenform" handelt es sich, wenn die Marke keiner der vorgenannten Markenformen zugeordnet werden kann. So ist beispielsweise eine Farbmarke, die aus einer konturlosen Farbe besteht, eine anerkannte sonstige Markenform.[882] Das DPMA fasst unter dieser Kategorie auch die neuen Markenformen zusammen, die aufgrund der fehlenden Klassifizierung im Markenregister nicht entsprechend eingetragen werden können. Diese werden im Kap. 5.2.2 genauer analysiert.

5.2.1.9 Fazit

Die konventionellen Markenformen sprechen überwiegend den visuellen Sinn, als auch den Gehörsinn (Hörmarke) an. Folglich bleibt die Ansprache der weiteren Sinne (Geruchssinn, Geschmackssinn, Tastsinn) ungenutzt. Da die europäischen Patent- und Markenämter unterschiedliche Markenformen klassifizieren, ist in Europa die Eintragung in das Markenregister nicht einheitlich geregelt. Auch die Bezeichnung der Markenformen ist im deutschsprachigen Raum unterschiedlich (vgl. Tab. 21, S. 185). So werden u.a. für das Hörzeichen die Begriffe *Klangmarke* (Österreich), *Hörmarke* (Deutschland, HABM) und *Akustische Marke* (Schweiz) verwendet.

Tab. 19 fasst Praxisbeispiele von Unternehmen zusammen, die aktuell (Stand: Juni 2010) eine konventionelle Markenform beim DPMA registriert haben:

---

[881] Vgl. URL 103.
[882] Vgl. URL 105.

Markenform	Beispiel (Markeninhaber)	Grafische Darstellung	Kommentar
Wortmarke	Tesa		Die Wortmarke „Tesa" wurde bereits 1940 in das Markenregister des DPMA eingetragen.
Bildmarke	Mercedes-Benz		Der bekannte „Mercedes-Stern" wurde bereits 1911 beim DPMA eingetragen.
Wort-/Bildmarke	OBI		Diese Wort-/Bildmarke stammt ursprünglich aus Frankreich und ist weltweit (außer in Frankreich) als Marke für das Bau- und Heimwerken geschützt.
Hörmarke	Deutsche Telekom		Das 880 Millisekunden lange Sound Logo gilt als Benchmark für viele Einsatzbereiche der akustischen Markenführung.
3D-Marke	Porsche		Die Form eines Automobils als dreidimensionale Marke kann seit 2005 beim DPMA geschützt werden.
Farbmarke	Kraft Foods		Das seit 1995 registrierte Milka-Lila (RAL 4005) gilt als eine der ersten Farbmarken Europas.
Kennfadenmarke	Elumeg		Kabelkennfaden für elektrische Leitungen.

Tab. 19: Beispiele konventioneller Markenformen in Deutschland

5.2.2 Neue Markenformen

Die neuen Markenformen zählen zu den am meist diskutierten Themen des Markenrechts.[883] Sie bieten den Vorteil, dass sie (teilweise) stärker (als bisher die konventionellen Markenformen) die verschiedenen Sinnesorgane des Menschen ansprechen und nicht an sprachliche Elemente gebunden sind. Als neue Markenformen wurden *Tastmarken, Geruchsmarken, Geschmacksmarken, Positionsmarken, Bewegungsmarken* (multimediale Marken), *Kombinationsmarken* und *Lichtmarken* (Hologramme) identifiziert. Abb. 47 fasst die neuen Markenformen zusammen.

Grundsätzlich können die neuen Markenformen gemäß *§3 Abs1 MarkenG* gesetzlich geschützt werden. Ihnen ist jedoch gemeinsam, dass Sie aktuell (noch) *nicht* im Markenregister des DPMA explizit angeführt werden. Dies kann hauptsächlich darauf zurückgeführt werden, dass die *geforderte grafische Darstellung* der einzutragenden Marke, die neben der Unterscheidungskraft als Voraussetzung für den Markenschutz gilt, aktuell *nicht* möglich erscheint. *„Dieser Punkt bietet in der Praxis der Eintragung neuer Markenformen reichlich Diskussionsstoff in Literatur und Rechtsprechung"*[884], wie Marz betont.

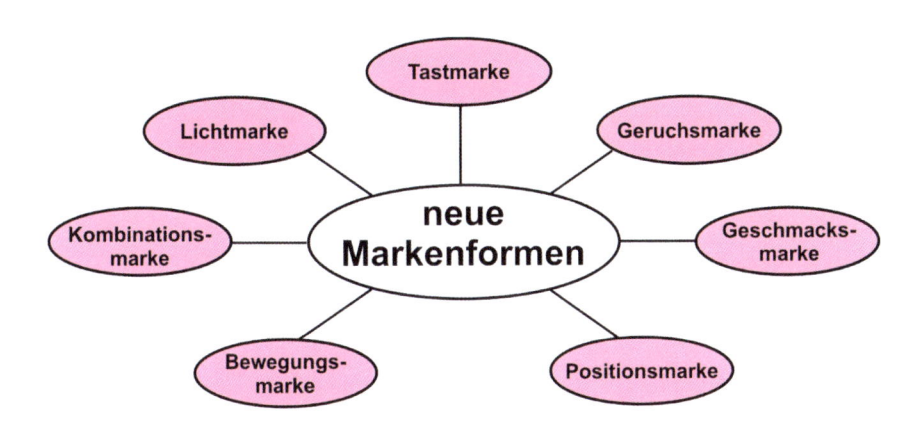

Abb. 47: neue Markenformen

---

[883] Vgl. Hauck, 2005, S. 363.
[884] Marz, 2010, S. 11.

Im Folgenden werden neben der allgemeinen Erläuterung die derzeitigen Eintragungspraktiken anhand aktueller Entscheidungen verschiedener Gerichte dargestellt.

5.2.2.1 Tastmarke

Unter einer Tastmarke versteht man eine Markenform, die über den *Tastsinn* wahrgenommen wird. Während bei der dreidimensionalen Marke die visuelle Wahrnehmung als Schutzgegenstand fungiert, wird bei der Tastmarke auf die haptische Wiedererkennung abgestellt.[885] Mögliche Anwendungsbereiche sind u.a. *Blindenschriftzeichen* und allgemein *haptische Produktzeichen*. Der BGH hat Tastmarken grundsätzlich als markenfähig anerkannt, sofern die *„maßgeblichen Eigenschaften des zu ertastenden Gegenstands objektiv hinreichend genau und bestimmt angegeben werden. Die bloße Abbildung des Gegenstands genügt nicht."*[886] *(BGH, Beschluss vom 5.10.2006 - I ZB 73/05 - Tastmarke)*[887] Die Beschreibung des Tastgefühls gilt jedoch hinsichtlich der Unterscheidungskraft als nicht aussagekräftig, da es sich nicht um eine spezifische grafische Darstellung handelt.[888] Somit ist die Aufnahme von Tastmarken in das Markenregister sowohl in der Literatur als auch in der Rechtsprechung fraglich.

Das Unternehmen *Underberg* hat sich 2003 nach einem sehr langwierigen Verfahren erfolgreich den Namen „Underberg" in Blindenschrift (Brailleschrift) beim DPMA als Marke registrieren lassen (vgl. Abb. 48). Sowohl die Unterscheidungskraft des Schriftzuges in Brailleschrift als auch die grafische Darstellbarkeit konnten erfolgreich nachgewiesen werden. So hieß es in der beigefügten Beschreibung: *„[...] Bei den wie Punkten anmutenden dunklen Schattierungen handelt es sich um dreidimensionale Erhebungen, die durch Ausübung einseitigen Drucks maschinell aus einer planen Fläche herausgearbeitet wurden."*[889] Da das Markenregister des DPMA keine Klassifizierung für Tastmarken vorsieht, wurde die Marke als „Bildmarke" registriert.[890] Das Unternehmen *Underberg* gilt als erster Inhaber einer Tastmarke.

Abb. 48: „Underberg" in Brailleschrift
(Quelle: URL 106)

---

[885] Vgl. Grussu, 2007, S. 41.
[886] URL 110.
[887] Vgl. URL 103.
[888] Vgl. Marz, 1997, S. 100f.
[889] Marz, 2010, S. 23.
[890] Vgl. URL 109.

5.2.2.2 Geruchsmarke

Eine Geruchsmarke (Riechmarke) stellt ein *nicht visuell wahrnehmbares Zeichen* dar und wird nach aktueller Rechtsprechung des Europäischen Gerichtshofs (EuGH) (EuGH - C-273/00 - Sieckmann) den Anforderungen an die grafische Darstellung *„weder durch eine chemische Formel noch durch eine Beschreibung in Worten, die Hinterlegung einer Probe des Geruchs oder die Kombination dieser Elemente gerecht."*[891] Grundsätzlich kann ein Zeichen, das als solches nicht visuell wahrnehmbar ist, eine Marke sein, sofern *„das Zeichen grafisch darstellbar ist und diese Darstellung klar, eindeutig, in sich abgeschlossen, leicht zugänglich, verständlich, dauerhaft und objektiv ist"*[892], stellten die Richter des EuGH 2002 in einem Grundsatzurteil fest. Eine Eintragung im DPMA bleibt fraglich, da Geruchsmarken nach deutschem Recht an dem *Erfordernis der grafischen Darstellbarkeit*, zum Bedauern der Parfümindustrie, scheitern.[893] Eine allgemeine anerkannte internationale Duftklassifikation (vergleichbar mit den Farbcodes oder der Notenschrift bei Hörmarken) existiert nicht.

Beim HABM konne im Jahr 2000 mit der Marke *„The smell of fresh cut grass"* (vgl. Abb. 49) der niederländischen Firma *Senta Aromatic Marketing*, deren Tennisbälle nach frisch gemähtem Gras duften, erstmals eine Geruchsmarke in ein Markenregister eingetragen werden. Das HABM befand, dass die Beschreibung (*„Besteht aus dem Duft von frisch gemähtem Gras, aufgetragen auf das Produkt"*[894]) angemessen war und das Erfordernis der grafischen Darstellbarkeit nach *Art4 GMVO* erfüllte.[895] Bei dieser Marke handelt es sich um die einzige Gemeinschaftsmarke, die jemals als Geruchsmarke eingetragen wurde (Stand: Juni 2010). Der Markenschutz für diese Geruchsmarke ist 2007 erloschen.

Abb. 49: Tennisball
(Quelle: URL 92)

Sechs weitere Geruchsmarken (u.a. *„Der Geruch von Vanille"*, *„Der Duft von Zitrone"* und *„Der Duft einer reinen Erdbeere"*) wurden beim HABM in den letzten Jahren angemeldet, jedoch sind alle Anmeldungen zurückgewiesen worden. Somit ist aktuell (Stand: Juni 2010) weder beim HABM noch beim DPMA eine Geruchsmarke registriert.

---

[891] URL 116.
[892] Ebenda.
[893] Vgl. Stumpf, 2004.
[894] URL 107.
[895] Vgl. URL 117.

5.2.2.3 Geschmacksmarke

Eine Geschmacksmarke stellt wie die Geruchsmarke ein *nicht visuell wahrnehmbares Zeichen* dar. Das praktische Bedürfnis nach einem Schutz von Geschmacksmarken ist jedoch bislang sehr gering. Alle drei Anmeldungen scheiterten bisher an dem Erfordernis der grafischen Darstellbarkeit. So hat die Beschwerdekammer des HABM im August 2003 den Geschmack eines künstlichen Erdbeeraromas für Arzneimittel als nicht unterscheidungskräftig angesehen.[896] Bei der zweiten und dritten Anmeldung handelt es sich um die 2003 beim HABM eingereichte Geschmacksmarke *„The Taste of Oranges"* (vgl. Abb. 50) der niederländischen Firma *N.V. Organon* für ein Arzneimittel. Die Beschreibung lautete: *„The mark consists of the taste of oranges applied to the goods."*[897] Die Geschmacksmarke wurde jedoch 2005 auf Grund der fehlenden Unterscheidbarkeit zurückgewiesen. Auch die Erstmarkenanmeldung der Firma in den Benelux-Staaten verlief erfolglos.[898]

Abb. 50: Orange (Quelle: URL 131)

5.2.2.4 Positionsmarke

Bei der Positionsmarke begründet die kennzeichnende Positionierung des Zeichens auf dem Produkt die Markenqualität (z.B. roter Streifen im Schuhabsatz). Es ist somit die *besondere Art und Weise der Anbringung oder Anordnung eines Zeichens* auf einem Produkt von Interesse.[899] Das Unternehmen *Adidas AG* hat im Jahr 1999 eine Positionsmarke beim DPMA eingereicht. Es ging dabei um die kennzeichnende Positionierung der berühmten drei Streifen auf dem *Adidas* Schuh (vgl. Abb. 51). So lautet es in der beigefügten Beschreibung: *„Die Marke besteht aus drei zur Grundfarbe der Schuhe kontrastierenden Streifen. Der Umriss des Schuhs dient zur Darstellung, wie die Marke angebracht ist und ist nicht Bestandteil der Marke."*[900] Die Positionsmarke konnte 1999 erfolgreich beim DPMA registriert werden und wurde 2009 verlängert.

Abb 51: Adidas Schuh (Quelle: URL 94)

---

[896] HABM R0120/2001-2 vom 4. August 2003 erhältlich unter: URL 171.
[897] Vgl. URL 130.
[898] Vgl. URL 129.
[899] Vgl. Fezer, 2004, S. 2466.
[900] Vgl. URL 121.

5.2.2.5 Bewegungsmarke

Bei der Bewegungsmarke (multimediale Marke) fungiert als Schutzgegenstand eine *Abfolge von mehreren definierten Bewegungen* (z.B. Comic-Figur in einem Werbespot), die das Erscheinungsbild der Marke ändern. Dabei kann die geforderte grafische Darstellung anhand von sechs Einzelbildern erfolgen. Die Bildfolge kann ergänzend anhand einer Beschreibung des Bewegungsvorganges wiedergegeben werden.[901] Das Unternehmen *Henkel* hat 2003 erfolgreich eine Bewegungsmarke (vgl. Abb. 52) beim DPMA eintragen lassen, die jedoch aufgrund der fehlenden Klassifizierung als „Sonstige Markenform" geführt wird. Dabei werden sechs Bilder in aufsteigender numerischer Reihenfolge für jeweils 0,5 Sekunden ohne dazwischenliegende Pause dargestellt.[902]

Abb. 52: Bewegungsmarke von Henkel
(Quelle: URL 108)

5.2.2.6 Kombinationsmarke

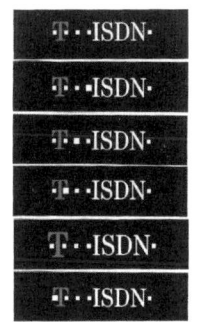

Werden mehrere Markenformen *kombiniert* so spricht man von einer Kombinationsmarke. In der Praxis werden Bewegungsmarken häufig mit Hörmarken kombiniert (z.B. der brüllende Löwe von *Metro-Goldwyn-Mayer*). Kombinationsmarken sind besonders für die multisensuale Markenführung von hoher Bedeutung, da sie mehrere Sinne gleichzeitig ansprechen. Ein bekanntes Beispiel ist die Kombinationsmarke der *Deutsche Telekom*. Dabei wird die Synchronisation der Bewegungsmarke mit dem bekannten Sound Logo der *Deutschen Telekom* geschützt (vgl. Abb. 53).

Abb. 53: Bewegungsmarke der Deutsche Telekom
(Quelle: URL 120)

---

[901] Vgl. Marz, 2010, S. 19f.
[902] Vgl. URL 113.

5.2.2.7 Lichtmarke

Bei Lichtmarken begründen *Lichtzeichen,* wie z.B. Lichtinszenierungen, Lichtinstallationen oder Illuminationen, die Markenqualität. Markenfähige Lichtzeichen können auch einfache visuelle Kommunikationszeichen sein, wie beispielsweise Blinkzeichen, Lichtstrahlen oder Lichtbewegungen.[903] Auch *Hologramme*[904] werden zu den Lichtmarken gezählt. Das Unternehmen *Nikon* besitzt seit 2004 die einzige registrierte Lichtmarke beim DPMA (Stand: Juni 2010). Es handelt sich dabei um ein Hologramm, dessen Hintergrund aus den in Endlosschrift neben- und untereinander (versetzt) angebrachten Worten „Nikon" besteht (vgl. Abb. 54). Die beigefügte Markenbeschreibung lautet: *„In Abhängigkeit vom Lichteinfall stellen sich die Farben des Hologrammhintergrundes und der Landkarten (Deutschland & Österreich) in silber, orange-gelb oder blau-grün dar."*[905]

Abb. 54: Nikon Hologramm
(Quelle: URL 114)

---

[903] Vgl. Fezer, 2004, S. 2466.
[904] „Nach der Rechtsprechung des 24. Senats des Bundespatentgericht (BPatG) reicht es für eine grafische Darstellbarkeit eines Hologramms nicht aus, wenn sich ein Hologramm zwar nach *§32 Abs2 Nr2 MarkenG* wiedergeben, in dieser Form aber nicht für die Eintragung in das Register reproduzieren lasse (BPatG, Beschluss vom 08.03.2005 - 24 W (pat) 102/03 - Hologramm)." (URL 103)
[905] URL 115.

5.2.2.8 Fazit

Die neuen Markenformen sprechen im Gegensatz zu den konventionellen Markenformen nicht nur den visuellen Sinn und den Gehörsinn, sondern auch die restlichen drei Sinnesorgane (Geruchssinn, Geschmackssinn, Tastsinn), sowie ästhetische Wahrnehmungen an. Somit besitzen die neuen Markenformen einen *zusätzlichen kommunikativen Wert*. Aufgrund solcher Eigenschaften und origineller Gestaltung wird es durch neue Markenformen möglich, eine schnelle und haftende Wirkung auf Konsumenten zu erzielen.[906] Die neuen Markenformen sind außerdem von einer bestimmten Sprache losgelöst und eignen sich folglich als „kosmopolitische Marken" besonders für einen weltweiten Einsatz.

Sowohl das HABM (Geruchsmarken, Lichtmarken) als auch das IGE - Eidgenössisches Institut für Geistiges Eigentum (Bewegungsmarken, Positionsmarken, Lichtmarken) klassifizieren bereits einige der neuen Markenformen in ihrem Markenregister. Die Eintragung von neuen Markenformen war bis vor wenigen Jahren noch undenkbar. Aktuell erfahren jedoch die neuen Markenformen in der Praxis oft Hindernisse bei der Eintragung, wobei es hauptsächlich um das Fehlen der *erforderlichen grafischen Darstellung* geht.

Während das Unternehmen *Underberg AG* die neue Markenform **Tastmarke** (Schriftzug „Underberg" in Brailleschrift) begründet hat, so gilt *Senta Aromatic Marketing* als erster Inhaber einer **Geruchsmarke** (*„The smell of fresh cut grass"*) beim HABM. Weiters sind die Unternehmen *Adidas* (**Positionsmarke**) und *Nikon* (**Lichtmarke**) zu nennen, die jeweils mit ihrer registrierten neuen Marke als Pioniere auf dem Gebiet gelten. Diese Anmeldungen bzw. Registrierungen neuer Markenformen lassen hoffen, dass auch in Zukunft innovative Markenformen den Weg in das Markenregister finden und folglich dem Markenrecht als außerordentlich dynamisches und spannendes Rechtsgebiet Rechnung tragen.

In Tab. 20 sind Praxisbeispiele von Unternehmen zusammengefasst, die aktuell (Stand: April 2010) eine neue Markenform beim DPMA oder HABM registriert bzw. angemeldet haben (hatten):

---

[906] Vgl. URL 141.

Markenform	Beispiel (Markeninhaber)	Grafische Darstellung	Kommentar
Tastmarke	Underberg		Als erster Inhaber einer Tastmarke gilt das Unternehmen *Underberg*.
Geruchsmarke	Senta Aromatic Marketing		„The smell of fresh cut grass" war bislang die einzige registrierte Geruchsmarke beim HABM.
Geschmacksmarke	N.V. Organon		„The Taste of Oranges" ist bislang eine von zwei Geschmacksmarken, die in Europa angemeldet wurden.
Positionsmarke	Adidas		Die „drei Streifen" von *Adidas* wurden 1999 beim DPMA als „Sonstige Markenform" registriert.
Bewegungsmarke	Henkel		Die Bewegungsmarke von *Henkel* wird beim DPMA als „Sonstige Markenform" geführt.
Kombinationsmarke	Deutsche Telekom		Eine Kombination von Hörmarke und Bildmarke.
Lichtmarke	Nikon		Dieses Hologramm von *Nikon* ist derzeit die einzige registrierte Lichtmarke beim DPMA.

Tab. 20: Beispiele neuer Markenformen in Europa

5.3 Markenanmeldungen in Europa

In diesem Unterkapitel werden die Markenanmeldungen und -registrierungen im deutschsprachigen Raum und beim HABM im Verlauf der letzten Jahre analysiert.

5.3.1 Anmeldungen nach Markenformen in Deutschland von 2000 - 2009

Im Jahr 2009 wurden 69.069 nationale Markenanmeldungen im Deutschen Patent- und Markenamt (DPMA) eingereicht. Das bedeutet eine Abnahme von 6,5 Prozent zu 2008 (73.903). 65.714 Anmeldungen (95%) stammen aus dem Inland. Insgesamt konnten 2009 49.817 Marken in das Markenregister des DPMA eingetragen werden. Dies entspricht rund 72 Prozent der angemeldeten Marken des gleichen Jahres. Abb. 55 veranschaulicht die Markenanmeldungen und Markenregistrierungen in Deutschland von 2000 bis 2009. Dabei fällt auf, dass der Höchststand an Markenanmeldungen (86.983) als auch an Markenregistrierungen (60.727) aus dem Jahr 2000 seitdem nicht mehr erreicht worden ist.

Nationale Markenanmeldungen und -registrierungen 2000 - 2009 (DPMA)

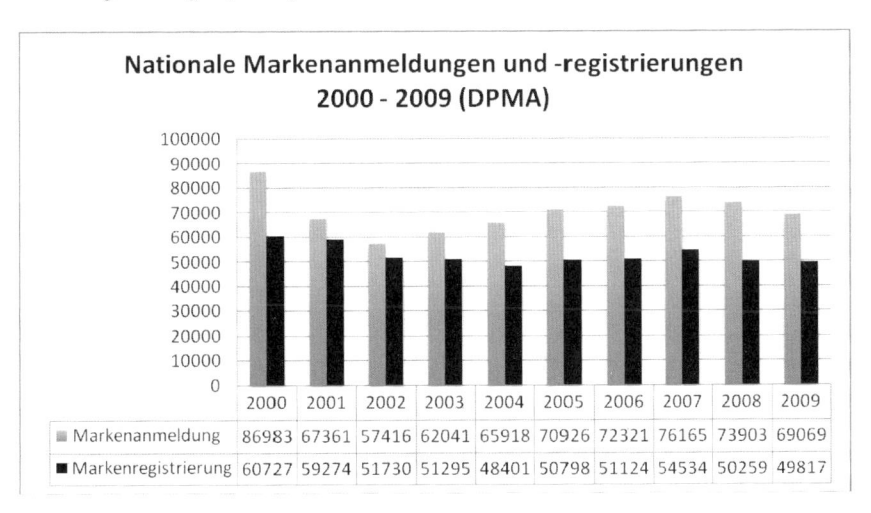

	2000	2001	2002	2003	2004	2005	2006	2007	2008	2009
Markenanmeldung	86983	67361	57416	62041	65918	70926	72321	76165	73903	69069
Markenregistrierung	60727	59274	51730	51295	48401	50798	51124	54534	50259	49817

Abb. 55: Nationale Markenanmeldungen und -registrierungen 2000 - 2009 (DPMA)
(Quelle: eigene Darstellung auf Basis der Daten des DPMA[907])

Im Folgenden werden die Anmeldungen und Registrierungen von konventionellen Markenformen in Deutschland untersucht. Da die neuen Markenformen beim DPMA nicht klassifiziert sind, ist deren Analyse nicht Gegenstand der Betrachtung.

---

[907] URL 112; URL 132.

Im Jahr 2009 wurden im DPMA 69.069 konventionelle Markenformen angemeldet. Darunter haben die Wortmarken mit 39.521 Anmeldungen den größten Anteil (57%), gefolgt von 29.360 Anmeldungen von Bildmarken und Wort-/Bildmarken (42%). Die restlichen konventionellen Markenformen, nämlich 3D-Marken (138), Hörmarken (14), Farbmarken (11), Kennfadenmarken (0) und sonstige Markenformen (25), spielen im Vergleich mit insgesamt 188 Anmeldungen nur eine untergeordnete Rolle (<1%). Abb. 56 fasst die Anzahl jener Markenformen[908] (Farbmarken, Hörmarken, Kennfadenmarken, Sonstige und Unbekannte Markenformen) zusammen, die 2009 in das Markenregister des DPMA eingetragen worden sind. Es wurden 6 Farbmarken, 12 Hörmarken, eine Kennfadenmarke und 17 Sonstige Markenformen in das Markenregister des DPMA eingetragen.

Anmeldungen und Registrierungen nach Markenformen 2009 (DPMA)

	Farbmarken	Hörmarken	Kennfaden-Marken	Sonstige Markenformen	Unbekannte Markenformen
Markenanmeldung	11	14	0	25	0
Markenregistrierungen	6	12	1	17	0

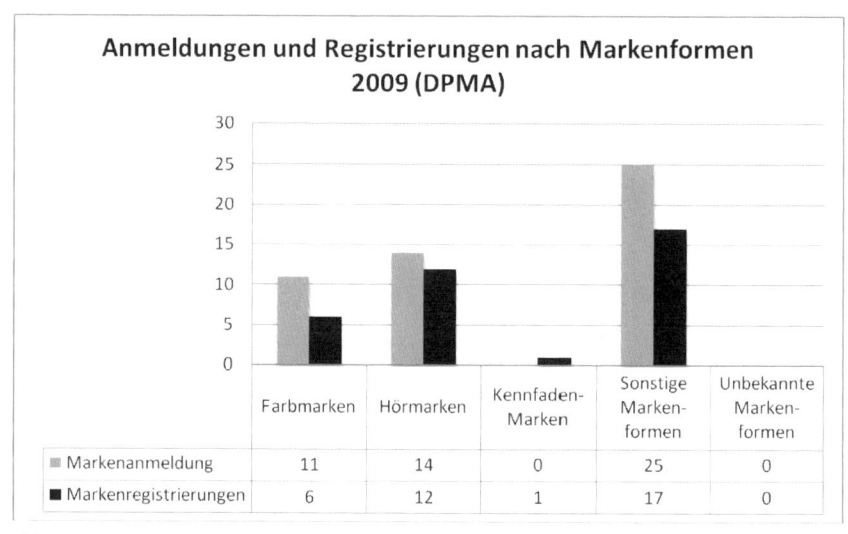

Abb. 56: Anmeldungen und Registrierungen nach Markenformen 2009 (DPMA)
(Quelle: eigene Darstellung auf Basis einer Online-Recherche auf der DPMA-Website)

Analysiert man die Anmeldungen und Registrierungen von konventionellen Markenformen von 2003 bis 2009 (vgl. Abb. 109 - 116 im Anhang), so ist festzuhalten, dass Anmeldungen von Bild- und Wort-/Bildmarken seit 2003 jährlich zugenommen haben. Im Vergleich dazu sind seit 2003 die Anmeldungen von 3D-Marken signifikant zurückgegangen. Die Anmeldungen von Wortmarken hatten ihren Höchststand im Jahr 2007 mit 47.071 Anmeldungen. Die Registrierungen von Hörmarken bleiben seit 2005 relativ konstant

---

[908] Aufgrund der Limitierung der Trefferzahlen bei der Online-Recherche beim DPMA sind die Registrierungszahlen der Wortmarken, Bildmarken, Wort-/Bildmarken und 3D-Marken von der Analyse ausgenommen.

zwischen 9 und 13 Eintragungen pro Jahr. Kennfadenmarken hatten 2006 mit fünf Registrierungen ihr Maximum. 2005 wurde mit 51 Anmeldungen von Farbmarken die höchste Anzahl seit 2003 erzielt, während die Zahl der Eintragungen in das Markenregister seit 2003 zwischen sechs und 16 Registrierungen schwankt. Der Höchststand an Anmeldungen von Sonstigen Markenformen war mit 96 Anmeldungen im Jahr 2005 während die Zahl der Registrierungen seit 2003 zwischen 16 und 29 liegt. Die Unbekannten Markenformen erzielten 2006 mit 62 Anmeldungen einen absoluten Rekord.

5.3.2 Anmeldungen nach Markenformen in Österreich von 2000 - 2009

Im Jahr 2009 wurden 7.569 nationale Markenanmeldungen im Österreichischen Patentamt eingereicht. Das bedeutet eine Abnahme von 8,4 Prozent zum Vorjahr (8.263). 6.378 Anmeldungen (84%) stammen aus dem Inland. Insgesamt konnten im Jahr 2009 5.981 Marken in das Markenregister des Österreichischen Patentamtes eingetragen werden. Dies entspricht rund 79 Prozent der angemeldeten Marken des gleichen Jahres. Abb. 57 veranschaulicht die Markenanmeldungen und Markenregistrierungen in Österreich von 2000 bis 2009.

Nationale Markenanmeldungen und -registrierungen 2000 - 2009 (Österreichisches Patentamt)

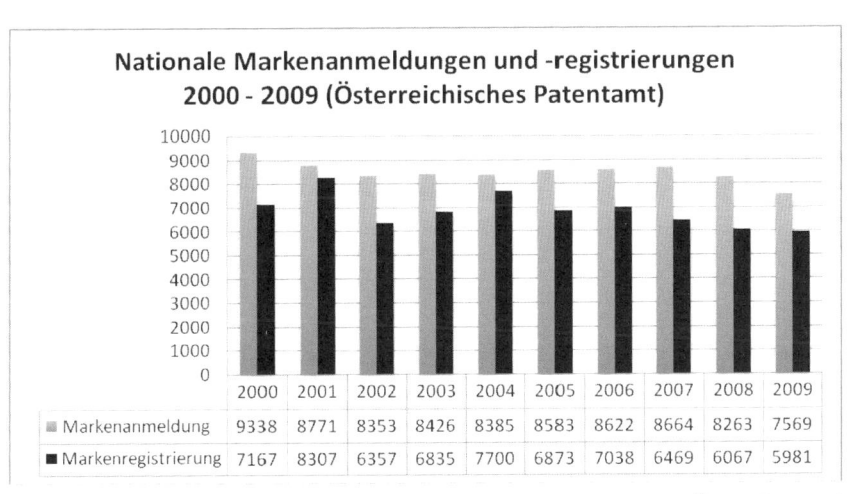

	2000	2001	2002	2003	2004	2005	2006	2007	2008	2009
Markenanmeldung	9338	8771	8353	8426	8385	8583	8622	8664	8263	7569
Markenregistrierung	7167	8307	6357	6835	7700	6873	7038	6469	6067	5981

Abb. 57: Nationale Markenanmeldungen und -registrierungen 2000 - 2009 (Österr. Patentamt) (Quelle: eigene Darstellung auf Basis der Daten, die mir von Herrn Mag. Christian Laufer, Mitarbeiter des Österr. Patentamtes, per Email am 18.05.2010 zur Verfügung gestellt wurden)

Dabei fällt auf, dass sowohl die Anmeldungen als auch die Registrierungen von Marken in Österreich in den letzten Jahren signifikant rückläufig sind. Der Höchststand an Markenanmeldungen (9.338) aus dem Jahr 2000 als auch an Markenregistrierungen (8.307) aus dem Jahr 2001 wurde seitdem nicht mehr erreicht. Im Folgenden werden die Anmeldungen von konventionellen Markenformen in Österreich untersucht. Da die neuen Markenformen beim Österreichischen Patentamt nicht klassifiziert sind, ist deren Analyse nicht Gegenstand dieser Untersuchung.

Das Österreichische Patentamt unterscheidet folgende Markenformen: Wortmarke, Bildmarke, Wort-/Bildmarke, Körperliche Marke (3D-Marke), Klangmarke, (abstrakte) Farbmarke und sonstige Marken[909]. Somit wird in Österreich im Vergleich zu Deutschland mit Ausnahme der Kennfadenmarke die gleiche Klassifizierung von Markenformen vorgenommen. Im Jahr 2009 hatten unter den Markenformen die Wortmarken (3.784) und die Wort-/Bildmarken (3.629) die meisten Anmeldungen. Im gleichen Jahr wurden 150 Bildmarken angemeldet und 160 Bildmarken registriert. Körperliche Marken (5), Klangmarken (1) und Farbmarken (0) spielten bei den Anmeldungen[910] bzw. Registrierungen 2009 nur eine untergeordnete Rolle. Abb. 58 fasst die Ergebnisse zusammen.

Anmeldungen und Registrierungen nach Markenformen 2009 (Österreichisches Patentamt)

	Wortmarken	Wort-/Bild-Marken	Bildmarken	Körperliche Marken	Klangmarken	Farbmarken
Markenanmeldung	3784	3629	150	5	1	0
Markenregistrierungen	2548	3267	160	5	1	0

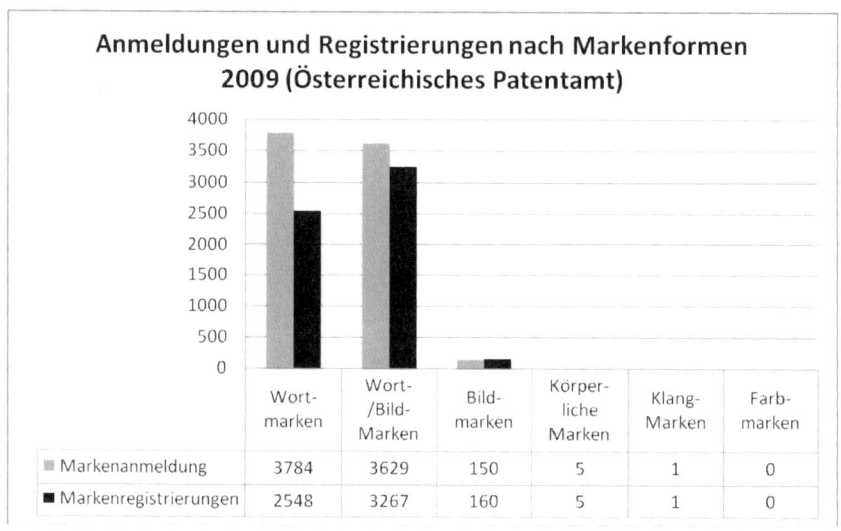

Abb. 58: Anmeldungen und Registrierungen nach Markenformen 2009 (Österr. Patentamt) (Quelle: eigene Darstellung auf Basis der Daten, die mir von Herrn Mag. Christian Laufer, Mitarbeiter des Österr. Patentamtes, per Email am 18.05.2010 zur Verfügung gestellt wurden)

---

[909] Die Analyse der Sonstigen Marken ist aufgrund fehlender Daten nicht Gegenstand dieser Untersuchung.
[910] Bei diesen drei Markenformen handelt es sich um jene Anmeldungen, die auch registriert wurden.

Analysiert man die Anmeldungen im Österreichischen Patentamt von 2003 bis 2009 nach Markenformen (vgl. Abb. 117 - 122 im Anhang), so ist festzuhalten, dass der Höchststand an Anmeldungen von Wortmarken (4.658) im Jahr 2007 zu verzeichnen war, während 2009 die wenigsten Anmeldungen (3.784) eingelangt sind. Im Verlauf der letzten Jahre ist die Anzahl an registrierten Wortmarken signifikant zurückgegangen. Die Anmeldungen von Wort- /Bildmarken und Bildmarken sind seit 2003 relativ konstant zwischen 3.600 und 4.200 bzw. 150 und 200 geblieben. Der Höchststand an Registrierungen von Körperlichen Marken (28) wurde 2003 verzeichnet, während 2008 und 2009 jeweils fünf registriert wurden. Seit 2003 wurden im Österreichischen Patentamt nur sechs Klangmarken bzw. sieben Farbmarken registriert.

5.3.3 Anmeldungen nach Markenformen in der Schweiz von 2000 - 2009

Im Jahr 2009 wurden 15.753 nationale Markenanmeldungen im Eidgenössischen Institut für Geistiges Eigentum (IGE) eingereicht. Das bedeutet eine Abnahme von 5,0 Prozent zum Vorjahr (16.587). Insgesamt konnten im Jahr 2009 14.141 Marken in das Markenregister des IGE eingetragen werden. Dies entspricht rund 90 Prozent der angemeldeten Marken des gleichen Jahres.

Nationale Markenanmeldungen und -registrierungen 2000 - 2009 (IGE)

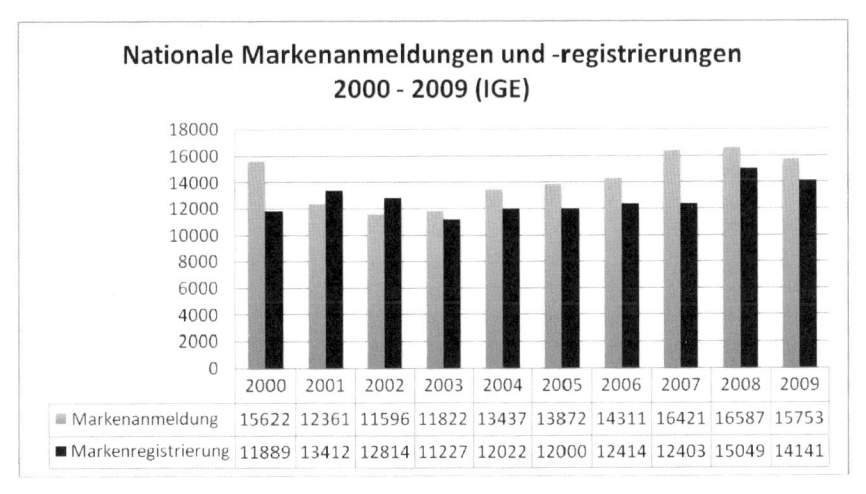

	2000	2001	2002	2003	2004	2005	2006	2007	2008	2009
Markenanmeldung	15622	12361	11596	11822	13437	13872	14311	16421	16587	15753
Markenregistrierung	11889	13412	12814	11227	12022	12000	12414	12403	15049	14141

Abb. 59: Nationale Markenanmeldungen und -registrierungen 2000 - 2009 (IGE) (Quelle: eigene Darstellung auf Basis der Daten, die mir von Herrn Dr. Melchior Caduff, Leiter Stab Markenabteilung des IGE, per Email am 07.05.2010 zur Verfügung gestellt wurden)

Abb. 59 veranschaulicht die Markenanmeldungen und Markenregistrierungen in der Schweiz von 2000 bis 2009. Dabei fällt auf, dass die Markenanmeldungen im Zeitraum von 2002 bis 2008 signifikant gestiegen sind, während es 2009 einen Rückgang zu verzeichnen gab. Der Höchststand an Markenanmeldungen (16.587) und Markenregistrierungen (15.049) konnte im Jahr 2008 erzielt werden. Im Folgenden werden die Anmeldungen und Registrierungen der unterschiedlichen Markenformen im IGE untersucht.

Das IGE unterscheidet folgende Markenformen: Wortmarke, Bildmarke, Wort-/Bildmarke, 3D-Marke, Akustische Marke, Farbmarke, Bewegungsmarke, Positionsmarke und Hologramm (Lichtmarke). Somit werden in der Schweiz im Gegensatz zu Deutschland *drei neue Markenformen,* nämlich die **Bewegungsmarke**, die **Positionsmarke** und die **Lichtmarke** (Hologramm) klassifiziert.

Im Jahr 2009 hatten unter den Markenformen, abgesehen von den Wortmarken, Bildmarken und Wort-/Bildmarken, deren jeweilige Anzahl leider nicht ermittelt werden konnte, die 3D-Marken die meisten Anmeldungen (49) und Registrierungen (42). Im Vergleich dazu wurden im gleichen Jahr lediglich vier Akustische Marken, drei Bewegungsmarken und eine Positionsmarke registriert. Insgesamt spielen die untersuchten Markenformen mit 50 Registrierungen im Jahr 2009 verglichen mit den gesamten Eintragungen an Marken (14.141) im gleichen Zeitraum nur eine untergeordnete Rolle. Abb. 60 fasst die Ergebnisse zusammen.

Anmeldungen und Registrierungen nach Markenformen 2009 (IGE)

	3D-Marken	Akustische Marken	Farb-Marken	Bewegungs-Marken	Positions-Marken	Hologramme
Markenanmeldung	49	7	1	4	2	0
Markenregistrierungen	42	4	0	3	1	0

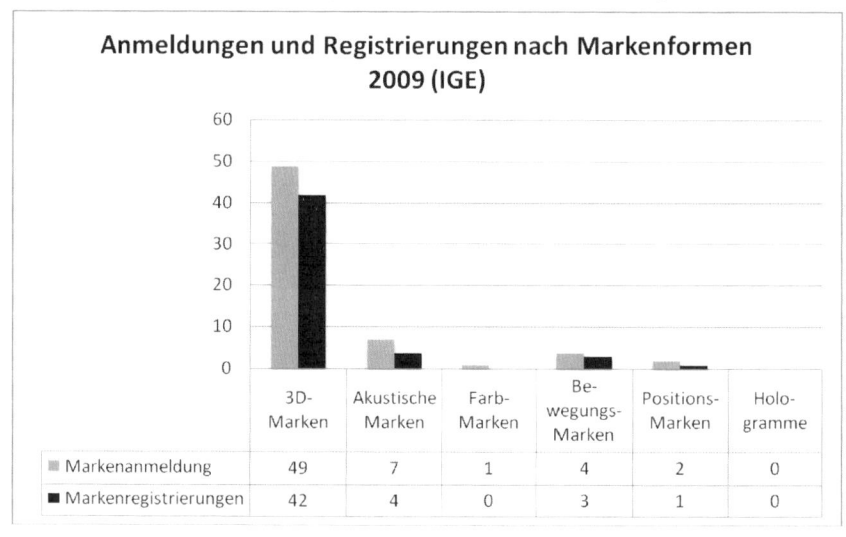

Abb. 60: Anmeldungen und Registrierungen nach Markenformen 2009 (IGE) (Quelle: eigene Darstellung auf Basis der Daten, die mir von Herrn Dr. Melchior Caduff, Leiter Stab Markenabteilung des IGE, per Email am 07.05.2010 zur Verfügung gestellt wurden)

Analysiert man die Anmeldungen und Registrierungen am IGE von 2003 bis 2009 nach Markenformen (vgl. Abb. 123 - 127 im Anhang), so ist festzuhalten, dass der Höchststand an Anmeldungen von 3D-Marken (90) im Jahr 2004 zu verzeichnen war, während die meisten Registrierungen im Jahr 2008 (58) erfolgten. Im Jahr 2009 wurden am IGE sowohl die meisten Anmeldungen (7) und Registrierungen (4) von Akustischen Marken, als auch die meisten Anmeldungen (4) und Registrierungen (3) von Bewegungsmarken getätigt. Die höchste Anzahl an Anmeldungen von Farbmarken (7) und Positionsmarken (5) hat 2005 stattgefunden. Seit 2003 wurden am IGE weder Hologramme angemeldet noch eingetragen.

5.3.4 Anmeldungen nach Markenformen beim HABM von 2000 - 2009

Im Jahr 2009 wurden 88.271 Gemeinschaftsmarken beim HABM eingereicht. Das bedeutet eine Zunahme um 277 Anmeldungen zu 2008. Insgesamt konnten 2009 89.945 Marken im HABM eingetragen werden. Da im Januar 2009 überdurchschnittlich viele Gemeinschaftsmarken in das Markenregister des HABM aufgenommen wurden, war die Anzahl der Registrierungen im Jahr 2009 sogar höher als die Anzahl der Anmeldungen. Abb. 61 veranschaulicht die Markenanmeldungen und Markenregistrierungen beim HABM von 2000 bis 2009.

Anmeldungen und -registrierungen von Gemeinschaftsmarken 2000 - 2009 (HABM)

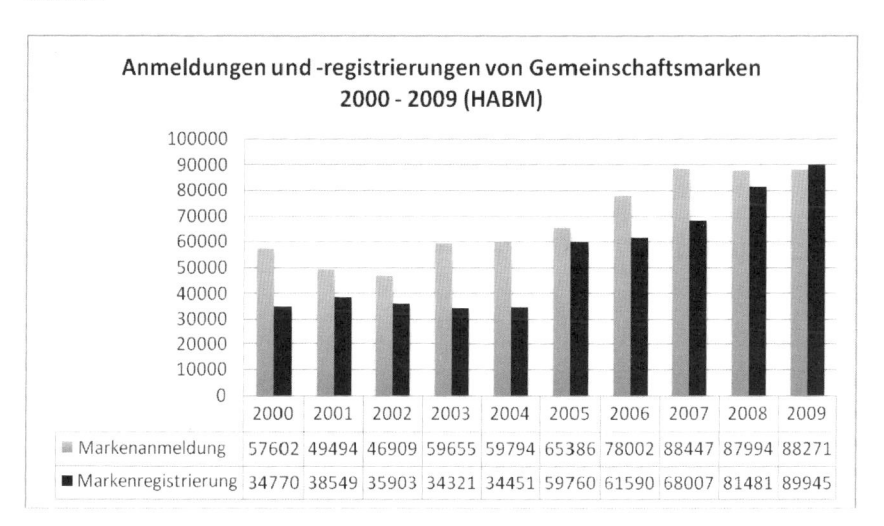

	2000	2001	2002	2003	2004	2005	2006	2007	2008	2009
Markenanmeldung	57602	49494	46909	59655	59794	65386	78002	88447	87994	88271
Markenregistrierung	34770	38549	35903	34321	34451	59760	61590	68007	81481	89945

Abb. 61: Anmeldungen und Registrierungen von Gemeinschaftsmarken 2000 - 2009 (HABM)
(Quelle: eigene Darstellung auf Basis der Datenbank[911] des HABM)

---

[911] Vgl. URL 138.

Dabei fällt auf, dass die Anzahl der Anmeldungen als auch der Registrierungen von Gemeinschaftsmarken in den letzten Jahren deutlich zugenommen hat. Der Höchststand an Markenanmeldungen (88.447) wurde im Jahr 2007 verzeichnet, der Rekord an Markeneintragungen (89.945) im Jahr 2009. Im Folgenden werden die Anmeldungen und Registrierungen von Gemeinschaftsmarken beim HABM nach Markenformen untersucht.

Das HABM unterscheidet folgende Markenformen: Wortmarke, Bildmarke, 3D-Marke, Hörmarke, Farbmarke, Hologramm (Lichtmarke), Geruchsmarke und Sonstige Marke. Somit klassifiziert das HABM im Gegensatz zum DPMA *zwei neue Markenformen*, nämlich die **Lichtmarke** (Hologramm) und die **Geruchsmarke**.

Im Jahr 2009 wurden beim HABM 88.271 Gemeinschaftsmarken angemeldet bzw. 89.945 Gemeinschaftsmarken registriert. Darunter haben die Wortmarken mit 51.112 Anmeldungen den größten Anteil (58%), gefolgt von 36.199 Anmeldungen von Bildmarken (41%). Die restlichen Markenformen, nämlich 3D-Marken (470), Hörmarken (21), Farbmarken (61), Hologramme (0), Geruchsmarken (0) und Sonstige Markenformen (98), spielen im Vergleich mit insgesamt 650 Anmeldungen nur eine untergeordnete Rolle (<1%). Abb. 62 fasst die Ergebnisse zusammen.

Anmeldungen und Registrierungen nach Markenformen 2009 (HABM)

	Wort-Marken	Bild-Marken	3D-Marken	Hör-Marken	Farb-Marken	Hologramme	Geruchs-Marken	Sonstige Markenformen
Markenanmeldung	51112	36199	470	21	61	0	0	98
Markenregistrierungen	52668	35009	318	17	47	0	0	54

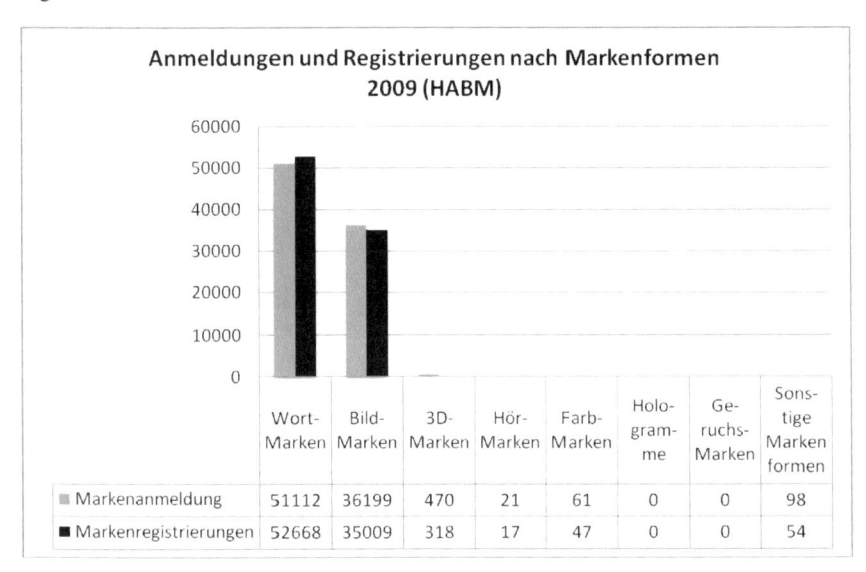

Abb. 62: Anmeldungen und Registrierungen nach Markenformen 2009 (HABM)
(Quelle: eigene Darstellung auf Basis der Datenbank[912] des HABM)

---

[912] Vgl. URL 138.

Markenanmeldungen in Europa 175

Analysiert man die Anmeldungen und Registrierungen von Gemeinschaftsmarken von 2003 bis 2009 nach Markenformen (vgl. Abb. 128 - 135 im Anhang), so ist festzuhalten, dass die Registrierungen von Wortmarken im Lauf der letzten Jahre signifikant zugenommen haben. Auch die Anzahl der Eintragungen von Bildmarken ist seit 2003 kontinuierlich gestiegen. Die Zahl der Registrierungen von 3D-Marken bewegt sich seit 2005 konstant zwischen 300 und 350. Im Vergleich dazu ist die Zahl der Anmeldungen von Hörmarken seit 2005 stets gestiegen. Die Anzahl der eingetragenen Farbmarken schwankt seit 2003 zwischen 8 und 47 Registrierungen pro Jahr. Seit 2003 wurden sowohl erst ein Hologramm als auch eine Geruchsmarke in das Markenregister des HABM eingetragen. Die Zahl der Anmeldungen von Sonstigen Markenformen ist seit 2005 signifikant gestiegen.

Insgesamt wurden beim HABM in den Jahren 1997 bis 2009 597.801 Gemeinschaftsmarken eingetragen. Dabei stellen die registrierten Wortmarken den größten Anteil (61%) dar. Bildmarken nehmen in dieser Periode einen Anteil von 38 Prozent an allen eingetragenen Gemeinschaftsmarken ein. Die restlichen Markenformen, nämlich 3D-Marken (2.871), Hörmarken (86), Farbmarken (203), Hologramme (3), Geruchsmarken (1) und Sonstige Markenformen (288), spielen im Vergleich mit insgesamt 3.534 Anmeldungen nur eine untergeordnete Rolle (<1%). Abb. 63 fasst die Ergebnisse zusammen.

Registrierungen nach Markenformen 1997 - 2009 (HABM)

Markenform	Anzahl
Wortmarken	366352
Bildmarken	227997
3D-Marken	2871
Hörmarken	86
Farbmarken	203
Hologramme	3
Geruchsmarken	1
Sonstige Markenformen	288

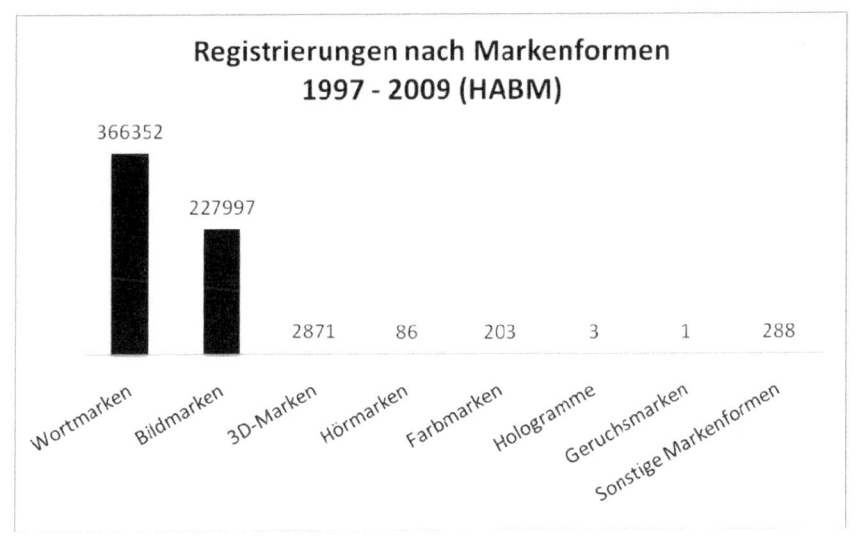

Abb. 63: Registrierungen nach Markenformen 1997 - 2009 (HABM)
(Quelle: eigene Darstellung auf Basis der Datenbank[913] des HABM)

---

[913] Vgl. URL 138.

5.4 Fazit

Im deutschsprachigen Raum finden bei der Bezeichnung der Markenformen **unterschiedliche Begriffe** Anwendung. So werden u.a. für das Hörzeichen die Begriffe *Klangmarke* (Österreich), *Hörmarke* (Deutschland, HABM) und *Akustische Marke* (Schweiz) verwendet.

Außerdem ist in Europa die **Klassifizierung** in den Markenregistern der verschiedenen Patent- und Markenämtern **nicht einheitlich**. So klassifiziert das HABM im Gegensatz zum DPMA sowohl Geruchsmarken, als auch Lichtmarken (Hologramme), das Eidgenössische Institut für Geistiges Eigentum (IGE) hingegen Bewegungsmarken, Positionsmarken und Lichtmarken. Das Österreichische Patentamt nimmt mit Ausnahme der Kennfadenmarke, die im deutschsprachigen Raum nur das DPMA explizit vorsieht, die gleiche Klassifizierung von Markenformen wie das DPMA vor.

Vergleich der Klassifizierung von Markenformen im deutschsprachigen Raum			
Deutsches Patent- und Markenamt (DPMA)	Österreichisches Patentamt	Eidgenössisches Institut für Geistiges Eigentum (IGE)	Harmonisierungsamt für den Binnenmarkt (HABM)
Wortmarke	Wortmarke	Wortmarke	Wortmarke
Bildmarke	Bildmarke	Bildmarke	Bildmarke
Wort-/Bildmarke	Wort-/Bildmarke	Wort-/Bildmarke	3D-Marke
3D-Marke	Körperliche Marke	3D-Marke	Hörmarke
Hörmarke	Klangmarke	Akustische Marke	Farbmarke
Farbmarke	Farbmarke	Farbmarke	**Lichtmarke (Hologramm)**
Kennfadenmarke	Sonstige Marke	**Bewegungsmarke**	**Geruchsmarke**
Sonstige Marke		**Positionsmarke**	Sonstige Marke
		Lichtmarke (Hologramm)	

Tab. 21: Vergleich der Klassifizierung von Markenformen im deutschsprachigen Raum (Stand: Juni 2010)

Fazit

In dieser Arbeit werden all jene Markenformen, die aktuell (Stand: Juni 2010) im Markenregister des DPMA klassifiziert werden, als **konventionelle Markenformen** zusammengefasst. Alle anderen Markenformen, die zwar grundsätzlich gesetzlich geschützt werden können, jedoch (noch) nicht explizit im Markenregister des DPMA geführt werden, werden zu den **neuen Markenformen** gruppiert. Diese sprechen im Gegensatz zu den konventionellen Markenformen nicht nur den visuellen Sinn und den Gehörsinn, sondern auch die restlichen drei Sinnesorgane (Geruchssinn, Geschmackssinn, Tastsinn), sowie ästhetische Wahrnehmungen an. Somit besitzen die neuen Markenformen einen zusätzlichen kommunikativen Wert. Zu den neuen Markenformen zählen *Tastmarken, Geruchsmarken, Geschmacksmarken, Positionsmarken, Bewegungsmarken, Kombinationsmarken* und *Lichtmarken* (Hologramme). In einigen wenigen europäischen Ländern werden bereits neue Markenformen klassifiziert. So werden in Europa u.a. in der Schweiz und beim HABM einige der neuen Markenformen (vgl. Tab. 21) explizit im Markenregister geführt.

Die Eintragung von Marken in die verschiedenen europäischen Markenregister ist *unterschiedlich* geregelt. So ist u.a. die Einreichung einer Hörmarke als Sonagramm im deutschsprachigen Raum nur noch in Österreich zulässig.[914] Die Eintragung von neuen Markenformen war zudem bis vor wenigen Jahren noch undenkbar. Aktuell erfahren die neuen Markenformen in der Praxis oft Hindernisse bei der Eintragung, wobei es hauptsächlich um das *Fehlen der erforderlichen grafischen Darstellung* geht. Generell gilt, dass die Eintragung von Gemeinschaftsmarken beim HABM großzügiger erfolgt, als in anderen europäischen Markenregistern. Hier ist in der Regel der geforderte Grad der Unterscheidungskraft geringer.[915] Beispielsweise kann beim HABM seit 2005 die Anmeldung eine Hörmarke durch eine elektronische Einreichung der Marke als mp3-file erfolgen. Somit können Geräusche ohne grafische Darstellung als Hörmarke eingetragen werden.[916]

Die Verfahrensdauer bis zur Eintragung der Marke ist in Europa ebenfalls *nicht einheitlich*. „Wird eine Wortmarke, Bildmarke, Hörmarke (in Notenschrift), Kennfadenmarke und zum Teil 3D-Marke in einem guten Jahr eingetragen, dauert die Eintragung einer Farbmarke wegen des Nachweises der Verkehrsdurchsetzung mehrere Jahre. Auch die Eintragung sonstiger Markenformen wie Bewegungsmarken kann mehr als ein Jahr dauern, da beschrieben werden muss, was Gegenstand und Dauer der einzelnen Sequenzen der Bewegung ist."[917]

---

[914] „Da sich Töne und Klänge mittels Notenschrift darstellen lassen, *Geräusche* hingegen nicht, führt die aktuelle deutsche Praxis jedoch dazu, dass lediglich ein Bruchteil der denkbaren akustischen Signale als Hörmarken in das DPMA-Register eingetragen werden kann." (Steiner, 2009, S. 177)
[915] Vgl. Heurung, 2006, S. 46ff.
[916] Vgl. Experteninterview mit Patentanwalt Dr. Ralf Sieckmann im Anhang.
[917] Vgl. ebenda.

Die **Schutzdauer** von eingetragenen Markenformen beginnt mit dem Anmeldetag und hat sowohl in Deutschland, Österreich und der Schweiz, als auch beim HABM eine Gültigkeit von *10 Jahren*, wobei die Schutzdauer immer wieder um 10 Jahre *verlängert* werden kann. Das unterscheidet sich von der Gültigkeit des Geschmacksmusters, das den Schutz zwei- als auch dreidimensionaler Gegenstände (Erzeugnisse) umfasst. Ein *Geschmacksmuster* gewährt einen zeitlich begrenzten Schutz von 20 bzw. 25 Jahren.

Während die Anzahl an Markenregistrierungen in Deutschland, Österreich und der Schweiz[918] in den letzten 10 Jahren relativ konstant bzw. rückläufig ist, erlebt das HABM diesbezüglich einen regelrechten *Boom:* Seit 2001 ist die Zahl der eingetragenen Marken signifikant gestiegen. Nach Sieckmann ist dies darauf zurückzuführen, dass die Gebühren des HABM für die Markenanmeldung und Registrierung seit 2005 von 2075 € auf 1800 € und jetzt auf 1050 € gesenkt worden sind und bei elektronischer Anmeldung sogar noch einen Rabatt von 150 € gewährt wird. Außerdem erhalten Marken durch eine Eintragung beim HABM Schutz für die 27 Staaten der Europäischen Gemeinschaft. Viele Markenanmelder unterschätzen jedoch neben dem Gebührenvorteil die Verzögerung der Markeneintragung durch zum Teil willkürlich eingelegte Widersprüche.[919]

Analysiert man die Anzahl der Registrierungen der *unterschiedlich klassifizierten Markenformen* in Deutschland, Österreich, der Schweiz und im HABM, so kann festgehalten werden, dass *Wortmarken* und *Bildmarken* mit Abstand den größten Anteil daran ausmachen. Die restlichen Markenformen spielen im Vergleich (noch) eine untergeordnete Rolle, wobei auf 3D-Marken, Hörmarken und Farbmarken die meisten Eintragungen entfallen. Während im DPMA die Anzahl an Eintragungen von Hörmarken seit 2003 signifikant zugenommen hat, sind im Österreichischen Patentamt die Registrierungen von Körperlichen Marken im gleichen Zeitraum deutlich zurückgegangen. Das HABM konnte sowohl bei den Wortmarken und Bildmarken, als auch bei den Hörmarken, Farbmarken und sonstigen Marken bedeutsame Zuwächse bei den Registrierungen verzeichnen (vgl. Statistiken im Anhang).

Grundsätzlich können alle Elemente der multisensualen Markenkommunikation im DPMA markenrechtlich geschützt werden. Die Markenform muss dazu die geforderte *grafische Darstellung*, die neben der *Unterscheidungskraft* als Voraussetzung für einen Markenschutz gilt, erfüllen. Aufgrund der aktuellen Gesetzgebung des Europäischen Gerichtshofes sind

---

[918] Im Eidgenössischen Institut für Geistiges Eigentum (IGE) konnte jedoch 2008 und 2009 eine signifikante Zunahme an Markenregistrierungen festgestellt werden.
[919] Vgl. Experteninterview mit Patentanwalt Dr. Ralf Sieckmann im Anhang.

jedoch reine Geruchsmarken (und Geschmacksmarken) und Tastmarken[920] aus technischen Gründen von der Eintragung ausgeschlossen. Markenformen, die speziell für den Bereich der *Neuen Medien* (u.a. Computer, Internet, mobile Kommunikation) konzipiert sind bzw. besonders in diesem Bereich in Anspruch genommen werden, sind in erster Linie die Hörmarken, als auch die Bewegungsmarken.[921]

5.5 Ausblick

Das Markenrecht befindet sich stets im *Wandel* und wird durch die Markenanmeldungen und durch die Entscheidungen der Gerichte ständig verändert und angepasst. Markeninhaber haben in den letzten Jahren große Anstrengungen unternommen, um ihre innovativen Markenformen in das Markenregister eintragen zu lassen.

Während das Unternehmen *Underberg AG* die neue Markenform „Tastmarke" *(Schriftzug „Underberg" in Brailleschrift)* begründet hat, so gilt *Senta Aromatic Marketing* als erster Inhaber einer Geruchsmarke („*The smell of fresh cut grass*") beim HABM. Weiters sind die Unternehmen *Adidas* (Positionsmarke) und *Nikon* (Lichtmarke) zu nennen, die jeweils mit ihrer registrierten neuen Marke als Pioniere auf dem Gebiet gelten. Diese Anmeldungen bzw. Registrierungen neuer Markenformen lassen hoffen, dass auch in Zukunft innovative Markenformen den Weg in das Markenregister finden und folglich dem Markenrecht als außerordentlich dynamisches und spannendes Rechtsgebiet Rechnung tragen.

Auch bei den konventionellen Markenformen wurden neue Wege beschritten. So hat u.a. das Unternehmen *Edgar Rice Burroughs Inc.*, das Merchandising Produkte rund um den „Tarzanschrei" vermarktet, beachtliche Anstrengungen unternommen, die zunächst durch ein simples Sonogramm[922] angemeldete zurückgewiesene Gemeinschaftsmarke schließlich sogar durch eine *Wiedergabe in Notenschrift* 2005 erfolgreich zu schützen. Somit wurde ein Geräusch (Tarzanschrei) modifiziert in Noten wiedergegeben (vgl. Abb. 64).[923]

---

[920] Die einzige „haptische Marke" von Underberg (Nr. 30 259 811) mit der Wiedergabe von Underberg in Braille-Schrift wurde irrtümlich 2003 als *3D-Marke* eingetragen und ist aktuell nach Berichtigung 2004 als *Bildmarke* registriert. (Vgl. Experteninterview mit Patentanwalt Dr. Ralf Sieckmann im Anhang)
[921] Vgl. ebenda.
[922] Eine vor Änderung der Durchführungsverordnung 2005 eingereichte Wiedergabe als Sonogramm wurde 2007 durch die Beschwerdekammer zurückgewiesen (Vgl. ebenda).
[923] Vgl. ebenda.

Abb. 64: Notation des „Tarzanschrei" (Quelle: URL 167)

Viele der neuen Markenformen sind zwar rechtlich anerkannt, jedoch liegt die Problematik dieser Markenformen in der *noch nicht endgültig geklärten Art und Weise der grafischen Darstellung* solcher Zeichen, die dem registrierrechtlichen Bestimmtheitsgrundsatz genügen.[924] Aktuell können viele neue bzw. innovative Markenformen nicht in das Markenregister eingetragen werden, da die geforderte grafische Darstellung der einzutragenden Marke, die neben der Unterscheidungskraft als Voraussetzung für einen Markenschutz gilt, nicht entsprechend eingereicht wird bzw. werden kann.

Die Zukunft der neuen Markenformen wird als gut angesehen. Hierzu müssten jedoch die Markenämter in der EU bei der elektronischen Anmeldung von Marken, soweit noch nicht eingeführt, auf das Erfordernis der graphischen Wiedergabe als Anmeldeerfordernis verzichten und dieses gegen eine *elektronische Wiedergabe* substituieren, was bei den heute überwiegend elektronisch geführten Markenregistern auch bei der Bekanntmachung dieser Markenformen zwecks Widerspruchs unproblematisch ist. So könnte beispielsweise die Wiedergabe von Hörmarken als *mp3-* oder *wav-file*, die Wiedergabe von Bewegungsmarken und Lichtmarken (Hologrammen) als *animated gif-file, Flash-Animation, avi-, mpg-* oder *mp4-file* erfolgen. Dabei handelt es sich um Wiedergabeformate, die bereits in den 1990er Jahren bekannt waren und auf jedem PC ausgeführt werden konnten.[925] Sollte von den europäischen Markenämtern am Erfordernis der graphischen Wiedergabe von Marken zukünftig festgehalten werden, so gibt die fortschreitende technische Entwicklung zu hoffen, dass neue Methoden die grafische Darstellung neuer Markenformen ermöglichen.[926]

---

[924] Vgl. Fezer, 2004, S. 2466.
[925] Vgl. Experteninterview mit Patentanwalt Dr. Ralf Sieckmann im Anhang.
[926] Für weiterführende Literatur zum Thema Markenschutz insbesondere neue unkonventionelle Marken wird auf die folgenden zwei Websites verwiesen, die von PA Dr. Ralf Sieckmann betrieben werden:
http://www.brainguide.de/ralf-sieckmann und http://www.copat.de/markenformen/index.htm

6. Praxisbeispiele multisensualer Markenführung

"Was gute Marken auszeichnet ist Konsequenz - ständig neue Innovationen hervorzubringen und gleichzeitig die Marke so zu führen, dass sie ihre Identität bewahrt."[927]

Franz-Peter Falke (Präsident des deutschen Markenverbandes)

Marken werden in der Markenkommunikation oftmals nur mit der Ansprache von ein oder zwei Sinnen kommuniziert. Unternehmen, die ihre Marken mit der gezielten Ansprache von mehreren Sinnen den Kunden näher bringen, sind in der Minderheit. Markenplattformen wie *Markenerlebniswelten*[928], *Museen, Roadshows etc.* stellen dabei ein nützliches Marketinginstrument dar, um den Konsumenten ein größeres Spektrum an multisensorischer Gestaltung bieten zu können.[929]

Immer mehr Markenhersteller suchen den unmittelbaren Kontakt zu ihren Kunden und wollen ihnen am Point of Sale multisensuale Markenerlebnisse bieten. So können neben der visuellen Ansprache auch akustische Eindrücke, taktile Stimuli sowie olfaktorische als auch gustatorische Reize exakt auf die Marke abgestimmt werden. Dadurch lässt sich Produktdifferenzierung und Markenpräferenz optimal realisieren. Der POS wird zum **Point-of-Experience (POE)**. Ziel dabei ist es, dass sich eine hohe Markenloyalität des Konsumenten einstellt. Dies wird erreicht, indem die alltägliche Verwendung des Markenprodukts dem punktuellen Markenerlebnis vor Ort entspricht.[930]

Dieses Kapitel analysiert Unternehmen, die ihre Marken, insbesondere am Point of Sale, erfolgreich multisensual gestalten und kommunizieren. Anhand der drei Best Practice-Beispiele *Singapore Airlines*, *Swarovski Kristallwelten* und *NIVEA Haus* wird der Einsatz multisensualer Markenführung ausführlich erläutert.

---

[927] URL 76.
[928] Der Begriff Markenerlebniswelt besitzt noch keine allgemeingültige Einordnung und wissenschaftliche begründete Definition. In der Literatur werden englischsprachige Begriffe wie u.a. *Brand Land, Visitor Center, Theme Park* oder *Brand Park* neben deutschsprachige Begriffe wie *Markenwelt, Markenerlebniswelt, Unternehmenswelt, Industrie-Erlebniswelt, Markenerlebnispark* oder auch *Themenpark* gestellt und oft synonym verwendet. (Vgl. Zanger, 2008, S. 73)
[929] Vgl. Linxweiler/Siegle, 2008, S. 106.
[930] Vgl. Kilian, 2008a, S. 47.

6.1 Multisensuale Markenerlebnisse am Point of Sale

Die US-Kaffeehauskette *Starbucks* zählt zu jenen Unternehmen, die erfolgreich eine multisensuale Markenführung verfolgen. Durch die multisensuale Gestaltung der Outlets (u.a. typischer Kaffeegeruch[931], gediegene Wohnzimmeratmosphäre; vgl. Abb. 65) wird der Kunde im Inneren des Cafés mit mehreren Sinnen angesprochen und erlebt folglich die Marke *Starbucks* multisensual.

Abb. 65: Starbucks Café (Quelle: URL 234)

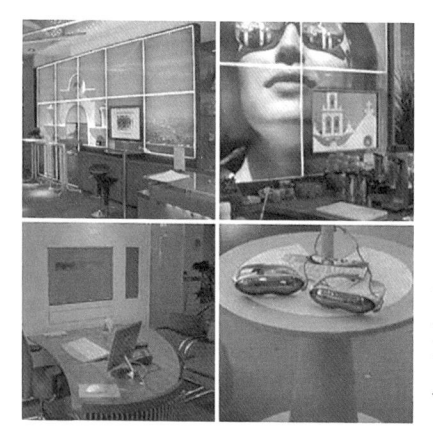

Ende 2001 hat *TUI* in Berlin das erste *(World of TUI)* Reise-Erlebniscenter eröffnet. In dem historischen Gebäude entstand eine rund 500m² große Erlebniswelt, die ihre Besucher mit allen Sinnen auf das Abenteuer Reisen einstimmt (vgl. Abb. 66).[932] Die Reiseangebote werden dabei nicht nur visuell (u.a. kurze Filme) und akustisch (landestypische Musik) präsentiert. An drei Terminals wird durch angenehme Duftnuancen ein aromatischer Eindruck des jeweiligen Urlaubslandes vermittelt.[933]

Abb. 66: World of TUI Berlin (Quelle: URL 245)

Außerdem wird auch das gustatorische Sinnessystem der Kunden angesprochen, indem an der dazugehörigen Bar länderspezifische Getränke und Snacks zur Einstimmung auf den Urlaub angeboten werden.[934] Eine interaktive Reisebibliothek, in der man aus über 100 Videos und mehr als 200 Reiseführern wählen kann, und eine Eye-Track-Brille, die die Urlaubsziele

---

[931] Als Starbucks im Jahr 2008 unter Druck stand den Ertrag zu steigern, entschied man sich beim US-amerikanischen Unternehmen u.a. dafür, wieder gemahlenen Kaffee in den Starbucks-Filialen anzubieten, um so das Kaffee-Aroma zu verbessern. (Vgl. URL 285)
[932] Vgl. URL 244.
[933] Vgl. URL 251.
[934] Vgl. Schubert/Hehn, 2004, S. 1259.

direkt vor Augen führt, runden das Angebot ab.[935] Somit wird der Kaufakt selbst zum Erlebnis, das den Konsumenten multisensual auf den Urlaub einstimmt.

Ebenfalls in Berlin befindet sich das im September 2005 eröffnete neuartige Investment- und FinanzCenter[936] *Q110 - Die Deutsche Bank der Zukunft*. So ungewöhnlich der Name[937] ist auch das Konzept. Auf insgesamt 1260m² wird in *Q110* eine ganz neue Geschäftsphilosophie umgesetzt: die multisensuale Ansprache der Kunden (vgl. Abb. 67).[938]

Abb. 67: Q110 - Die Deutsche Bank der Zukunft (Quelle: URL 247)

Angebote und Leistungen werden von den rund 30 Mitarbeitern unter dem Motto „erlebbar anders" präsentiert.[939] So umfasst das Angebot der Bank eine integrierte Lounge mit gastronomischem Service, Bankprodukte[940] „zum Anfassen", ein Trendshop mit attraktiven Produkten und einen KidsCorner, in der Kinder von Fachkräften betreut werden.[941] Seit Neuestem können die Berater von *Q110* finanzielle Themen im Kundengespräch mit Hilfe des neuen Präsentationsmediums *Microsoft Surface™* (vgl. Abb. 35) anschaulicher darstellen.[942]

Auch das US-Modehaus *Abercrombie & Fitch* setzt auf ein multisensuales Markenerlebnis. So ist das Unternehmen bekannt für den Mix aus Kleidung, lauter Musik, verführerischem

---

[935] Vgl. URL 252.
[936] Die Filiale *Q110 - Die Deutsche Bank der Zukunft* in Berlin ist Deutschlands „Geschäftsstelle des Jahres 2007". Die Resonanz der durchschnittlich fast 700 Menschen pro Tag fällt dabei außerordentlich positiv aus: Regelmäßig durchgeführte Befragungen ergaben, dass 91 Prozent der Besucher das zukunftsweisende Konzept mit „ausgezeichnet" oder „gut" bewerten. (URL 249)
[937] *Q110* steht für Quartier 110 zwischen Mohren- und Taubenstraße. (URL 248)
[938] Vgl. ebenda.
[939] Vgl. URL 249.
[940] In anfassbaren Vorteilsboxen für ausgewählte Produkte erfahren die Kunden, was die entsprechenden Finanzprodukte leisten. (Vgl. URL 248)
[941] Vgl. URL 249.
[942] Vgl. URL 250.

Duft[943] und halbnackten Models. Seit 2009 betreibt das Unternehmen in New York ein neues Shop-Format namens *EPIC Hollister*[944] mit dem Motto "pure California fantasy", wobei hier der Konsument mit allen fünf Sinnen rund um das Thema Surfen angesprochen wird. So wird man u.a. von männlichen Models im Rettungsschwimmer-Outfit am Eingang empfangen.[945]

Während man über Treppen im Stil eines Piers zu den einzelnen Stockwerken des Shops gelangt (vgl. Abb. 68), versuchen zudem Video-Installationen an den Wänden den Kunden mit Live-Bildern von Huntington Beach in Kalifornien in die richtige Stimmung zu versetzen. Dazu passende Musik und ein abgestimmter Duft rund die multisensuale Ansprache des Kunden ab.[946]

Abb. 68: EPIC Hollister in New York (Quelle: URL 258)

Grundsätzlich gilt es jedoch zu beachten, dass multisensuale Markenerlebnisse am POS, als subjektiv empfundene, im inneren der Konsumenten entstehende Emotionen, vom Anbieter nicht „garantiert" werden können, da es entscheidend auf die Art der Rezeption und Verarbeitung durch den Kunden ankommt, ob ein Erlebnisangebot auch tatsächlich zu einem empfundenen Erlebnis wird oder nicht[947]: *„Kaufen lässt sich immer nur das Erlebnisangebot, nicht das Erlebnis selbst - dieses muss jeder in eigener Regie produzieren."*[948]

6.2 Multisensuale Markenführung - Best Practice

Lindstom hat in seiner *BRAND sense Studie* die wertvollsten Marken laut *Interbrand* hinsichtlich ihres multisensualen Markenauftritts analysiert. Dabei musste er feststellen, dass lediglich *10 Prozent* der Marken (zumindest in Ansätzen) multisensuales Branding betreiben.[949] Tab. 22 fasst die Top 20 sensorischen Marken und Top 20 Marken mit hohem sensorischen Potenzial zusammen.

---

[943] Für den Duft in den *Abercrombie & Fitch* Stores zeichnet seit 2008 der Duft-Spezialist *Prolitec Inc.* verantwortlich. (Vgl. URL 255)
[944] *Hollister* (HCO) ist ein Modeunternehmen, das zu der Firma *Abercrombie & Fitch* gehört und wurde nach dem Ort Hollister in Kalifornien benannt. *Hollister* bietet Mode im Surf-Stil an.
[945] Vgl. URL 256.
[946] Vgl. URL 257.
[947] Vgl. Kilian, 2008c, S. 65.
[948] Schulze, 2005, S. 548.
[949] Vgl. Lindstrom, 2010, S. 152.

Rang	Top 20 sensorische Marken	Sensorischer Hebel (in Prozent)	Top 20 Marken mit hohem sensorischen Potenzial	Sensorischer Hebel (in Prozent)
1	Singapore Airlines	96,3	Ikea	23,8
2	Apple	91,3	Motorola	25,0
3	Disney	87,6	Virgin	26,3
4	Mercedes-Benz	78,8	KFC	28,8
5	Marlboro	75,0	Adidas	31,3
6	Tiffany	73,8	Sony	31,3
7	Louis Vuitton	72,5	Burger King	31,3
8	Bang & Olufsen	71,3	McDonald's	32,5
9	Nokia	70,0	Kleenex	32,5
10	Harley-Davidson	68,8	Microsoft	33,8
11	Nike	67,5	Philips	33,8
12	Absolut Vodka	65,0	Barbie	33,8
13	Coca-Cola	63,8	Nescafé	35,0
14	Gillette	62,5	Nintendo	36,3
15	Pepsi	61,3	Kodak	40,0
16	Starbucks	60,0	AOL	41,3
17	Prada	58,8	Wrigley	42,5
18	Caterpillar	57,5	Colgate	43,8
19	Guinness	56,3	IBM	45,0
20	Rolls-Royce	55,0	Ford	46,3

Tab. 22: Top 20 sensorische Marken und Top 20 Marken mit hohem sensorischen Potenzial
(Quelle: Eigene Darstellung in Anlehnung an Lindstrom, 2010, S. 153f.)

6.2.1 Singapore Airlines

Das Unternehmen *Singapore Airlines (SIA)* ist die prototypische Ausprägung einer *Markenplattform*. Bei Fluglinien ist das Markenerlebnis am unmittelbarsten nachzuvollziehen, denn was ist der Innenraum eines Flugzeuges anderes als die Präsentation der eigenen Marke. Die Fluglinie besitzt 106 Flugzeuge, beschäftigt 14.515 Mitarbeiter, hat ein jährliches Passagieraufkommen von rund 18.3 Mio. und erzielt einen Umsatz von 9.38 Mrd. USD (Stand: Juni 2010). *Singapore Airlines* war weltweit die erste Fluggesellschaft, die Anfang der 1970er Jahre ihren Gästen in der Economy Class Kopfhörer kostenlos zur Verfügung gestellt hat. 1991 war es an Bord einer SIA zum ersten Mal während eines Fluges überhaupt möglich, über Satellit zu telefonieren. Zehn Jahre später folgte ein globales Inflight-E-Mail-System für alle Passagiere.[950]

SIA hat schon früh begonnen sich *multisensual* in Szene zu setzen. So wurde 1968 die bekannte „Sarong Kebaya" Uniform vorgestellt und die international bekannten Flugbegleiterinnen der *SIA* (vgl. Abb. 69), auch als *Singapore Girls* bekannt, debütierten.[951] Ein Hauptfaktor des großen Erfolges von *SIA* ist der herausragende Kundenservice, wobei die überdurchschnittliche Aufmerksamkeit, die Singapore Airlines ihren Passagieren widmet, durch das *Singapore Girl* symbolisiert wird.[952] *„The Singapore Girl has become a global icon"*, so Simkins.[953]

Abb. 69: Singapore Girl
(Quelle: URL 14)

Die Stewardessen steuern nicht nur durch ihr einheitliches Aussehen - die Farben der Uniform sind mit den Markenfarben der Corporate Identity abgestimmt - einen Beitrag zur Marke bei, sondern sind durch ihr komplettes Auftreten und Verhalten entscheidend an der Bildung der Markenplattform beteiligt.[954] Während viele Fluggesellschaften den multisensualen Aspekt in der Markenführung Jahre lang ignoriert haben, hat sich *Singapore Airlines*, die sich als „Entertainment Gesellschaft in der Luft" betrachtet, schon sehr früh zum Ziel gesteckt, seinen Kunden ein *multisensuales Markenerlebnis* zu bieten.[955]

---

[950] Vgl. URL 12.
[951] Vgl. URL 11.
[952] Vgl. URL 12.
[953] Vgl. URL 13.
[954] Vgl. Linxweiler/Siegle, 2008, S. 108.
[955] Vgl. Lindstrom, 2005, S. 14.

SIA setzt seit Ende der 1990er Jahre das speziell für die Fluglinie entwickelte Aroma „Stefan Floridian Waters"[956] in der Flugkabine ein, welches auch als *Markenduft* des Unternehmens patentiert worden ist. Dieser Duft bildet die Grundlage des Parfums der *Singapore Girls* und des gesamten Flugpersonals. Außerdem wird dieses spezielle Aroma den „Hot Towels" zugefügt und sogar über die Klimaanlage in der Kabine verströmt. „Stefan Floridian Waters" wurde somit zum Markenzeichen für *Singapore Airlines*.[957]

Abb. 70: SIA - Economy Class Cuisine (Quelle: URL 15)

„Stefan Floridian Waters" wird genauso konsistent verwendet, wie die Farben an Bord, die mit dem Make-Up und der Uniform der Flugbegleiterinnen harmonieren. Somit ist auch eine einheitliche *visuelle Kommunikation* der Marke gewährleistet.[958] In den Werbespots und den Lounges von *SIA*, wie auch in der Kabine kurz vor Abflug und bei der Landung, werden stets bestimmte asiatisch anmutende Klänge gespielt, die als *Corporate Sound* der Markenplattform *Singapore Airlines* fungieren.[959] Exquisite Küche ist auch an Bord in allen Klassen Standard (vgl. Abb. 70). Ein internationales Expertenteam - bestehend aus Spitzenköchen und Weinkennern - zeichnet für das leibliche Wohl an Bord verantwortlich.[960]

---

[956] Dieses Aroma wird von den Kunden als „smooth, exotically Asian, and with a distinct aura of the feminine" beschrieben. (Vgl. Lindstrom, 2005, S. 15)
[957] Vgl. Linxweiler/Siegle, 2008, S. 107.
[958] Vgl. Lindstrom, 2005, S. 37.
[959] Vgl. Linxweiler/Siegle, 2008, S. 107.
[960] Vgl. URL 16.

Multisensual Map - Singapore Airlines

Smell

Taste　　　　　　　　　Touch

Singapore Airlines

Sound　　　　　　　　　Sight

SINGAPORE AIRLINES

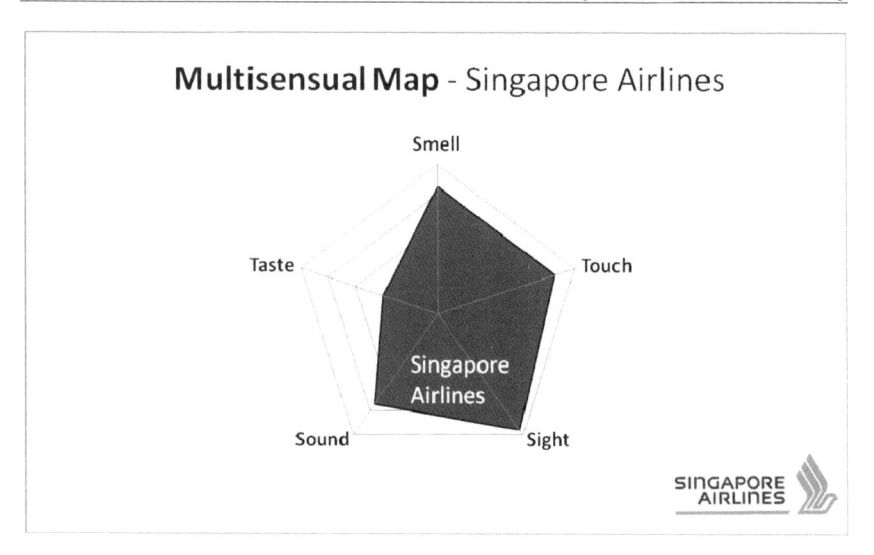

Abb. 71: Multisensuale Branding Strategie von Singapore Airlines
(Quelle: Eigene Darstellung in Anlehnung an Lindstrom, 2005, S. 25)

Auch die haptischen Erlebnisse kommen an Bord nicht zu kurz, denn alle Gäste erhalten an Bord „Hot Towels" vor dem Abflug, die mit dem Markenduft „Stefan Floridian Waters" angereichert sind. Somit wird der *haptische Sinn* zugleich mit integriertem Duft angesprochen. Folglich ist das emotionale Markenerlebnis um ein Vielfaches größer und bleibt bei den Gästen stärker in Erinnerung. Zusätzlich werden Passagiere in der Business Class durch haptisch ansprechendes Geschirr verwöhnt, welches die haptische Komponente im Zuge der multisensualen Markenführung noch verstärkt.[961] Somit wird die Marke *Singapore Airlines* von den Kunden visuell, akustisch, olfaktorisch, haptisch und gustatorisch wahrgenommen. Sämtliche multisensuale Berührungspunkte mit der Zielgruppe werden herangezogen, um die Kunden gezielt *mit allen Sinnen* anzusprechen und in weiterer Folge stärker emotional an die Marke zu binden (vgl. Abb. 71).

Das Unternehmen *Singapore Airlines* gilt als Benchmark im Bereich der multisensualen Markenführung *Singapore Airlines* und zählt heute zu den erfolgreichsten Fluglinien der Welt. Zahlreiche internationale Auszeichnungen, wie z.B. die „Best International Airline"- Auszeichnung (zum vierzehnten Mal in fünfzehn Jahren) durch die *Condé Nast Traveller*, zeugen von dem außergewöhnlichen Erfolg.

---

[961] Vgl. Linxweiler/Siegle, 2008, S. 108.

6.2.2 Swarovski Kristallwelten

Das österreichische Unternehmen *Swarovski* wurde 1895 von Daniel Swarovski I. in Wattens (Tirol) gegründet. Drei Jahre zuvor hatte der Gründer das Kristallhandwerk durch die Erfindung der ersten Kristallschleifmaschine revolutioniert. Dadurch wird ein präziseres Schleifen der Kristalle gewährleistet, als das bisher von Hand möglich war.[962]

Die Marke *Swarovski* ist seit mehr als 100 Jahren Synonym für Erfindergeist, Poesie und zukunftsweisende Kristalltechnologie. Die konsequente Weiterentwicklung der einzigartigen Schleifkompetenz machte *Swarovski* zum führenden Hersteller von geschliffenem Kristall sowie von natürlichen und künstlichen Edelsteinen. Die *Swarovski Gruppe* erzielte 2008 einen Umsatz von 2,52 Mrd. Euro und beschäftigte 25.995 Mitarbeiter in mehr als 120 Ländern der Welt. Das Unternehmen ist im Besitz von 897 eigenen *Boutiquen* und ist in 744 Partner-Boutiquen präsent.[963]

Zum 100-jährigen Jubiläum des Familienunternehmens wurden die *Swarovski Kristallwelten* in *Wattens* eröffnet. Für das Gesamtkonzept dieser einzigartigen Markenplattform zeichnet der österreichische Künstler André Heller verantwortlich. Die *Swarovski Kristallwelten* beherbergen vierzehn unterirdische Wunderkammern im Inneren eines künstlich geschaffenen wasserspeienden Riesen, die von Künstlern wie Brian Eno, Keith Haring, Andy Warhol oder Niki de Saint Phalle geschaffen, gestaltet oder inspiriert wurden.[964] Bislang sahen mehr als 9 Mio. Besucher die weltberühmten *Swarovski Kristallwelten*.[965]

Abb.72: Swarovski Kristallwelten (Quelle: URL 21)

---

[962] Vgl. URL 20.
[963] URL 19.
[964] Vgl. URL 23.
[965] Vgl. URL 22.

Swarovski wirbt mit dem Spruch: *„Wunderbares erleben. Begegnungen mit allen Sinnen."*[966] Die Kristallwelten ermöglichen die emotionale Aufladung der Marke *Swarovski* durch ein multisensuales Markenerlebnis. Durch die funkelnde Gestalt des Kristalls werden bei den Besuchern Assoziationen zu Märchen, Mythen und Zauberwelten geschaffen. Der „Riese von Wattens" (vgl. Abb. 72), der den Eingang der Kristallwelten ziert, wurde zum Markenzeichen dieser Markenplattform.[967]

Die vierzehn Wunderkammern, die als Hauptattraktion der Kristallwelten dienen, vereinen Kunst, Theater, Musik, Wissenschaft und Mythos in Formen der funkelnden, fantasieanregenden Kristallkonzeptionen. Sie sind bewusst so konzipiert, dass sie den Besucher durch die gleichzeitige Ansprache *mehrerer Sinne* in den Bann ziehen.[968] Der Schwerpunkt der multisensualen Markenkommunikation der *Swarovski Kristallwelten* liegt jedoch auf der *akustischen* und der *visuellen Ebene* (vgl. Abb. 73). So wird beispielsweise im „Kristalldom" durch 590 Spiegel an den Wänden ein farbenprächtiges Kaleidoskop geboten, wobei dem Besucher durch Lichtspiele, Musik und Farben emotional suggeriert wird, sich im Inneren eines Kristalls zu befinden.[969]

Multisensual Map - Swarovski Kristallwelten

Smell · Touch · Sight · Sound · Taste

SWAROVSKI

Abb. 73: Multisensuale Branding Strategie der Swarovski Kristallwelten
(Quelle: Eigene Darstellung in Anlehnung an Linxweiler/Siegle, 2008, S. 111)

---

[966] URL 19.
[967] Vgl. Linxweiler/Siegle, 2008, S. 109f.
[968] Vgl. Hoppe, 2007, S. 80.
[969] Vgl. Linxweiler/Siegle, 2008, S. 110.

Die akustischen, visuellen und gustatorischen Sinnesreize werden in den Kristallwelten regelmäßig im Rahmen des Kammermusikfestivals „Musik im Riesen" besonders angesprochen. Unter dem Motto „Kunst.Kulinarium.Konzert" präsentieren sich jedes Jahr namhafte Künstler aus aller Welt im klangvollen Ambiente. Dabei wird neben einer exklusiven Führung durch die Wunderkammern ein dreigängiges Menü angeboten.[970] Das Unternehmen bezieht auch Kinder in das multisensuale Markenerlebnis mit ein, denn im Brandpark in Wattens können Kinder spielerisch kleine Kunstwerke aus Kristallen kreieren. Vieles kann nicht nur angesehen, sondern auch ertastet, gehört und sogar gerochen werden.[971]

---

[970] Vgl. Linxweiler/Siegle, 2008, S. 111.
[971] Vgl. ebenda.

6.2.3 NIVEA Haus

Im Jahr 1890 hat Dr. Oscar Troplowitz die Firma *Beiersdorf* in Hamburg vom Gründer Paul C. Beiersdorf übernommen. Die erste NIVEA Creme wurde im Dezember 1911 entwickelt und bereits schon damals in einer kleinen runden Dose[972] verkauft. Gemäß der in der Pharmazie gebräuchlichen lateinischen Benennung gab Troplowitz seiner schneeweißen Creme den Namen NIVEA.[973]

Bis heute ist NIVEA die seit Jahrzehnten weiter gewachsene Kernmarke der Hamburger *Beiersdorf AG*.[974] NIVEA ist die führende Haut- und Schönheitspflege und die größte Dachmarke des Unternehmens mit mehr als 500 verschiedenen Produkten und einen Umsatz von 3,7 Mrd. Euro (2008). Kernwerte der Marke NIVEA sind u.a. Vertrauen, Nähe und Tradition, wobei ein wesentlicher Erfolgsfaktor die Nähe zum Verbraucher ist (Consumer Connectivity).

Im Jahr 2009 hat die *Beiersdorf AG* den sanften Relaunch von NIVEA gemeistert und dafür den Marken-Award[975] in der Kategorie „Bester Markenrelaunch" gewonnen.[976] Im Herbst 2009 erhielt *Interbrand* zudem den Auftrag, eine *visuelle Harmonisierung* der verschiedenen Markenlogos herbeizuführen, um damit eine noch stringentere Markenführung und eine stärkere Wahrnehmung der Marke in den Verkaufsregalen weltweit zu gewährleisten.[977] Um die Marke NIVEA für die Verbraucher mit allen Sinnen erlebbar zu machen, wurde 2006 das erste NIVEA Haus (vgl. Abb. 74) in Hamburg eröffnet. NIVEA Häuser in Berlin und Dubai folgten. An diesen drei Standorten werden dem Verbraucher Beratung, Orientierung als auch das Ausprobieren der verschiedenen Produkte der NIVEA-Familie angeboten. Grundsätzlich dient das NIVEA Haus der stetigen Erweiterung des tiefen Verbraucherverständnisses und -kontakts und ist zugleich *Touch Point* am Point of Sale. Eine zielgerichtete Markeninszenierung und eine emotionale Markenansprache stehen dabei im Mittelpunkt.[978]

---

[972] Die heutige Optik der traditionsreichen *NIVEA-Dose*, deren richtungsweisendes Design aus dem Jahre 1925 stammt, entspricht der Version von 1988. (Vgl. Milewski, 2009, S. 78)
[973] NIVEA leitet sich vom lateinischen Wort nix, nivis ab - der Schnee. (vgl. URL 43)
[974] Vgl. Milewski, 2009, S. 77.
[975] Der Marken-Award wurde 2010 bereits zum 10. Mal von *absatzwirtschaft - Zeitschrift für Marketing* und dem *Deutschen Marketingverband (DMV)* für exzellente Leistungen in der Markenführung vergeben. (Vgl. Berdi, 2009, S. 7)
[976] Vgl. ebenda, S. 82.
[977] Vgl. ebenda, S. 85.
[978] Vgl. Pfeiffer, 2010, S. 89.

Abb. 74: NIVEA Haus Berlin
(Quelle: URL 187)

„Die NIVEA Häuser machen die Marke NIVEA erlebbar. Wir sind durch sie ganz nah am Verbraucher und an seinen Wünschen und Bedürfnissen"[979], so Nota. „Unser Gast bekommt einen ganz speziellen Zugang zur Marke NIVEA, in dem er sie hautnah erleben kann. Er spürt die Wirkung und genießt den vertrauten Duft"[980], so Lüdemann. „Die NIVEA Häuser schaffen eine ganz besondere Kundenbindung. [...] Wir wissen, dass Kunden, die bereits in einem NIVEA Haus waren, die Marke auf allen Imagedimensionen noch positiver bewerten. Gerade das Thema Kundennähe ‚in touch with me and my needs' wird durch die NIVEA Häuser sehr gestärkt"[981], fügt sie hinzu.

Das multisensuale Markenerlebnis in den NIVEA Häusern wird vor allem durch den bekannten Duft der Marke NIVEA bestimmt und lockt auch immer mehr Männer an die drei Standorte, um die Marke NIVEA hautnah zu erleben.

---

[979] Milewski, 2009, S. 79.
[980] Vgl. Experteninterview mit Christin Lüdemann im Anhang.
[981] Ebenda.

7. Multisensuale Markenführung in der Automobilwirtschaft

Die Anschaffung eines Automobils[982] hat für Konsumenten in aller Regel größte Bedeutung, handelt es sich doch aufgrund des finanziellen Umfangs um eine Kaufentscheidung, die sorgfältig überlegt wird. Zudem spielen zahlreiche rationale als auch *emotionale Motive* zusammen.[983] „Das Automobil ist ein typisches High-Involvement Produkt, mit dessen Kauf sich der Kunde relativ lange beschäftigt."[984] Es gibt nur wenige Produkte in anderen Branchen, die ebenfalls eine so hohe emotionale Wirkung verursachen.[985] Seit der Ära des *T-Models* von Henry Ford wurde oftmals versucht, ein standardisiertes Weltauto für alle Kundenwünsche zu produzieren und zu verkaufen. Bislang blieb dieses Vorhaben erfolglos.[986]

„Die Automobilwirtschaft ist ein prototypisches Beispiel für einen gesättigten Markt mit vergleichbaren Produkten, in dem eine kundenrelevante und kundenwahrnehmbare Differenzierung von Marken primär nur noch durch *Kommunikation* zu erreichen ist."[987] „In der Automobilwirtschaft ist derzeit ein eindeutiger Trend zum Markenmanagement und zum systematischen Kundenmanagement zu beobachten, der seine Ursachen zum Teil in strukturellen Veränderungen bei den Automobilherstellern, zum Teil aber auch in einem veränderten Kaufverhalten der Kunden hat."[988]

Der Bedeutung der multisensualen Markenführung wird bei Automobilkonzernen schon seit vielen Jahren Rechnung getragen. So hat beispielsweise *Daimler*[989] schon vor einigen Jahren in Berlin ein eigenes Customer Research Center[990] (CRC) mit 16 Psychologen und Ingenieuren eingerichtet, in dem jährlich die Gefühlswelt von rund 1.000 Autofahrern

---

[982] „Die Geschichte des Automobils begann, als Carl Benz den 1877 von Nikolaus Otto erfundenen Viertakt-Verbrennungsmotor in seinen dreirädrigen Benz-Patent-Motorwagen einbaut und mit diesem am 3. Juli 1886 seine erste Ausfahrt unternimmt." (Berg, 1984, S. 171ff.)
[983] Vgl. Kalbfell, 2004, S. 1929.
[984] Diez, 2006, S. 423.
[985] Vgl. Thiemer, 2004, S. 86.
[986] Vgl. Becker, 2005, S. 107.
[987] Vgl. Thiemer, 2004, S. 92.
[988] Diez/Tauch, 2008, S. 7.
[989] Die heutige *Daimler AG* wurde 1998 als *DaimlerChrysler AG* nach dem Zusammenschluss der *Daimler-Benz AG* mit der amerikanischen *Chrysler Corporation* gegründet. Die Umbenennung in *Daimler AG* erfolgte 2007 nach dem mehrheitlichen Verkauf von Chrysler. (Vgl. URL 161)
[990] Die Wissenschaftler im Customer Research Center von *Daimler* haben zum Ziel, subjektive Beurteilungen von Autofahrern - was sie sehen, was sie hören, was sie fühlen - aufzunehmen, zu untersuchen und in Kennzahlen auszudrücken. So werden u.a. die Sinneseindrücke der Kunden anhand von Pupillenbewegungen und Hautspannungsmessungen systematisch erfasst und ausgewertet, um auf Basis der gewonnenen Erkenntnisse neue Bedien- und Anzeigensysteme zu konzipieren. In den Labors für Akustikuntersuchungen und Tastsinn beispielsweise sollen Versuchspersonen Oberflächen erfühlen - etwa das Relief unterschiedlicher Bedienhebel. Außerdem bewerten sie Geräusche rund ums Auto - von Fahrtwind und Motorbrummen bis zum Schalterklacken. (Vgl. URL 162)

erforscht wird.[991] *"Auf dem Weg zum umweltverträglichen und sparsamen Auto werden Karosserie und Motoren technisch immer ähnlicher. Zukünftig wird die Markendifferenzierung über die Innenausstattung erfolgen - wie etwa über hervorragende Sitzbezüge"*[992]*,* erläutert Renner die Ziele des Labors.

Im *Daimler-Labor* wird nicht nur untersucht, welche Teile den Fahrer vom Verkehr ablenken, sondern auch optische, akustische und emotionale Sinnesreize, etwa die Wirkung des Knackens beim Blinken, werden analysiert.[993] *"Wir legen das Fundament für die Cockpit-Designer, den Karosseriebau und manchmal auch für die Getriebeingenieure"*[994]*,* erklärt Renner. Tatsächlich führen die Akzeptanztests nicht nur zu Verbesserungen der Innenausstattung, sondern auch zur Optimierung von technischen Systemen. Neben den technischen Merkmalen sind es vor allem auch Emotionen, die ein Modell beim Fahrer auslöst. Sie prägen das Image eines Fahrzeugs und einer Marke.[995]

Der Marktanteil von Premium-Fahrzeugen beträgt wertmäßig zur Zeit rund ein Drittel des gesamten Weltautomobilmarktes, und die Perspektiven für das Marktwachstum im Premium-Segment werden auch für die Zukunft erheblich positiver eingeschätzt als die im Volumen-Markt.[996] *„Premium-Hersteller besitzen im Vergleich zu anderen Anbietern einen spirituellen Mehrwert, der sich durch die Historie der Marke ergibt und einen sinnstiftenden Charakter für den Konsumenten hat"*[997]*,* erklärt Diez.

---

[991] Vgl. Maillart, 2005, S. 45f.
[992] URL 50.
[993] Vgl. URL 51.
[994] URL 50.
[995] Vgl. URL 52.
[996] Vgl. Diez/Tauch, 2008, S. 13.
[997] Vgl. Experteninterview mit Prof. Dr. Willi Diez im Anhang.

Die wachsende Wettbewerbsintensität im Automobilmarkt spiegelt sich auch in den deutlich gestiegenen Aufwendungen für *Mediawerbung*[998] wider. So sind die Ausgaben für Mediawerbung von 1995 bis 2005 um rund 40 Prozent gestiegen. Dies ist aber auch zweifellos Ausdruck einer *sinkenden Effizienz* der klassischen Medienwerbung.[999]

Angesichts des attraktiven Angebots unterschiedlicher Fahrzeuge in allen Marktsegmenten spielt das *Variety Seeking* bei der Kaufentscheidung der Kunden eine große Rolle. Eine sinkende Markenloyalität ist die Folge.[1000] Automobile wurden in den letzten Jahren immer mehr zu emotional aufgeladenen Konsumprodukten, bei denen das Image der Marke ebenso wichtig ist wie die Funktion oder das Preis-Leistungs-Verhältnis. Erfolgreiche Hersteller, wie *BMW* oder *Porsche*, messen markenspezifischen Elementen wie u.a. Design, Markenerlebnis und Produktinnovationen, die das Markenprofil prägen, immer mehr Bedeutung bei.[1001] In kaum einem anderen Konsumgütermarkt ist das Bedürfnis nach *Identifikation* mit Marken ähnlich stark ausgeprägt als im Automobilmarkt.[1002]

7.1 Multisensuale Markenkommunikation am Point of Sale

In der Automobilwirtschaft nimmt die multisensuale Markenkommunikation einen bedeutenden Stellenwert ein. „Als Marketing-Instrumente am POS stehen neben der Media-Werbung, der Multimedia-Kommunikation, dem Direktmarketing, der Verkaufsförderung und dem Sponsoring vor allem das Eventmarketing und die Organisation von Messen und Ausstellungen zur Verfügung."[1003] Um sich erfolgreich vom Wettbewerb abzuheben, wird eine der Hauptaufgaben der Hersteller und des Handels künftig darin bestehen, den Kunden ein **ganzheitliches Markenerlebnis** zu vermitteln und ihnen die grundlegenden Markenwerte emotional und überzeugend darzubringen.[1004] Hierbei nimmt die erlebnisbetonte Kommunikation eine zunehmend wichtigere Stellung im Rahmen der Markenkommunikation der Automobilwirtschaft ein.[1005] Die erklärungsbedürftige Komplexität der Produkt-Dienstleistungsbündel erfordert zudem eine aktive Markengestaltung über die Inszenierung der Markenwerte hinaus.[1006]

---

[998] „In Hinblick auf den Media-Mix dominieren im Automobilmarkt nach wie vor die Printmedien mit einem Anteil von 50,5% im Jahr 2005. Das Fernsehen erreichte einen Marktanteil von 38,7% und der Hörfunk von 7,9%. Auf die Plakatwerbung entfielen 2,2%." (Diez, 2006, S. 426)
[999] Vgl. ebenda.
[1000] Vgl. Diez/Tauch, 2008, S. 7.
[1001] Vgl. Becker, 2005, S. 108f.
[1002] Vgl. Kalbfell, 2004, S. 1929.
[1003] Tauch/Diez, 2008, S. S. 121.
[1004] Vgl. Diez/Tauch, 2008, S. 7.
[1005] Vgl. Thiemer, 2004, S. 88.
[1006] Vgl. Dahlhoff, 1997, S. 24.

In der Automobilwirtschaft zeichnen sich in der nicht-klassischen Kommunikation zwei große Bereiche ab: Zum einen *virtuelle Welten* im Internet, zum anderen *Erlebniswelten* als authentische Orte der Unternehmens- oder Markeninszenierung. Letztere werden als Instrument der Markenkommunikation an Bedeutung gewinnen, da nichts überzeugender ist als das eigene Erleben.[1007]

„Die Grundidee von Markenerlebniswelten ist es, den Kunden am ‚Marken-POS' positiv mit Markenkraft aufzuladen, z.b. durch intensive persönliche Markenerlebnisse. Hierzu zählt insbesondere die zeitlich ausgedehnte Ansprache über alle fünf Sinne."[1008] Während bei klassischen Kommunikationsmitteln (u.a. Print-, TV-, Radiowerbung) meist nur einige der fünf Sinne des Menschen (überwiegend Sehen und Hören) angesprochen werden, können durch eine Markeninszenierung in Erlebniswelten alle Sinneseindrücke geweckt und eine **multisensuale Ansprache** realisiert werden.[1009] So können u.a. *Videoinstallationen* eingesetzt werden, auf denen in der ganzen Erlebniswelt verteilt zur Ausstellung passende Filme gezeigt werden, welche die ausgestellten Fahrzeuge durch Lebendigkeit unterstützen. Aber auch mit Hilfe von *Geräuschen* sowie *musikalischen* und *melodischen Elementen* - passend zur jeweiligen Ausstellung oder Veranstaltung - kann die besondere Stimmung in den Erlebniswelten untermalt werden. *Haptische Reize* sind über das Berühren und Ausprobieren der Fahrzeuge und der ausgestellten Exponate möglich. Der Emotionalisierungsprozess beim Besucher kann mit den passenden *Düften* in den Fahrzeugen oder an ausgewählten Stellen in der Erlebniswelt unterstützt werden. Dem *Geschmackssinn* wird mittels der verschiedenen Gastronomiekonzepte (Coffee Bar, Restaurant, etc.) Rechnung getragen.[1010]

Beim internationalen Einsatz multisensualer Erlebniswelten muss unbedingt berücksichtigt werden, dass aufgrund *kultureller, religiöser* und *historischer Unterschiede* sowohl visuellen, auditiven als auch den anderen Sinnesreizen in unterschiedlichen Ländern verschiedenartiger Symbolgehalt zukommt.[1011] Durch eine multisensuale Ansprache der Besucher können nicht nur passive Genüsse, sondern auch persönliche Erlebnisse vermittelt und Kaufentscheidungen positiv beeinflusst werden, wie beispielsweise durch den Kauf von Merchandising-Artikeln in integrierten Shops.[1012] In Markenerlebniswelten entsteht meist eine beeindruckende Atmosphäre, die Vertrauen schafft und Loyalität fördert.[1013] Generell gilt: „Je mehr verstärkende Reize beim Erleben vorhanden sind, desto mehr gedächtniswirksame

---

[1007] Vgl. Bagusat/Müller, 2008, S. 329.
[1008] Kilian, 2008b, S. 201.
[1009] Vgl. Inden, 1993, S. 66.
[1010] Vgl. Bagusat/Müller, 2008, S. 327f.
[1011] Vgl. Thiemer, 2004, S. 185.
[1012] Vgl. Bagusat/Müller, 2008, S. 320.
[1013] Vgl. Kilian, 2008b, S. 201.

Assoziationen werden hergestellt."[1014] *„Multisensorisches Marketing hat für Porsche eine sehr große Bedeutung, denn unsere Kunden kaufen nicht einfach nur ein Fahrzeug, sondern auch ein emotionales Erlebnis, denn alle Sinne werden von einem gut gemachten Fahrzeug angesprochen"*[1015], sagt Marschall.

Zahlreiche Automobilhersteller besitzen bereits Marken- bzw. Themenwelten, so genannte **Brand Lands**[1016], die dem Zweck dienen, das Unternehmen bzw. die Marke *erlebbar* zu machen. Der Besucher lernt dabei das Unternehmen bzw. die Marke mittels Attraktionen kennen, wobei sich Unterhaltung mit Information zu einem intensiven Kommunikationserlebnis verbinden.[1017] Der Fokus ist hier im Gegensatz zu einer normalen Erlebniswelt stärker auf die Darstellung des Unternehmens und seiner Produkte gerichtet, wobei gleichzeitig eine *ganzheitliche Präsentation der Marke* angestrebt wird.[1018] Die direkte Kundenansprache über die ganzheitliche Präsentation der Marke und ihrer Produkte nimmt dabei eine wichtige Rolle ein.[1019]

So betreiben Marken wie *BMW, Audi, Porsche, Volkswagen* und *Mercedes-Benz* solche Brand Lands, wobei u.a. Werksbesichtigungen, Fahrzeugauslieferung, Museumsbegehungen, gastronomische Angebote, Marken-Lifestyle-Shops sowie themenbezogene Events und Veranstaltungen angeboten werden.[1020] Die Authentizität des Produktes wird somit neben den eigentlichen Fahrzeugabholungen durch ein vielfältiges und multisensuales Angebot von Fahrprogrammen realisiert.[1021]

„Nicht nur bei der Auslieferung von Fahrzeugen, sondern schon bei der Gewinnung von Interessenten gilt es, ein ganzheitliches Erlebnis von Marken zu vermitteln. [...] Ein gutes Beispiel für ein sinnliches Konsumerlebnis im Automobilbereich ist die VW Autostadt in Wolfsburg, die auch interessierte Personen anzieht, die keinen VW fahren"[1022], so Diez. Aber auch die *BMW Welt* (vgl. Abb. 75) in München und das *Porsche Museum* in Stuttgart-Zuffenhausen stellen architektonische Testimonials für die jeweilige Marke dar.

[1014] Nickel, 1998, S. 140.
[1015] Fösken, 2006, S. 73.
[1016] „Ein *Brand Land* ist ein auf Dauer angelegter, stationärer, dreidimensionaler, realer Ort, der unter Markengestaltungsrichtlinien vom Unternehmen gebaut und überwiegend am Produktions- bzw. Hauptstandort betrieben wird, um gemäß spezifischen Zielsetzungen den relevanten internen und externen Zielgruppen die essentiellen, wesensprägenden und charakteristischen Nutzenbündel der Marke multisensual erfahrbar und erlebbar zu machen." (Kirchgeorg et al., 2009, S. 126)
[1017] Vgl. Bagusat/Müller, 2008, S. 316.
[1018] Vgl. Diez, 2001, S. 376.
[1019] Vgl. Bagusat/Müller, 2008, S. 318.
[1020] Vgl. Thiemer, 2004, S. 108.
[1021] Vgl. Springer, 2008, S. 113.
[1022] Vgl. Experteninterview mit Prof. Dr. Willi Diez im Anhang.

Abb. 75: BMW Welt (Quelle: URL 213)

Eine **erlebnisorientierte Markeninszenierung** verfolgt die folgenden Ziele, welche sich direkt auf den Besuch der Erlebniswelt beziehen:

- die Erhöhung der Identifikation mit der Marke,

- die Erhöhung der Verweildauer und der Wiederkehrwahrscheinlichkeit

- die Schaffung von Wohlbefinden

- die Erhöhung der Einkaufslust, auch wenn diese nicht in jeder Erlebniswelt vor Ort befriedigt werden kann, sowie

- die emotionale Bindung des Kunden an die Marke, die sich langfristig in regelmäßigen Wiederkäufen manifestieren soll.[1023]

Die auf diese Weise geschaffene emotionale Verbindung zur Marke bildet die Basis, um den Kunden im Anschluss regelmäßig über Internet, Katalog oder auch den klassischen Handel mit Kommunikationsmaßnahmen zu begleiten. Dadurch kann die Markenbegeisterung weiter aufgeladen und die Markenbindung gefestigt werden. Für den *Follow Up* sind hierbei insbesondere die am eigenen Point-of-Experience gewonnenen Kundeninformationen (u.a. durch Scannerkassen und Kundenkarten) hilfreich.[1024] Es gilt, die Markenerlebniswelt immer wieder aufzufrischen und zu optimieren, ohne jedoch die Kernbotschaft der Erlebniswelt zu verändern.[1025]

[1023] Bagusat/Müller, 2008, S. 318.
[1024] Vgl. Kilian, 2008b, S. 201.
[1025] Vgl. Weinberg/Diehl, 2005a, S. 281.

7.2 Multisensuale Produktgestaltung am Beispiel des Automobils

In der Automobilwirtschaft nimmt die multisensuale Produktgestaltung einen bedeutenden Stellenwert ein. *„Bevorzugt werden traditionell die visuelle und auditive Wahrnehmung sowie die Empfindungen, die mit Bewegung und Gleichgewicht in Verbindung stehen. Vernachlässigt wird bislang eher der Geruch, der nur als mögliche Störgröße, zumeist aber nicht als positive Markenkomponente angesehen wird. Die taktile Anmutung von Bedienelementen gewinnt zunehmend an Bedeutung"*[1026], erklärt Haverkamp. Im Folgenden wird der Einfluss der einzelnen Sinne auf die Gestaltung bei Automobilen analysiert, wobei jedoch der Geschmackssinn nicht Gegenstand der Untersuchung ist.

7.2.1 Der Einfluss der Optik auf die Produktgestaltung

Der **Sehsinn** nimmt im Rahmen der multisensualen Markenkommunikation einen besonderen Stellenwert ein. *„Es ist vor allem der Sehsinn, der sehr stark angesprochen wird. Jeder Automobilhersteller hat bestimmte Farben, die vorzugsweise zum Einsatz kommen. So verwendet Ferrari hauptsächlich die Farbe Rot, BMW die Farben Blau und Weiß und Opel die Farbe Gelb"*[1027], so Diez.

Das *Design* eines Fahrzeuges ist einer der Hauptfaktoren im Kaufentscheidungsprozess und spiegelt immer öfter nationale Werte und Charakteristika wider. Das Design ermöglicht dem Käufer, die zentralen Markenwerte in der äußeren Gestalt wiederzufinden und multisensual zu erleben.[1028] Das Aussehen eines Autos war schon immer wichtig für den Verkaufserfolg und wird für das gesamte Markenimage immer entscheidender. *„Die Form der Karosserie soll die inneren Werte des Autos, also seine Technik, seine Bequemlichkeit und auch das Image der Marke widerspiegeln. Entscheidend ist es, die Proportionen so zu wählen, dass ein sympathisches Gesamtbild entsteht"*[1029], so Hildebrand, Chefdesigner bei *MINI*.

Bei zahlreichen Herstellern übernehmen bestimmte Designelemente eine sehr weitgehende Markierungsfunktion, wie beispielsweise die *BMW*-Niere, die Kühlerfigur („Emily") bei *Rolls-Royce* oder der *Mercedes-Benz*-Stern. Für solche markenspezifische Erkennungselemente eignet sich vor allem die Fahrzeugfront.

[1026] Vgl. Experteninterview mit Dr. Michael Haverkamp im Anhang.
[1027] Vgl. Experteninterview mit Prof. Dr. Willi Diez im Anhang.
[1028] Vgl. Kohler, 2003, S. 22.
[1029] URL 173.

Aber auch andere Elemente des Fahrzeugdesigns, wie etwa die markante Gestaltung der seitlichen Heckfenster bei BMW („Hofmeisterknick") oder das Motorgeräusch, können eine Markierungsfunktion übernehmen.[1030]

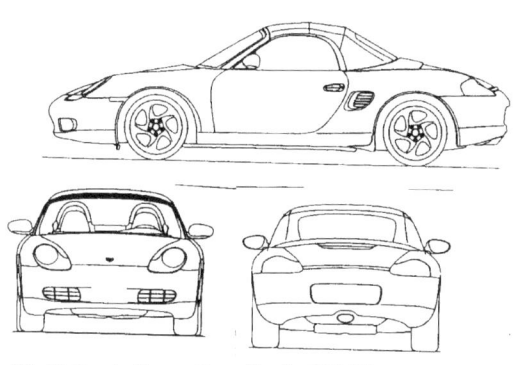

In Deutschland hat der BGH im November 2005 entschieden (BGH - I ZB 33/04)[1031], dass die **Form eines Automobils**, in diesem Fall die Form des Porsche Boxster (vgl. Abb. 76), als *dreidimensionale Marke* ins Markenregister eingetragen werden kann und somit **markenrechtlich geschützt** ist.

Abb. 76: Porsche Boxster-Form (Quelle: URL 95)

Der BGH hat begründet, „dass der Verbraucher bei Kraftfahrzeugen daran gewöhnt ist, von der äußeren Form auf den Hersteller zu schließen."[1032] Somit folgt, dass dann ein „Schutz für Fahrzeugformen zu gewähren ist, wenn die Form einen hohen Bekanntheitsgrad besitzt und sich in den beteiligten Verkehrskreisen als Herkunftshinweis durchgesetzt hat."[1033] Die Form eines Fahrzeuges kann jedoch erst *nach* dessen Markteinführung als Marke geschützt werden, da Kfz-Hersteller für das Design von Fahrzeugen auf eine Formenvielfalt angewiesen sind.

Das Automobildesign bildet eine Gegentendenz zur Globalisierung, indem es paradoxerweise zu einem Ausdrucksmittel von *Identität, Werten* und *Charakteristika* jedes einzelnen Landes wird (auch wenn diese sich in einem internationalen Kontext ausdrücken).[1034] Während das Design in den unteren Segmenten bzw. bei den Massenherstellern noch einen geringen Stellenwert hat, so ist das Design bei den Segmenten der Ober- bzw. Luxusklasse zu einem der wichtigsten Wettbewerbsfaktoren geworden.[1035]

[1030] Vgl. Diez, 2006, S. 545.
[1031] Die *Porsche AG* hatte bereits 1996 die äußere Form und Gestaltung des *Porsche Boxster* als 3D-Marke für die Waren „Kraftfahrzeuge und deren Teile" angemeldet. Das Deutsche Patent- und Markenamt hatte jedoch damals die Anmeldung wegen Fehlens der Unterscheidungskraft und eines aktuellen Freihaltebedürfnisses an der äußeren Gestaltungsform eines Kraftfahrzeuges zurückgewiesen. (URL 96)
[1032] Vgl. Heurung, 2006, S. 47.
[1033] URL 139.
[1034] Vgl. Bonzanigo, 2004, S. 641f.
[1035] Vgl. Ebel/Hofer, 2004, S. 338.

Markenprägende Produktgestaltung
[ungestützte Nennungen]

- Motor: 74,0%
- Karosserie: 66,0%
- Fahrgestell: 26,0%
- Innenausstattung: 18,0%
- Getriebe: 16,0%
- Fahrzeugkonzeption: 10,0%
- Rahmen: 10,0%
- Sitze: 8,0%
- Achsen: 6,0%
- Lenkung: 6,0%
- Bremsen: 6,0%
- Fast alles: 6,0%
- Fertigung: 4,0%
- Einz. Karosserieteile: 4,0%
- Kupplung: 3,0%
- Radio: 3,0%

Abb. 77: Markenprägende Produktgestaltung (Quelle: Diez, 2006, S. 546)

In einer Umfrage hat man herausgefunden, dass zur markenprägendsten Produktgestaltung beim Automobil der *Motor*, die *Karosserie* und das *Fahrgestell* zählen. Die Innenausstattung, das Getriebe und die Fahrzeugkonzeption wurden von den Befragten ebenfalls als wichtig eingestuft. Abb. 77 fasst die Ergebnisse der Umfrage zusammen. Nach Peter Schreyer, Designer vieler *Audi* und *VW*-Modelle und nun Kreativchef bei *Kia* sind asiatische Autos im Vergleich zu europäischen Autos oft noch zu anonym. *„Europäische Firmen haben eine längere Geschichte und aus dieser heraus einen anderen Charakter"*[1036], erklärt Schreyer.

Grundsätzlich bildet die Bedeutung des Außen- und Innendesigns für die emotionale Aufladung und die Ästhetik eines Fahrzeugmodells die Grundlage für die Positionierung eines Modells im Markt.[1037] Die Kundensicht muss dabei sehr früh in die Designgestaltung miteinbezogen werden, um kostenintensive Fehlschläge zu verhindern. Dabei stellen die *Designklinik* oder *Interieurklinik* in einem frühen Stadium der Modellentwicklung ein erfolgreich erprobtes Mittel zur Ermittlung der Kundenpräferenzen dar.[1038] *„Etwa 95 Prozent des Autodesigns sind durch gesetzliche Vorschriften oder physikalische Auflagen vorgegeben, damit bleiben uns nur fünf Prozent Gestaltungsspielraum"*[1039], so Hildebrand.

[1036] Vgl. URL 298.
[1037] Vgl. Ebel/Hofer, 2004, S. 347.
[1038] Vgl. ebenda, S. 348.
[1039] URL 296.

Das Design steht stets mit der **Aerodynamik** im Wettbewerb, wobei ein gewisser Zielkonflikt entsteht. *„Während der Aerodynamiker etwa gern scharfe Strömungsabrisskanten am Heck hätte, bevorzugt der Designer meist fließende Formen. [...] Am Ende steht immer ein Kompromiss, der die besten Ideen beider Seiten vereint. In der Regel dauert dieser Prozess rund 6 Jahre, teilweise sogar noch länger"*[1040], erklärt Fallert. *„Automobildesign ist sehr kompromissbehaftet. Es gibt Details, die wichtig sind, um eine gewisse Emotionalität rüberzubringen, zum Beispiel die Höhe der Ladekante beim Kofferraum"*[1041], betont Schreyer.

„Die größte Motivation beim Kauf eines Autos ist das Design. Der Mensch entscheidet immer emotional, er begründet es nur rational. Ein Auto ist letztlich auch eine Persönlichkeit, in der man sich widerspiegeln kann"[1042], resümiert der MINI-Chefdesigner. Nach Hildebrand sind es drei Designaufgaben, die trotz aller technischen Zwänge Freiraum für persönliche gestalterische Leistung ermöglichen, nämlich *Proportion, Skulptur* und *Details*.[1043] *„So wichtig die emotionale Formensprache, das Design, auch sein mag, ebenso wichtig und geradezu essentiell bleibt die Funktion, der wahre Nutzen eines Produkts"*[1044], resümiert Hildebrand.

Als Maßstab für die Beurteilung von Anmutungen ist weniger das individuelle ästhetische Empfinden des Konsumenten entscheidend, sondern vielmehr dessen Eindruck von der *Kongruenz* bzw. der Inkongruenz zwischen Produktdesign und Marke. Somit muss ein effizientes Automobildesign sowohl am Produktnutzen als auch an der Markenstrategie orientiert sein. Letztlich ist es von entscheidender Bedeutung, dass das designte Automobil zur jeweiligen Produkt- oder Markenfamilie zugehörig wahrgenommen wird.[1045]

7.2.2 Der Einfluss der Akustik auf die Produktgestaltung

Die Akustik nimmt ebenfalls einen großen Einfluss auf die Produktgestaltung in der Automobilwirtschaft. Dabei wird zwischen *Sound Branding* (u.a. in der Werbung und am POS) und *Sound Design* in der Fahrzeugentwicklung unterschieden. Im Folgenden werden beide Bereiche in der Automobilwirtschaft untersucht.

[1040] Vgl. Experteninterview mit Dipl.-Ing. Jürgen Fallert im Anhang.
[1041] URL 299.
[1042] URL 296.
[1043] Vgl. ebenda.
[1044] URL 297.
[1045] Vgl. Ufelmann, 2010, S. 53. Karjalainen führt weiter aus: *"If the link between design references and brand core values are missing, design cues may be perceived as 'artificial'."* (Karjalainen, 2007, S. 68)

7.2.2.1 Sound Branding in der Automobilwirtschaft

Das **Sound Branding** nimmt in der Automobilwirtschaft seit vielen Jahren einen hohen Stellenwert ein. So kommunizieren zahlreiche Automobilhersteller ihre Marke u.a. mit Hilfe von Sound Logos, wie beispielsweise *BMW, Audi, Nissan, Renault* und *Fiat*. *„Ich bin überzeugt davon, dass Markenklänge noch in ganz neue Felder vordringen werden. Wieso auch sollten sich Markenklänge auf das klassische Werbeumfeld von TV und Funk beschränken? Jedes Produkt, das klingen kann, ist ein potentieller Vervielfacher der Markenbotschaft. Da warten große Chancen auf Unternehmen, die dieses Potential für sich nutzen möchten"*[1046], so Heller, Entwickler der *Audi*-Sound Logos.

Eine Marke über einen weiteren Sinn klar erkennbar zu machen, hat einen enormen Mehrwert. So bringt die Verknüpfung von visueller und akustischer Welt einen enormen Synergieeffekt mit sich. Einige *Brand-Touch Points* funktionieren ausschließlich auf akustischer Ebene, wie z.b. Telefon, Radio und Podcasts.[1047] „Mehrere Studien haben bereits bewiesen: Existiert in den Köpfen der markenrelevanten Personen erst einmal eine klare Verknüpfung von visueller und akustischer Identität, kann ein akustischer Impuls im Vergleich zum visuellen Pendant eine fast gleichwertige Markenerinnerung auslösen."[1048] Um sich vor den bekannten *„Wear-out" Effekt* zu schützen, soll ein Sound Logo immer frisch und zeitgemäß wirken, aber gleichzeitig stets klar an seinen Ursprung erinnern. Beispielsweise bedient sich das Sound Logo der *Deutschen Telekom* einer unterschiedlichen Instrumentierung. So hört man das berühmte Sound Logo, welches im Original von einem zeitlosen Klavier gespielt wird, zur Weihnachtszeit mit Glocken, in der Fußballhalbzeit mit einer Tröte und in der *Paul Potts*-Werbung in einer weicheren Klavier-Version. Damit zeigt das akustische Markenzeichen der *Deutschen Telekom* seine Flexibilität, schützt sich aber auch gegen den bekannten Abnutzungseffekt, der sich bei hoher Einsatzhäufigkeit einstellt.[1049] Im Folgenden werden die Sound Logos der drei Automobilhersteller *BMW*, *Audi* und *Mercedes-Benz* analysiert.

[1046] URL 174.
[1047] Vgl. URL 301.
[1048] Ebenda.
[1049] Vgl. ebenda.

7.2.2.1.1 Das Sound Logo der Marke BMW

Das Sound Logo der Marke **BMW** - existiert seit nunmehr rund 10 Jahren. Entwickelt wurde das aktuelle Sound Logo von der Fachabteilung der *BMW Group* in Zusammenarbeit mit der bekannten Hamburger Werbeagentur *Jung von Matt*. Auch die renommierte Schweizer Corporate Identity Agentur *Interbrand Zintzmeyer & Lux* war in den Prozess des akustischen Logos von BMW involviert.[1050]

Abb. 78: BMW Markenlogo (Quelle: URL 185)

Das aktuelle BMW-Zweiklang-Logo[1051] soll einen „sauberen" Abbinder und eine akustische Unterstützung der Einbindung des Markenclaims darstellen. Durch den Klang des BMW-Sound Logos soll ein gewisser technoider Appeal entstehen - BMW als Ingenieurs-Marke. Im Mittelpunkt des Sound Logos steht dabei der Amboss(Schlag), der einen schließenden Zylinder bei einem Motor akustisch abbildet. Es ist nicht zu leugnen, dass dieses technoide akustische Logo eine gewisse Erhabenheit kommuniziert.[1052]

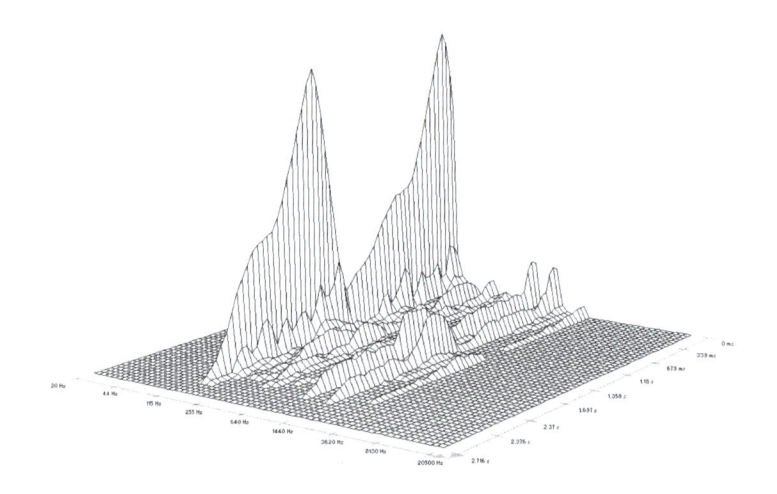

Abb. 79: Fourieranalyse des BMW Sound Logos

[1050] Vgl. Steiner, 2009, S. 150f.
[1051] Für eine ausführliche Analyse des BMW Sound Logos als auch des BMW Sound Designs sei auf die Fallstudie „BMW AG" (in: Steiner, Paul: Sound Branding. Grundlagen der akustischen Markenführung, S. 135 - 162, Gabler, 2009) hingewiesen.
[1052] Vgl. Steiner, 2009, S. 151.

Betrachtet man das BMW Sound Logo mithilfe der Fourieranalyse, so zeigt diese deutlich, dass der Großteil der Frequenzen zwischen 100 und 200 Hertz liegt, wobei sich das akustische Logo insgesamt zwischen dem Frequenz-Bereich von *100 bis 3.000 Hz* erstreckt (vgl. Abb. 79).[1053] Das BMW Sound Logo wird primär mit Kälte, Technik, Handwerk, Kraft, Präzision und Qualität in Verbindung gebracht.[1054]

Ein starkes und gelerntes Sound Branding, wie es BMW in Verwendung hat, kommuniziert die Marke viel intensiver an die (potentiellen) Kunden, als es ohne Sound Branding der Fall ist. Das Sound Logo spielt dabei zusammen mit dem visuellen Branding beim Abspann von Werbefilmen eine bedeutende Rolle. Beim Abspann des *BMW-Werbefilms* wird zuerst das quadratische CI-Modul mit der Bildmarke präsentiert, gefolgt von einer kleinen weißen Fläche, welches den Claim der Marke BMW visualisiert. Die Einblendung des Claims wird dabei vom akustischen Signal unterstützt. Das Sound Logo soll dabei mit dem visuellen Branding harmonieren. Das aktuelle akustische Logo wurde ursprünglich entwickelt, um visuelle Medien (TV, Kino) akustisch zu *unterstützen*. Mittlerweile findet das Sound Logo auch im Radio und Internet Verwendung, wo es als akustischer Abbinder fungiert.[1055]

So wichtig und interessant das Thema rund um Sound Branding ist, so neu ist es auch. *„Der Wettbewerb von akustischen Logos zwischen den Automobilherstellern steht gerade erst am Beginn"*[1056], so Konrad. Das akustische Logo hat BMW markenrechtlich nicht (als Hörmarke) schützen lassen. Der Münchner Automobilhersteller hält jedoch die Rechte an dem aktuellen Sound Logo, da diese vom Komponisten abgekauft worden sind. Das akustische Logo wurde jedoch nicht beim Deutschen Patent- und Markenamt angemeldet.[1057] *„Da das Sound Logo mittlerweile so eindeutig mit der Marke BMW in Verbindung gebracht wird, bestehen bei BMW keine Befürchtungen, dass es entsprechend von einem anderen besetzt werden könnte"*[1058], so Konrad. Bis dato sind auch noch keine Urheberrechtsverletzungen diesbezüglich aufgetreten. Im Namen von BMW wird ein vierteljährliches *Werbetracking*[1059] (internationaler Advertising Monitor) durchgeführt, um ausgewählte Kampagnen in Hinblick auf Erinnerbarkeit, Marken Fit und Overall Likeability in den verschiedenen Märkten zu testen.[1060]

[1053] Vgl. Steiner, 2009, S. 154.
[1054] Vgl. Klepper, 2010.
[1055] Vgl. Steiner, 2009, S. 152f.
[1056] Ebenda, S. 218.
[1057] Vgl. ebenda, S. 155.
[1058] Ebenda, S. 218.
[1059] Ein Werbetracking ist eine „Wiederholungs- bzw. Trendbefragung zur Messung von Wirkung von Werbemitteln". (URL 186)
[1060] Vgl. Steiner, 2009, S. 154.

Nach Konrad wird in Zukunft auch die *Showroom-Beschallung* eine entscheidende Rolle spielen. Dieses Feld besitzt sehr viel Potenzial, besonders in der Automobilbranche. Hierbei versteht man ein akustisches Branding im Sinne von einem markenadäquaten oder markenrepräsentierenden Sound. „*Man ist in einem BMW-Schauraum oder an einem BMW-Messestand und weiß trotz verbundener Augen, dass man bei BMW ist, da die Musik für BMW steht bzw. die Musik für die Marke passt*"[1061], so Konrad.

7.2.2.1.2 Das Sound Logo der Marke *Audi*

Audi besitzt seit 1996 zweifellos ein prägnantes und unverkennbares Sound Logo[1062]. Das akustische Logo kann durch die Kombination eines technischen Klangs mit einem Herzschlag mit Höchstwerten in den Kategorien „Marken Fit", „Einprägsamkeit", „Unverwechselbarkeit" und „kurz und prägnant" überzeugen.

Abb. 80: Audi Markenlogo (Quelle: URL 180)

Das Sound Logo (vgl. Abb. 81) vermittelt wirkungsvoll die Markenattribute „*Mensch und Maschine*" (Technologie und Emotion). In Bezug auf die Kategorie „Flexibilität" weist das *Audi*-Sound Logo jedoch erhebliche Mängel auf, denn es fehlt an der gestalterischen Flexibilität, da es **keine Melodie** hat. Folglich kann es nicht in unterschiedlichen Stilarten arrangiert werden, wie es beispielsweise beim *Deutsche Telekom*-Sound Logo der Fall ist. Man muss auch festhalten, dass das Sound Logo rhythmische Komponenten hat, die jedoch zum größten Teil in einem so tiefen Frequenzspektrum liegen, welches über manche Werbemedien nicht optimal wiedergegeben werden kann.[1063]

Abb. 81: Notation des Audi Sound Logos (Quelle: URL 175)

[1061] Steiner, 2009, S. 221.
[1062] Das Audi-Sound Logo wurde von Milo Heller entwickelt.
[1063] Vgl. Steiner, 2009, S. 127.

Während das akustische Logo im TV funktioniert, obwohl es mitunter die Lautsprecher bei älteren Fernsehgeräten wegen der tiefen Frequenzanteile teilweise überfordert, gibt es bei der Wiedergabe durch das Telefon Probleme, da letzteres hauptsächlich Frequenzen zwischen 500 und 5.000 Hertz überträgt und somit nicht die geforderte Hauptfrequenz des *Audi*-Sound Logos von *20 bis 255 Hertz* abspielen kann.

Der Ingolstädter Autobauer hat 2010 reagiert und mit einem eigenen *Sound Studio*[1064] neue Akzente in der Markenführung gesetzt. *Audi* will damit der Marke einen unverwechselbaren und wiedererkennbaren Klang verleihen. Dafür soll eine eigene **Klang-Corporate Identity**[1065] (Klang-CI) sorgen, die neben dem seit 1996 im Einsatz befindlichen und überarbeiteten Herzschlag als Sound Logo etwa acht definierte Klangmotive, Rhythmusfolgen und Geräusche beinhaltet. Das Brand-Development hat diesbezüglich zehn Instrumente definiert, die für Komponisten verbindlich vorgeschrieben sind.[1066] Nach Schuwirth, wurden alle Sound-Elemente des neuen *Audi* Sound-Konzeptes unmittelbar von den Markenwerten abgeleitet.[1067]

Seit rund eineinhalb Jahren arbeitet man bei *Audi* daran, die Marke in allen Kanälen akustisch hörbar zu machen, denn *„es gab nichts, das die akustische Identität von Audi bestimmte"*[1068], sagt Bochmann im Rückblick. Nach Korn will man sich dadurch von den Wettbewerbern noch stärker differenzieren als bisher.[1069] *„Die Marke Audi wird visuell sehr stringent geführt, aber bei Sound und Akustik war das bisher weniger der Fall"*[1070], resümiert Schuwirth. In Zukunft soll bei *Audi*-Händlern nicht mehr das Radio im Showroom laufen (wobei der Kunde womöglich auch Werbespots von anderen Automobilherstellern hört), sondern nur noch typische *Audi*-Musik zu hören sein, abgestimmt nach Tageszeiten.[1071]

[1064] Bei der Entwicklung und dem Aufbau des virtuellen Sound Studios hat *Audi* mit den Agenturen *Klangfinder* aus Stuttgart und *S12* aus München zusammengearbeitet. Die Bibliothek enthält derzeit u.a. ein Sound Logo, 1.000 Non-exclusive Tracks, 510 Brand Car Sounds und 8 Klangmotive. (Vgl. Reidel, 2010, S. 14)
[1065] Um sich die Klang-CI, als auch das überarbeitete Sound Logo von *Audi* anzuhören, URL: www.horizont.net/audi1810
[1066] Darunter sind Klassiker wie ein Flügel, eine gezupfte Violine und einzigartige Audi-Instrumente wie eine Precise-Percussion, die aus dem Sound des A3-Fensterhebers, Blinkers und Türgriffs gemixt ist. (Vgl. Reidel, 2010, S. 14)
[1067] Vgl. Reidel, 2010, S. 14.
[1068] Ebenda.
[1069] Vgl. ebenda.
[1070] Ebenda.
[1071] Vgl. ebenda.

7.2.2.1.3 Das Sound Logo der Marke *Mercedes-Benz*

Mercedes-Benz führte im Zuge seines neuen Markenauftritts Ende 2007 erstmals ein akustisches Markenzeichen für internationale Hörfunk- und Werbespots ein.[1072] *"Dieses akustische Markenzeichen passt perfekt zu Mercedes-Benz - es ist emotional, elegant und unverwechselbar unserer Marke zuzuordnen"*[1073], so Göttgens.

Abb. 82: Mercedes-Stern (Quelle: URL 87)

Laut *Mercedes-Benz* stammen die Töne „aus einer Originalaufnahme eines englischen Jungenchores aus den 1990er Jahren. Dabei wurde der Solopart einer Knabenstimme extrahiert und für das Sound Logo technisch aufbereitet."[1074] Mit dem hochtönigen Sound Logo differenziert sich die deutsche Automarke der *Daimler AG* von den Wettbewerbern *Audi* und *BMW* insofern, da letztere seit mehreren Jahren Sound Logos verwenden, die aus tieferen, technisch anmutenden Tönen bestehen.[1075]

Das Sound Logo von *Mercedes-Benz* wurde Ende 2009 nach nur zwei Jahren Verwendung wieder abgesetzt. Interne Untersuchungen hätten ergeben, dass man den zusätzlichen Audio-Effekt nicht brauche. *„Die Marke Mercedes-Benz spricht für sich selbst"*[1076], so eine PR-Mitarbeiterin. Viele Experten sind sich jedoch einig, dass mit dem Sound Logo weder ein Marken-Fit noch die passende Differenzierung gegeben war.[1077] Beim Sound Logo handelt es sich zudem um ein Sound-File aus der Musikdatenbank *Spectrasonics*, wie *Daimler*-Mitarbeiterin Christina Freier anmerkt.[1078]

Dieses Beispiel verdeutlicht, dass man sich bei der Entwicklung einer akustischen Markenführung über bestehende Markenwerte klar werden muss, denn Sound kann auch einen *negativen Einfluss* auf den Markeneindruck haben. Teilweise lassen sich jedoch die Widersprüche aufgrund der Verwendung langjährig etablierter Markenelemente nicht auflösen bzw. fallweise wäre es zu kostspielig, hier Korrekturen vorzunehmen. Somit müssen im Vorfeld zunächst langfristig gültige Markenwerte festgelegt und anschließend vorhandene Markenelemente, soweit als möglich *an die Markenwerte angepasst* werden.[1079]

[1072] URL: http://www.youtube.com/watch?v=X0EB_vl4rik
[1073] URL 300.
[1074] URL 304.
[1075] Vgl. URL 300.
[1076] URL 302.
[1077] Vgl. URL 303.
[1078] Vgl. URL 305.
[1079] Vgl. Kilian, 2010, S. 44.

7.2.2.2 Sound Design in der Automobilwirtschaft

„Das Ohr lässt sich - ganz im Gegensatz zum Auge - nicht einfach verschließen. Ob wir wollen oder nicht, das Ohr ist bei jeder Wahrnehmung ganz automatisch beteiligt. Mangelhaftes akustisches Design stört auch (oder gerade) dann, wenn es nur unbewusst wahrgenommen wird."[1080] Ob der satte Türklang, das geräuschlose Gleiten bei konstanter Geschwindigkeit oder die fein komponierten Motorgeräusche: Perfekte Fahrzeugakustik ist eines der entscheidenden Erkennungsmerkmale eines Premium-Automobils.[1081]

Die Geräuschgestaltung nimmt in der Automobilindustrie seit vielen Jahren einen hohen Stellenwert ein, da sie sowohl Informationen über die vielfältigen *Funktionen* und deren gewünschte Ausführung transportiert, als auch *emotionale Aspekte* vermittelt, die intuitiv und unmittelbar die Identifikation mit dem Produkt und letztlich die Kaufentscheidung beeinflussen. Dabei haben die Akustikingenieure zwei große Aufgabenfelder zu bewältigen: Zum einen „wird das Fahrzeug von ungewollten Geräuschen, z.B. von störenden tonalen Anteilen, befreit"[1082] (**Sound Cleaning**), zum anderen versuchen sich die Akustiker in der Komposition von Wohlklängen (**Sound Engineering**).[1083]

Die Hersteller betreiben großen Aufwand, um u.a. den Sound ihrer Fahrzeuge richtig abzustimmen, denn „*der Klang eines Autos gehört zum Reiz des Fahrens*"[1084], bringt es Rainer Schmidetzki, Entwickler bei *VW*[1085] in Wolfsburg, auf den Punkt. Besonders bei Premium-Herstellern wie u.a. *Porsche* und *BMW* nimmt das Sound Design einen hohen Stellenwert ein, da Geräusche den Konsumenten häufig als Indikator für die Produktqualität dienen. „*Der Kunde will eine Atmosphäre, die ihm signalisiert, welche Marke er fährt. Es gibt ganz wenige Produkte, die so stark nach emotionalen Gesichtspunkten gekauft werden wie Autos; bei Sportwagen macht die Emotion 100 Prozent aus*"[1086], erklärt Dudenhöffer.

[1080] Raffaseder, 2002, S. 14.
[1081] Vgl. Seitz, 2003, S. 60.
[1082] Vgl. Experteninterview mit Dipl.-Ing., Dipl.-Kfm. Robert Mirlach im Anhang.
[1083] Vgl. Seitz, 2003, S. 58.
[1084] URL 144.
[1085] *VW* beschäftigt rund 85 Mitarbeiter in der Abteilung Sound-Engineering. (Vgl. URL 169)
[1086] Ebenda.

„Der Sound trägt neben dem Design zur Emotionalität bei"[1087], so Pfäfflin, Leiter der Entwicklung Akustik und Schwingungstechnik bei *Porsche*[1088] in Weissach bei Stuttgart. Für Maurizio Reggiani, Leiter der Technischen Entwicklung bei *Lamborghini*[1089], hat Sound Design ebenfalls eine enorm wichtige Funktion: *„In so einem Auto, bei dem der Motor und das Design eine so große Rolle spielen, müssen die Leute am Sound sofort erkennen, dass es ein Lamborghini ist."*[1090] Dem schließt sich BMW-Sound Designer Robert Mirlach an: *„Meine Vision ist, dass man in einem Café an der Straße sitzt und bereits am Klang eindeutig wahrnimmt, wenn ein BMW vorbeikommt."*[1091]

„Zu Beginn des eigentlichen Sound Design Prozesses erfolgt die Positionierung des Fahrzeuges zusammen mit der für die jeweilige Baureihe verantwortlichen Marketing-Abteilung"[1092], erklärt Mirlach. Im Zuge dieser Fahrzeug-Positionierung werden auch Wettbewerber definiert, um zu analysieren, in welchen Punkten man sich bewusst unterscheiden möchte.[1093] Ziel ist es, die **Markeneigenschaften** wie beispielsweise Sportlichkeit und Dynamik mit Hilfe der Klanggestaltung zu **schärfen**. So klingt bei BMW der *3er* sportlich-präsent, der *5er* komfortabel-zurückhaltend und der *Z4* dynamisch-unternehmenslustig.[1094] *„Mit bestimmten Fahrzeugen assoziiert man einen ganz bestimmten Sound. Ein Porsche Panamera soll einen anderen Eindruck vermitteln als beispielsweise ein 911 Carrera"*[1095], bestätigt Pfäfflin. Kurz gesagt: *„Je sportlicher ein Modell positioniert wird, desto kerniger und kraftvoller muss auch der Motor klingen"*[1096], so Schmidetzki.

„Im nächsten Schritt gilt es zu konkretisieren, in welchen Merkmalen sich der Sound manifestieren soll. Dabei versucht man, das Sound Design an physikalisch messbaren, quantitativen Größen festzumachen"[1097], erklärt Mirlach. Anhand eines Vorgängermodells werden jene klanglichen Merkmale untersucht, die verändert bzw. verbessert gehören. *„Dies muss schließlich mit der Mechanik in Einklang gebracht werden"*[1098], betont Mirlach.

[1087] URL 146.
[1088] Der typische Markensound wird bei *Porsche* in einem nur 12 m² großen Tonstudio auf dem insgesamt 67 Hektar großen Entwicklungsgelände komponiert. Mit Hilfe eines Computer-Equalizers werden die Frequenzen aller Geräusche im Antrieb aufeinander abgestimmt, bis der gewünschte Klang erzielt wird. (Vgl. URL 169)
[1089] Bei *Lamborghini* gibt es keine eigene Abteilung für Sound Design. Die Ingenieure der Motorenentwicklung nehmen sich dieser Thematik zusätzlich an. Dabei wird in einem ersten Schritt ein Basis-Sound am Computer generiert, der sich aus der Zylinderzahl, der Zündreihenfolge und der geometrischen Form des Motors ergibt. Danach wird an den zahlreichen Details gefeilt. (URL 146)
[1090] URL 146.
[1091] Ebenda.
[1092] Vgl. Experteninterview mit Dipl.-Ing., Dipl.-Kfm. Robert Mirlach im Anhang.
[1093] Ebenda.
[1094] Vgl. Seitz, 2003, S. 60.
[1095] URL 32.
[1096] URL 144.
[1097] Vgl. Experteninterview mit Dipl.-Ing., Dipl.-Kfm. Robert Mirlach im Anhang.
[1098] Ebenda.

Multisensuale Produktgestaltung am Beispiel des Automobils 213

Abb. 83: V12-Motor des Aston Martin Vantage (Quelle: URL 224)

Am Beispiel der britischen Traditionsmarke *Aston Martin* (vgl. Abb. 83) lässt sich Sound Design eindrucksvoll beschreiben: *„Unsere Sound-DNS ist sehr britisch, zwischen satten amerikanischen V8 und den hochdrehenden, scharfen Motoren der italienischen Marken"*[1099], sagt Entwicklungsingenieur Shun Ishikawa. BMW-Sound Designer Robert Mirlach, der den einzigartigen *Z4 Sound* für den Dreiliter-Sechszylinder komponiert hat, beschreibt den Klang des BMW Roadsters wie folgt: *„[...] wenn der Fahrer mit dem Gas spielt, jubelt der Motor über eine extra entwickelte Ansaugung wie ein leistungshungriger Sportmotor. Dazu ‚brazzelt' der Auspuff beim schnellen Gaswechsel genüsslich nach."*[1100] Der *MINI Cooper S* fordert es hingegen geradezu heraus, den Fuß vom Gaspedal zu nehmen, denn dann „blubbert" es aus dem Endrohr mit rauer Stimme. Dieser charakteristische Klang wird von BMW „Schubblubbern" bezeichnet und kommt dadurch zustande, dass der Sprit, bevor man ihn wegnimmt, nochmal einige Zehntelsekunden eingespritzt wird. Bei der *BMW Group* kommt dieses Merkmal dann zum Einsatz, wenn es zum Fahrzeugcharakter passt.[1101]

[1099] URL 145.
[1100] Seitz, 2003, S. 60.
[1101] Vgl. URL 146.

Den Sound des vielleicht bestklingenden Sportwagens, nämlich des *Ferrari 250 GTO*[1102] (vgl. Abb. 84), beschreibt Nick Mason, Rennfahrer und Schlagzeuger der Rockband *Pink Floyd* als *„scharfes Crescendo des V12, wenn er in die Nähe von 7500 Umdrehungen kommt"*[1103].

Abb. 84: Ferrari 250 GTO (Quelle: URL 225)

Grundlegend für den Klang ist die **Charakteristik des Motors**. So beeinflusst u.a. die *Zylinderanzahl* maßgebend den Klang des Autos. Sound Designer arbeiten mit so genannten Motorordnungen, die sich je nach Zylinderanzahl[1104] unterscheiden. Aber auch die *Oberflächenabstrahlung*[1105] des Motors ist für den Klang bedeutend. So haben beispielsweise V8-Motoren von BMW aufgrund der Asymmetrie[1106] einen sehr charakteristischen Klang.[1107] Die Wirkung des Klangs greift tiefer in die *Psyche* ein als gemeinhin angenommen. Nach Friedrich Blutner, einer der führenden deutschen Klangdesigner, sind die psychologischen Hintergründe anhand der akustischen Archetypen nach *C. G. Jung* erklärbar: *„Tiefes Brummen verweist auf Kraft, hohe Frequenzen auf Dynamik und Modulationen auf Emotionen; welches Schlüsselmuster man bevorzugt, liegt an der persönlichen Konditionierung."*[1108] Selbst wenn zwei Modelle einer Automarke den gleichen Motor besitzen, so hat jedes Fahrzeug hinsichtlich des Klangs seine Eigenheiten: *„Unser aufgeladener 3,0-Liter Reihensechszylinder steckt im BMW 135i und im 335i. Die Abgasanlage und die Ansaugung sind aber sehr unterschiedlich"*[1109], erklärt Mirlach. Anhand des Vorgängermodells entscheidet er, welche Teile des Klangs er herausnehmen, betonen, dazu komponieren oder verändern möchte.

[1102] Der *Ferrari 250 GTO* ist ein Homologationsmodell, also eine Kombination aus Renn- und Straßenauto. Von diesem Modell wurden zwischen 1962 und 1964 lediglich 39 Stück in Maranello gebaut. (Vgl. URL 145)
[1103] Vgl. ebenda.
[1104] Bei einem Sechszylindermotor zündet jeder Zylinder jede zweite Umdrehung der Kurbelwelle. Somit gibt es pro Umdrehung drei Zündvorgänge. Daher hat der Motor eine starke dritte Ordnung. Beim Achtzylinder wäre es eine vierte Ordnung. *Porsche* beispielsweise hat auch eine anderthalbfache Ordnung oder eine zweite Ordnung beim Sechszylinder. Das macht nach Pfäfflin den besonderen Porsche-Sound aus. (URL 146)
[1105] Die Klangspezialisten stellen sich diesbezüglich Fragen wie *„Wie gestalte ich die Zylinderköpfe oder die Kurbelgehäusewände?"* oder *„Wie werden die Geräusche von der Nockenwelle abgestrahlt?"*
[1106] Beim V8-Motor von *BMW* unterscheidet sich der Innenaufbau im linken und rechten Teil der Abgasanlage. Diese Asymmetrien aufaddiert ergeben einen anderen Klang als die einfache symmetrische Anordnung. (Vgl. URL 146)
[1107] Vgl. ebenda.
[1108] URL 145.
[1109] URL 146.

Multisensuale Produktgestaltung am Beispiel des Automobils 215

Auch bei *Porsche* werden die Ansaug- und Abgasschalldämpfer modifiziert, um beispielsweise den *Boxster*-Motor frecher und trompetender klingen zu lassen, als das *911er*-Aggregat. Beim *Carrera-GT*-Motor wiederum sind die Ventildeckel extrem versteift, um einen extrem sportlichen, fast giftig-aggressiven Sound zu bekommen.[1110] Was den Klang eines *Porsches* ausmacht, beschreibt Pfäfflin folgendermaßen: *„Wir decken einen großen Frequenzbereich ab insbesondere auch hohe Frequenzen, die Sportlichkeit vermitteln bei gleichzeitig hoher Lastdynamik aufgrund des Beitrags der Ansaugung."*[1111] Bei BMW hat man sich das Sound Design des charakteristischen V8-Motors (vgl. Abb. 85) sogar rechtlich schützen lassen: *„Die Technik, die wir für den Sound der V8 Modelle im X5, X6 und 650i einsetzen, wurde sogar von uns patentiert"*[1112], so Mirlach.

Abb. 85: V8-Motor Twin Turbo von BMW (Quelle: URL 227)

„Den einen Motorsound gibt es nicht. Was man vom Antrieb hört, ist immer eine Kombination aus dem Ansauggeräusch, der Mechanik innerhalb des Motors und dem Mündungsklang am Auspuff"[1113], betont Pfäfflin. Nun gilt es, aus diesen drei Stimmen einen guten Klang zu komponieren, der bei zahlreichen Autoherstellern[1114] am *Computer* entwickelt wird. Dabei stehen den Sound Designern, die eng mit den Motoren-Entwicklern

---

[1110] Vgl. URL 169.
[1111] Vgl. Experteninterview mit Dr. Bernhard Pfäfflin im Anhang.
[1112] Vgl. Experteninterview mit Dipl.-Ing., Dipl.-Kfm. Robert Mirlach im Anhang.
[1113] URL 144.
[1114] Bei *Porsche*, wo der Sound komplett selbst entwickelt wird, wird jedes Teil, das am Gaswechselsystem beteiligt ist (u.a. Volumen, Luftfilter, Rohre und Schalldämpfer) mit Hilfe eines speziellen Programms berechnet. Aus zahlreichen Variationen kommen einige wenige in die engere Auswahl. Die ausgewählten Bauteile werden in weiterer Folge als Prototypen gebaut und im Tonstudio bewertet. Die Sound Designer modifizieren sie so lange, bis der Wunschklang entsteht. Am Computer wird grafisch dargestellt, wie Ton und Sound aussehen und wie sich die Klänge zusammensetzen. (URL 146)

zusammenarbeiten, viele Stellschrauben zur Verfügung, wie etwa die *Auspuffanlage,* die *Motorsteuerung* und die *Schaltlogik des Getriebes.*

Grundsätzlich unterscheidet man dabei *aktive* und *passive Einflussgrößen.* Während der Motor[1115] selbst und die Auspuffanlage[1116] zu den passiven Einflussgrößen zählen, gehören Klappen in der Luftführung und pneumatische Ventile in der Auspuffanlage, wie sie etwa in den Schalldämpfern des *Maserati Gran Turismo S* eingesetzt werden, zu den aktiven Maßnahmen im Sound Design.[1117] Bei einigen Automobilherstellern spielt im Sound Design auch die **Elektronik** eine bedeutende Rolle. Am Beispiel des *Mercedes SLK,* der 2008 bei der Modellüberarbeitung einen so genannten Sportmotor (vgl. Abb. 86) bekommen hat, zeigt sich der Einfluss der Elektronik deutlich. So bläst die Motorsteuerung beim Zurückschalten zusätzlich Kraftstoff in die Zylinder, da dieses Zwischengas ein wenig nach Rennstrecke klingt.[1118]

Abb. 86: V6-Motor des Mercedes SLK (Quelle: URL 228)

[1115] Faktoren wie „Nach wie vielen Einspritzungen etwa ein Diesel zündet", „Wie viel Benzin-Luft-Gemisch in die Brennkammern eines V6 durchgelassen werden" und „Welche Wege die Kolben zurücklegen müssen" bestimmen die *Klangfarbe* eines Fahrzeuges. (URL 144)
[1116] Während Länge und Durchmesser der Auspuffanlage und ihre Töpfe die Klangfarbe bestimmen, hat das oft zitierte Endrohr damit nichts zu tun. (URL 144) Bei *Lamborghini* beispielsweise werden einige Prototypen von Schalldämpfern gebaut, um mit Hilfe eines Mikrofons die Simulation mit dem echten Klang zu vergleichen. Somit wird die Geometrie des Schalldämpfers an den Basis-Sound des jeweiligen Motors angepasst. (Vgl. URL 146)
[1117] Vgl. URL 144
[1118] Vgl. ebenda.

Bei *Porsche* beispielsweise werden die verstärkten Motorgeräusche überwiegend mechanisch über die Gestaltung der Auspuffanlage erzeugt.[1119] Bei BMW wird auf elektronische Hilfe im Sound Design völlig verzichtet: *„Wir haben keine elektronische Soundgenerierung in unseren Fahrzeugen"*[1120], erklärt Thoma, der jedoch eine elektronischen Soundgenerierung, die viele Möglichkeiten im Bereich des Sound Designs eröffnen würde, befürwortet: *„Wenn der Motor z.B. eine bestimmte Frequenz nicht anbietet, dann wird es schwierig. Daher können wir oft ein Klangbild, das wir gerne haben möchten nur zu 80 Prozent erreichen."*[1121]

Der Spielraum der Sound Designer ist jedoch begrenzt, da der **Gesetzgeber** strenge Auflagen macht, u.a. hinsichtlich der *Lautstärke*[1122]. So liegt in der gesamten EU der gesetzlich festgelegte Wert bei 74 dB(A). Die EU-Norm bedeutet zugleich die strengste Gesetzgebung weltweit, denn in den USA liegt der gesetzlich festgelegte Wert teilweise deutlich darüber und in Japan ist der Grenzwert ein Dezibel höher angesetzt, jedoch ohne Messtoleranz.[1123] Um diese gesetzlichen Vorgaben zu erfüllen, wird beispielsweise bei der *BMW Group* im Rahmen der Akustikentwicklung auf einen leisen Grundlevel ohne störende Geräusche wie etwa Rauschen (Sound Cleaning) geachtet, wobei nur die schönen Sound-Elemente betont werden.[1124] Je leiser ein Auto ist, desto schwieriger wird es jedoch, Nuancen herauszuhören. Dies betrifft vor allem Großserienmodelle, denn leise klingt vornehm und rückt selbst einen Kleinwagen subjektiv in Richtung Oberklasse.

Dass Lautstärke nicht alles ist, weiß auch Pfäfflin: *„Laut kann jeder, schön dagegen klingt nicht alles."*[1125] Für ihn wird guter Sound nicht nur durch den Pegel bestimmt, sondern durch eine passende Geräuschzusammensetzung.[1126] Mindestens genauso wichtig, wie ein Auto von außen klingt, ist der **Klang im Innenraum**. Dieser unterliegt jedoch im Unterschied zum Außenklang keinen Regulierungen vom Gesetzgeber. Somit haben die Sound Designer mehr Handlungsspielraum. So ist beispielsweise die *Spritzwand,* also die Trennwand zwischen Motor- und Innenraum, im Fokus der Sound-Entwickler. Für einige von ihnen ist denkbar, diese Spritzwand elektronisch anzuregen wie die Membran eines Lautsprechers.[1127] *„Im Prinzip könnte man darüber sogar Musiktitel einspielen"*[1128], sagt Schmidetzki.

[1119] Vgl. URL 32.
[1120] Steiner, 2009, S. 228.
[1121] Ebenda, S. 236.
[1122] Um diese gesetzlichen Vorgaben erfüllen zu können, verwenden manche Hersteller Auspuffklappen, die erst bei höherer Drehzahl öffnen. So öffnen die Auspuffklappen bei *Porsche* u.a. im Sport-Modus und bei *BMW* ist der Zeitpunkt auf jedes Auto abhängig von Drehzahl und Gang abgestimmt. (Vgl. URL 146)
[1123] Vgl. Experteninterview mit Dipl.-Ing., Dipl.-Kfm. Robert Mirlach im Anhang.
[1124] Ebenda.
[1125] URL 144.
[1126] Vgl. Experteninterview mit Dr. Bernhard Pfäfflin im Anhang.
[1127] Vgl. URL 144.
[1128] Ebenda.

Auch bei Porsche wird dem Innenraum viel Beachtung geschenkt. „*Der Fahrer muss Beschleunigung nicht nur fühlen, sondern auch hören können, damit er sie als Genuss erlebt*"[1129], sagt Entwickler Pfäfflin. Die Geräusche der drei Quellen Abgasmündung, Ansaugung und Motormechanik werden bei *Porsche* gezielt über Transferpfade und Dämmungen in den Innenraum geleitet.[1130] Dafür werden spezielle Rohre eingesetzt, die so genannten Soundsymposer. Diese Rohre koppeln den Ansaugtrakt des Motors mit dem Innenraum, sind innen mit einer Membran versehen und führen ins Fahrzeug. Die Motorengeräusche werden damit gezielt zum Fahrer geleitet.[1131] So ist beispielsweise die Ansauganlage des *Porsche Boxsters* direkt hinter der Fahrertür platziert, der Luftfilter des *Porsche Carrera* zum Innenraum hin geöffnet.[1132]

Wenn die Autotür ins Schloss fällt, soll ebenfalls eine Botschaft an den Kunden gesendet werden. „*[...] hier sollen keine Emotionen, sondern ein Gefühl von Sicherheit und Qualität übermittelt werden [...] Das muss ein ganz zartes, dumpfes und einmaliges Geräusch sein*"[1133], erklärt Pfäfflin. Bei *Porsche* entsteht das gewünschte Geräusch durch die Kombination aus Schließbügel, Antivibrationsfolie und Türdichtungen. Dabei wird die gewünschte Klangfarbe über den im Schloss enthaltenen Haken, der sich in einen Bügel klinkt, erzielt.[1134] „*Unbehandelte Türen scheppern beim Zuschlagen wie eine Kiste voller Nägel, die zu Boden fällt*"[1135], so Thoma. Durch den Einsatz von Antidröhnmaterial und einer speziellen Oberflächenbehandlung des Türschlosses klingt es heute in jedem BMW wie das satte Plopp einer Tresortür.[1136] Beim Blinker wiederum steht alleine der Wohlklang im Zentrum der Entwicklung. „*Das Blinkgeräusch ist ein klassisches Geräusch, das heute auf elektronischem Wege künstlich erzeugt wird. Theoretisch könnte man auch jedes andere Geräusch einspielen. Es darf aber nicht künstlich klingen*"[1137], beschreibt Pfäfflin. "*Man muss unter anderem am Blinker-Geräusch erkennen, dass man in einem Volkswagen sitzt*"[1138], bringt es Rainer Schmidetzki auf den Punkt. Die meisten modernen Blinker versuchen heutzutage, das Klicken der Relais der fünfziger und sechziger Jahre nachzuahmen. So auch der *Volkswagen*-Blinker, der an das mechanische Relais erinnern soll, das in früheren Zeiten für das markante „Klick-Klack" sorgte.[1139]

[1129] URL 144.
[1130] Vgl. Experteninterview mit Dr. Bernhard Pfäfflin im Anhang.
[1131] Vgl. URL 32.
[1132] Vgl. URL 144.
[1133] URL 32.
[1134] Vgl. ebenda.
[1135] Seitz, 2003, S. 60.
[1136] Vgl. ebenda.
[1137] URL 32.
[1138] URL 169.
[1139] Vgl. ebenda.

Ebenso gilt es, die zahlreichen Elektromotoren, die in jedem Fahrzeug zum Einsatz kommen, klanglich zu optimieren. Darunter zählen u.a. Fensterheber, Schiebedach oder die elektrische Sitzverstellung.[1140] Zur Analyse der Geräusche bedienen sich die Akustiker wissenschaftlicher Erkenntnisse aus der Psychoakustik. *„Irgendwann hören Sie nur noch dieses eine lästige Geräusch und ärgern sich zunehmend. Zuletzt schließen sie daraus auf die Verarbeitungsqualität des gesamten Autos. Deshalb darf nichts klappern und quietschen [...]"*[1141], so Thoma. Bei BMW entschärfen beispielsweise die Innenraum-Experten im Werk Dingolfing vor jedem neuen Modellstart 800 bis 1000 Kontaktstellen, an denen unterschiedliche Materialien aufeinander treffen. Aus diesem Grund werden bei BMW Kunststoffe und Leder[1142] mit einem Speziallack, der Nebengeräusche verhindert, veredelt.[1143]

Als eine der größten **Herausforderungen** im Sound Design gilt u.a. die Gestaltung des Klangbildes von *Dieselfahrzeugen*[1144]. So ist beispielsweise der amerikanische Automarkt ein reiner Otto-Motor-Markt. Folglich muss bei Exporten von Dieselfahrzeugen in die USA das Sound Design an die Kunden angepasst werden, da US-Amerikaner den Klang von Benzinfahrzeugen gewohnt sind. *„Man muss eben als Sound Designer das Ziel verfolgen, dass Kunden Dieselfahrzeuge nicht aufgrund der Akustik ablehnen, wie z.B. aus Gründen der Lautheit oder Rauheit des Motors"*[1145], so Thoma.

Der wichtigste Erfolgsfaktor im Sound Design ist die Beibehaltung der Authentizität. *„Der Sound muss zum Charakter des Fahrzeuges passen"*[1146], bringt es Mirlach auf den Punkt. Die Erfolgskontrolle des Sound Designs erfolgt bei vielen Automobilherstellern durch Marktanalysen, um so das Feedback der Kunden einzuholen. Zudem dient der Customer Satisfaction Index (CSI) als Maßstab für Erfolg. *„Wenn man in diesem Index nicht genannt wird, dann hat man Erfolg. Wir kontrollieren daher regelmäßig diesen CSI und wenn wir darin nicht aufscheinen, so kann man davon ausgehen, dass unsere Kunden zufrieden sind"*[1147], so Thoma. *„Das akustische Konzept wird ca. fünf Jahre vor Serienstart festgelegt. Danach bleibt das Fahrzeug in der Regel für sieben Jahre in Produktion. Das akustische Klangbild muss also eine Spannkraft haben, die ca. zwölf Jahre überstehen muss"*[1148], erklärt Thoma.

[1140] Vgl. Seitz, 2003, S. 60.
[1141] Ebenda, S. 58.
[1142] Fahrzeuge mit Lederausstattung stellen an die Akustiker größere Anforderungen als solche mit Stoffsitzen, da das glatte Leder den Schall verstärkt, Textilien hingegen den Schall absorbieren. (Vgl. Seitz, 2003, S. 58)
[1143] Vgl. ebenda.
[1144] Dieselmotoren sind aufgrund des härteren Verbrennungsgeräusches lauter als Otto-Motoren. Daher stehen hier das Sound Cleaning und die Lautstärkenreduzierung im Vordergrund. (Vgl. Seitz, 2003, S. 58)
[1145] Steiner, 2009, S. 232.
[1146] Vgl. Experteninterview mit Dipl.-Ing., Dipl.-Kfm. Robert Mirlach im Anhang.
[1147] Steiner, 2009, S. 236.
[1148] Ebenda, S. 236f.

Der Stellenwert der Akustik hat sich in den letzten Jahren überproportional entwickelt, wie u.a. die gestiegene Mitarbeiteranzahl in den entsprechenden Abteilungen bei der *BMW Group* belegt. *„Das liegt auch daran, dass die Fahrzeuge immer komplexer werden und folglich immer mehr Bauteile akustisch entwickelt werden müssen"*[1149], so Mirlach. Aber auch die Erwartungen der Kunden an das Fahrzeug sind gestiegen, wie die Serienausstattung im Verlauf der letzten Jahre beweist. So sind u.a. Klimaanlage und elektronische Fensterheber zur Selbstverständlichkeit geworden. Diese erzeugen jedoch aufgrund der eingebauten Elektromotoren Geräusche, die es zu optimieren gilt. *„Denkt man zurück, wie die Autos in den 1980er Jahren geklungen haben, so kann man viele (Fehl)Geräusche feststellen, die heute als akustische Mängel identifiziert werden würden"*[1150], resümiert Mirlach.

Die Anfänge des Sound Designs im Automobilbereich reichen mittlerweile mehr als 40 Jahre zurück. Damals wollte man Motoren im Innenraum besser klingen lassen.[1151] Als die Außengeräuschvorschriften strenger wurden, entstanden die ersten Sound Design-Abteilungen.[1152] *„Während man sich am Anfang überwiegend mit dem Nachschalldämpfer beschäftigt hat, wurde sukzessive die komplette Abgasanlage in den Mittelpunkt des Sound Designs gerückt"*[1153], fasst Mirlach die Vergangenheit des Sound Designs bei der *BMW Group* zusammen. *„So richtig mit dem Sound Design ging es Ende der 1990er Jahre los, als die erste Generation des BMW Z4 entwickelt wurde"*[1154], verkündet Mirlach stolz.

Abb. 87: BMW Z4 (E86) (Quelle: URL 232)

[1149] Vgl. Experteninterview mit Dipl.-Ing., Dipl.-Kfm. Robert Mirlach im Anhang.
[1150] Ebenda.
[1151] Vgl. URL 32.
[1152] Vgl. URL 168.
[1153] Vgl. Experteninterview mit Dipl.-Ing., Dipl.-Kfm. Robert Mirlach im Anhang.
[1154] Ebenda.

Für die Zukunft stehen verbesserte technische Möglichkeiten der Fahrzeug-Akustik bereit, denn u.a. ist es inzwischen möglich, vorhandene Geräusche durch aktive Unterdrückung des Schallfeldes auszublenden *(ANC: active noise cancellation)* und durch synthetische Klänge zu ersetzen. So liegt es auch nahe, alle funktionalen Geräusche und Signale ebenso wie Radiosignal und Navigationsansagen über ein zentrales System zu koordinieren, das vom Kunden nach Wunsch modifizierbar ist.[1155] Nach Thoma wäre es denkbar, dass in Zukunft die Akustik in Fahrzeugen verschiedenen Modi unterliegt. *„Beispielsweise erhält man einen sportlichen Sound, wenn man schneller Gas gibt"*[1156], so Thoma. Hier gilt es jedoch die Kundensicht genau zu prüfen. Nach Haverkamp werden in Zukunft *„künstlich erzeugte oder aufgezeichnete Geräusche, die über Lautsprecher eingespielt werden, eine bedeutend größere Rolle spielen."*[1157]

Mit dem Aufkommen der **Elektroautos** stehen die Sound Designer vor neuen Herausforderungen. Weltweit wird nach dem idealen Klangbild gesucht, das lautlose[1158] Elektroautos hörbar machen soll. Sound Designer sollen dafür sorgen, dass der Fahrer zukünftig ein Feedback über den Fahrzustand, zum Beispiel die Geschwindigkeit bekommt. Nach Thoma wird bei großen Teilen der Bevölkerung nach wie vor in der Geräuschlosigkeit bzw. Geräuscharmut ein Qualitätskriterium gesehen. *„Ich kann im Augenblick noch nicht sagen, wohin sich dieser Trend entwickelt, obwohl eines auf jeden Fall sicher ist, nämlich, dass wir ein Elektroauto beispielsweise nicht mit einem Straßenbahngeräusch ausstatten. Wenn schon ein Klang für ein Elektroauto kreiert wird, so darf dieser nur dezent eingesetzt werden"*[1159], resümiert Thoma.

Aktuell diskutiert auch die Politik in den Autonationen, Elektroautos aus Sicherheitsgründen mit *Klanggeneratoren* auszustatten, da Blindenverbände und Fußgängerlobby gegen die nicht hörbaren Verkehrsteilnehmer protestieren. *„Ich kann mir Assistenzsysteme vorstellen, die spezifisch auf die Begegnung mit Fußgängern Rücksicht nehmen und den Fahrer rechtzeitig genug warnen"*[1160], beschreibt Weber eine mögliche Lösung. *Porsche*-Entwickler Pfäfflin sieht sich mit dem Aufkommen der Elektroautos gut vorbereitet: *„Das sind ganz neue Herausforderungen und Technologien, über die wir uns schon jetzt Gedanken machen. Denn eines ist sicher: Auch einem Elektro-Porsche würden wir seinen ganz eigenen Klang geben."*[1161] *„Ein Elektro-Porsche hat auf jeden Fall wie ein Fahrzeug zu klingen"*[1162], so

---

[1155] Vgl. Haverkamp, 2007, S. 228ff.
[1156] Steiner, 2009, S. 238.
[1157] Vgl. Experteninterview mit Dr. Michael Haverkamp im Anhang.
[1158] E-Mobile fahren bis zu einer Geschwindigkeit von rund 25 km/h lautlos. Danach erst schieben sich das Abrollen der Reifen und das Windgeräusch in den Vordergrund. (URL 145)
[1159] Steiner, 2009, S. 162.
[1160] URL 145.
[1161] URL 144.

Pfäfflin. Seiner Meinung nach kann man auch ein Elektroauto sportlich-emotional klingen lassen, jedoch sollte die Authentizität maßgebend sein. *„Man versucht immer das, was man erlebt und das, was man hört, in Einklang zu bringen"*[1163], erklärt der Sound Designer bei Porsche. *„Für BMW wird diesbezüglich etwas Eigenes kommen. Wir wollen auf diesem Gebiet Trendsetter sein. Ein Elektro BMW wird jedoch nicht wie ein Benzinauto klingen. Mehr will ich an dieser Stelle nicht verraten"*[1164], so Mirlach. Für Blutner ist der Sound von Elektroautos genauso wichtig wie Design oder Leistung, denn der richtige Klang ladet zum Kaufen ein oder schreckt Kunden ab. Nach Blutner sollen die neuen Klänge für Elektroautos jedoch keine Verbrennungsgeräusche werden.[1165]

Wie (sportliche) Elektroautos in Zukunft klingen könnten, kann anhand des US-Unternehmens *Tesla Motors* beschrieben werden. Der deutsche Tuner *Brabus* hat nämlich für den *Tesla Roadster* (vgl. Abb. 88) ein synthetisches Sound-Kit entwickelt, wobei der Fahrer zwischen den folgenden Programmen wählt: *Beam, Warp, V8* und *Formel 1*. Dem Fahrer wird der Sound per Lautsprecher nach außen übertragen. *Tesla*-Chef Elon Musk sieht jedoch in dieser elektronischen Soundgenerierung die puristische Tesla-Philosophie missverstanden: *„Unsere Kunden schätzen das elegante Surren ohne penetrantes Motorbrummen; sie möchten beim Fahren die Vögel singen hören."*[1166]

Abb. 88: Tesla Roadster Brabus (Quelle: URL 137)

Nach Weber wird das Sound Design in Elektroautos noch sehr wichtig werden. Eine künstliche Klangerzeugung kommt jedoch für ihn nicht in Frage: *„Die Mechanik erzeugt bereits Geräusche. Die müssen wir gezielt beeinflussen, damit sie angenehm und anregend sind"*[1167], so Weber.

[1162] Vgl. Experteninterview mit Dr. Bernhard Pfäfflin im Anhang.
[1163] URL 32.
[1164] Vgl. Experteninterview mit Dipl.-Ing., Dipl.-Kfm. Robert Mirlach im Anhang.
[1165] Vgl. URL 170.
[1166] URL 145.
[1167] Ebenda.

7.2.3 Der Einfluss der Haptik auf die Produktgestaltung

Die Haptik nimmt in der Fahrzeugentwicklung einen hohen Stellenwert ein. Auf jeder Automobilausstellung oder in einem Autohaus kann man erleben, wie wichtig dem Autofahrer seine Tasterfahrungen sind. So muss u.a. der visuelle Eindruck von Bedienelementen im Innenraum von Fahrzeugen, mit der taktilen Eigenschaft im Einklang stehen. Materialien müssen sich daher so anfühlen, wie es aufgrund der optischen Anmutung erwartet wird.[1168] *„Speziell für Oberflächen, die einen gehobenen Wertigkeitsanspruch erfüllen wollen, ist die Haptik die entscheidende Wahrnehmung um den visuell erkannten Premiumanspruch zu bestätigen"*[1169], erklärt Lemmle. Dabei gilt das Prinzip der Authentizität: *„Was weich aussieht muss auch weich sein! Dies bezieht sich ebenfalls auf geometrische Aspekte: Scharfe Radien müssen hart sein"*[1170], ergänzt Lemmle.

Im **Interieurdesign** kommt den verwendeten *Materialien* eine sehr große Bedeutung zu, denn durch die kleine Fahrgastzelle und den intensiven Kontakt mit u.a. Polster, Lenkrad und Ablagen werden die verwendeten Materialien wesentlich intensiver erlebt als beim Exterieur. Im Innenraum können wichtige Gestaltungselemente, nämlich Material und Oberfläche, nur multisensual differenziert wahrgenommen werden. Folglich werden die Materialien bei der Innenraumgestaltung sorgfältig ausgewählt und zur gezielten Wirkungsvermittlung eingesetzt. So gibt es vor allem bei Kunststoff sehr unterschiedliche Qualitäten, die sich vor allem in ihrer Haptik (z.B. Textur, Härte) oder in ihrem Geruch deutlich unterscheiden.[1171] Die im Automobilbau verwendeten Kunststoffe (bzw. die darin enthaltenen Weichmacher) und Kleber entwickeln besonders bei Wärmeeinwirkung sehr unangenehme Gerüche. Aber auch bei anderen Einsatzstoffen im Fahrzeug können durch chemische Reaktionen unangenehme Gerüchen entstehen. Daher verwenden viele Automobilhersteller *Duftstoffe,* um die unerwünschten Gerüche zu maskieren.[1172]

Bei der Entwicklung und Fertigung neuer Oberflächen für das Interieur müssen Designer stets neue Produktvarianten entwerfen, die bis zur Serienfreigabe zahlreiche *subjektive Testphasen* durchlaufen. Hierbei müssen Designteams über Oberflächengestaltung (Narbstruktur), Lackvarianten in Farbe und Glanz und Trägermaterialien entscheiden.[1173] Bei der Auswahl

---

[1168] URL 279.
[1169] Vgl. Experteninterview mit Jürgen Lemmle im Anhang.
[1170] Ebenda.
[1171] Vgl. Kohler, 2003, S. 148f.
[1172] Vgl. Knoblich et al., 2003, S. 76f.
[1173] Vgl. Kiefaber, 2008, S. 2.

der Materialien wird besonders Wert auf ein harmonisches Zusammenwirken[1174] der Werkstoffe gelegt. *„Lacke, Kunststoffe, Leder, Holz, Aluminium, Folien und Textilien müssen so entwickelt und eingestellt werden, dass alles ‚aus einem Guss' wirkt"[1175]*, erklärt Stump.

Die zwei wesentlichen Arten die man im Bereich Haptik unterscheidet sind die **Berührhaptik** und die **Druckhaptik**. Während das druckhaptische Empfinden die Härte bzw. Weichheit eines Materials umfasst, die man beim Greifen verspürt, so ist die Berührhaptik durch das in den Fingerkuppen wahrgenommene Gefühl beim Überstreichen der Oberfläche charakterisiert.[1176] Die Einflussgröße, welche das berührhaptische Empfinden am meisten prägt, ist die Oberflächengestaltung (Narbstruktur) selbst. Lacke und unterschiedliche Substrathärten haben hingegen einen eher geringen Einfluss auf den Tastsinn.[1177]

Zahlreiche Automobilhersteller führen heute in ihren Reihen eigene *Haptik-Labors* (Sensor-Labs), die sich mit der optimalen haptischen, akustischen und auch optischen Gestaltung von Einzelteilen oder Gesamtkonfigurationen beschäftigen.[1178] *„Die Schwerpunkte sind jedoch meist unterschiedlich gesetzt. Während sich einige Automobilhersteller vermehrt auf die Gestaltung der Sitze konzentrieren, legen andere das Augenmerk überwiegend auf die Bedienelemente am Armaturenbrett"[1179]*, erklärt Grunwald. Bei der *BMW Group* werden die Haptik-Referenzen vornehmlich von ein bis zwei Personen festgelegt, die sich aber fast ausschließlich mit diesem Thema beschäftigen und somit den hierfür notwendigen Überblick (u.a. Wettbewerb) haben. *„Die haptische Bewertung ist und bleibt eine subjektive Empfindung, die von extrem vielen Faktoren (u.a. Materialeigenschaften, Oberflächenfeuchtigkeit, Struktur, Alter und Geschlecht des Probanden) abhängig ist"[1180]*, erklärt Lemmle. *„Haptik-Design trägt auch dazu bei, Risiken zu vermindern. Probleme wie beispielsweise Handhabungsstörung oder Fehlbedienung werden durch gezieltes Haptik-Design minimiert. Das gilt auch für das Automobil. So ist ein Radio, das immer nur unter visueller Kontrolle bedient werden kann eine haptische Fehlkonstruktion und zugleich Risikofaktor"[1181]*, so Grunwald.

[1174] "Dies bezieht sich sowohl auf die Berühr- als auch auf die Druckhaptik. Diese Unterscheidung ist dabei sehr wichtig. Dabei kann der eine Aspekt den anderen durchaus entscheidend beeinflussen." (Vgl. Experteninterview mit Jürgen Lemmle im Anhang)
[1175] Vgl. Experteninterview mit Karl-Heinz Stump im Anhang.
[1176] Vgl. Braess/Seiffert, 2007, S. 72.
[1177] Vgl. Kiefaber, 2008, S. 61.
[1178] Vgl. URL 150.
[1179] Vgl. Experteninterview mit PD Dr. Dipl. Psych. Martin Grunwald im Anhang.
[1180] Vgl. Experteninterview mit Jürgen Lemmle im Anhang.
[1181] Vgl. Experteninterview mit PD Dr. Dipl. Psych. Martin Grunwald im Anhang.

Wie eine Untersuchung gezeigt hat, spielt der Tastsinn auch eine entscheidende Rolle im Reaktionsverhalten der Autofahrer. *„Fahrerhilfssysteme beanspruchen meistens den visuellen oder auditiven Sinn des Fahrers. Vibrotaktile Systeme sind in der Automobilindustrie noch neu"* [1182], erzählt Andreas Riener, Dissertant am Institut für *Pervasive Computing* an der Universität Linz. In Experimenten ließ man Testpersonen am Simulator eine Strecke durch Linz fahren und kündigte unerwartete Abzweigungen entweder visuell durch Blinken, auditiv durch „Fahren Sie links" oder vibrotaktil an. Dabei konnte Riener feststellen, dass Vibrationen vom Fahrer mit kürzester Reaktionszeit wahrgenommen werden. *„Alle Personen reagierten auf die Vibrationen am schnellsten, gefolgt von visuell und auditiv"* [1183], so Riener.

Nach Grunwald wird die Kluft hinsichtlich des Haptik-Designs zwischen den hoch- und niedrigpreisigen Automobilen immer erheblicher: *„Meine Forderung diesbezüglich ist, dass man über kluges Material- und Anordnungs-Design versuchen sollte, diese Kluft zu verringern. Auch ein Kleinwagen für wenig Geld sollte meiner Meinung nach mit einer klaren haptischen Struktur ausgestattet sein"* [1184], so Grunwald. *„Letzten Endes sind die Designer (für Oberflächenmaterialien) diejenigen, die bezüglich Haptik die Richtung vorgeben"* [1185], so Stump.

7.2.4 Der Einfluss der Olfaktorik auf die Produktgestaltung

Der Bereich Olfaktorik nimmt einen immer höheren Stellenwert in der Fahrzeugentwicklung ein. So hat eine schriftliche Befragung[1186] (1994) zum Thema „Sensorik im Automobilbau" ergeben, dass alle (40) Versuchsteilnehmer *unterschiedliche Gerüche* in den einzelnen Autos wahrgenommen haben. Selbst der jeweilige Innenraumgeruch an sich wurde von einigen Probanden als angenehm, von anderen Teilnehmern als unangenehm empfunden. Für die Hälfte aller Befragten wäre der Geruch sehr oder eventuell kaufentscheidend, wobei sechzehn Probanden einen „neutralen" Duft bevorzugten, acht einen „natürlichen" Duft, fünf einen „frischen" Duft oder einen „nach Leder" riechend und weitere fünf Versuchsteilnehmer wünschten sich einen „dezenten" Duft. Diese Ergebnisse könnten als Hinweis darauf gedeutet werden, dass von den Käufern ein möglichst neutral oder natürlich riechendes Fahrzeug bevorzugt wird.[1187] Die folgenden *drei Praxisbeispiele* verdeutlichen, wie Duft in Fahrzeugen zum Einsatz kommen kann:

[1182] URL 151.
[1183] Ebenda.
[1184] Vgl. Experteninterview mit PD Dr. Dipl. Psych. Martin Grunwald im Anhang.
[1185] Vgl. Experteninterview mit Karl-Heinz Stump im Anhang.
[1186] 40 Personen aller Altersgruppen wurden u.a. gebeten, die Innenraumgerüche von sechs Neuwagen zu beurteilen. (Vgl. Schröer, 1994, S. 62ff.)
[1187] Vgl. Knoblich et al., 2003, S. 77f.

2005 hat die Designabteilung der Marke MINI mit einem Ingenieursbüro in München zusammengearbeitet, um einen **Duftgenerator** (vgl. Abb. 104) zu entwickeln, der 2005 in der MINI Konzeptstudie integriert worden ist. Damit wurde das Ziel verfolgt die jeweilige Stimmung des Autofahrers positiv zu beeinflussen. So sollten die vier Düfte Vanille, Minze, Grapefruit und Grüner Tee je nach Gemütslage des Fahrers stimulierend oder bei Aggression beruhigend wirken. (vgl. ausführlicher: MINI Fallstudie Kap. 7.5)

Citroën ist mit seinem Modell *C4* (2004) der erste Automobilhersteller, der serienmäßig einen regelbaren Innenraumparfumspender im Angebot hat.[1188] Der Duftspender ist in das Belüftungssystem des *Citroën C4* integriert und kann mit sieben unterschiedlichen Parfüms[1189] ausgestattet werden.[1190] Auch *Maybach* hat in seinem auf 100 Stück limitierten Sondermodell *Maybach Zeppelin* (2009) einen Duftspender integriert.[1191] Die beleuchtbare Acrylkugel (vgl. Abb. 89), die im Fond auf der Mittelkonsole platziert ist, wird mit mundgeblasenen Flakons bestückt.[1192]

„Kein Auto bietet im Fond so einen Luxus wie der Maybach. Da war es für uns eine schöne Idee, diesen Genuss noch zu steigern und jetzt buchstäblich alle Sinne anzusprechen"[1193], sagt Marinoff. Mit dem richtigen Duft lasse sich *"tatsächlich das Wohlgefühl der Passagiere beeinflussen und eine Art Tiefenentspannung erreichen"*[1194], fügt er hinzu.

Abb. 89: Maybach Zeppelin Duftspender (Quelle: URL 184)

[1188] Vgl. URL. 178.
[1189] Die sieben Parfums sind: *„Fleur de Vanille", „Fleur de Lotus", „Jasmin Mimosa", „Anti Tabac", „Mangue des Iles", „Fleur des Champs"* und *„Lavande Douce"*. (URL. 179)
[1190] Vgl. ebenda.
[1191] Sowohl *Grüner Tee* als auch der Duft von *japanischem Agar-Holz* stehen zur Auswahl. Neben den beiden eigens komponierten *Maybach*-Düften kann man natürlich auch jedes andere Parfüm in die beiden Reserveflacons füllen. (Vgl. URL 181)
[1192] Vgl. URL 183.
[1193] URL 181.
[1194] URL 182.

7.2.5 Fallstudie: Concept Car Rinspeed "Senso"

Die renommierte Schweizer Design- und Konzept-Schmiede *Rinspeed* und *Bayer MaterialScience*, einer der größten Kunststoff-Produzenten der Welt, haben das multisensuale Concept Car namens „Senso" im März 2005 erstmals der Öffentlichkeit vorgestellt.[1195] *„Es ist mehr der Mensch, der im Mittelpunkt des Automobils stehen sollte und nicht immer mehr die Technik"*[1196], bringt *Rinspeed*-Chef Frank M. Rinderknecht die Grundidee des Concept Car *Senso* auf den Punkt. Das innovative Fahrzeug wird mit umweltfreundlichem Erdgas betrieben[1197] und gilt als das **„sinnlichste" Auto der Welt**. „Denn „Senso" „erfühlt" den Fahrer, misst also seine biometrischen Werte - und wirkt dann mittels Mustern, Farben, Musik und Düften positiv auf den Lenker ein. Der Grund: Ein ausgeglichener Fahrer fährt einfach sicherer."[1198]

Der Fahrer soll mittels „sinnansprechenden Impulsen" in einen Zustand entspannter Aufmerksamkeit versetzt werden. Um das zu realisieren, misst eine *biometrische Uhr* (vgl. Abb. 90) die Pulsfrequenz des Fahrers. Außerdem ermittelt eine *„Mobile Eye"-Kamera* sein Fahrverhalten, also wie häufig er die Fahrspur wechselt und wie dicht und schnell er auf vorausfahrende Autos auffährt.[1199] Alle erhobenen Daten werden von einem Rechner ausgewertet und mit Hilfe spezieller Algorithmen wird auf den momentanen Gemütszustand des Fahrers geschlossen.[1200]

Abb. 90: Rinspeed Senso biometrische Uhr

(Quelle: URL 125)

„Wichtigstes Bauteil dieses Fahrzeugs ist nicht etwa der Motor oder das Fahrwerk, sondern eine *spezielle, verformbare, elektrolumineszente 3D-Folie* im Innenraum des Cabriolets."[1201] Diese Folie ist ein intelligentes Stück Hightech, das durch Sensoren auf der Oberfläche biometrische Daten des Fahrers erfassen kann.[1202] Das System, eine ausgefeilte Sensorik-Idee,

---

[1195] Vgl. URL 90.
[1196] URL 80.
[1197] Angetrieben wird der 1385 Kilogramm leichte "Senso" vom 3,2-Liter Motor des *Porsche Boxster S*, der für den Einsatz im "Senso" auf Betrieb mit Benzin und Erdgas umgerüstet wurde. (URL 46)
[1198] Vgl. URL 80.
[1199] Vgl. ebenda.
[1200] Vgl. ebenda.
[1201] URL 85.
[1202] URL 31.

wird von Fachleuten auch *Smart Surface Technology* genannt.[1203] Je nach Gemütszustand erscheinen unterschiedliche Farbmuster im Blickfeld des Piloten (u.a. ein stimulierendes Muster in Gelb-Orange oder ein beruhigendes Blau-Violett). Mittels neuartiger Leuchtfolientechnik wird auch die gesamte Inneneinrichtung des „Senso" beleuchtet.[1204] Entwickelt wurde die Technik von den *Universitäten Zürich* und *Innsbruck*.[1205]

Neben dem *Sehsinn* werden auch die anderen Sinne angesprochen. Während für den *Hörsinn* eigens komponierte Klänge sorgen, die auf einem Rechner digital gespeichert sind, wird der Fahrer *olfaktorisch* entweder von einem beruhigenden *Vanille-Mandarin*-Duft oder von einem stimulierenden *Citrus-Grapefruit*-Duft angesprochen, die der Lüftung entströmen. Auch der *Tastsinn* wird eingespannt, indem ein im Sitz integrierter Elektromotor den Fahrer bei festgestellten Müdigkeitssymptomen - im wahrsten Sinne des Wortes - dezent wachrüttelt.[1206] Der im Interieur verwendete Softfeel-Klarlack hinterlässt zusätzlich eine angenehm weich anfühlende Oberfläche, die besonders die Haptik anspricht.[1207]

Das *Design* des Rinspeed „Senso" (vgl. Abb. 91) nimmt ebenso eine bedeutene Stellung ein. So rückt die klare, unverspielte Innenraumgestaltung den Menschen in den Mittelpunkt. Der Fahrer sitzt mittig allein in der ersten Reihe, flankiert von zwei hinter ihm angeordneten Beifahrersitzen.[1208]

Abb. 91: Rinspeed Senso (Quelle: URL 124)

Die Konzeptstudie „Senso" spricht mit seinem ausgefallenen Design Emotionen an. „Bei der Realisierung der Formen kommen Hightech-Werkstoffe zum Einsatz, bei der Karosserie beispielsweise voll-recycelbares Composite."[1209] Querdenken und neu betrachten, ausbrechen aus normierter Denke in eine neue und andere Richtung. Und die Sinne zum Zuge kommen lassen: Die Zukunft wird zeigen, in welchem Ausmaß Autofahrer Licht-, Duft- und Klangeffekte hinter dem Lenkrad wünschen und ob der Prototyp „Senso" seinen Platz im Alltag finden wird.

[1203] Vgl. URL 85.
[1204] Vgl. URL 90.
[1205] Vgl. URL 41.
[1206] Vgl. URL 80.
[1207] Vgl. ebenda.
[1208] Vgl. ebenda.
[1209] Ebenda.

7.3 Fazit

Die Automobilwirtschaft ist ein prototypisches Beispiel für einen gesättigten Markt mit vergleichbaren Produkten, in dem eine kundenrelevante und kundenwahrnehmbare Differenzierung von Marken primär nur noch durch *Kommunikation* zu erreichen ist. Derzeit ist ein eindeutiger Trend zum Markenmanagement und zum systematischen Kundenmanagement zu beobachten. Die Wettbewerbsintensität im Automobilmarkt hat in den letzten Jahren stets zugenommen. Dies spiegelt sich in den deutlich gestiegenen Aufwendungen für Mediawerbung wider. So sind die Ausgaben für Mediawerbung von 1995 bis 2005 um rund 40 Prozent gestiegen. Dies ist aber auch zweifellos Ausdruck einer sinkenden Effizienz der klassischen Medienwerbung.

Automobile wurden in den letzten Jahren immer mehr zu *emotional aufgeladenen Konsumprodukten*, bei denen das Image der Marke ebenso wichtig ist wie die Funktion oder das Preis-Leistungs-Verhältnis. Erfolgreiche Hersteller, wie *BMW* oder *Porsche*, messen markenspezifischen Elementen wie u.a. Design, Markenerlebnis und Produktinnovationen, die das Markenprofil prägen, immer mehr Bedeutung bei. In kaum einem anderen Konsumgütermarkt ist das Bedürfnis nach *Identifikation mit Marken* ähnlich stark ausgeprägt als im Automobilmarkt.

Um sich erfolgreich vom Wettbewerb abzuheben, wird eine der Hauptaufgaben der Hersteller und des Handels künftig darin bestehen, den Kunden ein **ganzheitliches Markenerlebnis** zu vermitteln und ihnen die grundlegenden Markenwerte emotional und überzeugend darzubringen. Hierbei nimmt die *erlebnisbetonte Kommunikation* einen zunehmend wichtigere Stellung im Rahmen der Markenkommunikation der Automobilwirtschaft ein. In der Automobilwirtschaft zeichnen sich in der nicht-klassischen Kommunikation zwei große Bereiche ab: Zum einen *virtuelle Welten im Internet*, zum anderen *Erlebniswelten* als authentische Orte der Unternehmens- oder Markeninszenierung. Letztere werden als Instrument der Markenkommunikation an Bedeutung gewinnen, da nichts überzeugender ist als das eigene Erleben.

Durch eine **multisensuale Ansprache** der Besucher können nicht nur passive Genüsse, sondern auch persönliche Erlebnisse vermittelt und Kaufentscheidungen positiv beeinflusst werden, wie beispielsweise durch den Kauf von Merchandising-Artikeln in integrierten Shops. Bevorzugt werden traditionell die visuelle und auditive Wahrnehmung sowie die Empfindungen, die mit Bewegung und Gleichgewicht in Verbindung stehen. In Markenerlebniswelten entsteht meist eine beeindruckende Atmosphäre, die Vertrauen schafft und Loyalität fördert. Generell gilt: Je mehr verstärkende Reize beim Erleben vorhanden sind, desto mehr gedächtniswirksame Assoziationen werden hergestellt.

Der **Sehsinn** nimmt im Rahmen der multisensualen Markenkommunikation einen besonderen Stellenwert ein. *„Es ist vor allem der Sehsinn, der sehr stark angesprochen wird.* Bei zahlreichen Herstellern übernehmen bestimmte Designelemente eine sehr weitgehende *Markierungsfunktion,* wie beispielsweise die *BMW*-Niere, die Kühlerfigur („Emily") bei *Rolls-Royce* oder der *Mercedes-Benz*-Stern. Während das Design in den unteren Segmenten bzw. bei den Massenherstellern noch einen geringen Stellenwert hat, so ist das Design bei den Segmenten der Ober- bzw. Luxusklasse zu einem der wichtigsten Wettbewerbsfaktoren geworden. Als Maßstab für die Beurteilung von Anmutungen ist weniger das individuelle ästhetische Empfinden des Konsumenten entscheidend, sondern vielmehr dessen Eindruck von der *Kongruenz* bzw. der Inkongruenz zwischen Produktdesign und Marke. Somit muss ein effizientes Automobildesign sowohl am Produktnutzen als auch an der Markenstrategie orientiert sein. Letztlich ist es von entscheidender Bedeutung, dass das designte Automobil zur jeweiligen Produkt- oder Markenfamilie zugehörig wahrgenommen wird.

Die Akustik nimmt ebenfalls einen großen Einfluss auf die Produktgestaltung, wobei zwischen *Sound Branding*, u.a. in der Werbung und am POS und *Sound Design* in der Fahrzeugentwicklung unterschieden wird. **Sound Branding** nimmt in der Automobilwirtschaft seit vielen Jahren einen hohen Stellenwert ein. So kommunizieren zahlreiche Automobilhersteller ihre Marke u.a. mit Hilfe von Sound Logos, wie beispielsweise *BMW, Audi, Nissan, Renault* und *Fiat*. Eine Marke über einen weiteren Sinn klar erkennbar zu machen, hat einen enormen Mehrwert. So bringt die Verknüpfung von visueller und akustischer Welt einen enormen Synergieeffekt mit sich. Einige Brand-Touch Points funktionieren ausschließlich auf akustischer Ebene, wie z.B. Telefon, Radio und Podcasts.

Neben Sound Branding wird auch der Geräuschgestaltung (**Sound Design**) in der Automobilindustrie seit vielen Jahren besonderes Augenmerk geschenkt, da sie sowohl Informationen über die vielfältigen Funktionen und deren gewünschte Ausführung transportiert, als auch emotionale Aspekte vermittelt, die intuitiv und unmittelbar die Identifikation mit dem Produkt und letztlich die Kaufentscheidung beeinflussen. Dabei haben die Akustikingenieure zwei große Aufgabenfelder zu bewältigen: Zum einen wird das Fahrzeug von ungewollten Geräuschen, z.B. von störenden tonalen Anteilen, befreit *(Sound Cleaning)*, zum anderen versuchen sich die Akustiker in der Komposition von Wohlklängen *(Sound Engineering)*.

Auch der **Haptik** kommt in der Fahrzeugentwicklung eine große Bedeutung zu. Auf jeder Automobilausstellung oder in einem Autohaus kann man erleben, wie wichtig dem Autofahrer seine Tasterfahrungen sind. So muss u.a. der visuelle Eindruck von Bedienelementen im Innenraum von Fahrzeugen, mit der taktilen Eigenschaft im Einklang stehen. Materialien müssen sich daher so anfühlen, wie es aufgrund der optischen Anmutung erwartet wird. Dabei wird zwischen *Berührhaptik* und *Druckhaptik* unterschieden.

Die **Olfaktorik** nimmt in der Fahrzeugentwicklung einen immer höheren Stellenwert ein. So hat eine schriftliche Befragung (1994) zum Thema „Sensorik im Automobilbau" ergeben, dass alle Versuchsteilnehmer unterschiedliche Gerüche in den einzelnen Autos wahrgenommen haben, wobei für die Hälfte aller Befragten der Geruch sehr oder eventuell kaufentscheidend wäre. Beispiele aus der Praxis *(MINI, Maybach, Citroën)* zeigen, dass bereits eine aktive Beduftung im Fahrzeuginneren angeboten wird.

Thoma bringt die Bedeutung der multisensualen Markenführung in der Automobilwirtschaft auf den Punkt: *„In den vergangenen Jahren ist das Interesse der Kunden an technischen Einzelheiten immer geringer geworden. Das Automobil ist Teil des Lifestyles geworden und drückt das Lebensgefühl des Fahrers aus. Aus diesem Grund ist ein stimmiges Erscheinungsbild des Fahrzeuges gefragt, welches das Außendesign, ein dazu passendes Interieur, eine stimmige Fahrzeugakustik und nicht zuletzt Anforderungen an Haptik und Olfaktorik beinhaltet"*[1210].

[1210] Steiner, 2009, S. 227.

7.4 Ausblick

Automobil-Konzerne wie *General Motors, Ford* oder *Daimler* investieren bereits in die fMRT, in der Hoffnung, tiefere Einblicke in das Verhalten ihrer Kunden zu erhalten. So untersuchte u.a. *Daimler* im Jahr 2002 mittels Magnetresonanztomographie (MRT) Fahrer während der Interaktion mit einem Automobil.

Dabei hat sich herausgestellt, dass beim Betrachten der Front eines Sportwagens wegen der Ähnlichkeit von Scheinwerfern und Augen Gehirnteile aktiviert werden, die auch auf Gesichter reagieren.[1211] Dies könnte den Erfolg des MINI erklären, dessen Frontscheinwerfer (vgl. Abb. 92) an eine freundliche Comicfigur erinnern.[1212]

Abb. 92: MINI Cooper Cabrio

(Quelle: URL 9)

Außerdem wurden in Rahmen dieser Studie Männern Bildern verschiedener Sportwagen, Limousinen und Kleinwagen gezeigt, wobei die Bilder von Sportwagen am stärksten jene Bereiche im Gehirn aktivierten, die mit dem Belohnungssystem der Menschen in Verbindung stehen.[1213]

Nach Diez nimmt die multisensuale Markenführung in der Automobilwirtschaft noch eine untergeordnete Rolle ein und befindet sich noch in den Anfängen: *„Die Relevanz und Bedeutung der Thematik wurde noch nicht richtig erkannt, sodass ein ganzheitliches Verständnis in Hinblick auf die Marke noch nicht gegeben ist. Bisher war das Thema der Multisensualität immer sehr stark auf das Produkt fokussiert. Diesbezüglich versucht man schon seit längerer Zeit, eine bestimmte Produktanmutung über den Einsatz entsprechender Techniken herzustellen, wie z.B. durch den Sound des Motors oder die Haptik des Fahrzeuges."*[1214] Die Zukunft wird zeigen, ob und wie die Multisensualität im Fahrzeug an Bedeutung gewinnen wird.

[1211] Vgl. Esch/Möll, 2009, S. 26.
[1212] Vgl. Wells, 2003, S. 65.
[1213] URL 72.
[1214] Vgl. Experteninterview mit Prof. Dr. Willi Diez im Anhang.

7.5 Fallstudie: Multisensuale Markenführung am Beispiel der Marke MINI

Der *classic MINI* wurde von *Sir Alec Issigonis* für die British Motor Corporation (BMC) entworfen (vgl. Abb. 93) und bis zum Jahr 2000 gebaut. Anstoß für die Entwicklung des kleinen und sparsamen Automobils war die *Suezkrise* von 1956 und der von ihr ausgelöste Treibstoffengpass. Autofahrer in Großbritannien bekamen damals lediglich 40 Liter Benzin im Monat.[1215]

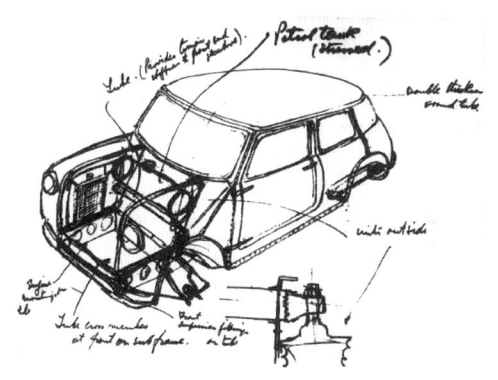

Bei seiner Einführung **1959** galt der MINI mit Frontantrieb, quer eingebautem Motor, einer Platz sparenden Gummifederung, einer gemeinsamen Ölwanne für Motor und Getriebe und cleverer Raumausnutzung als technischer Geniestreich. Der erste *classic MINI* trug die Modellbezeichnung *Austin Seven*.[1216]

Abb. 93: Erste MINI Skizze (Quelle: URL 204)

Dieser revolutionäre und sparsame Kleinwagen mit funktionalem Design entwickelte sich in den 1960er und 1970er Jahren zum Kultfahrzeug einer jungen, unkonventionellen und für Veränderungen aufgeschlossenen Gesellschaft. Bekannte *classic MINI* Fahrer waren u.a. Mary Quant, Ringo Starr und Paul Newman. Der *MINI Cooper* erzielte im Rallyesport legendäre Erfolge, u.a. mit drei Siegen Mitte der 60er Jahre bei der *Rallye Monte Carlo*.[1217] Auch der dreifache Formel-1 Weltmeister Niki Lauda feierte seine ersten Rennerfolge 1968 bei der Teilnahme an Rennen der *Mini Cooper S 1300 Serie*.[1218] Diese Erfolge verschafften ihm große Akzeptanz. Der klassische MINI hat sich bis zum Jahr 2000 über fünf Mio. Mal verkauft und ist somit das **meistverkaufteste britische Auto**.[1219] Im Oktober 2000 lief seine Fertigung aus. 1995 wurde der MINI von der englischen und amerikanischen Motorpresse zum bedeutendsten Auto des 20. Jahrhunderts gewählt.[1220]

[1215] Vgl. Kleebinder, 2009, S. 123.
[1216] Vgl. ebenda.
[1217] Vgl. Kleebinder, 2009, S. 123f.
[1218] Vgl. URL 205.
[1219] Vgl. Segler, 2005, S. 188.
[1220] Vgl. Kleebinder, 2009, S. 124.

1994 übernahm die **BMW AG** die Marke MINI zusammen mit *Rover, Land Rover* und *MG*. Im Jahr 2000 bereinigte die *BMW Group* ihr breites Markenportfolio, in dem sich der Vorstand für den Verkauf von *Rover, Land Rover* und *MG* entschied. Eine klare Ausrichtung auf Premiummarken war das Ziel. Seither ist die *BMW Group* als einziger Automobilhersteller weltweit mit seinen Marken *BMW, Rolls-Royce* und *MINI* ausschließlich im Premiumsegment vertreten.[1221] Seit 2006 wird die neue Generation MINI an den drei englischen Standorten *Cowley* (bei Oxford), *Hams Hall* und *Swindon* gefertigt.[1222]

7.5.1 Repositionierung der Marke MINI

Die Marke MINI ergänzt mit ihrer aktuellen Modellfamilie (2010), die aus den vier Modellen „MINI", „MINI Cabrio", „MINI Clubman" und „MINI Countryman"[1223] besteht, das Portfolio der *BMW Group* und etabliert **erstmals** eine **Premiummarke im Kleinwagensegment**. Somit fügt sich die Marke MINI in die Premiumstrategie der *BMW Group* ein. Mit der Marke MINI verfolgt der bayerische Automobilkonzern drei strategische Ziele[1224]:

- Teilnahme am Wachstum im Premium-Kleinwagensegment

- Erschließung neuer Kundengruppen für die BMW Group

- Nutzung von Cross-Selling Potenzialen innerhalb der BMW Group

Der aktuelle MINI ist ein direkter Nachfahre des Klassikers und erfuhr 2001 durch die *BMW Group* einen **Relaunch** (vgl. Abb. 94). Dabei galt es, das Imagepotenzial des klassischen MINI zu aktualisieren und modern zu definieren. Außerdem sollte der emotionale Appeal der Marke in der Modellpolitik als auch in der Kommunikation beibehalten werden. Die Herausforderung bestand darin, MINI als erste Premiummarke im Kleinwagensegment weltweit und als eigenständige Marke zu positionieren.[1225] Grundsätzlich hatten sich jedoch zwei Dinge verändert: *die Zielgruppe* und *das Auto*.

[1221] Vgl. Kleebinder, 2009, S. 124f.
[1222] Vgl. Wickenheiser, 2009, S. 347.
[1223] Die weltweite Markteinführung des *MINI Countryman* fand am 18.09.2010 statt.
[1224] Vgl. Treubel/Reimann, 2004, S. 576f.
[1225] Vgl. Segler, 2005, S. 188.

Abb. 94: MINI Modellfamilie 2010 (MINI, MINI Cabrio, MINI Clubman) (Quelle: URL 189)

„Die neue Generation vereint modernste Technik, heutige Sicherheitsstandards, Premiumqualität und Zuverlässigkeit mit den traditionellen MINI Werten wie der optimalen Innenraumgröße bei kompakten äußeren Abmessungen. Dank des langen Radstands, der kurzen Überhänge und dem tiefen Schwerpunkt ist MINI auch Synonym für pures Gokart-Feeling."[1226] Schließlich wurden die Kerneigenschaften[1227] des ursprünglichen MINI beibehalten, jedoch neu interpretiert und weiterentwickelt, bei gleichzeitiger Aufwertung der Produktsubstanz.[1228] Waren es kurz vor Produktionsende 1999 zuletzt lediglich 12.000 Bestellungen des klassischen MINI, so stieg die Zahl der verkauften MINI seit dem Relaunch durch die *BMW Group* signifikant an.[1229] Der MINI verkaufte sich 2009 weltweit 216.538 Mal[1230] und war zugleich jene Marke innerhalb der *BMW Group*, die trotz der Weltwirtschaftskrise im gleichen Jahr den geringsten Einbruch bei den Fahrzeug Auslieferungen zu beklagen hatte.[1231] MINI ist zudem die wertstabilste Marke im Kleinwagensegment und erzielt den höchsten Wiederverkaufswert.[1232] Auslieferungen zu beklagen hatte.

[1226] URL 177.
[1227] Die Kerneigenschaften des klassischen MINI sind u.a. sein charakteristisches Design innen wie außen. Der MINI wirkt nun muskulöser und erwachsener als der Vorgänger. Die clevere Raumausnutzung zählt ebenso zu den Kerneigenschaften, wie die unzähligen Individualisierungsmöglichkeiten (Farbgebung, Interieur, Ausstattung) und das unverwechselbare Go-Kart-Feeling. (Vgl. Segler, 2005, S. 195)
[1228] Vgl. ebenda.
[1229] Vgl. ebenda, S. 117.
[1230] Auslieferungen MINI Automobile nach Modellen 2009: MINI: 150.043 (69,3%), MINI Cabrio: 28.303 (13,1%), MINI Clubman: 38.192 (17,6%). Modellmix nach Motorvarianten: MINI One (inkl. One D): 20,2%, MINI Cooper (inkl. Cooper D): 53,6%, MINI Cooper S: 26,2%. (Vgl. URL 191)
[1231] Fahrzeug-Auslieferungen innerhalb der *BMW Group* 2009 im Vergleich zu 2008: BMW: 1.068.770 (-11,1%), MINI: 216.538 (-6,8%), Rolls-Royce: 1.002 (-17,3%). Insgesamt ging 2009 der Anteil der Fahrzeug-Auslieferungen bei der BMW Group um 10,4 Prozent zurück. (Vgl. ebenda)
[1232] „Das *MINI Cabrio* ist als „AUTO Bild Wertmeister" im deutschen Gebrauchtwagenmarkt seit 2005 das Fahrzeug mit dem geringsten Wertverlust: unter 30 Prozent nach drei Jahren." (Kleebinder, 2009, S. 141)

Die *BMW Group* zielt mit der Marke MINI vor allem darauf ab, neue Zielgruppen[1233] in den Modernen Milieus zu erobern. Diese Modernen Milieus sind kaufkräftig, sehr anspruchsvoll und ihr Anteil an der Bevölkerung nimmt stetig zu. Die Marke MINI bietet eine einzigartige Kombination von rationalen und emotionalen USP's und ist eine Möglichkeit, ein extrovertiertes, spontanes Lebensgefühl zum Ausdruck zu bringen. MINI gilt als Symbol für individuelle, trendige und schicke Produkte unabhängig von Alter und Bevölkerungsschicht und wurde in kürzester Zeit Ausdruck eines Lebensgefühls.[1234]

MINI ist eine Markenikone, ein Meilenstein in der Markenkommunikation. Es gibt nur wenige Beispiele, in denen sich Marketing zu einem so konsequenten und konsistenten Ganzen zusammenfügt. *„MINI ist es punktgenau gelungen, eine werteorientierte Zielgruppe fernab jeglicher demografischer Kriterien zu treffen. Hier ist das Marketing nicht am Produkt ausgerichtet, sondern die Marke steht für den Lifestyle ihrer Kunden. Und dem folgt das Produkt genauso wie das gesamte Marketing und eben auch die Kommunikation"*[1235], so Howaldt.

Diese Repositionierung des *classic MINI* war eine große Herausforderung, ist jedoch erfolgreich gelungen. Das Produktversprechen *("MINI ist die erste Premiummarke im Kleinwagensegment")* ist weltweit einheitlich. Das Markenversprechen basiert auf gemeinsamen Kernwerten (siehe oben) und wird geprägt durch die jeweiligen situativen Marktgegebenheiten, wie beispielsweise Wettbewerbsumfeld, Zielgruppenentwicklung und historische Verankerung.[1236]

[1233] Die Konsumenten sind überwiegend zwischen 25 und 45 Jahre alt und arbeiten häufig in kreativen Berufen. Ihnen wird ein experimentierfreudiger und spontaner Lebensstil nachgesagt. Ästhetik und Design nehmen eine wichtige Rolle in ihren Leben ein. Für diese Konsumenten stellt das Auto kein Statussymbol dar, sondern ist Ausdruck der Persönlichkeit. Die Zielgruppe lebt bevorzugt im urbanen Umfeld und ist sich in vielen Aspekten ähnlich, unabhängig vom jeweiligen Land. (Vgl. Segler, 2005, S. 189)
[1234] Vgl. ebenda, S. 189f.
[1235] Howaldt, 2010, S. 69.
[1236] Vgl. Kleebinder, 2009, S. 126.

7.5.2 Corporate Identity der Marke MINI

Da sich die Marke MINI als Premiummarke[1237] positioniert hat, muss als Konsequenz eine Premium-Markeninszenierung über alle Kontakt- und Erlebnispunkte stattfinden. Im Zuge dieser Premium-Markeninszenierung gibt die **MINI Corporate Identity** für alle Markenerlebnisse einen Rahmen vor. So ist die Formensprache des MINI Markenauftritts durch klare Linien und rechtwinkelige geometrische Figuren geprägt. Der *Frame*[1238] (vgl. Abb. 95) bildet dabei das Kernelement der MINI Corporate Identity. Damit ist eine einzigartige Differenzierung gegenüber den Wettbewerbern gegeben.[1239]

Abb. 95: MINI Printanzeige (Quelle: URL 209)

Außerdem sind die Wort- und Bildmarke, die Art und Verwendung von Farben, Schrifttypen und Bildern definiert, wobei die Farbe *Schwarz* die MINI Markeninszenierung dominiert. Akzentfarben wie beispielsweise Orange, Gelb und Grün werden gezielt zur Gestaltung von Rahmen und Flächen eingesetzt. MINI Bilder sind charakterisiert durch eine direkte, freche und erfrischende Bildsprache. Diese kraftvolle Bildsprache unterstützt die Inszenierung der Marke und führt letztlich zu einer *klaren und einzigartigen Wiedererkennbarkeit*.[1240]

[1237] Eine Premiummarke muss sich in vier Feldern differenzieren: in der Produktsubstanz, in der Produktionsqualität, im Markenimage und im Erlebnis am POS. (Vgl. Kleebinder, 2009, S. 127)
[1238] „Der in der Grundauslegung zweidimensionale Rahmen ist neben der Kernmarkenfarbe Schwarz das bedeutungsstärkste Zeichen in der MINI Markenwelt. Der farbige Rahmen zieht sich durch den gesamten MINI Auftritt: Er findet sich sowohl im Showroom oder auf Messen wieder, wie auch im Internetauftritt, in Anzeigenkampagnen oder auch in Mailings und der Produktliteratur." (URL 208)
[1239] Vgl. Kleebinder, 2009, S. 127.
[1240] Vgl. ebenda.

7.5.3 MINI Markenkommunikation

Das *MINI Brand Management* definiert die Markenidentität und steuert den Markenwert. Dazu entwickelt es die Markenstrategie für die Produkte, die Kommunikation und die Vertriebsorganisation. Das oberste Ziel liegt dabei in der Gewinnung von Interessenten und Bindung von Kunden an die Marke.[1241]

Die zentrale Herausforderung für das *MINI Brand Management* besteht in der kontinuierlichen Steigerung der Markenbekanntheit und in der kommunikativen Differenzierung vom Marktangebot der Wettbewerber, um letztlich den Markterfolg von MINI nachhaltig zu sichern. Sowohl die Einzigartigkeit der Marke MINI als auch die hohe Anspruchshaltung der MINI Zielgruppe erfordern hierfür den Einsatz *unkonventioneller und neuartiger Kommunikationsmaßnahmen.*[1242]

„Der Markenkern von MINI ist **Begeisterung** - hierdurch wird das extrovertierte Lebensgefühl von MINI zum Ausdruck gebracht. MINI ist energiegeladen, unkonventionell, spontan und manchmal auch ein wenig provozierend. MINI verkörpert den modernen Lifestyle und ist ein Stück Avantgarde. Und obwohl die Marke MINI stark emotional ist, polarisiert sie nicht."[1243] Dies zu vermitteln ist Ziel und Aufgabe der Markenkommunikation. Es soll eine weltweit einheitliche Profilierung der Marke MINI erfolgen, wobei Image und Charakter der Marke gegenüber der Zielgruppe nachhaltig vermittelt werden sollen.[1244] *"Die MINI Brand Identity reflektiert den Kultstatus der Marke MINI, visualisiert den Premiumanspruch der Marke und öffnet neue Freiräume für die Gestaltung in der MINI Kommunikation"*[1245], so Müller-Ötvös.

„Die MINI Markenkommunikation unterstreicht die Authentizität der Marke und knüpft mit dem Relaunch nahtlos an die positiven Werte der einzigartigen Markenhistorie an."[1246] Die Zielgruppe wurde zwölf Monate vor dem Launch (Weltpremiere: Automobilsalon in Paris 2000) im Internet auf den neuen MINI eingestimmt, wobei zunächst das Produkt gar nicht im Mittelpunkt stand, sondern Lifestyle-Informationen, zugeschnitten auf die anvisierte Zielgruppe. Somit entstand schnell eine Community von mehr als 100.000 registrierten Nutzern, die über einen mehrstufigen Prozess von Interessenten zu potenziellen Käufern qualifiziert wurden.[1247]

[1241] Vgl. Kleebinder, 2009, S. 125.
[1242] Vgl. Segler, 2008, S. 302.
[1243] Ebenda, S. 303.
[1244] Ebenda, S. 305.
[1245] URL 208.
[1246] Segler, 2005, S. 190.
[1247] Vgl. Berdi, 2009, S. 118.

Neben der Auswahl der relevanten Kommunikationskanäle kommt es besonders auf die MINI Tonalität an, denn die MINI Kommunikation soll überraschen und begeistern und sich dabei immer stark gegenüber der Konkurrenz differenzieren. Umfangreiche Analysen des Mediennutzungsverhaltens der MINI Zielgruppen zeigen die hohe Affinität der Modernen Milieus zu interaktiver Kommunikation und persönlicher Vermittlung von Informationen. Folglich nimmt die Rolle von *Eventmarketing* als auch die Nutzung der *„emerging media"* (z.B. Communities, Blogs etc.) einen hohen Stellenwert in der MINI Markenkommunikation ein.[1248]

Vor dem Hintergrund des sich verschärfenden Wettbewerbs der Automobilhersteller um die Aufmerksamkeit der Kunden und der hieraus resultierenden Reizüberflutung der Konsumenten stellt *Eventmarketing* ein wirksames Kommunikationsinstrument dar, das neue Wege zu Kundendialog und emotionaler Kundenbindung eröffnet. Dabei steht nicht die kurzfristige Verkaufsförderung im Vordergrund, sondern vielmehr die *emotionale Bindung* der Eventteilnehmer an die mit der Marke verbundene Erlebniswelt.[1249] „Durch Eventmarketing lassen sich die Botschaften der MINI Markenkommunikation in **multisensual erlebbare Ereignisse** umsetzen."[1250]

Mit Hilfe von *MINI United,* dem alle zwei Jahre stattfindenden offiziellen und größten Festival der weltweiten MINI Fangemeinde, können den Festivalbesuchern die MINI Markenbotschaften multisensual vermittelt werden. Zudem trägt *MINI United* durch die Vermittlung eines emotionalen Gemeinschaftserlebnisses zur langfristigen Bindung der MINI Kunden an die Marke bei. Die interaktive Gestaltung des Festivals ermöglicht den Eventteilnehmern ein ganzheitliches multisensuales Erleben der Marke MINI.[1251] Bislang wurden drei MINI Festivals dieser Art organisiert.[1252]

Zuletzt feierten in Silverstone im Mai 2009 rund 25.000 begeisterte Fans aus 40 Ländern, die mit über 10.000 MINI angereist kamen, den **50. Geburtstag** der Marke MINI. *MINI United* zielt vor allem darauf ab, auf hohem Niveau ein internationales Publikum zu erreichen und eine Plattform für Interaktion und Austausch zu bieten.[1253] „Der überdurchschnittliche Anteil von männlichen Eventteilnehmern korrespondiert mit der gewollt maskulinen Positionierung

---

[1248] Vgl. Segler, 2008, S. 306.
[1249] Vgl. ebenda.
[1250] Ebenda.
[1251] Vgl. Segler, 2008, S. 313.
[1252] Das erste *MINI United* fand im Oktober 2005 im italienischen Misano statt, wobei 6.000 MINI Enthusiasten aus 40 Nationen feierten. Das zweite *MINI United* fand 2007 mit rund 8.000 MINI Begeisterten im niederländischen Zandvoort statt, das dritte *MINI Festival* wurde im Mai 2009 zum Anlass des 50. Geburtstags von MINI in Silverstone abgehalten. (Vgl. ebenda, S. 308)
[1253] Vgl. ebenda, S. 311.

der Marke MINI."[1254] Das abwechslungsreiche Rahmenprogramm lässt die vielfältigen Facetten der Marke und ihrer Produkte authentisch darstellen. Somit nimmt *MINI United* eine bedeutende Rolle im Rahmen der MINI Markenführung ein.[1255]

Im Sommer 2010 feierte der *Pavillon 21 MINI Opera Space*[1256], ein unkonventionelles Gemeinschaftsprojekt von MINI und der Bayerischen Staatsoper und zugleich akustisches Wunderwerk, Weltpremiere in München. Dieser Opernpavillon[1257] dient den Opernfestspielen als temporäre Spielstätte. *„Eine visionäre Idee, ein fantastisches Ergebnis: Ich freue mich, dass MINI ein Teil dieses jungen und mutigen Projekts ist"*[1258], sagt Armbrecht, der sich über den Brückenschlag zum kulturellen Engagement von MINI freut. *"Auf begrenztem Raum ein maximales Ergebnis, eine Essenz der Kreativität entstehen zu lassen und sichtbar zu machen - genau das entspricht der Philosophie von MINI"*[1259], so Armbrecht.

Im Zuge der Vorbereitung für die Markteinführung des **MINI Countryman** (vgl. Abb. 96), dem vierten MINI Modell, das seit September 2010 im Handel erhältlich ist, hat sich die amerikanische Country-Sängerin Michelle Branch mit Grammy-Gewinner Timbaland zusammengetan und den Song „Getaway" produziert.

Abb. 96: MINI Countryman (Quelle: URL 197)

„Das neue Auto hat mich zu einem Song inspiriert, in dem es darum geht, mal raus zu kommen und den tagtäglichen Zwängen des Lebens zu entfliehen"[1260], so Michelle Branch. *"Wir sind begeistert von der einzigartigen Zusammenarbeit mit Timbaland und Michelle Branch anlässlich des Launchs des MINI Countryman. In der MINI Community spielt Musik eine wichtige Rolle. Mit der Markteinführung dieses Automobils - das als Inspiration für den Liedtext von ‚Getaway' gedient hat - werden wir die Erwartungen all jener erfüllen, die den Stadt-Land-Lifestyle leben"*[1261], so Armbrecht.

[1254] Vgl. Segler, 2008, S. 312.
[1255] Neben den fahraktiven Events stehen beim *MINI United* innovative Trendsportarten, musikalische & kulinarische Highlights und vor allem das Thema Lifestyle im Mittelpunkt. (Vgl. ebenda, S. 310)
[1256] Im Rahmen der *MINI Music Lounge* und *MINI In Concert* traten im *Pavillon 21 MINI Opera Space* Künstler wie Mando Diao, Michelle Branch und Paul Oakenfold auf. (URL 198)
[1257] Entworfen wurde das futuristische Gebäude vom Wiener Architektenbüro *Coop Himmelb(l)au*, das u.a. auch für die *BMW Welt* verantwortlich zeichnet.
[1258] URL 194.
[1259] URL 201.
[1260] URL 196.
[1261] Ebenda.

Die **MINI Markenkommunikation** umfasst neben klassischer Kommunikation auch *virales Marketing* und *Guerilla-Marketingaktionen*[1262]. „Hauptsache frech und unkonventionell"[1263]. So sorgte im März 2010 zur Weltpremiere des *MINI Countryman* die gigantische Guerilla-Projektion am Mont Salève (vgl. Abb. 97) im Rahmen des 80. Genfer Autosalons in der Schweizer Metropole für ungewohnte Schlagzeilen.[1264]

Abb. 97: MINI Guerilla-Projektion „MINIWOOD" am Mont Salève/Genf im März 2010 (Quelle: URL 199)

MINI nutzt bis heute die aktuellsten Online-Technologien, um mit der Zielgruppe interaktiv in Austausch zu treten und geht mit einem gewissen „Augenzwinkern" entweder neue und unkonventionelle oder bekannte Wege in neu interpretierter Art und Weise, um die Marke MINI zu kommunizieren.[1265] „Der Anspruch dahinter ist, einen Weg zu finden, den in der Wahrnehmung der Zielgruppen nur MINI gehen kann. Er wird dem eigenen Anspruch gerecht: *Only MINI can do.*"[1266] *„Die guten Ideen entstanden gerade dadurch, dass wir knapper mit dem Geld waren. Das gab der Kreativität im Marketing generell einen Schub"*[1267], resümiert Müller-Ötvös. So war MINI beispielsweise weltweit die erste Automarke, die das Internet nicht nur als Informationsmedium nutzte, sondern als Positionierungsmedium.[1268]

[1262] *Guerilla-Marketing* bezeichnet eine Werbeform mit Überraschungseffekt, die darauf abzielt, das geringe Budget mit Mundpropaganda und kostenloser Berichterstattung zu kompensieren. Es umfasst Werbe- und Verkaufsförderaktionen, die überraschen bzw. sich am Rande der Legalität bewegen und "stören". (URL 193)
[1263] Berdi, 2009, S. 118.
[1264] Der projizierte Schriftzug „MINIWOOD" war 30 Meter hoch und 192 Meter breit und wurde von Power-Projektoren mit einer Leistung von über 28.000 Watt illuminiert. (Vgl. URL 200)
[1265] Vgl. Kleebinder, 2009, S. 129.
[1266] Ebenda.
[1267] Berdi, 2009, S. 118.
[1268] Vgl. Kleebinder, 2009, S. 129.

Die internationale Konsistenz der MINI Werbekampagne ist Benchmark für die gesamte Automobilwirtschaft.[1269] Aufgrund des Erfolges in der Kommunikation wird MINI jedoch zunehmend kopiert. Daher reicht Kommunikation als Inszenierung allein nicht mehr aus. Folglich kommt dem *Markenerlebnis im Handelsbetrieb* ein hoher Stellenwert zu, denn hier, am Point of Sale, wird das MINI-Markenversprechen der Kommunikation eingelöst. Und dort ist es auch nicht so einfach bzw. unmittelbar nachzuahmen.[1270]

7.5.4 Markenerlebnis am Point of Sale

Als einer der wichtigsten Botschafter der Marke fungiert der **Händler**, der sowohl das markentypische Erscheinungsbild im Verkaufsraum (vgl. Abb. 98) als auch die zielgruppengerechte Ansprache durch das Verkaufspersonal gewährleistet. Diese Vermittlung eines markenspezifischen Erlebnisses am POS kann als einer der wesentlichen Erfolgsfaktoren angesehen werden.[1271] Die aktuell rund 1.300 MINI-Handelsbetriebe weltweit (Stand: Juni 2010) unterscheiden sich (noch) im Grad der Markenexklusivität[1272]. Bis vor einigen Jahren wurde die Marke MINI bei zahlreichen *BMW-Händlern* in gemeinsamen und angrenzenden *MINI-Showrooms* präsentiert. Dies versucht man zu ändern, in dem sukzessive immer mehr *MINI-Händler* die Marke *exklusiv* im Showroom anbieten, vor allem in Metrozentren und urbanen Gebieten. Das Ergebnis ist ein besonders intensives MINI Markenerlebnis.[1273]

Abb. 98: MINI-Showroom in Berlin - Autohaus Riller & Schnauck (Quelle: URL 190)

[1269] Vgl. Segler, 2005, S. 191ff.
[1270] Vgl. Kleebinder, 2009, S. 134.
[1271] Vgl. Segler, 2005, S. 194.
[1272] Die *MINI Markenführung* definierte ab Ende 2008 drei unterschiedliche Typen von Handelsbetrieben, wobei die Markenexklusivität von MINI jeweils situativ bestmöglich umgesetzt wird. (Vgl. Kleebinder, 2009, S. 135f)
[1273] Vgl. Segler, 2005, S. 194.

„*Grundsätzlich haben wir bei MINI keine Kunden, sondern Fans. Die Kunden signalisieren und das immer wieder. Und wenn Fans zusammentreffen, dann wird es emotional*"[1274], so Souschek. In der *MINI Niederlassung München*, wie auch bei zahlreichen anderen *MINI-Händlern*, sorgen ein adäquates Musikprogramm und eine professionelle Beleuchtung, vor allem die Neon-Beleuchtung des großen MINI-Logos und die Spots, die die MINI-Fahrzeuge in das rechte Licht rücken, für die Ansprache des Hör- und Sehsinnes.[1275] Um die Kunden im Verkaufsraum **multisensual** anzusprechen, hat sich die *MINI Niederlassung München* im Jahr 2005 etwas Besonderes einfallen lassen: Die Beduftung des Warteraums im *MINI-Showroom*. „*Wir haben uns ganz bewusst nur für einen Duft entschieden (Lemon Grass), um den Kunden an den Geruch zu gewöhnen*"[1276], so Käs von der *BMW Group*. Nach nur einem Jahr wurde schließlich der Einsatz des Duftgenerators aus Kostengründen eingestellt. „*Grundsätzlich hatten wir eine positive Rückmeldung von unseren Kunden*"[1277], resümiert Käs.

Souschek ist jedoch nicht der Meinung, dass die multisensuale Ansprache des Kunden im Verkaufsraum das zukünftige Erfolgskonzept im Auto-Handel ist: „*Meiner Meinung nach dient sie zur Unterstützung bzw. Abrundung für die jeweilige Präsentation im Showroom, jedoch wird auch zukünftig der Erfolg im Auto-Handel über den Verkäufer führen*"[1278]. Bei einer Umfrage „Markenerlebnis im Autohandel" unter rund 50.000 Lesern der „Autozeitung" erreichte MINI im September 2007 in vielen Kategorien den ersten Platz und überzeugte vor zahlreichen anderen Premiumherstellern u.a. in den Kategorien „Beratungsleistung" und „Inszenierung im Autohaus".[1279]

7.5.5 Die Multisensualität des MINI Produktdesigns

Die Marke MINI bekennt sich eindeutig zur emotionalen Gestaltung. „Nicht reduziert auf ein entweder maskulin oder feminin, versucht MINI nicht zu polarisieren, stattdessen bildet seine gestalterische Identität eine gelungene Synthese, welche die Vorteile aus beiden Welten miteinander verbindet."[1280] Besonders durch die unbeschwerte, freundliche Art, die dem *Kindchenschema* entspricht, bietet der MINI eine breite sympathische Identifikationsfläche für die Designerwartungen an ein modernes Automobil mit positiver Ausstrahlung.[1281]

[1274] Vgl. Experteninterview mit Thomas Souschek im Anhang.
[1275] Ebenda.
[1276] Diese Antwort wurde mir von Herrn Käs am 23.06.2010 per Email zugesandt.
[1277] Ebenda.
[1278] Vgl. Experteninterview mit Thomas Souschek im Anhang.
[1279] Vgl. Kleebinder, 2009, S. 141.
[1280] Wickenheiser, 2009, S. 58.
[1281] Ebenda.

Aus Gründen der Emotionalität lehnten sich die Designer bei MINI an den alten Mini an: Die Kernelemente des neuen MINI Designs, die für einen hohen Wiedererkennungseffekt sorgen, sind dabei die steile Frontscheibe, die kurzen Überhänge vorn und hinten, der Kühlergrill und die zwei großen, runden Scheinwerfer.[1282] *„Natürlich hätten wir das Auto länger machen können, um einen größeren Kofferraum zu haben, aber dann hätte der MINI eben nicht mehr diese charakteristischen kurzen Überhänge gehabt"*[1283], so Müller-Ötvös.

Da das Design bei MINI eine gewisse Priorität hat („Design-Ikone"), haben die Derivate von MINI allgemein höhere Luftwiderstandsbeiwerte[1284] als die BMW-Modelle. *„Als nachteilig für die Aerodynamik sind hier u.a. die steile Frontscheibe und die steile A-Säule zu nennen. Aber auch ein schöner aerodynamischer Dacheinzug fehlt beim MINI"*[1285], erklärt Fallert. Nach Hildebrand zeichnet sich das MINI-Design vor allem durch seine **Authentizität** aus und ist historisch abgesichert. *„Für mich als Designer ist dieses Auto deshalb so interessant, weil es so viele verschiedene Bewegungen mitgemacht hat und vom Massenverkehrsmittel zum Kult avancierte, dadurch zeitlos geworden ist"*[1286], resümiert Hildebrand. Dabei geben viele Faktoren, wie u.a. Gesetzgebung, Ergonomie, Mechanik, Fußgängerschutz und Aerodynamik die Autogestaltung vor. *„Wir vom Design können lediglich die letzten fünf Prozent gestalten"*[1287], betont der MINI-Designchef. *„Es ist aber auch funktional orientiert. Beim MINI-Design handelt es sich um authentisch funktionales Design mit einer markentypischen Ausprägung"*[1288], betont Hildebrand.

Im MINI spiegeln sich die Ursprünglichkeit und Identität unterschiedlicher Typen menschlicher Körperformen wider. Das Ergebnis ist eine authentische automotive Gesamtgestalt, in der sich viele Zielgruppen wiederfinden.[1289] *„MINI ist eine Rückbesinnung auf ingenieurgetriebenes Design, ohne Beliebigkeit. Dabei ist MINI Design eigentlich banal: mit runden Formen, überwölbt, muskulär"*[1290], erklärt Hildebrand. „Im Grunde genommen zeichnet sich das MINI-Design durch eine *einfache Formsprache* aus und ist dadurch auch langlebig. Das gleiche gilt u.a. auch für den *Porsche 911*, den ebenfalls schlichtes bzw. zeitloses Design auszeichnet."[1291]

[1282] Vgl. Berdi, 2009, S. 117.
[1283] Ebenda.
[1284] „So besitzt das *MINI Cabrio* einen c_w-Wert von 0,37, der neue *MINI Countryman* und der *Cooper S* einen Wert von 0,36 und der *MINI Cooper* und der *MINI Clubman* erzielen c_w-Werte um die 0,32." (Vgl. Experteninterview mit Dipl.-Ing. Jürgen Fallert im Anhang)
[1285] Vgl. ebenda.
[1286] URL 297.
[1287] Vgl. Experteninterview mit Gert Hildebrand im Anhang.
[1288] Ebenda.
[1289] Vgl. Wickenheiser, 2009, S. 39.
[1290] Ebenda, S. 333.
[1291] Vgl. Experteninterview mit Gert Hildebrand im Anhang.

Der Wahrnehmungspsychologische Ableitungsansatz für die Umsetzung der MINI Markenwerte in die Formensprache ist in Tab. 23 zusammengefasst:

MINI Markenwert	Mensch/Objekt Analogie	AUTO Objekt	AUTO Bild
Sportlich	Muskeln	Ausbuchtung	
Dynamisch	Körperspannung	Keilform	
Chic	Schmuck	Chrom-Details	
Verführerisch	Sex Appeal	Karosserie/ Außenfarbe	
Freundlich	Lächeln	Kühlergrill	
Bezaubernd	Kindchenschema	Kreisförmige Elemente	

Tab. 23: Übersetzung der MINI Markenwerte in die Formensprache[1292] (Quelle: Eigene Darstellung in Anlehnung an Hildebrand-Vortrag „The Car is Human - Limbic Thinking in Car Design", 2006, S. 23)

[1292] Abbildungen: URL 63 - 68.

Für Hildebrand verkörpert der MINI *drei Typen*: den Mann, die Frau und das Kind. *„Als Mann vermittelt er mit seinen ‚muskulösen' Schultern und seiner Stabilität das Gefühl von Sicherheit. Mit seiner femininen Skulptur spricht er den sinnlichen Nerv an und weckt Begehrlichkeiten. Seine kleinen Proportionen wecken den Beschützerinstinkt. Wenn sich diese drei Faktoren in einem Automobil wiederfinden, wird es zu einem Produkt, das alle Zielgruppen anspricht"*[1293], so Hildebrand. Nach ihm soll die Form der Karosserie die inneren Werte des Autos, also seine Technik, seine Bequemlichkeit und auch das Image der Marke widerspiegeln.

„Entscheidend ist es, die Proportionen so zu wählen, dass ein sympathisches Gesamtbild entsteht"[1294], bringt es der MINI-Designchef auf den Punkt. Nach Hildebrand schafft es Design, Begehrlichkeit zu wecken, indem es **alle Sinne anspricht**. Nur wenn alles zueinander passt, ergibt sich ein sympathisches und authentisches Bild.[1295] *„Grundsätzlich kann man die Sinne nicht trennen, denn es ist immer eine Kombination aus allen fünf Sinnen"*[1296], erklärt Hildebrand.

Nach ihm aktiviert prinzipiell jedes Produkt die Sinneswahrnehmung, wobei rund 80 Prozent durch den **Sehsinn** wahrgenommen werden. *„Wenn man ein Auto sieht, ist es wie beim Menschen. Der erste Blick auf ein Fahrzeug entscheidet über Begehrlichkeit und Interesse am Objekt"*[1297], so der MINI-Designchef. Daher ist es die besondere Aufgabe des Designs, diesen positiven visuellen Bezug herzustellen, damit sich die Menschen alle Qualitätsebenen eines MINI Designs durch u.a. Fühlen, Riechen und Hören als stimmiges Gesamterlebnis erschließen.[1298] Kurz gesagt: *Design ist ein entscheidendes Kaufkriterium.*

Der **Hörsinn** wird bei MINI besonders durch den Motorsound des *MINI Cooper S* bzw. durch das sportlichste MINI Modell, dem *MINI John Cooper Works* angesprochen (vgl. dazu die nachfolgenden Kap. *7.5.5.2 Sound Design am Beispiel MINI Cooper S* und Kap *7.5.5.3 MINI John Cooper Works).* Aber auch das typische MINI Blinker-Geräusch oder das Geräusch, das sich durch das Öffnen und Schließen der Autotür ergibt, wird vom Kunden sofort bewertet.

[1293] URL 296.
[1294] URL 294.
[1295] Vgl. Wickenheiser, 2009, S. 63.
[1296] Vgl. Experteninterview mit Gert Hildebrand im Anhang.
[1297] Ebenda.
[1298] Vgl. Wickenheiser, 2009, S. 38.

Auch der **Tastsinn** spielt bei MINI eine bedeutende Rolle. „*Die Haptik [...] ist extrem wichtig*"[1299], bekräftigt Baumeister. „*Der Türgriff ist in der Regel der erste haptische Kontakt mit dem Auto. Hierbei bewertet man sofort, wie sich das Auto anfühlt*"[1300], erklärt Hildebrand. Das MINI Interieurdesign (vgl. Abb. 99) ergibt ein unverwechselbares Ambiente, welches durch die einzigartige Zusammenstellung von Formen, Farben und Materialien entsteht. Die Kombination kreisförmiger Elemente - beispielsweise Instrumente und Belüftungsdüsen - mit der straffenden horizontalen Geometrie des Armaturenbretts prägt dabei ganz besonders die Formensprache des Interieurs.[1301] „*Die Designentwicklung hatte das Ziel, ein maximales Auto auf minimalem Raum zu entwerfen*"[1302], erklärt Girard.

Abb. 99: MINI Interieur[1303]

Das Interieur spricht dank der Verwendung besonders hochwertiger Materialien zusätzlich auch den **Geruchssinn** an.[1304] „*Die höchste unterbewusste Ablehnung findet dann statt, wenn man ein (neues) Auto nicht riechen kann. Man versucht ja über die bewusste Auswahl von Materialien den Geruch im Fahrzeug zu steuern*"[1305], erläutert Hildebrand. „*Bemerkenswerter Weise hat das Schmecken in Verbindung mit dem Riechen auch eine Funktion im Auto, denn man hat viel öfters Finger-Mund Kontakt im Fahrzeug als man denkt*"[1306], ergänzt der MINI Designchef.

Somit werden bei MINI, wie auch bei (fast) allen Fahrzeugen, **alle fünf Sinne angesprochen**. Im Folgenden wird die Multisensualität des MINI Produktdesigns anhand der *MINI Concept Cars Frankfurt, Tokyo, Detroit* und *Genf* aufgezeigt.

[1299] URL 143.
[1300] Vgl. Experteninterview mit Gert Hildebrand im Anhang.
[1301] Vgl. URL 143.
[1302] Ebenda.
[1303] URL 136.
[1304] Vgl. ebenda
[1305] Vgl. Experteninterview mit Gert Hildebrand im Anhang.
[1306] Ebenda.

7.5.5.1 MINI Concept 2005/2006

Im Jahr 2005 hat MINI ein Concept Car[1307] (vgl. Abb. 100) präsentiert, das im Rahmen einer Welttournee bei den wichtigsten vier Automobilmessen der Welt zum Einsatz kam, nämlich in *Frankfurt, Tokyo, Detroit* und *Genf*.[1308] Für jede dieser vier Messen wurde das Concept Car, welches **alle fünf Sinne anspricht**, entsprechend adaptiert.

Abb. 100: MINI Concept Cars 2005/2006 (Quelle: URL 260)

Um den **Sehsinn** besonders anzusprechen, können nicht nur die Innentüren (vgl. Abb. 101), sondern auch der Dachhimmel in vier verschiedenen Farben beleuchtet werden.[1309] Aber auch das äußere Erscheinungsbild trägt entscheidend zur visuellen Ansprache bei. So bietet die Lackierung der MINI Konzeptstudie eine ganz neue Form der Ästhetik. Auch das glänzende und matte Aluminium akzentuieren das äußere Erscheinungsbild.[1310]

Abb. 101: MINI Concept Tokyo: Türbeleuchtung
(Quelle: URL 235)

Der **Hörsinn** wird beim *MINI Concept Frankfurt* vor allem durch den knackigen Motorsound des *MINI Cooper S* Vierzylinder-Triebwerks angesprochen. Der sportliche Auftritt wird durch den zusätzlichen Lufteinlass auf der Motorhaube (vgl. Abb. 102) und den Doppelrohr-Auspuff auch *visuell* signalisiert.[1311]

[1307] Bei diesem Concept Car handelt es sich um den *MINI Clubman*.
[1308] Vgl. Experteninterview mit Gert Hildebrand im Anhang.
[1309] Vgl. Mini Concept, 2006, S. 83.
[1310] Vgl. URL 231.
[1311] Vgl. ebenda.

Abb. 102: MINI Concept Frankfurt (Quelle: URL 308)

Der **Tastsinn** erfährt beim *MINI Concept Geneva* einen besonderen Stellenwert, denn durch den Einsatz von Neopren im Exterieur wird eine einzigartige und im Umfeld von Fahrzeugen bisher nicht gekannte Haptik geboten. Mit der Wahl des eindeutig dem aktiven Outdoor-Sport zugeordneten Materials betont *MINI Concept Geneva* seinen sportlichen Appeal. Zudem kontrastiert die edle seidig-matte Oberfläche mit dem hochglänzenden Satellite Silver der Karosserie.[1312]

Abb. 103: MINI Concept Geneva Interieur (Quelle: URL 310)

[1312] Vgl. URL 230.

Im Innenraum des *MINI Concept Geneva* (vgl. Abb. 103) setzt das Farb- und Materialkonzept die Aussage des Exterieurs konsequent fort: Sportliche Funktionalität, Raumnutzung und Wertigkeit stehen im Mittelpunkt. Dabei unterstreicht weißes Leder den Eindruck von Modernität, Großzügigkeit und edlem Ambiente. Aber auch das am schwebend gestalteten Armaturenträger und bei den Armauflagen in den Seitentüren verwendete samtige Leder, ist visuell und taktil interessant.[1313]

Auch der **Geruchssinn** wurde bei der Entwicklung der MINI Konzeptstudie berücksichtigt. Die Designabteilung MINI hat dafür mit einem Ingenieursbüro in München zusammengearbeitet und einen Duftgenerator entwickelt, der im Innenraum des Fahrzeuges integriert worden ist. *„Im Rahmen dieses Pilotprojektes hatten wir nicht ein klassisches Parfümieren des Innenraums zum Ziel, wie es beispielsweise mit einem Duftspender beim Citroën C4 praktiziert wird, sondern einen Duftgenerator zu entwickeln, der die jeweilige Stimmung des Autofahrers positiv beeinflusst"*[1314], erklärt Hildebrand.

Abb. 104: Duftgenerator im MINI Concept Detroit (Quelle: URL 309)

„Je nach aktueller Gemütslage des Fahrers kann der Duft bei Müdigkeit stimulierend und bei Aggression beruhigend wirken"[1315], so Hildebrand. Dabei kamen je zwei Düfte zum Einsatz. Der Duftgenerator, der an der A-Säule angebracht war (vgl. Abb. 104), konnte somit durch vier Ventile vier Düfte versprühen, nämlich die beiden stimulierenden Düfte *Minze* und

---

[1313] Vgl. URL 230.
[1314] Vgl. Experteninterview mit Gert Hildebrand im Anhang.
[1315] Vgl. ebenda.

Grapefruit als auch die beruhigend wirkenden Düfte *Vanille* und *Grüner Tee*. Diese Düfte wurden sowohl mit der Beleuchtung, als auch mit der Musik im Fahrzeug gekoppelt. Je nach Anzahl der Beats wurde der passende Duft versprüht.[1316] So interessant die Idee mit dem Duftgenerator auch ist, er wurde bei MINI nie in Serie verbaut.

Um bei dieser MINI Konzeptstudie auch dem **Geschmackssinn** Rechnung zu tragen, wurde eine Sports Utility Box kreiert (vgl. Abb. 105), die beispielsweise mit einem Teeservice bestückt werden kann. Bei der Sports Utility Box handelt es sich um ein multifunktionales, zusätzliches Wechsel-Staufach, das in das geöffnete hintere Seitenfenster eingehängt wird. So sieht das *MINI Concept Tokyo* vor, dass jeweils mehrere Sports Utility Boxes gleichzeitig in Gebrauch sind, die je nach Vorhaben des Nutzers flexibel eingesetzt werden können.[1317]

Abb. 105: MINI Concept Tokyo: Sports Utility Box (Quelle: URL 253)

Somit werden bei der MINI Konzeptstudie, die 2005 und 2006 in *Frankfurt, Tokyo, Detroit* und *Genf* vorgestellt worden ist, **alle fünf Sinne angesprochen**.

[1316] Vgl. Mini Concept, 2006, S. 85.
[1317] Vgl. URL 231.

7.5.5.2 Sound Design am Beispiel des MINI Cooper S

Beim *MINI Cooper S* wird der typische Fahrspaß durch einen zum Fahrzeugcharakter passenden Sound unterstützt. Durch spezielle Maßnahmen[1318] am Ansaugsystem und an der Abgasanlage ist es gelungen, den *MINI Cooper S* nicht nur optisch und fahrleistungsmäßig, sondern auch akustisch vom *MINI One* und *MINI Cooper* zu unterscheiden.[1319] *„Durch bewusste Gestaltung haben wir u.a. beim MINI Cooper S die Ansaugung so entwickelt, dass die sonoren Anteile des Ansaugmündungsgeräusches gut im Innenraum wahrnehmbar sind ohne im Außengeräusch einen zusätzlichen Beitrag zu leisten. Letztendlich stellt die Akustik nach der Optik eine wichtige (Kauf)Eigenschaft beim Automobil dar"*[1320], so Mirlach. Somit wird das Fahrerlebnis durch ein ausgefeiltes, lastabhängiges **Sound Engineering** an Abgasanlage und Aufladesystem auch akustisch zu einem Genuss.[1321] Abb. 106 zeigt die Mechanik des *MINI Cooper S*.

Abb. 106: MINI Cooper S Mechanik (Quelle: URL 259)

[1318] „Neben dem höheren Gasdurchsatz und den geänderten Soundanforderungen mussten zusätzlich die Vorgaben des Designs nach einem Doppelendrohr in Fahrzeugmitte und die Notwendigkeit, die Starterbatterie im Fahrzeugheck unterzubringen, berücksichtigt werden. Durch die Platzierung eines wirkungsvollen Mittelschalldämpfers im rechten Fahrzeugheck konnte beim *Cooper S* auf den Einsatz eines Vorschalldämpfers verzichtet werden." (Brüner, 2002, S. 565f)
[1319] Vgl. ebenda, S. 565.
[1320] Vgl. Experteninterview mit Dipl.-Ing., Dipl.-Kfm. Robert Mirlach im Anhang.
[1321] Vgl. Brüner, 2002, S. 566.

Die Klangkulisse innen wie außen wird durch tieffrequent sonore Anteile des Mündungsgeräusches geprägt. Eine akustisch transparente Kofferraumabdeckung sorgt dafür, dass der sportliche Abgasanlagensound möglichst direkt und authentisch wahrgenommen wird. Der Fahrer erhält lastabhängig ein akustisches Feedback des Kompressors. Dies wird durch die konstruktive Ausführung des Ansauggeräuschdämpfers und seine Anordnung vor der Aggregatetrennwand erreicht. Um den für PKW geltenden Außengeräuschgrenzwert von 74 dB(A) einhalten zu können, musste ein umfangreiches **Sound Cleaning** betrieben werden.[1322] *"Sound nimmt bei vielen Fahrzeugen, wie beispielsweise bei einem MINI Cooper S einen hohen Stellenwert ein und bedeutet zugleich ein Alleinstellungsmerkmal"*[1323], bringt es Mirlach auf den Punkt.

7.5.5.3 MINI John Cooper Works

Das sportlichste MINI Modell ist der auf dem *MINI Cooper S* basierende *MINI John Cooper Works*[1324] (211 PS), benannt nach dem britischen Automobilkonstrukteur und Nachkriegs-Rennfahrer *John Cooper*[1325]. Die Marke *MINI John Cooper Works* feierte im Frühjahr 2008 auf dem Genfer Automobilsalon ihre Weltpremiere. Dort präsentierte die *BMW Group* den *MINI John Cooper Works* und den *MINI John Cooper Works Clubman* erstmals der Öffentlichkeit.[1326]

Das Besondere an den *MINI John Cooper Works*-Modellen (vgl. Abb. 107) ist in erster Linie die Leistungssteigerung der neuen Motoren, eine spezielle Bremsanlage und eine modifizierte Sportabgasanlage. Zusätzlich sorgt der optional erhältliche "Sport Button" für ein schnelleres Ansprechverhalten und einen sportlich markanten Sound.[1327]

[1322] Vgl. Brüner, 2002, S. 566.
[1323] Vgl. Experteninterview mit Dipl.-Ing., Dipl.-Kfm. Robert Mirlach im Anhang.
[1324] „Der *MINI John Cooper Works* hat einen 1,6-Liter-Motor mit 155 kW (211 PS), eine Höchstgeschwindigkeit von 238 km/h, einen mittleren Verbrauch von 7,1 l/100 km und CO2-Emissionen von 165 g/km. *John Cooper Works* war über Jahre hinweg autorisierter Tuning-Partner von MINI, Hersteller hochqualitativer Kits und Anbieter einer breiten Auswahl von Zubehör. 2007 übernahm die *BMW AG* die Firma *John Cooper Works*." (URL 264)
[1325] Schon lange bevor *Sir Alec Issigonis* die erste Skizze zum Mini fertigte, pflegte er eine enge Freundschaft zu dem Ex-Rennfahrer und Automobilkonstrukteur *John Cooper*. Zusammen mit seinem Vater gründete *John Cooper* 1946 die *Cooper Car Company*, bald der erfolgreichste britische Anbieter von Rennautos. (Vgl. URL 263) „Mit ihrem Konzept eines Mittelmotor-Sportswagens setzten *Charles* und *John Cooper* 1955 einen für die gesamte Branche bahnbrechenden Trend. In den Jahren 1959 und 1960 gewannen Rennwagen von *Cooper* den Konstrukteurs- und den Fahrer-Titel in der Formel-1-WM - zum ersten Mal in der Rennsportgeschichte mit Mittelmotor-Fahrzeugen." (URL 268)
[1326] Vgl. URL 265.
[1327] Vgl. URL 264.

„Der Name *John Cooper* steht schon seit fast 50 Jahren für eine enge Verbindung zu MINI. Nach ihm wurde 1961 der erste *MINI Cooper* getauft und er spielte eine wichtige Rolle bei den Rennsporterfolgen der folgenden Jahre. Herausragend waren dabei die drei Siege eines *Mini Cooper S* bei der *Rallye Monte Carlo* 1964, 1965 und 1967."[1328] Nahezu alle Legenden des Motorsports fuhren im Laufe der Zeit auf *Cooper*, so u.a. Jack Brabham, Stirling Moss, Bruce McLaren und Jochen Rindt.[1329]

Abb. 107: MINI John Cooper Works Modelle (Quelle: URL 262)

Der Name *Cooper* wurde weltweit zum Synonym für leidenschaftlichen Fahrspaß im MINI. „Dass ausgerechnet dieser neuartige Kleinwagen den zweifachen Formel-1 Weltmeister zum Bau herausragender Sportwagen inspiriert hatte, war ein überzeugender Beleg für die Qualitäten des MINI. Das einzigartige Fahrerlebnis, das *Cooper* auf Anhieb so sehr am MINI faszinierte, dass er es zur Perfektion weiterentwickelte, begeistert bis heute jeden Fan sportlicher Automobile."[1330]

[1328] URL 264.
[1329] Vgl. URL 268.
[1330] Ebenda.

7.5.6 Fazit

Die Marke MINI ergänzt mit ihrer aktuellen Modellfamilie (2010), die aus den vier Modellen „MINI", „MINI Cabrio", „MINI Clubman" und „MINI Countryman" besteht, das Portfolio der *BMW Group* und etabliert **erstmals eine Premiummarke im Kleinwagensegment**. MINI ist die am stärksten emotional profilierte Marke im Kleinwagensegment. *„MINI ist chic, MINI ist voller Energie und MINI ist klassenlos. Und dies alles auf einem Fundament - einer herrlich entspannenden Aufregung, dem zentralen Markenwert ‚excitement'"*, resümiert Armbrecht.

Der aktuelle MINI ist ein direkter Nachfahre des Klassikers und erfuhr 2001 durch die *BMW Group* einen **Relaunch**. *„Das ist nicht nur Retrofake, sondern ein völlig neues Auto"*, bringt es Müller-Ötvös auf den Punkt. Heute wird MINI in über 80 Ländern verkauft und stellte 2009 mit *216.538 verkauften Einheiten* jene Marke innerhalb der *BMW Group* dar, die trotz der Weltwirtschaftskrise im gleichen Jahr den geringsten Einbruch bei den Fahrzeug-Auslieferungen zu beklagen hatte.

Dieser Erfolg lässt sich auf drei wesentliche Gründe zurückführen: Zum einen hat die *historische Stärke* einen bedeutsamen Anteil am Erfolg des Relaunch. Die *emotionale Ausstrahlung* als auch die *kontinuierliche Markenführung* und *Markeninszenierung* sind die beiden anderen Erfolgsfaktoren. „Basis ist die einzigartige Premium-Produktsubstanz in Verbindung mit authentischen und durchgängigen Markenerlebnissen über alle Kontakt- und Erlebnispunkte hinweg." Zahlreiche Auszeichnungen belegen auch die Akzeptanz und Beliebtheit des MINI bei der Bevölkerung. So kürten die Leser von Europas größter Automobilfachzeitschrift *„auto, motor und sport"* 2008 den MINI in seiner Kategorie zum achten Mal in Folge zum „Auto des Jahres".

MINI hat als Lifestyle-Marke eine junge, moderne Persönlichkeit, die unkonventionell auftritt und versucht, in ihrer Kommunikation die Zielgruppen mit Witz zu überraschen. Dies spiegelt sich in einem entsprechenden Charakter der Markenkommunikation wider. *„Viele Kreative lieben den MINI nicht aus Lifestyle-Gründen, sondern weil er eine gewisse Sicherheit ausstrahlt - im Sinne von Gültigkeit. vielleicht geht es den Leuten auch um einen Ausgleich zu den vielen kurzlebigen Dingen des Alltags"*[1331], so Hildebrand.

MINI ist eine Markenikone, ein Meilenstein in der Markenkommunikation. Es gibt nur wenige Beispiele, in denen sich Marketing zu einem so konsequenten und konsistenten Ganzen zusammenfügt. Die *BMW Group* zielte mit der Marke MINI vor allem darauf ab,

---

[1331] URL 297.

neue Zielgruppen in den Modernen Milieus zu erobern. Diese Modernen Milieus sind kaufkräftig, sehr anspruchsvoll und ihr Anteil an der Bevölkerung nimmt stetig zu. Sowohl die Einzigartigkeit der Marke MINI als auch die hohe Anspruchshaltung der MINI Zielgruppe erfordern hierfür den Einsatz **unkonventioneller** und **neuartiger Kommunikationsmaßnahmen**.

Da sich die Marke MINI als Premiummarke positioniert hat, muss als Konsequenz eine Premium-Markeninszenierung über alle Kontakt- und Erlebnispunkte stattfinden. Im Zuge dieser Premium-Markeninszenierung gibt die *MINI Corporate Identity* für alle Markenerlebnisse einen Rahmen vor. So ist die Formensprache des MINI Markenauftritts durch klare Linien und rechtwinkelige geometrische Figuren geprägt. Der *Frame* bildet dabei das Kernelement der *MINI Corporate Identity*.

Der Markenkern von MINI ist **Begeisterung** - hierdurch wird das extrovertierte Lebensgefühl von MINI zum Ausdruck gebracht. MINI ist energiegeladen, unkonventionell, spontan und manchmal auch ein wenig provozierend. MINI verkörpert den modernen Lifestyle und ist ein Stück Avantgarde. Und obwohl die Marke MINI stark emotional ist, polarisiert sie nicht.

Die MINI Markenkommunikation umfasst neben klassischer Kommunikation auch *virales Marketing* und *Guerilla-Marketingaktionen*. Hauptsache frech und unkonventionell. MINI nutzt bis heute die aktuellsten Online-Technologien, um mit der Zielgruppe interaktiv in Austausch zu treten und geht mit einem gewissen „Augenzwinkern" entweder neue und unkonventionelle oder bekannte Wege in neu interpretierter Art und Weise, um die Marke MINI zu kommunizieren. So war MINI beispielsweise weltweit die erste Automarke, die das Internet nicht nur als Informationsmedium nutzte, sondern als Positionierungsmedium. Die internationale Konsistenz der MINI Werbekampagne ist Benchmark für die gesamte Automobilwirtschaft.

Als einer der wichtigsten Botschafter der Marke fungiert der **Händler**, der sowohl das markentypische Erscheinungsbild im Verkaufsraum als auch die zielgruppengerechte Ansprache durch das Verkaufspersonal gewährleistet. Die aktuell rund 1.300 MINI-Handelsbetriebe weltweit unterscheiden sich (noch) im Grad der Markenexklusivität. Bis vor einigen Jahren wurde die Marke MINI bei zahlreichen BMW-Händlern in gemeinsamen und angrenzenden *MINI-Showrooms* präsentiert. Dies versucht man zu ändern, in dem sukzessive immer mehr *MINI-Händler* die Marke exklusiv im Showroom anbieten, vor allem in Metrozentren und urbanen Gebieten. Das Ergebnis ist ein besonders intensives MINI Markenerlebnis. Schließlich soll der Kunde am Point of Sale den qualitativen und exklusiven Standard einer Premiummarke erleben.

Bei zahlreichen *MINI-Händlern* sorgen ein adäquates Musikprogramm und eine professionelle Beleuchtung, vor allem die Neon-Beleuchtung des großen MINI-Logos und die Spots, die die MINI-Fahrzeuge in das rechte Licht rücken, für die Ansprache des Hör- und Sehsinnes. Um die Kunden im Verkaufsraum **multisensual** anzusprechen, hat sich die *MINI Niederlassung München* im Jahr 2005 etwas Besonderes einfallen lassen: Die Beduftung des Warteraums im *MINI-Showroom*.

Die **Multisensualität** des MINI Produktdesigns nimmt in der Fahrzeugentwicklung einen bedeutenden Stellenwert ein. So bekennt sich die Marke MINI eindeutig zur emotionalen Gestaltung. Nicht reduziert auf ein entweder maskulin oder feminin, versucht MINI nicht zu polarisieren, stattdessen bildet seine gestalterische Identität eine gelungene Synthese, welche die Vorteile aus beiden Welten miteinander verbindet. Besonders durch die unbeschwerte, freundliche Art, die dem Kindchenschema entspricht, bietet der MINI eine breite sympathische Identifikationsfläche für die Designerwartungen an ein modernes Automobil mit positiver Ausstrahlung.

Nach Hildebrand zeichnet sich das MINI-Design vor allem durch eine *einfache Formsprache* und seine *Authentizität* aus und ist historisch abgesichert. Das Design schafft Begehrlichkeit zu wecken, indem es alle Sinne anspricht.

7.5.7 Ausblick

Um die Weiterentwicklung von alternativen Antrieben zu fördern, hat die *BMW Group* bereits 2007 im Rahmen der Strategie *Number ONE* das Zukunftsprojekt *project i* gestartet. Dabei wurden im Rahmen eines Feldversuches rund 600 vollelektrische MINI Automobile gebaut (MINI E) und an Privat- und Geschäftskunden in den USA (New York, Los Angeles), Großbritannien (London) und Deutschland (Berlin, München) übergeben.[1332]

Der *MINI E* verfügt über einen 204 PS starken Elektromotor und leistungsstarke Lithium-Ionen Akkus. Eine Höchstgeschwindigkeit von 152 km/h (elektronisch abgeregelt) und eine Reichweite von bis zu 250 Kilometern bei idealen Bedingungen können somit erreicht werden. Innerhalb von 2,5 Stunden (bei 230 V, 50 A) lässt sich der *MINI E* mit einer eigenen Ladevorrichtung wieder aufladen. Damit ist die *BMW Group* einer der ersten Hersteller, der Elektrofahrzeuge mit Lithium-Ionen Technologie in großer Zahl an Kunden übergibt und auf die Straße bringt.[1333]

[1332] Vgl. URL 191.
[1333] Vgl. ebenda.

Die Erkenntnisse, die die *BMW Group* durch dieses Projekt *MINI E* gewinnt, fließen direkt in die Entwicklung des zukünftigen *Megacity Vehicle* ein.[1334] Dieses wird voraussichtlich Ende 2013 unter einer Sub-Marke von BMW auf den Markt kommen.[1335] Einige MINI Konzeptstudien, die aktuell bei den weltweiten Automobilmessen ausgestellt werden, geben nicht nur einen Vorgeschmack, wie das MINI Design in Zukunft aussehen kann bzw. wird, sondern auch eine Vision für die zukünftige Weiterentwicklung der Modellfamilie.

So fanden im Jahr 2009 zum 50. Geburtstag von MINI die erstmals auf der Internationalen Automobilausstellung (IAA) in Frankfurt präsentierten *MINI Oxford Twins* (vgl. Abb. 108) auf Anhieb Begeisterung beim Publikum. Dabei handelt es sich um die beiden Konzeptstudien *MINI Roadster* und *MINI Coupé*.

Abb. 108: MINI Oxford Twins & Ian Robertson
(Quelle: URL 79)

"Wir wollen ausloten, wie weit man die MINI-Familie ausbauen kann, welche Modelle noch zur Marke passen würden"[1336], erläutert Hildebrand. *"Wir holen jetzt peu à peu die Entwicklung nach, die MINI die ersten 40 Jahre lang ausgelassen hat"*[1337], ergänzt er. *"Schließlich wäre MINI nach normalen Maßstäben jetzt bei der sechsten oder siebten, statt der dritten Modellgeneration"*[1338], resümiert der MINI-Chefdesigner.

Es bleibt abzuwarten, mit welchen weiteren Konzeptstudien sich MINI in der Zukunft präsentieren wird. *"Die Geschichte des MINI ist so vielfältig, dass uns die Varianten wohl nicht ausgehen"*, blickt Hildebrand optimistisch in die Zukunft.

[1334] Vgl. URL 192.
[1335] Vgl. URL 270.
[1336] URL 127.
[1337] Ebenda.
[1338] Ebenda.

8. Zusammenfassung der Ergebnisse

Die Forschungsfrage „**Kann multisensuale Markenkommunikation auch im Bereich der Neuen Medien Anwendung finden?**" wurde mit Hilfe der aktuell verfügbaren Literatur analysiert und im *Kapitel 4.5* ausführlich zusammengefasst Dabei kann als Ergebnis festgehalten werden, dass die multisensuale Ansprache des Konsumenten in den Neuen Medien *grundsätzlich möglich* ist. Mit zunehmender technischer Entwicklung können die Neuen Medien, vor allem das Internet, der Erlebnisvermittlung neue Dimensionen eröffnen. So kann multisensuale Markenkommunikation beispielsweise im Rahmen einer *erlebnisorientierten virtuellen Ladengestaltung* stattfinden. Unter den Neuen Medien kommt dem Internet diesbezüglich eine bedeutende Rolle zu. Mittels *Ausgabegeräten* kann dabei die virtuelle Welt multisensual erlebt werden. Grundsätzlich spielt der Sehsinn in den Neuen Medien die mit Abstand größte Rolle. Die Vermittlung akustischer Reize im Internet ist ebenfalls sehr verbreitet. Hingegen werden haptische Eindrücke beim Einkauf über das Internet (noch) vermisst. Daher wird versucht, die Haptik der Produkte so gut wie möglich zu visualisieren und über Hilfsmittel (Ausgabegeräte) der *Virtual Reality* realitätsgetreuer zu vermitteln. Bei der Integration von olfaktorischen Reizen in Neue Medien kann man aktuell in der Unterhaltungsindustrie einen technischen Fortschritt des Duft-Marketings in Richtung einer *Miniaturisierung* beobachten. Die Weiterentwicklung der Ein- und Ausgabegeräte wird zukünftig dem Nutzer eine immer natürlichere Interaktion per Sprache, Gestik, Mimik etc. ermöglichen. Wichtig ist, dass im Rahmen des Einsatzes von Stimuli unterschiedlicher Modalität auf eine *kongruente Reizkonstellation* geachtet wird, sodass dem Konsumenten ein einheitliches Erlebnis für alle Sinne vermittelt wird.

Die Forschungsfrage „**Können alle Elemente der multisensualen Markenkommunikation gänzlich markenrechtlich geschützt werden?**" wurde anhand von (aktuellen) Gesetzestexten und Pressemitteilungen untersucht. Das Markenrecht befindet sich stets im Wandel und wird durch die Markenanmeldungen und durch die Entscheidungen der Gerichte ständig verändert und angepasst. Markeninhaber haben in den letzten Jahren große Anstrengungen unternommen, um ihre innovativen Markenformen in das Markenregister eintragen zu lassen. Die gewonnenen Ergebnisse haben gezeigt, dass *grundsätzlich alle Elemente der multisensualen Markenkommunikation im DPMA markenrechtlich geschützt werden können*. Die Markenform muss dazu *die geforderte grafische Darstellung*, die neben der Unterscheidungskraft als Voraussetzung für einen Markenschutz gilt, erfüllen. Aufgrund der aktuellen Gesetzgebung des Europäischen Gerichtshofes sind jedoch reine Geruchsmarken (und Geschmacksmarken) und Tastmarken aus technischen Gründen von der Eintragung ausgeschlossen. So findet man u.a. in den Prüfungsrichtlinien des HABM den Hinweis, dass Hologramme und Gerüche als Marken nicht eingetragen werden können.

Die Forschungsfrage „**Wie hat sich die Anzahl der Registrierungen der verschiedenen Markenformen im deutschsprachigen Raum als auch beim Harmonisierungsamt für den Binnenmarkt (HABM) im Verlauf der letzten Jahre verändert?**" wurde mit Hilfe der Datenbank des jeweiligen Patent- und Markenamtes analysiert. Die Untersuchung hat ergeben, dass *Wortmarken* und *Bildmarken* mit Abstand den größten Anteil an Markenregistrierungen einnehmen. Die restlichen Markenformen spielen im Vergleich (noch) eine untergeordnete Rolle, wobei auf *3D-Marken*, *Hörmarken* und *Farbmarken* die meisten Eintragungen entfallen. Während im DPMA die Anzahl der Eintragungen von *Hörmarken* seit 2003 signifikant zugenommen hat, sind im Österreichischen Patentamt die Registrierungen von *Körperlichen Marken* im gleichen Zeitraum deutlich zurückgegangen. Das HABM konnte sowohl bei den *Wortmarken* und *Bildmarken* als auch bei den *Hörmarken*, *Farbmarken* und *sonstigen Marken* bedeutsame Zuwächse bei den Registrierungen verzeichnen (vgl. Statistiken im Anhang).

Die Forschungsfrage „**Wie sieht im Speziellen der Einsatz von multisensualer Markenführung in der Automobilwirtschaft aus?**" wurde durch Experteninterviews, Studienergebnisse und anhand der *Fallstudie MINI* beantwortet. In der Automobilwirtschaft nimmt die multisensuale Markenführung einen bedeutenden Stellenwert ein. Als Marketing-Instrumente am POS stehen neben der Media-Werbung, der Multimedia-Kommunikation, dem Direktmarketing, der Verkaufsförderung und dem Sponsoring vor allem das Eventmarketing und die Organisation von Messen und Ausstellungen zur Verfügung. Um sich erfolgreich vom Wettbewerb abzuheben, wird eine der Hauptaufgaben der Hersteller und des Handels künftig darin bestehen, dem Kunden ein *ganzheitliches Markenerlebnis* zu vermitteln und ihnen die grundlegenden Markenwerte emotional und überzeugend darzubringen. Dies kann zum einen durch *virtuelle Welten* im Internet realisiert werden, zum anderen können *Erlebniswelten* als authentische Orte der Unternehmens- oder Markeninszenierung fungieren. Die Grundidee von Markenerlebniswelten ist es, den Kunden am „Marken-POS" positiv mit Markenkraft aufzuladen. Hierzu zählt insbesondere die zeitlich ausgedehnte Ansprache über alle fünf Sinne. So können in der Erlebniswelt u.a. Videoinstallationen eingesetzt werden, um adäquate Filme zur Ausstellung zu zeigen. Aber auch mit Hilfe von Geräuschen sowie musikalischen und melodischen Elementen - passend zur jeweiligen Ausstellung oder Veranstaltung - kann die besondere Stimmung in der Erlebniswelt untermalt werden. Haptische Reize sind über das Berühren und Ausprobieren der Fahrzeuge und der ausgestellten Exponate möglich. Der Emotionalisierungsprozess beim Besucher kann mit den passenden Düften in den Fahrzeugen oder an ausgewählten Stellen in der Erlebniswelt unterstützt werden. Dem Geschmackssinn wird mittels der verschiedenen Gastronomiekonzepte (Coffee Bar, Restaurant, etc.) Rechnung getragen.

In der Automobilwirtschaft nimmt auch die **multisensuale Produktgestaltung** einen bedeutenden Stellenwert ein. Dem *Sehsinn* kommt dabei eine zentrale Rolle zu. Bei zahlreichen Herstellern übernehmen bestimmte Designelemente eine sehr weitgehende Markierungsfunktion, wie beispielsweise die *BMW*-Niere oder die Kühlerfigur („Emily") bei *Rolls-Royce*. Ein effizientes Automobildesign muss sowohl am Produktnutzen als auch an der Markenstrategie orientiert sein. Letztlich ist es von entscheidender Bedeutung, dass das designte Automobil zur jeweiligen Produkt- oder Markenfamilie zugehörig wahrgenommen wird. Die *Akustik* nimmt ebenfalls einen großen Einfluss auf die Produktgestaltung, wobei zwischen Sound Branding, u.a. in der Werbung und am POS und Sound Design in der Fahrzeugentwicklung unterschieden wird. *Sound Branding* nimmt in der Automobilwirtschaft seit vielen Jahren einen hohen Stellenwert ein. So kommunizieren zahlreiche Automobilhersteller ihre Marke u.a. mit Hilfe von Sound Logos, wie beispielsweise *BMW, Audi, Nissan, Renault* und *Fiat*. Neben Sound Branding spielt auch die Geräuschgestaltung *(Sound Design)* in der Automobilindustrie seit vielen Jahren eine große Rolle. Dabei haben die Akustikingenieure zwei große Aufgabenfelder zu bewältigen: Zum einen wird das Fahrzeug von ungewollten Geräuschen, z.B. von störenden tonalen Anteilen, befreit *(Sound Cleaning)*, zum anderen versuchen sich die Akustiker in der Komposition von Wohlklängen *(Sound Engineering)*. Auch der *Haptik* kommt in der Fahrzeugentwicklung eine große Bedeutung zu. Auf jeder Automobilausstellung bzw. in den Autohäusern kann man erleben, wie wichtig dem Autofahrer seine Tasterfahrungen sind. So muss u.a. der visuelle Eindruck von Bedienelementen im Innenraum von Fahrzeugen mit der taktilen Eigenschaft im Einklang stehen. Materialien müssen sich daher so anfühlen, wie es aufgrund der optischen Anmutung erwartet wird. Dabei wird zwischen *Berührhaptik* und *Druckhaptik* unterschieden. Der Bereich *Olfaktorik* erfährt einen zunehmend höheren Stellenwert in der Fahrzeugentwicklung. So hat eine schriftliche Befragung (1994) zum Thema „Sensorik im Automobilbau" ergeben, dass alle Versuchsteilnehmer unterschiedliche Gerüche in den einzelnen Autos wahrgenommen haben, wobei für die Hälfte aller Befragten der Geruch sehr oder eventuell kaufentscheidend wäre. Beispiele aus der Praxis *(MINI, Maybach, Citroën)* zeigen, dass bereits eine aktive Beduftung im Fahrzeuginneren angeboten wird. Anhand einer *Fallstudie* wurde die multisensuale Markenführung am Beispiel der Marke MINI ausführlich analysiert.

9. Fazit und Ausblick

Der Mensch ist grundsätzlich verschiedenen Umweltreizen ausgesetzt, die er über die fünf Sinnesorgane Augen, Ohren, Nase, Zunge und Haut aufnimmt. Es wird jedoch nur ein Bruchteil dessen, was wahrnehmbar ist, auch tatsächlich wahrgenommen, da nur wenige Reize die Wahrnehmungsschwelle überschreiten. Markenbotschaften werden aktuell oft nur mono- oder duosensual kommuniziert, d.h. auf ein oder zwei Sinneskanälen - meist visuell und akustisch. Dadurch verschenken Unternehmen erheblich Potenzial, um ihre Marken besser bekannt zu machen und auf einzigartige Weise im Gedächtnis der Konsumenten zu verankern.

Neben den schon lange verwendeten visuellen und auditiven Stimuli steigt das Interesse am Einsatz anderer Sinnesreize. In der heutigen Zeit genügt es nicht mehr, den Kunden mit ein oder zwei Sinnen anzusprechen. Die gezielte Ansprache *mehrerer Sinne* in der Markenkommunikation ist deshalb unverzichtbar, da sich damit die Unternehmens- und Produktmarken von der Konkurrenz explizit abheben können und die Konsumenten sie somit in der Flut an Werbeinformationen überhaupt wahrnehmen.

In der Markenkommunikation dominiert der visuelle Sinn. Der auditive Sinn nimmt ebenfalls einen hohen Stellenwert ein. Würde man ein Ranking hinsichtlich der Dominanz unserer fünf Sinne erstellen, so würde nach dem Seh- und Hörsinn, der Geruchs-, Tast- und Geschmackssinn folgen. Die Vernachlässigung der drei letztgenannten Sinne in der Markenkommunikation lässt sich damit erklären, da es sich um so genannte ‚Nahsinne' handelt, die eine direkte Interaktion voraussetzen.

Um Markeninhalte tiefgreifend zu verankern und starke Marken aufzubauen, wird eine multisensuale Gestaltung von Produkten, der Kommunikation und der Berührungspunkte mit dem Kunden immer bedeutender. Dabei bedarf es einer *ganzheitlichen Gestaltung,* die nur von der Marke als Ganzes ausgehen kann. Eine isolierte gestalterische Betrachtung einzelner Elemente darf nicht verfolgt werden. Die Bedeutung der fünf Sinne variiert beim Konsumenten je nach Produktkategorie. Während beispielsweise bei Kleidung der Seh- und Tastsinn eine große Rolle spielen, gewinnt bei Automobilen die Akustik an Bedeutung. Reize, die multisensual aufeinander abgestimmt sind, erzeugen *Aufmerksamkeit* (die vermittelten Informationen werden im Allgemeinen spontan und schneller wahrgenommen, da sie durch den emotionalen Einfluss stärker aktivieren), wirken *implizit* (die vermittelten Informationen werden im Gehirn weitestgehend automatisch und mit geringerer gedanklicher Kontrolle aufgenommen und verarbeitet) und werden *intensiver* abgespeichert (die vermittelten Informationen werden ganzheitlich verarbeitet und damit grundsätzlich intensiver gespeichert. Sie haben eine fast unbegrenzte Lebensdauer).

Wird der Menschen durch alle fünf Sinne angesprochen, so nimmt er Marken schneller auf und integriert sie schneller im Gedächtnis. Bei multisensual geführten Marken ist sowohl die *Wahrnehmungsintensität* als auch die *Erlebnisqualität* sehr viel stärker als bei Marken, die den Konsumenten nur durch ein oder zwei Sinne ansprechen. Dieser neuronale Verstärker-Mechanismus wird **Multisensory Enhancement** genannt.

Multisensuales Markendesign und die daraus resultierende multisensuale Markenkommunikation ermöglichen - vorausgesetzt bei richtiger Umsetzung - eine einzigartige Wahrnehmung und dauerhafte Präferenz der Produkte oder Dienstleistungen eines Unternehmens. Multisensuale Markenkommunikation bietet vielversprechende Möglichkeiten, Konsumenten bei höherer Zahlungsbereitschaft und stetiger Nachfrage langfristig und mit allen Sinnen an eine Marke zu binden.

Um eine multisensuale Markenführung erfolgreich zu implementieren, bedarf es einer entsprechenden *Markenpositionierung,* der eine eigens für die Marke entwickelte Markenidentität samt Markenkern zu Grund liegt. Im nächsten Schritt gilt es, die Markenpositionierung in ein zentrales *Markengefühl* zu übersetzen, d.h. welche Emotionen bzw. welche Gefühle sollen mit dieser Positionierung geweckt werden. Die multisensuale Markenführung hat nun die Aufgabe, dieses zentrale Markengefühl auf alle *Marken-Kontaktpunkte* (Brand Touch Points) multisensual zu übersetzen. Grundsätzlich gilt: Je mehr sensorische Berührungspunkte es zur Zielgruppe gibt, desto effektiver kann eine multisensuale Markenkommunikation implementiert werden. Multisensuale Reize müssen zudem hinsichtlich ihrer Reichweite, Wahrnehmung und der geeigneten Kommunikationsform geprüft werden. Neben der klassischen Kommunikation (Above-the-Line-Werbeform), die überwiegend mit visuellen und akustischen Reizen die Sinne anspricht, bietet vor allem die **Below-the-Line-Kommunikation** (u.a. Verkaufsförderung am POS, Events, Sponsoring) die Möglichkeit zur multisensualen Vermittlung von Markenerlebnissen.

Da durch die Marketingaktivitäten im Allgemeinen mehrere Sinne gleichzeitig angesprochen werden, ist es wichtig, das *Zusammenwirken* von mehreren Reizmodalitäten zu beachten. Durch unzureichende Abstimmung der zur Beeinflussung eingesetzten Reize, vor allem aber durch die Vernachlässigung vieler Reizmodalitäten im Marketing (zum Beispiel von Musik) kommen erhebliche *Wirkungsverluste* zustande. Zur Erleichterung der Verarbeitung von multisensualen Reizen sollten diese aufeinander abgestimmt sein. Um die erzeugten Kommunikationseindrücke zu vereinheitlichen und zu verstärken, gilt es sowohl eine inhaltliche als auch eine formale Abstimmung aller Kommunikationsmaßnahmen zu verfolgen. Ziel ist es, dass die Konsumenten die durch die Kommunikation vermittelten unterschiedlichen Sinneseindrücke als *einheitliches Bild* wahrnehmen.

Generell liegt das *Risiko* der multisensualen Markenführung in der Reizstärke bzw. im Umfang der Dosierung einzelner Instrumente wie Düfte, Farben oder Musik. In hektischen Zeiten können angenehme Düfte, die passende Musik und eine entspannende Farbgestaltung beruhigende Wirkung auf die Konsumenten haben. Bei allen Vorteilen von Emotionen und Erlebnissen ist eine „Emotionalisierung um jeden Preis" zu vermeiden und auf einen *optimalen Mix* aus emotionalen und informativen Argumenten zu achten. Wichtig ist auch, dass Sinnesreize und Unternehmenskonzept zusammenpassen.

Die Intensität der multisensualen Wahrnehmung ist u.a. abhängig vom *Geschlecht*. Frauen sprechen auf der multisensualen Ebene wesentlich stärker an als Männer. So reagieren Frauen beispielsweise beim Schmerzreiz als auch beim Geruchssinn früher und intensiver. Auch vom *Alter* ist die Intensität der multisensualen Wahrnehmung abhängig. So nehmen die Qualitäten unserer Sinne mit dem Alter ab, folglich auch die Sensibilität für die Multisensorik.

Automobile wurden in den letzten Jahren immer mehr zu emotional aufgeladenen Konsumprodukten, bei denen das Image der Marke ebenso wichtig ist wie die Funktion oder das Preis-Leistungs-Verhältnis. Erfolgreiche Hersteller wie *BMW* oder *Porsche* messen markenspezifischen Elementen wie u.a. Design, Markenerlebnis und Produktinnovationen, die das Markenprofil prägen, immer mehr Bedeutung bei. In kaum einem anderen Konsumgütermarkt ist das Bedürfnis nach Identifikation mit Marken ähnlich stark ausgeprägt als im Automobilmarkt.

Um sich erfolgreich vom Wettbewerb abzuheben, wird eine der Hauptaufgaben der Hersteller und des Handels künftig darin bestehen, dem Kunden ein **ganzheitliches Markenerlebnis** zu vermitteln und ihm die grundlegenden Markenwerte emotional und überzeugend darzubringen. Hierbei nimmt die *erlebnisbetonte Kommunikation* eine zunehmend wichtigere Stellung im Rahmen der Markenkommunikation der Automobilwirtschaft ein. Durch eine multisensuale Ansprache der Besucher können nicht nur passive Genüsse, sondern auch persönliche Erlebnisse vermittelt und Kaufentscheidungen positiv beeinflusst werden.

Wie die zahlreichen Beispiele in dieser vorliegenden Arbeit gezeigt haben, ist die multisensuale Ansprache des Konsumenten auch in den **Neuen Medien** grundsätzlich möglich. Um eine medienübergreifende Markenerlebniswelt aufzubauen und wertvolle Synergieeffekte zu nutzen, muss dem Kunden auch in den Neuen Medien, insbesondere im Internet, die *Fortsetzung der Erlebniswelt* geboten werden. Die multisensuale Ansprache des Konsumenten kann beispielsweise im Rahmen einer *erlebnisorientierten virtuellen Ladengestaltung* stattfinden. Wichtig ist, dass im Rahmen des Einsatzes von Stimuli unterschiedlicher Modalität auf eine *kongruente Reizkonstellation* geachtet wird, sodass dem Konsumenten ein einheitliches Erlebnis für alle Sinne vermittelt wird.

Die Komplexität der **markenrechtlichen Schutzfähigkeit** führt dazu, dass die miteinander verwobenen multisensualen Markeneindrücke nicht oder nur unter unverhältnismäßig hohem Aufwand vom Wettbewerb imitiert werden können. Markeninhaber haben in den letzten Jahren große Anstrengungen unternommen, um ihre innovativen Markenformen in das Markenregister eintragen zu lassen. Grundsätzlich können alle Elemente der multisensualen Markenkommunikation im DPMA markenrechtlich geschützt werden. Die Markenform muss dazu die geforderte *grafische Darstellung*, die neben der Unterscheidungskraft als Voraussetzung für einen Markenschutz gilt, erfüllen.

Aufgrund des weiter steigenden Differenzierungsdrucks werden Unternehmen in Zukunft der multisensualen Markenkommunikation verstärkte Aufmerksamkeit widmen, da Menschen ihre Umgebung mit allen Sinnen wahrnehmen und folglich ihre Entscheidungen auf Basis ihrer multisensualen Wahrnehmung treffen. Die verschiedenen Sinneseindrücke lösen unterschiedliche Assoziationen aus und sprechen unterschiedliche Werte an, die letztlich zum Kauf führen können. Wie man bei erfolgreichen Marken feststellen kann, wird die Multisensorik zunehmend in die Markenstrategie aufgenommen. So sind in den letzten Jahren zahlreiche Sound Branding-Agenturen, als auch Geruchs-Institute entstanden. Diese Beispiele verdeutlichen, dass Unternehmen sukzessive mehr Wert auf eine multisensuale Markenführung legen. Experten in Wissenschaft und Praxis (vgl. Experteninterviews im Anhang) sind davon überzeugt, dass die multisensuale Beeinflussung zukünftig eine weitaus größere Rolle spielen wird als bisher.

Literaturverzeichnis

Anderson, J. R. (2007): Kognitive Psychologie, 6. Auflage, Heidelberg: Spektrum.

Arnold, K./Neuberger, C. (2005): Alte Medien - Neue Medien: Theorieperspektiven, Medienprofile, Einsatzfelder, Wiesbaden: VS.

Ayres, A. J. (2002): Bausteine der kindlichen Entwicklung: Die Bedeutung der Integration der Sinne für die Entwicklung des Kindes, 4. Auflage, Berlin: Springer.

Bagusat, A./Müller, C. (2008): Markenkommunikation durch Erlebniswelten am Beispiel der BMW-Markenschaufenster, in: Hermanns, A./Ringle, T./Van Overloop, P. C. [Hrsg.]: Handbuch Markenkommunikation. Grundlagen, Konzepte, Fallbeispiele, München: Vahlen, S. 313 - 331.

Bartels, R./Bartels H./Jürgens, K. D. (2004): Physiologie: Lehrbuch der Funktionen des menschlichen Körpers, 7. Auflage, München: Elsevier.

Becker, H. (2005): Auf Crashkurs. Automobilindustrie im globalen Verdrängungswettbewerb, Berlin/Heidelberg: Springer.

Bekmeier-Feuerhahn, S. (2004): Erlebniswertorientierte Markenstrategien, in: Bruhn, M. [Hrsg.]: Handbuch Markenführung (Band 1), 2. Auflage, Wiesbaden: Gabler, S. 879 - 902.

Berdi, C. (2009): Schöne Pflege stärkt Nivea, in: Absatzwirtschaft - Brand Excellence, Düsseldorf: Fachverlag der Verlagsgruppe Handelsblatt, S. 82 - 87.

Berdi, C./Howaldt, K. (2009): Wie der MINI ganz groß wiederkam, in: Absatzwirtschaft - Brand Excellence, Düsseldorf: Fachverlag der Verlagsgruppe Handelsblatt, S. 116 - 120.

Berendt, J.-E. (1985): Das Dritte Ohr, Reinbek/Hamburg: Rowohlt.

Berens, H./Christian, B./Kuntkes, J./Musiol, K./Link, J. (2003): Brand Limits, in: Absatzwirtschaft Sonderheft, S. 114 - 120.

Berg, H. (1984): Automobilindustrie, in: Oberender, P. [Hrsg.]: Marktstruktur und Wettbewerb in der Bundesrepublik Deutschland - Branchenstudien zur deutschen Volkswirtschaft, München, S. 171 - 215.

Berlyne, D. E./McDonnell, P. (1965): Effects of stimulus complexity and incongruity on duration of EEG desychronization, in: Electroencephalography and Clinical Neurophysiology, Vol. 18, No. 2.

Berndt, R./Altobelli, C. F./Sander, M. (1997): Internationale Marketing-Politik, Berlin/Heidelberg: Springer.

Birbaumer, N./Schmidt, R. F. (2006): Biologische Psychologie, 6. Auflage, Berlin: Springer.

Blinda, L. (2007): Markenführungskompetenzen eines identitätsbasierten Markenmanagements. Konzeptualisierung, Operationalisierung und Wirkungen, Wiesbaden: Gabler.

Bloch, P. H./Brunel, F. F./Arnold, T. J. (2003): Individual Differences in the Centrality of Visual Product Aesthetics: Concept and Measurement, in: Journal of Consumer Research, Vol. 29, No. 4, S. 551 - 565.

Bollmann, S. (1998): Kursbuch Neue Medien, Reinbek/Hamburg: Rowohlt.

Bonzanigo, C. (2004): Die Bedeutung des Designs bei der Bildung eines Markenimages, in: Ebel, B./Hofer, M. B./Al-Sibai, J. [Hrsg.]: Automotive Management: Strategie und Marketing in der Automobilwirtschaft, Berlin/Heidelberg: Springer, S. 633 - 642.

Boorman, N. (2007): Goodbye, Logo, Berlin: Econ.

Böing, C. (2001): Erfolgsfaktoren im Business-to-Consumer-E-Commerce, Wiesbaden: Gabler.

Braem, H. (1985): Die Macht der Farben. Bedeutung und Symbolik, 9. Auflage, München: Langen/Müller.

Braess, H.-H./Seiffert U. (2007): Design und Technik im Gesamtfahrzeug, in: Braess, H.-H./Seiffert, U.: Automobildesign und Technik, Wiesbaden: Vieweg+Teubner.

Brandtner, M. (2006): Brandtner on Branding, Gratkorn: Styria.

Brinkbäumer, K./Schulz T. (2010): Der Philosoph des 21. Jahrhunderts, in: Der Spiegel, Nr. 17, S. 66 - 78.

Bronner, K. (2007): Schöner die Marken nie klingen ... Jingle all the Way? Grundlagen des Audio Branding, in: Bronner, K./Hirt, R. [Hrsg.]: Audio Branding. Entwicklung, Anwendung, Wirkung akustischer Identitäten in Werbung, Medien und Gesellschaft, München: Reinhard Fischer, S. 82 - 96.

Bruhn, M. (2004): Begriffsabgrenzungen und Erscheinungsformen von Marken, in: Bruhn, M. [Hrsg.]: Handbuch Markenführung, Kompendium zum erfolgreichen Markenmanagement, 2. Auflage, Wiesbaden: Gabler, S. 3 - 50.

Bruner, G. C. (1990): Music, Mood and Marketing, in: Journal of Marketing, Vol. 54, No. 4, S. 94 - 104.

Brüner, T./Griebel, C.-O./Hoyer, U./Müller, A./Pour, R. (2002): Der Antrieb des Mini Cooper S, in: MTZ - Motortechnische Zeitschrift, Wiesbaden: Vieweg Verlag, 63. Jahrgang, S. 558 - 566.

Brünne, M./Esch, F.-R./Ruge H.-D. (1987): Berechnung der Informationsüberlastung in der Bundesrepublik Deutschland, Arbeitspapier des Instituts für Konsum- und Verhaltensforschung an der Universität des Saarlandes, Saarbrücken.

Buck, A./Herrmann, C./Kurzhals, F. G. (1999): Markenästhetik 1999. Die führenden Corporate Design-Strategien, Frankfurt/Main: Birkhäuser.

Burdach, K. J. (1988): Geschmack und Geruch. Gustatorische, olfaktorische und trigeminale Wahrnehmung, Bern-Stuttgart-Toronto: Huber.

Burkhardt, A./Gündling, U./Weyers, S. (2008): Was unterscheidet erfolgreiche von weniger erfolgreichen Unternehmen bei der internen Markenführung. Ergebnisse einer empirischen Studie, Taikan Strategische Markenberatung, S. 1 - 14.

Burkowitz, P. K. (2007): Audio-Branding. Ein neuer Begriff in der Welt des Klangs. Probleme und technische Aspekte bei der Klanggestaltung medialer Produkte, in: Bronner, K./Hirt, R. [Hrsg.]: Audio Branding. Entwicklung, Anwendung, Wirkung akustischer Identitäten in Werbung, Medien und Gesellschaft, München: Reinhard Fischer, S. 279 - 291.

Burmann, C./Kranz, M./Weers, J.-P. (2005): Bewertung und Bilanzierung von Marken. Bestandsaufnahme und kritische Würdigung, in: Meffert, H./Burmann C./Koers, M. [Hrsg.]: Markenmanagement - Identitätsorientierte Markenführung und praktische Umsetzung, 2. Auflage, Wiesbaden: Gabler, S. 319 - 346.

Burmann, C./Meffert, H. (2005): Theoretisches Grundkonzept der identitätsorientierten Markenführung, in: Meffert, H./Burmann C./Koers, M. [Hrsg.]: Markenmanagement - Identitätsorientierte Markenführung und praktische Umsetzung, 2. Auflage, Wiesbaden: Gabler, S. 37 - 72.

Burmann, C./Meffert, H./Koers, M. (2005): Stellenwert und Gegenstand des Markenmanagements, in: Meffert, H./Burmann C./Koers, M. [Hrsg.]: Markenmanagement - Identitätsorientierte Markenführung und praktische Umsetzung, 2. Auflage, Wiesbaden: Gabler, S. 3 - 18.

Burmann, C./Meffert, H./Feddersen, C. (2007): Identitätsbasierte Markenführung, in: Florack, A.Scarabis, M./Primosch, E.: Psychologie der Markenführung, München: Vahlen.

Bushnell, E.W./Boudreau, J.P. (1991): The Development of Haptic Perception During Infancy, in: Heller, M.A./Schiff W. [Hrsg.]: The Psychology of Touch, Hillsdale: Lawrence Erlbaum, S. 139 - 161.

Campenhausen, C. von (1993): Die Sinne des Menschen. Einführung in die Psychophysik der Wahrnehmung, 2. Auflage, Stuttgart: Thieme.

Chen, X./Shao, F./Barnes, C./Childs, T./Henson, B. (2009): Exploring Relationships between Touch Perception and Surface Physical Properties, in: International Journal of Design, Vol. 3, Nr. 2, S. 67 - 76. URL: http://www.ijdesign.org/ojs/index.php/IJDesign/article/viewFile/596/253

Cholewiak, R./Collins, A. (1991): Sensory and Physiological Bases of Touch, in: Heller, M.A./Schiff W. [Hrsg.]: The Psychology of Touch, Hillsdale: Lawrence Erlbaum, S. 21 - 60.

Cleveland, W.S./McGill, R. (1983): A colour-caused optical illusion on a statistical graph, in: The American Statistican, Vol. 37, No. 2.

Crook, M.N. (1957): Facsimile-generated analogues for instrumental form displays, in: Wulfeck, J.W./Taylor, J.H. [Hrsg.]: Form discrimination as related to military problems, Washington.

Cube, F. von (1970): Was ist Kybernetik? - Grundbegriffe, Methoden, Anwendungen, 3. Auflage, Bremen: Schünemann.

Dahlhoff, H. D. (1997): Internationales Marken- und Kommunikationsmanagement in der Automobilbranche, in: Werbeforschung und Praxis, 04.05.1997, S. 24.

Davies, J. (1978): The psychology of music, Stanford (California): Stanford University Press.

Davis, M. (2005): World of Branding. Eine Einführung in die ganzheitliche Markenführung, München: Stiebner.

De Chernatony, L./McDonald, M. H. (1992): Creating Powerful Brands, Oxford: Butterworth-Heinemann.

Degen, R. (1997): Hau(p)tsache Berührung, in: Berliner Morgenpost, Jg, Nr. 3, S. 1.

Delwiche, J. (2004): The Impact of Perceptual Interactions on Perceived Flavor, in: Food Quality and Preference, 15, S. 137 - 146.

Dickreiter, M. (1982): Handbuch der Tonstudiotechnik, München: Saur.

Diehl, S. (2002): Erlebnisorientiertes Internetmarketing. Analyse, Konzeption und Umsetzung von Internetshops aus verhaltenswissenschaftlicher Perspektive, Wiesbaden: DUV.

Diez, W. (2001): Automobilmarketing: erfolgreiche Strategien, praxisorientierte Konzepte, effektive Instrumente, 4. Auflage, Landsberg am Lech: Moderne Industrie.

Diez, W. (2006): Automobil-Marketing. Navigationssystem für neue Absatzstrategien, 5. Auflage, Landsberg am Lech: Moderne Industrie.

Diez, W./Tauch, P. (2008): Tradition und Marke. Erfolgsfaktoren in der Automobilindustrie, Bielefeld: Delius Klasing.

Ditzinger T. (2006): Illusionen des Sehens - Eine Reise in die Welt der visuellen Wahrnehmung, Heidelberg: Spektrum.

Doty, R. L. (2001): Olfaction, in: Annual Review of Psychology, S. 423 - 452.

Doty, R.L./Laing, D.G. (2003): Psychological Measurement of Olfactory Function, Including Odorant Mixture Assessment, in: Doty, R.L. [Hrsg.]: Handbook of Olfaction and Gustation, 2. Auflage, New York: Marcel Dekker, S. 203 - 228.

Drißner, C. (2006): Der Name der Marke. Wie Markennamen aus Produkten erst Marken machen, Saarbrücken: VDM.

DuBose, C. N./Cardello, A. V./Maller, O. (1980): Effects of Colorants and Flavorants on Identification, Perceived Flavor Intensity, and Hedonic Quality of Fruit-Flavored Beverages and Cakes, in: Journal of Food Science, 45, S. 1393 - 1399.

Dübeler, S. (2007): Multisensorisches Branding. Auswirkungen einer sinnvollen Markenstrategie und ihrer Instrumente, Hamburg: Diplomica.

Düweke, P. (2007): Vom Blick getroffen: Ich schau dir in die Augen, in: Psychologie Heute, Jg. 34, Nr. 5, S. 30 - 35.

Ebel, B./Hofer, M. B. (2004): Der Einfluss des Interieur- und Exterieur-Designs von Fahrzeugen auf die Kaufentscheidung, in: Ebel, B./Hofer, M. B./Al-Sibai, J. [Hrsg.]: Automotive Management: Strategie und Marketing in der Automobilwirtschaft, Berlin/Heidelberg: Springer, S. 335 - 350.

Engen, T. (1982): The Perception of Odors, New York: Academic Press.

Esch, F.-R. (2003): Strategie und Technik der Markenführung, München: Vahlen.

Esch, F.-R. (2006): Wirkung integrierter Kommunikation, Forschungsgruppe Konsum und Verhalten, 4. Auflage, Wiesbaden: DUV.

Esch, F.-R. (2008): Strategie und Technik der Markenführung, 5 Auflage, München: Vahlen.

Esch, F.-R./Wicke, A. (2000): Herausforderungen und Aufgaben des Markenmanagements, in: Esch, F.-R. [Hrsg.]: Moderne Markenführung. Grundlagen. Innovative Ansätze. Praktische Umsetzungen, 2. Auflage, Wiesbaden: Gabler, S. 3 - 60.

Esch, F.-R./Geus, P. (2005): Ansätze zur Messung des Markenwertes, in: Esch, F.-R. [Hrsg.]: Moderne Markenführung. Grundlagen. Innovative Ansätze. Praktische Umsetzungen, 4. Auflage, Wiesbaden: Gabler, S. 1263 - 1306.

Esch, F.-R./Langner, T. (2005): Branding als Grundlage zum Markenaufbau, in: Esch, F.-R. [Hrsg.]: Moderne Markenführung. Grundlagen. Innovative Ansätze. Praktische Umsetzungen, 4. Auflage, Wiesbaden: Gabler, S. 573 - 586.

Esch, F.-R./Redler, J./Winter, K. (2005a): Management von Markenallianzen, in: Esch, F.R. [Hrsg.]: Moderne Markenführung. Grundlagen. Innovative Ansätze. Praktische Umsetzungen, 4. Auflage, Wiesbaden: Gabler, S. 481 - 502.

Esch, F.-R./Wicke, A./Rempel, E. (2005b): Herausforderungen und Aufgaben des Markenmanagements, in: Esch, F.-R.: Moderne Markenführung, 4. Auflage, Wiesbaden: Gabler, S. 3 - 60.

Esch, F.-R./Roth, S./Kiss, G./Hardiman, M./Ullrich, S. (2005c): Markenkommunikation im Internet, in: Esch, F.-R. [Hrsg.]: Moderne Markenführung. Grundlagen. Innovative Ansätze. Praktische Umsetzungen, 4. Auflage, Wiesbaden: Gabler, S. 673 - 706.

Esch, F.-R./Rempel, J. E. (2007): Integration von Duftstoffen in die Kommunikation zur Stärkung von Effektivität und Effizienz des Markenaufbaus, in: Marketing ZFP, 29. Jg., Heft 3, S. 145 - 162.

Esch, F.-R./Möll, T./Elger, C. E./Neuhaus, C./Weber, B. (2008): Wirkung von Markenemotionen: Neuromarketing als neuer verhaltenswissenschaftlicher Zugang, in: Marketing ZFP, 30. Jg., Nr. 2, S. 109 - 127.

Esch, F.-R./Krieger, K. H. (2009): Multisensuale Markenkommunikation. Marken mit allen Sinnen erlebbar machen, in: USP. Menschen im Marketing - Das Magazin des Marketing Club Berlin e.V., No. 3, S. 10 - 12.

Esch, F.-R./Möll, T. (2009): Marken im Gehirn = Emotion pur. Konsequenzen für die Markenführung, in: Esch, F.-R./Armbrecht, W.: Best Practice der Markenführung, Wiesbaden: Gabler.

Evers, M. (1999): Einflüsse der Qualität des visuellen Inputs auf die Leseleistung bei LRS. URL: http://www.foepaed.net/evers/lrs.pdf

Eysel, U. (2006): Sehen, in: Schmidt, R. F./Schaible, H.-G. [Hrsg.], Neuro- und Sinnesphysiologie, 5. Auflage, Heidelberg: Springer, S. 243 - 286.

Eysenck, M.W./Keane, M.T. (2000): Cognitive Psychology, 4. Auflage, New York: Psychology Press.

Fanghänel, J. (2003): Anatomie des Menschen, 17. Auflage, Berlin: De Gruyter.

Felser, G. (1997): Werbe- und Konsumentenpsychologie, Berlin/Heidelberg: Spektrum.

Fezer, K.-H. (2004): Markenartikel und Kennzeichenschutz, in: Bruhn, M. [Hrsg.]: Handbuch Markenführung, Kompendium zum erfolgreichen Markenmanagement, 2. Auflage, Wiesbaden: Gabler, S. 2449 - 2470.

Fischer, B. (2003): Hören - Sehen - Blicken - Zählen: Teilleistungen und ihre Störungen, Bern: Huber.

Flückiger, B. (2007): Sound Design. Die virtuelle Klangwelt des Films, 3. Auflage, Marburg: Schüren.

Fösken, S. (2006): Im Reich der Sinne, in: Absatzwirtschaft, Vol.03.

Freter, H./Baumgarth, C. (2005): Ingredient Branding - Begriff und theoretische Begründung, in: Esch, F.-R. [Hrsg.]: Moderne Markenführung. Grundlagen. Innovative Ansätze. Praktische Umsetzungen, 4. Auflage, Wiesbaden: Gabler, S. 455 - 480.

Freundt, T./Kirchgeorg, M./Perrey, J. (2005): Im Wechselbad der Gefühle, in: Absatzwirtschaft, Nr. 6, S. 30-33.

Frieling, H. (1981): Farbe hilft verkaufen. Farbenlehre und Farbenpsychologie für Handel und Werbung, Göttingen/Zürich: Muster-Schmidt.

Friesecke, A. (2007): Die Audio-Enzyklopädie: Ein Nachschlagewerk für Tontechniker, München: Saur.

Fritz, I./Klingler, W. (2005): Medienzeitbudgets und Tagesablaufverhalten. Ergebnisse auf Basis der ARD/ZDF-Studie Massenkommunikation 2005, in: Media Perspektiven, o. Jg., Nr. 4, S. 222 - 234.

Garber, L. L. Jr./Hyatt, E. M./Starr, R. G. (2000): The Effects of Food Color on Perceived Flavor, in: The Journal of Marketing Theory and Practice, 8, S. 59 - 72.

Geldmacher, E. H. (2004): Markenwege - Markenführung in Zeiten vor der Entwicklung von Markenwertverfahren, in: Schimansky, A. [Hrsg.]: Der Wert der Marke - Markenbewertungsverfahren für ein erfolgreiches Markenmanagement, München: Vahlen.

Gellert, S. (2009): Duft und das identitätsbasierte Markenmanagement. Integration olfaktorischer Reize in die multisensuale Markenführung, Hamburg: Diplomica.

Gibson, J. J. (1973): Die Sinne und der Prozess der Wahrnehmung, Bern [u.a.]: Huber.

Goldstein, E. B. (2002): Wahrnehmungspsychologie, 2. Auflage, Spektrum: Heidelberg/ Berlin.

Golenhofen, K. (2006): Basislehrbuch Physiologie, 4. Auflage, München: Elsevier.

Gottfried, J.A./Dolan, R.J. (2003): The Nose Smells What the Eye Sees: Crossmodal Visual Facilitation of Human Olfactory Perception, in: Neuron, Vol. 39, July, S. 375 - 386.

Görne, T. (2008): Tontechnik: Schwingungen und Wellen, Hören, Schallwandler, Impulsantwort, Faltung, Sigma-Delta-Wandler, Stereo, Surround, WFS, Regiegeräte, tontechnische Praxis, 2. Auflage, München: Hanser.

Gross, L.S. (1999): Die Gestaltung von Graphiken unter Berücksichtigung der visuellen Wahrnehmung und Informationsverarbeitung, Heidelberg.

Groves, J. (2008a): Sound Branding - Strategische Entwicklung von Markenklang, in: Meyer, H. [Hrsg.]: Marken-Management 2008/2009: Jahrbuch für Strategie und Praxis der Markenführung, Frankfurt/Main: Deutscher Fachverlag, S. 125 - 148.

Groves, J. (2008b): A rose by any other name...Sound Branding or Audio Branding? ... or Sonic Branding? ... or even Acoustic Branding?. URL: http://www.groves.de/rose/a_rose_by.pdf

Gröppel-Klein, A. (2004): Konsumentenverhaltensforschung im 21. Jahrhundert, Wiesbaden: Gabler.

Grunwald, M. (2009): Der Tastsinn im Griff der Technikwissenschaften? Herausforderungen und Grenzen aktueller Haptikforschung, in: LIFIS Online, S. 1 - 20. URL: http://www.leibniz-institut.de/archiv/grunwald_martin_09_01_09.pdf

Grussu, C.-A. (2007): Die Eintragungsfähigkeit von Tastmarken in das Markenregister. Diplomarbeit, Fachhochschule Neu-Ulm: Fakultät Betriebswirtschaftslehre.

Guckenberger, Otmar (2006): Farbenlehre für Handwerksberufe, 6. Auflage, München: Deutsche Verlags-Anstalt.

Guéguen, N., Jacob, C. (2006): The effect of tactile stimulation on the purchasing behaviour of consumers: An experimental study in a natural setting, in: International Journal of Management, Vol. 23, Nr. 1, S. 24 - 33.

Guski, R. (2000): Grundriss der Psychologie: Wahrnehmung - Eine Einführung in die Psychologie der menschlichen Informationsaufnahme, 2. Auflage, Stuttgart: Kohlhammer.

Handwerker, H. O. (2006): Allgemeine Sinnesphysiologie, in: Neuro- und Sinnesphysiologie, 5. Auflage, Heidelberg: Springer.

Hannen P. (2002): Kaufen nach Noten, in: Handelsjournal, Nr. 4, S. 38-39.

Hanser, P. (2009): Die Revolution bleibt aus, in: Absatzwirtschaft, Sonderausgabe Marken, S. 24 - 30.

Hatt, H. (1990): Physiologie des Riechens und Schmeckens, in: Maelicke, A. [Hrsg.]: Vom Reiz der Sinne, Weinheim: VCH.

Hatt, H. (2006): Geruch, in: Schmidt, R. F./Schaible, H.-G. [Hrsg.], Neuro- und Sinnesphysiologie, 5. Auflage, Heidelberg: Springer, S. 340 - 352.

Haverkamp, M. (2007): Synästhetische Aspekte der Geräuschgestaltung im Automobilbau, in: Bronner, K./Hirt, R. [Hrsg.]: Audio Branding. Entwicklung, Anwendung, Wirkung akustischer Identitäten in Werbung, Medien und Gesellschaft, München: Reinhard Fischer, S. 228 - 244.

Haverkamp, M. (2009): Synästhetisches Design: Kreative Produktentwicklung für alle Sinne, München/Wien: Hanser.

Hauck, F. (2005): Aktuelle Entwicklung bei der Eintragung von Farbmarken, in: GRUR, S. 363 - 369.

Häusel, H.-G. (2002): Think Limbic, 2. Auflage, Freiburg: Haufe.

Häusel, H.-G. (2004): Brain Script, Freiburg: Haufe, 2004.

Häusel, H.-G. (2007): Neuromarketing. Erkenntnisse der Hirnforschung für Markenführung, Werbung und Verkauf, Planegg/München: Haufe.

Hehn, P. (2006): Emotionale Markenführung mit Duft: Duftwirkungen auf die Wahrnehmung und Beurteilung von Marken, Göttingen-Rosdorf: Forschungsforum.

Heller, E. (2004): Wie Farben wirken. Farbpsychologie, Farbsymbolik, Kreative Farbgestaltung, Reinbek/Hamburg: Rowohlt.

Heller, M. A. (1983): Haptic dominance in form perception with blurred vision, in: Perception, Vol. 12, Nr. 5, S. 607 - 613.

Hellmann, K.-U. (2003): Soziologie der Marke, Frankfurt/Main: Suhrkamp.

Helms, S. (1981): Musik in der Werbung, in: Materialien zur Didaktik und Methodik des Musikunterrichts, Band 10, Wiesbaden: Breitkopf & Härtel.

Hensel, C. (2005): Der Einfluss von Erlebnissen auf den Kaufentscheidungsprozess - am besonderen Beispiel der Industriegütermessen, Aachen: Univ., Diss.

Henseler, J. (2005): Basisdüfte und Lebensstile, Lohmar: Eul.

Henseler, W. (2010): Multi.Touch TV: Designing TV-Interaktion, in: Beisswenger, A. [Hrsg.]: Youtube und seine Kinder. Wie Online-Video, Web TV und Social Media die Kommunikation von Marken, Medien und Menschen revolutionieren, Baden-Baden: Nomos, S. 193 - 204.

Hermes, V. (2010): Kanalisierte Kreativität, in: Absatzwirtschaft, Nr. 7, S. 26 - 33.

Herrington, J. D./Capella, L. M. (1994): Practical Applications of Music in Service Settings, in: Journal of Services Marketing, Vol. 8, Nr. 3, S. 50 - 65.

Herrmanns, A. (2001): Markenstrategien im Internet, in: E-Communication und Marke, Gesellschaft zur Erforschung des Markenwesens e.V., Markendialog Juni, S. 11-18.

Herz, R.S./McCall, C./Cahill, L. (1999): Hemispheric Lateralization in the Processing of Odor Pleasantness versus Odor Names, in: Chemical Senses, Vol. 24, S. 691 - 695.

Heurung, S. (2006): Neue Markenformen: Duft von reifen Erdbeeren und frisch gemähtem Gras, in: Direkt Marketing, Nr. 9, S. 46 - 48.

Holbrook, M. B./Schindler, R. M. (1989): Some exploratory findings on the development of musical tastes, in: Journal of Consumer Research, Vol. 16, Nr. 1, S.119 - 124.

Hoppe, M. (2007): Brand Lands als Erlebniswelten - Auswirkungen erlebnisorientierter Konsumenten auf die Entwicklung und Inszenierung markengebundener Freizeitparks, Saarbrücken: VDM.

Houben, S. (2006): Auch Konsum geht durch die Nase, in: MTP - Marketing zwischen Theorie und Praxis, Ausgabe Wintersemester 2006/2007, S. 10 - 11.

Howaldt, K. (2010): MINI reloaded, in: Absatzwirtschaft, Nr.4, S. 69 - 70.

Hurth, Joachim (2007): Der Einsatz von Sinnesreizen im Handel aus psychologischer Sicht, in: WiWi-Online.de, Hamburg. URL: http://www.odww.net/artikel.php?id=340

Immendörfer, M. (2005): Der multisensuelle Raum. Prolegomena zum Bezugsverhältnis von Mensch, Raum und Technologie. Online Ressource, Siegen: Univ., Diss.

Inden, T. (1993): Alles Event? Erfolg durch Erlebnismarketing, Landsberg am Lech: Moderne Industrie.

Jaritz, S. (2008): Kundenbindung und Involvement: Eine empirische Analyse unter besonderer Berücksichtigung von Low Involvement, Wiesbaden: Gabler.

Jourdain R. (2001): Das wohltemperierte Gehirn. Wie Musik im Kopf entsteht und wirkt, Heidelberg/Berlin: Spektrum.

Kalbfell, K.-H. (2004): Markenführung in der Automobilindustrie - am Beispiel der BMW Group, in: Bruhn, M. [Hrsg.]: Handbuch Markenführung (Band 3), Kompendium zum erfolgreichen Markenmanagement, 2. Auflage, Wiesbaden: Gabler, S. 1927 - 1952.

Kapferer, J.-N. (1992): Die Marke - Kapital des Unternehmens, Landsberg: Moderne Industrie.

Karjalainen, T.-M. (2007): It looks like a Toyota: Educational Approaches to Designing for Visual Brand Recognition, in: International Journal of Design, Vol.1, Nr. 1, S. 67 - 81, URL: http://www.ijdesign.org/ojs/index.php/IJDesign/article/viewFile/43/3

Kastenmüller, S. (2002): Die Marke im Spannungsfeld der Konvergenz, in: Schögel, M./Tomczak, T./Belz, Ch. [Hrsg.]: Roadm@p to E-Business - Wie Unternehmen das Internet erfolgreich nutzen, Landsberg am Lech: Moderne Industrie, S. 596 - 618.

Kastner, S. (2008): Klang macht Marken - Sonic Branding als Designprozess, Wiesbaden: Gabler.

Kebeck, G. (1994): Wahrnehmung. Theorien, Methoden und Forschungsergebnisse der Wahrnehmungspsychologie, Weinheim: Juventa.

Keller, K. L. (2003): Strategic brand management: building, measuring, and managing brand equity, Prentice Hall: Upper Saddle River, NJ.

Keller, K. L./Heckler, S. E./Houston, M. J. (1998): The effects of brand name suggestiveness on advertising recall, in: Journal of Marketing, Vol. 62, Nr. 1, S. 48 - 57.

Kenning, P./Plassmann, H./Deppe, M./Kugel, H./Schwindt, W. (2005): Wie eine starke Marke wirkt, in: Harvard Business Manager, Nr. 3, S. 53 - 57.

Kern, M. (2007): Das Unbeschreibbare fassbar machen - Sensory Marketing sichert Markenerfolg, in: Marketing Journal, Nr. 3, S. 20 - 27.

Kern, T. A. (2008): Entwicklung haptischer Geräte: Ein Einstieg für Ingenieure: Berlin, Springer.

Kerner, G./Duroy, R. (1979): Bildsprache - Lehrbuch für den Fachbereich Bildende Kunst, visuelle Kommunikation in der Sekundarstufe II, Bd. 1, 3. Auflage, München: Don Bosco.

Kesseler, H. (2004): Didaktische Strategien beim Wissenstransfer im Spannungsfeld von bildungsdidaktischen und kommunikationswissenschaftlichen Ansprüchen, München: Univ., Diss.

Kiefaber, J. (2008): Ermittlung der Zusammenhänge von Oberflächenstrukturen, Materialeigenschaften und subjektivem Empfinden. Verfeinerung der Messmethoden und Aufbau BMW-typischer Referenzen, Kaiserslautern: Fachhochschule, Diplomarbeit.

Kiel, E. (2008): Unterricht sehen, analysieren, gestalten, Stuttgart: UTB.

Kilian, K./Brexendorf, O. (2005): Multisensuale Markenführung als Differenzierungs- und Erfolgsgröße, in: Business Report, Nr. 2, S. 12 - 15.

Kilian, K. (2006): So selten wie Sternschnuppen. Die Suche nach einem genialen Markennamen ist nicht einfach, in: Frankfurter Allgemeine Zeitung, 06.09.2006, S. B4.

Kilian, K. (2007): Multisensuales Markendesign als Basis ganzheitlicher Markenkommunikation, in: Florack, A./Scarabis, M./Primosch, E.: Psychologie der Markenführung, München: Vahlen.

Kilian, K. (2008a): Hersteller handeln - Marken suchen direkten Kundenkontakt, in: Promotion Business. Magazin für Gesellschaft und Marketing, Nr. 6, S 44 - 47. URL: http://www.markenlexikon.com/texte/pb_kilian_hersteller_handeln_3_juni_2008.pdf

Kilian, K. (2008b): Vertikalisierung von Markenherstellern als Basis inszenierter Markenerlebnisse, in: Meyer, H. [Hrsg.]: Marken-Management 2008/2009: Jahrbuch für Strategie und Praxis der Markenführung, Frankfurt/Main: Deutscher Fachverlag, S. 181 - 206.

Kilian, K. (2008c): Vom Erlebnismarketing zum Markenerlebnis, in: Herbrand, N.O. [Hrsg.]: Schauplätze dreidimensionaler Markeninszenierung: Innovative Strategien und Erfolgsmodelle erlebnisorientierter Begegnungskommunikation, Stuttgart: Edition Neues Fachwissen, S. 29 - 68.

Kilian, K. (2009): From Brand Identity to Audio Branding, in: Bronner, K./Hirt, R. [Hrsg.], Audio Branding - Brands, Sound and Communication, Baden-Baden: Nomos, S. 35-48.

Kilian, K. (2010): Multisensuales Marketing: Marken mit allen Sinnen erlebbar machen, in: Transfer, Nr. 4, S. 42 - 48.

Kircher, S. (2005): Die strategische Bedeutung des Markennamens, in: Esch, F.-R. [Hrsg.]: Moderne Markenführung. Grundlagen. Innovative Ansätze. Praktische Umsetzungen, 4.Auflage, Wiesbaden: Gabler, S. 587 - 602.

Kirchgeorg, M./Springer, C./Brühe, C. (2009): Live Communication Management. Ein strategischer Leitfaden zur Konzeption, Umsetzung und Erfolgskontrolle, Wiesbaden: Gabler.

Kitzberger, R. (2005): Veranstaltungsrecht, München: Musikmarkt.

Klatzky, R. L. et al. (1985): Identifying objects by touch - An expert system, in: Perception & Psychophysics, Vol. 37, Nr. 4.

Kleebinder, H.-P. (2009): From the Original to the Original: Wie der MINI ein moderner Klassiker wurde, in: Esch, F.-R./Armbrecht, W.: Best Practice der Markenführung, Wiesbaden: Gabler.

Kleinaltenkamp, M. (2000): Ingredient Branding, 4. GEM-Markendialog, Frankfurt/Main, S. 103 - 110.

Klepper, K. (2010): Wie schmeckt Glück, wie riecht Kompetenz, wie klingt Beständigkeit?, Vortrag auf dem 1. Forum für Multisensorisches Marketing am 15. September 2010 in Essen.

Knoblich, H. et al. (1996): Der Einfluss haptischer Produkteigenschaften auf die Präferenzbildung von Konsumenten, internes Arbeitspapier, Lehrstuhl für Marketing, Göttingen.

Literaturverzeichnis

Knoblich, H./Scharf, A./Schubert, B. (2003): Marketing mit Duft, 4. Auflage, München: Oldenbourg.

Kohler, T. C. (2003): Wirkungen des Produktdesigns, Wiesbaden: Gabler.

Kolbrück, A. (2008): Die große Stille, in: m+a report, Juni/Juli 2008, Issue 4, S. 40-42.

Koppe, P. (2003): Handelsmarken und Markenartikel - Wahrnehmungsunterschiede aus der Sicht der Marktteilnehmer, Wien: Facultas.

Kotler P./Bliemel, F. (2001): Marketing - Management, 10. Auflage, Stuttgart: Schäffer-Poeschel.

Kotler, P./Pfoertsch, W. (2010): Ingredient Branding: Making the Invisible Visible, Berlin/Heidelberg: Springer.

Köhler, R. (2004): Entwicklungstendenzen des Markenwesens aus Sicht der Wissenschaft, in: Bruhn, M. [Hrsg.]: Handbuch Markenführung, Kompendium zum erfolgreichen Markenmanagement, 2. Auflage, Wiesbaden: Gabler, S. 2765 - 2798.

Köhler, R./Bruhn, M. (2010): Neuroökonomie als interdisziplinärer Ansatz für Wissenschaft und Praxis, in: Bruhn, M./Köhler, R. [Hrsg.], Wie Marken wirken, Impulse aus der Neuroökonomie für die Markenführung, München: Vahlen, S. 22.

Köster, E.P. (2002): The Specific Characteristics of the Sense of Smell, in: Rougby, C./Schaal, B./Dubois, D./Gervais, R./Holley, A. [Hrsg.]: Olfaction, Taste and Cognition, Cambridge: University Press, S. 27 - 46.

Kramer, D. (1998): Fine-Tuning von Werbebildern. Ein verhaltenswissenschaftlicher Ansatz für die Werbung, Wiesbaden: Gabler.

Kramer, U. (2008): Marke und Internet-Werbung, in: Hermanns, A./Ringle, T./Van Overloop, P. C. [Hrsg.]: Handbuch Markenkommunikation. Grundlagen, Konzepte, Fallbeispiele, München: Vahlen, S. 191 - 204.

Kreft, W. (1993): Ladenplanung. Merchandising-Architektur. Strategie für Verkaufsräume: Gestaltungsgrundlagen, Erlebnis-Inszenierungen, Kundenleitweg-Planungen, Leinfelden-Echterdingen: Koch.

Kroeber-Riel, W. (1984): Produkt-Design. Mit erlebnisbetonten Komponenten Produktpräferenzen schaffen, in: Marketingjournal, Jg. 17, Nr. 2.

Kroeber-Riel, W. (1993): Bildkommunikation, München: Vahlen.

Kroeber-Riel, W. (1996): Bildkommunikation. Imagerystrategien für die Werbung, München: Vahlen.

Kroeber-Riel, W./Weinberg, P. (2003): Konsumentenverhalten, 8. Auflage, München: Vahlen.

Kroeber-Riel, W./Esch, F.-R. (2004): Strategie und Technik der Werbung. Verhaltenswissenschaftliche Ansätze, 6. Auflage, Stuttgart: Kohlhammer.

Krugman, D./Langeslag, P. (2007): Akustische Markenführung im Rahmen eines identitätsbasierten Markenmanagements, in: Bronner, K./Hirt, R. [Hrsg.]: Audio Branding. Entwicklung, Anwendung, Wirkung akustischer Identitäten in Werbung, Medien und Gesellschaft, München: Reinhard Fischer, S. 70 - 79.

Kusatz, H. (2007): Akustische Markenführung - Markenwerte gezielt hörbar machen, in: Transfer, Nr. 1, S. 50 - 52.

Küthe, E./Küthe, F. (2003): Marketing mit Farben. Gelb wie der Frosch, Wiesbaden: Gabler.

Lachmann, U. (2001): Wahrnehmung von Werbung und Konsequenzen für Entscheidungen im Bereich der Werbung, in: Werbeforschung & Praxis, Nr. 4, S. 62 - 64.

Langeslag, P./Hirsch, W. (2003): Acoustic Branding - Neue Wege für Musik in der Markenkommunikation, in: Brandmeyer, K./Deichsel, A./Prill, C./Meyer H. [Hrsg.]: Jahrbuch Markentechnik 2004/2005, Frankfurt/Main: Deutscher Fachverlag, S. 231 - 245.

Langner, T. (2003): Integriertes Branding. Baupläne zur Gestaltung erfolgreicher Marken (Marken- und Produktmanagement), Wiesbaden: DUV.

Latour, S. (1996): Namen machen Marken - Handbuch zur Entwicklung von Firmen- und Produktnamen, Frankfurt/Main: Campus.

Leitl, M. (2006): Die Regeln des Spiels verstehen, in: Harvard Business Manager, Nr. 4, S. 22 - 25.

Lensing, J. U. (2009): Sound-Design. Sound-Montage. Soundtrack-Komposition: Über die Gestaltung von Filmton, 2. Auflage, Berlin: Schiele & Schön.

Lenz, H. P. (1990): Kommunikative Phänomene und visuelle Wahrnehmung: Zur wechselseitigen Beeinflussung von Phänomenen der kommunikativen Kontaktsituation und deren visueller Wahrnehmung, Aachen/Mainz.

Lindstrom, M. (2005): Brand Sense - Build Powerful Brands through Touch, Taste, Smell, Sight and Sound, New York: Free Press.

Lindstrom, M. (2007): Making Sense: Die Macht des multisensorischen Brandings, in: Häusel, H.-G.: Neuromarketing. Erkenntnisse der Hirnforschung für Markenführung, Werbung und Verkauf, Planegg/München: Haufe.

Lindstrom, M. (2008): Multi-sensory branding: a whole body experience, in: Herbrand, N. O. [Hrsg.]: Schauplätze dreidimensionaler Markeninszenierung: Innovative Strategien und Erfolgsmodelle erlebnisorientierter Begegnungskommunikation, Stuttgart: Edition Neues Fachwissen, S. 87 - 96.

Lindstrom, M. (2009): Buyology: Warum wir kaufen, was wir kaufen, Frankfurt/New York: Campus.

Lindstrom, M. (2010): „Brand Sense: Sensory Secrets Behind the Stuff We Buy, New York: Free Press.

Linxweiler, R. (2004): Ganzheitliche Gestaltung der Markenelemente, in: Bruhn, M. [Hrsg.]: Handbuch Markenführung (Band 2), 2. Auflage, Wiesbaden: Gabler, S. 1269 - 1292.

Linxweiler, R. (2004): Marken-Design: Marken entwickeln, Markenstrategien erfolgreich umsetzen, 2. Auflage, Wiesbaden: Gabler.

Linxweiler, R./Siegle, A. (2008): Markenplattformen - Erlebnis für alle Sinne, in: Herbrand, N. O. [Hrsg.]: Schauplätze dreidimensionaler Markeninszenierung: Innovative Strategien und Erfolgsmodelle erlebnisorientierter Begegnungskommunikation, Stuttgart: Edition Neues Fachwissen, S. 97 - 118.

Lippert, H. (2003): Lehrbuch Anatomie, 6. Auflage, München: Elsevier.

Loomis, J.M./Lederman S.J. (1986): Tactual Perception, in: Boff, K. et al. [Hrsg.]: Handbook of perception and human performance, New York.

Mahnik, N./Mayerhofer, W. (2006): Erfolgsfaktoren von Markenerweiterungen, Wiesbaden: Gabler.

Maillart, M. (2005): Wie es Euch gefällt, in: Mercedesmagazin, Nr. 3, S. 44 - 48.

Marolf, G. (2006): Markenpersönlichkeit, Saarbrücken: VDM.

Marz, M. (1997): Der Schutz von eintragungsfähigen Marken nach dem neuen Markengesetz. Eine Untersuchung zum Anwendungsbereich des neuen Markengesetzes unter besonderer Berücksichtigung der neuen markenfähigen Zeichen, München.

Marz, M. (2010): Innovative Markenformen. Die aktuellen Entwicklungen des Markenrechts in Bezug auf die Eintragungsfähigkeit von neuen Markenformen, HNU Working Paper, Nr. 10, Fachhochschule Neu-Ulm.

Maschke, C./Widmann U. (2003): Schallwirkungen beim Menschen, in: Müller, G./Möser, M. [Hrsg.]: Taschenbuch der Technischen Akustik, 3. Auflage, Berlin/Heidelberg: Springer, S. 81 - 102.

Maute, D. (2006): Technische Akustik und Lärmschutz, München/Wien: Hanser.

Mayer, H. O. (2005): Einführung in die Wahrnehmungs-, Lern- und Werbepsychologie, 2. Auflage, München: Oldenbourg.

McClure, S.M./Li, J./Tomlin, D./Cypert, K.S./Montague, L.M./Montague, P.R. (2004): Neural Correlates of Behavioral Preference for Culturally Familiar Drinks, in: Neuron, Vol. 44, Nr. 10, S. 379 - 387.

Meffert, H./Burmann, C. (2005): Wandel in der Markenführung - vom instrumentellen zum identitätsorientierten Markenverständnis, in: Meffert, H./Burmann, C./Koers M. [Hrsg.]: Markenmanagement. Grundfragen der identitätsorientierten Markenführung, 2. Auflage, Wiesbaden: Gabler, S. 19 - 36.

Melzer-Lena, B. (1995): Frühe Marken-Positionierung, in: Brandmeyer, K./Deichsel, A./Otte, T. [Hrsg.]: Jahrbuch Markentechnik, Frankfurt/Main: Deutscher Fachverlag, S. 13 - 20.

Melzer-Lena, B./Barlovic, I. (1999): Starke Jugendmarken leben ihre eigene Welt vor, in: Markenartikel, 61. Jg., Nr. 5, S. 24 - 35.

Metzger, W. (1975): Gesetze des Sehens, 3. Auflage, Frankfurt/Main: Kramer.

Meyer, S. (2001): Produkthaptik: Messung, Gestaltung und Wirkung aus verhaltenswissenschaftlicher Sicht, Wiesbaden: Gabler.

Milewski, M. (2009): Schöne Pflege stärkt Nivea, in: Absatzwirtschaft - Sonderausgabe Marken, S. 76 - 79.

Mini Concept (2006): Mini Concept for the future, Hamburg: Hoffmann und Campe.

Mitchell, V.W./Walsh, G./Yamin, M. (2005): "Towards a conceptual model of consumer confusion", in: Advances in Consumer Research, Volume 32, eds., Association for Consumer Research, S. 143-150.

Mori, K./Nagao, H./Yoshihara, Y. (1999): The olfactory bulb: coding and processing of odor molecule information, in: Science, Vol. 286, S. 711 - 715.

Möll, T. (2007): Messung und Wirkung von Markenemotionen, Wiesbaden: Gabler.

Möser, M. (2009): Technische Akustik, 8. Auflage, Berlin/Heidelberg: Springer.

Munzinger, U./Musiol, K. G. (2008): Markenkommunikation: Wie Marken Zielgruppen erreichen und Begehren auslösen, Landsberg am Lech: Moderne Industrie.

Musolf, S./Delventhal, H. (2008): Hidden Champions und akustische Markenführung (eine Studie von der acg audio consulting group).

Müller, W./Frings, S. (2009): Tier- und Humanphysiologie, 4. Auflage, Berlin: Springer.

Nickel, O. (1998): Verhaltenswissenschaftliche Grundlagen erfolgreicher Marketingevents, in: Nickel, O. [Hrsg.]: Eventmarketing, Grundlagen und Erfolgsbeispiele, München, S. 121 - 148.

North, A. C./Hargreaves, D. J./McKendrick, J. (1999): The influence of in-store music on wine selections, in: Journal of Applied Psychology, Washington, Vol. 84, Iss. 2, S. 271.

North, A. C./Hargreaves, D. J. (2008): The Social And Applied Psychology of Music, USA, Oxford University Press.

Öngür, D./Price, J.L. (2000): The organization of networks within the orbital and medial prefrontal cortex of rats, monkeys and humans, in: Cerebral Cortex, Vol. 10, S. 206 - 216.

Österbauer, R.A./Matthews, P.M./Jenkinson, M./Beckmann, C.F./Hansen, P.C. (2005): Color of Scents: Chromatic Stimuli Modulate Odor Responses in the Human Brain, in: Journal of Neurophysiology, Vol. 93, S. 3434 - 3441.

o.V. (2006): Good Luck, Intel, in: Absatzwirtschaft, Nr. 2, S. 114.

Peacock, K. (1985): Synesthetic perception - Alexander scriabin's color hearing, in: Music Perception, Vol. 2, Nr. 4.

Pechmann, J./Brekenfeld, A. (2007): 5-Sense-Branding - Multisensorische Markenführung: Eine explorative Grundlagenstudie mit Empfehlungen für die Praxis, durchgeführt von MetaDesign und diffferent.

Peck, J./Childers, T. L. (2003): To have and to hold: The Influence of haptic information on product judgments, in: Journal of Marketing, Vol. 67, Nr. 2, S. 35 - 48.

Peter, J. P./Olson, J. C. (2005): Consumer Behaviour and marketing strategy, 7. Auflage, Boston: Mcgraw Hill.

Petzold, G. C./Hagiwara, A./Murthy, V. N. (2009): Serotonergic modulation of odor input to the mammalian olfactory bulb. Nature Neuroscience, Nr. 12, S. 784 - 791.

Pfeiffer, B. (2010): Erfolgsgeschichte in Blau-Weiß: Das Markenkonzept der Beiersdorf AG, in: Absatzwirtschaft, Nr. 5, S. 89.

Pförtsch, W./Müller, I. (2006): Die Marke in der Marke - Bedeutung und Macht des Ingredient Branding, Berlin/Heidelberg: Springer.

Pichler, M. B. (2002): Markenerweiterung als Instrument der strategischen Markenführung, Wien: Wirtschaftsuniversität, Diplomarbeit.

Pusler, M./Mangold, M. (2007): Quality of Media: Wie das Medienmarketing Erkenntnisse aus den Neurowissenschaften nutzt, in: Häusel, H.-G. [Hrsg.]: Neuromarketing. Erkenntnisse der Hirnforschung für Markenführung, Werbung und Verkauf, Planegg/München: Haufe, S. 141 - 156.

Raffaseder, H. (2002): Audiodesign, München/Wien: Hanser.

Raffaseder, H. (2007): Klangmarken und Markenklänge: Die Bedeutung der Klangfarbe im Audio Branding, in: Bronner, K./Hirt, R. [Hrsg.]: Audio Branding. Entwicklung, Anwendung, Wirkung akustischer Identitäten in Werbung, Medien und Gesellschaft, München: Reinhard Fischer, S. 102 - 117.

Regenbogen, A./Meyer, U. (2005): Sinnlichkeit, in: Regenbogen, A./Meyer, U. [Hrsg.]: Wörterbuch der philosophischen Begriffe, Hamburg: Felix Meiner.

Reich, C. (2005): Faszinationskraft von Luxusmarken, München und Mering: Rainer Hampp.

Reidel, M. (2010): Der Sound von Audi, in: Horizont, Nr. 18, 06.05.2010, S. 14.

Rempel, J. E. (2006): Olfaktorische Reize in der Markenkommunikation, Theoretische Grundlagen und empirische Erkenntnisse zum Einsatz von Düften, Wiesbaden: Gabler.

Ries, A./Ries, L. (2005): Die Entstehung der Marken, Frankfurt/Main: Redline.

Riesenbeck, H./Perrey, J. (2005): Mega-Macht Marke - Erfolg messen, machen, managen, 2. Auflage, Heidelberg: Redline.

Rock, I. (1998): Wahrnehmung, Heidelberg: Spektrum.

Roederer, J. G. (1999): Physikalische und psychoakustische Grundlagen der Musik, 3. Auflage, Berlin: Springer.

Roland, P.E. (1981): Somatotopical Tuning of Postcentral Gyrus During Focal Attention in Man. A Regional Cerebral Blood Study, in: Journal of Neurophysiology, Nr. 46, S. 744 - 754.

Room, A. (1987): History of Branding, in: Murphy, J.M. [Hrsg.], S. 13 - 21.

Roth, S. (2005): Akustische Reize als Instrument der Markenkommunikation, Wiesbaden: Gabler.

Royet, J./Zald, D./Versace, R./Costes, N./Lavenne, F./König, O./Gervais, R. (2000): Emotional Responses to pleasant and unpleasant olfactory, visual and auditory stimuli; a positron emission tomography study, in: Journal of Neurosciences, 20, S. 7752 - 7759.

Saal, M. (2006): Deutsche schätzen edle Hüllen, Horizont, Nr. 13, 30. März 2006, S. 23.

Salzmann, R. (2007): Multimodale Erlebnisvermittlung am Point of Sale: Eine verhaltenswissenschaftliche Analyse unter besonderer Berücksichtigung der Wirkungen von Musik und Duft, Wiesbaden: Gabler.

Samland, B. M. (2006): Unverwechselbar. Name, Claim & Marke, Planegg/München: Haufe.

Sander, B. (2009): Ein Ei wie das andere, in: Absatzwirtschaft, Sonderausgabe Marken, S. 7.

Schaefer, M./Berens, H./Heinze, H.-J./Rotte, M. (2006): Neural correlates of culturally familiar brands of car manufacturers, in: NeuroImage, Vol. 31, No. 2, S. 861 - 865.

Scharf, A. (2000): Sensorische Produktforschung im Innovationsprozess, Stuttgart: Schäffer-Poeschel.

Scheier, C./Held, D. (2008): Die Neuentdeckung des Unbewussten: Was wir von der Hirnforschung für Markenführung und Marktforschung lernen können, in: Meyer, H. [Hrsg.]: Marken Management 2008/2009. Jahrbuch für Strategie und Praxis der Markenführung, Frankfurt/Main: Deutscher Fachverlag, S. 229 - 256.

Schenk, H.-O. (1995): Handelspsychologie, Göttingen: V&R.

Scheuch, M. (2001): Verkaufsraumgestaltung und Ladenatmosphäre im Handel, Wien: Facultas.

Scheuch, F. (2007): Marketing, 6. Auflage, München: Vahlen.

Schmäh, M./Erdmeier, P. (1997): Fallstudie zur Markenführung Sechs Jahre „Intel inside", in: Absatzwirtschaft, Nr. 11, S. 122.

Schmidt, K. (2003): Inclusive Branding. Methoden, Strategien und Prozesse ganzheitlicher Markenführung, München/Unterschließheim: Luchterhand.

Schmidt, S. J. (1985): Kulturelle Wirklichkeiten, in: Werbung, Medien und Kultur, Opladen: Westdeutscher Verlag.

Schmitz, C. A. (2001): Charismating - Einkauf als Erlebnis. So kitzeln Sie die Sinne Ihrer Kunden, München: Financial Times Prentice Hall.

Schmitz-Maibauer, H. H. (1976): Der Stoff als Mittel anmutungshafter Produktgestaltung. Grundzüge einer Materialpsychologie, Köln: Univ., Diss.

Schönpflug, W./Schönpflug U. (1983): Psychologie: Allgemeine Psychologie und ihre Verzweigung in der Entwicklungs-, Persönlichkeits- und Sozialpsychologie, München-Wien-Baltimore: Urban und Schwarzenberg.

Schröder, H. (2001): Neuere Entwicklungen des Markenschutz: Markenschutz-Controlling vor dem Hintergrund des Markengesetzes, in: Köhler, R./Majer, W./Wiezorek, H. [Hrsg.]: Erfolgsfaktor Marke: neue Strategien des Markenmanagements, München: Vahlen.

Schröder, H. (2005): Markenschutz als Aufgabe der Markenführung, in: Esch, F.-R.[Hrsg.]: Moderne Markenführung. Grundlagen. Innovative Ansätze. Praktische Umsetzungen, 4. Auflage, Wiesbaden: Gabler, S. 351 - 380.

Schröer, R. (1994): Sensorik im Automobilbau aus Marketingsicht, Diplomarbeit, Fachhochschule Lüneburg.

Schubert, B./Hehn, P. (2004): Markengestaltung mit Duft, in: Bruhn, M. [Hrsg.]: Handbuch Markenführung (Band 2), 2. Auflage, Wiesbaden: Gabler, S. 1243 - 1268.

Schulze, G. (2005): Die Erlebnisgesellschaft: Kultursoziologie der Gegenwart, 2. Auflage, Frankfurt/Main: Campus.

Schütz, P. (2002): Die Macht der Marken. Geschichte und Gegenwart, Regensburg: Univ., Diss.

Schweiger, G./Schrattenecker, G. (2005): Werbung, 6.Auflage, Stuttgart: Lucius & Lucius.

Seeger, H. (2005): Design technischer Produkte, Produktprogramme und -systeme: Industrial Design Engineering, 2. Auflage, Berlin: Springer.

Segler, K. (2005): Die Marken der BMW Group: MINI - the world's most exciting premium small car brand, in: Gottschalk, B./Kalmbach, R./Dannenberg, J. [Hrsg.]: Markenmanagement in der Automobilindustrie: Die Erfolgsstrategien internationaler Top-Manager, 2. Auflage, Wiesbaden: Gabler, S. 187 - 197.

Segler, K. (2008): MINI United - Das internationale Community-Event als multisensuale Markenplattform der Marke MINI, in: Herbrand, N. O. [Hrsg.]: Schauplätze dreidimensionaler Markeninszenierung: Innovative Strategien und Erfolgsmodelle erlebnisorientierter Begegnungskommunikation, Stuttgart: Edition Neues Fachwissen, S. 301 - 314.

Seitz, M. (2003): Plopp, in: BMW Magazin Nr. 3, S. 57 - 60.

Singer, W. (2005): Das Bild im Kopf - aus neurobiologischer Perspektive, in: Graf, B./Müller, A. B. [Hrsg.]: Sichtweisen. Zur veränderten Wahrnehmung von Objekten in Museen, Wiesbaden: VS, S. 143 - 160.

Springer, C. (2008): Multisensuale Markenführung: eine Analyse unter besonderer Berücksichtigung von Brand Lands in der Automobilwirtschaft, Wiesbaden: Gabler.

Steiner, P. (2009): Sound Branding. Grundlagen der akustischen Markenführung, Wiesbaden: Gabler.

Straka, M. (2007): Audio Branding im aktuellen Kontext der Markenkommunikation, Hamburg: Diplomica.

Stumpf, K. (2004): Wie der Geruch von Tennisbällen zu einer Marke wird, in: Stuttgarter Zeitung, Ausgabe vom 06.09.2004, S. 1 - 3. URL: http://www.pat-ks.de/docs/stuttgarter.pdf

Tauch, P./Diez, W. (2008): Vom Werksmuseum zum Point of Sale - Markentradition als Instrument der Kundenbindung und Kundengewinnung in der Automobilindustrie, in: Diez, W./Tauch, P. [Hrsg.]: Tradition und Marke. Erfolgsfaktoren in der Automobilindustrie, Bielefeld: Delius Klasing, S. 114 - 126.

Tauchnitz, J. (1990): Werbung mit Musik. Theoretische Grundlagen und experimentelle Studien zur Wirkung von Hintergrundmusik in der Rundfunk- und Fernsehwerbung, Heidelberg: Physica.

Thiemer, J. (2004): Erlebnisbetonte Kommunikationsplattformen als mögliches Instrument der Markenführung - dargestellt am Beispiel der Automobilwirtschaft, Kassel: Univ., Diss.

Thiermann, S. (2005): Mediale Entgrenzungen im Supermarkt. Zur Standort- und Funktionsbestimmung des Instore-Radio, in: Hellmann, K.-U./Schrage, D. [Hrsg.]: Das Management der Kunden. Studien zur Soziologie des Shopping, Wiesbaden: VS, S. 177 - 195.

Tremmel, L. (1992): Untersuchungen zu optimalen Symbolen in graphischen Darstellungen, Hamburg: Dr. Kovac.

Treubel, M./Reimann, J. (2004): Organisatorische Verankerung der BMW Group Premiummarken-Strategie am Beispiel der Marke MINI, in: Ebel, B./Hofer, M. B./Al-Sibai, J. [Hrsg.]: Automotive Management: Strategie und Marketing in der Automobilwirtschaft, Berlin/Heidelberg: Springer, S. 574 - 592.

Ufelmann, A. (2010): Imageaufbau durch Produktdesign: Eine empirische Studie am Beispiel Automobildesign, Hamburg: Diplomica.

Ulrich, C. (2007): Abgehört - der Stellenwert der akustischen Markenführung aus Expertensicht, in: Bronner, K./Hirt, R. [Hrsg.]: Audio Branding. Entwicklung, Anwendung, Wirkung akustischer Identitäten in Werbung, Medien und Gesellschaft, München: Reinhard Fischer, S. 132 - 140.

Vernon, M. D. (1997): Wahrnehmung und Erfahrung, 2. Auflage, Frankfurt/Main.

Vintschgau, M. v. (2006): Physiologie des Geschmackssinns und des Geruchssinns, in: Aubert, H. R. [Hrsg.]: Handbuch der Physiologie, Band 3, Teil 2, Adamant Media Corporation.

Voeth, M./Wagemann, D. (2004): Internationale Markenführung, in: Bruhn, M. [Hrsg.]: Handbuch Markenführung, Kompendium zum erfolgreichen Markenmanagement, 2. Auflage, Wiesbaden: Gabler, S. 1071 - 1089.

Vongehr, U. (2001): Das Reich der Sinne, in: Horizont, Nr. 4, S. 44 - 48.

Wagener, U. (2000): Fühlen - Tasten - Begreifen: Berührung als Wahrnehmung und Kommunikation, Oldenburg: BIS.

Walkowiak, W. (1996): Prinzipien der Wahrnehmung. Auditorische Systeme, in: Roth, G. et al. [Hrsg.]: Kopf-Arbeit, Heidelberg: Spektrum.

Walter, W. (2003): Das kann teuer werden. Markenschutz, in: Novum, Nr. 3, S. 36-37.

Weinberg, P. (1992): Erlebnismarketing, München: Vahlen.

Weinberg, P./Diehl, S. (2005a): Erlebniswelten für Marken, in: Esch, F.-R. [Hrsg.]: Moderne Markenführung. Grundlagen. Innovative Ansätze. Praktische Umsetzungen, 4. Auflage, Wiesbaden: Gabler, S. 263 - 286.

Weinberg, P./Diehl, S. (2005b): Kognitive Konsumentenverhaltensforschung, in: Haas, A./Ivens, B., S. [Hrsg.]: Innovatives Marketing: Entscheidungsfelder - Management - Instrumente, Wiesbaden: Gabler.

Weinberg, P./Diehl, S. (2006): Erlebnisorientierte Einkaufsstättengestaltung im stationären und virtuellen Einzelhandel, in: Strebinger, A./Mayerhofer, W./Kurz, H. [Hrsg.]: Werbe- und Markenforschung: Meilensteine - State of the Art - Perspektiven, Wiesbaden: Gabler, S. 245 - 276.

Wells, M. (2003): In Search of the Buy Button, in: Forbes, 1st September 2003, S. 62 - 70.

Werzowa, W. (2010): It is Not What We Say but How We Say it, in: Bronner, K./Hirt, R./Ringe, C. [Hrsg.]: Audio Branding Academy Yearbook 2009/2010, Baden-Baden: Nomos, S. 79 - 88.

Wickenheiser, O. (2009): MINI Design. Past Present Future, Stuttgart: Motorbuch.

Wippich, W. et al. (1994): Motorische und sensorische Effekte haptischer Erfahrungen bei impliziten und expliziten Gedächtnisprüfungen, in: Zeitschrift für experimentelle und angewandte Psychologie, Jg. 12, Nr. 3, S. 515f.

Wolf, A. (2005): Erfolgsfaktoren industrietouristischer Einrichtungen - eine Untersuchung zu Erfolgsfaktoren unterschiedlicher Angebotstypen und ausgewählter Einrichtungen in Großbritannien und Deutschland, in: Klagermeier, A./Steinecke A. [Hrsg.]: Paderborner Geographische Studien zu Tourismusforschung und Destinationsmanagement, Bd. 18, Paderborn.

Yentis, A./Bond, J. (1995): Andrex comes out of the closet: A case history, in: Marketing on research today, Nr. 5, S. 104 - 113.

Zanger, C. (2008): Entstehung und Systematisierung von erlebnisorientierten Markenplattformen, in: Herbrand, N. O. [Hrsg.]: Schauplätze dreidimensionaler Markeninszenierung: Innovative Strategien und Erfolgsmodelle erlebnisorientierter Begegnungskommunikation, Stuttgart: Edition Neues Fachwissen, S. 69 - 86.

ZAW (Zentralverband der Deutschen Werbewirtschaft) (2004): Werbung in Deutschland 2004, Bonn: Verlag Edition ZAW.

Zenner, H.-P. (2005): Die Kommunikation des Menschen. Hören und Sprechen, in: Schmidt, R./Lang, F.: Physiologie des Menschen: Mit Pathophysiologie, 29. Auflage, Berlin: Springer.

Zenner, H.-P. (2006): Hören, in: Schmidt, R. F./Schaible, H.-G. [Hrsg.], Neuro- und Sinnesphysiologie, 5. Auflage, Heidelberg: Springer, S. 287 - 311.

Zietz, K. (1931): Gegenseitige Beeinflussung von Farb- und Tonerlebnissen - Studien über experimentell erzeugte Synästhesie, in: Zeitschrift für Psychologie, Jg. 42, Nr. 121.

Zimmer, R. (2005): Handbuch der Sinneswahrnehmung. Grundlagen einer ganzheitlichen Erziehung, Freiburg: Herder.

Zimmermann, R. (2006): Neuromarketing und Markenwirkung, Saarbrücken: VDM.

Internetquellen:

URL 01: „Sind Sie mit Ihrer Marke bei allen Sinnen?"
http://www.diffferent.de/news/archiv_3.php?id=00126&kat=3&user_id= [06.02.2010]

URL 02: „5-Sense-Branding-Prinzip" (Abb. 12)
http://www.diffferent.de/media/bilder/5sense1.gif.bak [06.02.2010]

URL 03: „Ein Markenbild für alle Sinne: Markenführung durch Sound Branding"
http://sauerland.business-on.de/ein-markenbild-fuer-alle-sinne-markenfuehrung-durch-sound-branding_id11431.html [06.02.2010]

URL 04: „Die Marke mit allen Sinnen erleben"
http://www.syndicate.de/html/uploads/media/SYN_360_Newsletter_No1_01.pdf
[06.02.2010]

URL 05: „Definition: Multisensuale Markenführung"
http://wirtschaftslexikon.gabler.de/Archiv/81293/multisensuale-markenfuehrung-v4.html
[06.02.2010]

URL 06: „Definition Marke" (Österr. Patentamt)
http://www.patentamt.at/Markenschutz/Schutzrechte/ [07.02.2010]

URL 07: „Definition Marke" (Österr. Markenschutzgesetz)
http://www.patentamt.at/Media/MSchG_Dezember_2007.pdf [07.02.2010]

URL 08: „Definition Multisensualität"
http://wirtschaftslexikon.gabler.de/Archiv/81346/multisensualitaet-v4.html [07.02.2010]

URL 09: „MINI Cooper Cabrio" (Abb. 92)
http://www.lincah.com/wp-content/uploads/2009/06/2009-ac-schnitzer-mini-cooper-r57-cabriolet-front-588x435.jpg [07.02.2010]

URL 10: Abstract der Studie "Serotonergic modulation of odor input to the mammalian olfactory bulb"
http://www.nature.com/neuro/journal/v12/n6/abs/nn.2335.html [11.02.2010]

URL 11: "Singapore Airlines History"
http://www.singaporeair.com/saa/en_UK/content/company_info/siastory/history.jsp [14.02.2010]

URL 12: "Star Alliance - Singapore Airlines"
http://www.staralliance.com/de/about/airlines/singapore-airlines/ [14.02.2010]

URL 13: "The Singapore Girl"
http://www.nytimes.com/1993/06/08/style/08iht-wax.html?pagewanted=1 [14.02.2010]

URL 14: "Singapore Girl" (Abb. 69)
http://www.singaporeair.com/saa/de_DE/images/exp/dining/bookcook/bookthecook_img1.jpg [14.02.2010]

URL 15: "Singapore Airlines - Economy Class Cuisine" (Abb. 70)
http://www.singaporeair.com/saa/de_DE/images/exp/dining/cuisine/ecocuisine_img1.jpg [14.02.2010]

URL 16: "Singapore Airlines - Cuisine"
http://www.singaporeair.com/saa/de_DE/content/exp/dining/cuisine/index.jsp?v=-1483022085& [14.02.2010]

URL 17: „Hörmarken außerhalb Deutschlands" (Brainguide.de)
http://www.brainguide.de/data/publications/PDF/pub120778.pdf [14.02.2010]

URL 18: "Brand Swarovski"
http://www.brand.swarovski.com [14.02.2010]

URL 19: „Swarovski - Zahlen & Fakten 2009"
http://www.brand.swarovski.com/Content.Node/aboutus/factsfigures/FACT-SHEET_Online_DEUT.pdf [14.02.2010]

URL 20: „Swarovski - History"
http://www.brand.swarovski.com/Content.Node/home.de.html#/de/aboutus/ourevolution [14.02.2010]

URL 21: „Swarovski Kristallwelten" (Abb. 72)
http://www.latini.at/images/top/swarovski_kristallwelten.jpg [14.02.2010]

URL 22: „Swarovski Kristallwelten"
http://kristallwelten.swarovski.com/Content.Node/besucherinfos/kristallwelten/kristallwelten.php [14.02.2010]

URL 23: „Swarovski Kristallwelten Online Broschüre"
http://kristallwelten.swarovski.com/Content.Node/besucherinfos/B2C_SKW_DE-EN_2010.pdf [14.02.2010]

URL 24: „Die Eintragungspraxis und –möglichkeiten von nicht-traditionellen Marken innerhalb und außerhalb der EU" (Ralf Sieckmann)
http://www.copat.de/markenformen/si-markenr2001.pdf [15.02.2010]

URL 25: „HABM Datenbank-Suchmaske" (Gemeinschaftsmarkennummer: 005090055)
http://oami.europa.eu/CTMOnline/RequestManager/de_SearchBasic [16.02.2010]

URL 26: „Studie zum Thema 5-Sense Branding" (Presseportal MetaDesign)
http://www.presseportal.de/pm/28941/991958/metadesign_ag [18.02.2010]

URL 27: „Klingende, schmeckende, riechende Marken" (MetaDesign)
http://www.metadesign.de/html/de/1875_p.html [23.02.2010]

Literaturverzeichnis

URL 28: „Aufbau des menschlichen Auges" (Abb. 1)
http://www.augenoperationen.de/media/1288/aufbau_auge2.jpg [25.02.2010]

URL 29: „Massenkommunikation 2010" (Media Perspektiven 11/2010)
http://www.media-perspektiven.de/uploads/tx_mppublications/11-2010_Ridder.pdf
[25.02.2010]

URL 30: „Aufbau des menschlichen Ohres" (Abb. 2)
http://www.hoergeraete-stropahl.de/assets/images/ohr/gehoer_grafik_dpa_D_791552a.jpg
[28.02.2010]

URL 31: „Eine richtige Erleuchtung" (Autobild)
http://www.autobild.de/artikel/studie-rinspeed-senso_48336.html [28.02.2010]

URL 32: „Auf der Suche nach dem Wouuffff" (Zeit Online)
http://pdf.zeit.de/auto/2010-02/auto-sound.pdf [02.03.2010]

URL 33: "The Impact of Sound on the Web" (Cheskin Research)
http://www.cheskin.com/cms/files/i/articles//6__report-Beatnik%20rpt%20final.pdf
[05.03.2010]

URL 34: „Aufbau der menschlichen Haut" (Abb. 3)
http://www.steine-und-erden.net/se307/haut.png [07.03.2010]

URL 35: „Menschliche Hand"
http://futurismic.com/wp-content/uploads/2007/11/human-hand-cyber-hand.jpg [07.03.2010]

URL 36: „Duftbilder"
http://www.heise.de/tr/artikel/Duftbilder-902005.html?view=akteure [13.03.2010]

URL 37: „Der Duft des Frauenhandys"
http://www.stern.de/digital/telefon/japanische-mobiltelefone-der-duft-des-frauenhandys-580463.html [13.03.2010]

URL 38: „NTT Communications synchronisiert Filme mit Düften"
http://www.giga-hamburg.de/ifa/premium_content/ja/0603/20060601.ja-Dokumentation.pdf
[13.03.2010]

URL 39: "Smells like Internet"
http://www.bild.de/BILD/digital/internet/2009/06/22/smells-like-internet/japaner-erfinden-mit-i-aroma-das-geruchs-web.html [13.03.2010]

URL 40: „i-Aroma" (Abb. 38)
http://www.unplggd.com/uimages/unplggd/062509_rg_iaroma_02.jpg [14.03.2010]

URL 41: „Rinspeed Senso, das sinnlichste Auto der Welt"
http://www.forschungsportal.ch/unizh/p6119.htm [14.03.2010]

URL 42: „Aufbau des Geruchsorgans" (Abb. 4)
http://www.eesom.com/bilderpool/allergische_rhinitis/pop_hno_uebersicht.jpg
[14.03.2010]

URL 43: „NIVEA Geschichte"
http://www.nivea.de/history [16.03.2010]

URL 44: „Aufbau der Zunge" (Abb. 5)
http://www.digitalefolien.de/biologie/mensch/sinne/zunge2.gif [20.03.2010]

URL 45: „Geschmacksrichtungen" (Abb. 6)
http://www.airflag.com/Hirn/w4/w4sinne-Dateien/geschmak.jpg [20.03.2010]

URL 46: "Rinspeed Senso"
http://www.innovations-report.de/html/berichte/automotive/rinspeed_senso_auto_fahrer_fuehlt_40427.html
[20.03.2010]

URL 47: „Mädchen haben besseren Geschmackssinn" (Studie Universität Kopenhagen)
http://sciencev1.orf.at/science/news/153840 [20.03.2010]

URL 48: „Underberg Flasche" (Abb. 31)
http://www.2.grill-hamburg.de/shop/images/Underberg_Fl.gif [21.03.2010]

URL 49: „Definition Multisensorisches Marketing" (Olaf Hartmann)
http://www.multisense.net/multisensorik.html [23.03.2010]

URL 50: „Entwicklung mit Gefühl" (DaimlerChrysler - Customer Research Center)
http://www.innovations-report.de/html/berichte/verkehr_logistik/bericht-13671.html
[23.03.2010]

URL 51: „Autokäufer auf virtueller Testfahrt" (DaimlerChrysler - CRC)
http://www.handelsblatt.com/archiv/autokaeufer-auf-virtueller-testfahrt;577944 [23.03.2010]

URL 52: „Das CRC von DaimlerChrysler - Autofahrer erfühlen, was Ingenieure konstruieren"
http://media.daimler.com/dcmedia/0-921-656548-49-800181-1-0-0-0-0-0-11701-614316-0-3969-0-0-0-0-0.html [23.03.2010]

URL 53: „Al Gore erklärt sich zur Geheimsache" (Stern.de)
http://www.stern.de/politik/panorama/:Klimakongress-Al-Gore-Geheimsache/600783.html
[25.03.2010]

URL 54: „Austro-Brands zeigen Kraft in der Krise" (APA)
http://www.ots.at/presseaussendung/OTS_20090709_OTS0085 [27.03.2010]

URL 55: „Geschäftsbericht 2007 des Österreichischen Patentamtes"
http://www.patentamt.at/geschaeftsbericht2007/frames.html [27.03.2010]

URL 56: „Jahresbericht 2006 des Deutschen Patent- und Markenamtes"
http://www.dpma.de/docs/service/veroeffentlichungen/jahresberichte/dpma_jb_2006.pdf
[27.03.2010]

URL 57: „Eurobrand2009 - Die Top 10 single brands"
http://study.eurobrand.cc/ [27.03.2010]

URL 58: „Eurobrand2009 - Die Österreichische Markenwertstudie 2009"
http://www.isa-guide.de/mediafiles/2009-07/isa-guide-00011391-k1fv9326t8.pdf
[27.03.2010]

URL 59: "New Research by Millward Brown Reveals Amazon is the Most Trusted and Recommended Brand in the U.S"
http://www.ad-hoc-news.de/millward-new-research-by-millward-brown-reveals-amazon-is--/de/Unternehmensnachrichten/21074436 [27.03.2010]

URL 60: „Best Global Brands 2009 - Die 100 wertvollsten Marken" (Die Wirtschaft)
http://www.die-wirtschaft.at/ireds-90290.html [27.03.2010]

URL 61: „Definition Marke" (Interbrand)
http://www.interbrand.com/about_us.aspx?langid=1003 [27.03.2010]

URL 62: „Best Global Brands 2009 Ranking" (Interbrand)
http://www.interbrand.com/best_global_brands.aspx?langid=1003 [27.03.2010]

URL 63: "MINI Car Fascia"
http://www.7-forum.com/news/2006/mini2/mini_cooper_p0027672-b.jpg [28.03.2010]

URL 64: "MINI Chrome Details"
http://www.7-forum.com/news/2006/mini2/mini_cooper_s_p0027652-b.jpg [28.03.2010]

URL 65: "MINI Circular Elements"
http://www.7-forum.com/news/2010/mini/copper_s_clubman_p90062371-b.jpg [28.03.2010]

URL 66: "MINI Keilform"
http://www.7-forum.com/news/2010/mini/john_cooper_works_p90062427-b.jpg [28.03.2010]

URL 67: "MINI Car Body Color"
http://www.7-forum.com/news/2008/mini_cabrio/p0049196-b.jpg [28.03.2010]

URL 68: "MINI Bulge"
http://www.7-forum.com/news/2010/mini/cooper_d_cabrio_p90062436-b.jpg [28.03.2010]

URL 69: "The Economic Impact of Counterfeiting and Piracy" (OECD Studie)
http://www.oecd.org/dataoecd/13/12/38707619.pdf [28.03.2010]

URL 70: „Hannover Messe zeigt intelligente Lösungen zum Schutz gegen Produktpiraterie"
http://www.finanznachrichten.de/nachrichten-2010-03/16422403-hannover-messe-zeigt-intelligente-loesungen-zum-schutz-gegen-produktpiraterie-007.htm [28.03.2010]

URL 71: "Apple's iPod Family" (Abb. 10)
http://www.apple.com/pr/products/ipod/nano.html [28.03.2010]

URL 72: "In Search of the Buy Button" (Forbes)
http://www.forbes.com/forbes/2003/0901/062.html [01.04.2010]

URL 73: „Konzernportrait Volkswagen"
http://www.volkswagen.com/vwcms/master_public/virtualmaster/de2/unternehmen/konzern.html [01.04.2010]

URL 74: „Marken-Zitat" (Jean-Noel Kapferer)
http://www.markentechnik-blog.de/category/zitat-der-woche [02.04.2010]

URL 75: „Marken-Zitat" (Wolfgang Armbrecht)
http://www.markenlexikon.com/markenzitate.html [02.04.2010]

URL 76: „Marken-Zitat" (Franz-Peter Falke)
http://www.markenlexikon.com/markenzitate.html [02.04.2010]

URL 77: „Marken-Zitat" (Franz-Rudolf Esch)
http://www.markenlexikon.com/markenzitate.html [02.04.2010]

URL 78: „Marken-Zitat" (Karsten Kilian)
http://www.markenlexikon.com/markenzitate.html [02.04.2010]

URL 79: "MINI Oxford Twins & Ian Robertson" (Abb. 108)
http://www.spiegel.de/images/image-14757-galleryV9-yven.jpg [03.04.2010]

URL 80: „Rinspeed ‚Senso' - das Auto, das den Fahrer fühlt"
http://www.rinspeed.com/pages/cars/senso/prd-senso.htm [03.04.2010]

URL 81: „Underberg Verpackung" (Underberg Website)
https://www.underberg.com/pages/content2.php?lang=de&flash=flash&sid=&imgID=&id=23
[04.04.2010]

URL 82: „Odol-Flasche" (Abb. 29)
http://www.carezine.de/images/3188211.JPG [04.04.2010]

URL 83: „Odol Historie" (Markenmuseum)
http://www.markenmuseum.com/marke_odol0.0.html [04.04.2010]

URL 84: „Absolut Vodka-Flasche" (Abb. 30)
http://intoxicologist.files.wordpress.com/2009/01/absolut_vodka_1liter_lys_hi.jpg
[04.04.2010]

URL 85: „Rinspeed Senso - Lebt das Ding?" (Spiegel Online)
http://www.spiegel.de/auto/aktuell/0,1518,333775,00.html [06.04.2010]

URL 86: „Tesa-Logo"
http://www.tilt.es/Tilt.data/Designs/TESA/tesa%20logo.JPG [07.04.2010]

URL 87: „Mercedes-Stern" (Abb. 41)
http://register.dpma.de/DPMAregister/marke/fullimage/2102827%2CDE%2C3020080267194/-1 [07.04.2010]

URL 88: „Obi Wort-/Bildmarke" (Abb. 42)
http://www.nov-ost.info/gallery/dienstl/dl-obi-biber-obi.jpg [07.04.2010]

URL 89: „Michelin-Männchen" (Abb. 44)
http://www.a1teamracer.com/images/2008/07/21/bibendum_michelin1.jpg [07.04.2010]

URL 90: „Das erste Auto für alle Sinne" (Hamburger Abendblatt)
http://www.auswandern-nach-spanien.de/proben/hamburger_abendblatt.PDF [07.04.2010]

URL 91: „Milka-Farbe Lila" (Abb. 45)
http://www.flensburg-online.de/blog/wp-content/uploads/2008/06/milka-schokolade.jpg [07.04.2010]

URL 92: „Tennisball" (Abb. 49)
http://nwssltd.com/img/artificial-grass-tennis-court.jpg [07.04.2010]

URL 93: „Elumeg Kennfadenmarke" (Abb. 46)
http://register.dpma.de/DPMAregister/marke/fullimage/1729394%2CDE%2C395197732/-1 [07.04.2010]

URL 94: „Adidas-Schuh" (Abb. 51)
http://register.dpma.de/DPMAregister/marke/fullimage/2133100%2CDE%2C399505598/-1 [07.04.2010]

URL 95: „Porsche Boxster-Form" (Abb. 76)
http://register.dpma.de/DPMAregister/marke/fullimage/2636183%2CDE%2C396525563/-1 [07.04.2010]

URL 96: „BGH Beschluss: Porsche Boxster" (Markenmagazin)
http://www.markenmagazin.de/bgh-porsche-boxster/ [07.04.2010]

URL 97: „Deutsches Markengesetz" (MarkenG)
http://markengesetz.de/markeng1und2.htm [07.04.2010]

URL 98: „Markenschutz" (DPMA)
http://www.dpma.de/marke/index.html [07.04.2010]

URL 99: „Markenschutz durch Eintragung" (DPMA)
http://www.dpma.de/marke/markenschutz/index.html [07.04.2010]

URL 100: „Marken-Eintragungsverfahren" (DPMA)
http://www.dpma.de/marke/verfahren/index.html [07.04.2010]

URL 101: "Corporate Sound" (MetaDesign)
http://www.metadesign.de/download/news/MD_Themendienst_CS.pdf [08.04.2010]

URL 102: „Jahresbericht 2008" (DPMA)
http://www.dpma.de/docs/service/veroeffentlichungen/jahresberichte/dpma-jahresbericht2008.pdf [08.04.2010]

URL 103: „Markenformen" (Markenmagazin)
http://www.markenmagazin.de/markenformen [08.04.2010]

URL 104: „Tastmarke" (Bundesgerichtshof-Beschluss)
http://juris.bundesgerichtshof.de/cgi-bin/rechtsprechung/document.py?Gericht=bgh&Art=en&nr=38188&pos=0&anz=1 [08.04.2010]

URL 105: „Merkblatt für Markenanmelder" (Ausgabe 2009)
http://transpatent.com/gesetze/mbmg.html [08.04.2010]

URL 106: „Underberg in Brailleschrift" (Abb. 48)
http://register.dpma.de/DPMAregister/marke/fullimage/2288836%2CDE%2C302598111/-1 [08.04.2010]

URL 107: "The Smell of fresh cut grass" (Geruchsmarke)
[HABM-Markenregister: Nummer der Marke: 000428870)
http://oami.europa.eu/CTMOnline/RequestManager/de_DetailCTM_NoReg [08.04.2010]

URL 108: „Bewegungsmarke von Henkel" (Abb. 52)
http://register.dpma.de/DPMAregister/marke/fullimage/2162753%2CDE%2C303051892/-1 [08.04.2010]

URL 109: „Underberg" (DPMA)
http://register.dpma.de/DPMAregister/marke/register#position1 [08.04.2010]

URL 110: „Jahresbericht 2006" (DPMA)
http://www.dpma.de/docs/service/veroeffentlichungen/jahresberichte/dpma_jb_2006.pdf [08.04.2010]

URL 111: „Jahresbericht 2007" (DPMA)
http://www.dpma.de/docs/service/veroeffentlichungen/jahresberichte/jb2007_dt.pdf
[08.04.2010]

URL 112: „Jahresbericht 2005" (DPMA)
http://www.dpma.de/docs/service/veroeffentlichungen/jahresberichte/dpma_jb_2005.pdf
[08.04.2010]

URL 113: „Bewegungsmarke Henkel" (DPMA)
http://register.dpma.de/DPMAregister/marke/register/303051892/DE [08.04.2010]

URL 114: „Nikon Hologramm" (Abb. 54)
http://register.dpma.de/DPMAregister/marke/fullimage/2294386%2CDE%2C304532819/-1
[08.04.2010]

URL 115: „Nikon Hologramm" (DPMA)
http://register.dpma.de/DPMAregister/marke/register/304532819/DE [08.04.2010]

URL 116: „Geruchsmarke" (EuGH, Urteil vom 12. 12. 2002 - C-273/ 00)
http://lexetius.com/2002,2218 [08.04.2010]

URL 117: „Entscheidung zur Eintragung einer Geruchsmarke" (HABM)
http://www.copat.de/download/si-wrp99.pdf [09.04.2010]

URL 118: „Archiv der neuen Markenformen" (Patentanwalt Dr. Ralf Sieckmann)
http://www.copat.de/markenformen/index.htm [09.04.2010]

URL 119: „Statistik des Bundespatentgerichts für das Jahr 2009" (BlPMZ, 112 Jg./ 2010)
http://www.heymanns.com/servlet/PB/show/1255745/BlPMZ_2010_03_086_ePs.pdf
[10.04.2010]

URL 120: „Bewegungsmarke der Deutschen Telekom" (Abb. 53)
http://register.dpma.de/DPMAregister/marke/fullimage/2731099%2CDE%2C302094873/-1
[10.04.2010]

URL 121: „Adidas Registrierung als Sonstige Marke" (DPMA)
http://register.dpma.de/DPMAregister/marke/register/399505598/DE [10.04.2010]

URL 122: „Singapore Airlines Logo"
http://reisen.cc/img/schlagzeilen/image/logos/Airlines/Singapore_Airlines_Logo.gif
[10.04.2010]

URL 123: „Intel-Logo" (Abb. 22)
http://www.exentra.de/cms/fileadmin/content/images/partner/logo_intel.jpg [10.04.2010]

URL 124: "Rinspeed Senso" (Abb. 91)
http://www.automobilesreview.com/pictures/rinspeed-senso/rinspeed-senso-14.html
[10.04.2010]

URL 125: „Rinspeed Senso - biometrische Uhr" (Abb. 90)
http://www.diseno-art.com/images/rinspeed_senso_1.jpg [10.04.2010]

URL 126: „Swarovski Logo"
http://www.uhren-braun.de/resources/swarovski_logo.jpg [10.04.2010]

URL 127: „MINI Coupé Studie" (Spiegel Online)
http://www.spiegel.de/auto/aktuell/0,1518,644857,00.html [10.04.2010]

URL 128: „Porsche Boxster"
http://www.carpicturesgallery.com/car-pictures/porsche-boxster-s.jpg [10.04.2010]

URL 129: „Analyse Riechmarken und Geschmackmarken (2009)
http://www.brainguide.de/data/publications/PDF/pub120781.pdf [10.04.2010]

URL 130: "The Taste of Oranges" (Geschmacksmarke)
(HABM-Markenregister: Nummer der Marke: 003132404)
http://oami.europa.eu/CTMOnline/RequestManager/de_DetailCTM_NoReg [10.04.2010]

URL 131: „Orange" (Abb. 50)
http://www.superfoodsuk.com/admin/actions/album_large/img_104.jpg [10.04.2010]

URL 132: „Markenstatistiken" (DPMA)
http://presse.dpma.de/presseservice/datenzahlenfakten/statistiken/marke/index.html [13.04.2010]

URL 133: „Neue Medien" (Definition)
http://www.business-model-innovation.com/definitionen/neuemedien.html [25.04.2010]

URL 134: „Neue Medien" (Definition)
http://www.edubs.ch/lehrpersonen/Szenarien/Medien_Kompetenz/neue_medienkompetenz.pt [25.04.2010]

URL 135: „Man muss gegen den Strom schwimmen" (stern.de)
http://www.stern.de/digital/homeentertainment/design-legende-hartmut-esslinger-man-muss-gegen-den-strom-schwimmen-1517742.html [01.05.2010]

URL 136: „MINI Interieur" (Abb. 99)
http://www.7-forum.com/news/2008/mini_cooper_works/mini_john_cooper_works_p0047524-b.jpg [01.05.2010]

URL 137: "Tesla Roadster Brabus" (Abb. 88)
http://www.autoblog.bg/data/gallery_images/16/p_16063.jpg [01.05.2010]

URL 138: „Statistiken Gemeinschaftsmarken" (HABM)
http://oami.europa.eu/ows/rw/pages/OHIM/statistics.en.do [01.05.2010]

URL 139: „Markenschutz für das Produktdesign - Die 3D-Marke" (Porsche Boxster)
http://www.copat.de/mn_meldg_3dmarke.htm [09.05.2010]

URL 140: „Geschmacksmuster"
http://www.copat.de/mn_pat_gesch.htm [09.05.2010]

URL 141: "Beyond Tradition: New ways of making a mark" (WIPO Magazine 07/08 2004)
http://www.wipo.int/sme/en/documents/wipo_magazine/7_2004.pdf [09.05.2010]

URL 142: „Schlüsselbegriffe für die Sinne" (Dr. Hans-Georg Häusel)
http://www.nymphenburg.de/presse/09-04_acquisa.pdf [09.05.2010]

URL 143: „Das Interieurdesign von MINI"
http://www.7-forum.com/news/2006/mini2/interieur_design.php [20.05.2010]

URL 144: „Schöner dröhnen: Wie Hersteller am Motorsound tüfteln" (Handelsblatt)
http://www.handelsblatt.com/technologie/technik/schoener-droehnen-wie-hersteller-am-motorsound-tuefteln;2158986;2 [22.05.2010]

URL 145: „Sound Engineering für Elektroautos: Der Ton macht die Musik" (Süddeutsche.de)
http://www.sueddeutsche.de/auto/sound-engineering-fuer-elektroautos-der-ton-macht-die-musik-1.53730 [22.05.2010]

URL 146: „Sound Design: Warum Motoren klingen, wie sie klingen" (Sportauto Online)
http://www.sportauto-online.de/szene/news/sound-design-warum-motoren-klingen-wie-sie-klingen-1430447.html [22.05.2010]

URL 147: „Umami: Aromaexplosion" (Die Presse)
http://diepresse.com/home/leben/ausgehen/454072/index.do [22.05.2010]

URL 148: „Umami"
http://www.pfalz.de/de/wein-und-genuss/umami [22.05.2010]

URL 149: „Ein feines Ohr für die Marke" (Horizont)
http://www.metadesign.de/download/clippings/071101_Horizont_feines_Ohr.pdf [22.05.2010]

URL 150: „Haptik - Fühlen Sie mal" (Zeit Online)
http://www.zeit.de/2003/31/T-Haptik [23.05.2010]

URL 151: „Nach Gespür mit dem Auto fahren" (Die Presse)
http://diepresse.com/home/science/dissertation/503501/index.do [23.05.2010]

URL 152: „Wissenswertes zur Schallanalyse" (Hermann Fritz)
http://www.unet.univie.ac.at/~a7425519/Skripten/Schallanalyse.html [04.06.2010]

URL 153: „McGurk Effekt"
http://karrierebibel.de/taeuschung-im-hirn-kennen-sie-den-mcgurk-effekt/ [04.06.2010]

URL 154: „Orbitofrontaler Cortex. Neurohistologie bei endogenen Psychosen" (Dr. Senitz)
http://www.zv.uni-wuerzburg.de/forschungsbericht/FOBE-akt/IN-30505000b/Neurohistologische%20Schizophrenieforschung-D.htm [04.06.2010]

URL 155: „Grundlagenstudie zeigt Relevanz der Sinne für die Markenführung" (MetaDesign)
http://www.metadesign.de/html/de/3295.html [05.06.2010]

URL 156: „Markenglossar" (Markenlexikon.com)
http://www.markenlexikon.com/markenglossar.html [05.06.2010]

URL 157: "BrandZ Top 100 Brand Ranking 2010" (Millward Brown)
http://brandz.ogilvyeditions.com/top100/ [05.06.2010]

URL 158: „Die Interbrand-Methode zur Bewertung der Best Global Brands" (Interbrand)
http://www.interbrand.com/best_global_brands_methodology.aspx?langid=1003 [05.06.2010]

URL 159: „Grundlagenstudie zeigt Relevanz der Sinne für Markenführung"
http://koeln-bonn.business-on.de/grundlagenstudie-zeigt-relevanz-der-sinne-fuer-markenfuehrung_id11675.html [06.06.2010]

URL 160: „Fünf Sinne entdecken die Marke" (Handelsblatt)
http://www.handelsblatt.com/unternehmen/handel-dienstleister/fuenf-sinne-entdecken-die-marke;934761;2 [06.06.2010]

URL 161: „DaimlerChrysler-Krise" (Spiegel)
http://www.spiegel.de/thema/daimlerchrysler_krise/ [06.06.2010]

URL 162: „Entwicklung mit Gefühl" (Innovations-Report)
http://www.innovations-report.de/html/berichte/verkehr_logistik/bericht-13671.html [06.06.2010]

URL 163: „Ein neuer Stern am Autohimmel" (Mercedes-Benz)
http://www.designtagebuch.de/einer-neuer-stern-am-autohimmel-mercedes-benz/ [06.06.2010]

URL 164: „Manipulation durch den Gehörgang" (Süddeutsche.de)
http://www.sueddeutsche.de/karriere/berufsfeld-soundmarketing-manipulation-durch-den-gehoergang-1.954140 [07.06.2010]

URL 165: "Statistics under the Madrid System" (WIPO)
http://www.wipo.int/madrid/en/statistics/ [07.06.2010]

URL 166: „Der Knalleffekt der Wurst"
http://www.wienerzeitung.at/DesktopDefault.aspx?TabID=3946&Alias=wzo&cob=446144 [11.06.2010]

URL 167: „HABM Datenbank-Suchmaske" (Gemeinschaftsmarkennummer: 003673308)
http://oami.europa.eu/CTMOnline/RequestManager/de_SearchBasic [13.06.2010]

URL 168: „Brummig, voll und bärig" (Süddeutsche.de)
http://www.sueddeutsche.de/auto/akustik-design-in-der-autoindustrie-brummig-voll-und-baerig-1.614446 [13.06.2010]

URL 169: „Komponisten des perfekten Klicks" (Spiegel Online)
http://www.spiegel.de/auto/aktuell/0,1518,444498,00.html [13.06.2010]

URL 170: „Der Klang des Stromboliden" (Deutschlandradio Kultur)
http://www.dradio.de/dkultur/sendungen/ewelten/1184590/ [13.06.2010]

URL 171: "The Taste of Artificial Strawberry Flavour" (HABM)
http://www.copat.de/markenformen/r0120-2001-2.pdf [15.06.2010]

URL 172: „Die multisensualen Markenzeichen" (Prof. Richard Linxweiler)
http://www.dachmarke.de/multisensuale-marken-zeichen.html [27.06.2010]

URL 173: „Interview mit Designer Gert Hildebrand" (Spiegel Online)
http://www.spiegel.de/auto/fahrberichte/0,1518,154274,00.html [28.06.2010]

URL 174: "Red Dot Online" (Milo Heller Interview)
http://de.red-dot.org/3508.html [28.06.2010]

URL 175: „Notation des Audi Sound Logos" (Abb. 81)
http://register.dpma.de/DPMAregister/marke/imagedisplay/fullimage/2307425/DE/306649713/-1 [29.06.2010]

URL 176: „Leibniz Butterkeks" (Abb. 26)
http://static.wiwo.de/media/1/leibniz_butterkeks.jpg [29.06.2010]

URL 177: „Die Philosophie von MINI"
http://www.mini.de/de/de/general/faq/index.jsp [29.06.2010]

URL 178: „Der Duftspender im Citroën C4" (Spiegel Online)
http://www.spiegel.de/auto/aktuell/0,1518,309561,00.html [02.07.2010]

URL 179: „Der Duftspender im Citroën C4" (Citroën C4 Zubehör Broschüre)
http://www.citroen.de/Resources/Content/DE/10_pdf/05_teile_zubehoer/C4_zubehoer.pdf
[02.07.2010]

URL 180: „Audi Markenlogo" (Abb. 80)
http://www.racecar.at/images/Audi_Logo.jpg [03.07.2010]

URL 181: „Maybach Zeppelin Duftspender" (Basler Zeitung)
http://bazonline.ch/auto/luxuswagen/Im-Maybach-Zeppelin-steht-der-teuerste-Duftspender-der-Welt/story/10171979 [03.07.2010]

URL 182: „Maybach Zeppelin Duftspender" (T-Online Business)
http://www.t-online-business.de/maybach-zeppelin-die-asphaltjacht/id_20301792/index
[03.07.2010]

URL 183: „Maybach Zeppelin Duftspender" (Süddeutsche.de)
http://www.sueddeutsche.de/auto/maybach-zeppelin-zum-schnupperpreis-1.30447
[03.07.2010]

URL 184: „Maybach Zeppelin Duftspender" (Abb. 89)
http://polpix.sueddeutsche.com/polopoly_fs/1.30496.1274122108!/image/image.jpg_gen/derivatives/860x860/image.jpg [03.07.2010]

URL 185: „BMW Markenlogo" (Abb. 78)
http://www.classic-car-club-weissenburg.de/assets/images/BMW_Logo_1.jpg [03.07.2010]

URL 186: „Definition Werbetracking" (GfK Gruppe)
http://www.gfk.com/group/menu_footer/glossary/00080/index.de.html [03.07.2010]

URL 187: „NIVEA Haus Berlin" (Abb. 74)
www.lifepr.de/attachment/107721/298005%5B1%5D.jpg [03.07.2010]

URL 188: „Die neue eBay-Marketing-Kampagne"
http://presse.ebay.de/news.exe?typ=SU&news_id=101275 [03.07.2010]

URL 189: „MINI Modellfamilie 2010" (Abb. 94)
http://www.mini.de/mini_aktuell_de/news/img/mini_design_neu_pop380.jpg [03.07.2010]

URL 190: „MINI-Showroom in Berlin" (Abb. 98)
http://www.ftwild.de/redesign/media/reference/1193658025.jpg [04.07.2010]

URL 191: „BMW Group - Geschäftsbericht 2009"
http://www.bmwgroup.com/geschaeftsbericht2009/_downloads/BMW_Group_2009.pdf [04.07.2010]

URL 192: „MINI E Pilotprojekt"
http://www.mini.com/de/de/mini_e/index.jsp [04.07.2010]

URL 193: „Guerilla Marketing" (Markenlexikon)
http://www.markenlexikon.com/glossar_g.html [04.07.2010]

URL 194: „Pavillon 21 MINI Opera Space"
http://www.mini.de/mini_aktuell_de/news/pavillon_21_mini_opera_space_richtfest_.html [04.07.2010]

URL 195: "Tiny Music Makers: The Microsoft Sound"
http://musicthing.blogspot.com/2005/05/tiny-music-makers-pt-2-microsoft-sound.html
[04.07.2010]

URL 196: „Getaway - MINI & Timbaland stellen Song zum MINI Countryman vor"
https://www.press.bmwgroup.com/pressclub/p/de/pressDetail.html?outputChannelId=7&id=T0081354DE&left_menu_item=node__2326 [04.07.2010]

URL 197: „MINI Countryman" (Abb. 96)
http://www.ausmotive.com/images2/MINI-Countryman-12.jpg [04.07.2010]

URL 198: „Pavillon 21 MINI Opera Space" (Programm)
http://www.minispace.com/de_de/projects/pavillon-21/program/ [04.07.2010]

URL 199: „MINI Guerilla-Projektion MINIWOOD" (Abb. 97)
http://www.ausmotive.com/images2/MINI-Countryman-Geneva-02.jpg [04.07.2010]

URL 200: „MINI Countryman: Über Nacht zum Star!"
http://www.mini.de/mini_aktuell_de/news/weltpremiere_mini_countryman.html?archiv&index [04.07.2010]

URL 201: "Pavillon 21 MINI Opera Space"
http://www.mini.de/mini_aktuell_de/news/pavillon_21_opera_space.html?archiv&index [04.07.2010]

URL 202: „Die Autos mit dem höchsten Wiederverkaufswert" (RP Online)
http://www.rp-online.de/auto/news/Die-Autos-mit-dem-hoechsten-Wiederverkaufswert_aid_486423.html [04.07.2010]

URL 203: "Q & A With Brian Eno"
http://www.sfgate.com/cgi-bin/article.cgi?file=/chronicle/archive/1996/06/02/PK70006.DTL [05.07.2010]

URL 204: „Erste MINI Skizze" (Abb. 93)
http://www.spiegel.de/img/0,1020,1529436,00.jpg [05.07.2010]

URL 205: „Niki Lauda feiert seine ersten Erfolge mit Mini Cooper S"
http://www.speedweek.eu/profile/pe/2551/Niki-Lauda.html [05.07.2010]

URL 206: „Audio Branding: Klingel-Fluch oder Markensegen"
http://www.markenlexikon.com/d_texte/hirt_klingelfluch_markensegen.pdf [05.07.2010]

URL 207: „Werbemonitor - Audio Branding"
http://www.werbemonitor.at/uploads/media/Werbemonitor-5-07.pdf [05.07.2010]

URL 208: „Erstklassige MINI Brand Identity"
http://www.paradise.de/paradise_neu/news/news_06112001_bmwmini.htm [05.07.2010]

URL 209: „MINI Printanzeige" (Abb. 95)
http://www.bimmertoday.de/wp-content/uploads/BE-MINI-Werbung-2010-03.jpg [05.07.2010]

URL 210: "Intel Annual Report 2009"
http://www.intc.com/intelAR2009/index.html [06.07.2010]

URL 211: „Apple stellt MacBook Pro vor"
http://www.apple.com/de/pr/library/2006/060110macbookpro.html [06.07.2010]

URL 212: „Audi Branding Relevanz"
http://www.audiobranding.de/relevanz.html [06.07.2010]

URL 213: „BMW Welt" (Abb. 75)
http://www.olog.kingz.us/data/bmw-welt.jpg [06.07.2010]

URL 214: „Masterbrand" (Investopedia)
http://www.investopedia.com/terms/m/masterbrand.asp [06.07.2010]

URL 215: "Intel: 'Sponsors of Tomorrow'- New Global Campaign"
http://www.intel.com/pressroom/archive/releases/2009/20090506corp.htm [06.07.2010]

URL 216: "Intel inside Program - Anatomy of a Brand Campaign"
http://www.intel.com/pressroom/intel_inside.htm [06.07.2010]

URL 217: „Intel inside-Logo" (Abb. 23)
http://wallpapers-diq.net/de_30_~_Intel_Inside_%28Pentium_4%29.html [06.07.2010]

URL 218: "The Intel Inside chimes"
http://musicthing.blogspot.com/2005/05/tiny-music-makers-pt-1-intel-inside.html [07.07.2010]

URL 219: „Walter Werzowa" (Mix Online)
http://mixonline.com/mag/audio_la_grapevine_66/ [07.07.2010]

URL 220: „Notation des Intel Sound Logos" (Abb. 24)
http://register.dpma.de/DPMAregister/marke/imagedisplay/fullimage/2281091/DE/397494513/-1 [07.07.2010]

URL 221: „Corporate Sound als Teil der Corporate Identity" (Abb. 17)
http://www.websound.de/download/Einordnung_Corporate-Sound.png [07.07.2010]

URL 222: „Haben Sie den richtigen Ton"
http://www.corporate-sound.com/pdf/Haben-Sie-den-richtigen-Ton.pdf [08.07.2010]

URL 223: „Schöner die Marken nie klingen"
http://www.ex-am.org/download/Schoener_die_Marken_nie_klingen_Artikel_Bronner.pdf [08.07.2010]

URL 224: „V12-Motor des Aston Martin Vantage" (Abb. 83)
http://cdn-www.rsportscars.com/images/aston-martin/2010-aston-martin-v12-vantage/2010-aston-martin-v12-vantage-engine-compartment-detail.jpg [08.07.2010]

URL 225: „Ferrari 250 GTO" (Abb. 84)
http://ferraris-online.com/cars/FE-250GTO-3387/images/P000Fade.jpg [08.07.2010]

URL 226: „Notation des Nokia Sound Logos" (Abb. 21)
http://upload.wikimedia.org/wikipedia/commons/4/41/Nokia_tune.svg [08.07.2010]

URL 227: „V8-Motor Twin Turbo von BMW" (Abb. 85)
http://www.caradvice.com.au/wp-content/uploads/2008/09/bmwx6xdrive50iengine.jpg [08.07.2010]

URL 228: „V6-Motor des Mercedes SLK" (Abb. 86)
http://l.yimg.com/dv/izp/mercedes_benz_slk_class_slk280_roadster_2008_other_engine.jpg [08.07.2010]

URL 229: „Notation des Deutsche Telekom Sound Logos" (Abb. 43)
http://register.dpma.de/DPMAregister/marke/fullimage/2304231%2CDE%2C399405917/-1 [08.07.2010]

URL 230: "MINI Concept Geneva Exterieur"
http://www.7-forum.com/news/2006/genf/mini_geneva_exterieur.php [08.07.2010]

Literaturverzeichnis

URL 231: "MINI Concept Tokyo Exterieur"
http://www.7-forum.com/news/2005/mini_tokyo/exterieur.php [08.07.2010]

URL 232: „BME Z4 (E86)" (Abb. 87)
http://www.gooworld.jp/carphoto/20151515_200801.jpg [08.07.2010]

URL 233: „Haptik des Apple iPad" (Abb. 27)
http://onlinerating.info/page/template/dir_images/20100127-apple-ipad.jpg [10.07.2010]

URL 234: „Starbucks Café" (Abb. 65)
http://farm1.static.flickr.com/120/299134632_b8655a4feb.jpg [11.07.2010]

URL 235: „MINI Concept Tokyo: Türbeleuchtung" (Abb. 101)
http://www.7-forum.com/news/2005/mini_tokyo/mini_tokyo_p0022900-b.jpg [11.07.2010]

URL 236: „Die Macht des Klangs"
http://www.dw-world.de/dw/article/0,,2304896,00.html [15.07.2010]

URL 237: „Infos zu Project Natal" (Xbox.com)
http://www.xbox.com/de-DE/news-features/news/Project-Natal-in-detail-050609.htm [15.07.2010]

URL 238: "Microsoft X-Box Kinect" (Abb. 34)
http://www.parenthood.com/images/Kinect_Lifestyle2.jpg [15.07.2010]

URL 239: "Microsoft Surface Table" (Abb. 35)
http://www.ergonomidesign.com/files/billeder/News/NewsImages/news_surface_table_btb.jpg [15.07.2010]

URL 240: "Sound argument to end internet's silence" (Financial Times UK)
http://www.ft.com/cms/s/0/ba46c910-d0f3-11dc-953a-0000779fd2ac.html [15.07.2010]

URL 241: „Groves Kommentar: Krach aus - Marke an!"
http://www.groves.de/news/kommentar/ [15.07.2010]

URL 242: „Magnum 5 Sinne" (Abb. 28)
http://popsop.ru/wp-content/uploads/magnum_ice_cream_01.jpg [15.07.2010]

URL 243: „Head-Mounted-Display" (Abb. 33)
http://www.jvrb.org/archiv/34/figure2.jpg [15.07.2010]

URL 244: „World of TUI - Reise-Erlebnis mit allen Sinnen"
http://www.ict.de/World_of_TUI___Berlin.273.0.html [18.07.2010]

URL 245: "World of TUI Berlin" (Abb. 66)
http://www.werbung-out-of-the-box.de/wp-content/uploads/2010/01/World-of-TUI.jpg [18.07.2010]

URL 246: „Multisensorisches Marketing am POS"
http://www.werbung-out-of-the-box.de/category/multisensorisches-marketing-am-pos/ [18.07.2010]

URL 247: „Q110 - Die Deutsche Bank der Zukunft" (Abb. 67)
http://www.q110.de/img/innovationen_li.jpg [18.07.2010]

URL 248: „Q110 - Die Deutsche Bank der Zukunft" (Einblick)
http://www.q110.de/de/ueber_uns.html [18.07.2010]

URL 249: „Q110 - Die Deutsche Bank der Zukunft" (Auszeichnungen)
http://www.q110.de/de/forum_auszeichnungen.html [18.07.2010]

URL 250: „Q110 - Die Deutsche Bank der Zukunft" (Innovationen)
http://www.q110.de/de/forum_innovationen.html [18.07.2010]

URL 251: „Das World of TUI - Reise-Erlebniscenter"
http://www.tui-deutschland.de/td/de/pressemedien/pressemeldungen/2005/2005_februar/20050211_UDL_Namibia.html [18.07.2010]

URL 252: „Kuba, Unter den Linden 17" (Zeit Online)
http://www.zeit.de/2002/04/Kuba_Unter_den_Linden_17 [18.07.2010]

URL 253: "MINI Concept Tokyo: Sports Utility Box" (Abb. 105)
http://www.7-forum.com/news/2005/mini_cooper_tokyo_p0022413-b.jpg [19.07.2010]

URL 254: „Penaten - über 100 Jahre Geschichte"
http://www.penaten.de/ueberpenaten/ueber100jahregeschichte.htm [19.07.2010]

URL 255: "Abercrombie adds scent to shopping experience"
http://www.fashionunited.com/news/collumns/abercrombie-adds-scent-to-shopping-experience-200826091053 [19.07.2010]

URL 256: "Abercromie & Fitch Debuts Multi-Sensory Store Format"
http://www.marketingvox.com/abercrombie-fitch-debuts-multi-sensory-store-format-044461/ [19.07.2010]

URL 257: "EPIC Hollister"
http://nymag.com/listings/stores/hollister/ [19.07.2010]

URL 258: "EPIC Hollister in New York" (Abb. 68)
http://images.nymag.com/listings/stores/1epichollister.jpg [19.07.2010]

URL 259: „MINI Cooper S Mechanik" (Abb. 106)
http://bbs.qclt.com/bbs/attachments/MINI%20COOPER%20S_xXnABuNGw8rf.jpg [19.07.2010]

URL 260: "MINI Concept Cars 2005/2006" (Abb. 100)
http://2.bp.blogspot.com/_FoXyyaPSnVk/Re6KKzw-IMP4AAAAAAFTS/hGenOLkWTn8/s400/Carscoop_MINI_0.jpg [19.07.2010]

URL 261: „neue Studie - Die Hand denkt mit"
http://www.multisense.net/news/die-hand-denkt-mit.html [19.07.2010]

URL 262: „MINI John Cooper Works Modelle" (Abb. 107)
http://www.caradvice.com.au/wp-content/uploads/2009/08/MINI_JCW_Cabrio_002.jpg [19.07.2010]

URL 263: „MINI John Cooper Works - Beschleunigter Brite" (Spiegel Online)
http://www.spiegel.de/auto/fahrberichte/0,1518,565900,00.html [19.07.2010]

URL 264: „Fragen zu MINI"
http://www.mini.de/de/de/general/faq/index.jsp [19.07.2010]

URL 265: „BMW Group - Geschäftsbericht 2008"
http://www.bmwgroup.com/geschaeftsbericht2008/_downloads/BMW_Group_2008.pdf [19.07.2010]

URL 266: „multisense® Forum" (Presseinfo)
http://www.multisense.net/uploads/media/003_multisense.pdf [20.07.2010]

URL 267: „Soundbranding - Das Ohr kauft mit"
http://www.hk24.de/share/hw_online/hw2008/artikel/21_extra-journal/08_11_40_soundbranding.html [20.07.2010]

URL 268: „John Cooper Works - Inbegriff für extremen Fahrspaß im MINI"
http://www.automobilsport.com/race-categories--24,15091,John-Cooper-Works---Inbegriff-fuer-extremen-Fahrspass-im-MINI,news.htm [20.07.2010]

URL 269: „Die grosse Stille"
http://www.expodatabase.com/aussteller/menue/report/epaper/2008/report4_08/mareport0408.html [20.07.2010]

URL 270: „project i - 2013 kommt das Megacity Vehicle"
http://www.bmwgroup.com/d/nav/index.html?../0_0_www_bmwgroup_com/verantwortung/whats_next/project_i.html [20.07.2010]

URL 271: „Der Klang macht die Marke - Sound Branding von Siemens"
http://www.metamagazin.com/mm03/_downloads/7_MetaMagazin_03_Corporate_Sound.pdf [22.07.2010]

URL 272: „Der Klang der Marke Siemens"
http://www.metadesign.de/html/de/101.html [22.07.2010]

URL 273: „Die Verpackung macht Plopp" (Akustik-Design)
http://www.copaco.de/fileadmin/Bilder/Presse/VR05.jpg.pdf [22.07.2010]

URL 274: „Verpackung für alle Sinne"
http://www.copaco.de/fileadmin/Bilder/Presse/Verpackung-f_r-alle-Sinne-_packaktuell_.pdf [22.07.2010]

URL 275: „Lifestyle - Glimmer, funkel, blitz?"
http://www.copaco.de/fileadmin/Bilder/Presse/DrupaRep.pdf [22.07.2010]

URL 276: „Pole-Position am P.O.S. - Herausforderung Zukunft: Verpackungstrends"
http://www.copaco.de/pressemitteilungen.0.html?&tx_indisnewssystem_pi1[showUid]=422&tx_indisnewssystem_pi1[quartal]=2009&cHash=95d9e4add7 [22.07.2010]

URL 277: „Zet-Programm"
http://www.limmatdruck.ch/?ceid=1f473d067e14e88973be5f04d7a6608d [22.07.2010]

URL 278: „ZetKLIK Verpackung von Ricola" (Abb. 32)
http://www.candy.org/cleanimages/bulk/08ricolalemonelderflower.jpg [22.07.2010]

URL 279: „Fühlen Sie mal - Warum der Tastsinn ein wichtiger Bestandteil des integrierten multisensorischen Brandings ist" (Interview mit Dr. Martin Grunwald, 16. November 2009)
http://www.corporate-senses.com/de/interview-haptischesbranding.html [22.07.2010]

URL 280: „Das riecht wie... - Scent Branding als neuer Ansatz im multisensorischen Marketing" (Interview mit Harald H. Vogt, 12. Januar 2010)
http://www.corporate-senses.com/de/interview-scentbranding.html [22.07.2010]

URL 281: „Durch die Notasensorik erlebt das Sound Branding eine völlig neue Dimension." (Interview mit John Groves, 27. November 2009)
http://www.corporate-senses.com/de/interview-soundbranding.html [22.07.2010]

URL 282: „Branding am Beispiel der Katholischen Kirche"
http://www.corporate-senses.com/de/branding-kirche.html [22.07.2010]

URL 283: „Kirche" (Abb. 39)
http://www.nathanael-gemeinde.de/Historie/kirche_stich-klein.jpg [22.07.2010]

URL 284: "Multisensory Branding"
http://www.red.de/de/multisensory-branding.html [23.07.2010]

URL 285: "Sensory Branding and Starbucks"
http://www.neurosciencemarketing.com/blog/articles/sensory-branding-and-starbucks.htm [23.07.2010]

URL 286: "SensAble Technologies - Company Overview"
http://www.sensable.com/company-about-us.htm [24.07.2010]

URL 287: "PHANTOM Omni model by SensAble Technologies" (Abb. 37)
http://www.sensable.com/documents/images/LargePHANTOMOmniImage.jpg [24.07.2010]

URL 288: „Verkostungen und Musikberieselung"
http://www.wienerzeitung.at/DesktopDefault.aspx?TabID=3929&Alias=wzo&cob=482496
[24.07.2010]

URL 289: „Design für die Sinne"
http://www.uni-due.de/~bys007/ressourcen/grafiken/PDF%27s/0203/02-Obitz.pdf
[24.07.2010]

URL 290: „Design für die Sinne - physio- und psychokonforme Gestaltung für Blinde"
http://www.spektrumverlag.de/artikel/821491 [24.07.2010]

URL 291: „Den Corporate Senses gehört die Zukunft" (Interview mit Karsten Klepper)
http://www.multisense.net/multisensorisches-marketing/interviews/interview-klepper.html
[24.07.2010]

URL 292: „Marken schaffen Orientierung in einer komplexen Welt"
(Interview mit Prof. Manfred Spitzer)
http://www.multisense.net/multisensorisches-marketing/interviews.html [24.07.2010]

URL 293: „Corporate Sound - Integrierte Kommunikation für das Ohr"
http://commpinion.wordpress.com/2010/04/24/corporate-sound-integrierte-kommunikation-fur-das-ohr/ [24.07.2010]

URL 294: „Aggressionspegel senken" (Interview mit MINI-Chefdesigner Gert Hildebrand)
http://www.spiegel.de/auto/fahrberichte/0,1518,154274,00.html [25.07.2010]

URL 295: „Man muss gegen den Strom schwimmen" (Interview mit Design-Legende Hartmut Esslinger)
http://www.stern.de/digital/homeentertainment/design-legende-hartmut-esslinger-man-muss-gegen-den-strom-schwimmen-1517742.html [25.07.2010]

URL 296: „Der perfekte Stuhl" (Zeit Online)
http://www.zeit.de/lebensart/mode/2010-02/schoenheit-hildebrand-mini?page=1 [25.07.2010]

URL 297: „Zeit, Formen, Sprache" (Interview mit MINI-Chefdesigner Gert Hildebrand)
http://www.pool-mag.com/content1.html?id=155&iid=8 [25.07.2010]

URL 298: „An Autos arbeiten, die in unsere Zeit passen" (Interview mit Designer Peter Schreyer)
http://www.donaukurier.de/nachrichten/auto/Kreativchef-Peter-Schreyer-An-Autos-arbeiten-die-in-unsere-Zeit-passen;art59,2076150 [26.07.2010]

URL 299: „Emotionen aus Chrom und Stahl" (Interview mit Designer Peter Schreyer)
http://www.manager-magazin.de/magazin/artikel/0,2828,274675,00.html [26.07.2010]

URL 300: „Mercedes: Erstmals Sound Logo in der Werbung"
http://www.autokiste.de/psg/0711/6649.htm [26.07.2010]

URL 301: „Professionelles Sound Branding" (Interview mit John Groves)
http://www.markentechnik-blog.de/professionelles-sound-branding-interview-mit-john-groves/957 [26.07.2010]

URL 302: „Mercedes-Benz schafft Sound Logo ab"
http://www.horizont.net/aktuell/marketing/pages/protected/Mercedes-Benz-schafft-Sound-Logo-ab_88958.html?openbox=0 [26.07.2010]

URL 303: "The Mercedes-Benz Sound Logo - What lesson can be learned?"
http://soundbrandingblog.com/2010/03/30/the-mercedes-benz-sound-logo-%E2%80%93-what-lesson-can-be-learned/#more-60 [26.07.2010]

URL 304: „Knabentöne für Mercedes" (Handelsblatt)
http://www.handelsblatt.com/unternehmen/strategie/knabentoene-fuer-mercedes;1344890 [26.07.2010]

URL 305: „Mercedes-Benz Sound Logo - die Entstehung" (Christina Freier)
http://blog.daimler.de/2008/07/31/mercedes-benz-soundlogo-die-entstehung/ [26.07.2010]

URL 306: „Corporate Sound als Instrument der Markenführung" (MetaDesign)
http://www.ams-net.de/fileadmin/media/PDF_zum_Download/ExpertenstudieMetaDesign.pdf [27.07.2010]

URL 307: „Sound im Web" (Studie)
http://www.acoustic-branding.com/level9_cms/download_user/Publikationen/Studie_Sound_im_Web.pdf [27.07.2010]

URL 308: „MINI Concept Frankfurt - IAA 2005" (Abb. 102)
http://www.7-forum.com/news/2005/iaa/mini_concept/mini_concept_p0022310-b.jpg [27.07.2010]

URL 309: „Duftgenerator im MINI Concept Detroit" (Abb. 104)
http://www.7-forum.com/news/2006/mini_concept_detroit/p0023068-b.jpg [27.07.2010]

URL 310: „MINI Concept Geneva Interieur" (Abb. 103)
http://www.7-forum.com/news/2006/genf/mini_geneve_p0025933-b.jpg [27.07.2010]

URL 311: „Multisensualität per Etikett"
http://imperia.mi-verlag.de/imperia/md/content/ai/nv/fachartikel/2009/02/nv09_02_042.pdf [27.07.2010]

URL 312: „Marken zum Klingen bringen"
http://www.wuerzburg.ihk.de/uploads/media/Titelthema_33.pdf [27.07.2010]

URL 313: „Wie klingt ein Keks?"
http://www.metadesign.ch/download/metamagazin/40-45_md_metamagazin_mm06_sound.pdf [27.07.2010]

Anhang

Anmeldungen und Registrierungen nach Markenformen in Deutschland (2003 - 2009)	330
Anmeldungen und Registrierungen nach Markenformen in Österreich (2003 - 2009)	334
Anmeldungen und Registrierungen nach Markenformen in der Schweiz (2003 - 2009)	337
Anmeldungen und Registrierungen nach Markenformen beim HABM (2003 - 2009)	340

Experteninterviews

Interview 01: **Franz-Rudolf Esch** (EBS Business School)	344
Interview 02: **Manfred Bruhn** (Universität Basel)	347
Interview 03: **Hans-Georg Häusel** (Gruppe Nymphenburg Consult AG)	349
Interview 04: **Karsten Kilian** (Markenlexikon.com)	354
Interview 05: **Karsten Klepper** (Corporate Senses Institut)	358
Interview 06: **Ralf Sieckmann** (Cohausz Dawidowicz Hannig & Sozien)	361
Interview 07: **Josef Zotter** (zotter Schokoladen Manufaktur GmbH)	366
Interview 08: **Christin Lüdemann** (Beiersdorf AG)	369
Interview 09: **Philipp Zutt** (Zutt & Partner - EmoConsulting)	372
Interview 10: **Martin Grunwald** (Universität Leipzig)	376
Interview 11: **Harald H. Vogt** (Scent Marketing Institute)	381
Interview 12: **Willi Diez** (Institut für Automobilwirtschaft)	385
Interview 13: **Michael Haverkamp** (Ford-Werke GmbH)	388
Interview 14: **Bernhard Pfäfflin** (Porsche AG)	392
Interview 15: **Robert Mirlach** (BMW Group)	394
Interview 16: **Jürgen Fallert** (BMW Group)	398
Interview 17: **Karl-Heinz Stump** (BMW Group)	404
Interview 18: **Jürgen Lemmle** (BMW Group)	406
Interview 19: **Thomas Souschek** (BMW Group)	409
Interview 20: **Gert Hildebrand** (BMW Group)	412

Anmeldungen und Registrierungen[1339] nach Markenformen in Deutschland (2003 - 2009)

Markenanmeldungen Wortmarke 2003 - 2009 (DPMA)

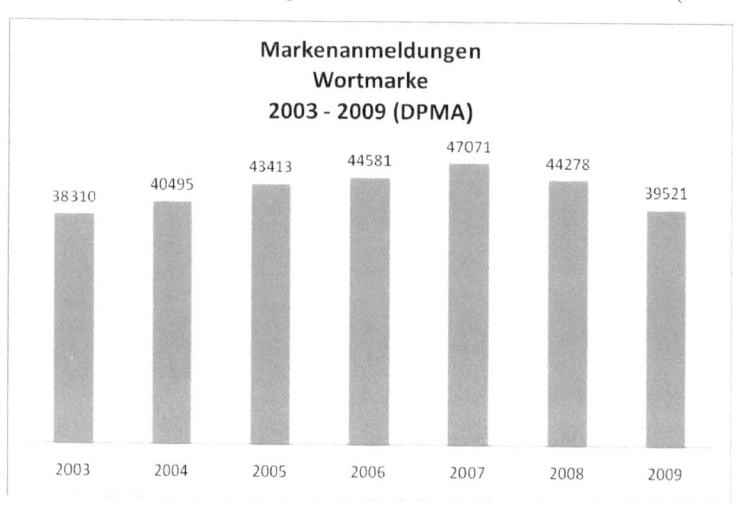

2003	2004	2005	2006	2007	2008	2009
38310	40495	43413	44581	47071	44278	39521

Abb. 109: Nationale Anmeldungen von Wortmarken 2003 - 2009 (DPMA)
(Quelle: eigene Darstellung auf Basis der Daten des BPMZ 2010, Heft 3, S. 111)

Markenanmeldungen Bildmarke und Wort-/Bildmarke 2003 - 2009 (DPMA)

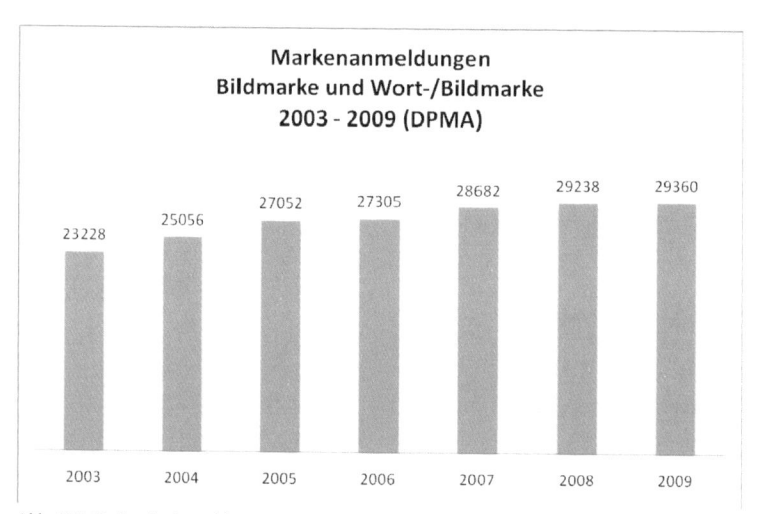

2003	2004	2005	2006	2007	2008	2009
23228	25056	27052	27305	28682	29238	29360

Abb. 110: Nationale Anmeldungen von Bildmarken und Wort-/Bildmarken 2003 - 2009 (DPMA)
(Quelle: eigene Darstellung auf Basis der Daten des BPMZ 2010, Heft 3, S. 111)

[1339] Aufgrund der Limitierung der Trefferzahlen bei der Online-Recherche beim DPMA sind die Registrierungszahlen der Wortmarken, Bildmarken, Wort-/Bildmarken und 3D-Marken von der Analyse ausgenommen.

Markenanmeldungen 3D-Marke 2003 - 2009 (DPMA)

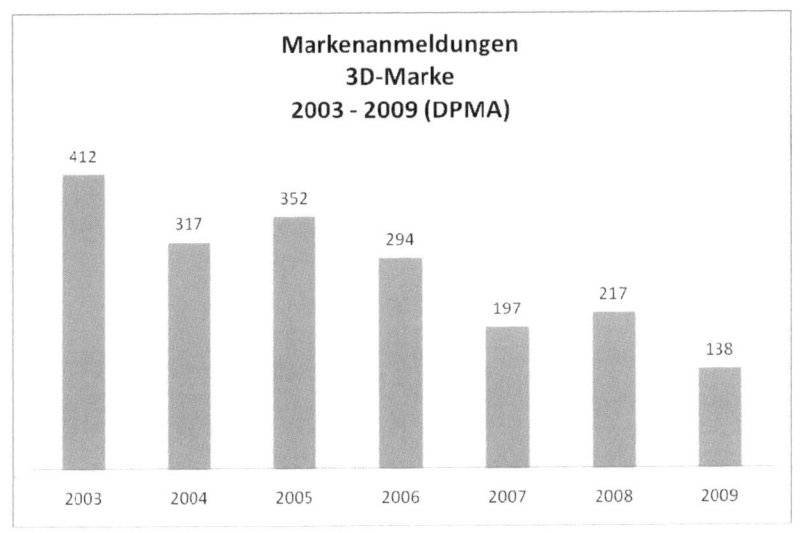

Jahr	Anmeldungen
2003	412
2004	317
2005	352
2006	294
2007	197
2008	217
2009	138

Abb. 111: Nationale Anmeldungen von 3D-Marken 2003 - 2009 (DPMA)
(Quelle: eigene Darstellung auf Basis der Daten des BPMZ 2010, Heft 3, S. 111)

Markenanmeldungen und -registrierungen Farbmarke 2003 - 2009 (DPMA)

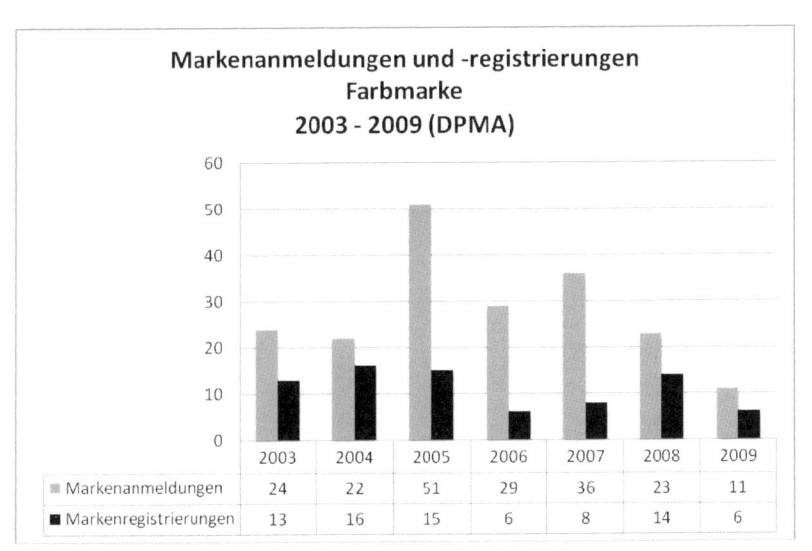

	2003	2004	2005	2006	2007	2008	2009
Markenanmeldungen	24	22	51	29	36	23	11
Markenregistrierungen	13	16	15	6	8	14	6

Abb. 112: Markenanmeldungen und -registrierungen von Farbmarken 2003 - 2009 (DPMA)
(Quelle: eigene Darstellung auf Basis einer Online-Recherche auf der DPMA-Website)

Markenanmeldungen und -registrierungen Hörmarke 2003 - 2009 (DPMA)

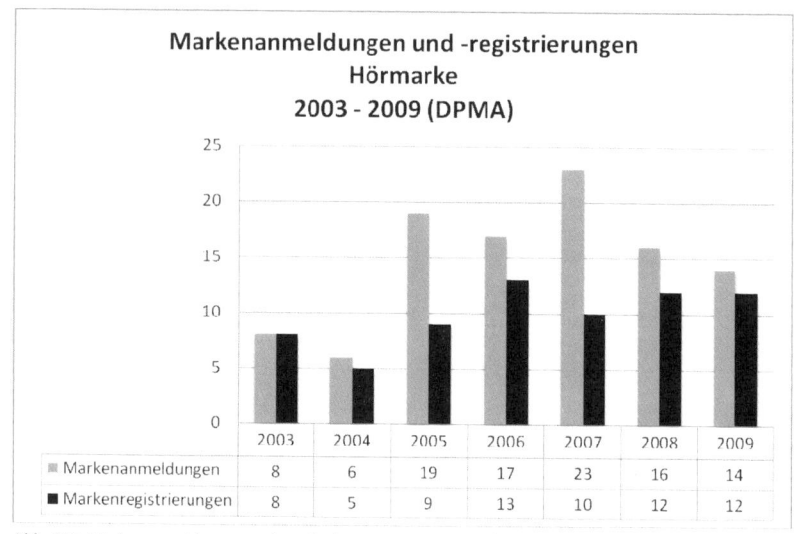

	2003	2004	2005	2006	2007	2008	2009
Markenanmeldungen	8	6	19	17	23	16	14
Markenregistrierungen	8	5	9	13	10	12	12

Abb. 113: Markenanmeldungen und -registrierungen von Hörmarken 2003 - 2009 (DPMA)
(Quelle: eigene Darstellung auf Basis einer Online-Recherche auf der DPMA-Website)

Markenanmeldungen und -registrierungen Kennfadenmarke 2003 - 2009 (DPMA)

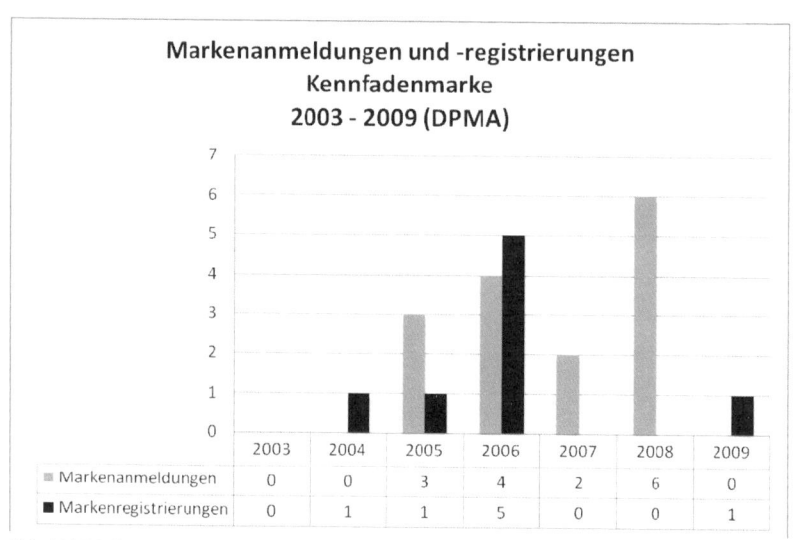

	2003	2004	2005	2006	2007	2008	2009
Markenanmeldungen	0	0	3	4	2	6	0
Markenregistrierungen	0	1	1	5	0	0	1

Abb. 114: Markenanmeldungen und -registrierungen von Kennfadenmarken 2003 - 2009 (DPMA)
(Quelle: eigene Darstellung auf Basis einer Online-Recherche auf der DPMA-Website)

Anhang

Markenanmeldungen und -registrierungen Sonstige Markenform 2003 - 2009 (DPMA)

	2003	2004	2005	2006	2007	2008	2009
Markenanmeldungen	43	33	96	78	92	57	25
Markenregistrierungen	20	22	22	22	16	29	17

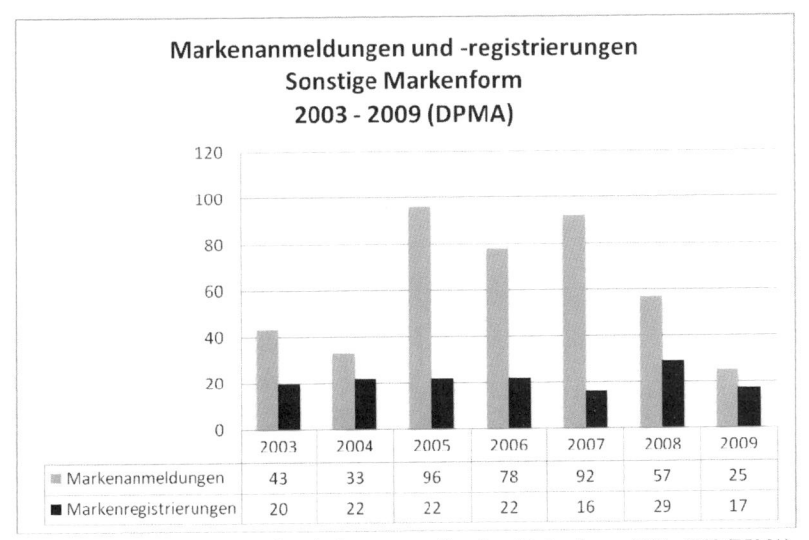

Abb. 115: Markenanmeldungen und -registrierungen von Sonstigen Markenformen 2003 - 2009 (DPMA) (Quelle: eigene Darstellung auf Basis einer Online-Recherche auf der DPMA-Website)

Markenanmeldungen und -registrierungen Unbekannte Markenform 2003 - 2009 (DPMA)

	2003	2004	2005	2006	2007	2008	2009
Markenanmeldungen	0	0	4	62	3	3	0
Markenregistrierungen	0	0	0	0	0	0	0

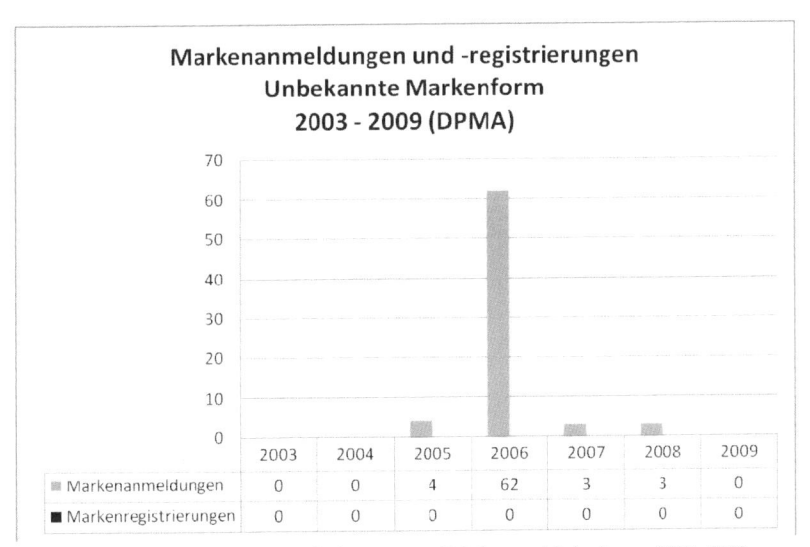

Abb. 116: Markenanmeldungen und -registrierungen von Unbekannten Markenformen 2003 - 2009 (DPMA) (Quelle: eigene Darstellung auf Basis einer Online-Recherche auf der DPMA-Website)

Anmeldungen und Registrierungen[1340] nach Markenformen in Österreich (2003 - 2009)

Markenanmeldungen und Registrierungen Wortmarke 2003 - 2009 (Österreichisches Patentamt)

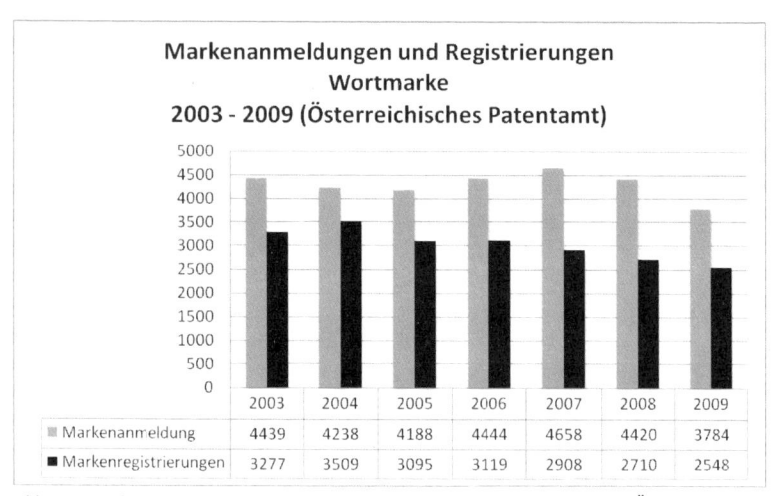

	2003	2004	2005	2006	2007	2008	2009
Markenanmeldung	4439	4238	4188	4444	4658	4420	3784
Markenregistrierungen	3277	3509	3095	3119	2908	2710	2548

Abb. 117: Markenanmeldungen und -registrierungen von Wortmarken 2003 - 2009 (Österr. Patentamt)
(Quelle: eigene Darstellung auf Basis der Daten, die mir von Herrn Mag. Christian Laufer, Mitarbeiter des Österr. Patentamtes, per Email am 18.05.2010 zur Verfügung gestellt wurden)

Markenanmeldungen und Registrierungen Wort-/Bildmarke 2003 - 2009 (Österreichisches Patentamt)

	2003	2004	2005	2006	2007	2008	2009
Markenanmeldung	3762	3927	4191	3961	3816	3649	3629
Markenregistrierungen	3350	3964	3620	3743	3384	3196	3267

Abb. 118: Markenanmeldungen und -registrierungen von Wort-/Bildmarken 2003 - 2009 (Österr. Patentamt)
(Quelle: eigene Darstellung auf Basis der Daten, die mir von Herrn Mag. Christian Laufer, Mitarbeiter des Österr. Patentamtes, per Email am 18.05.2010 zur Verfügung gestellt wurden)

[1340] Aufgrund der aktuellen Umstrukturierung der Datenbank des Österr. Patentamt sind die Zahlen der Markenanmeldungen für Körperliche Marken, Klangmarken und Farbmarken von der Analyse ausgenommen.

Markenanmeldungen und Registrierungen Bildmarke 2003 - 2009 (Österreichisches Patentamt)

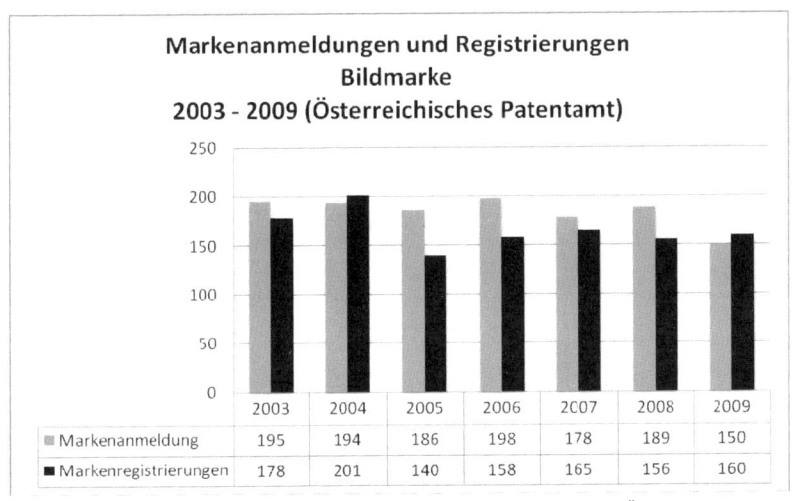

	2003	2004	2005	2006	2007	2008	2009
Markenanmeldung	195	194	186	198	178	189	150
Markenregistrierungen	178	201	140	158	165	156	160

Abb. 119: Markenanmeldungen und -registrierungen von Bildmarken 2003 - 2009 (Österr. Patentamt) (Quelle: eigene Darstellung auf Basis der Daten, die mir von Herrn Mag. Christian Laufer, Mitarbeiter des Österr. Patentamtes, per Email am 18.05.2010 zur Verfügung gestellt wurden)

Markenregistrierungen Körperliche Marke 2003 - 2009 (Österreichisches Patentamt)

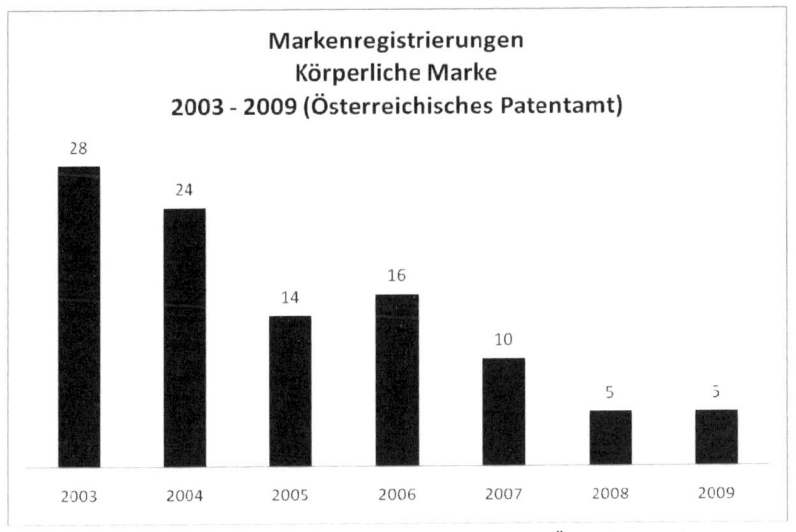

2003	2004	2005	2006	2007	2008	2009
28	24	14	16	10	5	5

Abb. 120: Markenregistrierungen von Körperlichen Marken 2003 - 2009 (Österr. Patentamt) (Quelle: eigene Darstellung auf Basis der Daten, die mir von Herrn Mag. Christian Laufer, Mitarbeiter des Österreichischen Patentamtes, per Email am 18.05.2010 zur Verfügung gestellt wurden)

Markenregistrierungen Klangmarke 2003 - 2009 (Österreichisches Patentamt)

Jahr	2003	2004	2005	2006	2007	2008	2009
Anzahl	1	0	1	1	2	0	1

Abb. 121: Markenregistrierungen von Klangmarken 2003 - 2009 (Österreichisches Patentamt) (Quelle: eigene Darstellung auf Basis der Daten, die mir von Herrn Mag. Christian Laufer, Mitarbeiter des Österreichischen Patentamtes, per Email am 18.05.2010 zur Verfügung gestellt wurden)

Markenregistrierungen Farbmarke 2003 - 2009 (Österreichisches Patentamt)

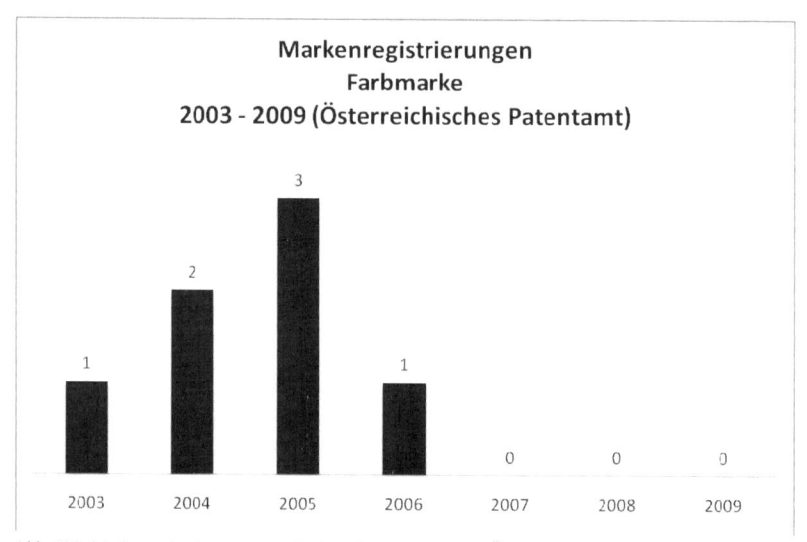

Jahr	2003	2004	2005	2006	2007	2008	2009
Anzahl	1	2	3	1	0	0	0

Abb. 122: Markenregistrierungen von Farbmarken 2003 - 2009 (Österreichisches Patentamt) (Quelle: eigene Darstellung auf Basis der Daten, die mir von Herrn Mag. Christian Laufer, Mitarbeiter des Österreichischen Patentamtes, per Email am 18.05.2010 zur Verfügung gestellt wurden)

Anhang

Anmeldungen und Registrierungen nach Markenformen in der Schweiz (2003 - 2009)

Markenanmeldungen und -registrierungen 3D-Marke 2003 - 2009 (IGE)

	2003	2004	2005	2006	2007	2008	2009
Markenanmeldungen	49	90	71	52	65	53	49
Markenregistrierungen	57	47	38	15	22	58	42

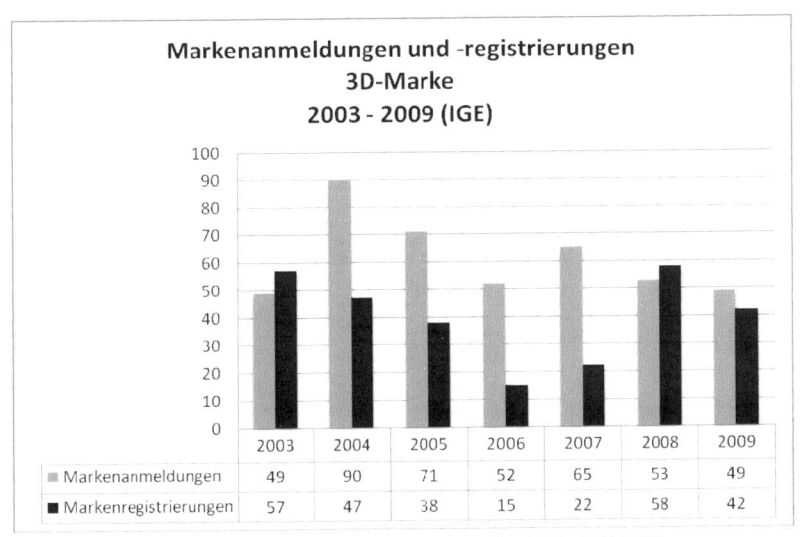

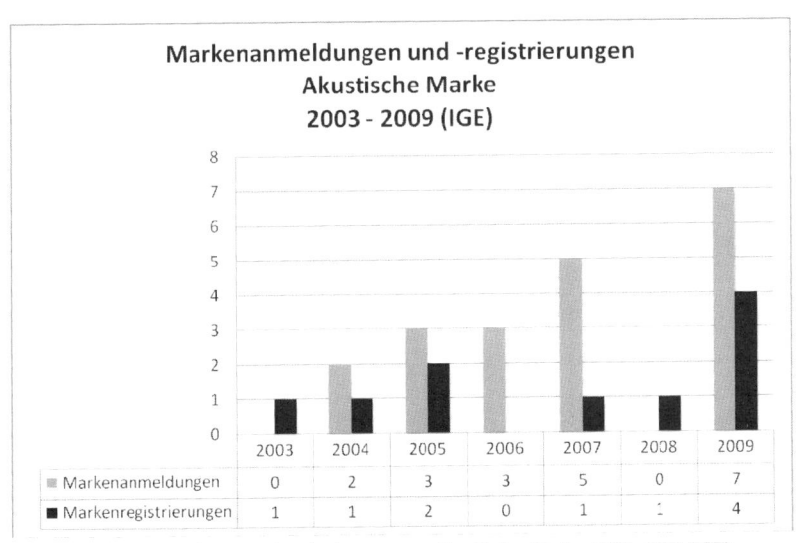

Abb. 123: Markenanmeldungen und -registrierungen von 3D-Marken 2003 - 2009 (IGE)
(Quelle: eigene Darstellung auf Basis der Daten, die mir von Herrn Dr. Melchior Caduff, Leiter Stab Markenabteilung des IGE, per Email am 07.05.2010 zur Verfügung gestellt wurden)

Markenanmeldungen und -registrierungen Akustische Marke 2003 - 2009 (IGE)

	2003	2004	2005	2006	2007	2008	2009
Markenanmeldungen	0	2	3	3	5	0	7
Markenregistrierungen	1	1	2	0	1	1	4

Abb. 124: Markenanmeldungen und -registrierungen von Akustischen Marken 2003 - 2009 (IGE)
(Quelle: eigene Darstellung auf Basis der Daten, die mir von Herrn Dr. Melchior Caduff, Leiter Stab Markenabteilung des IGE, per Email am 07.05.2010 zur Verfügung gestellt wurden)

Markenanmeldungen und -registrierungen Farbmarke 2003 - 2009 (IGE)

	2003	2004	2005	2006	2007	2008	2009
Markenanmeldungen	1	5	7	2	2	1	1
Markenregistrierungen	0	1	1	0	1	1	0

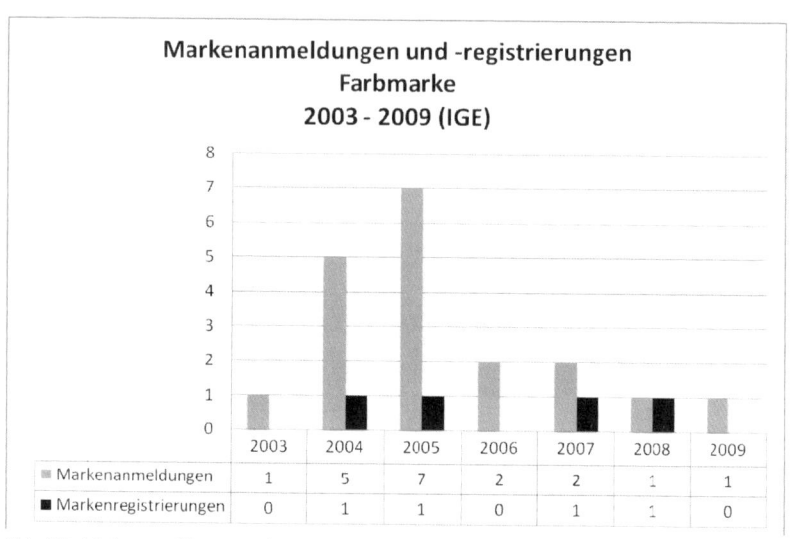

Abb. 125: Markenanmeldungen und -registrierungen von Farbmarken 2003 - 2009 (IGE)
(Quelle: eigene Darstellung auf Basis der Daten, die mir von Herrn Dr. Melchior Caduff, Leiter Stab Markenabteilung des IGE, per Email am 07.05.2010 zur Verfügung gestellt wurden)

Markenanmeldungen und -registrierungen Positionsmarke 2003 - 2009 (IGE)

	2003	2004	2005	2006	2007	2008	2009
Markenanmeldungen	1	1	5	0	0	3	2
Markenregistrierungen	0	0	2	0	0	0	1

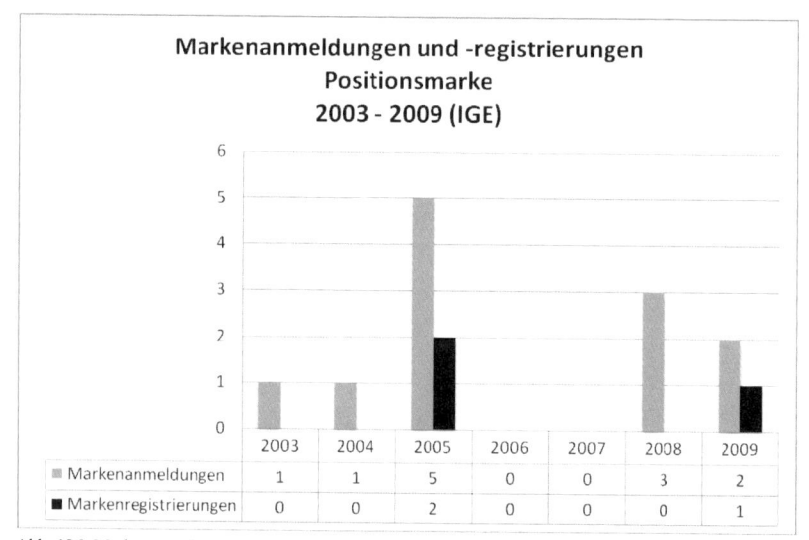

Abb. 126: Markenanmeldungen und -registrierungen von Positionsmarken 2003 - 2009 (IGE)
(Quelle: eigene Darstellung auf Basis der Daten, die mir von Herrn Dr. Melchior Caduff, Leiter Stab Markenabteilung des IGE, per Email am 07.05.2010 zur Verfügung gestellt wurden)

Anhang

Markenanmeldungen und -registrierungen Bewegungsmarke 2003 - 2009 (IGE)

	2003	2004	2005	2006	2007	2008	2009
Markenanmeldungen	1	1	0	1	1	1	4
Markenregistrierungen	1	0	0	0	1	1	3

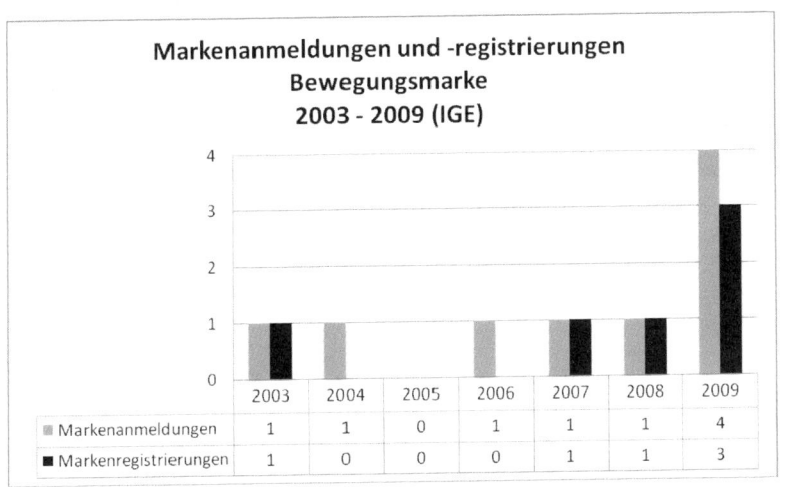

Abb. 127: Markenanmeldungen und -registrierungen von Bewegungsmarken 2003 - 2009 (IGE)
(Quelle: eigene Darstellung auf Basis der Daten, die mir von Herrn Dr. Melchior Caduff, Leiter Stab Markenabteilung des IGE, per Email am 07.05.2010 zur Verfügung gestellt wurden)

Anmeldungen und Registrierungen nach Markenformen beim HABM (2003 - 2009)

Markenanmeldungen und -registrierungen Wortmarke 2003 - 2009 (HABM)

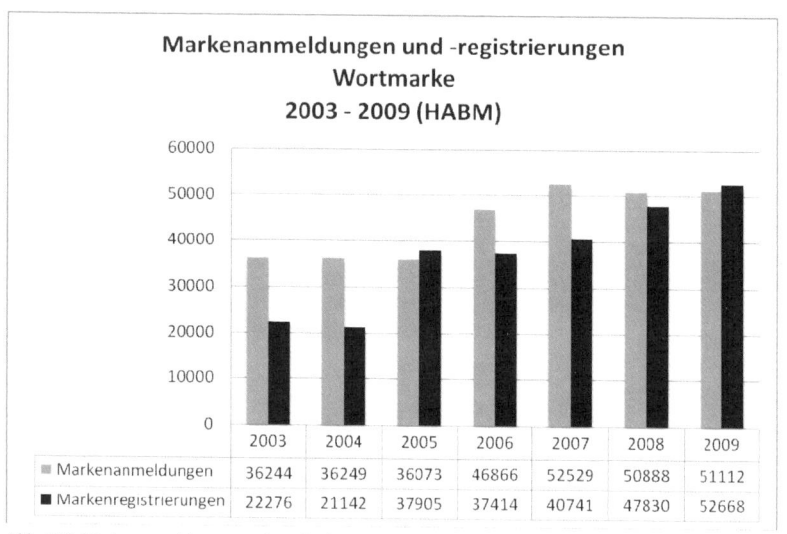

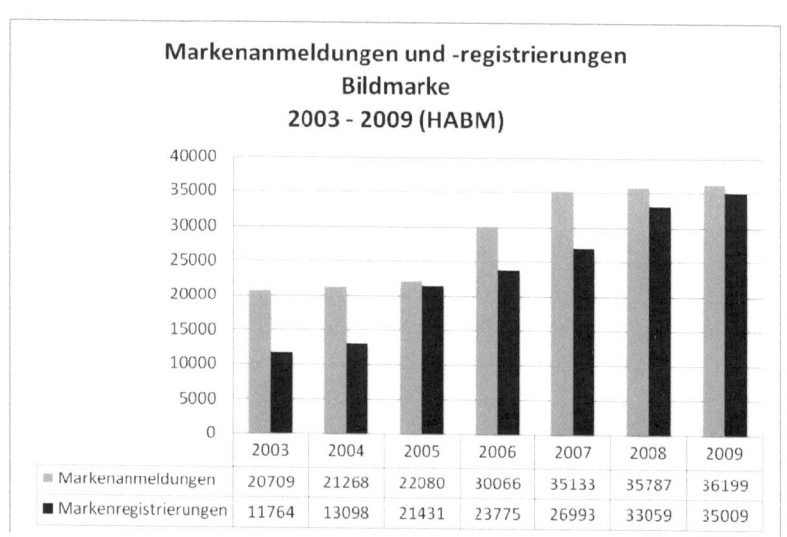

	2003	2004	2005	2006	2007	2008	2009
Markenanmeldungen	36244	36249	36073	46866	52529	50888	51112
Markenregistrierungen	22276	21142	37905	37414	40741	47830	52668

Abb. 128: Markenanmeldungen und -registrierungen von Wortmarken 2003 - 2009 (HABM)
(Quelle: eigene Darstellung auf Basis der Datenbank des HABM)

Markenanmeldungen und -registrierungen Bildmarke 2003 - 2009 (HABM)

	2003	2004	2005	2006	2007	2008	2009
Markenanmeldungen	20709	21268	22080	30066	35133	35787	36199
Markenregistrierungen	11764	13098	21431	23775	26993	33059	35009

Abb. 129: Markenanmeldungen und -registrierungen von Bildmarken 2003 - 2009 (HABM)
(Quelle: eigene Darstellung auf Basis der Datenbank des HABM)

Anhang

Markenanmeldungen und -registrierungen 3D-Marke 2003 - 2009 (HABM)

	2003	2004	2005	2006	2007	2008	2009
Markenanmeldungen	472	454	370	430	414	444	470
Markenregistrierungen	223	206	345	336	305	329	318

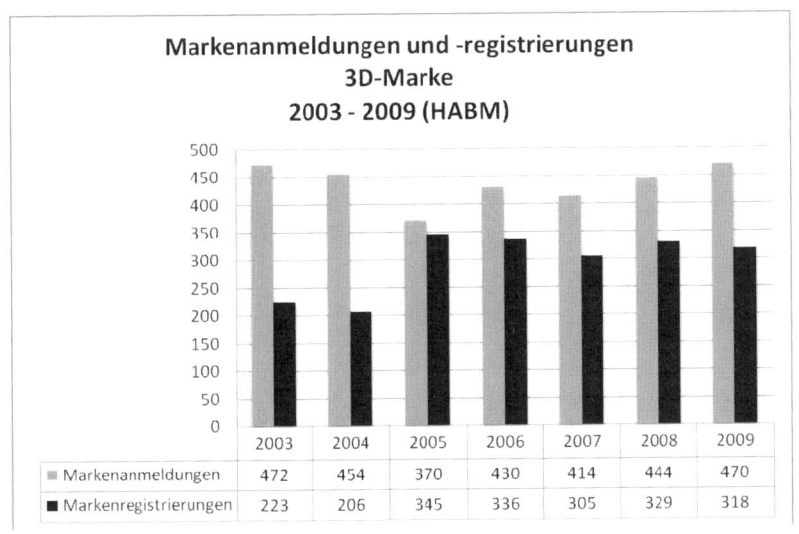

Abb. 130: Markenanmeldungen und -registrierungen von 3D-Marken 2003 - 2009 (HABM)
(Quelle: eigene Darstellung auf Basis der Datenbank des HABM)

Markenanmeldungen und -registrierungen Hörmarke 2003 - 2009 (HABM)

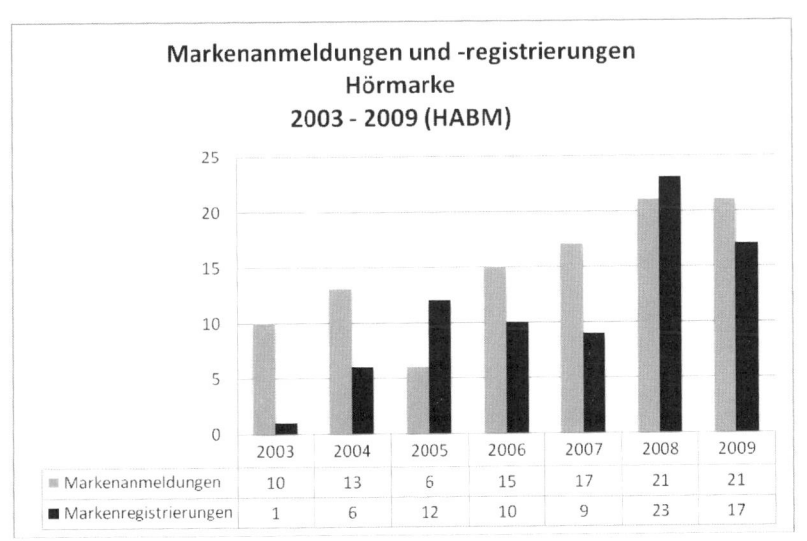

	2003	2004	2005	2006	2007	2008	2009
Markenanmeldungen	10	13	6	15	17	21	21
Markenregistrierungen	1	6	12	10	9	23	17

Abb. 131: Markenanmeldungen und -registrierungen von Hörmarken 2003 - 2009 (HABM)
(Quelle: eigene Darstellung auf Basis der Datenbank des HABM)

Markenanmeldungen und -registrierungen Farbmarke 2003 - 2009 (HABM)

	2003	2004	2005	2006	2007	2008	2009
Markenanmeldungen	98	91	80	41	84	105	61
Markenregistrierungen	8	17	28	16	11	41	47

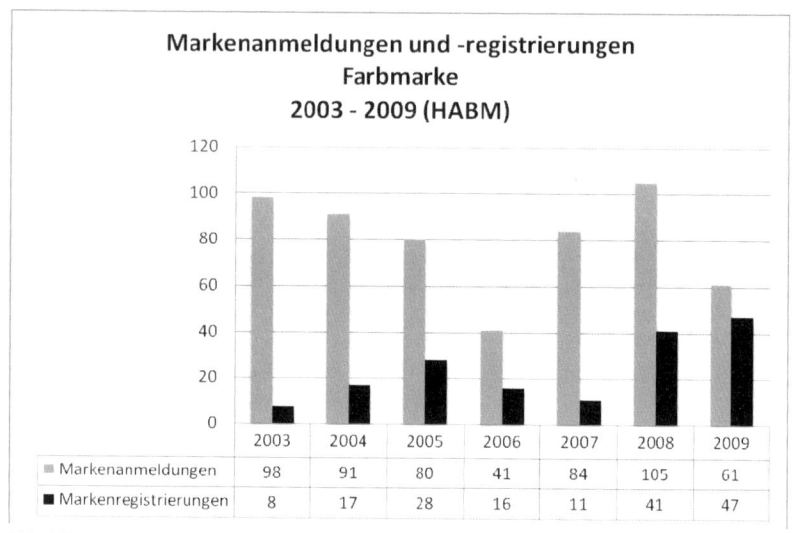

Abb. 132: Markenanmeldungen und -registrierungen von Farbmarken 2003 - 2009 (HABM)
(Quelle: eigene Darstellung auf Basis der Datenbank des HABM)

Markenanmeldungen und -registrierungen Hologramm 2003 - 2009 (HABM)

	2003	2004	2005	2006	2007	2008	2009
Markenanmeldungen	0	1	3	1	0	0	0
Markenregistrierungen	0	0	1	0	0	0	0

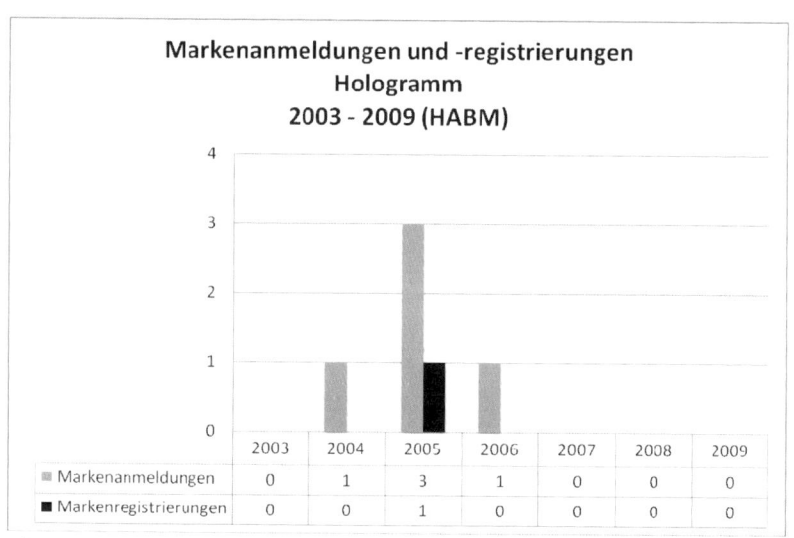

Abb. 133: Markenanmeldungen und -registrierungen von Hologrammen 2003 - 2009 (HABM)
(Quelle: eigene Darstellung auf Basis der Datenbank des HABM)

Anhang

Markenanmeldungen und -registrierungen Geruchsmarke 2003 - 2009 (HABM)

	2003	2004	2005	2006	2007	2008	2009
Markenanmeldungen	1	0	0	0	0	0	0
Markenregistrierungen	1	0	0	0	0	0	0

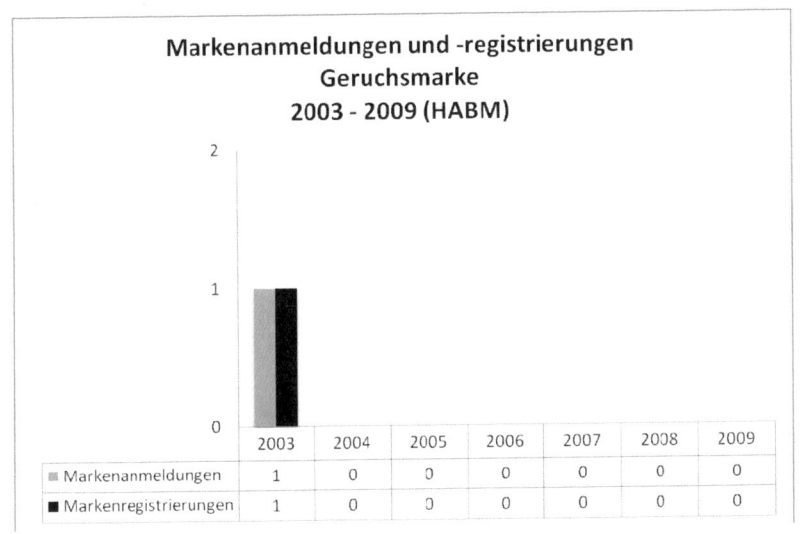

Abb. 134: Markenanmeldungen und -registrierungen von Geruchsmarken 2003 - 2009 (HABM)
(Quelle: eigene Darstellung auf Basis der Datenbank des HABM)

Markenanmeldungen und -registrierungen Sonstige Markenform 2003 - 2009 (HABM)

	2003	2004	2005	2006	2007	2008	2009
Markenanmeldungen	103	53	39	41	73	82	98
Markenregistrierungen	17	17	35	22	19	30	54

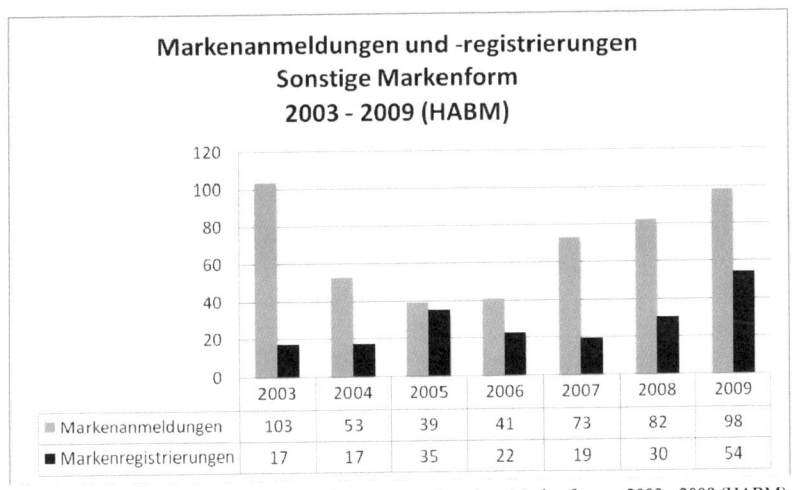

Abb. 135: Markenanmeldungen und -registrierungen von Sonstigen Markenformen 2003 - 2009 (HABM)
(Quelle: eigene Darstellung auf Basis der Datenbank des HABM)

Experteninterview 01

Prof. Dr. **Franz-Rudolf Esch**

Head of Marketing

EBS Business School, Oestrich-Winkel (Deutschland)

07. Mai 2010

Steiner: Was verstehen Sie unter multisensualer Markenführung?

Esch: Unter multisensualer Kommunikation in der Markenführung versteht man die Gestaltung multisensualer Wirkungen von Marken. Eine solche Markenkommunikation beschreibt die modalspezifische Erlebnisvermittlung einer Marke. Gleichzeitig erfolgt die Ansprache mehrerer bzw. aller Sinnesorgane bei den Konsumenten.

Steiner: Gibt es einen bestimmten Sinn, der im Rahmen der multisensualen Markenkommunikation bevorzugt angesprochen respektive vernachlässigt wird?

Esch: Im Rahmen der multisensualen Markenkommunikation gilt es, die Marke mit allen Sinnen erlebbar zu machen. Für die Konsumenten variiert jedoch die Bedeutung der fünf Sinne je nach Produktkategorie. Bei Kleidung bspw. spielen der Seh- und der Tastsinn eine große Rolle, während bei Automobilen Akustik an Bedeutung gewinnt.

Steiner: Was sind Erfolgsfaktoren für multisensuale Markenführung? Welche Umweltaspekte und Risiken sollten beachtet werden?

Esch: Zur Erleichterung der Verarbeitung von multisensualen Reizen sollten diese aufeinander abgestimmt sein. Dies beinhaltet die inhaltliche und formale Abstimmung aller Kommunikationsmaßnahmen, um die erzeugten Kommunikationseindrücke zu vereinheitlichen und zu verstärken. Die durch die Kommunikation vermittelten unterschiedlichen Sinneseindrücke müssen sich gegenseitig unterstützen, um vom Konsumenten als einheitliches Bild wahrgenommen zu werden. Werden durch die verschiedenen Sinneseindrücke jedoch unterschiedliche Inhalte vermittelt, erschwert oder behindert dies sogar die Aufnahme und Speicherung der Inhalte zur Marke.

Steiner: Welche gelungenen Beispiele aus dem Bereich der multisensualen Markenkommunikation fallen Ihnen spontan ein?

Esch: Aus dem Bereich Markenkommunikation fallen mir spontan z.B. die Swarovski-Kristallwelt oder die Loewe-Verkaufsräume ein. Bezogen auf das Produkt selbst ist der Leibniz-Keks ein mögliches Beispiel für gelungene Multisensualität.

Steiner: Gibt es spezielle Branchen, in denen multisensuale Markenkommunikation bevorzugt eingesetzt wird?

Esch: Multisensuale Markenkommunikation ist in allen Branchen möglich. Wobei sich, wie oben bereits angesprochen, die Bedeutungen und somit natürlich auch die Ansprache der verschiedenen Sinne unterscheiden.

Steiner: Kann multisensuale Markenkommunikation auch im Bereich der Neuen Medien (u.a. Computer, Internet, mobile Kommunikation) Anwendung finden?

Esch: Sicherlich kann auch in den von Ihnen angesprochenen Medien multisensual kommuniziert werden. Die technische Entwicklung wird hier auch in Zukunft immer mehr erlauben.

Steiner: Welchen Stellenwert nimmt die multisensuale Markenführung in der aktuellen Unternehmenspraxis ein?

Esch: Multisensuale Markenkommunikation gewinnt zunehmend an Bedeutung in der Unternehmenspraxis.

Steiner: Ist multisensuales Marketing das Erfolgskonzept in einer überkommunizierten Gesellschaft?

Esch: Multisensuales Marketing ist unter den heute herrschenden Kommunikationsbedingungen sicherlich ein Erfolgskonzept, sofern die multisensualen Erlebnisse systematisch und integriert gestaltet und umgesetzt werden. Die multisensuale Ansprache der Konsumenten bietet Differenzierungsmöglichkeiten sowie zahlreiche Wege einer erlebnisorientierten Ansprache, um sich dadurch im Angebotsmeer zu differenzieren.

Ich bedanke mich für Ihre Kooperation!

Experteninterview 02

Prof. Dr. **Manfred Bruhn**

Professor für Marketing und Unternehmensführung, Dekan

Universität Basel (Schweiz)

12. Mai 2010

Steiner: Was verstehen Sie unter multisensualer Markenführung?

Bruhn: Unter multisensualer Markenführung versteht man die Ansprache des Konsumenten durch mehrere Sinnesorgane. Die Wirkung, die durch die Sinnesorgane hervorgerufen wird, wird dabei durch einen Markenimpuls ausgelöst.

Steiner: Wann sind Sie das erste Mal mit multisensualer Markenkommunikation in Berührung gekommen?

Bruhn: Ende der 80er Jahre, Anfang der 90er Jahre, als ich mich mit der integrierten Kommunikation beschäftigte, habe ich mich überwiegend mit dem visuellen Sinn befasst. In den Jahren danach habe ich den Fokus dann immer mehr auch auf andere Sinnesorgane gelegt.

Steiner: Gibt es einen bestimmten Sinn, der im Rahmen der multisensualen Markenkommunikation bevorzugt angesprochen respektive vernachlässigt wird?

Bruhn: In der Markenkommunikation dominiert der visuelle Sinn. Der auditive Sinn nimmt ebenfalls einen hohen Stellenwert ein. Hier gilt es für die jeweilige Markenkommunikation zu überlegen, ob nicht auch die anderen Sinnesorgane eingesetzt werden können.

Steiner: Was sind Erfolgsfaktoren für die multisensuale Markenführung?

Bruhn: *Die* multisensuale Markenführung gibt es per se nicht. Da Erfolgsfaktoren in der multisensualen Markenführung stets vom Produkt, der Branche und dem Kontext abhängig sind, können keine generellen Erfolgsindikatoren ausgemacht werden.

Steiner: Kann multisensuale Markenkommunikation auch im Bereich der Neuen Medien (u.a. Computer, Internet, mobile Kommunikation) Anwendung finden?

Bruhn: Wie man bei Internetplattformen sieht, ist hierbei schon klar fixiert, welche Sinnesorgane angesprochen werden. Wenn man es mit anderen Formen verbindet, so kann ich mir sehr gut vorstellen, dass die multisensuale Markenkommunikation auch im Bereich der Neuen Medien Anwendung finden kann. Letztendlich definiert die Plattform selbst die anzusprechenden Sinnesorgane.

Steiner: Welchen Stellenwert nimmt die multisensuale Markenführung in der aktuellen Unternehmenspraxis ein?

Bruhn: Ich glaube, dass Bewusstsein für die multisensuale Markenführung ist bei Unternehmen vorhanden. Die Emotionalität der Marke muss multisensual erfolgen, wenngleich man sich immer noch auf tradierte Formen der Wahrnehmung von Sinnesorganen fixiert. Erfolgsbeispiele als auch wissenschaftliche Arbeiten auf diesem Gebiet können für ein noch größeres Bewusstsein sorgen.

Steiner: Ist multisensuales Marketing das Erfolgskonzept in einer überkommunizierten Gesellschaft?

Bruhn: Man muss prüfen, welche Möglichkeiten sich einem bieten, neben dem visuellen und auditiven Sinn auch andere Sinnesorgane im Rahmen des multisensualen Marketings anzusprechen. Hier gilt es sowohl den Anlass, die Form als auch den Kontext zu berücksichtigen. In ausgewählten Bereichen kann es sicherlich ergänzende und unterstützende komplementäre Wirkungen geben. Im Einzelfall kann multisensuales Marketing einen wichtigen Beitrag zur Emotionalität der Marke leisten.

Ich bedanke mich für Ihre Kooperation!

Experteninterview 03

Dr. **Hans-Georg Häusel**

Neuromarketingexperte

Autor der Bestseller "Think Limbic" und "Brain View"

Vorstand der Gruppe Nymphenburg Consult AG, München (Deutschland)

03. Mai 2010

Steiner: Was verstehen Sie unter multisensualer Markenführung?

Häusel: Wir gehen davon aus, dass wir eine Markenpositionierung bzw. einen Markenkern haben. So hat beispielsweise *BMW* den Markenkern „Freude" oder *Audi* „Vorsprung durch Technik". Im nächsten Schritt gilt es, die Markenpositionierung in ein zentrales Markengefühl zu übersetzen, d.h. welche Emotionen bzw. welche Gefühle sollen mit dieser Positionierung geweckt werden. Die multisensuale Markenführung hat nun die Aufgabe, dieses zentrale Markengefühl auf alle Marken-Kontaktpunkte (Brand Touch Points) multisensual zu übersetzen. Hier spielt nun die Ansprache aller fünf Sinne eine bedeutende Rolle, die vorab mit der Formulierung des Markengefühls einhergehen soll: *„Wie sieht meine Marke aus?"*, *„Wie klingt meine Marke?"*, *„Wie fühlt sich meine Marke an?"* oder *„Gibt es einen Geruch, der mit der Marke verbunden ist?"*. Nun muss man sich überlegen, wie man die (potentiellen) Kunden mit allen Sinnen konsistent an allen wesentlichen Kontaktpunkten der Marke ansprechen soll. Ein gelungenes Beispiel für multisensuale Markenführung ist u.a. das *BMW-Museum*, wo in einem eigenen Brandroom die Marke multisensual erlebt werden kann.

Steiner: Wann sind Sie das erste Mal mit multisensualer Markenkommunikation in Berührung gekommen?

Häusel: Ich bin ca. 2001 das erste Mal mit multisensualer Markenkommunikation in Berührung gekommen. Im Rahmen der Hirnforschung haben wir uns damals die Frage gestellt: *„Was bedeutet eigentlich Multisensorik auf die Marke übertragen?"*. Mit unserer Limbic®-Map war es möglich, verschiedene Sensualitäten zumindest annähernd abzubilden. Dieses Unterfangen war mit einigen Herausforderungen behaftet, denn beispielsweise kann man den Geschmack nicht so ohne weiteres auf die Limbic®-Map übertragen, jedoch Musikstile, Farben und bestimmte Gerüche. Der Grundgedanke unserer damaligen Untersuchung war: *„Hilft uns die Limbic®-Map einen Leitfaden durch die Sinne zu geben?"*.

Steiner: Die Multisensorik-Forschung spielt inzwischen eine bedeutende Rolle in der Hirnforschung. Wie funktioniert der multisensorische Verarbeitungsprozess im Gehirn?

Häusel: Es gibt mehrere so genannte Verknüpfungszentren im Gehirn. Darunter sind zunächst die rein funktionalen Prozessoren von Bedeutung, die die Sinne zusammenfassen. Diese Prozessoren beinhalten Zellen, die besonders reagieren, wenn auf mehreren Wahrnehmungskanälen zeitgleich spezifische Informationen zusammenkommen. Diese Zellen erzeugen eine so genannte Superadditivität und sorgen damit für das "Multisensory Enhancement". In der Zwischenzeit hat die Hirnforschung auch herausgefunden, dass der gleiche Prozess auch in den emotionalen Zentren im Gehirn abläuft. So spielt u.a. der Thalamus eine wichtige Rolle, denn hier laufen alle Signale von Sinnesorganen zusammen. Aber auch die Amygdala, die Teil des Limbischen Systems ist, nimmt diesbezüglich einen hohen Stellenwert ein.

Steiner: Was versteht man unter dem Begriff "Multisensory Enhancement" und wo findet diese multisensorische Verstärkung im Gehirn statt?

Häusel: Unter "Multisensory Enhancement" versteht man die emotionale Wirkung der Wahrnehmungskanäle, sofern diese zusammenpassen. Hören Sie beispielsweise eine sanfte Musik und riechen gleichzeitig einen sanften Geruch, so passt diese Kombination für das Gehirn zusammen. Hierbei ist die emotionale Wirkung größer als die Summe der einzelnen emotionalen Wirkungen der Wahrnehmungskanäle. Dieser Prozess findet an jenen Stellen statt, die für die so genannte Superadditivität verantwortlich sind. Dafür sind mehrere Bereiche im Gehirn zuständig. Das "Multisensory Enhancement" hat einen evolutionsbiologischen Sinn, denn wenn es beispielsweise nach Raubtier riecht und im selben Augenblick Streifen (eines Tigers) erkannt werden, so ist es hilfreich und auch überlebensnotwendig, dass das Gehirn die gefährliche Situation sofort erkennt und eine dementsprechende Rückmeldung gibt. Wenn es jedoch lieblich riecht und dazu Streifen erscheinen, so gibt das Gehirn vor, dass die Situation nicht gefährlich sein kann. Im Grunde genommen geht es beim "Multisensory Enhancement" darum, Objekte in ihrer emotionalen Bedeutung hervorzuheben, sodass der Organismus auch reagieren kann. Wenn überall die gleichen Informationen modalspezifisch ankommen, so erkennt das Gehirn, dass dieses Objekt von Bedeutung ist. Objekte können u.a. gefährliche Bedeutungen, als auch sexuelle Bedeutungen haben.

Steiner: Gibt es einen bestimmten Sinn, der im Rahmen der multisensualen Markenkommunikation schneller bzw. effizienter im Gehirn verarbeitet wird?

Häusel: Obwohl sich die Sinne gegenseitig beeinflussen, ist bei uns Menschen der visuelle Sinn nach wie vor unser Leitsinn. Unser Gehirn analysiert ständig, welcher der fünf Sinne im Augenblick der stabilste ist und die stabilsten Informationen liefert. Beispiele wie der Bauchredner-Effekt zeigen jedoch, dass sich das Gehirn auch täuschen lässt. Würde man ein Ranking hinsichtlich der Dominanz unserer fünf Sinne erstellen, so würde der Sehsinn unangefochten die Rangfolge anführen, gefolgt von Hör-, Geruchs-, Tast- und Geschmackssinn.

Steiner: Gibt es sowohl zwischen Frauen und Männern als auch im Alter Unterschiede in der Verarbeitung multisensualer Markenerlebnisse?

Häusel: Grundsätzlich reagieren Frauen in der Regel in fast allen Wahrnehmungskanälen 10 bis 20 Prozent früher als Männer. So reagieren Frauen beispielsweise beim Schmerzreiz als auch beim Geruchssinn früher und intensiver. Anhand von Eye-Tracking Untersuchungen konnten wir außerdem feststellen, dass sich auch das Blickfeld zwischen Frauen und Männern unterscheidet. Bemerkenswert ist auch, dass 95 Prozent aller Synästhetiker, also jene Personen, die Sinne von verschiedenen Modalitäten in eine andere übertragen (z.B. können Synästhetiker Geräusche nicht nur hören, sondern auch Formen und Farben dazu sehen), Frauen sind. Folglich kann man davon ausgehen, dass Frauen auf der multisensualen Ebene wesentlich stärker ansprechen als Männer. Frauen reagieren bereits bei schwachen multisensualen Reizen. Dies lässt sich dadurch erklären, dass Östrogen die Welt sozusagen einblendet, Testosteron hingegen ausblendet. Außerdem differenzieren sich Frauen aufgrund ihrer emotionalen Schwerpunkte (z.B. Fürsorge, Harmonie) von Männern hinsichtlich der Verarbeitung multisensualer Erlebnisse. So nehmen Frauen bevorzugt Gerüche auf, die weicher und wärmer sind, während Männer in der Regel härtere Gerüche vorziehen. Auch in der Musik sind grobe Unterschiede festzustellen. Während 70 Prozent der Hardrock-Hörer Männer sind, trifft der gleiche Prozentsatz für Frauen bei Balladen zu. Die Qualitäten unserer Sinne nehmen mit dem Alter ab, somit auch die Sensibilität für die Multisensorik. Auch die Emotionssysteme, wie u.a. Dominanz und Stimulanz, verändern sich mit dem Alter und gehen zurück. Während ältere Menschen versuchen, neue Reize wegzulassen, da diese für sie störend wirken, brauchen Kinder neue Reize, um ihr Gehirn auszubilden. Kinder sind außerdem in allen Wahrnehmungskanälen sehr sensibel. Beispielsweise haben Kinder Probleme mit scharfem Essen, ältere Menschen hingegen in der Regel nicht. Grundsätzlich kann man davon ausgehen, dass die Alterskorrelation beinahe eine Linie ist, die nach unten zeigt.

Steiner: In Ihrem Buch „Neuromarketing" nehmen Sie eine Segmentierung der neurobiologischen Zielgruppen in so genannte Limbic® Types vor. Diese sieben Limbic® Types sind Harmoniser, Offene, Hedonisten, Abenteurer, Performer, Disziplinierte und Traditionalisten. Erfolgt der multisensorische Verarbeitungsprozess im Gehirn bei diesen Limbic® Types auf unterschiedliche Weise?

Häusel: Geht man davon aus, dass jede Modalität eine emotionale Botschaft hat, so gibt es bezüglich des multisensorischen Verarbeitungsprozesses im Gehirn gewaltige Unterschiede bei den genannten Limbic® Types. Beispielsweise bevorzugen Hedonisten und Abenteurer visuelle Formen, die reizstärker sind, während Traditionalisten gegenteilige Formen favorisieren. Auch bei der Musik gibt es bei den Limbic® Types bedeutende Unterschiede. Diese emotionalen Grundtypen hängen zum einen sehr stark mit dem Alter zusammen, zum anderen mit dem Geschlecht. Prinzipiell benötigen die verschiedenen identifizierten Limbic® Types jeweils unterschiedliche Reizstärken, um den gleichen multisensorischen Prozess zu verarbeiten. Während der Hedonist starke Reize sucht, um sich zu stimulieren, benötigen Harmoniser eher schwächere Reize.

Steiner: Starke Marken aktivieren im Gehirn fast gleiche Strukturen, die auch bei religiösen Erfahrungen aktiv sind. In Ihrem aktuellen Buch "Emotional Boosting" bezeichnen Sie die Kirche als erfolgreichstes Unternehmen aller Zeiten, das Multisensorik in allerhöchster Form betreibt? Was können Unternehmen von der Kirche diesbezüglich lernen?

Häusel: Die Kirche versteht es perfekt, die Menschen mit allen fünf Sinnen anzusprechen. Sei es der visuelle Auftritt beim Betreten der Kirche, das Orgelspiel, die Überreichung der Hostie oder der Weihrauch. Die emotionale Inszenierung erfolgt in der Kirche stets multisensual. Ein gutes Beispiel ist auch die multisensuale Inszenierung einer Papst-Wahl. Kein Unternehmen der Welt hat diese Erfahrung in der multisensualen Ansprache der Menschen wie die Kirche. Die Multisensorik ist ja in ihr tief verwurzelt. Ich wüsste nicht, welches Unternehmen dies besser beherrscht als die Kirche.

Steiner: Die Verführung der Sinne am Point of Sale (POS) nimmt immer stärker zu? Welche Maßnahmen werden von Unternehmen getroffen, um Kunden in den Verkaufsräumen multisensual anzusprechen?

Häusel: Das ist abhängig davon, in welcher emotionalen Welt sie als Handel agieren. So unternimmt beispielsweise *Aldi* fast nichts in Sachen der multisensualen Ansprache seiner Kunden. Hier werden sogar Lichtreize reduziert, um Kontrolle zu ermöglichen. Die wenigsten Discounter sprechen ihre Kunden mit mehreren Sinnen an. Die tatsächlichen Verführungen finden in den Bereichen Inspirational Shopping, Experimental Shopping und Exclusive Shopping statt, wobei hier multisensual für Wertsteigerung gesorgt wird. Dabei kommen visuelle, akustische als auch Geruchs-Inszenierungen zum Einsatz. Bei Events steht die Multisensorik regelmäßig im Vordergrund, denn da spielen die Sinne eine bedeutende Rolle. Im Handel hingegen führt die multisensuale Ansprache lediglich zur Emotionssteigerung. Es soll damit gute Stimmung beim Kunden erzeugt werden, sodass sich auch dessen Kauflaune steigert. Die multisensualen Botschaften dürfen jedoch nicht das Warenangebot überstrahlen.

Steiner: Kann multisensuale Markenkommunikation auch im Bereich der Neuen Medien Anwendung finden? Wo liegen hier die Vorteile und Nachteile?

Häusel: Im Bereich der Neuen Medien werden hauptsächlich Bild und Ton verknüpft, d. h. die audiovisuelle Kommunikation dominiert diesen Bereich. So stellt beispielsweise die Markenkommunikation mit Duft noch eine große Herausforderung in diesem Bereich dar. Die Neuen Medien bieten jedoch auch Vorteile, die im klassischen Handel nicht erzielt werden können. So ist die kognitive, emotionale Beschreibung eines Buches bei *Amazon* bei weitem besser als in einem Fachbuchhandel, obwohl bei letzterem das Buch multisensorisch erfahren werden kann. In den Neuen Medien kann man jedoch durch multisensuale Sprache *("dieses Produkt riecht nach Flieder-Duft")* einen Hauch von Multisensorik aufkommen lassen, wobei auch die entsprechenden Assoziationen im Gehirn erzeugt werden. Im Großen und Ganzen konzentriert sich die Markenkommunikation in den Neuen Medien jedoch auf den Seh- und Hörsinn.

Steiner: Wie sehen Sie die Zukunft der multisensualen Markenführung?

Häusel: Wenn man davon ausgeht, dass nur Emotionen Wert schaffen, so spielen dabei die Sinne eine bedeutende Rolle. Wie man bei erfolgreichen Marken feststellen kann, wird die Multisensorik zunehmend in die Markenstrategie aufgenommen. So sind in den letzten Jahren zahlreiche Sound Branding-Agenturen, als auch Geruchs-Institute entstanden. Diese Beispiele zeigen, dass Unternehmen sukzessive mehr Wert auf eine multisensuale Markenführung legen. Die Sensibilität für das Thema nimmt dramatisch zu.

Ich bedanke mich für Ihre Kooperation!

Experteninterview 04

Dr. **Karsten Kilian**

Initiator von Markenlexikon.com

Lauda-Königshofen (Deutschland)

14. Mai 2010

Steiner: Was verstehen Sie unter multisensualer Markenführung?

Kilian: Multisensuale Markenführung bedeutet für mich, dass Marken bewusst alle Sinneskanäle zur Markenkommunikation einsetzen, wobei die multisensorisch vermittelten Botschaften im Idealfall aus der Markenidentität abgeleitet und damit in sich stimmig sind.

Steiner: Wann sind Sie das erste Mal mit multisensualer Markenkommunikation in Berührung gekommen?

Kilian: Vor etwa fünf Jahren habe ich mich das erste Mal intensiver mit multisensualer Markenführung befasst. (Seitdem habe ich eine Reihe von Buchbeiträgen zu diesem Thema verfasst und ein Dutzend Fachvorträge zu diesem Thema gehalten.)

Steiner: Wie funktioniert multisensuale Markenkommunikation?

Kilian: Markenkommunikation funktioniert immer multisensual. Es stellt sich lediglich die Frage, ob die über die verschiedenen Sinneskanäle übermittelten Botschaften „im Sinne der Marke" sind - und damit zugleich in sich stimmig. Ist dies der Fall, so ist die Wirkung beim Empfänger deutlich höher als bei mono- oder duosensualer Markenkommunikation. Im Ergebnis steigen die Aufmerksamkeit, die Merkfähigkeit und die Leichtigkeit des Abrufs gespeicherter Informationen zu einer Marke.

Steiner: Gibt es einen bestimmten Sinn, der im Rahmen der multisensualen Markenkommunikation bevorzugt angesprochen respektive vernachlässigt wird?

Kilian: Bevorzugt angesprochen wird nach wie vor der visuelle Kanal. Die meisten Marken setzen primär oder ausschließlich auf diesen Sinneskanal. An zweiter Stelle folgt der akustische Kanal, was eng mit den heutigen Möglichkeiten der Massenkommunikation zusammenhängt, die visuell und/oder akustisch geprägt sind. Haptik, Duft und Geschmack lassen sich meist nur visuell bzw. akustisch andeuten, da es sich bei ihnen um so genannte „Nahsinne" handelt, die eine direkte Interaktion voraussetzen.

Steiner: Was sind Erfolgsfaktoren für multisensuale Markenführung? Welche Umweltaspekte und Risiken sollten beachtet werden?

Kilian: Zentraler Erfolgsfaktor ist, dass alle Sinne bewusst - aus dem Selbstverständnis der Marke heraus - eingesetzt werden. Einfluss auf die Wirksamkeit multisensualer Markenkommunikation nimmt zum einen der Wettbewerb, der vielfach für „Rauschen" sorgt sowie der Empfänger, der z.b. aufgrund körperlicher Gegebenheiten oder kultureller Vorprägung bestimmte sensorische Signale besser oder schlechter aufnimmt bzw. richtig, falsch oder gar nicht versteht.

Steiner: Welche gelungenen Beispiele aus dem Bereich der multisensualen Markenkommunikation fallen Ihnen spontan ein?

Kilian: Klar führend sind erstens (fast) alle bekannten Autohersteller, die die multisensuale Klaviatur auf beeindruckende Weise bespielen. Zweitens sind es sämtliche Lebensmittelhersteller, die mit ihren Marken aufgrund der alle fünf Sinne ansprechenden Produkteigenschaften stets bewusst (gestaltet) alle fünf Sinne ansprechen. Schließlich kommen an dritter Stelle Hotels, Restaurants und Veranstaltungen bei denen multisensorische Kommunikation zentraler Bestandteil der Markenführung ist.

Steiner: Gibt es spezielle Branchen, in denen multisensuale Markenkommunikation bevorzugt eingesetzt wird?

Kilian: Neben Automobil- und Lebensmittelherstellern sowie sämtlichen Dienstleistern zählen auch Luxusmarkenhersteller (Mode, Duft, Accessoires) zu den führenden, multisensual arbeitenden Unternehmen.

Steiner: Welche Fehler beobachten Sie in Unternehmen bei dem Einsatz von multisensualem Branding?

Kilian: Häufig wird bei der Ausgestaltung multisensualer Markenkommunikation auf den Geschmack und das Gefallen der Zielgruppe geachtet, anstatt das Selbstverständnis der Marke über jeden Sinneskanal hinweg kohärent zu transportieren.

Steiner: Kann multisensuale Markenkommunikation auch im Bereich der Neuen Medien (u.a. Computer, Internet, mobile Kommunikation) Anwendung finden?

Kilian: Ja, kann es zumindest durch den gezielten Einsatz von Irradiation, d.h. z.B. durch visuelle Darstellung haptischer, olfaktorischer oder gustatorischer Sinneseindrücke. Daneben bietet der akustische Kanal noch vielfältige Möglichkeiten im Bereich der Neuen Medien. Schließlich eröffnen neue Technologien bereits heute erste Möglichkeiten zur Simulation haptischer Reize. In den nächsten Jahren werden sich im Bereich der Haptik die größten Möglichkeiten ergeben. Das iPad von Apple sowie eine Reihe von Handymodellen markieren erst den Anfang.

Steiner: Welchen Stellenwert nimmt die multisensuale Markenführung in der aktuellen Unternehmenspraxis ein?

Kilian: Eine zu niedrige. Problem ist, dass die Voraussetzungen für multisensuale Markenkommunikation häufig noch nicht vorhanden sind. Ohne eine konkrete, ursächliche, relevante und spezifische Markenidentität, die aus einem Markenkern und mehreren Markenwerten besteht, ist multisensorische Markenkommunikation von vorne herein zum Scheitern verurteilt. Multisensorische Markenkommunikation ist kein Selbstzweck, sondern Mittel zum Zweck - zur konsistenten und kontinuierlichen Kommunikation der Besonderheiten einer Marke über alle Sinneskanäle.

Steiner: Wie sehen Sie die Zukunft der multisensualen Markenführung?

Kilian: Die Chancen sind immens, die offenen Fragen sind es ebenfalls. Noch gilt es zum einen die internen Voraussetzungen zu erarbeiten (Stichwort Markenidentität), zum anderen fehlen von wissenschaftlicher Seite her umfassende Forschungsergebnisse. Nach wie vor werden primär Sinne einzeln erforscht. Fallweise liegen auch bereits aussagekräftige duosensuale Studienergebnisse vor. Brauchbare Ergebnisse für mehr als zwei Sinne sind demgegenüber noch nahezu nichtexistent, weshalb sich im Bereich multisensorischer Marktforschung in den nächsten Jahren vielfältige Möglichkeiten ergeben.

Ich bedanke mich für Ihre Kooperation!

Experteninterview 05

Dipl.-Kfm. **Karsten Klepper**

Leiter des Corporate Senses Institut für integrierte multisensorische Markenbildung

Krailling bei München (Deutschland)

10. Mai 2010

Steiner: Wann sind Sie das erste Mal mit multisensualer Markenkommunikation in Berührung gekommen?

Klepper: Wenn auch damals unbewusst - so erinnere ich mich immer noch an meinen ersten Kirchenbesuch: das perfekte Erlebnis aller fünf Sinne: optisch: das Kirchenkreuz, akustisch: die Kirchenglocken, olfaktorisch: der Weihrauch. gustatorisch: die Oblate. Und haptisch: der kalte Steinfußboden.

Steiner: Wie funktioniert multisensuale Markenkommunikation?

Klepper: Im Grunde wird versucht jeden einzelnen Sinn zu adressieren, um somit einen „Erinnerungseffekt" zu erzeugen. Dies geschieht bis heute leider fast ausschließlich inkongruent (entkoppelt) ein, zwei- oder selten mehrdimensional. Die Zukunft liegt aber im integrierten ganzheitlichen Ansatz, sprich mehrdimensionalen, miteinander verknüpften, zusammenhängenden und damit kongruenten Ansatz.

Steiner: Gibt es einen bestimmten Sinn, der im Rahmen der multisensualen Markenkommunikation bevorzugt angesprochen respektive vernachlässigt wird?

Klepper: Bezeichnender Weise sind alle fünf Sinne auf fast dem gleichen Level der „Nutzung". Wir schmecken und hören in fast gleichem Maße wie wir sehen und riechen. Es ist nur eine Frage der bewussten oder unbewussten Wahrnehmung. Sehen wir uns aber einmal die heutige Markenkommunikation an, dann ergibt sich ein extremes Gefälle in der Kommunikation: der Schwerpunkt liegt mit ca. 80% im visuellen Bereich, gefolgt von Sound und Duft. Fast komplett vernachlässigt wird der Tastsinn. Und dabei ist der Tastsinn der Älteste. Denn bevor wir sehen, riechen oder schmecken konnten - haben wir jedes Berühren der Fruchtblase bereits „gespürt".

Steiner: Was sind Erfolgsfaktoren für multisensuale Markenführung?

Klepper: Wir sind von einer wirklichen multisensorischen Markenführung meilenweit entfernt. Selbst Weltmarken schaffen es bis heute nicht den Basis-Sinn - die visuelle Kommunikation - sauber auf die Straße zu bringen - geschweige denn zu „managen". Es gilt zunächst die Marke wirklich integriert und multisensorisch zu entwickeln. Die Marken-Manager der Unternehmen managen oft die Sinne einzeln: es gibt eine Abteilung für Sound, eine für Duft und einen verantwortlichen Bereich für die visuelle Kommunikation. Zu oft weiß aber einer nichts vom anderen. Mittels der Notasensorik jedoch wird die Notwendigkeit einer Gesamt-Ableitung immer klarer. Und auch der Gebrauch eines einheitlichen Gattungsbegriff zur ganzheitlichen Markenführung tritt zu Tage: Corporate Senses.

Steiner: Welche gelungenen Beispiele aus dem Bereich der multisensualen Markenkommunikation fallen Ihnen spontan ein?

Klepper: Es gibt viele Beispiele für multisensorische Markenkommunikation. Nur fehlt diesen allen der integrierte Ansatz. Nehmen Sie *Mercedes Benz*: die visuelle Kommunikation zielt in eine ganz andere Richtung als dies das neue Sound-Branding tut. Ein wirklich kongruent multisensorisches Beispiel kenne ich bis heute (noch) nicht.

Steiner: Gibt es spezielle Branchen, in denen multisensuale Markenkommunikation bevorzugt eingesetzt wird?

Klepper: Je mehr sensorische Berührungspunkte es zur Zielgruppe gibt, desto besser. Airlines, aber auch die Auto-Industrie wären geeignete Branchen. Schwerer wird es bei Unternehmen, die im Geschäftskern selber mit einem Sinn „handeln": *Douglas* Parfümerien zum Beispiel. Neutral oder nach Kaffee zu riechen wäre eine Überlegung. Wie aber *Douglas* wirklich riechen müsste beantwortet unser Institut.

Steiner: Welche Fehler beobachten Sie in Unternehmen bei dem Einsatz von multisensualem Branding?

Klepper: Die ersten Ursachen liegen bereits im Fehlen von relevanten und differenzierenden Markenwerten. Dann folgen die Fehler in der inkongruenten Entwicklung einer Marke. Hinzu kommen dann teilweise Entscheidungen auf Basis des persönlichen Geschmacks - ein wirklich fataler Fehler bei der Bildung einer multisensorischen Marke. Wenn dann die Marke zwar richtig entwickelt - aber falsch gesteuert und gemanagt wird, sind wir beim Punkt der fehlenden multisensorischen Kompetenz der Entscheider.

Steiner: Kann multisensuale Markenkommunikation auch im Bereich der Neuen Medien (u.a. Computer, Internet, mobile Kommunikation) Anwendung finden?

Klepper: Hier gab es ja schon einige Versuche - insbesondere im Sound Branding. Und da macht es meines Erachtens nach auch Sinn. Schwerer - aber machbar - wird es beim Duft. Denken Sie an *Apple:* Sie haben ein defektes Gerät und senden es zur Reparatur ein. Bevor Sie das Gerät wieder zurückbekommen - beduftet *Apple* das gebrauchte Gerät, sodass es wieder wie neu riecht. Im digitalen Bereich eher unmöglich wird hingegen die Gustatorik.

Steiner: Welchen Stellenwert nimmt die multisensuale Markenführung in der aktuellen Unternehmenspraxis ein?

Klepper: Die multisensorische Markenführung ist auf dem Vormarsch, aber dennoch ein wirklich kleines Pflänzchen. Um eine wirkliche Alleinstellung zu erreichen, werden heutige verbale Leistungsversprechen nicht mehr ausreichen. Wahre Differenzierung erreichen Unternehmen nur durch die richtige multisensorische Ausprägung Ihrer Marke. Wer das richtig und rechtzeitig angeht, wird später als Marke sich einen entscheidenden Vorteil gegenüber seinen Wettbewerbskollegen verschaffen.

Steiner: Ist multisensuales Marketing das Erfolgskonzept in einer überkommunizierten Gesellschaft?

Klepper: Das wird sich erst in der Praxis zeigen. Aber es ist das stärkste Konzept zur Differenzierung der eigenen Marke. Und es wird das effektivste sein, um eine ganzheitliche, intensive und einzigartige Markenerinnerung zu erreichen. Denn auch hier wirkt der Marken-Dreiklang: Bekanntheit-Sympathie-Kauf. Also je intensiver und nachhaltiger die Markenwahrnehmung, desto höher die Markenerinnerung und damit letztlich der Kauf.

Ich bedanke mich für Ihre Kooperation!

Experteninterview 06

Dr. **Ralf Sieckmann**

Patentanwalt, Partner in der Anwaltskanzlei Cohausz Dawidowicz Hannig & Sozien

Düsseldorf (Deutschland)

31. Mai 2010

Steiner: Das Markenrecht befindet sich stets im Wandel und wird durch die Markenanmeldungen und durch die Entscheidungen der Gerichte ständig verändert und angepasst. Befindet sich Ihrer Meinung nach das Deutsche Markengesetz am Puls der Zeit?

Sieckmann: Das Markengesetz, ergänzt durch die Markenverordnung, jeweils in der aktualisierten Fassung von 2009, ist am Puls der Zeit.

Steiner: Während Markenanmeldungen in Deutschland, Österreich und der Schweiz in den letzten 10 Jahren relativ konstant bzw. rückläufig sind, erlebt das Harmonisierungsamt für den Binnenmarkt (HABM) diesbezüglich einen regelrechten Boom: Seit 2001 ist die Zahl der Markenanmeldungen signifikant gestiegen. Haben Sie dazu eine Erklärung?

Sieckmann: Ja, dies liegt daran, dass die Gebühren des HABM für die Markenanmeldung und Registrierung seit 2005 von 2075 € auf 1800 € und jetzt auf 1050 € gesenkt worden sind und bei elektronischer Anmeldung sogar noch ein Rabatt von 150 € gewährt wird und man so Schutz für die 27 Staaten der Europäischen Gemeinschaft erhält. Aber viele Markenanmelder unterschätzen neben dem Gebührenvorteil die Verzögerung der Markeneintragung durch z.T. willkürlich eingelegte Widersprüche.

Steiner: Im Deutschen Patent- und Markenamt (DPMA) werden im Markenregister aktuell die folgenden Markenformen klassifiziert: Wortmarke, Bildmarke, Wort-/Bildmarke, Hörmarke, 3D-Marke, Farbmarke, Kennfadenmarke, sonstige und unbekannte Markenform. Was unterscheidet die sonstige von der unbekannten Markenform?

Sieckmann: Nach der Markenverordnung muss dem DPMA mitgeteilt werden, in welcher Markenform die Marke eingetragen werden soll. Geschieht dies auch nach einer Nachfrage durch das DPMA nicht (eindeutig) durch den Anmelder, wird die Anmeldung zurückgewiesen, und im (elektronischen) Markenregister verbleibt eine dem DPMA „unbekannte Markenform" in derzeit über 70 Fällen.

Steiner: Im Jahr 2009 wurden im DPMA 69.069 Marken angemeldet. Darunter haben die Wortmarken mit 39.521 Anmeldungen den größten Anteil (57%), gefolgt von 29.360 Anmeldungen von Bildmarken und Wort-/Bildmarken (42%). Die restlichen Markenformen, nämlich 3D-Marken (138), Hörmarken (14), Farbmarken (11), Kennfadenmarken (0) und sonstige Markenformen (25), spielen im Vergleich mit insgesamt 188 Anmeldungen nur eine untergeordnete Rolle (<1%). Wie erklären Sie sich diese geringe Anzahl an Anmeldungen?

Sieckmann: Zunächst sind bei einem korrekten Vergleich der Markenformen nicht der Anteil der Markenanmeldungen, sondern der Anteil der Markeneintragungen zu vergleichen, und dort ist der Anteil der restlichen Markenformen noch wenigstens um den Faktor 2 geringer. Auch die Verfahrensdauer bis zur Eintragung ist unterschiedlich. Wird eine Wortmarke, Bildmarke, Hörmarke (in Notenschrift), Kennfadenmarke und z.T 3D-Marke in einem guten Jahr eingetragen, dauert die Eintragung einer Farbmarke wegen des Nachweises der Verkehrsdurchsetzung mehrere Jahre. Auch die Eintragung sonstiger Markenformen wie Bewegungsmarken kann mehr als ein Jahr dauern, da beschrieben werden muss, was Gegenstand und Dauer der einzelnen Sequenzen der Bewegung ist.

Steiner: Die aktuell im DPMA klassifizierten Markenformen sprechen überwiegend den visuellen Sinn, als auch den Gehörsinn (Hörmarke) an. Können grundsätzlich alle (anderen) Elemente der multisensualen Markenführung (Geruchssinn, Geschmackssinn, Tastsinn) im DPMA markenrechtlich geschützt werden?

Sieckmann: Grundsätzlich ja, wenn diese Markenformen, wie im Gesetz gefordert, graphisch darstellbar sind, was reine Geruchsmarken (und Geschmacksmarken) aus technischen Gründen bisher ausschließt, so der Europäische Gerichtshof 2002. Das gleiche gilt derzeit für haptische Marken. Die einzige „haptische Marke" von Underberg (Nr 30 259 811) mit der Wiedergabe von Underberg in Braille-Schrift wurde irrtümlich 2003 als 3D-Marke eingetragen, ist nach Berichtigung 2004 als Bildmarke eingetragen.

Abb. 136: „Underberg" in Brailleschrift
(Quelle: URL 106)

Steiner: Da die europäischen Patent- und Markenämter unterschiedliche Markenformen klassifizieren, ist in Europa die Eintragung in das Markenregister nicht einheitlich geregelt. Wo gibt es diesbezüglich die größten Unterschiede? Ist hier eine Annäherung in Sicht?

Sieckmann: Nachdem der Europäische Gerichtshof 2002, 2003 mittelbar entschieden hatte, dass eine Eintragung von Hörmarken, die nicht in Notenschrift wiedergegeben werden können, nicht eintragbar sind, hat das HABM im Juli 2005 die Durchführungsverordnung zur Gemeinschaftsmarkenverordnung in der Weise geändert, dass bei elektronischer Einreichung einer Hörmarke die Marke als mp3-file eine graphische Wiedergabe ersetzen kann, sodass seit diesem Zeitpunkt auch Geräusche als Hörmarke eingetragen werden können. Die nationalen Markenämter sind nach meiner Kenntnis noch nicht so weit gegangen. Nichtsdestoweniger findet man in den Prüfungsrichtlinien des HABM den Hinweis, dass Hologramme und Gerüche als Marken nicht eintragbar sind.

Steiner: Welche Markeneintragung innerhalb der letzten Jahren betrachten Sie als bemerkenswert?

Sieckmann: Der Vermarkter von Merchandising Produkten rund um den Tarzanschrei, die *Edgar Rice Burroghs Inc.*, hat beachtliche Anstrengungen unternommen, die zunächst durch ein simples Sonogramm (vgl. Abb. 137) angemeldete zurückgewiesene Gemeinschaftsmarke schließlich sogar durch eine Wiedergabe in Notenschrift (vgl. Abb. 138) 2005 erfolgreich zu schützen.

Abb. 137: Sonogramm des Tarzanschrei
(Quelle: URL 17)

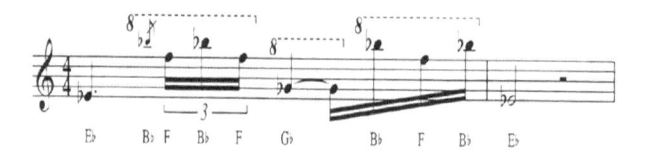

Abb. 138: Notation des Tarzanschrei
(Quelle: URL 167)

Eine vor Änderung der Durchführungsverordnung 2005 eingereichte Wiedergabe als Sonogramm (vgl. Abb. 139) wurde 2007 durch die Beschwerdekammer zurückgewiesen.

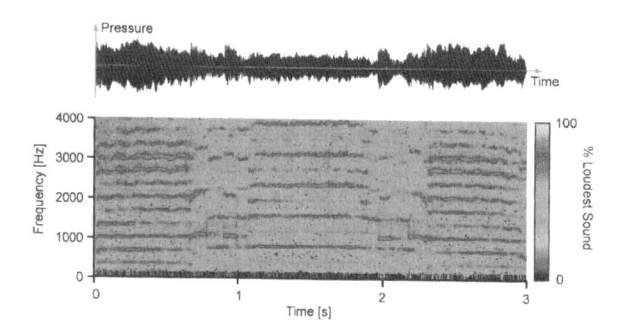

Abb. 139: Sonogramm des Tarzanschrei (alternative Version)
(Quelle: URL 25)

Und da sage man, Geräusche könnten nicht modifiziert in Noten wiedergegeben werden!

Anhang

Steiner: Gibt es Markenformen, die speziell für den Bereich „Neue Medien" (u.a. Computer, Internet, mobile Kommunikation) konzipiert sind bzw. besonders in diesem Bereich in Anspruch genommen werden?

Sieckmann: Ja, dies sind in erster Linie die Hörmarken und dann die Bewegungsmarken.

Steiner: Die neuen Markenformen zählen zu den am meisten diskutierten Themen des Markenrechts. Darunter fasst man Tastmarken, Geruchsmarken, Geschmacksmarken, Positionsmarken, virtuelle Marken, Bewegungsmarken (multimediale Marken), Kombinationsmarken und Lichtmarken (Hologramme) zusammen. In einigen wenigen europäischen Ländern werden bereits einige dieser neuen Markenformen klassifiziert. So u.a. in der Schweiz (Bewegungsmarken, Positionsmarken, Lichtmarken). Wie sehen Sie die Zukunft dieser neuen Markenformen?

Sieckmann: Ich sehe die Zukunft der neuen Markenformen als gut an. Hierzu müssten auch die anderen Markenämter in der EU bei der elektronischen Anmeldung von Marken, soweit noch nicht eingeführt, auf das Erfordernis der graphischen Wiedergabe als Anmeldeerfordernis verzichten und dieses gegen eine elektronische Wiedergabe substituieren, was bei den heute überwiegend elektronisch geführten Markenregistern auch bei der Bekanntmachung dieser Markenformen zwecks Widerspruchs unproblematisch ist. So könnte die Wiedergabe von Hörmarken als mp3 oder wav, die Wiedergabe von Bewegungsmarken, Hologrammen als animated gif, Flash, avi, mpg, mp4 usw. erfolgen, alles Wiedergabeformate, die bereits in den 1990er Jahren bekannt waren und auf jedem PC ausgeführt werden konnten. Ich hatte hierauf bereits in meiner Begründung der Vorabentscheidung zum EuGH in der RS SIECKMANN hingewiesen.[1341]

Ich bedanke mich für Ihre Kooperation!

[1341] Vgl. URL 24.

Experteninterview 07

Josef Zotter

zotter Schokoladen Manufaktur GmbH

Bergl bei Riegersburg (Österreich)

06. Mai 2010

Steiner: Herr Zotter, was ist das Geheimnis Ihres Erfolges?

Zotter: Mein Credo ist die Intuition (Bauchgefühl) und offensichtlich machen wir derzeit viel richtig. Ganzheitliches Denken sollte selbstverständlich sein, denn nur das führt tatsächlich zu sinnerfüllten Produkten. Man darf sich nicht von Kundenbedürfnissen leiten lassen.

Steiner: Wann sind Sie das erste Mal mit multisensualer Markenkommunikation in Berührung gekommen?

Zotter: Für mich war der ganzheitliche Ansatz immer selbstverständlich. Wenn man mit Lebensmitteln arbeitet, ist es doch eigentlich selbstverständlich, etwas für ALLE Sinne zu machen.

Steiner: Mit Kreativität und einem hohen Qualitätsbewusstsein schaffen Sie immer wieder Schokoladenkreationen, die alle Erwartungen übertreffen. So brachten Sie heuer u.a. die erste Fischschokolade der Welt auf den Markt. Im Schnitt gibt es 300 Sorten von Zotter-Schokolade, einige werden eingestellt, 60 bis 70 neue kommen pro Jahr dazu - alle einzig und allein von Ihnen komponiert. Wie gehen Sie bei Ihren Kreationen vor und welchen Stellenwert nimmt dabei die Multisensualität ein?

Zotter: Ich denk mir stets die Geschmacksrichtung selbst aus. Mein Talent ist es, mir viele Zutaten im Geist vorstellen zu können, wie diese in den unterschiedlichen Zusammensetzungen schmecken. Sehr wichtig ist mir dabei, die Dinge niemals vorab auszuprobieren, denn das würde der Idee die Seele nehmen. Man soll keine Kompromisse eingehen, immer sich selber treu bleiben. Übrigens habe ich schon die nächsten kreativen Geschmacksrichtungen entwickelt, u.a. *„Wein und Schwein"* und *„Sauerstoff"*. Denkbar wäre auch *„Himbeergummi im Kondom"*, aber da brauchen wir noch ein paar Jahre, um das auf den Markt zu bringen.

Steiner: Mit den kreativen Geschmackskompositionen und dem einmaligen Art-Design sind Ihre handgeschöpften Schokoladen Kult geworden. Für die Gestaltung der Verpackung Ihrer Schokolade zeichnet Art Director Andreas H. Gratze verantwortlich. Sein Schoko-Design besticht durch bildnerische Kraft, Detailreichtum und Humor. Das Design wurde bereits mit dem IF packaging award 2008 ausgezeichnet und für den Designpreis der Bundesrepublik Deutschland 2009 nominiert. Welchen Stellenwert nimmt die Verpackungsgestaltung bei Zotter ein?

Zotter: Die Gestaltung der Verpackung nimmt bei Zotter einen hohen Stellenwert ein. Den Stellenwert der Verpackung zu gewichten ist jedoch für mich nicht möglich. Neben der Verpackung spielen bei Zotter noch andere Faktoren eine bedeutende Rolle, wie vor allem der Geschmack der Schokolade.

Steiner: Multisensuale Markenführung wird im Unternehmen Zotter groß geschrieben? Sie konzentrieren sich nicht nur auf den Geschmack und Geruch der Schokolade, sondern widmen auch der Haptik (Brailleschrift auf der Verpackung) und dem Design der Verpackung große Aufmerksamkeit. Auf welche Herausforderungen treffen Sie im Rahmen der multisensualen Markenführung?

Zotter: Wenn man das tut, was man gerne tut, sieht man das nicht als Herausforderung.

Steiner: Aktuell unterhalten Sie zwei Flagshipstores in Bergl (160.000 Besucher/ Jahr) und Essen und zwei weitere „Schoko-Laden" in Innsbruck und Salzburg. Was erwartet den Kunden in den selbst ernannten „Schoko-Laden-Theatern" und welche Sinne werden dabei angesprochen?

Zotter: Hier in Bergl haben wir nicht nur aufgrund der schönen Landschaft die besten Voraussetzungen für unseren Flagshipstore. Wir versuchen Akzente zu setzen, die man nicht unbedingt erwartet. So steht beispielsweise der Kunde vor verschlossenen Regalen, die sich manchmal zögerlich öffnen, Theater eben. Natürlich ist es auch unser Ziel, ein gesamtsinnliches Erlebnis zu schaffen, wie z.B. durch unsere Naschstationen Schokolade „Online" running chocolate usw.

Steiner: Die renommierte amerikanische Harvard Business School ist auf Sie aufmerksam geworden. Im April 2010 haben Sie dort vor zahlreichen Studenten gesprochen, wobei auch eine Fallstudie über Ihr Unternehmen vorgestellt wurde. Sie sind europaweit der Einzige, der Schokolade von der Bohne weg (bean-to-bar) ausschließlich in Bio- und Fair-Qualität produziert. Innovation nennen Sie als Motor der Wirtschaft. Was sind Ihre Erfolgsfaktoren und welche Umweltaspekte und Risiken haben Sie als Kreativ-Chocolatier zu beachten?

Zotter: Einzelne Erfolgsfaktoren kann ich nicht nennen, denn es sind so viele. Das gleiche gilt für Umweltaspekte. An Risiko will ich gar nicht denken, denn das bremst die Innovation. Wenn man sich entschließt, unkonventionelle Wege zu gehen, hat man immer ein sehr großes Risiko.

Steiner: Ist multisensuales Marketing das Erfolgskonzept in einer überkommunizierten Gesellschaft?

Zotter: Ja selbstverständlich, sonst würden wir es ja nicht machen. Meiner Meinung nach muss man multisensuales Marketing im Unternehmen leben, ansonsten wird es zum Risiko. Wir bei *Zotter* versuchen auf mehreren Ebenen zu punkten und werden auch weiterhin in Zukunft multisensuales Marketing konsequent anwenden.

Ich bedanke mich für Ihre Kooperation!

Experteninterview 08

Christin Lüdemann

Geschäftsführerin der NIVEA Haus GmbH

Beiersdorf AG, Hamburg (Deutschland)

03. Mai 2010

Steiner: Was verstehen Sie unter multisensualer Markenführung?

Lüdemann: Die Wahrnehmungszusammenhänge der Menschen zu erklären, ist sehr komplex. Für einige Produkte und Dienstleistungen dominiert die rationale Entscheidung, dennoch muss jede Entscheidung auch ein gutes Gefühl hinterlassen. Um dieses gute Gefühl zu erreichen, ist es notwendig den Kunden auf den verschiedenen Sinnen zu begegnen. Hören und Sehen sind essentiell, aber auch Duft, Haptik und Geschmack können positiv stimulieren und sollten gezielt eingesetzt werden.

Steiner: Wann sind Sie das erste Mal mit multisensualer Markenkommunikation in Berührung gekommen?

Lüdemann: Multisensuale Markenkommunikation ist ja nicht erst vor kurzem entstanden. Die wissenschaftliche Auseinandersetzung damit ist neuerer Zeit. Der Duft von Kaffee gefällt auch Menschen, die diesen aber gar nicht trinken mögen. Eine Autotür klappt bei der einen Marke so und bei der anderen Marke anders ins Schloss, ganz zu schweigen vom Motorengeräusch. Der Duft von Sonnencreme schafft Urlaubsgefühl und die Konsistenz einer Marmelade flüssig oder fest ist bei mir kaufentscheidend. Ich gehe so weit zu sagen, dass fast alle meiner Kaufentscheidungen einer multisensualen Ansprache folgen.

Steiner: Speziell konzipierte Anwendungen machen die Marke NIVEA für die Gäste in den NIVEA Häusern in Berlin, Hamburg und Dubai mit allen Sinnen erlebbar. Was erwartet den Kunden im NIVEA Haus?

Lüdemann: Wir haben Orte für die Marke NIVEA geschaffen, in denen uns der Kunde besuchen kann. Die Interaktion zwischen unseren Mitarbeitern in den Häusern und dem Gast ist das Entscheidende. Neben der Beratung im Shop bieten wir Wohlfühlmomente in der Stadt: Eine Auszeit vom Alltag in speziellen Massagen, Kosmetikanwendungen oder bei Make-up und Styling. Wir haben nicht Spa-Anwendungen erfunden, aber wir haben Sie für die breite Mitte der Gesellschaft zugänglich gemacht. Unser Gast bekommt einen ganz speziellen Zugang zur Marke NIVEA, in dem er sie hautnah erleben kann. Er spürt die Wirkung und genießt den vertrauten Duft.

Steiner: Gibt es einen bestimmten Sinn, der in den NIVEA Häusern bevorzugt angesprochen wird?

Lüdemann: In den Anwendungen wird die Marke gespürt. Die Produkte gehen unter die Haut. Und auch im Shop gibt es jedes Produkt als Tester zum Ausprobieren. Aber wir setzen natürlich auch auf den bekannten Duft der Marke NIVEA.

Steiner: Wie beeinflussen die Erlebniswelten in Berlin, Hamburg und Dubai die Marke NIVEA im Ganzen?

Lüdemann: Die NIVEA Häuser schaffen eine ganz besondere Kundenbindung. Die Kunden können *die* Fragen zu Haut und Haaren stellen, für die sie sonst keinen Ansprechpartner finden. Aber gerade auch das tolle Gefühl nach einer Anwendung stärkt die Beziehung des Gastes zur Marke nachhaltig. Wir wissen, dass Kunden, die bereits in einem NIVEA Haus waren, die Marke auf allen Imagedimensionen noch positiver bewerten. Gerade das Thema Kundennähe "in touch with me and my needs" wird durch die NIVEA Häuser sehr gestärkt.

Steiner: Wird das multisensuale Markenerlebnis in den NIVEA Häusern von Frauen und Männern gleich wahrgenommen?

Lüdemann: Frauen haben natürlich ein größeres Interesse an Kosmetik und Make-up. Aber die Zahl der Männer in unseren Anwendungen steigt seit der Eröffnung des NIVEA Hauses in Hamburg 2006 nicht nur stetig bei Massagen, sondern auch bei Kosmetik, Maniküre und Pediküre. Die Wahrnehmung der Produkte auf der Haut und der Duft unterscheiden sich dabei aber nicht besonders zwischen Mann und Frau. Es sind natürlich andere Produkte, die verwendet und bereits bei der Entwicklung an die Bedürfnisse angepasst werden.

Steiner: Was sind Erfolgsfaktoren für multisensuale Markenführung?

Lüdemann: Multisensuales Marketing muss authentisch aus dem Markenkern abgeleitet werden und man muss geduldig sein und dabei nicht zu viel auf einmal wollen.

Steiner: Welchen Stellenwert nimmt die multisensuale Markenführung in der aktuellen Unternehmenspraxis der Beiersdorf AG ein?

Lüdemann: Bei Körperpflege und Kosmetik geht es immer um Wirkung, das Gefühl auf der Haut und Duft. Durch Ausprobieren überzeugt sich der Kunde selbst von dem Produkt. Und das ist dann ein Zusammenspiel dieser verschiedenen Faktoren, aber natürlich auch wie ein Produkt dann kommuniziert wird und wie es sich im Regal präsentiert.

Steiner: Ist multisensuales Marketing das Erfolgskonzept in einer überkommunizierten Gesellschaft?

Lüdemann: Entscheidend ist wie man mit der Multisensualität umgeht. Jedes Produkt, jede Marke erfordert einen anderen Umgang mit diesem Thema und es gibt nicht *ein* Erfolgsrezept. Aber wenn man sich als Marketeer die Wirkung von Maßnahmen auf die verschiedenen Sinne des Kunden bewusst macht, dann ist das schon ein richtiger erster Schritt.

Ich bedanke mich für Ihre Kooperation!

Experteninterview 09

Philipp Zutt

Geschäftsleiter Zutt & Partner - EmoConsulting

Wolfhausen-Zürich (Schweiz)

03. Juli 2010

Steiner: Was verstehen Sie unter multisensualer Markenführung?

Zutt: Die Verankerung einer Marke über mehrere, wenn möglich alle Sinne. Zentral dabei ist, dass die Verankerung über die einzelnen Sinne koordiniert geschieht, sodass für jeden Sinn im Gehirn das gleiche Marken-„Bild" entsteht.

Steiner: Wann sind Sie das erste Mal mit multisensualer Markenkommunikation in Berührung gekommen?

Zutt: *Zutt & Partner* arbeitet an solchen Themen seit bald 20 Jahren. Seit etwas über 10 Jahren wurde das Thema intensiviert und auch das Werkzeug EmoCompass® für gezielte und direkte Messung und Steuerung von Emotionen über die Sinne entwickelt.

Steiner: Was verbirgt sich hinter dem Namen „Zutt & Partner - EmoConsulting"? In welchen Geschäftsfeldern ist Ihre Kommunikations- und Marketingagentur Zutt & Partner tätig?

Zutt: *Zutt & Partner - EmoConsulting* ist heute die führende Agentur für EmoResearch, EmoStrategie und EmoDesign. Bei EmoResearch geht es darum, die Emotionen bei den Menschen direkt (daher ohne Umweg über die Kognition) abzuholen und so zu komplett neuen Insights bezüglich der Empfindungen - sie sind match-entscheidend für die Entscheidungsprozesse der Menschen - zu kommen.

In der Phase der EmoStragetie-Bildung geht es darum, ganz analytisch mit den gewonnenen Insights zu konkreten Inputs und Briefings zu kommen, welche perfekt auf die gewünschten Ziel-Emotionen abgestimmt sind. Im EmoDesign-Prozess wird die definierte EmoStrategie präzise für alle Sinne umgesetzt, d.h. die definierte Botschaft wird formal - gesteuert durch die EmoStrategie - mit Gestaltungsprofis für alle Sinne so designt, dass in den „Bäuchen" der

Empfänger exakt jenes Gefühl ausgelöst wird, dass zuvor definiert wurde. In allen drei Prozessen kommt man nicht umhin, mehrsinnig zu denken und zu arbeiten, weil die Sinne die Brücke für Emotionen zu unserem Hirn sind.

Steiner: Wie funktioniert multisensuale Markenkommunikation?

Zutt: Multisensuale Markenkommunikation funktioniert dann, wenn für Menschen eine Marke über mehrere Sinne erlebbar gemacht wird.

Steiner: Gibt es einen bestimmten Sinn, der im Rahmen der multisensualen Markenkommunikation bevorzugt angesprochen respektive vernachlässigt wird?

Zutt: Mit dem Geschmackssinn erzeugt man vollautomatisch ein multisensuales Erlebnis, Duft ist sowieso mit dabei, zudem wird fast alles, was man isst, zuerst angeschaut und hat auch eine haptische Wirkung in der Hand und dann auch im Mund. Sehr oft kommt auch das Auditive dazu. Damit ist Kommunikation über Ess- und Trinkbares enorm effektiv. Außerdem werden Geschmäcker und Düfte ungleich direkter im Hirn mit Emotionen verbunden und auch tiefer verankert. Umso erstaunlicher ist, dass gerade diese Form der Kommunikation heute stark vernachlässigt wird. Es wird zwar fast überall Essen und Trinken angeboten, meist hat das aber nichts mit Markenkommunikation zu tun.

Steiner: Was sind Erfolgsfaktoren für multisensuale Markenführung? Welche Umweltaspekte und Risiken sollten beachtet werden?

Zutt: Erfolgsfaktoren: Plattform für multisensualen Einsatz gezielt wählen, Kombination mit bekannten Kommunikationsmitteln, präzise Steuerung und aufeinander Abstimmen der einzelnen Sinneseindrücke.

Umweltaspekte und Risiken: Zu wenig klare Positionierung und damit Austauschbarkeit (dann nützen alle Sinne nichts), Überforderung der Zielpersonen durch schlechte Führung in der Kommunikation, falscher Zeitpunkt (z.B. keine Zeit der Zielperson), Nichtrealisierung, da von vielen Entscheidungsträgern immer noch als nice-to-have betrachtet.

Steiner: Welche gelungenen Beispiele aus dem Bereich der multisensualen Markenkommunikation fallen Ihnen spontan ein?

Zutt: *Nivea Haus Berlin, Zoodinner Zoo Zürich, Axpo Drink* (Stromkonzern), *Postauto* (Posthorn mit gelbem Auto), *Singapore Airlines,* u.v.m.

Steiner: Gibt es spezielle Branchen, in denen sich multisensuale Markenkommunikation besonders gut eignet?

Zutt: Nein, multisensuales Wirken eignet sich für jede Branche, weil mit multisensualer Kommunikation die Wirkung gesteuert werden kann - und welche Marke will nicht schon mehr Wirkung erzielen. Es gilt aber auf den Sinnesmix branchenspezifisch einzugehen. Für intangible Produkte bietet sich das Arbeiten über Geschmack ganz besonders an, für Lebensmittelbrands, die ja bereits als Produkt einen spezifischen Geschmack oder sogar spezifische Geschmäcker haben, sind andere Wege sinnvoller.

Steiner: Welche Fehler beobachten Sie in Unternehmen bei dem Einsatz von multisensualem Branding?

Zutt: Man setzt zwar Kommunikation für mehrere oder gar alle Sinne um, diese Umsetzung stimmt aber zwischen den Sinnen, daher von Sinn zu Sinn nicht überein (keine Sinneskongruenz), oder aber stimmt zwar überein, gibt also ein gesamthaftes Erlebnis, passt aber nicht perfekt zur Marke, was zu Austauschbarkeit und sogar zu Minderwirkung führt.

Steiner: Kann multisensuale Markenkommunikation auch im Bereich der Neuen Medien (u.a. Computer, Internet, mobile Kommunikation) Anwendung finden? Wo liegen hier die Vorteile und Nachteile?

Zutt: Ja, auf jeden Fall. Die Neuen Medien bieten ja von sich aus schon Zweidimensionalität/Zweisinnigkeit an. Allerdings ist das Arbeiten mit zwei Sinnen noch oft zu wenig. Hervorragend sind aber Konzepte, die die Neuen Medien als Serviceverlängerung/Wirkungsverlängerung von multisensualen Konzepten für mehr als zwei Sinne einsetzen und so einen Mehrsinneseffekt trotz Zweisinnigkeit erzielen (z.B. das Arbeiten mit Synästhesien).

Steiner: Welchen Stellenwert nimmt die multisensuale Markenführung in der aktuellen Unternehmenspraxis ein?

Zutt: Inzwischen ist die multisensuale Markenführung ein recht breit diskutiertes Thema. Vor allem Marketingabteilungen größerer Unternehmen, Hochschulen und Presse nehmen sich dem Thema an, eingesetzt wird es aber noch zurückhaltend und wenn, dann oft nicht gezielt.

Steiner: Ist multisensuales Marketing das Erfolgskonzept in einer überkommunizierten Gesellschaft?

Zutt: Ja, es kann ganz klar ein Erfolgskonzept sein, sofern man es richtig macht. Man erreicht somit mehr Wirkung (mehr Sinne), da das Gehirn der Empfänger die Botschaften stärker verankert und weil so Freistellungs- und Profilierungspotenzial im grösseren Maße genutzt werden können.

Ich bedanke mich für Ihre Kooperation!

Experteninterview 10

PD Dr. Dipl. Psych. **Martin Grunwald**

Leiter des Haptik-Forschungslabors am Paul-Flechsig-Institut für Hirnforschung

Universität Leipzig (Deutschland)

23. Mai 2010

Steiner: Herr Dr. Grunwald, Sie sind einer der wenigen Wissenschaftlern, die sich im deutschsprachigen Raum mit der Erforschung des Tastsinns beschäftigen, haben bereits im Touch Lab des MIT gearbeitet und zählen zur Elite der internationalen Haptikforschung. Erzählen Sie mir doch bitte etwas über Ihre Arbeit und mit welchen Unternehmen Sie schon zusammengearbeitet haben?

Grunwald: Wir verfolgen einen so genannten Dreiecks-Ansatz, der sich neben der Grundlagenforschung auch Klinischen Forschungszweigen (u.a. werden hier Störungen der Wahrnehmung untersucht, als auch jene Prozesse analysiert, die in einem gesunden Hirn stattfinden) und Industrie-Fragestellungen (praktische Anwendungs- und Design-Fragestellungen) widmet. Diese drei Bereiche bedingen sich stets selber. So können u.a. Fragestellungen, die aus der Industrie kommen, schnell in der Grundlagenforschung enden oder klinische Beobachtungen von Bedeutung für die Industrie sein. Wenn sich beispielsweise die allgemeine Tastsinnesfähigkeit verschlechtert, so ist das eine relevante Größe für das Industrie-Design. Wir haben bereits mit so ziemlich allen Industriezweigen zusammengearbeitet.

Steiner: Die Haptik gilt als interdisziplinäres Forschungsgebiet. Mit welchen Forschern aus anderen wissenschaftlichen Disziplinen arbeiten Sie zusammen?

Grunwald: In der Regel beanspruchen die Fachdisziplinen Themen für sich allein. Auf dem Gebiet der Haptik, die ja ein interdisziplinäres Forschungsfeld darstellt, arbeiten u.a. Psychologen, Physiologen, Mediziner, Biologen, Physiker, Elektroniker und letztendlich Designer zusammen. Jedes Fach hat einen eigenständigen Wirkbereich, der die Haptik mit aufklären hilft, das schafft kein Fachgebiet allein.

Steiner: Rund 60 Prozent der „Haptikforscher" sind in den vielfältigen Teilbereichen der Robotik und virtuellen Haptik tätig. Wie erklären Sie sich diesen hohen Prozentsatz und in welchen Ländern wird am meisten im Bereich der Haptik geforscht?

Grunwald: Die Simulation biologischer und humaner Sachverhalte ist ein zentrales Element von Forschung überhaupt. Ein großer Bestandteil unserer Forschung beschäftigt sich damit, dass wir die Biologie nachbauen wollen. Die ganze Robotik ist im Versuch, humane Komplexität in Maschinen zu gießen, um letztendlich uns zu helfen, ein besseres Leben zu führen. In den letzten Jahrzehnten hat man sich in der Robotik stark darauf konzentriert, Sinnesbereiche nachzubilden, insbesondere das Sehen und das Hören. In der Robotik spielten die visuelle und auditive Reizverarbeitung schon immer eine bedeutende Rolle. So werden spezielle Optiken und Audioanalysatoren eingesetzt. Aber auch die Haptik nimmt bereits seit vielen Jahren einen hohen Stellenwert in der Robotik ein.

Die Ingenieurwissenschaften sind sehr breit aufgestellt und werden weniger von der Ethik, als von der technischen Machbarkeit bestimmt. Ingenieure legen in der Regel grundsätzlich unbefangen los. Dieses Loslegen basiert zum einen auf einem guten Machbarkeitswillen, als auch auf einem Stück Naivität, wie ich selbst im MIT erfahren konnte. Dies erklärt u.a., warum so viele Forscher in den vielfältigen Teilbereichen der Robotik und virtuellen Haptik tätig sind.

Wenn sich lediglich ein oder zwei Forscher einem Thema annehmen, so ist dies entschieden zu wenig. Dazu bedarf es einer kritischen Masse, die wir in der Robotik und der virtuellen Haptik mittlerweile erreicht haben. Publikationstechnisch gesehen sind der asiatische Raum und die USA führend in der robotikorientierten Haptikforschung. Dabei spielt hier das Interesse der Industrie eine bedeutende Rolle.

Steiner: Der Tastsinn ist ein bislang kaum beachteter, zusätzlicher Kommunikationskanal - und das stellt im Kommunikationszeitalter mit seinen notorisch verstopften Nachrichtenkanälen und reizüberfluteten Zeitgenossen eine Sensation dar. Wie erklären Sie sich diese lange Zeit vernachlässigte gezielte Ansprache des Tastsinns bei Produkten?

Grunwald: Die Haptik bzw. die wissenschaftliche Analyse menschlicher Tastsinnesleistungen ist ja nicht ursächlich im Industriedesign oder in den Anwendungsfächern vernachlässigt worden. Das Problem ist, dass die Perspektive auf die menschliche Haptik von den zentralen Lebenswissenschaftlichen Fächern quasi vergessen wurde: Psychologie, Physiologie, Medizin und Biologie haben sich letztendlich mit diesem

Sinnessystem kaum beschäftigt. Wenn solche großen und wichtigen Themen wie die Haptik in Vergessenheit geraten, dann findet man dieses auch in der Gesellschaft nicht mehr wieder. Insofern hängt dieses Vergessen eines wichtigen Sinnessystems nicht mit der Anwenderseite zusammen, sondern eher mit jenen Forschungsgebieten, die Grundlagenforschung betreiben. Ich denke, dass je mehr sich die Grundlagenforschung und die klinische Forschung mit dem Tastsinnessystem beschäftigen, je eher werden andere Zweige dies wahrnehmen.

Steiner: Kaufentscheidungen lassen sich neben vielen anderen Einflüssen vor allem auch durch die haptischen Eigenschaften der Produkte positiv oder negativ beeinflussen. Welche gelungenen Beispiele im Bereich Haptik-Design fallen Ihnen spontan ein?

Grunwald: Es setzt sich immer mehr der Gedanke von haptischen Marken durch. Es ist bewiesen, dass Dinge besser erinnert werden, wenn sie eine markante Haptik aufweisen. Ein Beispiel für gelungene Haptik im Verpackungsbereich ist die kleine *Underberg*-Flasche. Die Verpackung ist wirklich hervorragend konzipiert und die Marke ist multisensorisch kohärent.

Steiner: Autohersteller entdeckten den Tastsinn als neuen Wahrnehmungskanal Anfang der 90er Jahre als einer der Ersten. Wie sieht der Einsatz der Haptik in der Automobilwirtschaft aus?

Grunwald: So ziemlich jeder Automobilhersteller hat eine Gruppe von Mitarbeitern oder eigene Sensorlabs, die sich mit Fragen im Bereich des Haptik-Designs beschäftigen. Die Schwerpunkte sind jedoch meist unterschiedlich gesetzt. Während sich einige Automobilhersteller vermehrt auf die Gestaltung der Sitze konzentrieren, legen andere das Augenmerk überwiegend auf die Bedienelemente am Armaturenbrett. Ein Auto ist ein sehr komplexes System, gerade von Fahrer und Beifahrerseite aus betrachtet. Es gibt kaum noch Automobilhersteller, die das Haptik-Design ausgelagert haben oder dem Zufall überlassen.

Steiner: Wo sehen Sie als „Haptikforscher" Verbesserungspotenzial im Haptik-Design von Automobilen?

Grunwald: Grundsätzlich sehe ich im Haptik-Design von Automobilen überall Verbesserungspotenzial. Besonders im Niedrigpreis-Marktsegment gilt es das Haptik-Design zu verbessern. Es gilt immer noch die Regel, dass gutes Haptik-Design an dementsprechende Entwicklungs- und Forschungskosten gebunden ist. Das sieht man besonders gut bei

Premium-Fahrzeugen, wo hohe Entwicklungs- und Forschungskosten auf den Bereich Haptik entfallen. Ich beobachte, dass die Kluft hinsichtlich des Haptik-Designs zwischen den hoch- und niedrigpreisigen Automobilen immer erheblicher wird. Meine Forderung diesbezüglich ist, dass man über kluges Material- und Anordnungs-Design versuchen sollte, diese Kluft zu verringern. Auch ein Kleinwagen für wenig Geld sollte meiner Meinung nach mit einer klaren haptischen Struktur ausgestattet sein.

Steiner: Haptik-Design ist schon längst kein Privileg mehr allein der Automobilwirtschaft. Welche anderen Industrien widmen sich gezielt der Beeinflussung der Haptik?

Grunwald: Beinahe alle Industrien widmen sich der Haptik, wie beispielsweise die Kosmetik-, Verpackungs-, Papier-, Textil-, und Beschichtungsindustrie, Gerätebau, Militär, Medizintechnik und Mobilfunkindustrie. Es gibt eigentlich kaum noch Bereiche, wo die Beeinflussung der Haptik keine Rolle spielt.

Steiner: Was sind Erfolgsfaktoren für Haptik-Design? Welche Risiken sollten beachtet werden?

Grunwald: Haptik-Design für die entsprechenden Branchen bzw. für bestimme Problemstellungen funktioniert nur, wenn man Forschung macht. Aus dem Bauch heraus, also unsystematisch und intuitiv kann Haptik nicht designt werden. Jedes Problem muss individuell analysiert werden. Dazu benötigt man auch empirische bzw. experimentelle Daten. Kurz gesagt: gutes Haptik-Design benötigt entsprechende Forschung.

Haptik-Design trägt auch dazu bei, Risiken zu vermindern. Probleme wie beispielsweise Handhabungsstörung oder Fehlbedienung werden durch gezieltes Haptik-Design minimiert. Das gilt auch für das Automobil. So ist ein Radio, das immer nur unter visueller Kontrolle bedient werden kann eine haptische Fehlkonstruktion und zugleich Risikofaktor.

Steiner: Welche Rolle spielt Haptik-Design im Bereich der Neuen Medien (u.a. Computer, Internet, mobile Kommunikation)?

Grunwald: Es gibt vereinzelt im Internet kreative Versuche, haptische Illusionen bei der Bedienung durch Maus oder Tastatur zu erzeugen. Das ist noch nicht weit verbreitet. Momentan ist dieser Versuch nur speziellen Anwendern vorbehalten. Es ist jedoch nur eine Frage der Zeit, dass Menü und Bedienstrukturen durch jedermann körperlich navigiert werden können. Die Computerspiel-Industrie implementiert ja heute schon haptische Elemente in ihren Spielen. Auch Anbieter der mobilen Kommunikation investieren Unsummen in klare haptische Marken.

Steiner: Welchen Stellenwert nimmt die Haptik im Bereich der multisensualen Markenführung bei Unternehmen ein?

Grunwald: Der Stellenwert ist unterschiedlich. Viele Unternehmen orientieren sich noch immer sehr stark an einem visuellen/auditiven Grundkonzept. Jedoch steigt die Zahl jener Unternehmen, die Haptik elementar in die Markenführung einbeziehen. Die Haptik wird im Bereich der multisensualen Markenführung immer wichtiger.

Steiner: Ist multisensuales Marketing das Erfolgskonzept in einer überkommunizierten Gesellschaft?

Grunwald: In der heutigen Zeit ist es notwendig an den Kunden multisensual heranzugehen. Wenn man Marken nicht spürbar werden lässt, dann schwinden die Chancen eine Marke erfolgreich zu etablieren. Wenn man Produkte hat, die potentiell mit dem Körper der Kunden in Interaktion treten, dann kann man eine multisensuale Ansprache nicht mehr vernachlässigen. Die Ansätze der Marken werden stets komplexer, einfach gestrickte Muster haben ausgedient.

Ich bedanke mich für Ihre Kooperation!

Experteninterview 11

Harald H. Vogt († 28.07.2010)

Gründer und Geschäftsführer des Scent Marketing Institutes

New York (USA)

10. Mai 2010

Steiner: Was verstehen Sie unter multisensualer Markenführung?

Vogt: Die Konsumentenansprache einer Marke über alle verfügbaren Sinneskanäle des Verbrauchers.

Steiner: Wann sind Sie das erste Mal mit multisensualer Markenkommunikation in Berührung gekommen?

Vogt: In den 80ern als wir in unserer Agentur den positiven Effekt von „Tonbildschauen" für interne und externe Präsentationen fanden. Die recht simple Innovation durch animierte Bilder und das Hinzufügen von Musik resultierten in einer emotionalen Ansprache, die traditionelle „Pappen" nicht liefern konnten. Zu der Zeit war die Verfügbarkeit multisensualer Werkzeuge noch recht begrenzt und kaum erforscht.

Steiner: Wie funktioniert multisensuale Markenkommunikation?

Vogt: Traditionelles Marketing (visuell und Audio) wird soweit möglich und angemessen durch zusätzliche Komponenten (Duft, Haptik, Geschmack) erweitert. Das macht die Marke besser erkennbar und unterscheidbar von ihren Mitbewerbern. Je mehr Kontakte mit der Sinneswelt des Verbrauchers, umso besser.

Steiner: Gibt es einen bestimmten Sinn, der im Rahmen der multisensualen Markenkommunikation bevorzugt angesprochen respektive vernachlässigt wird?

Vogt: Bevorzugt angesprochen werden Sehen und Hören. Dies ist am einfachsten, weil am besten erforscht und es gibt Zahlen zum „Return on Investment" (ROI), die als verlässlich angesehen werden. Gleich danach kommt der Geruchssinn, der für die meisten Marken angemessen ist, dessen Wichtigkeit wissenschaftlich belegt ist aber für den „harte" ROI-Zahlen nicht existieren. Der Begriff „vernachlässigt" ist zutreffend weil er die mangelnde Innovationsbereitschaft der Marken und Ihrer Agenturen beschreibt. Besonders in Zeiten reduzierter Budgets will man lieber auf „Nummer Sicher" gehen als eine Strategie vorschlagen, deren Wirksamkeit sich nicht umgehend, z. B. mit Erfolgszahlen von Mitbewerbern, belegen lässt.

Steiner: Im Herbst 2006 gründeten Sie das Scent Marketing Institute in New York als eine unabhängige Organisation, die Informationen und Weiterbildungsmöglichkeiten im Bereich des olfaktorischen Marketings anbietet. Sie organisieren SCENTworld, die weltweit einzige, jährliche Konferenz zum Thema „olfaktorisches Marketing" und sind regelmäßiger Gastredner bei Konferenzen weltweit. Welchen Stellenwert nimmt Ihrer Einschätzung nach die Olfaktorik in der multisensualen Markenkommunikation ein?

Vogt: Wie oben beschrieben ist die Olfaktorik unterrepräsentiert weil es zu wenig Informationen und zu viele Berührungsängste gibt. Das Thema „Multisensorik" hingegen wird zwar recht intensiv diskutiert (das „Multisense Forum" mit der Messe Hannover, der „Circle of Multisensory Excellence", die diversen Lindstrom-Bücher) aber es hapert an der Implementierung. Wir alle können lernen „warum", aber nicht „wie". Beim Scent Marketing Institute glauben wir an Spezialisierung. Es gibt m. E. weltweit keinen Experten, der sich in allen 5 Sinnen gleich gut auskennt. Die Menge an Informationen ist einfach zu groß. Duft alleine kann keine Marke positionieren oder ein Produkt verkaufen aber eine wachsende Zahl an Marketingexperten versteht den Wert im Zusammenspiel der Sinnesstimulationen. Wir sehen es außerdem als wichtig an, dass sich Wissenschaft und Kommerz mehr unterhalten und besser verstehen.

Steiner: Was sind Erfolgsfaktoren für Duft-Marketing?

Vogt: 1) Innovationsbereitschaft seitens der Marken und deren Initiative, multisensorisches Denken von ihren Agenturen zu verlangen. Von beiden gibt es allerdings z. Z. nicht genug.

2) Ein durchdachtes Konzept basierend auf existierenden Forschungsergebnissen und umgesetzt mit kompetenten Partnern im Bereich der Duftentwicklung und Ausbringungstechnologie.

3) Effektive Koordination der Duft-Marketing Strategie vorzugsweise durch objektive Berater und nicht einen einzelnen Lieferanten. Die Versuchung wäre zu groß, einem Kunden die für den Lieferanten profitabelste Lösung zu verkaufen.

Steiner: Welche Fehler beobachten Sie in Unternehmen bei dem Einsatz von Düften?

Vogt: 1) Schwierigkeiten, den *richtigen* Duft zu definieren. Duft-Präferenzen sind extrem subjektiv und die Zahl verfügbarer Düfte ist astronomisch groß.

2) Die konsequente Durchsetzung der Verwendung von Duft z. B. am Point of Sale, wo man sich auf Personal des Handels verlassen muss (oder gar nicht kann) den Duft zu kontrollieren.

3) Der Mangel an Erfolgskontrolle durch „Vorher-Während-Nachher" Untersuchungen und die Bereitschaft Duft-Marketing vorschnell als nicht effektiv zu definieren.

Steiner: Welche gelungenen Beispiele aus dem Bereich der multisensualen Markenkommunikation, insbesondere im Bereich des Duft-Marketings, fallen Ihnen spontan ein?

Vogt: Etliche Hotelmarken weltweit (z. B. *Westin*) haben großen Erfolg mit Wiedererkennbarkeit der Marke durch Duft. *Singapore Airlines* verwendet Duft konsequent seit Jahrzehnten. *Abercrombie & Fitch* benutzt Duft zur Definition der Marke mit seiner (vorzugsweise jugendlichen) Kundschaft. *Disney* nutzt den Unterhaltungswert von Duft in seinen Themeparks.

Steiner: Gibt es spezielle Branchen, in denen multisensuale Markenkommunikation bzw. Düfte bevorzugt eingesetzt bzw. vernachlässigt werden?

Vogt: Man sollte weniger von Branchen als von Marken sprechen. Duft-Marketing wird definiert durch „Leaders & Followers". Zum Beispiel *SONYstyle* als leader, *Samsung* als follower. Alle warten ab, ob der Mitbewerber Erfolg hat oder nicht (siehe „Innovationsbereitschaft"). Wo ist der Duft von *IKEA*, von *Lufthansa, Motorola, Kleenex, Colgate*?

Steiner: Kann multisensuale Markenkommunikation, insbesondere Duft-Marketing auch im Bereich der Neuen Medien (u.a. Computer, Internet, mobile Kommunikation) Anwendung finden? Wo liegen hier die Vorteile und Nachteile?

Vogt: Die Vorteile liegen in einer besseren Einbeziehung des Internet-Benutzers oder Computerspielers und in einer intensiveren Erlebniswelt.

Die Nachteile liegen in der komplexen Umsetzung und den technischen Beschränkungen. Entgegen anderweitigen Behauptungen (wiederum von der Zuliefer-Seite) kann ein Duft nicht „transportiert" werden. Es kann ein Signal gesendet werden, das in einer Duftausbringung auf der anderen Seite resultiert aber dafür muss der Empfänger entsprechend mit Hardware ausgestattet sein, die diese Düfte speichert. Wie jede andere Marke könnte allerdings z.B. *Microsoft* eine Duftpräsenz im Handel haben, in der Produktverpackung, in Anzeigen und gedruckter Kundenkommunikation.

Steiner: Welchen Stellenwert nimmt die multisensuale Markenführung in der aktuellen Unternehmenspraxis ein?

Vogt: Alle reden davon, wenige wissen wie's geht. Eine Riesenchance für Agenturen neue Dienstleistungen anzubieten und für Marken sich unkonventionell zu positionieren.

Steiner: Ist multisensuales Marketing das Erfolgskonzept in einer überkommunizierten Gesellschaft?

Vogt: Das hängt viel vom kulturellen Umfeld der Verbraucher ab. Amerikaner haben eine spielerische, neugierigere Einstellung zu ungewöhnlicher Kommunikation. Südamerikaner haben eine positive Einstellung zu Düften, Kanadier eher negativ. Europäer sind grundsätzliche skeptisch bis kritisch.

Man muss also einen individuellen Ansatz entwickeln, was besonders für eine globale Marke schwierig ist. Hat man allerdings die richtige Expertengruppe gefunden, dann kann intelligente Multisensorik das Zünglein an der Waage sein.

Ich bedanke mich für Ihre Kooperation!

Anhang

Experteninterview 12

Prof. Dr. **Willi Diez**

Direktor und Initiator des Instituts für Automobilwirtschaft (IFA)

Geislingen/Steige (Deutschland)

15. Juni 2010

Steiner: Herr Diez, Sie sind Leiter des Instituts für Automobilwirtschaft in Geislingen. Wie sieht ein typischer Tagesablauf bei Ihnen aus und mit welchen Herausforderungen haben Sie besonders zu kämpfen?

Diez: Der typische Tagesablauf besteht bei mir zum einen aus meiner Lehrtätigkeit und zum anderen aus der Arbeit am Institut, wobei wir sehr stark mit Automobilherstellern zusammenarbeiten. Die Herausforderung besteht darin, die gewonnenen Erkenntnisse von Projekten wissenschaftlich zu hinterfragen und letztendlich in die Lehre mit einfließen zu lassen. Es ist stets ein Kreislauf zwischen Forschung und Lehre.

Steiner: Wie sieht der Einsatz von multisensualer Markenführung in der Automobilwirtschaft aus?

Diez: Meiner Meinung nach nimmt die multisensuale Markenführung in der Automobilwirtschaft noch eine untergeordnete Rolle ein und befindet sich noch in den Anfängen. Die Relevanz und Bedeutung der Thematik wurde noch nicht richtig erkannt, sodass ein ganzheitliches Verständnis in Hinblick auf die Marke noch nicht gegeben ist. Bisher war das Thema der Multisensualität immer sehr stark auf das Produkt fokussiert. Diesbezüglich versucht man schon seit längerer Zeit, eine bestimmte Produktanmutung über den Einsatz entsprechender Techniken herzustellen, wie z.B. durch den Sound des Motors oder die Haptik des Fahrzeuges.

Steiner: Gibt es einen bestimmten Sinn, der im Rahmen der multisensualen Markenkommunikation in der Automobilwirtschaft bevorzugt angesprochen respektive vernachlässigt wird?

Diez: Es ist vor allem der Sehsinn, der sehr stark angesprochen wird. Jeder Automobilhersteller hat bestimmte Farben, die vorzugsweise zum Einsatz kommen. So verwendet *Ferrari* hauptsächlich die Farbe Rot, *BMW* die Farben Blau und Weiß und *Opel* die Farbe Gelb. Hingegen haben wir aktuell keine Vorstellung, wie beispielsweise *Mercedes* oder *BMW* klingen. Die Marke *Bacardi* stellt ein gutes Beispiel dar, denn durch den *Bacardi* Song entstehen sofort die Assoziationen zur Marke. In der Automobilwirtschaft ist diesbezüglich ein Nachholbedarf festzustellen, wobei einige Automobilhersteller bereits mit der Entwicklung eines geeigneten Sound Branding beschäftigt sind.

Steiner: In Ihrem Fachbuch „Automobil-Marketing" identifizieren Sie die „Erlebnisorientierung", die in Zukunft an Bedeutung gewinnen wird, als einen von acht Trends im Käuferverhalten. Wie kann ein sinnliches Konsumerlebnis für den Kunden im Automobilbereich zukünftig aussehen?

Diez: Grundsätzlich muss zwischen Marken und Produkten differenziert werden. Bei einem hochwertigen Produkt, wie es ein Automobil ist, muss auf ein positives Kauferlebnis geachtet werden. Der Kunde muss beim Kauf das Gefühl vermittelt bekommen, ernst genommen zu werden. Auch eine gute Beratung und eine Probefahrt gehören dazu. Nicht nur bei der Auslieferung von Fahrzeugen, sondern schon bei der Gewinnung von Interessenten gilt es, ein ganzheitliches Erlebnis von Marken zu vermitteln. Die Betreuung des Kunden ist ebenfalls Teil der Erlebnisorientierung. So kann dem Kunden ein erlebnisorientiertes Angebot gemacht werden, wie u.a. ein Fahrsicherheitstraining. Viele Automobilhersteller halten zudem Kundenmagazine bereit, um eine positive Einstellung zum Produkt zu schaffen bzw. zu wahren. Ein gutes Beispiel für ein sinnliches Konsumerlebnis im Automobilbereich ist die *VW* Autostadt in Wolfsburg, die auch interessierte Personen anzieht, die keinen *VW* fahren.

Steiner: Nahezu alle deutschen Automobilhersteller haben in den letzten Jahren beeindruckende Markenmuseen gebaut. Neben der Präsentation ihrer Historie zielen die Automarken auf optimale Mythenbildung ab. Wie wichtig ist die Markentradition für die Automobilhersteller?

Diez: Es sind vor allem die Premium-Hersteller, die in solche Museen investiert haben. Premium-Hersteller besitzen im Vergleich zu anderen Anbietern einen spirituellen Mehrwert, der sich durch die Historie der Marke ergibt und einen sinnstiftenden Charakter für den Konsumenten hat. So verbindet man mit der Marke *Porsche* u.a. James Dean, der damals in einem *Porsche* gestorben ist. Aber auch der Mythos rund um den Firmengründer Ferdinand

Porsche, der ja eine schillernde Persönlichkeit war, trägt entscheidend zur Markentradition bei. All das sind Dinge, die Produkte aus dem Alltäglichen herausheben sollen und Teil des Markenwertes sind, insbesondere bei Premium-Marken.

Steiner: Mit dem Aufkommen der Elektroautos stehen die Sound Designer vor neuen Herausforderungen. Weltweit wird nach dem idealen Klangbild gesucht, das lautlose Elektroautos hörbar machen soll. Wie hat Ihrer Meinung nach ein Elektroauto zu klingen?

Diez: Mit dem Elektroauto hat die Automobilindustrie eine große Chance, nämlich das Auto jeden Tag anders klingen zu lassen. Man kann beim Elektroauto verschiedene Strategien verfolgen. So kann man sowohl einen typischen Elektrosound erzeugen, als auch dem Konsumenten selbst überlassen, welchen Sound er in seinem Fahrzeug haben möchte. Letzteres würde auch dem Trend Variety Seeking entsprechen, der auf die Abwechslung abstellt, die der Mensch stets sucht. Das Auto ist ja ein relativ statisches Produkt, d.h. man kann nach dem Kauf eines Autos wenig ändern. Jetzt hätten wir die Chance, dass unser Auto jeden Tag anders klingt. So kann an einem Tag das Auto nach einem *Ferrari F430* klingen, an einem anderen Tag sich nach einem *BMW X5* anhören oder man verwendet einen künstlich erzeugten Sound. Ich glaube, dass man dem Kunden die Möglichkeit geben soll, seinen gewünschten Sound zu finden.

Steiner: Ist multisensuales Marketing das Erfolgskonzept in einer überkommunizierten Gesellschaft?

Diez: Die Zugangswege zum Menschen müssen in Zukunft breiter aufgestellt werden als in der Vergangenheit. Das ganze Instrumentarium der multisensualen Markenführung muss zukünftig genutzt werden, um nicht nur den Weg zum Kopf, sondern auch zum Bauch des Konsumenten zu finden.

Ich bedanke mich für Ihre Kooperation!

Experteninterview 13

Dr.-Ing. Michael Haverkamp

Entwicklungszentrum der Ford Werke GmbH

Köln (Deutschland)

19. Mai 2010

Steiner: Was verstehen Sie unter multisensualer Markenführung?

Haverkamp: Die Anpassung der Produkteigenschaften in allen Sinnesbereichen an die Corporate Identity, die sich ebenfalls multi-sensuell manifestiert.

Steiner: Wann sind Sie das erste Mal mit multisensualer Markenkommunikation in Berührung gekommen?

Haverkamp: Wahrscheinlich früher, als mir bewusst ist. Als Kunde vermutlich durch die TV-Werbung.

Steiner: Zurzeit sind Sie in der Produktentwicklung der Ford-Werke GmbH Köln tätig. Wie sieht ein typischer Tagesablauf bei Ihnen aus und mit welchen Herausforderungen haben Sie besonders zu kämpfen?

Haverkamp: Da ich zur Zeit in der Produktentwicklung arbeite und mich dabei vorwiegend mit Geräuschoptimierungen beschäftige, geht es darum, ein optimales Sound Design für vorhandene Technologien zu entwickeln. Die wesentliche Herausforderung besteht darin, das Optimum auf Grundlage physikalischer und technologischer Grenzen zu erreichen, da die Geräusche zumeist durch technische Vorgänge entstehen.

Steiner: Wie sieht im Speziellen der Einsatz der multisensualen Markenführung in der Automobilwirtschaft aus?

Haverkamp: Die multisensuelle Gestaltung bezieht sich sowohl auf das Produkt, wie auch auf Corporate Identity, Marketing etc. In die Gestaltung beider Seiten werden zunehmend mehr Sinnesbereiche einbezogen.

Steiner: Gibt es einen bestimmten Sinn, der im Rahmen der multisensualen Markenkommunikation, insbesondere im Bereich der Automobilwirtschaft bevorzugt angesprochen respektive vernachlässigt wird?

Haverkamp: Bevorzugt werden traditionell die visuelle und auditive Wahrnehmung sowie die Empfindungen, die mit Bewegung und Gleichgewicht in Verbindung stehen. Vernachlässigt wird bislang eher der Geruch, der nur als mögliche Störgröße, zumeist aber nicht als positive Markenkomponente angesehen wird. Die taktile Anmutung von Bedienelementen gewinnt zunehmend an Bedeutung.

Steiner: Welchen Stellenwert nimmt das Sound Design bei der Entwicklung von Automobilen ein und wie hat sich dieses in den letzten Jahren verändert?

Haverkamp: Sound Design beschränkte sich bis vor etwa 15 Jahren auf die Verminderung des Schallpegels. Nun geht es zusätzlich um eine funktionale Optimierung von Geräuschen, die Informationen zu der (gewünschten) Arbeitsweise von Komponenten liefern sollen. In Zukunft werden auch künstlich erzeugte oder aufgezeichnete Geräusche, die über Lautsprecher eingespielt werden, eine bedeutend größere Rolle spielen.

Steiner: Herr Haverkamp, Sie arbeiten seit vielen Jahren an der Entwicklung von Konzepten des multisensualen Designs und zur Verbindung von Musik und Bildender Kunst. Können Sie mir einige Konzepte nennen, die Sie in der letzten Zeit entwickelt haben.

Haverkamp: Aus der Erkenntnis der Parallelität der Verknüpfungen im Wahrnehmungssystem ergeben sich neue Konzepte, z.B. für die Einschätzung der Relevanz akustischer Umweltreize (Internoise 2007, Istanbul), die auditiv-visuell-taktile Stimmigkeit von Bedienelementen (Ford intern, -2009), die Messung der Übertragungsqualität audio-visueller

Übertragungen (QoMEX 2010, Trondheim) und die Beurteilung der Qualität von Musikvisualisierungen (Galeyev Readings Kazan/Russland 2010). Daraus ergeben sich u.a. auch Ansätze zur auditiven Darstellung von Geschmäckern und Gerüchen, die bereits praktisch umgesetzt wurden.

(Die Klammern beziehen sich auf Tagungen, auf denen ich über diese Konzepte berichtet habe.)

Steiner: Im modernen Industriedesign kommt der genauen Anpassung des Produktes an die Wünsche des Kunden entscheidende Bedeutung zu. Dazu ist es wichtig, alle vom Kunden wahrnehmbaren Attribute des Produkts möglichst genau auf dessen Erwartungen abzustimmen. Die Optimierung der Produkterscheinung erfolgt jedoch zumeist separat für die beteiligten Sinnesbereiche. Das Konzept des Synästhetischen Designs setzt genau hier an, um alle Sinnesbereiche gleichwertig in den Designprozess einzubeziehen und miteinander in Beziehung zu setzen. Welche gelungenen Beispiele aus dem Bereich des synästhetischen Designs fallen Ihnen zu den verschiedenen Produktbereichen ein?

Haverkamp: Die visuelle Darstellung dynamischer Fahreigenschaften bei Automobilen, wie sie z.B. im *Ford Kinetic Design* verwirklicht wird, in Kombination mit der Geräuschgestaltung. Visuell-assoziative Elemente beim Solac Luftbefeuchter, die die Kälte des erzeugten Aerosols spürbar machen. Corporate Sounds der Catering-Kette Marché, die Geschmack und Frische vermitteln.

Steiner: Was sind Erfolgsfaktoren für multisensuale Markenführung? Welche Umweltaspekte und Risiken sollten beachtet werden?

Haverkamp: Es geht nicht allein darum, Produkte und die Elemente der Corporate Identity (Logos, Messestände, Werbeträger etc.) festzulegen und möglichst exakt beizubehalten. Das menschliche Wahrnehmungssystem passt sich gerade in Zeiten der Medienvielfalt und Reizüberflutung sehr rasch neuen Bedingungen an. Daher ändern die Kunden Ihre Präferenzen mitunter sehr schnell. Dies muss die Markenführung berücksichtigen - eine heute positiv beurteilte Marke kann in wenigen Jahren völlig anders eingeschätzt werden.

Steiner: Kann multisensuale Markenkommunikation auch im Bereich der Neuen Medien (u.a. Computer, Internet, mobile Kommunikation) Anwendung finden?

Haverkamp: Natürlich, denn gerade im Interface-Design liegt Multisensualität nahe - sie wird auch viel selbstverständlicher eingesetzt. Zumindest die Verbindung von Sehen und Hören kann mit geringem Aufwand gepflegt und optimiert werden. Das Internet bietet zudem durch interaktive Studien die Möglichkeit, die Akzeptanz von Gestaltungskonzepten zu prüfen.

Steiner: Welchen Stellenwert nimmt die multisensuale Markenführung in der aktuellen Unternehmenspraxis ein?

Haverkamp: Zurzeit werden die Sinnesbereiche im Automobilbereich eher separat betrachtet und/oder in einer späten Entwicklungsphase harmonisiert. Auch in der Produktwerbung steht zunächst das Visuelle im Vordergrund, später kommt das Sound Design hinzu.

Steiner: Ist multisensuales Marketing das Erfolgskonzept in einer überkommunizierten Gesellschaft?

Haverkamp: Es geht nicht darum, immer mehr zu tun, immer mehr Reize zu bieten. Im Gegenteil, das Geheimnis liegt darin, wenig, jedoch exakt das Richtige zu bieten. Verschiedene Sinne sollten einbezogen werden, um relevante Informationen zu bieten - bei gleichzeitiger Minimierung der Reizüberflutung.

Ich bedanke mich für Ihre Kooperation!

Experteninterview 14

Dr. Bernhard Pfäfflin

Leiter der Entwicklung Akustik und Schwingungstechnik

Porsche AG, Stuttgart (Deutschland)

22. Mai 2010

Steiner: Herr Pfäfflin, Sie sind Leiter der Entwicklung Akustik und Schwingungstechnik bei Porsche. Wie sieht ein typischer Tagesablauf bei Ihnen aus und mit welchen Herausforderungen haben Sie besonders zu kämpfen?

Pfäfflin: Die Entwicklung faszinierender Produkte - ist Tagesablauf und Herausforderung zugleich.

Steiner: Wie sieht der Prozess des Sound Designs bei Porsche aus?

Pfäfflin: Sound-Design und Sound-Engineering findet vollumfänglich in meiner Abteilung statt. Je nach Relevanz wird das Gesamtergebnis vom Vorstand freigegeben, z.B. der Motorsound.

Steiner: Was sind Erfolgsfaktoren im Sound Design? Welche Risiken sollten beachtet werden?

Pfäfflin: Erfolgsfaktoren sind der Porsche-typische Sound, abgestimmt auf die jeweilige Fahrsituation bzw. das Ereignis. Wichtig ist dabei die Authentizität des Sounds, die nicht verletzt werden darf.

Steiner: Was macht den Klang eines Porsches aus im Vergleich zu anderen Fahrzeugen?

Pfäfflin: Wir decken einen großen Frequenzbereich ab (insbesondere auch hohe Frequenzen, die Sportlichkeit vermitteln) bei gleichzeitig hoher Lastdynamik aufgrund des Beitrags der Ansaugung.

Steiner: Der Spielraum der Sound Designer ist begrenzt, da der Gesetzgeber strenge Auflagen macht, u.a. hinsichtlich der Lautstärke? So liegt in Deutschland der gesetzlich festgelegte Wert bei 74 Dezibel. Was unternimmt Porsche, um diese gesetzlichen Vorgaben zu erfüllen?

Pfäfflin: Alle unsere Produkte erfüllen die weltweit gültigen Grenzwerte für das Außengeräusch. Guter Sound wird jedoch nicht nur durch den Pegel bestimmt, sondern durch eine passende Geräuschzusammensetzung.

Steiner: Mindestens genauso wichtig, wie ein Auto von außen klingt, ist der Klang im Innenraum. Dieser unterliegt jedoch im Unterschied zum Außenklang keinen Regulierungen vom Gesetzgeber. Somit haben Sie als Sound Designer mehr Handlungsspielraum. Können Sie mir einige Beispiele nennen, wie bei Porsche der Innenraum akustisch gestaltet ist?

Pfäfflin: Die Geräusche der drei Quellen Abgasmündung, Ansaugung und Motormechanik werden gezielt über Transferpfade und Dämmungen in den Innenraum geleitet.

Steiner: Welchen Stellenwert nimmt das Sound Design bei der Entwicklung von Automobilen ein und wie hat sich dieses in den letzten Jahren verändert?

Pfäfflin: Bei so emotionalen Produkten wie bei einem Porsche ist der Stellenwert sehr hoch, er hat enorm an Bedeutung gewonnen, insbesondere durch den Spagat zwischen Komfort und Sportlichkeit.

Steiner: Mit dem Aufkommen der Elektroautos stehen die Sound Designer vor neuen Herausforderungen. Weltweit wird nach dem idealen Klangbild gesucht, das lautlose Elektroautos hörbar machen soll. Wie hat Ihrer Meinung nach ein Elektroauto bzw. ein Elektro-Porsche zu klingen?

Pfäfflin: Ein Elektro-Porsche hat auf jeden Fall wie ein Fahrzeug zu klingen. Mehr möchte ich derzeit allerdings nicht verraten.

Ich bedanke mich für Ihre Kooperation!

Experteninterview 15

Dipl.-Ing., Dipl.-Kfm. **Robert Mirlach**

Akustik & Schwingungen Antrieb

Leiter Konzepte, Motoren, Getriebe, CAE

BMW Group (Deutschland)

11. Juni 2010

Steiner: Herr Mirlach, Sie sind Sound Designer bei BMW. Wie sieht der Prozess des Sound Designs bei BMW aus?

Mirlach: Grundsätzlich unterscheide ich zwischen Sound Design und Sound Cleaning. Bevor mit dem Sound Design begonnen wird, erfolgt bei BMW das Sound Cleaning. Hierbei wird das Fahrzeug von ungewollten Geräuschen, z.b. von störenden tonalen Anteilen, befreit.

Zu Beginn des eigentlichen Sound Design Prozesses erfolgt die Positionierung des Fahrzeuges zusammen mit der für die jeweilige Baureihe verantwortlichen Marketing-Abteilung. So muss beispielsweise geklärt werden, ob ein *BMW 550i* eher komfortabel (in Richtung eines *BMW 750i*) oder sportlich (in Richtung eines *BMW 650i*) positioniert werden soll. Während bei einem *BMW X5* das Thema Kraft bzw. Hubraum betont wird, gilt es bei einem *BMW 550i*, sofern er sportlich positioniert werden soll, eher die Charaktereigenschaft Drehzahlfreude herauszuarbeiten (wie bei einem *BMW 650i*). Im Zuge dieser Fahrzeug-Positionierung werden auch Wettbewerber definiert, um zu analysieren, in welchen Punkten man sich bewusst unterscheiden möchte. Sound nimmt bei vielen Fahrzeugen wie beispielsweise bei einem *MINI Cooper S* einen hohen Stellenwert ein und bedeutet zugleich ein Alleinstellungsmerkmal (USP).

Im nächsten Schritt gilt es zu konkretisieren, in welchen Merkmalen sich der Sound manifestieren soll. Dabei versucht man, das Sound Design an physikalisch messbaren, quantitativen Größen festzumachen. Hier geht man zunächst theoretisch vor, indem man ein Vorgängermodell heranzieht und jene klanglichen Merkmale untersucht, die verändert bzw. verbessert gehören. Dies muss schließlich mit der Mechanik in Einklang gebracht werden.

Steiner: Was sind Erfolgsfaktoren im Sound Design? Welche Risiken sollten beachtet werden?

Mirlach: Sound Design darf nicht *laut* bedeuten. Der Fahrer muss ein so genanntes Last-Feedback erleben. So sind z.B. bei einigen Modellen in der Abgasanlage aktive Schaltelemente verbaut, die last- und gangabhängig angesteuert werden. Auch wenn dem Motor physikalisch dieselbe Last abverlangt wird, hat der Fahrer je nach eingelegtem Gang eine andere Erwartungshaltung. So möchte man beispielsweise im zweiten Gang mehr Dynamik im Klang erleben als im sechsten Gang. Der wichtigste Erfolgsfaktor im Sound Design ist jedoch die Beibehaltung der Authentizität. Der Sound muss zum Charakter des Fahrzeuges passen. Weder darf man einen *MINI Cooper S* nach einem BMW V8-Motor klingen lassen, noch den Sound des *BMW Z4* in einem *BMW 5er* nachahmen.

Steiner: Laut Ihrer Aussage ist es Ihre Vision, dass man in einem Café an der Straße sitzt und bereits am Klang eindeutig wahrnimmt, wenn ein BMW vorbeikommt. Wie wollen Sie dieses Ziel erreichen?

Mirlach: BMW Automobile sollen nicht nur optisch als ein BMW erkannt werden, sondern auch akustisch. Dies gilt jedoch im positiven Sinne. Leute, die in einem Café an der Straße sitzen, sollen sich durch den Sound nicht belästigt fühlen, sondern am schönen Klang erfreuen. Das Ziel, einen Fahrzeugsound direkt mit der Marke zu verknüpfen, gestaltet sich beim Vierzylinder-Reihenmotor, den man bei fast allen Herstellern findet, als echte Herausforderung. Um auch für den Vierzylinder einen charakteristischen Sound zu erzielen, wurde beim *BMW 120i*, der zum Modellstart des *BMW 1er* die stärkste Ottomotorisierung darstellte, bewusst mit Asymmetrien im Krümmer gearbeitet. Als der *130i* als Topmodell auf den Markt kam, wurde der *120i* klanglich wieder zurückgenommen.

Andere Motoren besitzen bereits in der Grundkonzeption einen charakteristischen Klang, wie beispielsweise der Reihensechszylinder von BMW, dessen Klang im Laufe der Jahre immer weiter verfeinert wurde. Die Technik, die wir für den Sound der V8 Modelle im *X5*, *X6* und *650i* einsetzen, wurde sogar von uns patentiert.

Steiner: Der Spielraum der Sound Designer ist begrenzt, da der Gesetzgeber strenge Auflagen macht, u.a. hinsichtlich der Lautstärke? So liegt in Deutschland, als auch in der gesamten EU der gesetzlich festgelegte Wert bei 74 Dezibel. Was unternimmt BMW, um diese gesetzlichen Vorgaben zu erfüllen?

Mirlach: Die EU besitzt hinsichtlich der vorgeschriebenen Lautstärke für Fahrzeuge im Großen und Ganzen die strengste Gesetzgebung weltweit. In den USA liegt der gesetzlich festgelegte Wert je nach Bundesstaat teilweise deutlich darüber. In Japan ist der Grenzwert ein Dezibel höher angesetzt, jedoch ohne Messtoleranz. BMW entwickelt seine Fahrzeuge für die strengen Anforderungen der EU-Norm. Die gesetzlichen Vorgaben erfüllen wir bei der *BMW Group*, indem bei der Akustikentwicklung auf einen leisen Grundlevel ohne störende Geräusche wie etwa Rauschen (Sound Cleaning) geachtet wird und nur die schönen Sound-Elemente betont werden.

Steiner: **Mindestens genauso wichtig, wie ein Auto von außen klingt, ist der Klang im Innenraum. Dieser unterliegt jedoch im Unterschied zum Außenklang keinen Regulierungen vom Gesetzgeber. Somit haben Sie als Sound Designer mehr Handlungsspielraum. Können Sie mir einige Beispiele nennen, wie bei BMW der Innenraum akustisch gestaltet ist?**

Mirlach: Geht man in einen Verkaufsraum, so ist der erste Eindruck die Fahrzeugoptik. Der erste akustische Kontakt ist das Türschließgeräusch. Diese klangliche Eigenschaft des Fahrzeuges nimmt der Kunde sehr früh wahr. Danach kommen andere akustische Eigenschaften des Fahrzeugs durch den Kunden auf den Prüfstand, wie das Motorengeräusch bei der Probefahrt.

Durch bewusste Gestaltung haben wir u.a. beim *MINI Cooper S* die Ansaugung so entwickelt, dass die sonoren Anteile des Ansaugmündungsgeräusches gut im Innenraum wahrnehmbar sind ohne im Außengeräusch einen zusätzlichen Beitrag zu leisten. Letztendlich stellt die Akustik nach der Optik eine wichtige (Kauf)Eigenschaft beim Automobil dar.

Steiner: **Welchen Stellenwert nimmt das Sound Design bei der Entwicklung von Automobilen ein und wie hat sich dieses in den letzten Jahren verändert?**

Mirlach: Der Stellenwert der Akustik hat sich in den letzten Jahren überproportional entwickelt, wie die gestiegene Mitarbeiteranzahl in den entsprechenden Abteilungen belegt.

Das liegt auch daran, dass die Fahrzeuge immer komplexer werden und folglich immer mehr Bauteile akustisch entwickelt werden müssen. Die Anzahl der Koppelstellen zwischen Motor und dem Klangkörper Karosserie ist ebenfalls deutlich größer geworden (Klimaschläuche, Turbolader etc.).

Aber auch die Erwartungen des Kunden an das Fahrzeug sind gestiegen. So sind in den letzten Jahren u.a. Klimaanlage und elektronische Fensterheber zur Selbstverständlichkeit hinsichtlich Serienausstattung geworden. Diese erzeugen jedoch Geräusche, die es zu optimieren gilt. Da verlässt einen gern die Erinnerung. Denkt man zurück, wie die Autos in den 1980er Jahren geklungen haben, so kann man viele (Fehl)Geräusche feststellen, die heute als akustische Mängel identifiziert werden würden.

Steiner: Seit wann beschäftigt man sich in der BMW Group mit Sound Design?

Mirlach: Wir haben uns schon immer mit Sound Design beschäftigt, jedoch wurde die Anzahl der Bauteile, die man in die Betrachtung miteinbezogen hat, immer größer. Während man sich am Anfang überwiegend mit dem Nachschalldämpfer beschäftigt hat, wurde sukzessive die komplette Abgasanlage in den Mittelpunkt des Sound Designs gerückt. Da der Motor die Anregung der Abgasanlage liefert, wurde auch dieser immer interessanter für die Sound Designer. Dabei kann die Anregung u.a. durch spezielle Nockenwellen gestaltet werden. BMW hat sich z.B. so genannte Akustik-Nockenwellen patentieren lassen. So richtig mit dem Sound Design ging es Ende der 1990er Jahre los, als die erste Generation des *BMW Z4* entwickelt wurde.

Steiner: Mit dem Aufkommen der Elektroautos stehen die Sound Designer vor neuen Herausforderungen. Weltweit wird nach dem idealen Klangbild gesucht, das lautlose Elektroautos hörbar machen soll. Wie hat Ihrer Meinung nach ein Elektroauto bzw. ein Elektro-BMW zu klingen?

Mirlach: Hier sind wir noch im Zielfindungsprozess. Für BMW wird diesbezüglich etwas Eigenes kommen. Wir wollen auf diesem Gebiet Trendsetter sein. Ein *Elektro BMW* wird jedoch nicht wie ein Benzinauto klingen. Mehr will ich an dieser Stelle nicht verraten.

Ich bedanke mich für Ihre Kooperation!

Experteninterview 16

Dipl.-Ing. **Jürgen Fallert**

Teamleiter Aerodynamik kleine Baureihen

BMW Group (Deutschland)

10. Mai 2010

Steiner: Das neue und zugleich einzigartige Aerodynamische Versuchszentrum (Aerolab) bei BMW, das sich auf 25.000 m² erstreckt und die beiden weltweit modernsten Hightech-Windkanäle beherbergt, soll 170 Millionen Euro gekostet haben. Bitte erzählen Sie mir doch etwas über das Aerolab.

Fallert: Die *BMW AG* hat trotz Krise einen dreistelligen Millionenbetrag in das Aerodynamische Versuchszentrum investiert. Dieses Projekt war schon lange geplant und wurde Juli 2009 eröffnet. Während im großen Windkanal in einem Zwei-Schichtbetrieb gearbeitet wird, kommt der kleine Windkanal mit einer Schicht aus. Ich kenne beinahe alle Automobilindustrie-Windkanäle in Europa und mein ehemaliger Vorgesetzter hat die modernsten Windkanal-Anlagen in den USA und Japan besucht. Aus eigener Erfahrung kann ich behaupten, dass wir hier bei BMW einen der modernsten Windkanäle der Welt besitzen. Außerdem betreiben wir einen weiteren Windkanal in Aschheim, der jedoch ohne Bodensimulation auskommt und aufgrund des Alters bald geschlossen wird und einen Aeroakustik-Kanal, der der Aeroakustik-Optimierung dient. Der ausschlaggebende Punkt für den Bau dieses neuen Aerodynamischen Versuchszentrums lag hauptsächlich darin, dass man die Verhältnisse auf der Straße im Windkanal abbilden wollte. Hierzu wurden im neuen Windkanal Raddreheinheiten und ein mit Windgeschwindigkeit laufendes Band unter dem Messobjekt zwischen den Rädern verbaut. Um diese Simulationsgüte zu erreichen, mussten wir bisher auf andere Windkanäle ausweichen, u.a. hatten wir in Kalifornien, Italien, Frankreich, Schweiz und auch an der Universität Stuttgart getestet. Zum einen ist die Benutzung dieser Anlagen mit hohen Kosten verbunden, zum anderen gestaltet sich der Transport der Modelle zu den einzelnen Windkanälen als schwierig. Auch die immer intensiver geführten Verbrauchs- und CO_2-Diskussionen haben dazu beigetragen, einen neuen, modernen Hightech-Windkanal zu errichten, da die Aerodynamik ein deutlicher Befähiger für eine Verbrauchsreduktion bzw. Absenkung der CO_2-Emission ist. Ungefähr 50 Prozent des Widerstands eines Fahrzeuges entstehen im Bereich Unterboden und Rad/Radhaus. Daher ist eine Bodensimulation unerlässlich und führte letztendlich zum Bau dieses einzigartigen Aerodynamischen Versuchszentrums.

Steiner: Wer ist neben Ihnen innerhalb oder außerhalb des Unternehmens im Bereich Aerodynamik tätig und wie viele Mitarbeiter beschäftigt BMW aktuell im Bereich Aerodynamik?

Fallert: Die *BMW Group* beschäftigt im Bereich Aerodynamik ca. 40 Mitarbeiter (ohne Werkstätten, Messtechnik), die im AWK (großer Windkanal) und im Aerolab (Modellwindkanal) arbeiten. Hier findet die vollständige Aerodynamik-Entwicklung für alle *MINI-*, *BMW-* und *Rolls-Royce*-Fahrzeuge statt. Ein weiterer Mitarbeiter kümmert sich im Bereich *BMW Motorsport* um die Aerodynamik der *M-Fahrzeuge*. Das Thema Aeroakustik wird bei BMW ebenfalls von einer eigenen Abteilung behandelt, die in der Hauptabteilung Akustik angesiedelt ist. Hier werden auch die *BMW Motorräder* überwiegend getestet, da die Kapazitäten im Aerodynamischen Versuchszentrum nicht ausreichen, um auch dort die Motorräder aerodynamisch zu messen.

Steiner: Die Aerodynamik ist in der öffentlichen Wahrnehmung oft unterschätzt. Dabei geht es um Seitenwindempfindlichkeit, Fahrzeugverschmutzung, Zugerscheinung bei offenen Fahrzeugen und Steinschlag, im Kern aber um die Windschlüpfrigkeit eines Fahrzeuges. Bereits ab 80 km/h ist der Luftwiderstand die stärkste Kraft, die das Auto beim Vorankommen überwinden muss. Sie steigt mit dem Quadrat der Geschwindigkeit. Folglich bedeutet doppelte Geschwindigkeit vierfacher Luftwiderstand. Was sind Erfolgsfaktoren für eine gelungene aerodynamische Form eines Fahrzeuges, insbesondere für Fahrzeuge der BMW Group?

Fallert: Im Aerodynamischen Versuchszentrum werden Varianten künftiger Fahrzeuge der *BMW Group* schon in der Formfindungsphase (rund 72 Monate vor Serienbeginn) strömungstechnisch analysiert. In der frühen Phase ist es wichtig, dass wir stimmige aerodynamische Proportionen haben. Die Proportion des Fahrzeuges muss schon Aerodynamik-Gene enthalten. Im nächsten Schritt sind die Designer am Zug. Das bedeutet für uns Aerodynamiker, dass sich das Fahrzeug aerodynamisch deutlich verschlechtert. Aerodynamik und Design stehen immer im Wettbewerb zueinander, es entsteht ein gewisser Zielkonflikt. Während der Aerodynamiker etwa gern scharfe Strömungsabrisskanten am Heck hätte, bevorzugt der Designer meist fließende Formen. Es findet die so genannte Aerodynamik-Design-Konvergenz statt, d.h. wir teilen den Designern mit, welche Veränderungen am Design vorgenommen werden müssen, sodass das Fahrzeug wieder aerodynamisch stimmig wird. Mit dieser abgeänderten Form des Fahrzeuges gehen wir erneut in den Windkanal, um dieses zu testen. Bis zu 40 Variationen am Fahrzeug führen wir im Windkanal an einem Tag durch.

Am Ende steht immer ein Kompromiss, der die besten Ideen beider Seiten vereint. In der Regel dauert dieser Prozess rund 6 Jahre, teilweise sogar noch länger. Wir arbeiten außerdem noch im Detail u.a. an Unterboden-Maßnahmen, Radhausgestaltung und Felgendesign. Rund fünf Monate vor Produktionsstart müssen wir die endgültigen aerodynamischen Beiwerte abgeben. Diese Werte werden dann für die Verbrauchsmessung bzw. CO_2-Messung herangezogen.

Steiner: Bei Automobilherstellern nimmt die multisensuale Ansprache der Kunden einen bedeutenden Stellenwert in der Markenführung ein. Dabei kommen der Form und Proportion des Fahrzeuges, die für rund 40 Prozent des Luftwiderstandes verantwortlich sind, eine hohe Bedeutung zu. Inwieweit können Sie als Aerodynamiker Einfluss auf das Design eines Fahrzeuges nehmen?

Fallert: In der Regel kann man festhalten, dass ergänzend zu den genannten 40 Prozent rund 30 Prozent des Gesamtwiderstandes auf den Bereich Rad/Radhaus, 20 Prozent auf den Unterboden und 10 Prozent auf die Funktionsöffnungen, die so genannte Durchströmung des Fahrzeuges (u.a. Motorkühlung, Getriebekühlung, Bremsenkühlung) entfallen.

Natürlich nehmen wir Aerodynamiker Einfluss auf das Design. Wir geben den Designern Hinweise, wie das Design geändert werden muss, um die Anforderungen zu erfüllen, die durch die Zielwerte der Aerodynamik vorgegeben sind. Beispielsweise geben wir ihnen vor, wie die Frontschürzengestaltung auszusehen hat und wo wir uns gerne scharfe Kanten wünschen, vor allem bei den Heckleuchten, die aus aerodynamischer Sicht scharfkantig sein sollten. Wenn man sich ein Fahrzeug im Detail ansieht, sieht man sehr viel Aerodynamik. Es herrscht ja oft die Meinung vor, dass alles was rund ist aerodynamisch günstig ist. Das ist falsch. Wir Aerodynamiker fordern keine runden Formen, sondern aerodynamisch günstige Formen, die nicht unbedingt rund sein müssen. Das wohl bekannteste Element, welches wir als Aerodynamiker bei den Designern einfordern, ist der Heckspoiler, der ja primär ein Aerodynamik-Bauteil ist, um die Luft entsprechend zu leiten. Auch der Unterboden und die bedarfsgerechte Kühlung sind aus aerodynamischer Sicht wichtige Bereiche, die optimiert gehören. Die Optimierung der Staulippen an den Vorderrädern gehört ebenfalls zu unserem Aufgabenbereich. Wir beeinflussen eigentlich jedes Bauteil, das von Luft um- oder durchströmt wird.

Steiner: Der Strömungswiderstand eines Fahrzeuges drückt sich im Luftwiderstandsbeiwert (c_w-Wert) aus, der bei vielen Fahrzeugen heute um die 0,30 liegt. Der derzeit strömungsgünstigste BMW ist die aktuelle 3er Limousine (318i) mit einem c_w-Wert von 0,26. Sie und andere Windkanalexperten glauben, den c_w-Wert mit aerodynamischem Feinschliff bis auf Werte von 0,20 bis 0,22 drücken zu können. Ist denn die aerodynamische Gestaltung der Karosserie nicht schon weitgehend ausgereizt?

Fallert: Die Gestaltung der Karosserie ist aerodynamisch bei weitem noch nicht ausgereizt. Da sind noch deutlichere Verbesserungen möglich. Luftwiderstandsbeiwerte zwischen 0,22 und 0,24 sind in absehbarer Zukunft realistisch. Dann werden die Fahrzeuge aber anders und zugleich aerodynamischer aussehen, als jene, die wir heute auf der Straße sehen. Das beginnt schon bei der Grundproportion eines Fahrzeuges, die sich wesentlich unterscheiden würde. Da wären wir wieder bei den Designern und dem bereits genannten Zielkonflikt, denn letztendlich muss das Fahrzeug noch soviel Attraktivität ausstrahlen, dass der Kunde es kauft. Wenn die Verbrauchs- bzw. CO_2-Diskussion weiter so geführt wird, wie in letzter Zeit, dann werden wir über neue Proportionen intensiver nachdenken. Auch beim Design würde dann ein Umdenken erfolgen und auch andere Automobilhersteller würden die gleiche bzw. ähnliche Richtung einschlagen. Somit würde sich auch der Geschmack der Leute wandeln und schlussendlich wären die gewünschten Luftwiderstandsbeiwerte machbar.

Steiner: Wie sieht es generell mit den Fahrzeugen der BMW Group hinsichtlich Aerodynamik aus? Welche Modelle erzielen die schlechtesten bzw. besten Luftwiderstandsbeiwerte?

Fallert: Während beispielsweise der *Rolls-Royce Phantom* noch einen c_w-Wert von rund 0,38 besitzt, bringt es der neue *Rolls-Royce Ghost* auf einen c_w-Wert von 0,32. Hier wurde viel in die Aerodynamik investiert, um diesen Wert zu erreichen.

Die Derivate von MINI haben allgemein höhere Luftwiderstandsbeiwerte als die BMW-Modelle, da hier das Design eine gewisse Priorität hat, Stichwort „Design-Ikone". Als nachteilig für die Aerodynamik sind hier u.a. die steile Frontscheibe und die steile A-Säule zu nennen. Aber auch ein schöner aerodynamischer Dacheinzug fehlt beim MINI. So besitzt das *MINI Cabrio* einen c_w-Wert von 0,37, der neue *MINI Countryman* und der *Cooper S* einen Wert von 0,36 und der *MINI Cooper* und der *MINI Clubman* erzielen c_w-Werte um die 0,32. Beispielsweise kommt der Unterschied zwischen *MINI Cooper* und *MINI Cooper S* vor allem durch die unterschiedlich gestaltete Frontschürze zu Stande.

Der *BMW X5 V8*, der einen c_w-Wert von 0,36 erzielt, gehört sicherlich zu den schlechteren aerodynamischen BMW-Modellen. Auch das *6er BMW Cabrio* hat einen relativ hohen c_w-Wert von rund 0,33. Das derzeit strömungsgünstigste Fahrzeug der *BMW Group* ist die aktuelle *3er* Limousine (*318i*) mit einem c_w-Wert von 0,258.

Steiner: Wie sieht es mit der Aerodynamik von Sportwagen aus? Gibt es hier große Unterschiede zu den Serienfahrzeugen?

Fallert: Grundsätzlich haben Sportwagen schlechtere Luftwiderstandsbeiwerte als Serienfahrzeuge. So hat beispielsweise der *BMW M3* aufgrund des größeren Motors und der damit erhöhten Kühlleistungsanforderungen, der breiteren Reifen und weiteren Elementen, die die Auftriebsbeiwerte reduzieren, einen schlechteren c_w-Wert als eine *3er* Limousine. Ein *Porsche 911* beispielsweise hat einen c_w-Wert von rund 0,29 und besitzt somit ebenfalls einen deutlich schlechteren c_w-Wert als der *BMW 318i*, der derzeit der strömungsgünstigste BMW ist. Ein *Formel-1* Bolide wiederum hat einen Luftwiderstandsbeiwert von 0,8 bis 1,3 je nach Set-Up und Rennstrecke, da diese Rennwagen gnadenlos auf Abtrieb ausgelegt sind. Kurz gesagt: Sportwagen sind generell nicht c_w-Wert Weltmeister.

Steiner: Was waren bisher Ihre größten Herausforderungen in Ihrer Arbeit als Aerodynamiker?

Fallert: Jedes Fahrzeug stellt in gewisser Weise eine Herausforderung für die Aerodynamik dar, insbesondere die größeren Fahrzeuge der *BMW Group*, wie der *Rolls-Royce Ghost* und der *BMW X5*. Aber auch der aktuelle *3er* mit einem c_w-Wert von unter 0,26 oder der *5er BMW* mit einem c_w-Wert knapp über 0,26 waren in diesem Sinne echte Herausforderungen.

Steiner: Eine Verringerung des Luftwiderstandes um 10 Prozent bedeutet in der Praxis eine Verbrauchsreduzierung von rund 2,5 Prozent. Wird bei der Entwicklung von Elektroautos, die Erzielung eines geringeren c_w-Wertes, die mit einer Reduzierung des Sprit-Verbrauches einhergeht, nebensächlich?

Fallert: Nein, im Gegenteil. Bei den Elektroautos geht es vor allem um die Reichweite, die sowohl durch das Gewicht als auch durch die Aerodynamik entscheidend bestimmt wird. Somit wird bei den zukünftigen Elektroautos eine sehr gute Aerodynamik gefordert, um auch die Reichweite dementsprechend zu erhöhen. Folglich sind wieder die Designer am Zug, denn um die gewünschten c_w-Werte bzw. Reichweitenerhöhung zu erreichen, muss ein reines Elektroauto anders aussehen als herkömmliche Fahrzeuge.

Ich bedanke mich für Ihre Kooperation!

Experteninterview 17

Karl-Heinz Stump

Leiter Vorentwicklung, Technologie Cockpit und Ausstattung

BMW AG, Werk Landshut (Deutschland)

23. Mai 2010

Steiner: Herr Stump, Sie sind Leiter der Verfahrensentwicklung im BMW Werk Landshut. Wie sieht ein typischer Tagesablauf bei Ihnen aus und mit welchen Herausforderungen haben Sie besonders zu kämpfen?

Stump: Bei der Gestaltung eines Tagesablaufes muss ich beachten, dass ich eine vernünftige Balance zwischen der Bearbeitung der wichtigen Vorentwicklungsprojekte und den Rücksprachen mit meinen Mitarbeitern zustande bekomme. Als besondere Herausforderungen bezeichne ich die Generierung und Bearbeitung von Innovationsthemen, die anspruchsvolle Prozesskettenarbeit sowie das schnelle Tempo in der Umsetzung der Vorentwicklungsthemen für die Erreichung der jeweiligen Zielfahrzeuge.

Steiner: Autohersteller entdeckten den Tastsinn als neuen Wahrnehmungskanal Anfang der 90er Jahre als einer der Ersten. Beinahe jeder Automobilhersteller führt heute in seinen Reihen eigene, so genannte Sensor-Labs, die sich auch mit der optimalen haptischen Gestaltung von Einzelteilen oder Gesamtkonfigurationen beschäftigen. Betreibt die BMW Group ein solches Sensor-Lab und wie viele Mitarbeiter beschäftigen sich im Unternehmen im Bereich Haptik?

Stump: Ich persönlich kenne keine „Sensor-Lab"-Gruppe oder Abteilung bei der *BMW Group*. Es gibt aber in der Designabteilung und in der Werkstoffentwicklung eine hohe Affinität zu der Haptik-Thematik. Letzten Endes sind die Designer (für Oberflächenmaterialien) diejenigen, die bezüglich Haptik die Richtung vorgeben. Wir in der Verfahrensentwicklung versuchen im Schulterschluss mit unseren Kollegen aus der Werkstoffentwicklung die Vorgaben der Designer optimal umzusetzen.

Steiner: Haptische Sinneseindrücke spielen bei Autofahrern eine bedeutende Rolle. Auf jeder Automobilausstellung oder in einem Autohaus kann man erleben, wie wichtig dem Autofahrer seine Tasterfahrungen sind. Man untersucht das Fahrzeug mit den Händen, steigt ein, befühlt das Lenkrad, das Armaturenbrett, etc. **Welchen Stellenwert nimmt die Haptik in der Automobilwirtschaft, insbesondere bei der BMW Group ein?**

Stump: Bezüglich der im Fahrzeuginterieur eingesetzten Materialien einen sehr hohen. Besonderen Wert wird hier auf ein harmonisches Zusammenwirken der Werkstoffe gelegt. Hierbei spielen aber nicht nur die Materialien sondern auch die gewählten Strukturen/Narbungen eine große Rolle. Lacke, Kunststoffe, Leder, Holz, Aluminium, Folien und Textilien müssen so entwickelt und eingestellt werden, dass alles „aus einem Guss" wirkt.

Steiner: Kaufentscheidungen lassen sich neben vielen anderen Einflüssen vor allem auch durch die haptischen Eigenschaften der Produkte positiv oder negativ beeinflussen. **Welche Stellschrauben stehen bei der Entwicklung eines Fahrzeuges zur Verfügung, um die Oberflächen bzw. Haptik bei Automobilen zu beeinflussen?**

Stump: Haptische Eindrücke werden anders bewertet, wenn die Optik dazu passt. Würden Sie das hinsichtlich der Haptik zu bewertende Bauteil optisch nicht oder nur schlecht wahrnehmen können, fällt unter Umständen auch Ihr Haptikurteil nicht so positiv aus.

Ich bedanke mich für Ihre Kooperation!

Experteninterview 18

Jürgen Lemmle

Leitung Design Material-& Oberflächentechnik und Vorentwicklung

BMW Group (Deutschland)

21. Juni 2010

Steiner: Herr Lemmle, Sie sind Leiter des Designs für Material- und Oberflächentechnik bei BMW. Wie sieht ein typischer Tagesablauf bei Ihnen aus und mit welchen Herausforderungen haben Sie besonders zu kämpfen?

Lemmle: Den typischen Tagesablauf gibt es nicht. Jeder Tag verläuft anders, da wir mit ständig wechselnden und manchmal ungeplanten Themen zu tun haben, u.a. neue Anforderungen von Designern, neue Lieferanten mit neuen Innovationsthemen, überraschende Probleme hinsichtlich Serienumsetzung unserer Designvorgaben. Extreme Flexibilität und Vernetzung sind in meiner Abteilung gefordert, die sich immer in der Mittlerposition zwischen Design, Entwicklung und Lieferanten sieht.

Steiner: Autohersteller entdeckten den Tastsinn als neuen Wahrnehmungskanal Anfang der 90er Jahre als einer der Ersten. Beinahe jeder Automobilhersteller führt heute in seinen Reihen eigene, so genannte Sensor-Labs, die sich auch mit der optimalen haptischen Gestaltung von Einzelteilen oder Gesamtkonfigurationen beschäftigen. Betreibt die BMW Group ein solches Sensor-Lab und wie viele Mitarbeiter beschäftigen sich im Unternehmen im Bereich Haptik?

Lemmle: Auch BMW hat sich sehr früh mit dem Thema Haptik beschäftigt, da nur die Befriedigung aller Sinne zu einem harmonischen Gesamterlebnis führt. Allerdings gehen wir im Gegensatz zu unseren Wettbewerbern nicht den Weg hinsichtlich Sensor-Labs. Bei uns legen vornehmlich 1-2 Personen die Haptik-Referenzen fest, die sich aber fast ausschließlich mit diesem Thema beschäftigen und somit den hierfür notwendigen Überblick (u.a. Wettbewerb) haben. Der Grund liegt darin, dass es sich bei der haptischen Bewertung um eine subjektive Empfindung handelt, die von sehr vielen Faktoren (u.a. Materialeigenschaften, Oberflächenfeuchtigkeit, Struktur, Alter und Geschlecht des Probanden) abhängig ist. Da kein echter repräsentativer Wert ermittelt werden kann, wäre die Entwicklung einer eindeutigen Messmethodik interessant, die eine subjektive Haptikreferenz in einen objektiven Messwert umwandeln könnte.

Steiner: Haptische Sinneseindrücke spielen bei Autofahrern eine bedeutende Rolle. Auf jeder Automobilausstellung oder in einem Autohaus kann man erleben, wie wichtig dem Autofahrer seine Tasterfahrungen sind. Man untersucht das Fahrzeug mit den Händen, steigt ein, befühlt das Lenkrad, das Armaturenbrett, etc. Welchen Stellenwert nimmt die Haptik in der Automobilwirtschaft, insbesondere bei BMW ein?

Lemmle: Haptik ist nach der optischen Sinneswahrnehmung eines der wichtigsten Themen. Speziell für Oberflächen, die einen gehobenen Wertigkeitsanspruch erfüllen wollen, ist die Haptik die entscheidende Wahrnehmung, um den visuell erkannten Premiumanspruch zu bestätigen. Auch hier gilt das Prinzip der Authentizität: Was weich aussieht muss auch weich sein! Dies bezieht sich ebenfalls auf geometrische Aspekte: Scharfe Radien müssen hart sein!

Steiner: Kaufentscheidungen lassen sich neben vielen anderen Einflüssen vor allem auch durch die haptischen Eigenschaften der Produkte positiv oder negativ beeinflussen. Welche Stellschrauben stehen bei der Entwicklung eines Fahrzeuges zur Verfügung, um die Oberflächen bzw. Haptik bei Automobilen zu beeinflussen?

Lemmle: Ganz wichtig ist hierbei die Materialwahl. So muss sich Leder haptisch weich anfühlen. Dies bezieht sich sowohl auf die Berühr- als auch auf die Druckhaptik. Diese Unterscheidung ist dabei sehr wichtig. Dabei kann der eine Aspekt den anderen durchaus entscheidend beeinflussen. Je nach Bauteil und Einsatzgebiet spielt der eine oder andere Aspekt eine stärkere Rolle.

Komfortzonen (z.B. Armauflagen): 1. Priorität: Druckhaptik → Unterbaukonzept

Bedienelemente: 1. Priorität: Berührhaptik → Beschichtungs-/Narbkonzept

Bei Bedienelementen spielt zudem die taktile (Bedien-)Haptik eine ergänzende Rolle.

Fazit: Im Vorfeld sind Funktion, Geometrie und Oberflächenstruktur optimal auf mögliche Materialkonzepte abzustimmen.

Steiner: Der Aufbau der Oberflächengestaltung (Narbstruktur) hat hinsichtlich der Haptik den größten Einfluss. Was kennzeichnet die Oberflächengestaltung eines BMW's und wo liegen die (größten) Unterschiede zu anderen Automobilherstellern?

Lemmle: Narbstrukturen haben bei BMW im Vergleich zu unseren Wettbewerbern einen erhöhten Stellenwert. *BMW-Narben* weisen ein extrem hohes Maß an Detailqualität auf, um höchste optische Wertigkeitsansprüche zu erfüllen. Daraus resultieren allerdings höhere

Aufwendungen in der Umsetzung. Durch diese Detailqualität wird es jedoch möglich, die Haptik-beeinflussende Narbgestaltung gezielt in die Entwicklung einfließen zu lassen. Auch hier gilt wieder der Grundsatz: Feine Narben müssen sich fein anfühlen, grobe Narben dürfen sich hart anfühlen.

Steiner: Die Haptik beeinflusst stark die optischen Produkteigenschaften. So sorgen spezielle Oberflächenstrukturen für unterschiedliche Mattigkeiten und Glanzgrade. So wirken matte Oberflächen für das Auge weich und fordern eher zum Anfassen auf, als glänzende Oberflächen. Welche Materialien kommen in der Oberflächenstruktur bei BMW zum Einsatz und wie hat sich die Oberflächengestaltung in den letzten Jahren verändert?

Lemmle: Die Entwicklung der Oberflächenstrukturen bezieht sich hauptsächlich auf weiche und harte Kunststoffe, als auch auf Leder. In den letzten Jahren wurden Oberflächenstrukturen vermehrt auch bei offenporigem Holz und bearbeitetem Metall eingesetzt, um auch hier das Haptikerlebnis als Beweis für authentisches Material zu haben. Gebrauchstauglichkeits- und Umsetzungsaspekte spielen generell eine immer wichtigere Rolle in diesem Zusammenhang. Aufgrund der aus der Branche geforderten Nutzung von Einsparungspotentialen wurde der Einsatz von (in der Vergangenheit üblicher) haptischer Beschichtungsmethoden stark reduziert. Die Narbe trat somit hinsichtlich Erfüllung haptischer Vorgaben stärker in den Vordergrund.

Steiner: Ein haptisch durchdachtes Auto könnte in Zukunft mit dem Fahrer kommunizieren. Denkbar sind beispielsweise vibrierende Lenkräder, die dem Fahrer Geschwindigkeitsüberschreitungen signalisieren, winzige Hitzeschocks an der Lenkradoberfläche, die auf Gefahren aufmerksam machen oder „haptische Displays", die Informationen anzeigen und mit den Fingerkuppen „gelesen" werden. Sind solche Entwicklungen in der Automobilwirtschaft, insbesondere bei BMW in der näheren Zukunft angedacht und wie sehen diese konkret aus?

Lemmle: Entsprechende Entwicklungen existieren bei allen OEMs, sicherlich mit unterschiedlicher Fokussierung. Nähere Details dürfen in der Öffentlichkeit noch nicht kommuniziert werden.

Ich bedanke mich für Ihre Kooperation!

Experteninterview 19

Thomas Souschek

MINI Niederlassung München

BMW Group (Deutschland)

12. Mai 2010

Steiner: Herr Souschek, Sie gelten als weltweit erfolgreichster MINI-Verkäufer. Was ist Ihr Geheimrezept?

Souschek: Zusammen mit meinen Junior-Verkäufern habe ich seit 2001 rund 1.400 MINI's verkauft. Diese großartige Leistung wäre jedoch ohne mein Team nicht möglich gewesen. Ich habe bereits MINI's in Italien in der Badehose am Strand verkauft oder aber auch beim Mittagessen. Rund 80 Prozent meiner Verkäufe in den letzten Jahren gehen zum einen auf Bestandskunden zurück, zum anderen werden mir die Kunden vermittelt. Vor 33 Jahren bin ich das erste Mal mit einem MINI gefahren. Ich kenne die Historie hervorragend, die Anekdoten, die Geschichten etc. Ich habe sogar die Ehre gehabt, Herrn Cooper persönlich zu treffen. Mein Geheimrezept liegt darin, dass ich vom MINI vollkommen überzeugt und fasziniert bin, unabhängig davon, ob ich nun MINI's verkaufe oder nicht.

Steiner: Durch Ihre jahrelange Tätigkeit als MINI-Verkäufer haben Sie schon mit den unterschiedlichsten Kunden zu tun gehabt. Beschreiben Sie mir doch bitte, wie der typische MINI-Kunde aussieht?

Souschek: Den typischen MINI-Kunden gibt es nicht. Die Kunden reichen von Vorstandsvorsitzenden berühmter Unternehmen bis hin zu Personen, die sich den MINI durch jahrelanges Sparen ermöglicht haben. Viele berühmte Persönlichkeiten sind in der Vergangenheit MINI gefahren und tun es immer noch. So ist beispielsweise Enzo Ferrari MINI gefahren, aber auch zahlreiche Schauspieler und Sportler hatten bzw. haben einen MINI in der Garage stehen. Grundsätzlich haben wir bei MINI keine Kunden, sondern Fans. Die Kunden signalisieren und das immer wieder. Und wenn Fans zusammentreffen, dann wird es emotional. Meines Erachtens wollen die Kunden hier im Verkaufsraum Entertainment geboten bekommen. Die Kunden wollen unterhalten werden, sie möchten nette Anekdoten hören, um ihre Bestätigung zu bekommen, dass sie in der richtigen Community sind. Es geht vor allem um Authentizität.

Steiner: Die Verführung der Sinne am Point of Sale (POS) nimmt immer stärker zu. Welche Maßnahmen werden hier in der MINI Niederlassung München getroffen, um Kunden im Verkaufsraum multisensual anzusprechen?

Souschek: Die Showrooms von MINI sind ja aller sehr ähnlich, da es Vorgaben durch die Corporate Identity der *BMW Group* gibt. Wir bemühen uns jedoch stets, individuelle MINI's auszustellen. So haben wir u.a. die *MINI Concept Cars*, aber auch das *MINI Challenge* Fahrzeug hier gehabt. Im Zuge einer neuen Modelleinführung veranstalten wir auch regelmäßig (Sommer)Partys für unsere Fans.

Um die Kunden hier im Verkaufsraum der *MINI Niederlassung München* auch multisensual anzusprechen, haben wir uns vor einigen Jahren etwas Besonderes einfallen lassen: 2005 hatten wir den Warteraum im MINI-Showroom beduftet. Wir haben uns ganz bewusst nur für einen Duft entschieden *(Lemon Grass)*, um den Kunden an den Geruch zu gewöhnen. Leider war die Beduftung sehr teuer und wurde schließlich nach nur einem Jahr Einsatz aus Kostengründen eingestellt. Grundsätzlich hatten wir eine positive Rückmeldung von unseren Kunden. Ansonsten sorgen ein adäquates Musikprogramm und eine professionelle Beleuchtung, vor allem die Neon-Beleuchtung des großen MINI-Logos und die Spots, die die MINI's in das rechte Licht rücken, für die Ansprache des Hör- und Sehsinnes.

Steiner: Was ist bei der Gestaltung eines Verkaufsraumes für Automobile zu beachten und welche Risiken sollten vermieden werden?

Souschek: Sehr wichtig ist es, eine Wohlfühl-Atmosphäre für den Kunden zu schaffen, die jedoch sehr stark von der Temperatur abhängig ist, insbesondere im Sommer. Aber auch auf ein gewisses räumliches Angebot ist zu achten. Eine angenehme Hintergrund-Musik ist ebenfalls wünschenswert, wobei hier musikalisch auf den kleinsten gemeinsamen Nenner abgestellt werden muss, der u.a. durch Easy Listening Music erreicht werden kann. Ich persönlich wünsche mir auch wieder die Duftbox zurück, denn somit können die Kunden über einen weiteren Sinn gezielt angesprochen werden. Wie man bei *Abercrombie & Fitch* sieht, spricht man auch darüber und der eigene *A&F* Duft gehört dort zweifelsohne zum Erfolgskonzept.

Steiner: Ist die multisensuale Ansprache des Kunden im Verkaufsraum das Erfolgskonzept im Auto-Handel der Zukunft?

Souschek: Ich denke nicht, dass die multisensuale Ansprache des Kunden im Verkaufsraum das zukünftige Erfolgskonzept im Auto-Handel ist. Meiner Meinung nach dient sie zur Unterstützung bzw. Abrundung für die jeweilige Präsentation im Showroom, jedoch wird auch zukünftig der Erfolg im Auto-Handel über den Verkäufer führen.

Ich bedanke mich für Ihre Kooperation!

Experteninterview 20

Gert Hildebrand

Leiter Designstudio MINI

BMW Group (Deutschland)

18. Juni 2010

Steiner: Herr Hildebrand, Sie sind seit 2001 Leiter der Designabteilung bei MINI und haben bereits für Volkswagen, Seat, Mitsubishi und Opel gearbeitet. Wie sieht ein typischer Tagesablauf bei Ihnen aus und mit welchen Herausforderungen haben Sie besonders zu kämpfen?

Hildebrand: Design ist sozusagen eine Änderungsschneiderei, d.h. alle Vorgaben unterliegen einer dauernden Änderung. Es handelt sich dabei stets um ein bewegliches Ziel, wobei für uns der Prozess mit der Design-Bestätigung endet. Das Design gilt dann als „eingefroren". Die größte Herausforderung liegt dabei darin, dieser beweglichen Zielvorgabe zu folgen, da sich Formensprachen, Gesetze, Anforderungen und Technologien stets ändern.

Steiner: MINI ist mehr als ein Auto, es verkörpert eine Welt voller Emotionen, Leidenschaft und Spaß. Welche Sinne werden bei einem MINI angesprochen?

Hildebrand: Gehen wir von der Prämisse aus, dass ein Auto menschlich ist, so lässt sich feststellen, dass jeder Designer die Sinnlichkeit seiner Person bzw. seinen Charakter (Physiognomie) an das Produkt weitergibt, u.a. am *Audi TT* erkennbar, der von Peter Schreyer designt wurde. Auch ich sehe mich im MINI physiognomisch. In der Regel gestaltet ein Athlet ein athletisches Produkt, ein Leptosom ein leptosomes Produkt. Diese Reflexion bedeutet, dass ein Produkt nie generisch prozessual ist, sondern immer persönlich gemacht, abhängig von der jeweiligen Person. Designer wiederholen sich ja in ihren Produkten. Das hat zum einen mit der Selbstverwirklichung zu tun, zum anderen mit der natürlichen Weitergabe seiner Gene.

Prinzipiell aktiviert jedes Produkt die Sinneswahrnehmung, wobei rund 80 Prozent durch den Sehsinn wahrgenommen werden. Wenn man ein Auto sieht, ist es wie beim Menschen. Der erste Blick auf ein Fahrzeug entscheidet über Begehrlichkeit und Interesse am Objekt. Wenn dieser positiv ist, besteht die Chance, dass sich der Betrachter intensiver mit dem Objekt beschäftigt.

In der Folge kommt es zur nächsten sinnlichen Wahrnehmung, dem Berühren. Der Türgriff ist in der Regel der erste haptische Kontakt mit dem Auto. Hierbei bewertet man sofort, wie sich das Auto anfühlt.

Im nächsten Schritt wird der Hörsinn beansprucht, indem man beispielsweise die Tür öffnet und auf das Geräusch achtet. Aber auch das Motor- bzw. Blinker-Geräusch wird sofort bewertet.

Als vierter Sinn wird der Geruchssinn herangezogen. Riechen hat die höchste Wiedererkennung aller fünf Sinne, denn im Gegensatz zum Gesehenen und Gehörten erinnert man sich an Gerüche von Kindheit an. Außerdem hat das Riechen die höchste sexuelle Relevanz im Sinne von Begehrlichkeit und Ablehnung. Wenn man jemanden nicht riechen kann („Ich kann dich nicht riechen"), so unterdrückt man seine Begehrlichkeit. Das gilt auch für das Auto. Die höchste unterbewusste Ablehnung findet dann statt, wenn man ein (neues) Auto nicht riechen kann. Man versucht ja über die bewusste Auswahl von Materialien den Geruch im Fahrzeug zu steuern. Mit Hilfe von Gerüchen können Produkte aufgewertet werden. Anfangs haben Fabrikate aus Japan und Korea immer nach Plastik gerochen. Das hat sich mittlerweile schon positiv geändert.

Der fünfte und letzte Sinn ist der Geschmackssinn, der sehr eng mit dem Geruchssinn zusammenhängt. Bemerkenswerter Weise hat das Schmecken in Verbindung mit dem Riechen auch eine Funktion im Auto, denn man hat viel öfters Finger-Mund Kontakt im Fahrzeug als man denkt.

Letztlich spielt auch die Kinästhetik im Wahrnehmungsprozess eine bedeutende Rolle. Dabei handelt es sich um hochkomplexe Bewegungsabläufe des Menschen (u.a. Computer, Mobiltelefone), die für die Ausübung der Aktivitäten des täglichen Lebens erforderlich sind. Zukünftig muss der Kinästhetik in der Fahrzeugentwicklung besonderes Augenmerk geschenkt werden.

Beim MINI werden somit, wie auch bei (fast) allen Fahrzeugen, alle fünf Sinne angesprochen.

Steiner: Gibt es einen bestimmten Sinn, der bei einem MINI bevorzugt angesprochen respektive vernachlässigt wird?

Hildebrand: Grundsätzlich kann man die Sinne nicht trennen, denn es ist immer eine Kombination aus allen fünf Sinnen. Jedoch ist es der Sehsinn, der mit rund 80 Prozent für alle Sinneswahrnehmungen verantwortlich ist. Deshalb ist das Design ein entscheidendes Kaufkriterium. Das Vorgeben von Stoffen, die eigentlich *andere* sind, ist dabei eine kontraproduktive Maßnahme. So enttäuscht eine nach Leder aussehende Sitzgarnitur, die jedoch aus Kunststoff besteht, mehr, als wenn sie eindeutig als Kunststoff-Sitzgarnitur zu erkennen wäre. Entscheidend ist die Authentizität des Produktes. Außerdem sind kulturspezifische Unterschiede zu berücksichtigen. So sind u.a. Außenfarben von Autos nicht überall gleich beliebt.

Steiner: Im Rahmen der IAA 2005 in Frankfurt hat MINI das „MINI Concept Frankfurt" vorgestellt. Bei diesem Concept Car kam eine Duftbox zur Anwendung, die einen von vier möglichen Düften im Innenraum versprühte. Bitte erzählen Sie mir doch, wie es zu dieser Idee gekommen ist und ob diese Duftbox zukünftig zum Einsatz kommen wird.

Hildebrand: 2005 haben wir mit einem Ingenieursbüro in München zusammengearbeitet und einen Duftgenerator entwickelt, der in unseren *MINI Concept Cars* integriert worden ist. Diese kamen damals im Rahmen einer Welttournee bei den wichtigsten vier Automobilmessen der Welt zum Einsatz, nämlich in Frankfurt, Tokyo, Detroit und Genf. Im Rahmen dieses Pilotprojektes hatten wir nicht ein klassisches Parfümieren des Innenraums zum Ziel, wie es beispielsweise mit einem Duftspender beim *Citroën C4* praktiziert wird, sondern einen Duftgenerator zu entwickeln, der die jeweilige Stimmung des Autofahrers positiv beeinflusst. Die Grundidee ist dabei, einen Geruch zu versprühen, den man eigentlich nicht riechen soll, der jedoch eine positive Beeinflussung mit sich bringt. Je nach aktueller Gemütslage des Fahrers kann der Duft bei Müdigkeit stimulierend und bei Aggression beruhigend wirken. Dabei kamen je zwei Düfte zum Einsatz. Der Duftgenerator konnte somit vier Düfte versprühen, nämlich Vanille, Minze, Grapefruit und Zitrone. Diese Düfte wurden sowohl mit der Beleuchtung im Fahrzeug, als auch mit der Musik gekoppelt. So wurde je nach Anzahl der Beats der passende Duft versprüht. Grundsätzlich ist der Duftgenerator zum Wohlfühlen im Auto gedacht und hat die Funktion, die Stimmung des Fahrers positiv zu steuern. Leider kam dieser Duftgenerator nie über das Stadium eines Pilotprojektes hinaus und wurde folglich nie serienmäßig eingesetzt.

Anhang

Steiner: Welchen Stellenwert nimmt das Design im Prozess der Fahrzeugentwicklung ein?

Hildebrand: Design ist Kaufgrund und Differenzierungsgrund Nummer Eins. Die markenspezifische Gestaltung lässt sich dabei aus der Geschichte ableiten. Der Kunde kauft ja mit dem Auto nicht nur das Produkt an sich, sondern auch ein Stück Geschichte. Würde beispielsweise der MINI von einem anderen Hersteller ohne Historie gebaut worden sein, so wäre der MINI kein erfolgreiches Produkt. Der Mensch benötigt stets die retrospektive Absicherung, eine Art Sicherheitsfaktor. Kauft ein Kunde ein Auto, dass 50 Jahre Geschichte hat, so denkt er, dass es noch weitere 50 Jahre existieren wird.

Steiner: *„Design ist ein schmerzhafter Prozess, weil sich die Qualität eines Entwurfs nicht objektiv messen lässt"*, **haben Sie in einem Interview (Spiegel Online) 2007 gesagt. Bei MINI ist das Design zu 60 - 80 Prozent kaufentscheidend - also weit mehr als jeder andere Faktor. Wie erklären Sie sich diese hohe Zahl und was zeichnet das MINI-Design aus?**

Hildebrand: Das entspricht genau der Sinneswahrnehmung. Der Sehsinn ist ja der dominanteste aller Sinne und nimmt somit eine bedeutende Stellung beim Kauf eines Autos ein. Das *MINI-Design* zeichnet sich vor allem durch seine Authentizität aus und ist historisch abgesichert. Es ist aber auch funktional orientiert. Beim *MINI-Design* handelt es sich um authentisch funktionales Design mit einer markentypischen Ausprägung. Beim MINI stand schon immer die Funktionalität im Vordergrund. Erst wenn diese erfüllt war, kamen stilistische Elemente hinzu. Im Grunde genommen zeichnet sich das *MINI-Design* durch eine einfache Formsprache aus und ist dadurch auch langlebig. Das gleiche gilt u.a. auch für den *Porsche 911*, den ebenfalls schlichtes bzw. zeitloses Design auszeichnet.

Steiner: Laut Ihrer Aussage sind etwa 95 Prozent der Autogestaltung u.a. durch gesetzliche Vorschriften und physikalische Auflagen vorgegeben. Somit bleiben nur fünf Prozent als Gestaltungsspielraum übrig. Was sind Erfolgsfaktoren für ein gelungenes Autodesign, insbesondere bei MINI?

Hildebrand: Viele Faktoren, wie u.a. Gesetzgebung, Ergonomie, Mechanik, Fußgängerschutz und Aerodynamik geben die Autogestaltung vor. Wir vom Design können lediglich die letzten fünf Prozent gestalten. Die Vorgaben müssen dabei authentisch gestaltet werden. Das Fahren und Benutzen des Fahrzeuges muss genau das erfüllen, was die Designer durch die

Ästhetik aussagen wollen. Dies passt beim MINI idealtypisch zusammen. Zum einen zeichnet den MINI die Historie aus, die dem Kunden ein gültiges, sozial akzeptables Produkt liefert. Zum anderen ist durch die Einfachheit der Gestaltung gewährleistet, dass das Design nicht der modischen Schnelllebigkeit unterliegt. Außerdem sind beim MINI sowohl die authentische Umsetzung der Vorschriften, als auch die technischen Bedingungen gegeben.

Gelungenes Autodesign muss authentisch sein. Das Design muss der Funktion entsprechen. Der Kunde darf nach dem Betrachten des Fahrzeuges nicht durch die Benutzung enttäuscht sein. Man darf nicht versuchen, mit Hilfe von modischen Gimmicks schnelllebige Begehrlichkeit zu wecken. Das Auto ist eines der wenigen Produkte, in die man hineingeht. Der Mensch denkt sozusagen, er ist in einem Anzug, er ist das Auto selbst, weil er es ja fährt. Er möchte Teil des Produktes sein und so auch von außen wahrgenommen werden. Dabei möchte er sich wohlfühlen. Grundsätzlich gilt es, eine Symbiose zwischen Objekt (Auto) und Subjekt (Mensch) herzustellen.

Steiner: Was betrachten Sie als Meilensteine bei der Designentwicklung, insbesondere im Autodesign?

Hildebrand: In den 1930er Jahren wurde der Wechsel von der Kutsche zum Auto vollzogen. In den 1940er bzw. 1950er Jahren kam dann die Pontonkarosserie auf. In den 1980er Jahren bzw. 1990er Jahren stand die markenspezifische Ausprägung der Automobilhersteller im Vordergrund. Aktuell ist die Differenzierung der Marken untereinander von Wichtigkeit, da wir in einem gesättigten Markt leben. Das Design nimmt dabei einen bedeutenden Stellenwert ein.

Grundsätzlich hat sich die Aufgabe des Automobils in den letzten Jahrzehnten geändert. War das Auto damals noch ein Luxusgut, so ist es heute ein Massenprodukt. Sollten die Restriktionen jedoch größer werden, wie beispielsweise im Bereich Umweltschutz oder das Auto generell aus der Stadt verbannt werden, sodass man auf öffentliche Verkehrsmittel zurückgreifen muss, so ist ein Trend in Richtung Luxusgut wieder denkbar. Am Beispiel der Oldtimer kann man erkennen, dass es im Automobilbereich durchaus Tendenzen gibt, an alten Traditionen wieder festzuhalten.

Steiner: Welche Kriterien werden das Autodesign der Zukunft bestimmen?

Hildebrand: Der demographische Wandel spielt bestimmt eine wichtige Rolle in der Zukunft. Während beispielsweise in China die Langversionen von BMW beliebt sind, so geht der Trend in Indien mit dem Automobil „Nano" und seinen geringen Kosten eher in Richtung Massenmobilisierung. Wie die Techniken Hybrid und Elektromotor bei den Kunden ankommen, wird sich auch noch zeigen. Dabei gibt es ja die aktuelle Diskussion, wie ein Elektroauto auszusehen hat. Meiner Meinung nach ist Ästhetik und Schönheit unabhängig vom Antriebskonzept. Nur wenn es das Antriebskonzept erlaubt, gestalterisch einzugreifen, wie z.B. einen Radnarben-Motor visuell darzustellen, würde ich es als Designer nutzen. Aber dass ein Elektroauto per se anders aussehen muss als ein Auto mit Benzin- oder Dieselmotor, darf nicht sein. Der ästhetische Blick des Menschen ist ja davon unabhängig, bedingt sich doch das Schönheitsideal selbst. Bei einer schönen Frau spielt ja ihre Herkunft auch keine Rolle. Die Ausprägung der Technologien im Fahrzeug muss immer begründet sein. So hat u.a. die verbesserte Aerodynamik maßgeblich zur Spritreduzierung beigetragen. Ein Produkt darf man nicht erklären müssen, es muss eine gewisse Eigenaussage haben.

Steiner: Ist die multisensuale Ansprache des Autofahrers das Erfolgskonzept in der Automobilwirtschaft der Zukunft?

Hildebrand: Das war es schon in der Vergangenheit. Letztendlich wird mit jedem Objekt die Sensorik angesprochen.

Ich bedanke mich für Ihre Kooperation!

Von der Promotion zum Buch

↗

WWW.GABLER.DE

Sie haben eine wirtschaftswissenschaftliche Dissertation bzw. Habilitation erfolgreich abgeschlossen und möchten sie als Buch veröffentlichen?

Zeigen Sie, was Sie geleistet haben.
Publizieren Sie Ihre Dissertation als Buch bei Gabler Research.
Ein Buch ist nachhaltig wirksam für Ihre Karriere.
Nutzen Sie die Möglichkeit mit Ihrer Publikation bestmöglich sichtbar und wertgeschätzt zu werden – im Umfeld anerkannter Wissenschaftler und Autoren.
Qualitative Titelauswahl sowie namhafte Herausgeber renommierter Schriftenreihen bürgen für die Güte des Programms.

Ihre Vorteile:

- Kurze Produktionszyklen: Drucklegung in 6-8 Wochen
- Dauerhafte Lieferbarkeit print und digital: Druck + E-Book in SpringerLink Zielgruppengerechter Vertrieb an Wissenschaftler, Bibliotheken, Fach- und Hochschulinstitute und (Online-)Buchhandel
- Umfassende Marketingaktivitäten: E-Mail-Newsletter, Flyer, Kataloge, Rezensionsexemplar-Versand an nationale und internationale Fachzeitschriften, Präsentation auf Messen und Fachtagungen etc.

▶ Möchten Sie Autor beim Gabler Verlag werden? Kontaktieren Sie uns!

Ute Wrasmann | Lektorat Wissenschaftliche Monografien
Tel. +49 (0)611.7878-239 | Fax +49 (0)611.7878-78-239 | ute.wrasmann@gabler.de

KOMPETENZ IN SACHEN WIRTSCHAFT

GABLER